政府采购活动争议处理

实务指引与案例分析

杭正亚／著

Government Procurement Activity Dispute Settlement
Practical Guidance and Case Analysis

法律出版社 LAW PRESS·CHINA

PREFACE

序·言

齐玄江*

刚来《中国政府采购报》不久，就听到政府采购领域流传的两个段子，一个是："孤独站在这舞台，就是听不见掌声响起来"；另一个是："辛辛苦苦十几年，一夜回到解放前"。政府采购一百个项目，做对做好了九十九个，只要有一个做得不好，就会引起社会广泛关注，甚至引起社会诟病，政采人百般委屈都在这两个段子里展现出来。可以看出，政府采购对政府公信力的影响极大。对"那个"没有做好的项目进行分析，不难发现，个别项目确实存在"暗箱操作"牟取私利的现象，但大多数却是由于政采从业人员对政府采购的法律法规体系理解把握不到位而造成的无心之失。

杭正亚律师是《中国政府采购报》的忠实读者，也常给《中国政府采购报》投稿，算是业内的朋友。他对政府采购争议处理有着丰富的实践经验以及从这经验中总结出来的独特认识。他认为，由于立法上《政府采购法》《招标投标法》两个法律体系存在，天然地不可避免地存在某些冲突与矛盾。再者，执法中监督管理部门的少数越位、错位与缺位的情形，司法中各个争议主体普遍存在的不同观点的碰撞，造成政府采购争议相对于其他领域争议，"同事不同办""同事不同罚""同案不同判"的现象更容易发生，财政部门因政府采购争议处理而败诉的案件数量比起其他行政诉讼败诉的案件数量也较多。

有一次，他对我说，"担任江苏省财政厅法律顾问已经18年，代理政府采购行政诉讼案件数十件全部胜诉"。这令我很吃惊，我说，"你为何不把你经历处理的案例都写出来？这无疑可以给广大政采人提供借鉴与参考"。这话才说了没多久，不想他很快就把煌煌两大本书——《政府采购救济争议处理：实务指引与案例分析》《政府采购活动争议处理：实

---

* 齐玄江，《中国政府采购报》总编辑。

务指引与案例分析》（以下简称“两书”）初稿送到了我的案头，并嘱我作序。

当前，深化政府采购制度改革已经全面展开，改革的顶层设计已然绘就，这些方面也无需我来赘言了。我的政采学养、理论与实践都非常有限，确实不能够说些什么，只好把书稿认真翻阅几遍，谈点个人的粗浅看法。近年来，全国多家出版社出版了各类政府采购实务方面的书籍，绝大多数关注的是政府采购活动流程的实务，从法律角度专注政府采购争议处理，是两书的一大特色。两书中的许多案例及资料，实际上也是江苏省财政厅政府采购监督管理工作的结晶，两书不仅仅是案例汇集，其触角还延伸到了政府采购机制体制建设的诸多方面，这是两书的又一特色。具体而言，两书有以下三个特点：

一、体系完整、逻辑严密。两书以政府采购争议的法律关系为主线，对政府采购询问、质疑、投诉、监督检查、信息公开、行政处罚、行政复议、行政诉讼中的争议主体、形式、内容，对政府采购招标投标中的招标、投标、开标、评标、中标以及竞争性谈判、询价、单一来源等非招标采购各采购环节的争议处理，从实务处理方面进行了系统全面的总结与探讨，基本囊括政府采购争议的各个方面。两书案例尽管有 268 个之多，但不是杂乱无章，而是与法律、法规和行政规章的相关规定及操作实务内容形成严密的体系。

二、内容翔实、注重实务。两书既概括了法律规定，又介绍了处理的办法，章节内容与案例基本对应，每个案例由关键词、案例要点、案情简介、争议主体的各方意见、处理结果和案例评析几个部分组成，便于政府采购当事人及其争议处理者了解案件全貌，了解其他主体的意见，特别是了解财政部门与法院处理政府采购争议的观点与技巧，给自己今后的工作以借鉴。

三、与时俱进，观点新颖。两书中的案例自然适用当时的法律、法规和行政规章的规定，但作者对现在施行的相关规定也作了介绍，特别是对《民法典》等新法相关规定的介绍，便于读者了解新规定。书中对不同观点进行分析，尽管有些观点可能会有争议，但也是作者的有益探索。同时，两书还结合各章节内容，对财政部先后三批公布的指导案例中新的观点也作了介绍。

总之，两书涵盖了政府采购各阶段基础知识、法律实务、异议处理，可谓政府采购法律风险防范实务的大荟萃。毋庸讳言，两书中某些问题的观点有待商榷，且两书过于偏重实务，理论论述深度不够。但瑕不掩瑜，两书可谓政府采购争议处理方面高质量的实务与案例书籍，既对争议处理实务有指导作用，也有理论与实践意义。

两书或者还有更多的亮点本人未能体会到，此序言也只是抛砖引玉。我相信，两书的价值广大政采人读过后会有更多体会。

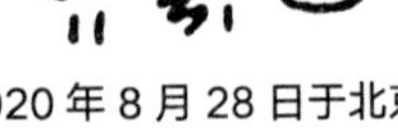

2020 年 8 月 28 日于北京

PREFACE

前·言

本书是公共采购系列丛书第二册，与《政府采购救济争议处理：实务指引与案例分析》为姊妹篇。

公共采购包括，适用《政府采购法》《政府采购法实施条例》为体系的法律、法规、行政规章、规范性文件处理的采购，适用《招标投标法》《招标投标法实施条例》为体系的法律、法规、行政规章、规范性文件处理的采购。为便于读者对有关问题的了解，特说明如下：

一、对几个概念的说明

（一）政府采购争议

什么是政府采购争议？对政府采购争议有广义与狭义的理解：广义的政府采购争议，包括在政府采购中发生的，或者因政府采购而引起的一切争议。政府采购争议根据不同的标准进行分类，可以有不同的分类：

一是根据争议类型进行分类，可以分为：行政争议、民事争议、刑事争议；其中绝大多数是行政争议，民事争议、刑事争议并不多见。本书所称政府采购争议，专指政府采购行政争议。

二是根据适用法律进行分类，可以分为：适用《政府采购法》《政府采购法实施条例》为体系的法律、法规、行政规章、规范性文件处理的争议，适用《招标投标法》《招标投标法实施条例》为体系的法律、法规、行政规章、规范性文件处理的争议。本书所称政府采购争议，专指前者。

三是根据采购标的进行分类，可以分为：采购货物、服务及非招标投标方式采购工程的争议，招标投标方式采购工程的争议。本书所称政府采购争议，专指前者。

四是根据监督管理部门进行分类，可以分为：由财政部门履行监督管理职责的争议以及在发展改革部门指导和协调下由工业和信息化、住房城乡建设、交通运输、水利、商务等部门履行监督管理职责的争议。本书所称政府采购争议，专指前者。

本书所称的政府采购争议，是狭义的政府采购争议，专指在采购货物、服务和非招标投标方式采购工程的政府采购活动中发生的，适用政府采购法律规范体系，依法由财政部门履行监督管理职责的行政争议以及处理该争议而引起其他行政争议，不包括招标投标方式采购工程的行政争议，也不包括民事争议、刑事争议。

（二）政府采购活动争议与政府采购救济争议

狭义的政府采购争议，还可以分为两大类：

第一类是政府采购活动争议，即对采购文件、采购过程、中标或者成交结果相关事项的争议，对招标投标、竞争性谈判、竞争性磋商、询价、单一来源采购活动的争议。本书对上述第一类争议进行探讨并总结。

第二类是政府采购救济争议，即对政府采购争议处理活动等相关事项而引起的争议，如对政府采购项目提出的质疑、投诉不予受理，对非政府采购项目质疑、投诉予以受理，对政府采购处理形式、处理主体、处理内容的争议，对政府采购质疑、投诉、监督检查、行政处罚等相关事项而引起的争议。为了叙述的方便，也便于读者更好地了解政府采购争议及其处理，本书将上述第二类争议，即对政府采购争议处理行为等相关事项而引起的争议,作为第一本书。第一本书的上篇“政府采购争议的四要素”,实际上是两本书的总则部分，讨论的内容是从政府采购救济活动中总结出政府采购争议的四要素，下篇“政府采购救济争议”，讨论内容是对质疑答复、投诉处理、监督检查处理、行政复议决定、行政判决等提出的异议。

两本书都能自成相对完整的体例。当然，上述争议事项分书出版，仅是从体例上系统叙述，不排除案例中的多个争议事项，同时涉及政府采购活动与政府采购救济。

二、有关法律、法规、行政规章的简称

为叙述的方便，又鉴于个别不同时间施行的行政规章名称相同而条款、内容不同，本书部分内容对部分常用法律、法规、规章、规范性文件简称如下：

名称	简称
中华人民共和国政府采购法	政府采购法
中华人民共和国预算法	预算法
中华人民共和国招标投标法	招标投标法

续表

名称	简称
中华人民共和国行政诉讼法	行政诉讼法
中华人民共和国行政复议法	行政复议法
中华人民共和国政府采购法实施条例	政府采购法实施条例
中华人民共和国招标投标法实施条例	招标投标法实施条例
中华人民共和国行政复议法实施条例	行政复议法实施条例
政府采购货物和服务招标投标管理办法（财政部令第 18 号）	财政部令第 18 号
政府采购货物和服务招标投标管理办法（财政部令第 87 号）	财政部令第 87 号
政府采购信息公告管理办法（财政部令第 19 号）	财政部令第 19 号
政府采购信息发布管理办法（财政部令第 101 号）	财政部令第 101 号
政府采购供应商投诉处理办法（财政部令第 20 号）	财政部令第 20 号
政府采购质疑和投诉办法（财政部令第 94 号）	财政部令第 94 号
政府采购竞争性磋商采购方式管理暂行办法（财库〔2014〕214 号文）	竞争性磋商办法
中华人民共和国民法通则	民法通则
中华人民共和国民法总则	民法总则
中华人民共和国民法典	民法典
中华人民共和国民事诉讼法	民事诉讼法
中华人民共和国公司法	公司法
中华人民共和国公司登记管理条例	公司登记管理条例
中华人民共和国合同法	合同法
中华人民共和国行政处罚法	行政处罚法
中华人民共和国行政许可法	行政许可法
中华人民共和国监察法	监察法
中华人民共和国行政强制法	行政强制法
中华人民共和国国家赔偿法	国家赔偿法

三、有关案例的说明

书中案例绝大部分都是从“中国裁判文书网”等网站中获得的相应法律文书，然后根据在书中具体部分内容的主题，选择相应的内容进行编写，突出了与书中该部分主题相关的内容，简略或者删除了与主题无关的内容。尽管法律文书中对相关主体的身份信息是予以披露的，出于众所周知的考虑，案例中隐去了部分主体的相关信息。对少数案例中的政府采购监督管理部门的错误，适用《政府采购法》或《招标投标法》的错误，将投标无效、中标或者成交结果无效、废标等概念混淆，将竞争性谈判、竞争性磋商、询价、单一来源采购统称为招标投标等，笔者是持有异议的，但为了尊重法律文书及其叙述的事实，只在本书讨论该问题的相关章节提出异议与讨论，在其他章节都按原状叙述，只在个别案例评析中略作评论。

四、本书适合的读者

本书着重对政府采购活动争议的实务与案例进行了探讨与分析，尤其适合在政府采购活动中直接从事招标、竞争性谈判、竞争性磋商等一线工作人员，以正确识别政府采购项目、政府采购争议，防范质疑、投诉和检举、控告等风险；也尤其适用供应商公司中从事投标、响应等工作的员工，以防范投标、响应行为失误而造成功亏一篑，并正确行使质疑、投诉和检举、控告的权利；也尤其适合政府采购监督管理部门中的监管工作人员，采购人及其采购代理机构中的处理政府采购质疑答复的工作人员，为供应商质疑、投诉、申请行政复议、提起行政诉讼的工作人员与律师。

CONTENTS

目·录

第一章
CHAPTER 01

对供应商的争议事项

第二章
CHAPTER 02
对招标活动的争议事项

第三章
CHAPTER 03
对投标活动的争议事项

第五章
CHAPTER 05
对评标活动的争议

案例索引

第一章　对供应商的争议事项

第二章 对招标活动的争议事项

第五章 对评标活动的争议

第八章　有关政府采购合同的争议事项

CHAPTER 01

第一章

对供应商的争议事项

《政府采购法》第二十一条规定，供应商是指向采购人提供货物、工程或者服务的法人、其他组织或者自然人。供应商是政府采购的重要当事人，承担着向采购人提供货物、工程或者服务责任，采购人的任何采购对象都必须从合格的供应商处有偿取得。根据《政府采购法》第六章规定，政府采购争议中供应商永远是争议一方的当事人，在采购文件、采购过程、中标或成交结果的争议中，供应商的权益是否受到损害永远是争议的焦点。在采购文件编制、提供、澄清、修改阶段，什么样的供应商可以参加该项目的采购活动，供应商参加该项目需要达到什么条件、提供什么材料，采购文件是否为某一供应商量身定做；在投标、开标阶段，同一采购项目的几家供应商之间是什么关系；在评标阶段，对供应商的资格审查应否予以通过；在定标、成交阶段，中标或者成交供应商是否符合供应商资格条件等，都可能发生争议。

第一节 对供应商身份的争议

根据《政府采购法》第二十一条的规定，供应商有三类，即法人、其他组织或者自然人。那么政府采购供应商从自身属性上分，就有法人供应商、其他组织供应商、自然人供应商。《政府采购法实施条例》第十七条规定："参加政府采购活动的供应商应当具备政府采购法

第二十二条第一款规定的条件，提供下列材料：（一）法人或者其他组织的营业执照等证明文件，自然人的身份证明；……”从这一规定中可以看到，对法人供应商或者不具备法人资格的其他组织供应商，应当提供营业执照等证明材料；对自然人供应商，应当提供身份证明。下面我们根据《政府采购法》第二十一条、现在施行的《民法总则》和2021年1月1日起施行的《民法典》的相关规定，对几类不同主体的供应商的身份问题的争议进行分析。

一、对法人供应商身份的争议

根据政府采购法律规范和《民法总则》《民法典》的相关规定，我们可以对法人供应商进行定义，即向采购人提供货物、工程或者服务的具有民事权利能力和民事行为能力，依法独立享有民事权利和承担民事义务的组织。根据《民法总则》《民法典》的分类，法人可以分为：一是营利法人，即以取得利润并分配给股东等出资人为目的成立的法人，包括有限责任公司、股份有限公司和其他企业法人等；二是非营利法人，即为公益目的或者其他非营利目的成立，不向出资人、设立人或者会员分配所取得利润的法人，非营利法人包括事业单位、社会团体、基金会、社会服务机构等；三是特别法人，即机关法人、农村集体经济组织法人、城镇农村的合作经济组织法人、基层群众性自治组织法人。法人供应商中的营利法人是政府采购供应商的主体，由于我国法律对法人的相关规定比较明确具体，有关法人供应商参加政府采购争议不多，这方面突出的争议是，境外法人供应商能否参加我国境内的政府采购活动？

【案例1[1]】境外公司能否作为供应商，参加我国境内的政府采购活动

关 键 词：政府采购供应商／法人供应商／外国公司

案例要点：供应商是境外公司，则不可能提供营业执照、缴纳税收和社会保障资金等相关材料，不符合政府采购供应商法定条件。

投诉人（某境外公司）因对采购人就国家食品药品监督管理总局药品审评中心药品电子通用技术文档资料管理系统项目作出的质疑答复不满，向财政部提起投诉。

财政部经查，根据《政府采购法》第二十二条第一款第（四）项的规定，供应商参加政府采购活动应当有依法缴纳税收和社会保障资金的良好记录。本项目中，参与竞争性磋商的三家供应商均为境外公司，不具备上述条件，不是适格的政府采购供应商。根据《政府采购法》第二十二条第一款第（四）项、《政府采购供应商投诉处理办法》（财政部令第

1 案例来源：中华人民共和国财政部政府采购信息公告（第四百九十七号）。

20号）第十九条第（一）项和《政府采购竞争性磋商采购方式管理暂行办法》（财库〔2014〕214号）第三十四条第（二）项、第（三）项的规定，决定采购行为违法，责令采购人和代理机构终止竞争性磋商采购活动，发布项目终止公告并说明原因，重新开展采购活动。

案例评析 CASE ANALYSIS

《政府采购法》第二十一条、第二十二条第一款第（四）项，《政府采购法实施条例》第十七条的规定，供应商参加政府采购活动，应提供“法人或者其他组织的营业执照等证明文件，自然人的身份证明”“依法缴纳税收和社会保障资金的相关材料”。如果供应商是境外公司，是不可能提供营业执照、缴纳税收和社会保障资金的相关材料的。因此，境外供应商不符合我国政府采购供应商的法定条件。

二、对其他组织供应商身份的争议

其他组织供应商，是指向采购人提供货物、工程或者服务的不具备法人资格的组织。《政府采购法》颁布时，当时施行的《民法通则》未对不具备法人资格的其他组织作出规定，只有《民事诉讼法》对诉讼主体中的其他组织作出规定。《最高人民法院关于适用〈中华人民共和国民事诉讼法〉的解释》第五十二条规定，《民事诉讼法》第四十八条规定的其他组织是指合法成立、有一定的组织机构和财产，但又不具备法人资格的组织，包括：（1）依法登记领取营业执照的个人独资企业；（2）依法登记领取营业执照的合伙企业；（3）依法登记领取我国营业执照的中外合作经营企业、外资企业；（4）依法成立的社会团体的分支机构、代表机构；（5）依法设立并领取营业执照的法人的分支机构；（6）依法设立并领取营业执照的商业银行、政策性银行和非银行金融机构的分支机构；（7）经依法登记领取营业执照的乡镇企业、街道企业；（8）其他符合本条规定条件的组织。作为其他组织供应商的主要有，依法登记领取我国营业执照的个人独资企业、合伙企业、中外合作经营企业、外资企业、乡镇企业、街道企业等。现在施行的《民法总则》和2021年1月1日起施行的《民法典》第一百零二条规定，非法人组织是不具有法人资格，但是能够依法以自己的名义从事民事活动的组织。非法人组织包括个人独资企业、合伙企业、不具有法人资格的专业服务机构等。

对于法人与金融机构的分支机构的作为政府采购供应商的问题，将在下一节是否具备独立承担民事责任的能力部分中讨论，本节只讨论领取营业执照的企业能否成为其他组织供应商。

【案例 2[1]】个人独资企业能够作为供应商，参加政府采购吗

关 键 词：政府采购供应商 / 其他组织 / 个人独资企业

案例要点：个人独资企业属于其他组织，应当允许其参加政府采购。

案情简介

梧州某公司对“梧州职业学院常规类零星维修社会化服务采购项目竞争性磋商采购”（以下简称“该项目”）代理机构作出的质疑答复不满，于 2019 年 12 月 17 日向梧州市财政局投诉。投诉事项为中标单位某装修工程部提供的法定代表人身份证明书原件为虚假材料。请求取消第一中标人的资格，由第二中标人中标。

恒晟公司申辩：2019 年 11 月 26 日，该项目对供应商资格及要求并没有限制不具有法人资格的供应商前来竞标，某装修工程部作为个人独资企业符合该项目供应商资格及要求。2019 年 11 月 28 日，该项目在梧州市政府采购网、广西政府采购网公布中标（成交）结果公告；某装修工程部为该项目的中标供应商，属于个人独资企业，经营范围五金产品、机械设备批发兼营零售等。采购文件设置“服务商资格及要求符合《政府采购法》第二十二条的规定”。

梧州市财政局认为：

1. 关于梧州某公司认为中标供应商不具法人资格，存在提供虚假身份证明材料的问题。根据《政府采购法》第二十二条“供应商参加政府采购活动应当具备下列条件：（一）具有独立承担民事责任的能力……”规定，某装修工程部作为个人独资企业，其营业执照不具备企业法人资格，但具备独立承担民事责任的能力，符合《政府采购法》第二十二条的规定，该供应商所提供的相关身份证明材料符合相关法律规定。

2. 关于梧州某公司提出取消某装修工程部的第一中标人的资格，由第二中标人中标的诉求问题，梧州某公司的投诉事项缺乏事实依据。根据《政府采购质疑和投诉办法》第二十九条规定，梧州市财政局于 2020 年 1 月 20 日决定，驳回梧州某公司的投诉与投诉请求。

1　案例来源：梧财采决〔2020〕3 号。

案例评析 CASE ANALYSIS

1. 从法律规定的理解看，对个人独资企业是否有独立承担民事责任的能力，从不同的法律得出的结论不尽相同

一是从《个人独资企业法》的规定看，该法第二条将个人独资企业定义为“依照本法在中国境内设立，由一个自然人投资，财产为投资人个人所有，投资人以其个人财产对企业债务承担无限责任的经营实体”。该法第三十一条、第十八条规定，个人独资企业财产不足以清偿债务的，投资人应当以其个人的其他财产予以清偿。个人独资企业投资人在申请企业设立登记时明确以其家庭共有财产作为个人出资的，应当依法以家庭共有财产对企业债务承担无限责任。从这个角度理解，个人独资企业无独立承担民事责任的能力，不能像法人企业那样仅以企业的财产对外独立承担民事责任，当个人独资企业的财产不足以偿还债务时，其投资者要以出资以外的其他个人财产对企业的债务承担无限责任。而有限责任公司就具有独立承担民事责任的能力，如果公司不能清偿到期债务时，依法申请破产，不会影响股东的个人财产。

二是从《民事诉讼法》及其司法解释看，根据该法第四十八条和《最高人民法院关于适用〈中华人民共和国民事诉讼法〉的解释》第五十二条规定，依法登记领取营业执照的个人独资企业可以作为民事诉讼的当事人。

三是从《政府采购法》《政府采购法实施条例》看，根据该法第二十二条和该法实施条例第十七条规定看，提供个人独资企业的营业执照就符合供应商主体资格条件。再结合《个人独资企业法》规定，个人独资企业不仅以企业财产承担责任的，而且以投资人个人的其他财产甚至以其家庭共有财产承担无限责任，实际上比企业法人独立承担民事责任的强度要大得多。从这个角度看，不应当限制个人独资企业参加政府采购。

2. 从政府采购的实践看，做法各不相同

本案政府采购投诉处理的财政部门，是允许个人独资企业参加政府采购活动的，也有其他财政部门的做法上与其完全相反。如何防范风险呢？建议采购人或者采购代理机构在制作采购文件时，根据采购项目的特殊要求，将是否允许个人独资企业参加政府采购活动作为特定条件提出。这样的采购文件如果未经质疑、投诉，对各方政府采购当事人是有约束力的。

三、对自然人供应商的争议

自然人是具有自然生物属性的人，从出生开始就获得了民事主体资格。自然人供应商，是政府采购当事人中的一种特殊的供应商群体。根据我国《民法通则》规定，个体工商户、农村承包经营户、个人合伙人也都属于自然人。《民法总则》《民法典》第五十四条、第五十五条、第五十六条规定，自然人从事工商业经营，经依法登记，为个体工商户。个体工商户可以起字号。农村集体经济组织的成员，依法取得农村土地承包经营权，从事家庭承包经营的，为农村承包经营户。个体工商户的债务，个人经营的，以个人财产承担；家

庭经营的，以家庭财产承担；无法区分的，以家庭财产承担。农村承包经营户的债务，以从事农村土地承包经营的农户财产承担；事实上由农户部分成员经营的，以该部分成员的财产承担。

自然人参加政府采购的相关活动，必须具有完全的民事行为能力，能够行使民事权利，履行民事义务，特别是要能承担民事责任。自然人作为社会的基本主体，同样具有提供采购人所需产品和服务的能力，可以成为政府采购供应商。对于自然人供应商参加政府采购活动，出现争议较多的是有关个体工商户的身份问题。

【案例 3[1]】个体工商户作为政府采购供应商，如何认定其身份

关 键 词：小微企业 / 谈判文件 / 主体资格

案例要点：谈判文件要求供应商应当为小微企业时，因小微企业在经济学上概念包括个体工商户，而在法律层面没有明确说明包括个体工商户。因此，采购人或者采购代理机构在制定谈判文件的时候应进一步明确是否包括个体工商户，以免产生争议。

竞争性谈判、质疑、投诉情况

2016 年 10 月，慈溪市龙山中学委托慈溪市公共资源交易中心（以下简称“公共交易中心”）发布竞争性谈判文件。其中该文件第一部分第三条载明谈判响应方的资格要求为符合《政府采购法》第二十二条规定的投标人资格条件的小微企业均可参加投标，第四条载明供应商应携带的资料要求包括受委托代理人身份证原件及复印件、法人委托授权书等。该文件第四部分关于合格的谈判响应方对法人代表及财务主管提出了要求，关于谈判文件的组成要求提供法定代表人授权书等文件资料，关于竞争性谈判文件答疑的问题明确了对该文件存在疑问提出的时间及逾期不提出疑问则视为各谈判响应方均对此无异议的法律后果。泰州市某企业及慈溪市雅舍窗帘店均作为谈判响应方向采购代理机构提交了谈判响应文件。

2016 年 11 月 1 日，公共交易中心、慈溪市龙山中学分别收到泰州市某企业提交的质疑函。泰州市某企业公共交易中心、慈溪市龙山中学于 2016 年 11 月 21 日作出质疑答复。

2016 年 11 月 14 日，慈溪市财政局（以下简称“市财政局”）收到泰州市某企业就本案所涉采购项目提交的投诉，对慈溪市雅舍窗帘店是否为适格的谈判供应商的事项提出投诉。市财政局于 2017 年 1 月 10 日作出投诉处理决定，认为慈溪市雅舍窗帘店为合格的谈判供应商，决定驳回投诉人的投诉。

---

1 案例来源：（2017）浙 0282 行初 64 号。

原告诉求及观点

泰州市某企业不服市财政局投诉处理决定，以市财政局为被告于2017年5月31日向浙江省慈溪市人民法院提起行政诉讼称，市财政局适用法律、行政法规、部门规章不当，主要集中在“企业”和“个体工商户”的区别。根据《个体工商户条例》第二十八条，《民法通则》第二十六条、第二十九条，《物权法》第一百八十九条等规定，个体工商户不属于企业，企业也不包含个体工商户。市财政局错误地将个体工商户纳入企业范畴。同时，市财政局发出了竞争性谈判文件第一部分第四条第（二）项明确企业是需具有法人资格的。综上所述，市财政局作出投诉处理决定的行为违反相关法律、法规等，泰州市某企业诉请判令撤销市财政局投诉处理决定。

被告观点

市财政局辩称：市财政局作出的政府采购投诉处理决定认定事实清楚、证据确凿，程序合法，适用法律、法规正确。慈溪市雅舍窗帘店的营业执照类型为个体工商户，其经营者余泉爱是退休职工且谈判时在场，谈判委员会认定慈溪市雅舍窗帘店为合格的谈判响应方，符合本项目竞争性谈判文件对谈判响应方的资格要求，资格审查认定没有错误。个体工商户属于企业的范畴，泰州市某企业的起诉理由不能成立。首先，企业是经济学的概念，主要指以营利为目的、从事生产经营活动的经济组织，其概念本身并没有排斥个体工商户的存在。依照组织形式的不同，可以分为公司和非公司企业，后者如个人独资企业、合伙企业、个体工商户等。其次，小微企业是政府出于促进经济发展，增加就业的目的而从从业人员、营业收入、资产总额等经济学指标的角度对企业所作的细分，故其范围应当遵循企业的概念，即小微企业是小型企业、微型企业、个体工商户的统称。根据《中小企业划型标准规定》第六条，《政府采购促进中小企业发展暂行办法》第二条第一款、第二款规定，在政府采购活动中，只要个体工商户符合上述规定对小微企业的划型标准，就是符合资格的谈判响应方。故请求驳回泰州市某企业诉讼请求。

法院裁判及观点

本案中，慈溪市雅舍窗帘店是否为合格的谈判供应商的问题。本案所涉竞争性谈判文件明确谈判响应方的资格为符合《政府采购法》第二十二条规定的投标人资格条件的小微企业均可参加投标，在第三人慈溪市雅舍窗帘店已经提交相关涉税证明及经营者退休证的情况下，无其他证据表明慈溪市雅舍窗帘店不符合《政府采购法》第二十二条规定的条件，故该问题的关键在于慈溪市雅舍窗帘店能否划入小微企业的范畴。

《中小企业促进法》第二条第二款规定中小企业的划分标准由国务院负责企业工作的

部门根据企业职工人数、销售额、资产总额等指标，结合行业特点制定，报国务院批准。《中小企业划型标准规定》（工信部联企业〔2011〕300号）第二条明确中小企业划分为中型、小型、微型三种类型，具体标准根据企业从业人员、经营收入、资产总额等指标，结合行业特点制定。该规定第六条规定：本规定适用于在中华人民共和国境内依法设立的各类所有制和各种组织形式的企业，个体工商户和本规定以外的行业，参照本规定进行划型。

《国务院关于扶持小型微型企业健康发展的意见》明确将个体工商户纳入小型微型企业的范畴。由此可见，个体工商户亦可根据规模被划分为中型、小型及微型企业的可能，在行政法律关系领域，个体工商户并未被排除在《中小企业促进法》所要支持、扶持的中小微企业之外，市财政局将慈溪市雅舍窗帘店认定为小微企业，并赋予其谈判供应商资格，并无不妥。

至于泰州市某企业提出竞争性谈判文件中所载的关于法人委托授权书、法人代表、法定代表人授权书等内容可以确定有法定代表人的企业才为合格谈判供应商的问题，因竞争性谈判文件要求提供的资料文件实际上应根据各供应商前往谈判的人员来确定，并不能以此限定供应商的范畴，虽然竞争性谈判文件第四部分第三条使用了法人代表及财务主管的称谓，但该条系要求谈判响应方无刑事犯罪记录等欺诈行为，对没有法定代表人及财务主管仅有经营者的个体工商户而言，该处的法人代表应按照实际情况理解为经营者，亦不能以此推断或者限定该竞争性谈判文件所确定的适格供应商的范畴，故对泰州市某企业的该项主张，本院不予支持。

综上所述，市财政局作出慈财〔2017〕8号政府采购投诉处理决定书的行政行为，认定事实清楚，适用法律正确，程序基本合法，泰州市某企业要求撤销该行政行为的主张，无事实和法律依据，法院判决驳回泰州市某企业的诉讼请求。

案例评析 CASE ANALYSIS

1. 个体工商户是否属于企业

根据《民法通则》第二十六条关于个体工商户的规定以及该条所属的章节，可知个体工商户属于自然人范畴而不是法人。从经济学概念来说，企业主要是指以营利为目的，运用各种生产要素向市场提供商品或服务，实行自主经营、自负盈亏、独立核算的法人或其他社会经济组织。个体工商户不是法人，但属于社会发展进程中出现的社会经济组织的类型之一。因此，将其认定为经济学上的非公司制企业并无不当。而从法律意义上说，个体工商户与企业在登记、管理及财务等方面都存在一定的差别，这也是个体工商户与个人独资企业的区别之一。因此，从法律层面分析，个体工商户不属于企业。

2. 个体工商户是否属于国家政策下的小微企业

小微企业最早是由著名经济学家郎咸平教授提出的，是小型企业、微型企业、家庭作坊式企业、个体工商户的统称，在此概念意义上个体工商户被纳入小微企业。《中小企业促进法》第二条规定，“本法所称中小企业，是指在中华人民共和国境内依法设立的，人员规模、经营规模相对较小的企业，包括中型企业、小型企业和微型企业”。《中小企业划型标准规定》第六项规定：“本规定适用于在中华人民共和国境内依法设立的各类所有制和各种组织形式的企业。个体工商户和本规定以外的行业，参照本规定进行划型。”即个体工商户不是中小企业，但可以参照相同的标准划型。同时《国务院关于扶持小型微型企业健康发展的意见》（国发〔2014〕52 号）明确扶持的对象包含个体工商户。因此，个体工商户不是法律意义上的微型企业、小型企业、中型企业，但符合小型、微型标准的个体工商户属于经济学“小微企业”，可以享受相应的国家政策优惠。

3. 本案争议产生的原因是由于谈判文件的规定不规范所致

此次项目谈判文件规定符合《政府采购法》第二十二条规定的资格条件的小微企业均可参加谈判，实为多此一举。那么人们要问，大中型企业能否参加谈判，自然人能否参加谈判？如果谈判文件对此作出限制，也是属于以不合理的条件对供应商实行差别待遇或者歧视待遇，是违反法律规定的。小微企业参加政府采购，可以享受优惠政策，但不能理解为只能是小微企业参加。

第二节 对供应商应当具备条件的争议

供应商参加政府采购活动，应当具备一定的条件。具体条件如下：

一是法律、法规规定的条件，即供应商参加政府采购活动的六方面基本条件。《政府采购法》第二十二条第一款规定：“供应商参加政府采购活动应当具备下列条件：(一)具有独立承担民事责任的能力；(二)具有良好的商业信誉和健全的财务会计制度；(三)具有履行合同所必需的设备和专业技术能力；(四)有依法缴纳税收和社会保障资金的良好记录；(五)参加政府采购活动前三年内，在经营活动中没有重大违法记录；(六)法律、行政法规规定的其他条件。”

二是采购人规定的特定条件，即采购人根据采购项目的特殊要求另行对供应商提出的特定条件。《政府采购法》第二十二条第二款规定：“采购人可以根据采购项目的特殊要求，规定供应商的特定条件，但不得以不合理的条件对供应商实行差别待遇或者歧视待遇。”选择合格的供应商参加政府采购活动，是保障政府采购活动顺利进行的前提条件，应当给予各参与竞争主体以同等待遇，供应商之间只有能力的差别，而没有规模、地域、行业、所有制形式、组织形式等差别。采购人只能按照采购项目的特殊要求，限定供应商的特定条件。可见，提出特定条件是有限制的，即采购项目有特殊要求，特定条件是上述六方面基本条件以外的条件，不得是不合理的条件，不能对供应商实行差别待遇或者歧视待遇。

有的采购人以选择信用度好的供应商参加政府采购为由，将相关信用记录、信用名单作为政府采购的资格条件或评审因素，经常引起争议。财政部“指导性案例 22 号：C 大学游泳馆泳池设备采购项目投诉案”[1] 中指出，相关部门、行业对市场主体的信用评价与经营年限、经营规模、经营范围等因素存在直接关联，采购人、代理机构将相关信用记录、信用名单作为政府采购的资格条件或评审因素，与优化营商环境、促进中小企业发展的相关法规不符。采购人、代理机构可以通过减免投标保证金等方式，为符合条件的守信市场主体提供激励。但除《政府采购法》第二十二条规定的条件外，采购人、代理机构不得将具有特定等级的信用记录、信用名单作为资格条件或评审因素，影响政府采购的公平竞争。

对政府采购供应商是否具备条件的问题，是质疑、投诉的热点问题之一，主要争议有：

一、对供应商是否具有独立承担民事责任能力的争议

供应商具有独立承担民事责任的能力，才能参加政府采购的一切活动，与采购人签订政府采购合同，独立承担合同责任与义务。独立承担民事责任，指供应商以自己所拥有的财产承担其在民事活动中的债务及给他人造成损害的赔偿责任。“独立”的含义，即任何供应商的债务只能由它自己承担，国家、投资者和供应商组织内部的成员不对供应商的债务负责。企业法人与自然人如果拥有必要的财产并作为保证，独立承担民事责任是没有任何异议的。而对于其他组织，则应分别具体分析。《最高人民法院关于适用〈中华人民共和国民事诉讼法〉的解释》第五十二条第（五）项、第（六）项规定其他组织，即“依法设立并领取营业执照的法人的分支机构”“依法设立并领取营业执照的商业银行、政策性银行和非银行金融机构的分支机构”，具备民事诉讼主体的资格。在实践中，有三种不同的看法：

一是分支机构不能参加政府采购活动。法律依据是《政府采购法》第二十二条有关“具备具有独立承担民事责任的能力”和《公司法》第十四条，“分公司不具有法人资格，其民事责任由公司承担”。理由是，分公司的民事责任由总公司承担，有时还要向总公司或者总部请示汇报后，再来履行政府采购活动中的责任与义务，不能独立参加政府采购活动。

二是分支机构在总公司授权的前提下能够参加政府采购活动。法律依据是《政府采购法》第二十一条中有关其他组织也是供应商三种类型中的一种，《民法总则》《民法典》第七十四条第二款中有关“分支机构以自己的名义从事民事活动，产生的民事责任由法人承担；也可以先以该分支机构管理的财产承担，不足以承担的，由法人承担”的规定，分公司经过依法登记，有一定的组织机构和财产，具有相对独立的法律地位，可以从事与其法律地位相适应的民事活动。理由是，分公司是法定的“其他组织”，能以自己的名义从事

---

1 《指导性案例 22 号——C 大学游泳馆泳池设备采购项目投诉案》，载 http://www.cgpnews.cn/articles/50928，最后访问日期：2020 年 6 月 20 日。

包括政府采购在内的民事活动，但民事责任由法人承担，民事责任能力不完整。因此，在总公司授权下，分公司可以政府采购活动。

三是分支机构可以参加政府采购活动且无须总公司授权。法律依据是，除了上述《政府采购法》第二十一条，《民法总则》《民法典》第七十四条第二款中的相关规定外，《民事诉讼法》第四十八条，《最高人民法院关于适用〈中华人民共和国民事诉讼法〉的解释》第五十二条第（五）项、第（六）项规定，《公司登记管理条例》第四十七条、第四十八条规定。理由是，分公司是法定的“其他组织”，能以自己的名义从事包括政府采购在内的民事活动及参加诉讼活动，分公司由总公司设立并向公司登记机关申请登记，分公司变更登记事项也由总公司授权，登记的经营范围就是公司对分公司经营活动的授权范围，无须再针对单项事务的专门授权。

笔者认为，上述第三种观点，即分支机构可以参加政府采购活动且无须总公司授权，符合现行法律规定。那种担心分支机构参加政府采购会因其无法人资格而不具备具有独立承担民事责任能力的想法是多余的。因为《公司法》第十四条、《民法总则》《民法典》第七十四条第二款中，有关规定都未否认分支机构承担民事责任，还进一步明确了总公司的责任。所以，分公司在政府采购活动中发生的所有债权、债务和其他民事责任，总公司是其最终的法定承担人，应当认定分支机构为具有承担民事责任的能力。

【案例4[1]】分公司、分支机构是否具备独立承担民事责任能力，能够参加政府采购吗

关 键 词：供应商条件／独立承担民事责任／分公司（分支机构）

案例要点：对分公司（分支机构）是否具备独立承担民事责任能力的问题，政府采购实践中是有争议的，如采购文件特定条件中将是否允许个人独资企业参加政府采购活动明确予以规定，将会降低风险。

案情简介

2017年9月11日，商丘市财政局、商丘市政府采购中心作出“商丘市财政局‘公车信息化管理平台’项目（以下简称“该项目”）质疑答复书”。郑州华强电子有限公司（以下简称“华强公司”）不满意，于2017年9月14日向商丘市财政局投诉该局及商丘市政府采购中心。华强公司认为，根据《政府采购法》第二十二条第（一）款、《公司法》第十四条规定，分公司是不具备独立民事资格主体的，其民事责任应由公司承担。所以，即

1 案例来源：《商丘市财政局投诉处理决定书》，载 http://www.hngp.gov.cn/shangqiu/content?infoId=1507882246743219&channelCode=H750202&bz=0，最后访问日期：2020年6月20日。

使允许领取营业执照的分支机构参加投标，以“其他组织或自然人”的名义参加投标也不符合《政府采购法》对供应商必须“具有独立承担民事责任的能力”的资格要求。商丘市财政局认为，该项目竞争性磋商文件中“第一章 竞争性磋商公告中:六、供应商资格要求，第一条符合《政府采购法》第二十二条规定的条件”。认定的依据为:（1）根据《政府采购法》第二十二条供应商参加政府采购活动应当具备下列条件:第（一）款“具有独立承担民事责任的能力”。（2）根据《公司法》第十四条“公司可以设立分公司。设立分公司，应当向公司登记机关申请登记，领取营业执照。分公司不具有法人资格，其民事责任由公司承担”。中标供应商中国移动通信集团河南有限公司商丘分公司是不具有独立承担民事责任的能力，其资质不符合竞争性磋商文件对供应商资格要求，中标结果无效。根据《政府采购供应商投诉处理办法》（财政部第20号令）第十九条的规定，2017年10月12日，该局作出投诉处理决定，重新开展采购活动。

案例评析

CASE ANALYSIS

1.分公司不能独立承担民事责任，但不会因分公司财产所限而发生风险

一是从《公司法》看，该法第十四条规定，分公司不具有法人资格，其民事责任由公司承担。可见，公司法是认定分公司不具有法人资格、不能独立承担民事责任的。

二是从《民法总则》《民法典》看，该法第七十四条规定，法人可以依法设立分支机构。法律、行政法规规定分支机构应当登记的，依照其规定。分支机构以自己的名义从事民事活动，产生的民事责任由法人承担；也可以先以该分支机构管理的财产承担，不足以承担的，由法人承担。可见，《民法总则》《民法典》允许分支机构先承担民事责任，最终由法人兜底。

三是从《政府采购法》《政府采购法实施条例》看，根据该法第二十二条和该法实施条例第十七条规定看，提供分公司、分支机构的营业执照就符合供应商主体资格条件。再结合《民法总则》《民法典》规定，可以先以分公司管理的财产承担，不足以承担的由法人承担，民事责任的承担不会因分公司财产所限而发生风险。

2.有行业特殊情况的采购项目，可在采购文件中专门规定，允许分公司参加政府采购

本案政府采购投诉处理的财政部门，是不允许分公司参加政府采购活动的，也有其他财政部门做法上与其完全相反。如何防范风险呢？建议采购人或者采购代理机构在制作采购文件时，根据采购项目的特殊要求，将是否允许分公司参加政府采购活动作为特定条件提出。政府采购实践中，某些特定政府采购项目的参与主体往往是不具有法人资格、不独立承担民事责任的分公司，比如银行、保险等金融机构，石油石化、电力、通信等有行业特殊情况的采购项目，如果将分公司排斥于政府采购供应商范围之外，显然不符合这些采购项目的特点。这时，采购人或者采购代理机构会在采购文件中作出专门规定，允许分公司参加政府采购。

二、对供应商是否具有良好的商业信誉的争议

良好的商业信誉，是指供应商在生产经营活动中能够遵纪守法，诚实守信，有良好的履约业绩。这是从政府采购活动的高效率、高标准、严要求与安全性来考虑的，对于供应商是否具有良好的商业信誉，如何来设置该条件的资格要求，如何来审查，在政府采购活动中是一个难题。设置该条件的资格要求时，应当与采购项目的特点相适应。审查供应商是否具备良好的商业信誉，可以通过“国家企业信用信息公示系统”中的“经营异常名录”与“严重违法失信企业名单”来查询。

因为根据国务院《企业信息公示暂行条例》第十七条规定，企业未按照规定的期限公示年度报告或者未按照工商行政管理部门责令的期限公示有关企业信息的，企业公示信息隐瞒真实情况、弄虚作假的，会列入经营异常名录甚至列入严重违法企业名单，这样的企业就不具有良好的商业信誉。也可以通过“信用中国网站”的失信被执行人名单、重大税收违法案件当事人名单、政府采购严重违法失信记录名单和“中国政府采购网”中的政府采购严重违法失信行为记录名单以及“中国裁判文书网”“中国执行信息公开网”以及其他一切能够获取的途径，查询供应商商业信誉情况。

有的采购人在供应商是否具有良好的商业信誉的问题上看法比较片面，将相关部门、行业对市场主体的信用评价、信用记录、信用名单作为政府采购的资格条件，这是与优化营商环境、促进中小企业发展的相关法规不符，没有任何法律法规依据。

【案例5[1]】投标人与采购人曾有仲裁纠纷案件，且未履行仲裁裁决，是否具有良好的商业信誉，能否认定为无效投标

关 键 词：供应商条件/良好的商业信誉/与采购人曾有仲裁纠纷/未履行仲裁裁决

案例要点：只因合同违约发生纠纷不能就认定为不具备良好商业信誉，但对法院或者仲裁机构的已经生效的法律文书拒绝履行，难以认定商业信誉良好，投标人曾与采购人签合同且发生仲裁与诉讼纠纷，双方合作基础欠佳，可认定投标人无效投标。

招标、质疑答复、投诉处理情况

昆山某公司参加山东省产品质量检验研究院（以下简称“质量研究院”）实验室仪器、设备采购项目（以下简称“该项目”）招投标活动。2015年1月6日开标当日，招标代理机构山东英大招投标有限公司（以下简称“英大招标公司”）发现采购人质量研究院与昆山某公司存在纠纷且昆山某公司投标不符合招标文件的要求，故将其作为无效投标。

---

1 案例来源：(2016)鲁01行终673号。

2015 年 1 月 17 日英大招标公司收到昆山某公司落款时间为 2015 年 1 月 14 日的书面质疑函，该函认为参与涉案投标的三家天津公司报价差距小，存在围标嫌疑，招投标过程认定昆山某公司为不合格投标人的事实、法律依据不成立，且招标文件的限制条件不符合法律规定。后英大招标公司组织专家质证会，形成质证报告，该报告认为昆山某公司提出质疑的主张不能成立。英大招标公司于 2015 年 1 月 26 日向昆山某公司发出复函，告知原评审结果不变。

2015 年 3 月 4 日，山东省财政厅（以下简称“省财政厅”）收到昆山某公司的投诉书并受理。2015 年 4 月 16 日，省财政厅作出投诉处理决定书，认为：(1) 未发现天津三家投标公司存在串通围标行为。天津三家投标公司均为独立投标供应商，投标产品为各自厂家生产的不同品牌的产品，昆山某公司提供的天津三家公司的报价表不能直接证明三家公司存在串通围标行为。(2) 昆山某公司不符合该项目合格供应商的条件，其投标应作为无效投标。招标文件第 2.4 条对昆山某公司具有约束力。省财政厅认为，昆山某公司于 2008 年参加质量研究院为采购人的政府采购投标，采购项目为 52 立方米环境实验舱，昆山某公司中标且与质量研究院签订政府采购合同。后双方在合同履行过程中产生纠纷，质量研究院提起仲裁申请。济南仲裁委员会于 2014 年 1 月 21 日作出仲裁裁决，主要内容为质量研究院与昆山某公司签订的政府采购合同解除，昆山某公司向质量研究院返还货款 240000 元，支付律师代理费 15000 元，承担仲裁费 13239.96 元。后昆山某公司向山东省济南市中级人民法院提起申请，要求撤销上述仲裁裁决，山东省济南市中级人民法院于 2014 年 6 月 17 日作出民事裁定，驳回昆山某公司申请。其拒绝执行的行为违反该项目招标文件中第 2.4 条“在以往的政府采购活动中无违法、违规、违纪、违约行为且信誉良好”的规定，应作为无效投标。投诉人的投诉事项缺乏事实依据，驳回投诉。

原告诉求及观点

昆山某公司不服投诉处理决定，在法定期限内向济南市市中区人民法院提起行政诉讼称，省财政厅认为昆山某公司没有在期限之内提出异议，视为接受招标文件的约定，属于对法规的故意歪曲理解。招标文件中设置的“在以往的政府采购活动中无违法、违规、违纪、违约行为且信誉良好”，明显超出法律规定，阻碍公平竞争。从招标文件来看，根据合同法的规定，招标文件属于要约邀请，而并非邀约，要约邀请对双方并没有拘束力。招标文件附件六之附件一（投标函）来看，其中明确表明“我方对招标文件完全认同”，显属格式条款，且该条款已经侵害到昆山某公司之权益。提出质疑是供应商的权利，并没有表明未提出质疑就认同采购人设置的超越法律、法规的障碍。其他三家单位已经存在串通围标的行为。本次投标单位共四家，其中三家投标单位全部为天津的公司，从投标报价看，在这么大金额的投标项目中三家的投标价却如此惊人的一致，甚至差价在500元以内。而从本次招标书发布至开标这段时间，都未公布采购预算，各投标单位会根据自己方案的不同配置、不同成本，核算出不同的价格，其报价也会完全不一致。综上所述，昆山某公司认为，省财政厅之决定应予以撤销。

被告观点

省财政厅辩称，经依法调查，认定该项目其他三家投标公司不存在串标、围标行为。我厅受理投诉后，依法调阅、审查了该项目的招标资料、评审资料、投诉人投诉材料、被投诉人和相关当事人提供的答辩材料以及质证专家组出具的质证报告，未发现投诉的情形存在。上述三家投标公司均为独立投标供应商，所投产品为各自厂家生产的不同品牌的产品，虽然三家公司住所地均在天津、总报价相近，但其中分项报价不同，且法律未规定投标人均在同一地域、投标价格相近即为串标。昆山某公司未在法定的期限内对招标文件提出质疑，且昆山某公司于2015年1月5日出具《投标函》声明："我方对招标文件完全认同"，其参与投标即是其对招标文件的认同，应接受招标文件的约束。招标文件的设置完全符合法律规定，《政府采购法》第二十二条规定："供应商参加政府采购活动应当具有良好的商业信誉和健全的财务会计制度，采购人可以根据采购项目的特殊要求，规定供应商的特定条件，但不得以不合理的条件对供应商实行差别待遇或者歧视待遇。"采购人制作招标文件时，并不确定将要参与投标的潜在供应商是谁，上述规定对所有潜在供应商都公平适用，未实行差别待遇或者歧视待遇。招标文件第2.4条规定投标人应"以往的政府采购活动中无违法、违规、违纪、违约行为且信誉良好"。昆山某公司不符合招标文件规定的投标人资格条件。根据《政府采购货物和服务招标投标管理办法》（财政部令第18号）（现已修订）第五十四条规定"评标应当遵循下列工作程序：（一）投标文件初审。初审分为资格性检查和符合性检查"。第五十六条规定："投标文件属下列情况之一的，应当在资格性、符合性检查时按照无效投标处理：……（三）具备招标文件中规定资格要求的；（四）不符合法律、法规和招标文件中规定的其他实质性要求的。"因生效司法文书已明确认定昆山某公司在与该项目采购人之间的另一政府采购项目中，昆山某公司存在违约行为，应承担相应责任，但其拒绝履行生效司法文书。因此，昆山某公司不符合招标文件第2.4条规定的资格要求，评标委员会据此认定其为不合格投标人。综上，我厅投诉处理决定，证据确凿，事实清楚，程序合法，应予以维持，请依法驳回昆山某公司诉讼请求。

英大招标公司述称内容，其意见与省财政厅相同。

质量研究院述称，昆山某公司在我单位2008年的政府采购活动中存在明显违法行为，造成我方巨大经济损失，有相应的仲裁裁决书和民事裁定书为证。本次招投标活动中昆山某公司的投标不符合招标文件第2.4条规定的条件，因此省财政厅作出的处理决定是正确的。

法院裁判及观点

关于投标人中三家天津公司涉嫌围标的问题，该问题在昆山某公司质疑过程中，招标代理机构曾组织质证，专家出具质证报告，认为现有证据下不能证实昆山某公司主张。三家企业投标的价格存在价格差距小的问题不能直接作出三家企业存在围标的违法行为，且无证据证实昆山某公司主张。故省财政厅对该项投诉主张的处理并无不当。

关于昆山某公司投标人资格即将昆山某公司投标认定无效投标的问题。昆山某公司参加涉案政府采购招投标活动，必须遵守法律、法规的规定，并符合招标文件确定的要求，如果对招标文件存在异议，应当按照法定或约定的程序进行主张和救济，昆山某公司在特定期限内未提出异议，即为承诺遵守招标文件的规定。故昆山某公司在本案中提出招标文件有关规定违法或不当的主张不应得到支持。企业在市场经营中违反合同约定的行为即为违约行为，但不宜绝对的判断为信誉低下。昆山某公司与质量研究院曾在政府采购合同的履行中产生纠纷，对于各自主张，仲裁机构及人民法院已经作出生效的裁决和裁定，这是任何公民和组织必须遵守的。即使昆山某公司对已经生效的裁判存在异议，可以依程序进行救济，但仍需完整的履行确定的义务。虽然判断“信誉低下”及其程度尚无明确的法律规定，且涉案招标文件也未明确予以说明，但昆山某公司不履行生效裁判、裁决的行为不会是“信誉良好”构成的正面因素。

综合本案案情，省财政厅在投诉处理决定书中认定昆山某公司违反招标文件第2.4条“在以往的政府采购活动中无违法、违规、违纪、违约行为且信誉良好”的规定，但省财政厅并未明确说明昆山某公司的行为具体和明确的定性，认定事实不够准确。本院认为，昆山某公司的违约行为及后续不履行生效裁判、裁决的行为至少对招标文件确定的“信誉良好”是不对应的。本身合同履行需要依据合同条款的约定，但在约定之外有未约定的很多因素，故也需自觉、诚信和协商。尤其在本案中，昆山某公司曾与质量研究院签订过政府采购合同且双方为此展开长时间的仲裁和诉讼活动，昆山某公司与质量研究院在本次政府采购活动中进行合作的基础极为薄弱，这并非政府采购和市场活动的目的所在。故昆山某公司参加本次政府采购活动的综合条件不具备，投诉处理决定书认定昆山某公司无效投标，处理结果并无不当。

综上所述，昆山某公司依据现有的证据不足以推翻省财政厅投诉处理决定书，对其诉讼请求，本院不予支持。依照《行政诉讼法》第六十九条的规定，法院判决驳回昆山某公司的诉讼请求。

案例评析 CASE ANALYSIS

1. 只因合同违约发生纠纷，不能因此认定为不具备良好商业信誉

因市场因素与企业经营情况复杂，民事主体在合同履行过程中的违约行为及因此而产生纠纷，因各方主张不同，有时很难肯定一方绝对守约，一方绝对违约，这就不能当然视为供应商没有良好商业信誉。

2. 对法院或者仲裁机构的已经生效的法律文书拒绝履行，难以认定商业信誉良好

对于投标人与采购人在之前纠纷中的各自主张，仲裁机构及人民法院已经作出生效的法律文书，如果存在异议可依程序救济，但应履行依法已经确定的义务。对于昆山某公司不履行生效裁判、裁决的行为，是难以仍然认定其商业信誉良好的。

3. 认定昆山某公司无效投标是正确的

昆山某公司曾与采购人签有政府采购合同且双方为此长期陷入仲裁与诉讼活动，双方合作基础欠佳。法院认定昆山某公司参加本次政府采购活动的综合条件不具备，认定昆山某公司无效投标，处理结果并无不当。笔者认为，法院的这一判决是正确的。

三、对供应商财务会计制度、履行合同能力、缴纳税收和社保资金记录的争议

《政府采购法实施条例》第十七条规定："参加政府采购活动的供应商应当具备政府采购法第二十二条第一款规定的条件，提供下列材料：……（二）财务状况报告，依法缴纳税收和社会保障资金的相关材料；（三）具备履行合同所必需的设备和专业技术能力的证明材料；……" 以上几个方面，都是根据财务状况报告等证明材料进行审查的，经常发生争议的有：

（一）对有关健全的财务会计制度的争议

健全的财务会计制度，是指供应商对现行的财务会计管理制度，能严格执行且制度健全、账务清晰，能够按规定真实、全面地反映企业的生产经营活动。健全的财务会计制度主要通过依法作出的财务状况报告来审查，包括经审计的财务报告、银行出具的资信证明等。健全的财务制度是供应商经营能力保障之一，反映其内部管理与治理结构的完善程度，也是政府采购项目能够顺利实施重要条件。实践中容易发生争议的是，采购文件对财务报告所要求的条件是否合理，某一供应商的财务报告是否经过审计，是否真实，是否与采购文件要求不符等。

（二）对有关履行合同所必需的设备和专业技术能力的争议

履行合同所必需的设备和专业技术能力，是供应商保质保量完成政府采购项目的"硬件"基础与"软件"基础。一般是根据采购项目的特点，如果确实需要提供是否具有相关

设备与相关技术人员存在的证明，供应商应当按采购文件要求予以提供。这是考证供应商履约能力与业务水平的最直接的书面要求，是保证政府采购活动顺利进行的直接要求。供应商容易提出异议的有，采购文件所要求的设备与技术人员证明材料是否合理，某一供应商提供的材料是否符合事实，是否符合采购文件要求等。尽管企业营业执照上的经营范围不能完全反映企业的专业技术能力，但是有时也能从中考察该企业是否具备采购项目所要求必需的设备和专业技术能力。财政部"指导性案例 29 号：X 厅信息应用平台采购项目投诉案"[1]，该项目采购的服务内容与范围包含软件开发、系统集成建设和安全服务等。T 公司提供的营业执照显示，其经营范围包括印刷技术的研发、纸制品、包装制品的生产、加工、销售等印刷行业相关经营内容。财政部认为，市场主体明显不具有履行合同所必需的设备和专业技术能力的，不属于潜在供应商。

（三）对有关缴纳税收和社保资金良好记录的争议

要求供应商有依法缴纳税收和社会保障资金的良好记录，这是供应商参加政府采购活动最起码的信誉度与合法性方面的条件，也反映了供应商在社会公众面前的形象。在实践中，供应商一般按照采购文件要求，提供参加政府采购活动前一段时间内缴纳税收与社会保障资金的凭据。经常发生争议的是，某一供应商是否属于依法减免税或者不需要缴纳社保资金的对象，供应商提供的凭据是否虚假，是否是其他单位代缴等。

对供应商是否具备上述条件，一是审查供应商提供证明材料，二是审查供应商有没有相应的负面评判及其程度如何。

【案例 6[2]】对个体工商户参加政府采购是否具备条件，应如何审查

关 键 词：供应商条件 / 健全的财务会计制度 / 必需的设备 / 专业技术能力 / 缴纳税收和社保资金

案例要点：个体工商户，对其是否具备参加政府采购活动条件的审查比较特殊，应根据法律、法规规定和采购文件要求进行审查。

案情简介

临沂某公司于 2019 年 12 月 17 日对宁波市公安局江北分局"江北区犬类收容所留置中心犬粮招标采购项目"采购活动提出质疑，宁波市安全三江工程咨询招标代理有限公司

---

1 《指导性案例 29 号——X 厅信息应用平台采购项目投诉案》，载 http://www.cgpnews.cn/articles/51430，最后访问日期：2020 年 6 月 20 日。

2 案例来源：江北采购处字〔2020〕第 1 号。

（以下简称“安全三江公司”）于 2019 年 12 月 26 日作出质疑回复，因临沂某公司对质疑答复不满意，向宁波市江北区财政局（以下简称“区财政局”）提起投诉。投诉事项为：（1）预中标供应商宁波市鄞州瞻岐欣兴宠物用品店（以下简称“宠物用品店”）是 2019 年 7 月刚刚成立的个体工商户，非独立法人，没有具备良好的商业信誉和健全的财务制度。（2）宠物用品店无注册资金、无经营场地、无雇工人员、三无个体工商户不具有履行合同所必需的设备和专业技术能力。（3）宠物用品店，没有依法缴纳税收和社会保障资金的良好记录，没有用注册公司来办理相关的社会保障资金，无权参加政府采购。（4）安全三江公司没有认真履行职责审查投标人资质，审查不严谨，有失公允。（5）安全三江公司处理质疑有问题。请求依照《政府采购法》第二十二条规定，废除宠物用品店中标资格，顺延至第二名中标。

区财政局经审查认为：（1）宠物用品店的响应文件中提供了有效的个体工商户营业执照、银行资信证明书，显示账户结算记录正常，可以作为供应商商业信誉和财务会计制度的证明。（2）该项目招标文件未要求供应商具备生产设备，也无须提供后续专业服务，生产商和经销商均可参与。宠物用品店具备实体经营场所，经营范围和提供的产品参数符合招标文件需求。该项目为普通货物询价采购标，履行该项目合同不涉及“必需”的设备和专业技术能力的要求。宠物用品店作为个体工商户无需注册资金，也没有法律规定必须雇佣员工，就此认定投标供应商不具有履行合同的能力，拒绝个体工商户参与政府采购投标，与《政府采购法》提倡的公平竞争精神相悖。（3）宠物用品店成立时间为 2019 年 7 月，在其成立至投标截止时间内，该公司依法缴纳税收并提供了缴纳税收证明。宠物用品店经营者是李某，无其他雇用人员，根据《社会保险法》第十条、第二十三条规定“无雇工的个体工商户可以参加基本养老保险和基本医疗保险，由个人缴纳基本养老保险费和基本医疗保险费”，李某已提供个人社保缴纳凭证且已累计缴纳满 15 年，已满足达到法定退休年龄领取基本养老金资格。没有法律法规规定参加政府采购活动必须以公司名义缴纳社会保障资金，宠物用品店已提供相应证明材料，证明其已依法缴纳税收和社会保障资金，可以参与政府采购活动。（4）宠物用品店已提供了法律法规要求的相关证明材料，且经营范围符合招标需求，具备参与该项目投标的资格。安全三江公司已履行了对供应商的资格审查，不存在审查不严谨，有失公允的情形。（5）临沂某公司质疑日期为 2019 年 12 月 17 日，采购人和其委托的代理机构安全三江公司质疑答复函日期为 2019 年 12 月 25 日，答复内容对应质疑事项。安全三江公司于 2019 年 12 月 26 日发布了该项目中标公告。安全三江公司的答复日期符合法律法规规定的期限，且对质疑内容作了对应答复。临沂某公司认为采购结果先公示后公告的说法缺乏法律依据，安全三江公司于 2019 年 12 月 26 日发布该项目中标公告，符合法定程序。根据审查结果，依据《政府采购法》第五十六条，区财政局于 2020 年 1 月 14 日作出投诉处理决定，决定驳回投诉人的投诉。

案例评析

CASE ANALYSIS

该项目的成交供应商为个体工商户，对其是否具备参加政府采购活动条件的审查比较特殊：一是财务报告，依法缴纳税收和社会保障资金的相关材料，宠物用品店已提供银行资信证明书，显示账户结算记录正常；二是采购文件未要求供应商具备生产设备，也无须提供服务，宠物用品店具备实体经营场所，提供的产品参数符合采购文件；三是宠物用品店成立至响应文件截止时间内，提供了缴纳税收证明，宠物用品店是无雇工的个体工商户可以参加基本养老保险和基本医疗保险，由个人缴纳基本养老保险费和基本医疗保险费，经营者已提供个人社保缴纳凭证且已累计缴纳满 15 年，已满足达到法定退休年龄领取基本养老金资格。该财政局认为宠物用品店可以参与政府采购活动，是完全正确的。

四、对有关在经营活动中有重大违法记录的争议

对供应商应具备的条件中，最常见的争议为是否有重大违法记录问题。《政府采购法实施条例》第十九条第一款规定："政府采购法第二十二条第一款第五项所称重大违法记录，是指供应商因违法经营受到刑事处罚或者责令停产停业、吊销许可证或者执照、较大数额罚款等行政处罚。"什么是"重大违法记录"，可分为受到刑事处罚和受到行政处罚两种情况。近年来，全国各地的财政部门通过不良记录、惩戒制度、计分披露等方式对政府采购有关当事人实行诚信鼓励、失信制约的机制，通过政府采购监督管理建立诚信机制，通过诚信机制促进政府采购的监督管理。应当指出的是，不良信用记录不是重大违法记录，不能成为采购人限制供应商参与某一采购项目的特定条件。财政部"指导案例 7 号：×× 无线网络系统扩容采购项目举报案"[1] 中指出，重大违法记录主要是基于对供应商违法行为的刑事、行政处罚而产生的，在没有刑事、行政处罚的情况下，任何单位不得以信用记录等形式限制供应商参与政府采购活动。对受到刑事处罚和受到行政处罚与重大违法记录之间的关系，最容易发生争议的有：

（一）对是否受到刑事处罚的争议

重大违法记录中的刑事处罚，是指供应商在经营活动中违法而受到的刑事处罚。在实际操作中，对刑事处罚比较容易把握，一般以生效刑事判决书为依据。如果供应商是法人或者其他组织，所受的刑事处罚是罚金，而不是其他刑罚；如果供应商是个体工商户所受刑事处罚与自然人相同，即主刑有管制、拘役、有期徒刑、无期徒刑和死刑。附加刑有罚金、剥夺政治权利和没收财产。对相关刑事处罚，能否认定为重大违法记录，经常发生争议的有：

---

1 《指导案例 7 号：XX 无线网络系统扩容采购项目举报案》，载 http://www.ccgp.gov.cn/aljd/201711/t20171121_9197450.htm，最后访问日期：2020 年 6 月 20 日。

1. 有关供应商法定代表人或其他工作人员被认定违法犯罪与供应商关系的争议

在政府采购活动中，不少人经常将其他供应商法定代表人、高级管理人员、工作人员的违法行为与重大违法纪录混为一谈，有的即使不直接认定为有重大违法记录，也要认定为不具有良好的商业信誉，经常产生纠纷。

【案例 7[1]】判决认定供应商工作人员曾行贿 5 万元，是否能认定该供应商有重大违法记录

关 键 词：供应商条件 / 重大违法记录 / 行贿

案例要点：生效刑事判决书认定供应商工作人员行贿事实，未对供应商是否犯行贿罪作出认定，不能证明其在经营活动中有重大违法记录。

招标、质疑、投诉情况

榆树市农业环境保护与农村能源管理站委托吉林省机械设备成套招标公司（以下简称“设备成套公司”）对 2014 年农村户用沼气建设项目所需有机玻璃钢沼气池采购及安装项目（以下简称“该项目”）进行采购。成都某公司、北京某公司等为投标供应商。2015 年 7 月 28 日，设备成套公司公告了中标结果，中标供应商为北京某公司。

成都某公司认为中标人北京某公司在参加政府采购活动前三年内，在经营活动中有重大违法记录，不是合格投标人，中标结果使其合法权益受到损害，遂于 2015 年 8 月 5 日向设备成套公司提出书面质疑，设备成套公司于 2015 年 8 月 7 日作出答复，认为成都某公司提供的（2014）绵刑初字第 29 号刑事判决不足以证明北京某公司有行贿犯罪记录，也不足以证明其在参加政府采购活动前三年内，在经营活动中有重大违法记录。

成都某公司对该答复不满意，于 2015 年 8 月 11 日向榆树市财政局提起投诉，该局于 2015 年 12 月 23 日作出投诉处理决定认定：依据《政府采购法》第二十二条、《政府采购法实施条例》第十九条以及本次招标文件“凡有意参加投标者，持检察院出具的企业无犯罪记录证明原件”等法律法规，北京某公司响应并符合该项目招标文件的实质性要求。设备成套公司所发布的中标公告符合法律规定，中标结果有效。成都某公司所提交投诉书证据不足，根据《政府采购供应商投诉处理办法》第十七条第二款的规定，依法对投诉人成都某公司的投诉予以驳回。

原告诉求及观点

成都某公司不服，以榆树市财政局为被告，向吉林省榆树市人民法院提起行政诉讼，

1 案例来源：（2016）0182 行初 4 号。

请求判决榆树市财政局变更其作出的投诉处理决定。成都某公司诉称，经查中国裁判文书网，北京某公司在近三年内有行贿行为，（2014）绵刑初字第29号刑事判决书确认了北京某公司通过行贿促进公司销售玻璃钢沼气池的事实。该事实足以证明北京某公司有不遵守国家法律、法规的行为，不具备《政府采购法》“第22条（二）具有良好的商业信誉和健全的财物会计制度”中的“良好的商业信誉”。北京某公司的行贿违法行为在生效的判决书中予以确认，即确认了该公司有重大违法记录，违反了《政府采购法》第二十二条第五款“参加政府采购活动前三年内，在经营活动中没有重大违法记录”的规定。故提起诉讼，请求判决榆树市财政局更改投诉处理决定。

被告答辩及观点

榆树市财政局辩称，被答辩人的诉讼请求缺乏事实及法律依据，请求法院驳回其诉讼请求。

法院裁判及观点

法院另外查明，2015年7月6日，北京市顺义区人民检察院出具京顺检预查［2015］1424号检察机关行贿犯罪档案查询结果告知函，告知北京某公司在查询期限从2005年7月6日到2015年7月5日，未发现有行贿犯罪记录。又查明，四川省绵阳市中级人民法院（2014）绵刑初字第29号刑事判决书关于被告人原四川省农村能源办公室主任屈某犯受贿罪事实部分认定，2013年左右，屈某应北京某公司原成都办事处负责人宋某的请求，答应继续支持公司在四川的发展，收受宋某所送现金人民币5万元。法院认为，《政府采购法实施条例》第十九条第一款规定，根据《政府采购法》第二十二条第一款第五项，四川省绵阳市中级人民法院（2014）绵刑初字第29号刑事判决是针对原四川省农村能源办公室主任屈某犯受贿罪所作出的刑事判决，该判决并未对北京某公司是否犯行贿罪作出认定，故不能证明北京某公司曾因行贿受到刑事处罚，也不能证明其因违法经营受到其他刑事处罚或者责令停产停业、吊销许可证或者执照、较大数额罚款等行政处罚。北京市顺义区人民检察院出具检察机关行贿犯罪档案查询结果告知函也能够证明北京某公司从2005年7月6日到2015年7月5日，没有行贿犯罪记录，成都某公司的投诉缺乏事实依据。榆树市财政局依据《政府采购供应商投诉处理办法》第十七条第二项“投诉缺乏事实依据的，驳回投诉”之规定，驳回成都某公司的投诉并无不当。经开庭审理，榆树市财政局对成都某公司的投诉处理程序等方面符合法律规定，且双方当事人均无异议，法院对此予以确认。综上，榆树市财政局作出的投诉处理决定证据确凿，适用法律、法规正确，符合法定程序，成都某公司的诉讼请求不予支持。综上判决驳回成都某公司的诉讼请求。

案例评析

CASE ANALYSIS

1. 生效判决书所认定的行贿事实不能证明供应商被刑事处罚

生效刑事判决书尽管认定该供应商工作人员行贿的事实，但仅是针对他人犯受贿罪所作出的刑事判决，未对该供应商是否犯行贿罪作出认定，不能证明其曾因行贿受到刑事处罚，也不能证明其因违法经营受到其他刑事处罚或者责令停产停业、吊销许可证或者执照、较大数额罚款等行政处罚。即使退一步说，如果供应商的工作人员被判犯行贿罪，也不能证明供应商就有重大违法记录，不能将个人被刑事处罚与单位被刑事处罚相混淆。

2. 检察机关无行贿犯罪记录证明，也证明工作人员的行贿事实未对该供应商重大违法记录问题造成影响

在政府采购活动中，采购文件往往要求供应商提供检察机关行贿犯罪档案查询结果告知函，该告知函也证明该供应商在相应期间内没有行贿犯罪记录。因此，财政部门的投诉处理决定是正确的。

2. 有关个人独资企业、个体工商户经营者被判刑与供应商关系的争议

个人独资企业，是指个人出资经营、归个人所有和控制、由个人承担经营风险和享有全部经营收益的企业。个体工商户，指公民在法律允许的范围内，依法经核准登记，从事工商业经营的家庭或户，个体工商户还可以起字号，并以其字号进行活动。个人独资企业与个体工商户的区别主要有：(1) 个人独资企业有固定的生产经营场所和合法的企业名称，而个体工商户可以不起字号名称，也可以没有固定的生产经营场所而流动经营。(2) 个体工商户的投资者与经营者是同一人，而个人独资企业的投资者与经营者可以是不同的人。(3) 个人独资企业可以设立分支机构，个体工商户不能设立分支机构。(4) 个人独资企业是其他组织，以企业的名义参加政府采购活动；个体工商户以自然人或者字号参加政府采购活动。

个体工商户都是投资人个人经营，有的是夫妻共同经营，有的是家庭共同经营。因为个体工商户属于自然人，经营者因违法经营被刑事处罚，应当视为该供应商有重大违法记录。个人独资企业因为投资人与经营者可以分离，投资人或者经营者被刑事处罚，该刑事处罚对参加政府采购是否有影响，实践中经常发生争议。

【案例 8[1]】刑事判决书认定个人独资企业投资人的丈夫犯行贿罪，该企业是否应认定存在重大违法记录

关 键 词：供应商条件 / 个人独资企业 / 投资人 / 夫妻关系 / 重大违法记录

1 案例来源：(2017) 粤 0606 行初 357 号。

案例要点：对于个体工商户与个人独资企业的经营者有重大违法记录的，应视为该个体工商户与个人独资企业有重大违法记录。对于经营者的认定，应当以政府主管部门的登记为准。

招标、质疑、投诉情况

采购人佛山市南海殡仪馆委托广东采联采购招标有限公司（以下简称“采联招标公司”），于2016年11月29日发出招标公告，对“佛山市该项目”（以下简称“该项目”）进行公开招标采购。其后共有阳春市某公司、四会市某厂等6家供应商参与该项目的投标，中标供应商为四会市某厂。

阳春市某公司对中标结果不服，向采联招标公司提出质疑。采联招标公司回复阳春市某公司，告知其该项目在评审过程中未对四会市某厂的资格性、符合性提交的资料提出异议，对于阳春市某公司在质疑函中提及的佛山市三水区殡仪馆棺木供货服务采购项目（以下简称“三水采购项目”）与该项目的政府采购活动没有联系，阳春市某公司以该项目不相关的其他项目情况来推断该项目的客观情况，缺乏事实依据，采联招标公司不予受理。

2017年1月19日，阳春市某公司向佛山市区财政局（以下简称区财政局）提出投诉，认为中标供应商四会市某厂涉嫌隐瞒了行贿犯罪行为进行投标，四会市某厂实际投资人是江某，其个人犯罪行为也代表个人独资企业行为，被投诉人采联招标公司回避关键质疑问题，没有认真核查四会市某厂弄虚作假行为。区财政局于同年1月23日依法受理该投诉后，于2017年2月27日作出投诉处理决定，决定驳回阳春市某公司的投诉。

原告诉求及观点

阳春市某公司对该决定不服，以区财政局为被告，四会市某厂和采联招标公司为第三人，向广东省佛山市顺德区人民法院（以下简称“区法院”）提起诉讼。阳春市某公司诉称，（1）区财政局不履行调查取证的法定职责，违反法定程序，该局应当查明两个关键事实：中标供应商实际投资人到底是否是江某，为什么在广东省佛山市三水区人民法院（2015）佛三法刑初字第761号《刑事判决书》（以下简称“三水法院刑事判决”）已明确认定江某是四会市某厂老板。（2）区财政局认定事实确有错误，行政决定依据的主要证据不足。区财政局片面根据中标供应商的投标文件及《企业信用信息公示报告》武断认定中标供应商投资人从成立至今均为林某，并非为江某，且未发现中标供应商有负面记录或列入黑名单，但区财政局没有到三水区法院、四会市工商局调取相关证据，回避了本案关键事实：江某是否是四会市某厂实际老板，是否因存在行贿罪被判刑。（3）四会市某厂的投标行为应作无效投标处理。该四会市某厂的投资人表面上是林某（江某妻子），而实际投资人是江某，江某行贿行为实际上是四会市某厂行贿违法犯罪行为，江某在三水法院开庭审理过程中对此认定不持异议，根据《个人独资企业法》的规定：“个人独资企业是指由一个自然人投资，财产为投资人个人所有，投资人以其个人财产对企业债务承担无限责任的经营实体。”个人独资企业能否成为犯罪主体，根据最高人民法院《关于审理单位犯罪案件具体应用法律有关问题的解释》规定，在我国司法实践中，对于不具有法人资格的私营独资企业和私营合伙企业实施的犯罪行为，应当依照刑法有关自然人犯罪的规定定罪处罚。因此，虽然三水法院刑事判决的是四会市某厂老板江某行贿罪，但该行贿所得非法利益是由四会市某厂独资企业所得，实际上是四会市某厂存在违法犯罪行为，因为拟制的“法人”行为都是由单位的自然人代为行使的。依据《政府采购法》第七十七条规定，阳春市某公司请求区财政局要对四会市某厂参与该项目的投标行为作无效投标处理，以维护政府采购的公平正义。

被告答辩及观点

区财政局辩称，（1）区财政局作出的投诉处理决定认定事实清楚，合法有据。第一，中标供应商的工商登记资料显示其为个人独资企业，依据《个人独资企业法》第二条，该项目虽是以四会市某厂的名义进行投标，但因四会市某厂是个人独资企业，不具备法人资格也不能独立承担民事责任，依据《政府采购法》第二十二条，该项目中标供应商实质应是四会市某厂的投资人，即林某。第二，依据四会市某厂向区财政局提供的相关证明材料，如四会市检察院出具的检察机关行贿犯罪档案查询结果告知函，均未发现四会市某厂、林某存在行贿犯罪记录。且从四会市某厂提交的解除劳动关系协议上看，中标供应商与江某之间已于2015年5月22日解除劳动关系。第三，三水法院刑事判决载明江某为四会市某厂的老板、三水法院刑事判决则未说明江某与四会市某厂之间的关系，且两份判决书时间为2016年3月10日、3月11日，是在该项目招标公告发布日2016年11月29日之前，即使江某之前是四会市某厂的实际投资人，也不排除四会市某厂参与投标时投资人已依法变更为林某。（2）区财政局作出的投诉处理决定程序合法，适用法律正确。（3）阳春市某公司诉求无事实和法律依据，应予驳回。阳春市某公司所要求查明的第一点事实与区财政局作出投诉处理决定并无关系，即使阳春市某公司所述属实，因中标供应商未存在提供虚假材料这一违法行为，也未有证据证明四会市某厂参与该项目投标时投资人是江某，也不应认定四会市某厂中标无效。至于四会市某厂的成立问题，阳春市某公司所质疑内容不属于投诉处理决定审查的范围，应与本案无关，但四会市某厂已作出解释并提供机读档案登记资料予以证明，其是由个体升级至个人独资企业，个体户成立日期为2006年3月1日。

综上所述，区财政局请求法院依法驳回阳春市某公司诉求。

法院裁判及观点

四会市某厂成立于2006年3月1日，原属个体工商户，其经营者为林某。2010年12月28日注销，于2011年1月4日变更为个人独资企业，投资人为林某。阳春市某公司认为其实际投资人为江某没有事实依据，对阳春市某公司的该主张，区法院不予支持。关于阳春市某公司投诉的事项，区财政局根据核查的情况，认定中标供应商四会市某厂为个人独资企业，其投资人从成立起至今均为林某，并非江某，区财政局也未发现四会市某厂有负面记录或列入“黑名单”，并未发现存在违法违规的情况。

关于阳春市某公司提及的区财政局不履行调查取证的法定职责的问题，根据《政府采购供应商投诉处理办法》第十四条的规定，区财政局采取书面审查阳春市某公司的投诉事项，根据其调查核实的证据，认为没有必要进行调查取证，并无不当。且根据区法院向三水区法院调取的刑事开庭笔录及阳春市某公司提供的该两案的刑事判决书，并无体现本案四会市某厂的实际投资人为江某，阳春市某公司暂无证据证明江某的刑事犯罪与本案四会市某厂中标行为有联系。

综上所述，区法院依照《行政诉讼法》第六十九条之规定，判决驳回阳春市某公司的诉讼请求。

案例评析 CASE ANALYSIS

1. 个体工商户、个人独资企业不能成为单位犯罪主体

因我国法律对个体工商户是将其归纳于自然人的类别，个体工商户犯罪不作为单位犯罪，认定为自然人犯罪。所以，对于个体工商户的经营者有重大违法记录的，应视为该个体工商户有重大违法记录。对这样认定，没有任何争议。

个人独资企业能否成为单位犯罪主体？国家统计局、国家工商行政管理局1998年8月28日《关于划分企业登记注册类型的规定》（国统字〔1998〕200号）第九条第一款规定：“私营企业是指由自然人投资设立或由自然人控股，以雇佣劳动为基础的营利性经济组织。包括按照《公司法》、《合伙企业法》、《私营企业暂行条例》规定登记注册的私营有限责任公司、私营股份有限公司、私营合伙企业和私营独资企业。”《最高人民法院关于审理单位犯罪案件具体应用法律有关问题的解释》第一条规定，《刑法》第三十条规定的“公司、企业、事业单位”，既包括国有、集体所有的公司、企业、事业单位，也包括依法设立的合资经营、合作经营企业和具有法人资格的独资、私营等公司、企业、事业单位。可见，私营企业包括三类：公司制企业、合伙企业、个人独资企业。公司制企业可以成为单位犯罪主体是没有疑问的。我国法律将不具备法人资格的合伙企业、个人独资企业排除在单位犯罪主体之外。对个人独资企业涉及的犯罪，我国法律一向将其视为自然人犯罪而不承认其为单位犯罪。因此，对于个人独资企业涉及的犯罪行为，也应当视为自然人犯罪。

2. 个体工商户、个人独资企业经营者的重大违法记录应视为该个体工商户、个人独资企业有重大违法记录

许多个体工商户、个人独资企业是夫妻或者其他家庭成员共同经营的，那么夫妻或者其他家庭成员中只要有一人有重大违法记录，就应当视为该个体工商户、个人独资企业有重大违法记录。对于经营者的认定，应当以政府主管部门的登记为准。该项目成交供应商的工商档案登记资料显示，为个人独资企业，投资人为林某，并非其夫江某，不属于夫妻共同经营。没有证据证明江某的刑事犯罪与本案争议的政府采购成交行为有联系。因此，财政部门作出驳回投诉人投诉的决定事实清楚，适用法律正确。

（二）对行政处罚中重大违法记录的争议

根据《政府采购法实施条例》第十九条规定，责令停产停业、吊销许可证或者执照、较大数额罚款等行政处罚，是《政府采购法》第二十二条第一款第（五）项所称的重大违法记录。在实际操作中，对责令停产停业、吊销许可证或者执照，比较容易把握，一般以生效的行政处罚决定为依据。但对较大数额罚款的规定，准确理解并非易事。

但如果对照《行政处罚法》第四十二条规定，就比较容易理解了。该条规定："行政机关作出责令停产停业、吊销许可证或者执照、较大数额罚款等行政处罚决定之前，应当告知当事人有要求举行听证的权利；当事人要求听证的，行政机关应当组织听证。"可见，上述两条规定中"责令停产停业、吊销许可证或者执照、较大数额罚款等行政处罚"的部分内容完全相同。这就可以得出这样的结论，政府采购中的"重大违法记录"，是与《行政处罚法》第四十二条符合当事人有要求听证权利的，作为相同的"规格"来对待的。

（三）对较大数额罚款的争议

多大数额的罚款为较大数额的罚款，是最容易发生的争议。我们应当根据相关行政规章或者行政规范性文件的规定，先查明该数额罚款，是否有依法告知要求听证的权利，来区分是否属于较大数额罚款。如果依法应当告知的，就属于较大数额罚款；如果没有规定要告知的，则不属于较大数额罚款。但是，如果行政机关在作出行政处罚决定时，违反了有关听证程序的规定，对供应商被处罚的数额是否属于"较大数额罚款"，则可能受到行政处罚程序错误的影响而作出错误的认定。因此，采购人、采购代理机构应当直接根据供应商被处罚款的金额、被处罚行为的种类，对照供应商所在地省、自治区、直辖市或者国务院各部门、机构有关听证程序的规定较大数额罚款数额，来确定是否属于"较大数额罚款"。

【案例 9[1]】较大数额罚款金额认定的标准在政府采购、质疑答复、投诉处理时与诉讼时标准不同，以何时标准来认定

关 键 词：供应商条件 / 重大违法记录 / 较大数额罚款

案例要点：是否属于较大数额罚款，应根据政府采购时是否属于申请听证程序范围的来确定，而不能根据质疑、投诉、申请复议、起诉时的标准。

招标投标、质疑答复、投诉处理情况

2017 年 6 月 7 日，采购代理机构广东宏茂建设管理有限公司（以下简称“宏茂公司”）受采购人中山市翠亨新区建设管理中心的委托，就“中山翠亨新区翠城道北段地下综合管廊及同步建设工程（全过程造价控制和管理）服务项目”（以下简称“该项目”）进行公开招标采购。广东某建筑咨询公司、广东信仕德建设项目管理有限公司（以下简称“信仕德公司”）等多家公司参与投标。广东某建筑咨询公司于 2017 年 7 月 24 日向采购人作出了无重大违法记录的书面声明，承诺其公司参加政府采购活动前 3 年内在经营活动中没有重大违法记录，否则由其公司承担因此造成的损失、不良后果及法律责任。2017 年 7 月 26 日，宏茂公司发出上述项目的中标公告，第一阶段中标供应商为广东省国际工程咨询有限公司，第二阶段中标供应商为广东某建筑咨询公司；其中信仕德公司等三家公司因报价下浮率重大不合理，明显低于其他投标人且没有合理说明理由而未通过初审。

同年 8 月 1 日，信仕德公司对上述中标公告有异议，向宏茂公司提出质疑，认为此次招标活动有失公平、公正，质疑事项如下：1. 我司报价下浮率为 70%，完全符合招标文件的要求，结合我司投标经验，我司对初审阶段的评审程序存在质疑。2. 经我司查询，第二标段中标人广东某建筑咨询公司在参与其他投标项目时因业绩资料弄虚作假被广州市住房和城乡建设委员会（以下简称“市住建委”）进行了行政处罚，根据《政府采购法》第七十七条规定，广东某建筑咨询公司为何能成为合格投标人？随后，宏茂公司就上述质疑作出了答复，主要内容为：（1）评标委员会以信仕德公司的投标下浮率明显低于其他投标人且未进行合理性说明为由，认定该投标为无效投标符合本项目招标文件的规定；（2）每个项目的评标委员会都有各自独立的评审标准，信仕德公司借用其他项目的评审结果来评价本次评审，不具有可比性；（3）经核查，广东某建筑咨询公司并无不良行为记录，也没有相关法律禁止该公司参与本次政府采购活动。

---

1 案例来源：（2018）粤 20 行终 712 号。

信仕德公司不服上述答复，于2017年8月16日向中山市财政局投诉。市财政局经审查，于2017年9月18日作出投诉处理决定认定：（1）评审委员会直接以“投标报价明显低于其他投标报价而投标人不能合理说明”为由认定投诉人为无效投标，存在歧义；（2）广东某建筑咨询公司在参与本次投标活动时存在重大违法记录，不符合《政府采购法》第二十二条及《政府采购法实施条例》第十九条规定，依法不能成为有效的供应商。因此，市财政局认为此投诉有事实和法律依据，责令重新开展采购活动，并告知享有申请复议和提起行政诉讼的权利。

行政一审诉讼情况

广东某建筑咨询公司不服该投诉处理决定，向广东省中山市第一人民法院提起行政诉讼，请求撤销市财政局作出的投诉处理决定。

原审法院认为，市财政局发函至市住建委请求核实关于广东某建筑咨询公司是否受到行政处罚的情况，核查结果是广东某建筑咨询公司确实曾于其他招标项目中存在弄虚作假的行为，并因此收到罚金77133元人民币的行政处罚，即广东某建筑咨询公司在参与此次投标活动时存在重大违法记录，违反了《政府采购法》第二十二条第一款第（五）项、《政府采购法实施条例》第十九条的规定。因此，市财政局依法认定广东某建筑咨询公司不能成为有效的供应商合法有据，原审法院予以支持。最后，基于上述查明事实，市财政局认定上述事实影响了涉案采购结果的公平公正，并依据《政府采购供应商投诉处理办法》第十九条规定，责令重新开展采购活动，并无不妥，原审法院亦予以支持。原审法院依照《行政诉讼法》第六十九条的规定，判决驳回广东某建筑咨询公司的诉讼请求。

上诉人诉求及观点

广东某建筑咨询公司不服上述判决，向广东省中山市中级人民法院上诉称：（1）原审法院遗漏重要事实，广东某建筑咨询公司已于2017年7月3日向广州铁路运输法院对穗建法〔2017〕1062号行政处罚决定书提起了行政诉讼；（2）信仕德公司投诉书签章造假，但一审采信了该份不具有法律效力的证据；（3）市财政局以广东某建筑咨询公司被处以7万多元罚款即认定广东某建筑咨询公司在投标时存在重大违法记录，认定缺乏法律依据；（4）市财政局不具有查处本案的法定职权。请求人民法院撤销原审判决，撤销市财政局投诉处理决定。

被上诉人答辩及观点

市财政局辩称，投诉处理决定作出时，《广东省行政处罚听证程序实施办法》规定的较大数额罚款金额标准并未修订，是5万元。我局参照决定时的地方法规认定为较大数额罚款符合法律规定。原审法院判决认定事实清楚，适用法律正确，请求依法维持原审法院判决。二审法院另查明，2018年10月10日法庭调查时，信仕德公司陈述确认引起涉案行政处理决定是其公司进行的投诉。2017年5月24日，市住建委作出行政处罚决定，对广东某建筑咨询公司处77133元罚款，该公司不服该行政处罚决定提起行政诉讼。2018年9月20日，广东省铁路运输中级人民法院就前述行政争议作出终审行政判决，认定：市住建委认定事实清楚，适用法律正确，程序合法，处罚适当，判决驳回了广东某建筑咨询公司的上诉。

二审法院判决

二审法院认为，关于投诉书签章的真实性的问题。信仕德公司在调查和诉讼中均明确投诉系其发起，涉案投诉书并不属于偷拍、偷录、窃听等违反法律禁止性规定或侵犯他人合法权益的方法取得的材料，且《关于第三批取消中央指定地方实施行政许可事项的决定》（国发〔2017〕7号）已经于2017年1月12日取消公章刻制备案审批。广东某建筑咨询公司因信仕德公司投诉书使用的公章与之前备案的公章不符主张“投诉书系非法证据”的主张，二审法院不予采纳。

关于广东某建筑咨询公司在参与涉案政府采购时，在经营活动中，前三年是否存重大违法记录的问题。行政法规并未对“较大数额罚款”作出明确限定，而相关采购监督管理部门履行监管义务时具有限制相关供应商资格的职权。即因地方的情况千差万别，法律、行政法规通过赋予职权的方式，赋予了地方采购监督管理部门对“较大数额罚款”裁量的权力。本院依法认定，市财政局参照投诉处理决定作出时的《广东省行政处罚听证程序实施办法》，认定较大数额罚款，属于执行法律法规的技术性必要措施，其并不违反《政府采购法》《政府采购法实施条例》的主旨，亦不违反上级行政机关的规范性文件规定，合理适当。市财政局认定，广东某建筑咨询公司被市住建委处77133元罚款系较大数额罚款符合法律规定。广东某建筑咨询公司主张认定缺乏法律依据的理由二审法院不予采纳。综上所述，广东某建筑咨询公司的上诉理由不成立，二审法院判决驳回上诉，维持原判。

案例评析

CASE ANALYSIS

1. 认定是否属于较大数额罚款，应当以政府采购时的规定为准

2017 年，广东某建筑咨询公司被罚款 7 万多元。2017 年 7 月，广东某建筑咨询公司参加该项目采购活动。2017 年 9 月 18 日，财政部门作出政府采购投诉处理决定，认定广东某建筑咨询公司存在重大违法记录，当时《广东省行政处罚听证程序实施办法》规定的较大数额罚款金额标准为 5 万元。2018 年 1 月 23 日，广东省人民政府令第 251 号修改了《广东省行政处罚听证程序实施办法》，规定较大数额罚款是对法人或者其他组织处以 10 万元以上罚款。究竟以什么时间的规定为准？笔者认为，确定广东某建筑咨询公司是否有重大违法记录，是确定该公司是否具备参加政府采购的条件，即使质疑、投诉、申请复议、起诉时，有关规定修改了，也不能再按照新的规定来改变当时对其重大违法记录的认定。

2. 广东某建筑咨询公司不具备政府采购供应商的条件，法院判决是正确的

是否属于较大数额罚款，应根据政府采购时是否属于申请听证程序范围的来确定，而不能根据质疑、投诉、申请复议、起诉时的标准。根据政府采购时的重大违法记录认定标准，广东某建筑咨询公司被罚款 7 万多元，属于较大数额罚款，因此广东某建筑咨询公司不符合《政府采购法》第二十二条规定的资格条件。

（四）对公司或者分公司受到处罚等负面评判，是否相互影响参加政府采购的争议

《公司法》第十四条规定，分公司不具有法人资格，其民事责任由公司承担。实践中，公司与分公司之间相互使用业绩与资质的现象广泛存在，但是公司或者分公司受到处罚等负面评判，参加政府采购的供应商就会推脱，认为不是自己的“劣迹”。为此，各方主张不一，经常发生质疑、投诉乃至诉讼。对此，有三种观点，一是认为公司与分公司相互不影响，因为两者都分别持有不同的营业执照，“打击面”不宜过宽；二是认为应区别对待，对于公司或者分公司在政府采购中没有用分公司或者总公司业绩与资质的，互不影响，反之则受影响；三是认为总公司与分公司受到处罚等负面评价，应当相互影响。笔者同意第三种观点，理由是：根据《公司登记管理条例》第四十六条规定，分公司的经营范围不得超出公司的经营范围。可见，分公司经营的业务只是总公司经营业务的一部分，那么对总公司经营业务的总体评判，必然要包含对分公司经营业务的部分。就最终承担法律责任的主体而言，不能认定国家行政机关、审判机关对法人分支机构违法犯罪行为的行政处罚、刑事处罚的结果效力不能及于总公司。否则，如果分支机构因违法经营受到较大数额罚款的行政处罚，总公司以自己名义投标，中标后总公司再让分支机构来履行，分公司在履行中因再次违法被行政处罚且属于“重大违法记录”，而这种行政处罚结果又不

影响总公司参加政府采购，岂不是公司取得无限的“免罚金牌”？那么《政府采购法》相关规定必将流于形式。

【案例10[1]】分公司受到税收处罚，是否影响公司依法缴纳税收的良好记录

关 键 词：供应商条件 / 缴纳税收和社保资金 / 公司与分公司

案例要点：分公司不具备法人资格，其所受到的行政处罚等负面评判应当及于总公司。

招标、质疑、投诉、复议情况

2018年3月，四川琪轩招标代理有限公司（以下简称“琪轩公司”）受遂宁市船山区保升乡（以下简称“保升乡”）人民政府委托，对保升乡农药厂废弃场地及周边土壤污染治理与修复项目——治理与修复工程实施方案编制及治理与修复工程（以下简称“该项目”）实施进行国内公开招标。2018年4月28日，招标结果公告，某环保公司为第一中标候选人。

同年5月2日，第二中标候选人广西博世科环保科技股份有限公司（以下简称“博世科公司”）以某环保公司的江西分公司受到税收行政处罚不符合招标文件的要求为由，向琪轩公司提出质疑。

博世科公司对质疑答复不服，于同年5月21日向遂宁市船山区财政局（以下简称“区财政局”）提出投诉，该局于同年6月20日作出投诉处理决定，以某环保公司的分公司所受行政处罚结果应当及于某环保公司，从而认定某环保公司没有依法缴纳税收的良好记录，不具备《政府采购法》和本次招标文件对供应商的要求为由，认定投诉事项成立，认定中标结果无效，采购人依法另行确定中标供应商。

某环保公司不服，在法定期限内向遂宁市政府申请行政复议，市政府作出复议决定，维持区财政局作出的投诉处理决定。

原告诉求及观点

某环保公司对区财政局所作的投诉处理决定和市政府所作的复议决定均不服，向四川省射洪县人民法院提起行政诉讼称，行政法律、法规对分公司行政处罚的法律结果是否及于总公司没有明确规定，司法实践中也并未“一刀切”地认为所有分公司的法律结果都能及于总公司，只有在分公司无能力承担赔偿责任之时由总公司负责。因此，对分公司能够独立承担行政处罚法律责任且属于一般性行政违反行为的，更不应将该类行政处罚的法律

---

1 案例来源：（2018）川0922行初59号。

结果扩大至总公司，要求总公司承担该法律后果。故被告的行为严重损害了某环保公司的合法权益。请求判决确认区财政局投诉处理决定违法，确认市政府行政复议决定违法。

被告答辩及观点

区财政局辩称，某环保公司江西分公司分别于2017年12月19日、2018年4月12日因违反税收管理，未按照规定期限办理纳税申报和报送纳税资料和受到南昌市西湖区国家税务局和地方税务局的行政处罚。在行政复议听证会上已查明，该公司江西分公司是某环保公司在当地有投资项目，应当地政府要求，为避免税收流出而设立的分公司，人财物均受某环保公司管理，其注册的经营范围是“为总公司联系业务”。虽然有关行政法律、法规并未对分公司与总公司之间的关系以及分公司的法律地位等问题作出具体规定，但可以参照适用有关民事法律的规定。从《公司法》第十四条及《公司登记管理条例》第四十五条的规定可见，分公司自身不具备法人资格，经工商登记并领取营业执照的分公司可以在工商核准的营业范围内对外从事经营活动。分公司作为总公司的分支机构，是总公司内部的一个组成部分，是总公司基于财税和经营等原因，根据总公司的意志所设立的对外从事总公司部分经营业务的机构，且分公司的经营范围不得超出总公司的经营范围。既然分公司经营的业务只是总公司经营业务的一部分，那么对总公司经营业务的总体评判，必然要包含对分公司经营业务的部分。即便根据《行政处罚法》，分公司可以被列为被处罚人，但是并不因此而使行政机关对分公司的行政处罚事实结果，完全独立于对总公司的评审之外，行政监管机关对分公司的行政处罚结果应当及于总公司。本案中，某环保公司江西分公司是作为总公司的某环保公司应当地政府要求，为将税收留在本地而设立，其经营范围是“为总公司联系业务”，受总公司直接控制，故某环保公司江西分公司作为某环保公司的分公司，不具有独立性。据此，南昌市西湖区国家税务局、地方税务局对某环保公司江西分公司的行政处罚结果应当及于某环保公司，认定总公司某环保公司没有依法缴纳税收的良好记录，不具备《政府采购法》和本次招标文件对供应商要求有依法缴纳税收的良好记录的条件。

法院裁判及观点

该案中，某环保公司下属江西分公司是为总公司联系业务而成立且不具备独立的法人资格，作为总公司的分支机构，是总公司的组成部分，对总公司经营业务的评判当然包括分公司，因而分公司所受处罚必然及于总公司。故区财政局对投诉事项的审查和依法收集调查的证据，认为某环保公司下属江西分公司的行政处罚结果应当及于总公司，认定某环保公司没有依法缴纳税收的良好记录，并无不当。综上所述，依照《行政诉讼法》第六十九条的规定，判决驳回某环保公司的诉讼请求。

案例评析 CASE ANALYSIS

1. 分公司不具备法人资格，其所受到的行政处罚结果应当及于公司

根据《公司法》第十四条、《公司登记管理条例》第四十五条规定，分公司不具备法人资格，是公司的分支机构，经工商登记并领取营业执照的分公司可以在工商核准的营业范围内对外从事经营活动。可见分公司经营的业务只是公司经营业务的一部分，对公司经营活动的总体评判，必然要包含对分公司经营活动的部分。即使本案的分公司被列为被处罚人，但是并不因此而使行政机关对分公司的行政处罚事实结果，完全独立于对公司的总体评判之外，对分公司的行政处罚结果应当及于公司。

2. 某环保公司无依法缴纳税收的良好记录，认定其不具备供应商条件是正确的

根据《政府采购法》第二十二条规定，供应商应具有依法缴纳税收和社会保障资金的良好记录。本案中，税务机关对某环保公司江西分公司的行政处罚结果应当及于某环保公司，认定其没有依法缴纳税收的良好记录，不具备供应商的条件，并无不当。

五、对法律、行政法规规定的其他条件与采购人规定供应商的特定条件的争议

《政府采购法》第二十二条第一款第（六）项、第二款，第二十三条规定，供应商参加政府采购活动应当具备法律、行政法规规定的其他条件；采购人可以根据采购项目的特殊要求，规定供应商的特定条件，但不得以不合理的条件对供应商实行差别待遇或者歧视待遇；采购人可以要求参加政府采购的供应商提供有关资质证明文件和业绩情况。《政府采购法实施条例》第十七条规定："参加政府采购活动的供应商应当具备政府采购法第二十二条第一款规定的条件，提供下列材料：……（五）具备法律、行政法规规定的其他条件的证明材料。采购项目有特殊要求的，供应商还应当提供其符合特殊要求的证明材料或者情况说明。"

对法律、行政法规规定的其他条件，主要有：一是主体条件，指供应商作为向采购人提供货物、工程、服务的直接责任人，其经营行为必须要符合法律、行政法规的规定，如作为民商事主体要符合《民法总则》《民法典》《民法通则》《公司法》等法规、行政法规的规定；二是许可条件，对某些政府采购项目的产品有行政许可规定的，供应商应当提供相应行政许可的材料。如，《工业产品生产许可证管理条例》第五条规定："任何企业未取得生产许可证不得生产列入目录的产品。任何单位和个人不得销售或者在经营活动中使用未取得生产许可证的列入目录的产品。"参加列入目录产品的政府采购活动的供应商，就应当提供相关的生产许可证。在实践中，容易产生争议的是，某一供应商是否违反民商事主体方面的法律，对某一采购项目是否应当要求供应商提供相应许可材料以及某一供应商是否具备该行政许可。

对采购人规定供应商的特定条件，是指采购人根据采购项目的特殊要求，对参加该采购项目的供应商所提出的资格、技术、商务等特定的条件。如果采购人根据采购项目的特殊要求，规定供应商的特定条件，采购文件则会要求供应商提供有关资质证明文件、业绩情况和其他特殊要求的证明材料或者情况说明。容易产生争议的有，采购人提出的特定条件是否合理，某一供应商是否具备该特定条件等。财政部“指导性案例 18 号：D 大学校园网基础设施改造更新工程项目举报案”[1]中认为，采购人可以根据采购项目的特殊要求规定供应商的特定条件，但不得将供应商经营年限作为评审因素。在这方面，采购文件经常要求供应商提供有关资格许可或认证证书，有些供应商没有此类材料，就会提出属于《政府采购法实施条例》第二十条规定“以不合理的条件对供应商实行差别待遇或者歧视待遇”的情形，而对采购文件进行质疑、投诉或者举报。如何判断供应商的质疑、投诉或者举报事项是否成立？财政部公布的“指导案例 4 号：×× 物业消防运行服务项目举报案”[2]中认为，若有关资格许可或认证证书同时满足下述要求，则不属于上述“以不合理的条件对供应商实行差别待遇或者歧视待遇”的情形：（1）不在国务院取消的行政审批项目目录内；（2）申请条件中没有对企业的注册资本、资产总额、营业收入、从业人员、利润、纳税额等规模条件作出限制；（3）与项目的特殊要求存在实质上的关联性；（4）满足该资格许可或认证证书要求的供应商数量具有市场竞争性。笔者认为，这样的认定对供应商的权益来说，既有约束也有保护。既对参与政府采购的供应商有准入限制，以“过滤”滥竽充数的不合格供应商；也给予供应商一个公平公正的竞争环境，最大限度地保障采购人、供应商的合法权益。

【案例 11[3]】采购的货物不在供应商营业执照的经营范围之内，该供应商具备资格条件吗

关 键 词：供应商条件 / 经营范围 / 法定条件 / 特定条件

案例要点：随着先照后证改革后以及相关民事法规的修改，具有采购项目的经营范围不能认定为成为供应商的法定条件。如果采购人根据采购项目的特殊要求，在有充分依据的基础上，要求参与政府采购的供应商具有某个经营范围，应当是允许的。

谈判、质疑、投诉处理情况

辽宁建信招标代理有限公司（以下简称“建信公司”）受辽阳市白塔区总工会（以下

1 《D 大学校园网基础设施改造更新工程项目举报案》，载 http://www.cgpnews.cn/articles/47239，最后访问日期：2020 年 6 月 20 日。

2 《指导案例 4 号：XX 物业消防运行服务项目举报案》，载 http://www.ccgp.gov.cn/aljd/201711/t20171120_9187897.htm，最后访问日期：2020 年 6 月 20 日。

3 案例来源：（2017）辽 1081 行初 25 号。

简称“区总工会”）委托，对米、油、蔬菜、猪蹄采购项目（以下简称“该项目”）进行竞争性谈判采购。建信公司接受委托后，编制了《政府采购项目竞争性谈判文件》。递交投标文件的供应商为营口某公司、辽宁家宝种养殖专业合作社、辽阳新特现代农业园区、灯塔市聚方农民专业合作社四家。竞争性谈判最终报价有辽阳新特现代农业园区、灯塔市聚方农民专业合作社、辽宁家宝种养殖专业合作社三家。经竞争性谈判小组综合评审，一致推荐成交供应商为辽阳新特现代农业园区。

2017 年 1 月 22 日营口某公司向建信公司质疑，认为该项目开标评审程序和成交结果严重损害营口某公司合法利益，请求废除此次中标结果。2017 年 1 月 25 日，区总工会和建信公司共同进行答复：（1）关于提供样品事宜，招标文件已对本次招标的样品提出了明确的感官要求，营口某公司提供的样品没有满足文件的要求。（2）关于投标人资格条件，竞争性谈判小组一致确认参与投标的单位均符合本次招标的要求。

营口某公司不满意此答复，于 2017 年 2 月 9 日向辽阳市白塔区财政局（以下简称“区财政局”）投诉，申请宣布此次采购废标，重新招标。区财政局于 2017 年 3 月 6 日作出投诉处理决定，认为营口某公司参与该项目活动符合政府采购相关法律法规的规定。

原告观点及诉求

营口某公司认为：（1）采购文件中第二条第四款，合格投标人的资格条件，明确规定：第一，符合《政府采购法》第二十二条规定所具备的条件。第二，投标人须具有工商部门颁发的营业执照，具有此次采购项目生产或经营范围。本次采购文件要求提供的货物有大米、油、蔬菜、猪蹄，其中猪蹄属于在工商部门颁发营业执照经营范围为“屠宰及肉类加工”而中标供应商“辽阳新特现代农业园区”的经营范围不包括屠宰及肉类加工并不具备此次采购项目中的“猪蹄”的经营范围。（2）区财政局下达的处理决定书也承认中标供应商无猪蹄经营范围，违反区财政局采购文件中关于“合格投标人的资格条件”的要求，依据不当。（3）营业执照是由工商部门颁发的，经营范围是由工商部门依据“国民经济行业分类”确定的，国民经济行业分类明确规定猪蹄属于 135. 屠宰及肉加工。请求撤销区财政局投诉处理，判令该项目废标，重新招标。

被告答辩及观点

根据《食品安全法》第三十五条第一款：“国家对食品生产经营实行许可制度。从事食品生产、食品销售、餐饮服务，应当依法取得许可。但是，销售食用农产品，不需要取得许可。”本法所称农产品，是指来源于农业的初级产品，即在农业活动中获得的植物、动物、微生物及其产品。根据最高院的司法解释超越经营范围订立的合同，人民法院不因此认定合同无效。但违反国家限制经营、特许经营以及法律、行政法规禁止经营规定的除外。中标单位不属于违法经营。

法院裁判及观点

该案中，营口某公司诉称中标单位辽阳新特现代农业园区并不具备此次采购项目中的“猪蹄”的经营范围，不具备区财政局编制的采购文件中合格招标人资格条件第二款规定：“具有本次采购项目的生产或经营范围”，营口某公司请求撤销区财政局政府采购投诉处理书判令该项目废标，重新招标的诉讼请求无证据支持，法院不予支持。判决驳回营口某公司的诉讼请求。

案例评析 CASE ANALYSIS

1. 具有采购项目的经营范围不能认定为法定条件

《政府采购法》第二十二条规定，“供应商参加政府采购活动应当具备下列条件：……（六）法律、行政法规规定的其他条件”。可知，上述规定没有明确要求供应商不得超越经营范围经营。但《民法通则》第四十二条规定：“企业法人应当在核准登记的经营范围内从事经营。”而在《民法总则》《民法典》中已经取消该条规定，根据新法优于旧法的原则，法律不再强制要求企业法人在经营范围内从事经营。同时《最高人民法院关于适用〈中华人民共和国合同法〉若干问题的解释（一）》第十条规定：“当事人超越经营范围订立合同，人民法院不因此认定合同无效。但违反国家限制经营、特许经营以及法律、行政法规禁止经营规定的除外。”因此，企业可以超越经营范围订立合同，但对于需要许可的事项必须经过行政许可才可以经营。先照后证改革后，营业执照的经营范围和经营资格并不能等同，仅凭经营范围来确定参与政府采购供应商的资格条件，是没有法律依据的。因此，企业法人应当在核准登记的经营范围内从事经营的规定，不能再视为法律、行政法规规定的其他条件。

2. 本案中有关经营范围的要求，可以视为供应商规定的特定条件

一般说来，以经营范围限定供应商参与政府采购的资格条件不具有合理性，在符合业绩、履约能力、许可等条件下，供应商超越经营范围参与采购活动也并无不可，采购人或采购代理机构制定采购文件尽量避免经营范围限制，以免纠纷。当然，如果采购人根据采购项目的特殊要求，在有充分依据的基础上，要求参与政府采购的供应商具有某个经营范围，应当是允许的。本案谈判文件第二条第四款关于合格投标人资格条件，明确规定投标人须具有工商部门颁发的营业执照，具有此次采购项目生产或经营范围。如果中标供应商营业执照经营范围中没有“猪蹄”所对应的经营范围，显然是不符合资格条件的，谈判小组应按“财政部74号令”第三十条规定，按无效响应文件处理。

第三节 对有关联关系的不同供应商参加同一合同项目是否合法的争议

《政府采购法实施条例》第十八条规定："单位负责人为同一人或者存在直接控股、管理关系的不同供应商，不得参加同一合同项下的政府采购活动。除单一来源采购项目外，为采购项目提供整体设计、规范编制或者项目管理、监理、检测等服务的供应商，不得再参加该采购项目的其他采购活动。"

政府采购供应商的单位负责人，指代表供应商法人或者其他组织的单位，对外行使权利、履行义务或者法律、行政法规规定代表单位行使职权的主要负责人。在政府采购实践中，对于什么样的情况是"负责人为同一人"，有人将董事长理解为负责人，有人将总经理理解为负责人。根据《公司法》第十三条规定，应当根据该公司章程的规定来认定。

政府采购供应商之间的直接控股关系，是指控股股东与所持有股份的公司之间的关系。根据《公司法》第二百一十六条规定，控股股东，是指其出资额占有限责任公司资本总额百分之五十以上或者其持有的股份占股份有限公司股本总额百分之五十以上的股东；出资额或者持有股份的比例虽然不足百分之五十，但依其出资额或者持有的股份所享有的表决权已足以对股东会、股东大会的决议产生重大影响的股东。审查两个以上的供应商相互之间是否存在直接控股关系，一般可以从"国家企业信用信息公示系统"中查询信息。应当注意的是，控股股东不是供应商，其作为同一股东控股的两家或两家以上不同供应商之间不能认定为控股关系，控股股东作为供应商与其中任何一家所控股的供应商之间能认定为直接控股关系，说句通俗的话，就是父子不能全上阵，兄弟姐妹可以全上阵。

政府采购供应商之间的直接管理关系，是指不具有直接控股关系的其他单位之间，即虽不是控股股东，但通过投资关系、隶属关系或者其他安排，能够实际支配其他供应商的关系。可以从"国家企业信用信息公示系统"中的信息、供应商企业网站信息、供应商投标文件或者响应文件的相关介绍中查询。

为采购项目提供整体设计、规范编制或者项目管理、监理、检测等服务的供应商，如果让其再参加该采购项目的其他采购活动，他就可以在整体设计、规范编制或者项目管理、监理、检测等服务中为自己再与其他供应商竞争埋下"伏笔"，违反了政府采购公平竞争的原则，也不利于同一项目不同工序之间所实施的制约和监督措施的落实。但是，采用单一来源方式采购的，因最终只能从唯一供应商处采购，不存在竞争问题。

【案例12[1]】公司法定代表人担任另一公司董事长，两公司均为同一单位投资，能参加同一合同项下政府采购活动吗

关 键 词：关联供应商/同一单位投资/同一人担任董事长/投标同一采购项目

案例要点：如果两个或两个以上供应商股东相同，只要供应商之间不存在直接的控股关系、管理关系，就能同时参加同一合同项下的政府采购活动；如果两个或两个以上供应商的董事长或者总经理相同，应以各自公司章程规定认定的法定代表人为单位负责人，如法定代表人不相同，就能同时参加同一合同项下的政府采购活动。

招标、质疑、投诉情况

2016年6月，慈溪市公共项目建筑中心（以下简称“共建中心”）作为采购人、宁波中基国际招标有限公司（以下简称“宁波中基公司”）作为采购代理机构发布公开招标文件。上海某公司及南京模拟技术研究所（以下简称“南模所”）、上海升广科技有限公司（以下简称“升广公司”）均作为投标人向采购代理机构提交了投标文件。经评审，确定中标供应商为南模所。

上海某公司于2016年8月2日分别向宁波中基公司、共建中心提出质疑称，南模所与升广公司存在串标行为，违反《政府采购法》第七十七条、《政府采购法实施条例》第七十四条的规定，理由在于南模所与升广公司同属于解放军第六十研究所（以下简称“总参60所”）所投资的关联企业，蒋某分别担任南模所的法定代表人和升广公司的董事长。宁波中基公司作了回复。

2016年8月26日，慈溪市财政局收到上海某公司的投诉，投诉事项为：南模所与升广公司存在直接的控股和管理关系，属于恶意串通投标的行为，宁波中基公司对串标行为予以包庇，共建中心对串标的违法行为不作为。慈溪市财政局于2016年9月28日作出投诉处理决定，认为南模所、升广公司之间不存在直接投资关系，公司的负责人应当为其法定代表人，南模所与升广公司的法定代表人非同一人，上海某公司关于南模所与升广公司存在直接的控股和管理关系以及属于恶意串通投标的投诉，缺乏事实依据。另查明，南模所系总参60所全部出资设立的全民所有制企业法人，在该项目招投标期间，法定代表人为蒋某；在该项目招投标时，升广公司的股东之一是总参60所，股份比例为40%。

原告诉求及观点

上海某公司不服投诉处理决定，向浙江省慈溪市人民法院提起诉讼称，慈溪市财政局

1 案例来源：（2017）浙0282行初40号。

作出的决定书在认定事实上存在以下问题：

1.总参60所投资2000万元设立南模所的结论是错误的。总参60所与南模所不是投资与被投资的关系，而是根据国家工商和军队总后勤部的规定在军队内部使用和在社会经营领域使用的关系。由于这种军队企业虽然有对内和对外的两块牌子，但内部完全是一套班子，两块牌子下两个研究所的管理机构设置、管理人员任职等都是一套人马，南模所的所长任命并不是由总参60所任命，而是由总参训保局任命的。

2.该决定书中认定总参60所出资升广公司并占40%的股份，于法于理都是不通的。作为解放军代号的总参60所根本不能从事对外的经营性投资参股活动，根据南模所在南京市工商局的工商登记的内档资料证明是以南模所名义在2008年投资了升广公司1111.62万元并占40%的股份。

3.总参60所在参与上海宏大训练保障器材厂的报告时用的是总参60所的名义，因为请示是在军队内部的行文，但具体要实施投资升广公司时只能以南模所的名义进行。

4.南模所与升广公司不仅存在投资控股关系，而且存在相同负责人关系和直接管理关系。根据2005年总参训保局的批文显示，南模所占升广公司法人股40%、核心员工股25%，所以是绝对控股关系。

5.处理决定书只认定南模所在投标时提供无效资信证明而没有追究提供虚假材料谋取中标的问题。从2012年绍兴市中级人民法院的判决书中已知总参60所与南模所虽然是一个单位的两块牌子，但在社会经营的方向和管理法律法规上是两个不同的社会主体。

上海某公司诉请判令：撤销慈溪市财政局作出投诉处理决定书，并对上海某公司的投诉事项重新作出处理。

被告答辩及观点

慈溪市财政局辩称：南模所是总参60所出资2000万元设立的全民所有制企业，法定代表人为蒋某；总参60所是升广公司的股东，占股40%，南模所不是升广公司的股东，升广公司的法定代表人是刘某；南模所和升广公司不存在直接的投资关系，公司的负责人应当为法定代表人，南模所和升广公司的法定代表人非同一人，上海某公司关于南模所与升广公司存在直接的控股关系和管理关系以及属于恶意串通投标的投诉，缺乏事实依据。南模所与升广公司不存在《政府采购法实施条例》第十八条第一款规定的对供应商的限制情形。首先，根据南模所的工商登记材料显示，南模所由总参60所出资设立，系经工商行政管理部门核准注册的全民所有制企业，不能将两者视为同一主体。在上海某公司诉绍兴市财政局政府采购投诉行政处理决定一案中，绍兴市越城区人民法院和绍兴市中级人民法院作出的一审、二审行政判决也作出了如上认定。其次，根据升广公司的工商登记材料显示，升广公司的股东中包括总参60所，不包括南模所，难以反映南模所对升广公司存在直接投资控股、管理关系。最后，单位负责人是指法人的法定代表人，及非法人根据法律、行政法规规定的代表单位行使职权的主要负责人。法人的法定代表人是指由法律或者法人组织章程规定，代表法人对外行使民事权利、履行民事义务的负责人。南模所和升广公司均为法人，南模所的法定代表人是蒋某，升广公司的法定代表人是刘某，两供应商的单位负责人非同一人。综上，请求驳回上海某公司诉讼请求。

法院裁判及观点

法院认为，本案中，虽然南模所是由总参60所投资设立的全民所有制企业，但在涉案项目招投标时南模所系经工商行政管理部门核准注册的企业法人，且登记的出资人为总参60所，故南模所与总参60所属于不同的主体；同时，升广公司的股东之一是占股比例达40%的总参60所，南模所并非升广公司的股东，即行使股东权利的应为总参60所，因此，南模所与升广公司之间不存在直接控股、管理关系。至于上海某公司提出的南模所与总参60所系同一单位等主张，应以该项目招投标时的工商行政管理部门的登记来确定主体资格情况，故对上海某公司的该项主张，法院不予支持。《政府采购法实施条例》所规定的单位负责人应有其特定的含义，一般应指代表法人、非法人组织等单位行使职权的主要负责人。本案南模所及升广公司均为法人，根据法律及其章程，代表法人对外行使职权的应为法定代表人，在涉案项目招投标时，南模所与升广公司的法定代表人并非同一人，虽然南模所的法定代表人同时担任升广公司的董事长，但除非该董事长有升广公司或者其法定代表人的授权，该董事长并不能当然地代表升广公司行使公司的职权，故上海某公司主张南模所、升广公司的负责人为同一人，无事实和法律依据，法院不予支持。法院判决驳回上海某公司的诉讼请求。

案例评析 CASE ANALYSIS

1. 南模所与升广公司不存在直接的控股关系、管理关系

虽然南模所与升广公司都是由总参60所投资设立的企业法人，但南模所不是升广公司的股东，升广公司也不是南模所的股东。因此，南模所与升广公司之间不可能存在直接控股关系、管理关系。

2. 南模所与升广公司负责人不是同一人

《公司法》第十三条规定，公司法定代表人依照公司章程的规定，由董事长、执行董事或者经理担任，并依法登记。南模所及升广公司均为法人，南模所的法定代表人同时担任升广公司的董事长，但根据法律及其章程规定，代表法人对外行使职权是法定代表人。在涉案项目招投标时，南模所与升广公司的法定代表人并非同一人，不能认定两个单位的负责人为同一人。

由于没有证据证明南模所、升广公司存在法定禁止参加同一合同项下政府采购活动的情形，原告的诉讼请求不能成立。

第四节 对有关联合体参与政府采购的争议

《政府采购法》第二十四条规定，两个以上的自然人、法人或者其他组织可以组成一个联合体，以一个供应商的身份共同参加政府采购。以联合体形式进行政府采购的，参加联合体的供应商均应当具备《政府采购法》第二十二条规定的条件，并应当向采购人提交联合协议，载明联合体各方承担的工作和义务。联合体各方应当共同与采购人签订采购合同，就采购合同约定的事项对采购人承担连带责任。《政府采购法实施条例》第二十二条规定，联合体中有同类资质的供应商按照联合体分工承担相同工作的，应当按照资质等级较低的供应商确定资质等级。以联合体形式参加政府采购活动的，联合体各方不得再单独参加或者与其他供应商另外组成联合体参加同一合同项下的政府采购合同。政府采购的联合体，就是两个以上的自然人、法人或者其他组织，以联合协议形式重新组合而成的一个临时的生产经营实体，以一个供应商的身份共同参加政府采购活动，并按照联合协议约定，承担工作、义务和连带责任，分享应得利益的组织。供应商以联合体形式参加政府采购活动，联合体的组成必须符合以下条件：一是主体条件，即两个以上自然人、法人或者其他组织可以组成一个联合体，联合体各方均应当具备政府采购供应商的条件；二是整体条件，即两个或者多个供应商组成一个联合体，只能以一个整体供应商的名义参加政府采购活动，联合体各方不得再单独参加或者与其他供应商另外组成联合体参加同一合同项下的政府采购活动；三是形式条件，即联合体各方应当向采购人提交联合协议，载明联合体各方承担的工作和义务，共同与采购人签订采购合同，就采购合同约定的事项对采购人承担连带责任；四是限制条件，即联合体中有同类资质的供应商按照联合体分工承担相同工作的，应当按照资质等级较低的供应商确定资质等级。

财政部“指导性案例 32 号：X 局监管系统项目投诉案”[1]中，投诉人投诉称，联合体 B 成员 M 公司于 2016 年 8 月 11 日因不文明施工被 F 市城乡建设局处以 10 万元罚款及停工整治，不符合《政府采购法》第二十二条的规定，联合体 B 不是合格供应商，应认定投标无效。联合体 B 称，M 公司曾因在 F 市承建的工程项目中违规施工，被 F 市城乡建设局处以 10 万元罚款，但上述行为不属于重大违法行为。经查，F 市城乡建设局关于 M 公司重大违法行为核实情况的复函显示，“M 公司于 2016 年 8 月 11 日被我局处十万元的行政处罚”。财政部门认为，M 公司于 2016 年 8 月 11 日被处以 10 万元罚款，属于建设行政处罚中的较

1 《指导性案例 32 号——X 局监管系统项目投诉案》，载 http://www.cgpnews.cn/articles/51729，最后访问日期：2020 年 6 月 20 日。

大数额罚款。根据《政府采购法实施条例》第十九条第一款的规定，属于重大违法记录。联合体一方在参加政府采购活动前三年内存在重大违法记录的，该联合体不符合《中华人民共和国政府采购法》第二十二条规定的条件。联合体以一个供应商的身份共同参加政府采购，根据《政府采购法》第二十四条第二款的规定，联合体B不具备参加政府采购活动的条件。

供应商以联合体形式参加政府采购活动，一方面可以增强竞争实力，保证采购的具有竞争性；另一方面也增加了争议的新焦点，对采购各方是一个新挑战。

【案例13[1]】联合体协议仅约定牵头人出面签订合同，授权书仅由联合体牵头人签章，该联合体是否符合条件

关 键 词：联合体投标/联合协议/共同签订采购合同/承担连带责任

案例要点：《联合体协议书》仅约定联合体牵头人与采购人签订合同，向业主承担义务、责任和风险，《法定代表人授权书》仅由联合体牵头人盖公章与法定代表人签字，不符合联合体参与政府采购的法律要件，应认定该联合体投标无效。

招标投标情况

2015年8月31日，杭州市公安局指挥中心系统集成项目（以下简称“该项目”）招标信息发布。该项目招标文件第20.1条规定：“投标文件资格性审查：评标委员会依据法律法规和招标文件的规定，对投标文件中的资格证明、投标保证金等进行审查，以确定投标人是否具备投标资格。”第22条规定：“投标文件有下列情况之一的，其投标文件作无效处理……（4）投标人不具备投标资格的，或者未按规定缴纳投标保证金的……”

某研究所及北京某公司参加该项目投标，双方签订的《联合体协议书》中约定某研究所为联合体牵头人，北京某公司为联合体成员。该《联合体协议书》第2（5）a约定：“联合体牵头人与业主签订合同书，并就中标项目向业主承担合同规定的义务、责任和风险。”《联合体协议书》后所附《法定代表人授权书》主要内容如下：“杭州市公安局、杭州市公共资源交易中心（杭州市政府采购中心）：兹委派我公司殷某[2]，代表我公司全权处理杭州市公安局指挥中心系统集成项目政府采购投标的一切事项，若中标则全权代表本公司签订相关合同，并负责处理合同履行等事宜。”投标人名称（公章）处加盖某研究所公章，法定代表人（签字或盖章）处为某研究所法定代表人李某签字。

同年10月14日，市公共资源交易中心发布某研究所和北京某公司联合体预中标的公

1 案例来源：（2016）浙01行终796号。

2 原文有姓名，此处隐去。

告。10 月 16 日，上海某公司针对预中标结果提出质疑。市公共资源交易中心以电话和短信方式通知某研究所和北京某公司参加 10 月 22 日组织的原评标委员会对项目评审有关情况进行的复核。

2015 年 11 月 2 日，市公安局对复核结果予以确认，市公共资源交易中心向市财政局发送该项目预中标结果变更的函。次日，市公共资源交易中心发布了案涉项目采购结果更正公告。

质疑及答复情况

2015 年 10 月 22 日，某研究所及北京某公司向市公共资源交易中心提交《质疑书》，并参加复核会议，向评审委员会提供了品牌选型说明等材料且发表意见。经复核，评标委员会认定某研究所和北京某公司虽然提供了联合体协议书，但不符合联合体协议的其他法律要件，不符合相关法律法规的规定，认为原评审审查失误，应予纠正，认定某研究所和北京某公司联合体投标无效，根据招标文件及相关法规规定，推荐下一顺序单位上海某公司为预中标公示单位。

10 月 23 日，市公共资源交易中心向某研究所和北京某公司作出质疑回复，认为质疑事项不符合法律规定，对该质疑不予处理。

某研究所及北京某公司对该质疑回复不服，于次日向市财政局提出投诉。12 月 17 日，市财政局作出《投诉处理决定书》（杭财采监〔2015〕21 号，以下简称“21 号决定”），驳回某研究所及北京某公司的投诉。

某研究所及北京某公司不服，于 12 月 28 日向省财政厅申请行政复议，要求：（1）撤销市财政局作出的“21 号决定”；（2）撤销市公共资源交易中心 2015 年 10 月 23 日作出的质疑回复；（3）撤销市公共资源交易中心 2015 年 10 月 27 日作出的《质疑答复》复核意见中的第二、三项；（4）认定市公共资源交易中心 2015 年 10 月 22 日复核程序违法；（5）行政复议期间，暂停本项政府采购活动；（6）向纪委等部门移送违规、违法线索；（7）向纪委等部门移送市财政局部分工作人员行政不作为等线索；（8）追究评标委员会专家的责任；（9）赔偿申请人经济损失。

2016 年 4 月 5 日，省财政厅作出复议决定，维持市财政局作出的“21 号决定”，驳回某研究所及北京某公司第 2 至 9 项行政复议申请。

一审法院裁判及观点

某研究所不服复议决定，于 4 月 20 日向杭州市西湖区人民法院提起行政诉讼。一审法院认为：关于“21 号决定”是否合法的问题。本案被诉投诉处理决定的争议核心在于某研究所及北京某公司组成的投标人资格是否符合法律、法规对参与投标活动联合体的相关规定。根据《政府采购法》第二十四条、第二十二条第一款，《民法通则》第六十五条第二款的规定，一审法院认为，《政府采购法》第二十四条所规定的“以一个供应商的身份”参加政府采购是指各供应商以一个联合体的身份而非以其中任一一个供应商的身份参加政府采购。本案中，尽管某研究所与北京某公司的法定代表人实际为同一人，但从案涉《法定代表人授权书》的内容及投标人签章来看，仅载明某研究所法定代表人授权委托事项，未载明北京某公司法定代表人或案涉联合体牵头人与成员各法定代表人的共同授权委托情况，不能当然认为北京某公司或整个联合体同样明确授权同一代理人处理案涉投标事宜。其次，根据某研究所与北京某公司签订的《联合体协议》第2（5）a条款，意味着如中标，即由作为联合体牵头人的某研究所而非联合体与业主签订采购合同，并向业主承担合同规定的义务、责任和风险。该条款与《政府采购法》第二十四条第二款“联合体各方应当共同与采购人签订采购合同，就采购合同约定的事项对采购人承担连带责任”的规定不符。由此，从《联合体协议》及所附《法定代表人授权书》的形式、内容上都无法得出某研究所与北京某公司是以一个供应商的身份参加本次政府采购的结论。故市财政局作出驳回某研究所投诉的行政处理决定，属认定事实清楚，适用法律正确。

关于复议决定是否合法的问题。省财政厅作出复议决定并于次日送达各方当事人，符合《行政复议法》第三条、第十七条、第二十八条第一款第（一）项、第三十一条，《行政复议法实施条例》第三十三条、第四十八条第一款第（二）项的规定，省财政厅作出的复议决定合法。

综上所述，某研究所的诉讼请求缺乏事实和法律依据，不予支持。据此，依照《行政诉讼法》第六十九条、第七十九条之规定，判决驳回某研究所的诉讼请求。

二审法院裁判及观点

某研究所不服一审判决，上诉至浙江省杭州市中级人民法院。二审法院认为：

1．关于原审法院是否遗漏诉讼请求。原审法院于2016年6月29日开庭审理本案，某研究所于2016年8月30日向原审法院邮寄书面申请，请求对《浙江省人民政府关于进一步严格规范工程建设项目招标投标活动的意见》（浙政发〔2014〕39号）规范性文件进行审查，不符合上述法律规定，原审法院未审查该项请求并无不当，某研究所关于原审法院遗漏诉讼请求，应当发回重审的上诉理由不能成立。

2．关于某研究所（联合体）投标资格及《联合体协议书》的效力问题。根据《政府采购法》第二十四条的规定，本案中，案涉《联合体协议书》中规定，联合体牵头人（某研究所）与业主签订合同书，并就中标项目向业主承担合同规定的义务、责任和风险，以及《法定代表人授权书》只有某研究所的签字和盖章。据此，“21号决定”认为该《联合体协议书》不符合《政府采购法》第二十四条的规定，实质上不具有法律意义上的联合体协议要件，评审委员会判定其联合体投标无效符合法律规定，属于认定事实清楚，适用法律正确。针对上海某公司提出的质疑，市公共资源交易中心于2015年10月22日组织原评审小组成员进行复核，符合规定，某研究所认为该中心未征求专业机构、司法部门意见，程序违规的上诉理由不能成立。评审小组在复核中发现评审结果存在审查失误予以纠正亦符合规定，“21 号决定”认定某研究所扩大复核范围的投诉请求不能成立，于法有据。某研究所所述参与投标的其他项目，分别由独立的评审委员会进行评审，与案涉项目的评审复核不具备直接关联性。某研究所认为市公共资源交易中心存在差别待遇，采取不同审查标准的上诉理由不能成立。

3. 关于上海某公司无投标资格，“废标之后，只能重新招标”，以及复核现场录音录像的问题。根据《政府采购供应商投诉处理办法》第八条第二款、第十七条的规定，某研究所上诉时提到的关于上海某公司无投标资格，以及“废标之后，只能重新招标”等问题，在本次投诉及“21 号决定”中均未涉及。因本案审查的对象系市财政局所作“21 号决定”，故某研究所所提上述事项不属于本案审查范围，不予审查。市财政局确已将复核现场录音录像向原审法院提交，但市财政局根据《政府采购供应商投诉处理办法》第三十一条、财政部《关于进一步规范政府采购评审工作有关问题的通知》第一点之规定，提出该视频资料不作为证据交换，仅作为参考资料。据此，原审法院未将该份材料予以公开质证、认证并无不当，某研究所认为原审法院刻意回避的上诉理由不能成立。

综上所述，原审判决认定事实清楚，适用法律正确，审判程序合法。二审法院判决驳回上诉，维持原判。

案例评析 CASE ANALYSIS

1. 从内容上看，《联合体协议书》约定有违《政府采购法》规定

某研究所与北京某公司签订的《联合体协议书》中约定联合体牵头人即某研究所与业主签订合同书，并就中标项目向业主承担合同规定的义务、责任和风险，违反了《政府采购法》第二十四条“以一个供应商的身份共同参加政府采购”，“联合体各方应当共同与采购人签订采购合同，就采购合同约定的事项对采购人承担连带责任”的规定。

2. 从形式上看，《法定代表人授权书》只能说明某研究所一家授权

《联合体协议书》所附《法定代表人授权书》仅盖某研究所公章与某研究所法定代表人李某签字。尽管某研究所与北京某公司的法定代表人实际为同一人，但从形式上看，仅载明某研究所法定代表人授权委托事项，未载明北京某公司法定代表人或者联合体牵头人与成员的各个法定代表人的共同授权委托的事项，不能当然认为北京某公司或整个联合体同样明确授权同一代理人处理该项政府采购相关事项。

因此，从《联合体协议》内容与《法定代表人授权书》形式，不符合联合体参与政府采购的其他法律要件，认定该联合体投标无效，是有事实根据与法律依据的。

CHAPTER 02

第二章

对招标活动的争议事项

招标，是指招标人（买方）事先发出招标公告或招标文件，对项目（品种）、数量和有关的交易条件提出在规定的时间、地点，准备买进，邀请投标人（卖方）参加投标的行为。

招标从招标方式方面分，可以分为公开招标和邀请招标：政府采购中的公开招标，是指采购人依法以招标公告的方式邀请非特定的供应商参加投标的采购方式。

政府采购中的公开招标，又叫竞争性招标，即由招标人在中国政府采购网及其省级分网、省级以上财政部门指定的其他媒体上刊登招标公告，吸引众多供应商参加投标竞争，招标人从中择优选择中标人的招标方式。根据《政府采购信息发布管理办法》（财政部令第 101 号）第六条的规定，由财政部、地方各级人民政府财政部门分别对中央预算单位、本级预算单位的政府采购信息发布活动进行监督管理。

政府采购中的邀请招标，是指采购人依法从符合相应资格条件的供应商中随机抽取三家以上的供应商，并以投标邀请书的方式邀请其参加投标。邀请招标也称为有限竞争招标，不使用招标公告的方式，接受邀请的单位才是合格投标人，投标人的数量有限。

《政府采购货物和服务招标投标管理办法》（财政部令第 87 号）第十四条规定，采用邀请招标方式的，采购人或者采购代理机构应当通过以下方式产生符合资格条件的供应商名单，并从中随机抽取三家以上供应商向其发出投标邀请书：

（1）发布资格预审公告征集；

（2）从省级以上人民政府财政部门（以下简称财政部门）建立的供应商库中选取；

（3）采购人书面推荐。

采用前款第一项方式产生符合资格条件供应商名单的，采购人或者采购代理机构应当按照资格预审文件载明的标准和方法，对潜在投标人进行资格预审。

采用第一款第二项或者第三项方式产生符合资格条件供应商名单的，备选的符合资格条件供应商总数不得少于拟随机抽取供应商总数的两倍。

随机抽取是指通过抽签等能够保证所有符合资格条件供应商机会均等的方式选定供应商。随机抽取供应商时，应当有不少于两名采购人工作人员在场监督，并形成书面记录，随采购文件一并存档。

投标邀请书应当同时向所有受邀请的供应商发出。

《政府采购法》第二十八条规定，采购人不得将应当以公开招标方式采购的货物或者服务化整为零或者以其他任何方式规避公开招标采购。公开招标是政府采购的主要采购方式，采购人应当贯彻执行。这里所指的“化整为零”，是指采购人、采购代理机构将达到公开招标数额的政府采购项目分割为多个小项目，各个小项目的数额都在法定公开招标的数额之下，以达到不公开招标而以其他方式采购的目的。除了“化整为零”外，还有其他多种方式，如以项目具有特殊性、技术复杂、紧急需要等为由，来规避公开招标。

《政府采购法》第二十九条对邀请招标方式采购的条件作出明确规定，即“符合下列情形之一的货物或者服务，可以依照本法采用邀请招标方式采购：（一）具有特殊性，只能从有限范围的供应商处采购的；（二）采用公开招标方式的费用占政府采购项目总价值的比例过大的”。根据《政府采购法实施条例》第二十三条规定，采购人采购公开招标数额标准以上的货物或者服务，符合上述《政府采购法》第二十九条规定情形或者有需要执行政府采购政策等特殊情况的，经设区的市级以上人民政府财政部门批准，可以依法采用邀请招标的采购方式。

下面是江苏省财政厅制作的公开招标操作流程图和邀请招标操作流程图[1]：

1 《江苏省财政厅　江苏财政　省财政厅制作“流程图”，让政府采购更高效》，载 http://czt.jiangsu.gov.cn/art/2018/11/6/art_7938_7872377.html，最后访问日期：2020 年 6 月 20 日。

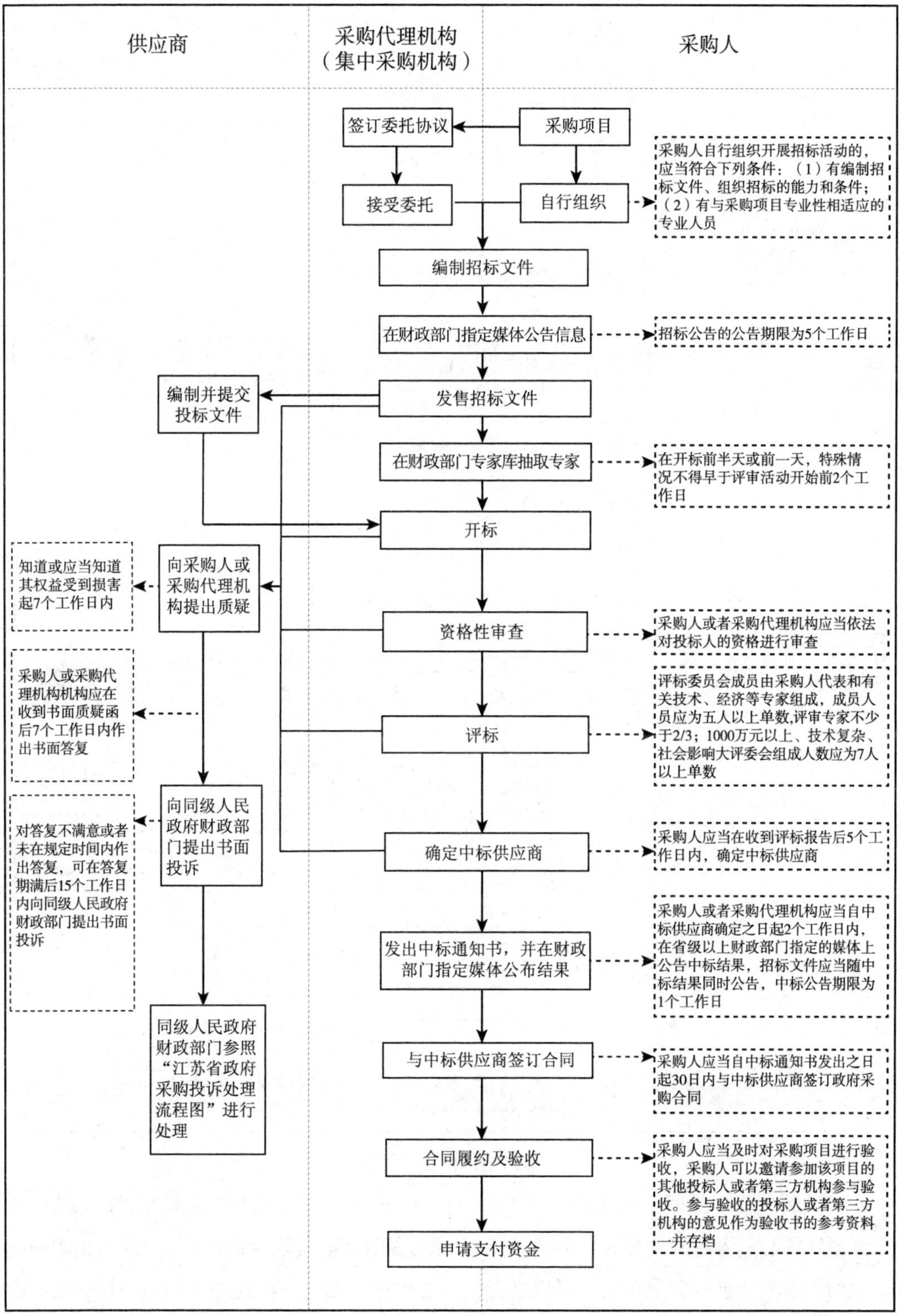
供应商
采购代理机构（集中采购机构）
采购人
签订委托协议
采购项目
接受委托
自行组织
采购人自行组织开展招标活动的，应当符合下列条件：（1）有编制招标文件、组织招标的能力和条件；（2）有与采购项目专业性相适应的专业人员
编制招标文件
在财政部门指定媒体公告信息
招标公告的公告期限为5个工作日
编制并提交投标文件
发售招标文件
在财政部门专家库抽取专家
在开标前半天或前一天，特殊情况不得早于评审活动开始前2个工作日
开标
知道或应当知道其权益受到损害起7个工作日内
向采购人或采购代理机构提出质疑
资格性审查
采购人或者采购代理机构应当依法对投标人的资格进行审查
采购人或采购代理机构机构应在收到书面质疑函后7个工作日内作出书面答复
评标
评标委员会成员由采购人代表和有关技术、经济等专家组成，成员人员应为五人以上单数,评审专家不少于2/3；1000万元以上、技术复杂、社会影响大评委会组成人数应为7人以上单数
对答复不满意或者未在规定时间内作出答复，可在答复期满后15个工作日内向同级人民政府财政部门提出书面投诉
向同级人民政府财政部门提出书面投诉
确定中标供应商
采购人应当在收到评标报告后5个工作日内，确定中标供应商
发出中标通知书，并在财政部门指定媒体公布结果
采购人或者采购代理机构应当自中标供应商确定之日起2个工作日内，在省级以上财政部门指定的媒体上公告中标结果，招标文件应当随中标结果同时公告，中标公告期限为1个工作日
同级人民政府财政部门参照“江苏省政府采购投诉处理流程图”进行处理
与中标供应商签订合同
采购人应当自中标通知书发出之日起30日内与中标供应商签订政府采购合同
合同履约及验收
采购人应当及时对采购项目进行验收，采购人可以邀请参加该项目的其他投标人或者第三方机构参与验收。参与验收的投标人或者第三方机构的意见作为验收书的参考资料一并存档
申请支付资金

公开招标操作流程图

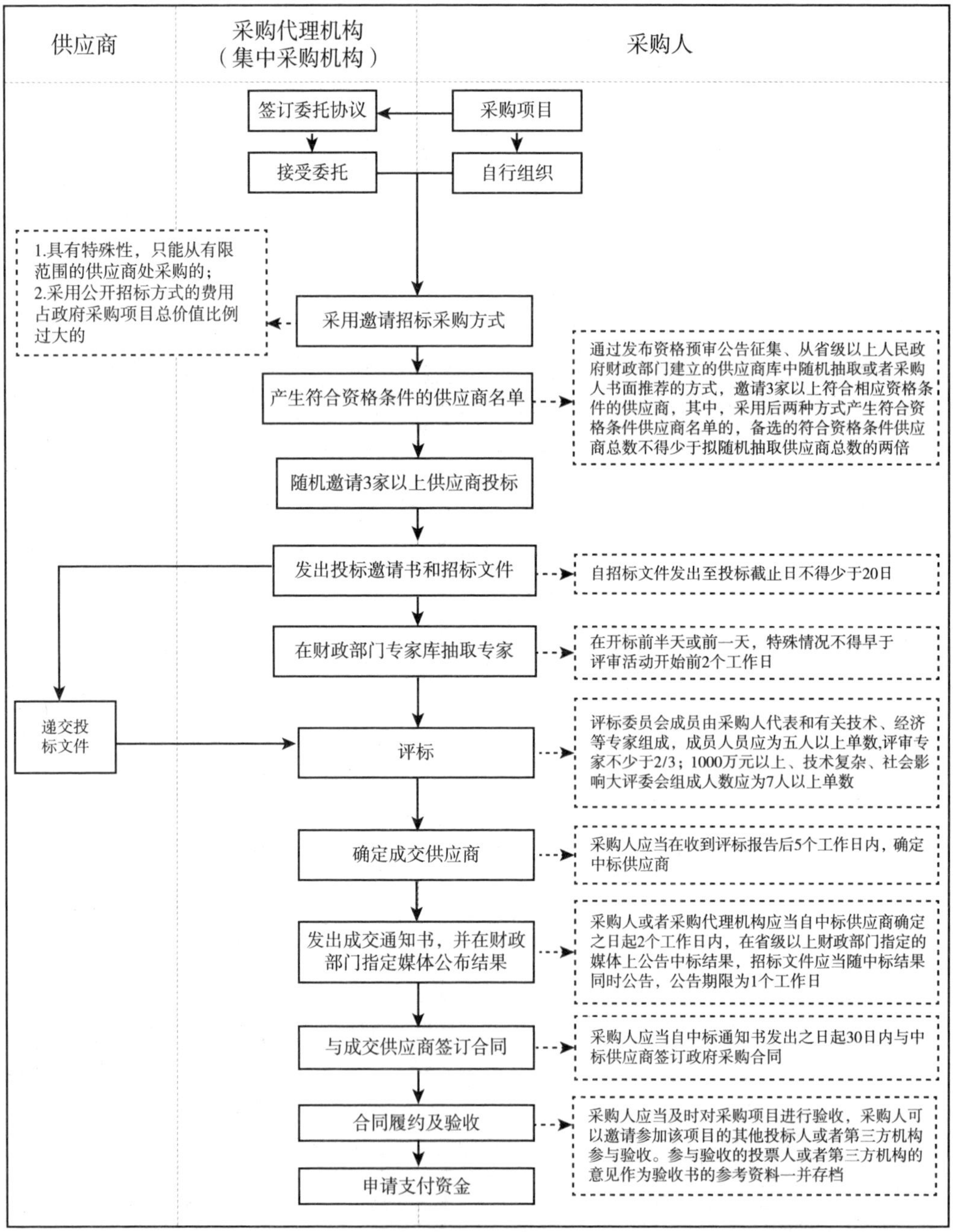

邀请招标操作流程图

招标从组织方式方面分,可以分为采购人自行招标和委托采购代理机构招标。根据《政府采购货物和服务招标投标管理办法》（财政部令第 87 号）第九条规定，未纳入集中采购目录的政府采购项目，采购人既可以自行招标，也可以委托采购代理机构在委托的范围内代理招标。采购人自行组织开展招标活动的，应当符合下列条件：（1）有编制招标文件、组织招标的能力和条件；（2）有与采购项目专业性相适应的专业人员。采购人具有编制招标文件和组织评标能力的，可以自行办理招标事宜。不具备的，招标人有权自行选择采购代理机构，委托其办理招标事宜。

招标从适用法律方面分，可以分为适用《政府采购法》的招标和适用《招标投标法》的招标。适用《政府采购法》的招标，即在中国境内开展政府采购货物和服务的招标，适用《招标投标法》的招标，即在中国境内开展工程建设项目的招标以及其他应当适用《招标投标法》的招标。对于招标活动究竟是适用《政府采购法》还是《招标投标法》的问题，在《政府采购救济争议处理实务与案例》一书中对有关建设工程项目已经讨论，对涉及机电产品国际招标投标中适用法律的问题，该书在案例 13 中提及财政部“指导性案例 30 号：S 医院手术室数字化管理系统采购项目举报案”[1]。2014 年 4 月 1 日起施行的《机电产品国际招标投标实施办法（试行）》（商务部令 2014 年第 1 号）第二条第二款规定，该办法所称机电产品国际招标投标活动，是指中国境内的招标人根据采购机电产品的条件和要求，在全球范围内以招标方式邀请潜在投标人参加投标，并按照规定程序从投标人中确定中标人的一种采购行为。可见，投标人是“在全球范围内”，而不限于中国境内。财政部认为，S 医院项目是事业单位使用财政性资金向国内代理商购买货物属于政府采购项目，采购方式和采购程序均应按照《政府采购法》及其相关规定执行。可见，国内供应商、代理商、经销商能够提供的进口机电产品，采购方式和采购程序应当按照《政府采购法》及其相关规定执行。否则就违反了《政府采购法》第二条和第六十四条第一款的规定。

在政府采购的招标投标活动中，招标是要约邀请，又称为“要约引诱”，它是指采购人、采购代理机构希望他人向自己发出要约的意思表示即投标。要约邀请，是政府采购当事人订立政府采购合同的预备行为，只是邀请投标人投标即引诱他人发出要约，但不能因投标人投标即相对人的要约而成立政府采购合同，还要经过一系列的政府采购活动才能完成。而在这一系列的活动中，就会在政府采购当事人中发生各种不同的异议，对招标活动的争议首当其冲。

第 一 节　对采购项目属性的争议

在招标活动开始前，首先需明确采购项目的属性。“财政部令第 87 号”第七条对政府采购项目属性的确定方法作出规定，采购项目属性的确定应按照财政部制定的《政府采购

1　案例来源：《指导性案例 30 号——S 医院手术室数字化管理系统采购项目举报案》载 http://www.cgpnews.cn/articles/51553，最后访问日期：2020 年 6 月 20 日。

品目录分类》，若按其无法确定的，按照有利于采购项目实施的原则确定。2013 年 10 月，财政部下发了《关于印发〈政府采购品目分类目录〉的通知》（财库〔2013〕189 号），并附《政府采购品目分类目录》，按货物、工程、服务 3 大类划分为 54 个二级分类，各二级分类下的明细品目级次则主要根据目前政府采购管理的实际情况确定，品目的定义和说明尽量采用相关国内、国际标准的定义和说明，但部分内容作了简化处理。采购项目属性的确定，既涉及法律的适用问题，如是工程项目招标则适用《招标投标法》，除此之外包括采用非招标方式采购的工程项目全部适用《政府采购法》；也关系到项目采购的其他许多方面，如界定为货物采购还是服务采购，关系到项目价格占总分值比重的设置。财政部“指导案例 10 号：×× 体系采购项目投诉案”[1] 中认为，《政府采购法》有关招标文件编制、评标方法和评标标准制定、招标信息发布、评标专家抽取、中标信息发布等方面的规定均不同于《招标投标法》。在政府采购活动中，《招标投标法》及其实施条例，主要适用于通过招标方式采购的政府采购工程以及与工程建设相关的货物、服务。政府采购工程及与工程建设相关的货物、服务通过招标方式以外的方式采购的，和与工程建设不相关的货物、服务的采购，都应适用《政府采购法》及其实施条例、《政府采购货物和服务招标投标管理办法》等规定。与工程建设不相关的货物和服务的采购未依照前述规定执行，而依据《招标投标法》执行的，属于适用法律错误，违反了《政府采购法》第二条第一款和第六十四条第一款的规定。

财政部“指导性案例 16 号：X 医院医疗设备采购项目投诉案”[2] 中认为，根据《政府采购法》第二条的规定，该项目属于货物采购，其采购方式和采购程序均应按照《政府采购法》及相关法律法规执行。该项目未按上述规定执行，违反了《政府采购法》第二条和第六十四条第一款的规定。鉴于该项目法律适用错误，财政部不再对投诉事项逐一审查。处理结果为：鉴于该项目尚未签订政府采购合同，根据《政府采购法》第二条、第三十六条第一款第（二）项、第六十四条第一款，《政府采购供应商投诉处理办法》（财政部令第 20 号）第十九条第（一）项的规定，决定采购行为违法，责令采购人废标，重新开展采购活动。根据《政府采购法》第七十一条和《政府采购法实施条例》第六十八条第（一）项的规定，责令采购人 X 医院、代理机构 Y 公司限期改正，并给予代理机构 Y 公司警告和罚款的行政处罚。

在采购中，还经常会出现一个项目中包含货物、服务、工程两种以上的属性，针对这些项目的采购项目属性究竟是什么，会发生各种各样的争议。有的采购人认为，“按照有利于采购项目实施的原则确定”，就是怎样采购方便就认定为什么样的采购项目属性，就是采购人说了算。这种观点是错误的，一是忽视了只有在无法确定的情况下，才能“按照

1 《指导案例 10 号：XX 体系采购项目投诉案》，载 http://www.ccgp.gov.cn/aljd/201711/t20171120_9188218.htm，最后访问日期：2020 年 6 月 20 日。

2 《D 大学智慧校园软件平台采购项目举报案》，载 http://www.cgpnews.cn/articles/47109，最后访问日期：2020 年 6 月 20 日。

有利于采购项目实施的原则确定”；二是如何有利于采购项目实施，也不是采购人说了算，要有事实与理由证明。

【案例14[1]】既有货物又有服务的采购项目，且采购的货物纳入集中采购目录之内，如何确定采购项目属性

关 键 词：项目属性/货物/服务/价格占总分值的比重

案例要点：确定采购项目属性的责任主体是采购人，依据是《政府采购品目分类目录》，无法确定时适用有利于采购项目实施的原则。采购项目属性的确定，关系到项目价格占总分值比重的设置。

招标、质疑、投诉、复议情况

淳安县环境保护局“千岛湖监测预警体系通量站建设服务项目”（以下简称“该项目”）在招投标过程中，杭州市环境保护局于2014年7月18日主持召开该项目设计方案专家论证会，明确该项目是服务，且以服务为主。2014年12月1日，采购代理机构辰光咨询公司对该项目进行招标评标，北京某公司中标。

2014年12月3日，杭州应用声学研究所以采购代理机构不受理质疑为由，向淳安县财政局提起投诉。2014年12月12日，淳安县环境保护局召集各相关机构召开协调会，认为该项目是服务项目，且货物与服务不宜分开招标。淳安县财政局于2014年12月22日作出行政处理决定，责令辰光咨询公司受理质疑并予答复。同年12月28日辰光咨询公司向投诉人作出质疑答复书。

2015年1月13日，北京某公司对质疑答复不满再次提起投诉。淳安县财政局于同月15日受理后，查明招投标文件存在如下违法违规事实：（1）该项目招标文件第一章“招标公告”第四条确定该项目招标类别为“工程服务采购”。（2）该项目招标文件第二章“招标需求”第一部分第一条建设内容为“野外测量系统硬件和软件；数据采集、传输及管理系统；服务系统”三部分组成，为硬件设备和软件及服务的集成采购项目，其中“服务系统”中项目完整验收合格后免费运营维护3年。（3）该项目招标文件第四章“评标办法及评分标准”中确定该项目采用综合评分法，商务评分即报价分为20分，比重不到30%，是按服务项目类别价格分值占总分值比重的规定来设置价格分值。（4）中标供应商响应的报价文件中的“投标报价明细表”和“开标一览表”，只有“数据采集、传输及管理系统（水质自动监测系统V2.0）”软件和项目监理单独报价，除免费内容外，其他均按设备硬件报价，

1 案例来源：（2015）杭淳行初字第6号。

其中经专家论证认为占该项目投资主导的服务内容并未单独报价。(5)预中标供应商响应的技术文件中的"设备配置清单"及"原厂出厂配置表及原厂中文使用说明"，响应的报价文件中的"投标报价明细表"和"开标一览表"，表明其响应的声学多普勒测流仪、全光普分析仪、在线式水质分析仪、气象六参数分析仪等仪器设备产地分别为美国、奥地利、芬兰，为进口产品，且均为该项目所需设备的关键核心部分。(6)该项目拟采购进口产品，采购活动开始前未报经财政部门审核，财政部门也未出具过核准意见，招标文件中也未明确规定不允许进口产品参加。

淳安县财政局认为，采购文件对该项目政府采购项目的分类违反了《政府采购法》、财政部《政府采购品目分类目录》、《浙江省2014年度政府采购分类表》、《2014年度杭州市政府采购目录和限额标准》的分类规定，该项目采购的环保监测仪器和设备，属于财政部《政府采购品目分类目录》货物类"A032405环保监测设备"、《浙江省2014年度政府采购分类表》和《2014年度杭州市政府采购目录和限额标准》货物类"A1031环境监测设备"的范畴，符合《政府采购法》第二条第五款"设备"属于货物的规定。因此在招标文件中将该项目确定为服务类别，并按服务项目设定价格分值20分，权值不到30%，不符合《政府采购货物和服务招标投标管理办法》(财政部令第18号)第五十二条第三款"采用综合评分法的，货物项目的价格分值占总分值的比重(权值)为百分之三十至百分之六十；服务项目的价格分值占总分值的比重(权值)为百分之十至百分之三十"的规定，影响了公平竞争和中标成交结果。

中标供应商响应的部分设备为进口产品，且为该项目所需设备的关键核心部分，其采购项目金额已占集成项目总金额的50%以上，已超过政府采购限额标准。在采购活动开始前，未履行报经财政部门审核的程序，违反了《政府采购进口产品管理办法》第七条的规定。根据《关于政府采购进口产品管理有关问题的通知》第五条的规定，采购文件未明确规定不允许进口产品参加的，也视为拒绝进口产品参加。

淳安县财政局根据查明的事实，根据《政府采购法》第三十六条第(二)项、"财政部令第20号"第十七条第(三)项、第十九条第(一)项规定，于2015年2月3日作出行政处理决定，认定该项目部分采购行为违法，应予废标，责令采购人重新开展采购活动。

行政诉讼情况

北京某公司不服淳安县财政局行政处理决定书，诉请淳安县法院撤销该处理决定。法院认为，《政府采购法》第二条、财政部《政府采购品目分类目录》、《浙江省2014年度政府采购分类表》和《2014年度杭州市政府采购目录和限额标准》的规定，是政府采购项目分类的依据。该项目虽为硬件设备和软件及服务的集成采购项目，但从北京某公司响应的技术文件中的"设备配置清单"、报价文件中的"投标报价明细表"和"开标一览表"显示，除“数据采集、传输及管理系统（水质自动监测系统V2.0）”软件和项目监理以及免费服务内容外，表单内列举的均为环保监测仪器和设备，均属于财政部规定货物的范畴。

淳安县财政局认定招标文件将该项目招标类别确定为“工程服务采购”不符合法定分类的事实清楚。该项目虽有“硬件设备按市场询价只占项目投资的三分之一，以服务为主”的专家论证意见，但为主的服务项目却无报价。根据《政府采购法》第七条第二款“……属于地方预算的政府采购项目，其集中采购目录由省、自治区、直辖市人民政府或者其授权的机构确定并发布”的规定，专家论证意见不是确定政府采购项目的分类依据。因此，对北京某公司根据专家论证意见提出的服务类分项理由不予采纳。

淳安县财政局认定招标文件第四章“评标办法及评分标准”中确定该项目采用综合评分法，商务评分即报价分为20分，比重不到30%，与货物项目的法定权值不相符的事实清楚。

该案北京某公司响应的多项设备属进口产品，且采购项目金额已占集成项目总金额的50%以上，已超过政府采购限额标准。在采购活动开始前没有获得财政部门同意而开展采购活动的，视同为拒绝采购进口产品，应当在采购文件中明确作出不允许进口产品参加的规定。未在采购文件中明确规定不允许进口产品参加的，也视为拒绝进口产品参加的规定，该项目拟采购进口产品，但在招标文件中未明确规定不允许进口产品参加，采购活动开始前也未报经财政部门审核。

淳安县财政局认定该项目部分采购行为违法，并作出应予废标，责令采购人重新开展采购活动的处理意见，适用法律正确。据此，判决维持淳安县财政局作出的行政处理决定。

案例评析 CASE ANALYSIS

1. 采购项目的属性无法确定时适用的原则是有利于采购项目实施

采购项目属性本身无任何倾向性色彩，对投标人也无差别待遇或者歧视待遇，一般不会直接引起争议，但确定错误则会引起争议。“财政部令第87号”第七条明确了确定采购项目属性的责任主体是采购人，依据是财政部制定的《政府采购品目分类目录》，无法确定时适用的原则是有利于采购项目实施。采购项目属性确定后，便于采购人在编制政府采购预算和计划时对照执行。该项目招标时，财政部《政府采购品目分类目录》已下发，采购项目属性的确定应当由采购人依照该分类目录来确定。许多政府采购项目是货物、工程、服务的属性相互交织在一起，如何正确确定属性对采购人是一大考验。有的项目的是以资金比例来决定，即以占项目资金比例最高的采购对象确定其项目属性；有的项目是以品目多少来决定，即以货物或者服务品目多的来确定项目属性；有的项目是以专家论证意见来决定。但都不符合“有利于采购项目实施的原则”的要求。

2. 财政部门未采纳专家对项目属性的论证意见是正确的

该项目的采购人通过开专家论证会的方式，将采购项目的属性明确为服务，且以服务为主。由于“财政部令第 87 号”是 2017 年 10 月 1 日起才施行，专家论证意见自然未能从“有利于采购项目实施的原则”出发。该项目虽有“硬件设备按市场询价只占项目投资的三分之一，以服务为主”的专家论证意见，但在招标文件中，为主的服务项目却并未单独报价。该项目虽为硬件设备和软件及服务的集成采购项目，但从北京某公司响应的技术文件中的“设备配置清单”、报价文件中的“投标报价明细表”和“开标一览表”显示，除“数据采集、传输及管理系统（水质自动监测系统 V2.0）”软件和项目监理以及免费服务内容外，表单内列举的均为环保监测仪器和设备，均属于财政部《政府采购品目分类目录》货物类“A032405 环保监测设备”、《浙江省 2014 年度政府采购分类表》和《2014 年度杭州市政府采购目录和限额标准》货物类“A1031 环境监测设备”的范畴。由于专家的论证意见所述事实与理由不充分，财政部门未予采纳是正确的。笔者认为，对于采购项目属性的专家论证意见，应当从“有利于采购项目实施的原则”出发并说明事实与理由，是可以作为事实依据的。

3. 该项目采购进口货物未经财政部门审核，违反政府采购方面法律规定

《政府采购法》第十条规定：“政府采购应当采购本国货物、工程和服务。但有下列情形之一的除外：（一）需要采购的货物、工程或者服务在中国境内无法获取或者无法以合理的商业条件获取的；（二）为在中国境外使用而进行采购的；（三）其他法律、行政法规另有规定的。前款所称本国货物、工程和服务的界定，依照国务院有关规定执行。”《政府采购进口产品管理办法》第七条规定：“采购人需要采购的产品在中国境内无法获取或者无法以合理的商业条件获取，以及法律法规另有规定确需采购进口产品的，应当在获得财政部门核准后，依法开展政府采购活动。”《关于政府采购进口产品管理有关问题的通知》第五条规定，采购人采购进口产品时，必须在采购活动开始前向财政部门提出申请并获得财政部门审核同意后，才能开展采购活动。根据以上规定对照本案中的相关行为，该项目确定为服务项目后招标，北京某公司中标产品中多项设备属进口产品，且采购项目金额已占集成项目总金额的 50% 以上，超过政府采购限额标准，显然是违反政府采购进口产品有关规定的。不能因为该项目属性事先被认定为服务项目，而否定是货物采购进而规避政府采购进口产品管理。

第二节 对采购模式的争议

政府采购的模式有两种，即集中采购与分散采购。集中采购，是指采购人将列入集中采购目录的项目委托集中采购机构代理采购或者进行部门集中采购的行为。分散采购，是指采购人将采购限额标准以上的未列入集中采购目录的项目自行采购或者委托采购代理机构代理采购的行为。集中采购与分散采购的区别是：一是执行主体不同，集中采购的执行

主体即集中采购机构，是设区的市级人民政府依法设立的非营利事业法人，是代理集中采购项目的执行机构。分散采购的执行主体，既可以是采购人、集中采购机构，也可以是集中采购机构以外的采购代理机构。二是采购范围不同，集中采购适用的范围由《集中采购目录》规定，即凡属于目录内的必须实行集中采购，属于中央预算的政府采购项目，其集中采购目录由国务院确定并公布；属于地方预算的政府采购项目，其集中采购目录由省、自治区、直辖市人民政府或者其授权的机构确定并公布。分散采购的适用范围则是《集中采购目录》以外且采购限额标准以上的采购项目。三是项目特征不同，列入集中采购的项目一般是一些大宗、通用的项目，许多采购人都需要采购，或者是一些社会关注程度较高、影响较大的特定商品、大型工程和重要服务类项目；集中采购采购成本低、操作相对规范和社会影响大的特点，还可以发挥规模优势，有利于政府的集中监管。而列入分散采购的项目往往是一些在限额标准以上的、专业化程度较高或采购人有特定需求的项目，一般不具有通用性的特征；可以借助采购人单位的技术优势和社会中介代理机构的专业优势，提高采购效率。

作为政府采购的两种模式，两者互有优势，可相互补充。由于集中采购代理机构对采购人监督较为严格，采购效率不高，采购周期较长，采购人经常不满意，就会绕开集中代理机构去找社会中介机构代理或者自行组织采购，将应当集中采购的项目，实行分散采购。确定什么样的采购模式，有时尽管未直接引起异议，但中标或者成交结果出来后，未达到中标或者成交目的的供应商提出质疑与投诉后，此问题将暴露进而引起争议。

【案例 15[1]】采购人是否可以将依法应当集中采购的项目，隐含在分散采购的项目中进行分散采购

关 键 词：采购模式 / 集中采购 / 分散采购

案例要点：一个采购项目中既有集中采购目录内的、又有目录外的货物或服务，不能将应该集中采购货物或服务隐含而进行分散采购。

招标、质疑、投诉、复议情况

广州市某区教育局（以下简称“区教育局”）因需采购区学生体质健康测试器材配置监测数据库连续跟踪服务项目（以下简称“该项目”）委托广东采联采购招标有限公司（以下简称“采联公司”）进行相关招投标工作。采联公司编制的招标文件中“第五章用户需求书”中明确采购内容包含学生体质健康监测器材及区学生体质健康监测数据库建设及连续跟踪服务。经评标，广州某公司为第一中标候选人、深圳某公司为第二中标候选人。

1 案例来源：（2017）粤 7101 行初 4087 号。

某教育科技公司提出质疑、投诉。2016年6月3日，广州市某区财政局（以下简称“区财政局”）作出2016年1号处理决定，认为广州某公司在竞标过程中，提供虚假材料，谋取中标，决定广州某公司中标无效，由深圳某公司以第二中标候选人身份递补中标。

2016年8月8日，某教育科技公司再次向区财政局提出投诉，要求区财政局核查深圳某公司投标文件中所投产品HK6800型质检报告的真伪性和产品型号一致性、学生体质健康监测（测试）服务业绩合同的真伪性等问题。

2016年9月13日，区财政局作出2016年2号处理决定，认为深圳某公司提供的HK6000产品检验报告不符合招标文件中的要求，并调整相应得分。同时，由于招标文件中评分项目设置与该项目的采购属性明显不相符，存在倾向性，因而招标文件误导了评标委员会和投标供应商，产生了影响评标公平公正的结果，决定对该项目予以废标，责成采购人对招标文件进行修改后重新组织招标。

深圳某公司不服向广州市财政局提起行政复议，该局于2017年1月26日作出行政复议决定，查明深圳某公司在投标文件中提交的产品检验报告对应其规格型号HK-6000的产品，与投标产品不一致等事实，并认为：（1）根据复议调查，对深圳某公司提出恢复原评审委员会给予“检验报告”得分的复议请求不予支持；（2）关于招标文件对服务业绩的评分项目设置问题。是否符合项目采购属性方面。涉案采购项目兼有货物、服务两类项目预算内容，招标文件中相关评分体系与标准反映了项目综合评分体系中对采购内容方面的评审指标，符合涉案采购项目服务类方面的项目属性和采购需求。是否影响评标公平公正方面。区财政局未向评标委员会等进一步调查取证，证实是否确实存在标书编制倾向性，误导评标委员会或评标委员会未按招标文件规定的评标方法和标准进行评标的情况。区财政局仅以涉案采购项目只有唯一投标供应商符合服务业绩评分标准、评审委员会对不同内容的业绩合同采用统一评分标准的主要证据，证明涉案采购项目采购需求指向特定供应商，招标文件评分设置存在倾向性，或评标委员会被误导，影响采购公正，事实不清，证据不足。因此，决定撤销区财政局作出的2016年2号处理决定。

2017年5月9日，区财政局根据行政复议决定的意见要求，作出2017年1号处理决定，认为：“本项目在实施过程中，采购单位把集中采购类项目隐含混合在分散类项目，将本应必须委托集中采购代理机构的集中采购项目委托了分散代理机构进行采购，违反政府采购法定程序，必须予以依法纠正。”故决定对采购项目予以废标，责成采购人剔除属于集中采购类的项目并对招标文件进行修改后重新组织招标。

原告诉求及观点

深圳某公司不服，向广州铁路运输第一法院提起诉讼称，区财政局决定认定该项目属于政府集中采购项目与事实不符。首先，本次招标的项目名称为“学生体质健康测试器材配置监测数据库连续跟踪服务”，从《用户需求书》可以看出，采购人本次的采购项目主要是某区教育局统一进行体质测试规范及数据上报培训、统一配备智能化体质检测仪器、统一测试数据统计分析，提供全区学生体质监测数据分析连续跟踪服务期至少为3年，完成全区学生体质健康监测评价报告和数据上报工作，即体质测试设备是主要采购对象，在此基础上区级学生体质健康管理服务系统平台只是附随测试设备测试的后续分析及统计功能，没有任何软件需要开发，并非《广州市政府集中采购目录及采购限额标准（2015年）》中规定的软件开发服务。其次，在此次招标过程中，深圳某公司投标文件中自带操作系统和数据收集整理的数据库系统。即本次采购项目中的数据库不存在需要单独采购的必要，且对操作系统及数据也不可能单独采购。综上所述，深圳某公司投标的体能测试设备中就自带学生体质健康管理服务系统平台，完全能达到用户的招标要求，因此采购单位没有单独开发采购的必要，且该系统也不是可以单独开发的软件开发服务项目。区财政局明显是偷换概念，其以该项目违反集中采购为由废标理由根本不成立。请求法院依法撤销区财政局2017年1号处理决定，认定区财政局2016年1号处理决定合法有效并确定深圳某公司为该项目中标人。

被告答辩及观点

区财政局辩称，涉案项目所含监测数据库的开发项目，属于政府集中采购项目，分散招标属于程序违法，影响公正性。根据招标文件需求以及各投标供应商报价明细可见，该项目除了采购测试器材和测试服务外，还包含有监测数据库的开发项目，该开发项目实质为软件开发类项目，属于政府集中采购项目，而采购人区教育局未经专家论证等程序，也未向政府采购管理部门申请批准，将本应该实施集中采购的项目隐含其中进行分散采购，违反了政府采购法定程序，属于程序违法，影响公正性。

法院裁判及观点

《政府采购法》第七条、第十八条的规定，本案中，涉案采购招标文件中明确采购内容包括学生体质健康监测器材、监测数据库建设及连续跟踪服务两项内容。而且，要求学生体质健康数据管理系统应当根据采购人要求定制开发功能。因此，区财政局认为涉诉采购项目除了仪器设备之外，还包括了与仪器设备相对应的软件开发服务项目，并认定此次采购将应当集中采购项目隐含其中进行分散采购违反《政府采购法》第十八条规定，并无不当。深圳某公司要求撤销区财政局作出的2017年1号处理决定，无事实和法律依据，法院判决驳回深圳某公司的诉讼请求。

案例评析 CASE ANALYSIS

1. 政府采购实行集中采购与分散采购相结合的原则，《集中采购目录》内的必须实行集中采购

根据《政府采购法》第七条的规定，政府采购的采购模式分为集中采购与分散采购，实行集中采购与分散采购相结合的采购模式。集中采购的范围由省级以上人民政府公布的集中采购目录确定。属于中央预算的政府采购项目，其集中采购目录由国务院确定并公布；属于地方预算的政府采购项目，其集中采购目录由省、自治区、直辖市人民政府或者其授权的机构确定并公布。《集中采购目录》内的货物、工程、服务的采购必须实行集中采购，即委托集中采购代理机构采购，不得委托其他采购代理机构采购。

2. 当一个采购项目中既包含集中采购目录内的内容，又包含集中采购目录外的内容时，应实行集中采购

本案中，采购项目除了仪器设备之外，还包括了与仪器设备相对应的软件开发服务项目，软件开发项目为集中采购目录内的内容，仪器设备属于集中采购目录外的内容，当一个采购项目中既包含集中采购目录内的内容，又包含目录外的内容时，根据《政府采购法》第十八条的规定，采购人采购纳入集中采购目录的政府采购项目，必须委托集中采购机构代理采购，采购未纳入集中采购目录的项目，可以自行采购，也可以委托集中采购机构在委托的范围内代理采购。如果可以将纳入集中采购目录的项目，隐含在分散采购的的项目中，那么《政府采购法》有关集中采购的强制性规定就形同虚设了。因此，在本案这种情形下，采购模式应为集中采购，而不能将应该集中采购项目隐含在分散采购项目中，进行分散采购。

第三节 对采购需求的争议

采购需求，是指采购项目需要达到的目标，是对采购标的的特征描述。对采购需求的确定，《政府采购法实施条例》有一系列明确规定，如，《政府采购法实施条例》第十一条、第十五条、第二十条规定，采购人在政府采购活动中应当维护国家利益和社会公共利益，公正廉洁，诚实守信，执行政府采购政策，建立政府采购内部管理制度，厉行节约，科学合理确定采购需求。采购需求应当符合法律法规以及政府采购政策规定的技术、服务、安全等要求。政府向社会公众提供的公共服务项目，应当就确定采购需求征求社会公众的意见。除因技术复杂或者性质特殊，不能确定详细规格或者具体要求外，采购需求应当完整、明确。必要时，应当就确定采购需求征求相关供应商、专家的意见。采购代理机构发现采

购人的采购需求存在以不合理条件对供应商实行差别待遇、歧视待遇，应当建议其改正。采购人拒不改正的，采购代理机构应当向采购人的本级人民政府财政部门报告，财政部门应当依法处理。可见，确定采购需求，是采购人的责任。采购人负责确定本单位采购项目的采购需求，采购代理机构根据采购人提供的技术需求编制招标文件。采购人也可以委托采购代理机构编制采购需求，但是应当对采购代理机构编制的采购需求进行书面确认。根据“财政部令第 87 号”第七十七条规定，采购人未按照规定编制采购需求的，由财政部门责令限期改正；情节严重的，给予警告，对直接负责的主管人员和其他直接责任人员由其行政主管部门或者有关机关依法给予处分，并予以通报；涉嫌犯罪的，移送司法机关处理。

在实践中，对采购需求争议最多，也最复杂，本节将专门予以讨论。对采购需求争议主要有：

一、对价格测算的争议

“财政部令第 87 号”第十条、第十二条规定，采购人应当对采购标的的市场技术或者服务水平、供应、价格等情况进行市场调查，根据调查情况、资产配置标准等科学、合理地确定采购需求，进行价格测算。采购人根据价格测算情况，可以在采购预算额度内合理设定最高限价，但不得设定最低限价。采购预算，是指采购人在本单位编制的年度预算中用于该采购项目的部分金额。采购预算额度，是指采购人在本单位年度预算中可以用来支付采购项目合同价款的最高金额。确定采购需求后，采购人应根据采购需求进行价格测算。如果价格测算的金额高于采购预算额度，采购人应考虑在满足实际需要的基础上适当降低采购需求中技术标准或者减少采购数量，不然就要调整增加采购预算；如果价格测算的金额低于采购预算额度，采购人就可在采购预算额度与价格测算金额之间确定最高限价，但不得设定最低限价。设定最低限价的，根据“财政部令第 87 号”第七十八条规定，对采购人、采购代理机构由财政部门责令限期改正，情节严重的，给予警告，对直接负责的主管人员和其他直接责任人员，由其行政主管部门或者有关机关给予处分，并予通报；采购代理机构有违法所得的，没收违法所得，并可以处以不超过违法所得 3 倍、最高不超过 3 万元的罚款，没有违法所得的，可以处以 1 万元以下的罚款。价格测算与采购需求相互之间影响很大，应当重视。

【案例 16[1]】项目前期已发生的咨询设计服务和测评服务，是否属于采购标的，投标人报价中应否必须包含

关 键 词：项目前期已发生费用 / 采购标的 / 报价应否包含

案例要点：项目采购前发生的费用包含在投标人报价中，若采购标的与投标报价中不

1　案例来源：粤财采决〔2020〕2 号。

对应，则违反了“财政部令第 87 号”第十条规定。

招标、质疑情况

洪江市某公司参与了广州宜立招标代理有限公司（以下简称宜立公司）受广州知识产权法院（以下简称“采购人”）委托组织的“广州知识产权法院网络安全等级保护项目”的政府采购活动，因对宜立公司的质疑答复不满意，于 2019 年 12 月 13 日向广东省财政厅提起投诉。

洪江市某公司称：采购人第一次招标中未列明咨询设计服务费，而重招中要求咨询设计服务费 8 万元从采购费用中支付，该项要求不合理。

广东省财政厅查明情况如下：该项目招标文件第 44 页列明“★（八）本项目前期已经落实的咨询设计服务和测评服务”和第 45 页“（九）采购项目商务要求”列明提出“★”的报价要求。经查，采购人按照本单位采购规程，确定深圳网安计算机安全检测技术有限公司为测评公司，确定广东省电信规划设计院有限公司为设计咨询服务，并分别与上述 2 公司签订了合同。未告知投标人该项目前期已产生费用并在项目总预算中支出，该项目在招标文件中将咨询设计服务费和等级保护服务测评服务费列入投标人报价要求。鉴于该项目前期已发生的咨询设计服务和测评服务，不属于该项目采购标的，但该项目招标文件要求投标人报价中须包含咨询设计服务费 8 万元和等级保护服务测评服务费 9.9 万元，违反了“财政部令第 87 号”第十条规定。因此，投诉事项经查证属实，投诉事项成立。

综上所述，广东省财政厅于 2020 年 1 月 22 日作出处理决定投诉事项成立不影响采购结果，继续开展采购活动。对采购人存在的违法行为另行依法处理。

案例评析

CASE ANALYSIS

1. 项目采购前发生的费用不应包含在投标人报价中

在该项目采购前，采购人按照本单位采购规程，确定设计咨询服务与测评服务单位，这次招标将咨询设计服务费和测评服务费列入投标人报价要求。由于该 2 项服务不属于该项目采购标的，报价中包含 2 项服务费，违反了“财政部令第 87 号”第十条中有关“对采购标的的市场技术或者服务水平、供应、价格等情况进行市场调查……进行价格测算”的规定。

2. 投诉事项成立不影响采购结果的，应继续开展采购活动

尽管上述投诉事项成立但不影响采购结果，财政部门决定继续开展采购活动，对采购人存在的违法行为另行依法处理。这是符合“财政部令 94 号”第三十一条第一款规定的。

二、对采购需求是否完整、明确的争议

“财政部令第 87 号”第十一条的规定，采购需求应当完整、明确，包括以下七项内容：（1）采购标的需实现的功能或者目标，以及为落实政府采购政策需满足的要求；（2）采购标的需执行的国家相关标准、行业标准、地方标准或者其他标准、规范；（3）采购标的需满足的质量、安全、技术规格、物理特性等要求；（4）采购标的的数量、采购项目交付或者实施的时间和地点；（5）采购标的需满足的服务标准、期限、效率等要求；（6）采购标的的验收标准；（7）采购标的的其他技术、服务等要求。很多政府采购从业人员都认为，完整、明确表述采购需求并不是一件容易的事，稍不小心就可能被怀疑有倾向性或排他性要求，或者出现模棱两可、似是而非的现象。尽管“财政部令第 87 号”第十一条规定了采购需求包括 7 项内容，但如何设置，怎样才能将采购人对采购标的的要求完整、明确表述出来，什么样的采购需求是完整、明确的，什么样的采购需求是没有争议的，什么样的采购需求是便于履行的，都值得探讨研究。

财政部“指导性案例 21 号：J 大学 T 校区车辆识别系统项目投诉案”[1] 中认为，采购人应当在目标性需求基础上形成具体的功能性需求，并进一步细化为技术需求，确保采购需求完整、明确，以便供应商进行响应并报价。采购人可以结合实际需求设定相关要求。该项目招标文件“第四章招标需求”及“第七章合同格式”均对验收标准作出了要求。该项目采购的车辆识别系统、限非系统需与现有系统对接，供应商需了解现有系统接口的具体要求，并根据接口工作量评估相关费用。该项目招标文件并未明确现有系统接口的具体信息，违反了《政府采购货物和服务招标投标管理办法》（财政部令第 87 号）第十一条、第二十条的规定。认定中标结果无效，责令重新开展采购活动。处理结果为，根据《政府采购货物和服务招标投标管理办法》（财政部令第 87 号）第七十七条第（一）项的规定，责令采购人 J 大学就采购需求编制问题限期改正。

【案例 17[2]】招标文件采购需求的部分内容描述不清的，评分标准中有地方特色需求的评分，被投诉后应如何处理

关 键 词：采购需求完整 / 采购需求明确 / 地方特色需求

案例要点：采购需求的部分内容存在描述不清的，补充完整，予以明确。有地方特色需求的评分，设置不合理，应予调整。

---

1 《指导性案例 21 号——J 大学 T 校区车辆识别系统项目投诉案》，载 http://www.cgpnews.cn/articles/50844，最后访问日期：2020 年 6 月 20 日。

2 案例来源：《武汉市财政局政府采购投诉处理决定书》，载 http://www.ccgp.gov.cn/jdjc/jdcf/201710/t20171031_9078975.htm，最后访问日期：2020 年 6 月 20 日。

案情简介

上海某公司对武汉软件工程职业学院（以下简称“软件学院”）“职业教育管理公共服务平台（二期）项目”采购文件提出质疑，因对质疑答复不满，向武汉市财政局提起投诉。

投诉事项为：(1）采购需求中对“技能大赛”管理模块技术参数描述存在前后不一致，范围不清楚的问题，会直接影响上海某公司对该项目的评估和报价。(2）演示评分要求中对带有地方特色的需求如，“《武汉市校企合作企业备案》《武汉市校企合作企业备案表》《武汉市中等职业学校校企合作情况调查》”等，上海某公司认为此类需要充分需求调研后才能确认的定制开发报表，不应列入演示评分标准，应提高投标厂商资质、成功案例、技术方案等内容的分值比例。(3）起迪公司认为存在以不合理条件限制或排斥潜在数据可视化中间件供应商的情况，数据可视化中间件制造商资质不应放入评分标准。

武汉市财政局经审查认为：(1）招标文件中技能大赛管理模块的具体需求内容和功能范围确实存在描述不清晰等问题，软件学院应对相关缺省内容补充完整。(2）演示评分要求中对带有地方特色的需求评分设置不合理，应变更为功能要求，并依法调整分值比例。(3）市场上具有足够数量满足条件的中间件制造商，依据《政府采购法实施条例》第二十条的规定，不存在以不合理条件限制和排斥潜在数据可视化中间件供应商的情况。

根据《政府采购供应商投诉处理办法》第十七条的规定，武汉市财政局于 2017 年 10 月 11 日作出投诉处理决定：投诉事项（1）、投诉事项（2）投诉成立，依据《政府采购供应商投诉处理办法》第十八条第（一）项的规定，责令软件学院修改招标文件，并按修改后的采购文件开展采购活动。投诉事项（3）缺乏事实依据，驳回投诉。

案例评析 CASE ANALYSIS

1. 采购需求的部分内容确实存在描述不清晰，采购人应补充完整

招标文件中采购需求部分对技能大赛管理模块技术参数描述和功能范围确实存在描述不清晰等问题，确实会直接影响供应商对该项目的评估和报价，也影响日后政府采购合同的履行，采购人应当进行补充完整，予以明确。

2. 演示评分有地方特色需求的评分，确实设置不合理

政府采购不能非法限定供应商的所在地，尽管本案招标文件没有限定，但在演示评分要求中有地方特色的需求评分，势必对外地供应商有各种不利，这样设置是不合理的，应予调整。

三、对采购标的需执行的标准、规范的争议

标准是科学、技术和实践经验的总结，是在一定的范围内获得最佳秩序，对实际的或潜在的问题制定共同的和重复使用的规则。采购标的执行的标准有国家标准、行业标准、地方标准或者其他标准。

国家标准是指对全国经济技术发展有重大意义，需要在全国范围内统一技术要求所制定的标准。国家标准在全国范围内适用，其他各级标准不得与之相抵触，国家标准是四级标准体系中的主体。行业标准是指对没有国家标准而又需要在全国某个行业范围内统一技术要求所制定的标准。

行业标准是对国家标准的补充，是专业性、技术性较强的标准。行业标准的制定不得与国家标准抵触，国家标准公布实施后，相应的行业标准即行废止。

地方标准是指对没有国家标准和行业标准而又需要在省、自治区、直辖市范围内统一工业产品的安全、卫生要求所制定的标准，地方标准在本行政区域内适用，不得与国家标准和标业标准相抵触。国家标准、行业标准公布实施后，相应的地方标准即行废止。

值得注意的是，政府采购的货物和服务都是为了国内使用的，一般不应当适用外国标准，否则有可能被认定为以不合理的条件对供应商实行差别待遇或者歧视待遇。

规范是对于某一工程作业或者行为进行定性的信息规定，是因为无法精准定量而形成的标准，而称为规范。

“财政部令第 87 号”第十一条将“采购标的需执行的国家相关标准、行业标准、地方标准或者其他标准、规范”规定为采购需求包括的内容。供应商经常会对采购标的需执行的标准或者规范提出异议，引起争议。

【案例 18[1]】在设备采购项目需求中执行的标准，应按设备标准，还是设备所生产的产品标准

关 键 词：采购需求 / 标准规范 / 按照要求设置 / 执行

案例要点：采购需求要按照采购项目相应的标准、规范内容要求设置，执行国家相关标准、行业标准、地方标准或者其他标准、规范，而不是执行该设备所生产产品的标准。

招标、质疑情况

北京某公司参加 2019 年 11 月 7 日由内蒙古存信招标有限责任公司（以下称“采购

1　案例来源：内财购函〔2019〕698 号。

代理机构”）组织的内蒙古自治区纤维检验局棉花公检实验室专用设备（进口）采购项目，经质疑后向内蒙古自治区财政厅提起投诉。但投诉人开标时未到现场投标。

北京某公司诉称：（1）招标文件所述评审因素没有细化量化；（2）招标文件没有依据政府采购的相关规定，对涉及招标产品的强制性标准进行限定；（3）招标文件的开标一览表的格式违反政府采购规定的公开透明原则，侵害投标人知情权。

内蒙古自治区财政厅查明情况如下：

1．关于评审因素未细化量化。投诉人认为招标文件的评分办法中的服务部分、技术部分的评审标准未细化量化。经核查，该招标文件的评分办法中的服务部分、技术部分的评审因素已经量化到相应区间，且设定不同分值，符合以上规定。投诉事项（1）没有事实依据。

2．关于限定产品的强制性标准。投诉人认为本项目招标文件的采购需求未按《政府采购货物和服务招标投标管理办法》（财政部令第 87 号）第十一条第（二）项的内容要求设置，但其在投诉书中提供的国家标准是棉花检测的国家标准，不是本项目采购设备的国家标准。根据《政府采购质疑和投诉办法》第二十五条的规定，投诉事项不成立。

3．关于开标是否公开透明。经核查，招标文件的开标一览表符合招标文件 23.2 规定，开标时……宣布投标文件正本内的“开标一览表”内容，包括投标人名称、投标价格和招标文件规定的需要宣布的其他内容。该项投诉没有事实依据。

综上所述，内蒙古自治区财政厅于 2019 年 12 月 3 日作出处理决定，投诉事项不成立，驳回投诉。

案例评析 CASE ANALYSIS

本案中，投诉人主张本项目招标文件的采购需求未按照国家标准的要求予以设置，但其提供的标准为棉花检测的国家标准，而非本项目采购设备的国家标准。这纯属投诉人混淆概念，不应得到支持。根据财政部令第 87 号第十一条第（二）项的规定：采购标的需执行的国家相关标准、行业标准、地方标准或者其他标准、规范；本案中招标文件采购需求部分需执行的标准应为采购标的（采购设备）的国家标准，因而该投诉事项不成立。

四、对技术参数的争议

政府采购中的技术参数，包括采购标的需满足的质量、安全、技术规格、物理特性等要求，它一方面反映了采购的要求，对采购人而言，这种要求往往是一种基本要求；另一方面技术参数也是对供应商响应情况的评审依据。技术参数的编制是一件技术性非常强而又费时的工作，编制的好坏直接影响整个项目的采购效果。在确定采购需求的过程中，最容易引起争议的就是技术参数问题。产生争议的原因主要有：一是由于采购人缺乏精通某一产品技术参数的的技术人才，要想采购到称心如意的产品，有可能委托一些业内人士来制作技术参数，而这些业内人士在制作过程中可能会因各种原因带有一定的偏好与倾向；二是有的采购人为了省事，按某一或者几个供应商产品的技术参数来综合考虑，就可能出现对某几种产品的技术参数存在倾向性；三是直接想让某一供应商中标，若隐若现地将该供应商产品的技术参数作为采购需求。有的甚至将技术参数表述得非常具体、精确，致使其他供应商无法参加该项目采购活动，被质疑、投诉后，才修改招标文件。一般说来，要减少与避免此方面的争议，采购人在制作技术参数时，一方面，要同时考虑同档次各个供应商产品的主要技术参数，至少不能少于三家；另一方面，对技术参数的要求规定为数值范围而不是一个具体数据，也可以用“约”“≤”“≥”等来表示。

【案例19[1]】招标文件技术参数未指向特定产品，但有以单一品牌特有的技术指标作为技术要求的情形，且要求中标后提供原厂授权和售后服务承诺函，应如何处理

关键词：采购需求/指向特定产品/单一品牌技术指标/原厂授权、承诺

案例要点：采购需求不得以单一品牌特有的技术指标作为技术要求的情形，采购需求中要求中标后提供厂商或总代理授权、承诺违反符合性审查的规定，属于违法修改评标结果和改变中标结果的情形。

案情简介

韶关市某公司在参加广东中采招标有限公司（以下简称“中采公司”）组织的“韶关学院医学院实训中心彩色B超机采购项目”的采购活动中，认为采购项目的招标文件损害了其权益，于2019年6月13日向中采公司提出质疑，因对质疑答复不满意，于2019年6月27日向韶关市财政局提起投诉。

韶关市某公司投诉事项为：(1)本项目采购产品彩色B超机的技术参数要求存在倾向性、排斥性，是以一组组合参数综合指向了特定的产品，不利于公平竞争，是对供应商实行差别待遇和歧视待遇，不符合《政府采购法实施条例》第二十条第（三）项、《广东省实施〈中华人民共和国政府采购法〉办法》第三十四条第(三)项的规定。(2)本项目招标文件存在“通过将除进口货物以外的生产厂家授权、承诺、证明、背书等作为资格要求，对投标人实行差别待遇或者歧视待遇”的不合理条件。请求：(1)依法停止项目执行；(2)依法修改采

1 案例来源：韶财采决〔2016〕1号《政府采购投诉处理决定书》。

购需求中存在倾向特定供应商、特定产品的技术参数，让多一个或两个以上供应商的产品参与竞争；(3)取消采购需求中所存在的不合理条件，合理、合规、合法地重新组织项目招标。

中采公司在答复中称：(1)本次招标一共有三家投标人参加投标，其中就韶关市某公司所列参数情况，投标人提供了分别是飞利浦、迈瑞、通用电气的产品。能满足彩色B超机的技术参数要求的投标产品，市场上有三家或以上的品牌(厂家)，不存在韶关市某公司所认为的倾向性、排斥性的事实。(2)在公开招标文件中"★非投标产品原厂商或国内总代理如获中标后，须于签订合同前5天内提供所投产品原厂商或国内总代理的原厂授权和售后服务承诺函。我司设置此实质性条款符合本项目设备采购实际需求，保证本项目设备采购的合法来源性与质量。这个条款是要求投标人投标时提供承诺函，我司并没有违反《政府采购货物和服务招标投标管理办法》(财政部令第87号)第17条相关规定，要求提供生产厂家授权、承诺、证明、背书等，因此不存在以不合理的条件对供应商实行差别待遇或歧视待遇。

韶关市财政局认为：

1．关于投诉事项(1)：

韶关市某公司投诉本项目以一组组合参数综合指向了特定的产品，没有事实依据和法律依据。(1)经审查，本项目招标文件设置的技术参数共66项，均为一般性技术参数要求。参与本项目投标的供应商三家的技术评审得分分别为24分、19分、0分。韶关市某公司认为其中13项技术要求指向特定产品，但未提供合法有效证据，韶关市财政局也未发现指向特定产品参数的确凿证据。(2)本项目的中标公告、评标报告、各投标人的《技术参数响应程度表》及相关产品的技术参数资料显示，本项目招标文件技术要求没有指向特定供应商、特定产品，且本项目招标文件的技术要求适用于所有投标人，不存在以不合理的条件对供应商实行差别待遇的情形，也不存在要求或标明特定的投标人或者产品的内容。(3)韶关市某公司投诉招标文件技术参数"凸形扩展功能，可用于线阵、凸阵、相控阵探头，相控阵探头可扩展到120° 角"是通用电气医疗系统(中国)有限公司彩色B超机产品独有的参数。但评标报告显示，参与本次投标的三家供应商国药集团广东省医疗器械有限公司、江西盛创医疗器械有限公司、江西宝凰贸易有限公司在该项技术参数的评审中均不得分。(4)本项目招标文件设置66项技术参数均为一般性技术参数要求，并非实质性技术参数要求，本次政府采购项目实行综合评分法。根据《政府采购法实施条例》第三十四条第二款关于综合评分法的规定，综合评分法仅要求"投标文件满足招标文件全部实质性要求"，且综合评分法实行"得分最高者中标"的评标原则。这一原则表明，综合评分法允许各投标人的评审得分存在高低之分，实际上也就是允许各投标产品的技术指标与招标文件的一般性技术参数要求存在差异，允许出现偏离。综上，韶关市某公司关于本项目以一组组合参数综合指向了特定的产品，没有事实和法律依据，其投诉不符合《政府采购法实施条例》第五十五条、《广东省实施〈政府采购法〉办法》第二十一条第四款的规定。该投诉事项不成立。

关于招标文件第10页“备注：上述的技术参数为本项目所采购设备的基本配置要求，对未有注明的参数要求，均以标准配置为准。如在各技术参数中指出货物品牌、型号、产地或某些技术参数中仅为某一品牌或型号所特有的，仅起说明作用，并没有任何限制性。投标人可以选用替代的方案，但这种替代整体上要优于或相当于招标文件的相关要求”问题。根据《政府采购法实施条例》第六十一条第二款“采购代理机构发现采购人的采购需求存在以不合理条件对供应商实行差别待遇、歧视待遇或者其他不符合法律、法规和政府采购政策规定内容，或者发现采购人有其他违法行为的，应当建议其改正”的规定，代理机构发现采购人采购需求中的技术、服务等要求指向特定供应商、特定产品或者以单一品牌特有的技术指标作为技术要求的，代理机构应当建议采购人予以改正。因此，采购文件“备注”说明不符合《政府采购法实施条例》第六十一条的规定。

2. 关于投诉事项（2）：

本项目招标文件第三章“其他要求”中规定：“（一）★非投标产品原厂商或国内总代理如获中标后，须于签订合同前5天内提供所投产品原厂商或国内总代理的原厂授权和售后服务承诺函。缺上述任何一项资料者，采购人有权取消其中标资格（投标时提供承诺函作证明材料）”（以下简称★条款一），韶关市财政局认为，“★条款一”的内容违法。首先，根据本项目招标文件第三章关于“用户需求书中打★号条款为实质性条款，投标人如有任何一条负偏离则导致投标无效”的规定，第四章《资格性和符合性审查条款》及第七章《资格性/符合性自查表》规定的审查内容：“投标文件完全满足招标文件的实质性条款（即标注★号条款）无负偏离的，投标时提供（1）实质性条款响应一览表；（2）招标文件规定的证明材料”。“★条款一”属于招标文件中规定的不允许偏离的实质性要求，是符合性审查事项。根据“财政部令第87号”第五十条：“评标委员会应当对符合资格的投标人的投标文件进行符合性审查，以确定其是否满足招标文件的实质性要求”的规定，符合性审查是评标委员会的权利和职责，本项目招标文件的“★条款一”明显与“财政部令第87号”第五十条的规定相悖。其次，根据“财政部令第87号”第六十四条第一款“评标结果汇总后，除下列情形外，任何人不得修改评标结果：（一）分值汇总计算错误的；（二）分项评分超出评分标准范围的；（三）评标委员会成员对客观评审因素评分不一致的；（四）经评标委员会认定评分畸高、畸低的”，第七十条“中标通知书发出后，采购人不得违法改变中标结果，中标人无正当理由不得放弃”的规定，前述规定已明确采购人不得违法改变中标结果。因此，“★条款一”违反“财政部令第87号”第六十四条第一款、第七十条的规定。“★条款一”违反“财政部令第87号”第五十条、第六十四条、第七十条的规定，投诉事项（2）成立。

综上所述，根据《政府采购质疑和投诉办法》（财政部令第 94 号）第三十一条第（二）项的规定，韶关市财政局于 2019 年 8 月 7 日作出处理决定：“韶关学院医学院实训中心彩色 B 超机采购项目”中标结果无效，责令重新开展采购活动。

案例评析 CASE ANALYSIS

1. 关于技术参数指向了特定的产品的问题

根据《政府采购法实施条例》第十五条、第二十条规定，采购人、采购代理机构应当根据政府采购政策、采购预算、采购需求编制采购文件。采购需求应当符合法律法规以及政府采购政策规定的技术、服务、安全等要求。采购人或者采购代理机构不得在招标文件中设定与采购项目的具体特点和实际需要不相适应或者合同履行无关的资格、技术、商务条件。“财政部令第 87 号”第十一条第（三）项规定，在采购需求中应明确采购标的需满足的质量、安全、技术规格、物理特性等要求。在本案中，尽管招标文件所规定的技术参数不存在指向特定产品的问题，但备注说明中有采购需求以单一品牌特有的技术指标作为技术要求的情形，不符合《政府采购法实施条例》第六十一条规定。

2. 关于采购需求中要求中标后提供厂商或总代理授权、承诺的问题

本案招标文件规定：“非投标产品原厂商或国内总代理如获中标后，须于签订合同前 5 天内提供所投产品原厂商或国内总代理的原厂授权和售后服务承诺函。缺上述任何一项资料者，采购人有权取消其中标资格（投标时提供承诺函作证明材料）”，且该条款为实质性要求，不得偏离。财政部门处理投诉时已经指出，该条款违反了“财政部令第 87 号”第五十条、第六十四条、第七十条的规定，这是从符合性审查、修改评标结果和改变中标结果等诸方面来分析的，是有事实与法律依据的。

第四节 对是否实行差别待遇或者歧视待遇的争议

《政府采购法》第二十二条第二款规定，采购人可以根据采购项目的特殊要求，规定供应商的特定条件，但不得以不合理的条件对供应商实行差别待遇或者歧视待遇。《政府采购法实施条例》第二十条规定了采购人或者采购代理机构的有 8 种情形之一的，属于以不合理的条件对供应商实行差别待遇或者歧视待遇，即：采购人或者采购代理机构有下列情形之一的，属于以不合理的条件对供应商实行差别待遇或者歧视待遇：（1）就同一采购项目向供应商提供有差别的项目信息；（2）设定的资格、技术、商务条件与采购项目的具

体特点和实际需要不相适应或者与合同履行无关；（3）采购需求中的技术、服务等要求指向特定供应商、特定产品；（4）以特定行政区域或者特定行业的业绩、奖项作为加分条件或者中标、成交条件；（5）对供应商采取不同的资格审查或者评审标准；（6）限定或者指定特定的专利、商标、品牌或者供应商；（7）非法限定供应商的所有制形式、组织形式或者所在地；（8）以其他不合理条件限制或者排斥潜在供应商。

有关政府采购信息公开的问题，已经在《政府采购救济争议处理实务和案例》中的相关章节进行过讨论，这里对"就同一采购项目向供应商提供有差别的项目信息"的问题不再赘述。有关供应商的资格审查问题，在本书第一章的有关内容中已经讨论。下面对其他6种情形与"财政部令第87号"第十七条所规定的规模条件问题进行讨论，这些也是政府采购招标环节，对是否实行差别待遇或者歧视待遇方面，经常发生的争议。

一、对认为设定的资格、技术、商务条件与采购项目的具体特点和实际需要是否不相适应，或者与合同履行是否无关的争议

采购人可以要求供应商具有相应的资格、技术和商务条件，但不得脱离采购标的的具体特点和实际需要，且所提条件应当与采购项目的具体特点和实际需要相适应，与采购项目的合同履行相关。财政部"指导性案例23号：K单位X光机采购项目投诉案"[1]中认为，采购文件设定的资格、技术、商务条件应与采购项目的具体特点和实际需要相适应。将与实际采购需求没有直接关联的其他相关标准作为资格条件或评审因素的，构成以不合理的条件对供应商实行差别待遇或者歧视待遇。该项目采购的X光机用于对货物进行安全检查，部分用于机场，部分用于港口、公路口岸等。根据《民用航空安全检查规则》（交通运输部令2016年第76号）第二十一条的规定，用于民航安检工作的民航安检设备应当取得"民用航空安全检查设备使用许可证书"。若非应用于民用机场，将"民用航空安全检查设备使用许可"设置为技术条件进行评审，属于《政府采购法实施条例》第二十条第（二）项规定的"设定的资格、技术、商务条件与采购项目的具体特点和实际需要不相适应或者与合同履行无关"的情形，违反了《政府采购法》第二十二条第二款的规定。处理结果为，根据《政府采购质疑和投诉办法》（财政部令第94号）第三十一条第（一）项的规定，投诉事项成立，责令重新开展采购活动。鉴于该项目已经废标，责令K单位就以不合理的条件对供应商实行差别待遇或者歧视待遇的问题限期改正。

在采购活动中，有少数采购人出于自己喜好或者出于不当利益，通过设定特定的资格、技术、商务条件，排斥潜在供应商。当然也有少数供应商对合理设定的资格、技术、商务条件，乱质疑、乱投诉。

1　《指导性案例23号——K单位X光机采购项目投诉案》，载 http://www.cgpnews.cn/articles/50967，最后访问日期：2020年6月20日。

【案例 20[1]】采购人要求供应商需具有特定行业协会颁发的证书或产品厂家的相关证书，是否符合规定

关 键 词：特定行业协会颁发的证书 / 产品厂家的相关证书 / 与合同履行无关的条件

案例要点：采购人将特定行业协会颁发的证书作为投标人硬性资格条件，要求供应商提供产品厂家的相关证书，不具有合理性，属于以与合同履行无关的条件限制、排斥供应商的情形。

招标、质疑、投诉情况

某县教育局委托海南某管理公司对 33 所学校校园监控设备的采购项目进行招标。海南某网络技术公司于 2017 年 5 月 7 日购买招标文件，认为招标文件的设置损害其利益，于 2017 年 5 月 15 日就招标文件设置违法条款问题提出质疑意见。2017 年 5 月 20 日，海南某管理公司出具答疑函见。本项目共有 4 家单位报名投标，均通过初步审查。2017 年 5 月 26 日，海南某管理公司发布中标公告，第一中标候选人为海南壹瑞德网络科技有限公司。2017 年 5 月 31 日，海南某网络技术公司向某县财政局投诉，该局受理后于 2017 年 6 月 22 日作出投诉处理决定。

申请人复议请求及观点

海南某网络技术公司不服某县财政局投诉处理决定，于 2017 年 8 月 16 日向海南省财政厅提出行政复议申请称：（1）招标文件第一章第一点投标人资格要求："7、投标人获得省级安全技术防范行业三级（含）以上证书"，本证书非国家行政许可证书，为特定行业协会颁发，属于以特定行政区域或者特定行业的业绩、奖项作为加分条件或者中标条件。而且该证书歧视中小企业。《安防工程企业资质评定标准》第五条"三级资质企业应当具备下列条件：（一）具有独立法人资格，在中国工商行政管理部门登记注册，注册资金人民币不少于 50 万元，或等值外币。（二）近两年承担过至少一项合同额 50 万元（含）以上或至少 4 项 30 万元（含）以上经检测、验收或评估合格的安全技术防范设计施工项目"，违反了《政府采购促进中小企业发展暂行办法》第三条，以注册资本金阻挠和限制供应商。且根据中国安全防范产品行业协会的通知，2015 年 5 月 15 日起暂停受理企业资质评定。（2）招标文件的第三章用户需求指定品牌型号，违反《政府采购法实施条例》第二十条第（六）款限定或者指定特定的专利、商标、品牌或者供应商。（3）招标文件的用户需求要

---

1 案例来源：琼财法〔2017〕1563 号。

求提供国外认证证书，本项目不是出口项目，属于《政府采购法实施条例》第二十条第（八）项规定的以其他不合理条件限制或者排斥潜在供应商。（4）招标文件中“投标人不能低于成本价恶意报价，如中标人的报价过低（低于预算金额的80%），明显不符合市场价格，则招标人有权要求中标人提供预算金额的20%作为履约保证金，同时预付款比例调整为0%”，相当于变相限制了供应商在价格上的自由竞争，并对不同价格的中标人采取不同的支付方式，属于对供应商实行差别待遇或者歧视待遇。（5）招标文件的综合评分表要求“★”项有65条，每条3分，分值设定过高。其分值设置与评审因素的量化指标不相对应，违反了《政府采购法实施条例》第三十四条第四款“采用综合评分法的，评审标准中的分值设置应当与评审因素的量化指标相对应”。（6）招标文件的综合评分表对产品资质进行要求，但提供的都是产品厂家的相关证书，并非产品本身的证书，也非投标人的资质要求。属于《政府采购法实施条例》第三十二条第（二）项规定的设定的资格、技术、商务条件与采购项目的具体特定和实际需要不相适应或者与合同履行无关。请求变更处理决定并修改招标文件、重新招标。

被申请人答复及观点

1．关于招标文件的供应商资格要求投标人获得省级安全技术防范行业等级三级（含）以上证书以及综合评分表的产品资质要求需提供产品厂家的相关证书，均是为了本次招投标活动的顺利进展设定的条件，并未对供应商实施差别待遇或者歧视待遇。

2．依据《政府采购法实施条例》第二十条第六款的规定，限定或指定特定的专利、商标、品牌或者供应商属于以不合理的条件对供应商实行差别待遇或者歧视待遇。在此次招标活动中，招标文书在相关技术参数的上面一栏清楚注明为“参考相关的规格型号和配置技术参数”，也就是在相关技术上建议参考相关的规格型号和配置，并不构成限定或指定特定的专利、商标、品牌或者供应商。

3．以特定行政区域或者特定行业的业绩、奖项作为加分条件或者中标条件的属于以不合理条件限制、排斥潜在投标人或者投标人。在此次投标活动中，为了确保投标人提供的产品系符合标准的产品而要求提供相应的证书，这是合理的，同时也并未限制、排斥潜在投标人或者投标人。

4．在本次招投标中，招标文件的其他要求是为了保证项目所购原材料应为市场所能采购到的正规合格产品而对投标的价格进行了约定，并没有限制供应商在价格上的价格竞争，相反，仅仅为了提示供应商要依据实际情况，依照市场上能够采购到的正规合格产品的价格进行报价，并未规定最低投标限价。

5．关于招标文件的综合评分表“★”项分值设定问题，法律并未规定或禁止“★”项的个数和所扣的分数，该部分的设定分值由采购人根据项目的重要指标自由裁量，扣完即止。

复议机关决定及观点

1．招标文件要求投标人获得省级安全技术防范行业三级（含）以上证书，此证书不是国家行政许可证书，为特定行业协会颁发，并非本采购产品作为合格产品销售所必备证书，证书并不能直接证明供应商综合能力强、施工安全等问题，招标文件将此作为投标人硬性资格条件不妥，属于《政府采购法实施条例》第二十条第（二）项“设定的资格、技术、商务条件与采购项目的具体特点和实际需要不相适应或者与合同履行无关”规定的情形，属于以不合理的条件对供应商实行差别待遇或者歧视待遇。

2．招标文件在相关技术参数中清楚注明只是参考规格型号和配置技术参数，投标企业可提供同等或者高于参考参数的设备，招标文件根据招标项目特点和需求制定相关参考技术规格合理合法。

3．招标文件针对室内网线设置的3项要求是为了确保投标商提供的室内网线系符合标准的合格产品，室内网线的质量高低是决定监控设备能否正常工作的一个重要因素，设置此项要求与本项目自身特点、采购需要及后续合同履行具有关联性；要求具有“REACH、DELTA、FCC、TLC（泰尔）认证”，只是要求其中一项即可，且TLC（泰尔）认证属于国内认证机构，并非必须要求提供国外认证证书，故此项设置合理合法。

4．招标文件并未规定最低投标限价，只是告知各位投标人不要低于成本价恶意报价，旨在保证项目所购原材料为正规合格的产品，此项的设置更多的是提示告知作用，并不是限制供应商在价格上的自由竞争。

5．招标文件设置的“★”项主要是针对监控设备一、监控设备二、监控设备三、监控设备四中的网络高清枪、网络高清球机、室内网线、网络硬盘录像机这四项设备，这四项设备均属于本次采购的监控设备的重要组成部分，评审标准的分值设置与设备量化指标相对应，分值设置合理。

6．招标文件综合评分表第2点是对产品资质的要求，但是评分标准要求企业提供《全国电子信息行业最具潜力企业证明》《连续两年以上中国智慧城市杰出厂商证明》《年度责任品牌奖证明》，上述三项证书并非本采购产品作为合格产品销售所必备证书，与本项目自身特点、采购需要及后续合同履行并无关联性，且每项分值5分，共计15分。上述要求提供的相关证书属于《政府采购法实施条例》第二十条第（二）项“设定的资格、技术、商务条件与采购项目的具体特点和实际需要不相适应或者与合同履行无关”规定的情形，且分值设置过高，属于以不合理的条件对供应商实行差别待遇或者歧视待遇。

综上所述，海南某网络技术公司的投诉事项（1）、投诉事项（6）属于以不合理的条件对供应商实行差别待遇或者歧视待遇，某县财政局作出的投诉处理决定对投诉事项（1）、投诉事项（6）的认定是错误的。根据《行政复议法》第二十八条第一款第三项的规定，海南省财政厅于2017年10月13日作出决定，撤销某县财政局投诉处理决定，某县财政局依法对海南某网络技术公司的投诉重新作出处理。

案例评析 CASE ANALYSIS

1. 省级安全技术防范行业三级（含）以上证书作为投标人硬性资格条件不合理

省级安全技术防范行业三级（含）以上证书，并非国家行政许可证书，而是由特定行业协会颁发，不能直接证明供应商综合能力强、施工安全等问题。本案中招标文件规定："投标人获得省级安全技术防范行业三级（含）以上证书"，属于《政府采购法实施条例》第二十条第（二）项规定的情形，对中小企业以及未通过中国安全防范产品行业协会资质评定的企业不利，该条件是不合理的，应予修改。

2. 采购人要求供应商提供产品厂家的相关证书，不属于合理的产品资质要求

《全国电子信息行业最具潜力企业证明》《连续两年以上中国智慧城市杰出厂商证明》《年度责任品牌奖证明》等产品厂家的相关证书既非产品本身的证书，也非投标人的资质证明。本案中，采购人要求供应商具有的上述产品厂家的相关证书并非本采购产品作为合格产品销售所必备证书，与本项目自身特点、采购需要及后续合同履行并无关联性，且分值设置过高，属于以不合理的条件对供应商实行差别待遇或者歧视待遇。

二、对采购需求中的技术、服务等要求是否指向特定供应商、特定产品的争议

公平竞争是政府采购的基本原则之一。如果采购需求中的技术、服务等要求指向特定供应商、特定产品，就没有什么公平可言，也不能形成有效竞争。技术参数为特定供应商、特定产品量身定做，属于以不合理的条件对供应商实行差别待遇或者歧视待遇。

在政府采购实践中，一方面设置的技术参数存在量身定做情形，少数采购人或者采购代理机构在设定技术、服务等要求时，按照自身的喜好或者不正当利益关系设定某一特定供应商、特定产品独有的技术或服务等要求，从而达到排斥其他潜在供应商的目的；另一方面也存在捕风捉影式的质疑投诉，少数供应商对于采购需求中的技术、服务等要求，只要是自己的弱项，毫无根据地将这些要求说成是为特定供应商、特定产品量身定做。由于涉及技术、专业问题，也涉及法律问题，需要多方面的专家来识别。

【案例 21[1]】供应商投诉技术、服务要求是为中标人量身定做的，具有指定性、唯一性，但又不能举证、质证，应如何处理

关 键 词：采购需求 / 为中标人量身定做 / 指向特定产品

案例要点：招标文件中的资质要求和技术、服务等要求，满足的供应商超过 3 家，就已经形成有效竞争，不能认定为指向特定供应商、特定产品的。有关技术问题，投诉人无法与论证专家质证，可认定投诉人的主张没有事实根据与法律依据。

招标、质疑情况

2018 年 6 月 12 日，盐城市政府采购中心（以下简称“采购中心”）发布工业职业学院无线网建设与有线网升级项目（以下简称“该项目”）的招标公告。2018 年 7 月 3 日，采购中心组织了该项目的开标，中标供应商为南京尚运网络技术有限公司（以下简称“尚运公司”）。

2018 年 6 月 24 日，江苏某公司向采购中心提出质疑称：（1）招标文件商务部分技术服务能力的条款是为中标单位尚运公司量身定做的；（2）招标文件第四章项目需求中设备技术参数中大部分条款具有指定性和唯一性；（3）招标文件中无线部分的参数均指向美国产品 ARUBA，不符合法律规定。

采购中心将质疑函转工业职业学院答复。2018 年 6 月 26 日，工业职业学院就质疑事项作出答复：（1）采购人根据江苏省高校智慧校园建设标准设置该项目，所有参数和对建设方技术服务能力的要求，完全根据学校实际情况、建设目标、建设需求、今后发展，以及保证建设质量，维护学校及国家利益而定，没有一条是与保障项目实施无关的非法要求，江苏某公司也无有效佐证材料证明国内没有其他具备相应服务能力的公司，质疑理由不成立,证据不充分。（2）对于江苏某公司质疑“参数都具有唯一性和排他性”明显不符合事实，招标产品并非采购人定制的创新发明产品，怎可具有唯一性；既然不具备唯一性，当然也不排他，质疑点不存在。（3）对于江苏某公司提出“当今中美贸易战的当口，采购人通过政府采购还大量采购美国货，不仅不符合法律规定，还严重伤害国人的感情”。质疑完全不符合事实，该项目招标文件明确要求产品生产于中国大陆地区，没有任何违法之处。

投诉处理情况

江苏某公司对质疑答复不满意，于 2018 年 7 月 18 日投诉至江苏省财政厅（以下简称“省

---

1 案例来源：苏财购〔2018〕80 号。

财政厅”)。投诉内容为:(1)采购人的答复函未正面回应质疑事项;(2)招标文件商务部分技术服务能力的条款是为中标单位尚运公司量身定做的;(3)招标文件第四章项目需求中设备技术参数中大部分条款具有指定性和唯一性;(4)招标文件中无线部分的参数均指向美国产品 ARUBA,不符合法律规定。

省财政厅经审理认为:

1.关于采购人是否正面答复质疑事项的问题。经查采购人工业职业学院《质疑答复函》,该函针对江苏某公司提出的三点质疑事项进行了相应的答复,对质疑函的答复行为未违反《政府采购质疑和投诉办法》(财政部令第 94 号令)第十三条的规定。

2. 关于招标文件中技术服务能力的部分要求是否指向中标单位的问题。采购人认为,考虑网络设备安装调试的技术因素、学校局域网的顶层设计的规划因素、与三家运营商进行认证对接及商务谈判的商务因素,保证师生对网络的使用性,需要网络建设的经验。经查,除中标供应商以外,满足招标文件规定的相关计算机系统集成三级资质、软件著作权证书资质要求的供应商均超过三家。该厅经审查认为,上述三个要求均为加分项,未发现上述加分项存在《政府采购法实施条例》第二十条第(二)项、第(三)项所规定的情形,不能认定招标文件中上述相关条款是指向中标供应商或为其量身定做的。

3. 关于招标文件第四章中部分参数条款是否具有指定性和唯一性的问题。2018 年 9 月 13 日,该厅组织江苏某公司、工业职业学院及该项目最初的论证专家进行质证。江苏某公司到场人员未提交相应证据,涉及专业方面的原因,无法与论证专家质证,论证专家仅就部分条款进行了说明。针对江苏某公司《该项目招标文件技术参数唯一性、指定性具体条款》列明 4 项具有倾向性、4 项具有指定性、2 项具有唯一性以及 1 项不合理的问题,上述论证专家于 2018 年 10 月 8 日就上述 11 项条款提出了《专家意见》。《专家意见》认为,经对多所学校调研后有多家厂商能够满足相关条款,并不存在倾向性、指定性及唯一性的情形;关于评分标准中“相关软件著作权评分项”是否合理的问题,由于软件著作权代表企业可以合法在我国境内经营或者销售该软件产品,并可以出版发行,用此作为评分标准是为了保证产品质量。经该厅审查,不能认定招标文件中的相应条款具有指定性、唯一性及不合理。

4. 关于是否采购进口产品的问题。该项目招标文件中明确规定,该项目不接受进口产品投标。经调查,评标委员会未认定尚运公司所投产品是进口产品,该厅也未发现在该项目中采购进口产品的情形,江苏某公司也未对该投诉事项提交相应证据与调查线索,该厅对该投诉事项查无实据。

因此,省财政厅决定驳回江苏某公司的投诉。

案例评析 CASE ANALYSIS

1. 招标文件中的资质要求和技术、服务等要求，满足的供应商超过三家，已经形成有效竞争

根据《政府采购法实施条例》第二十条第（二）、（三）项规定，设定的资格、技术、商务条件与采购项目的具体特点和实际需要不相适应或者与合同履行无关的，采购需求中的技术、服务等要求指向特定供应商、特定产品的，都属于以不合理的条件对供应商实行差别待遇或者歧视待遇。本案采购人考虑网络设备安装调试的技术因素、学校局域网的顶层设计的规划因素、与三家运营商进行认证对接及商务谈判的商务因素，需要供应商具备网络建设的经验。除中标供应商以外，满足招标文件规定相关资质要求的供应商均超过三家，未发现有关加分项存在以不合理的条件对供应商实行差别待遇或者歧视待遇的情形。因此，不能认定招标文件中上述相关条款是指向中标供应商或为其量身定做的。

2. 投诉人主张部分参数条款具有指定性和唯一性，但专业上无法与论证专家质证

财政部门组织投诉人、采购人及该项目最初的论证专家进行质证，投诉人未提交相应证据，涉及专业方面的原因，无法与论证专家质证，论证专家提出《专家意见》认为不存在倾向性、指定性及唯一性的情形。显然，投诉人的主张没有事实根据与法律依据。

三、对是否以特定行政区域或者特定行业的业绩、奖项作为加分条件或者中标、成交条件的争议

限制或者排斥特定行政区域和特定行业之外的潜在供应商参与政府采购，既是违反《政府采购法》第五条规定的，也是地方保护主义与行业封锁的具体表现，应当加强监督，予以禁止。如果以特定的行政区域或者特定行业的业绩、奖项作为加分条件或者中标、成交条件，将会限制或排除特定行政区域和特定行业之外的潜在供应商，特别是将限制中小企业参与政府采购，妨碍充分竞争和公平竞争，制造人为的歧视政策。

因此，如果采购项目需要供应商具有类似业绩、奖项作为加分条件或者中标、成交条件的，采购人应根据具体项目的特点，从实际需要出发，设置全国性的非特定行业的类似业绩或者奖励。采购文件要求的许可或证书需同时满足以下条件，即不构成差别或歧视待遇：一是不在国务院取消的行政审批项目目录内；二是申请条件没有对企业的注册资本、资产总额、营业收入、从业人员、利润、纳税额等规模条件做出限制；三是与项目的特殊要求存在实质上的关联性；四是满足该资格许可或认证证书要求的供应商数量具有较充分的市场竞争性。

财政部“指导性案例 12 号：Z 歌剧院舞美灯光设备采购项目举报案”[1]中，该项目招标文件将“提供合作并服务于 W 部直属院团舞台设备的售后维护保养的用户反馈意见”设置为评审因素，考虑到 W 部直属院团的舞台设备与其他院团的舞台设备没有实质区别，上述评审因素构成以不合理的条件对供应商实行差别待遇或者歧视待遇。该案例认为，采购人、采购代理机构不得将为特定主体服务的业绩作为评审因素。鉴于本项目采购活动中出现了影响采购公正的违法、违规行为，财政部根据《政府采购法》第三十六条第一款第（二）项的规定，责令采购人废标；根据《政府采购法》第七十一条第（三）项的规定，责令采购人 Z 歌剧院和代理机构 M 公司限期改正，对采购人 Z 歌剧院和代理机构 M 公司分别作出了警告的行政处罚。

【案例 22[2]】招标文件要求供应商需具有特定行业的证书、奖项，是否属于排斥潜在供应商公平参与竞标的行为

关 键 词：采购需求 / 特定行业的证书、奖项 / 守合同重信用证书 / 歧视中小企业

案例要点：招标文件中以特定行业的证书、奖项作为加分条件，是歧视中小企业的行为，但守合同重信用证书是对企业合同管理能力、履约能力、运营能力的考察，与合同履行相关。

招标、质疑、投诉情况

中山某公司因不服广东省政府采购中心作出的质疑答复，于 2018 年 1 月 24 日向广东省财政厅提起对“广东理工职业学院中山校区 2018 年至 2020 年物业管理服务采购项目”（以下简称“该项目”）的投诉。

中山某公司有效的投诉事项如下：（1）招标文件第 38 页商务评审表中“企业荣誉”栏设置了“1. 2016 年获得中国物业管理协会颁发的中国物业服务百强企业称号，得 2 分，没有不得分……4. 获得国家级校园物业服务实体（企业）百强荣誉的得 1 分”的评审标准，属于以不合理条件对供应商实行差别待遇或歧视待遇，涉嫌排斥潜在供应商、歧视中小企业。（2）招标文件第 38 页商务评审表中“企业荣誉”栏设置了“连续获得工商行政管理部门颁发的守合同重信用证书情况，横向比较所有投标人，年数最多得 4 分，第二名得 3 分，第三名 2 分，第四名 1 分，其他不得分”的评审标准，涉嫌歧视中小企业。

广东省财政厅认为：（1）经查中国房地产协会官方网站，2016 年 9 月 21 日，中国房

---

1 《Z 歌剧院舞美灯光设备采购项目举报案》，载 http://www.cgpnews.cn/articles/47012，最后访问日期：2020 年 6 月 20 日。

2 案例来源：《广东省财政厅政府采购投诉处理决定书》，载 http://czt.gd.gov.cn/zwgk/ls/content/post_188270.html，最后访问日期：2020 年 6 月 20 日。

地产协会发布了《2016年中国物业管理综合实力100强》。对于招标文件第38页商务评审表中“企业荣誉”栏设置的“4.获得国家级‘校园物业服务实体（企业）百强荣誉的得1分’的评审标准，根据招标文件，仅是校园物业的荣誉才能得分。招标文件第38页商务评审表中“企业荣誉”栏设置的评审标准，违反了《政府采购法实施条例》第二十条第（四）项规定，中山某公司该项投诉事项成立，采购文件存在以不合理条件对供应商实行差别待遇或歧视待遇、对中小企业实行差别待遇或者歧视待遇等情形，影响或者可能影响采购结果。（2）关于招标文件第38页商务评审表中“企业荣誉”栏设置了“连续获得工商行政管理部门颁发的守合同重信用证书情况，横向比较所有投标人，年数最多得4分，第二名得3分，第三名2分，第四名1分，其他不得分”的评审标准，涉嫌歧视中小企业的投诉事项。经查广东省工商行政管理局官方网站，以2015年至2017年为例，广东省工商行政管理局均发布了前一年度广东省“守合同重信用”企业公示活动的通知，根据上述通知规定，企业只要符合条件，均可按程序申报。关于“需领取营业执照并营（开）业满一定年限”的申请条件，对所有拟申请的企业要求一致，因认定企业是否具备守合同重信用等相关条件需一定的时间方可反映，该申请条件应属合理，且不足以影响到市场竞争的充分性。从广东省工商行政管理局发布的上述通知所规定条件看，守合同重信用证书是对企业合同管理能力、履约能力、运营能力的考察，与本项目合同履行相关，且未发现守合同重信用证书存在“将企业规模条件”作为申请条件的情形。因此，中山某公司该投诉事项，缺乏事实依据。

根据采购人反馈，本采购项目尚未签订政府采购合同。综上，广东省财政厅于2018年3月9日作出处理决定投诉事项（1）成立，投诉事项（2）驳回。中标结果无效，责令重新开展采购活动。

案例评析 CASE ANALYSIS

1. 招标文件中以特定行业的奖项作为加分条件，属于歧视中小企业的行为

对于政府采购项目，招标文件既不能直接将注册资本、资产总额、营业收入、从业人员、利润、纳税额等因素纳入奖项的评分体系或作为评审标准计算得分，也不能采取间接的方法将获得以上述因素规定为资格要求或评审因素，避免构成对中小企业的歧视。本案中，采购人将“中国物业服务百强企业”“全国校园物业服务百强单位”纳入奖项的评分体系，并作为排名因素，是以间接手段排斥中小企业参与政府采购活动，违反了相关法律规定。

2. 将守合同重信用证书作为评审标准计算得分不存在歧视中小企业的问题

守合同重信用证书是对企业合同管理能力、履约能力、运营能力的考察，与合同履行相关，且守合同重信用证书不存在“将企业规模条件”作为申请条件的情形。因此，本案中招标文件该申请条件应属合理，且不会对市场竞争的充分性产生实质性影响，不属于歧视中小企业的行为。

四、对是否限定或者指定特定的专利、商标、品牌或者供应商的争议

招标文件中限定或者指定特定的专利、商标、品牌或者供应商，属于以不合理的条件对供应商实行差别待遇或者歧视待遇，可以说现在明目张胆这样做的微乎其微。但是，有的采购需求中的技术参数在设置时，却存在参照某些专利、商标、品牌特有的技术参数。很多专业技术人员认为在招标文件中，有些内容如果不通过列“参考”的方式，很难表达清楚技术要求。有的还片面认为，只要没有指定唯一的品牌，提供了三家以上的品牌为参照就不属于违规行为。

实际上招标人是在偷换概念，虽然招标人没有指定唯一品牌，但无论其推荐了多少种品牌，均属于限制了竞争，明显违背了《政府采购法》所规定的“三公”原则，极易产生投诉情况。所以当出现采购的货物或服务有“技术复杂或性质特殊”情况时，建议采用邀请招标方式进行采购，而不必要冒违规的风险。如果必须列出“参考品牌”，可参考《工程建设项目货物招标投标办法》第二十五条的规定，“招标文件中规定的各项技术规格均不得要求或标明某一特定的专利技术、商标、名称、设计、原产地或供应者等，不得含有倾向或者排斥潜在投标人的其他内容”。财政部“指导性案例 22 号：C 大学游泳馆泳池设备采购项目投诉案”[1]中指出，采购人、代理机构不得通过限定或者指定特定的品牌、专利等方式，对供应商实行差别待遇或者歧视待遇。该项目招标文件“货物采购清单”中列明了 75 种设备，每种设备均指定三种品牌，并要求投标人按照所列品牌进行报价。上述行为属于《政府采购法实施条例》第二十条第（六）项规定的“限定或指定特定的专利、商标、品牌或者供应商”的情形，违反了《政府采购法》第二十二条第二款的规定。处理结果为，投诉事项成立，责令重新开展采购活动。

如果必须引用某一供应者的技术规格才能准确或清楚地说明拟招标货物的技术规格时，则应当在参照后面加上“或相当于”的字样。一般说来，公然限定或者指定的情形并不多，而是用其他若隐若现方式，这样就更加容易产生争议。

【案例 23[2]】招标文件列举“参考品牌”，将外国品牌、进口产品作为加分条件，是否违规

关 键 词：采购需求 / 参考品牌 / 外国品牌 / 进口产品 / 加分条件 / 限定品牌或供应商

案例要点：采购人在招标文件中通过列举“参考品牌”，将外国品牌、进口产品作为

---

1 《指导性案例 22 号——C 大学游泳馆泳池设备采购项目投诉案》，载 http://www.cgpnews.cn/articles/50928，最后访问日期：2020 年 6 月 20 日。

2 案例来源：《盐城市盐都区财政局政府采购投诉处理结果公示》，载 http://yccz.yancheng.gov.cn/art/2019/4/28/art_2388_3060325.html，最后访问日期：2020 年 6 月 20 日。

加分条件等方式限定品牌或供应商，属于限制或者排斥其他潜在供应商的违规行为，应予改正。

招标、质疑、投诉情况

2019年3月21日，采购代理机构盐城市某交易中心发布了“盐城宾馆景阳楼乘客电梯采购、安装及相关服务项目”的招标公告。2019年3月26日，盐城某电梯销售公司提起质疑。2019年3月29日，采购人盐城市某服务中心答复质疑。2019年3月30日，盐城某电梯销售公司向盐城市盐都区财政局投诉称：（1）招标文件限定投标品牌，属于以不合理的条件对供应商实行差别待遇或者歧视待遇；（2）招标文件规定所投设备的曳引机、控制柜、门机为原品牌、原装整件进口的，且进口于美欧发达国家，再加12分，明显是在排斥国内产品参与公平竞标，属于以不合理的条件对供应商实行差别待遇或者歧视待遇；（3）招标文件设定不合理的进口业绩作为加分条件，排斥国内产品参与公平竞争，属于以不合理条件对供应商实行差别待遇或者歧视待遇。请求：（1）给予国内产品公平竞标的机会，责令被投诉人取消参考品牌、三大件进口及投标业绩的加分条款；（2）为保证本项目采购活动的公平、公正，严令被投诉人就质疑函回复提供相关的事实依据和法律依据。

盐城市盐都区财政局查明情况如下：

1. 招标文件第四章“采购需求”中规定了采购人参考多家品牌同时规定“投标人投标时应选择参考品牌，若投标人认为其他品牌的产品在品牌知名度、信誉度、质量、性能、技术指标等方面不低于采购人提出的参考品牌，必须在答疑截止日前以书面方式向采购人提出，并提供相应的证明材料。采购人认为合理的，将以招标文件答疑方式告知所有投标人予以增加，否则作无效投标处理”，违背《政府采购法实施条例》第二十条第（六）项“限定或者指定特定的专利、商标、品牌或者供应商”。投诉事项成立。

2. 根据《政府采购进口产品管理办法》（财库〔2007〕119号）第三条规定“进口产品是指通过中国海关报关验放进入中国境内且产自关境外的产品”，招标文件要求投标产品的曳引机、控制柜、门机三大件为原品牌、原装整件进口，不属于政府采购项下进口产品。但是招标文件第五章“评标方法与评标标准”中第三条“评分标准”中“进口件配置”明确规定所投设备的无齿轮曳引机、控制柜、门机为原品牌本厂国内生产，得基本分4分；所投设备的曳引机、控制柜、门机为原品牌、原装整件进口的，且进口于美欧发达国家，再加12分，该条款属于《政府采购法实施条例》第二十条第（三）项规定的“采购需求中的技术、服务等要求指向特定供应商、特定产品”情形，排斥了其他潜在供应商，是以不合理的条件对供应商实行差别待遇或者歧视待遇。投诉事项成立。

3. 关于招标文件设定不合理的进口业绩作为加分条件。招标文件第五章“评标方法与评标标准”中第三条“品牌知名度、信誉及综合实力”明确规定投标人2013年以来签约并完工的和本项目同一品牌的类似业绩，每提供一份合同原件和相对应的验收报告（一台或多台）的得2分，最高得6分。该条款属于《政府采购法实施条例》第二十条第（三）项规定的“采购需求中的技术、服务等要求指向特定供应商、特定产品”情形，排斥了其他潜在供应商，是以不合理的条件对供应商实行差别待遇或者歧视待遇。投诉事项成立。

根据《政府采购质疑和投诉办法》（财政部令第94号）第三十一条第（一）项规定，盐城市盐都区财政局于2019年4月28日作出处理决定，责令重新开展采购活动。

案例评析 CASE ANALYSIS

1. 采购人通过列“参考品牌”的方式限制供应商应属违规行为

采购人在招标文件中列举参考品牌，属于限制竞争，违背《政府采购法》“三公”原则的行为，应当予以删除或者在参照后面加上“或相当于”的字样。本案中，采购人在招标文件中列举了八个参考品牌，虽未指定唯一的品牌且提供了三家以上的品牌，但仍属于“限定或者指定特定的专利、商标、品牌或者供应商”的情形。

2. 将外国品牌、进口产品等作为加分条件应属排斥国内产品参与竞争的不合理行为

将外国品牌、进口产品等作为加分条件，违反了《政府采购法实施条例》第二十条第（三）项的规定，排斥其他潜在供应商参与公平竞标，是以不合理的条件对供应商实行差别待遇或者歧视待遇。本案中招标文件规定外国品牌和进口产品为加分项，并设定不合理的进口业绩作为加分条件，限制排斥国内产品、品牌公平参与竞标，违反上述规定，应予修改。

五、对是否非法限定供应商的所有制形式、组织形式或者所在地的争议

对于实行差别待遇或者歧视待遇方面来说，供应商的所有制形式，有公有制与非公有制之分；供应商的组织形式，有法人、其他组织、自然人之分；供应商的所在地，有与采购人同一地域与非同一地域供应商之分。一般说来，没有法律规定，是不能限定供应商的所有制形式、组织形式或者所在地的。财政部“指导性案例25号：L研究所研究仪器设备购置项目投诉案”[1]认为，采购人、代理机构根据采购项目实际需求和特点在招标文件中规定投标供应商需为采购产品的制造商或者代理商的，不属于以不合理的条件对供应商实行差别待遇或歧视待遇。此外，《政府采购法实施条例》第二十条第（七）项规定的“组织形式”包括法人、其他组织和自然人，限定制造商或代理商不属于该条规定的“非法限定供应商

1 《指导性案例25号——L研究所研究仪器设备购置项目投诉案》，载 http://www.cgpnews.cn/articles/51094，最后访问日期：2020年6月20日。

的组织形式”的情形。

按照《保守国家秘密法》和《保守国家秘密法实施条例》等法律法规的精神以及政府购买公共服务项目的特点等，为了维护国家的安全利益，或者保证公共服务的质量和便利性等，对于特定政府采购项目，则有可能依法设定供应商的所有制形式、组织形式或者所在地。

现在招标文件直接限定投标人住所地的情形非常少见，但有的招标文件会将投标人在本地有分支机构作为评审因素，对这样做是否违规，也是众说纷纭。

【案例24[1]】招标文件对供应商分支机构注册在当地则加分，且评审因素有的与履行合同无关，有的设置有片面性，有的超出项目规模，是否违规

关 键 词：采购需求 / 供应商注册地 / 与履行合同无关 / 片面性 / 超出项目规模

案例要点：将供应商分支机构注册在当地作为加分因素，评审因素设置与履行合同无关、有片面性、超出项目规模，都属于以不合理的条件对供应商实行差别待遇或者歧视待遇的情形。

案情简介

2018年8月30日，湖南某咨询公司接受常德市公安局的委托，在中国湖南政府采购网上发布常德市江北城区2000摄像头公共安全视频监控系统建设项目(以下简称“该项目”)的招标公告。湖南某咨询公司分别于2018年9月11日、2018年9月17日收到湖南某信息科技公司对该项目提交的两次质疑书，湖南某咨询公司于2018年9月19日对两次质疑分别作出了答复。湖南某信息科技公司对质疑答复不满意，于2018年10月8日向常德市财政局提起投诉称：

1．招标文件“投标人实力”评分项中“国家保密局颁发的涉密信息系统集成甲级资质证书”“信息系统运维分项资质”“省级安全技术防范行业壹级资质”“建筑机电安装工程专业承包”等资质均属于资格条件，此类型资质不应作为加分项。

2．该项目既然含有涉密内容就应该把涉密信息系统集成资质作为特定资格条件，而不是加分项。涉密信息系统集成甲级资质证书与乙级资质证书的区别为涉密等级与承担业务范围不同，两者并无优劣。因此“甲级资质证书得4分，乙级得2分”设置不合理。

3．把国外企业认证的人员证书作为本次招标加分项不合理，明显对产品供应商实行差别待遇或者歧视待遇。相关项目组成员的资质证书认定应该为政府主管部门如“人力资

---

1 案例来源：常财检〔2018〕10号。

源和社会保障部”“工业和信息化部”等主办的相关认证。

4．招标文件第二章评标方法及标准第6点，评分表中投标人业绩及具体计分的4个评价因素均以建设规模的大小作为评分依据，存在以不合理的条件对供应商实行差别待遇或者歧视待遇。且该项目核心在于后台建设，以“前端监控摄像头”的数量作为业绩标准不合理。

5．CMMI认证主要是针对软件供应商，集成商主要是集成系统部分，而本次招标是针对集成商招标。将CMMI认证证书资质作为评分项不合理，具有排他性。且CMMI认证是由“美国软件工程学会”认证的，不是中国政府主管部门主办的相关认证，建议删除该加分项或更改为中国政府主管部门或者相关协会颁发的软件企业认证为加分项。

6．招标文件中要求“投标人在常德市内、湖南省内的售后服务机构必须是投标人经工商注册的分公司或子公司”，已对供应商实行差别待遇或者地域歧视待遇。

常德市财政局查明情况如下：

关于投诉事项1。经审查，在该项目的公开招标公告中，被投诉人设定了投标人应具备的基本资格条件和特定资格条件（具有“建设行政主管部门颁发的电子与智能化工程专业承包壹级资质”），根据《政府采购法实施条例》第十一条、第三十二条第二款规定，采购人有权根据采购项目的具体特点和实际需求设置资格条件。《政府采购货物和服务招标投标管理办法》（财政部令第87号）第五十五条第二款中“资格条件不得作为评审因素”的规定，其前提是该项条件已经列为了“资格条件”，而被投诉人在招标文件中没有将投诉人所述的招标文件“投标人实力”评分项中“国家保密局颁发的涉密信息系统集成甲级资质证书”“信息系统运维分项资质”“省级安全技术防范行业壹级资质”等资质列为资格条件，因此以上资质作为评审因素符合“财政部令第87号”第五十五条第二款规定。

关于投诉事项2。经审查，该项目不属于涉密项目，被投诉人在招标文件“投标人实力”将具有“国家保密局颁发的涉密信息系统集成（业务种类：系统集成、软件开发、运行维护、安防监控）资质证书”列为评审因素，与该项目招标文件中采购需求具有的技术管理特点和实际需要无关联，违反了《政府采购法实施条例》第二十条第（二）项“设定的资格、技术、商务条件与采购项目的具体特点和实际需要不相适应或者与合同履行无关”规定，属于以不合理的条件对供应商实行差别待遇或者歧视待遇的情形。

关于投诉事项3。经审查，在该项目招标文件评分表中，被投诉人将拟投入人员具有相关技术水平认证列为了评审因素，未限定或者指定特定的专利、商标、品牌或者供应商；评分表中列明的思科、华为及ORACLE公司相关认证是国际通行的计算机硬件与软件专业技术水平认证，在中国境内可参加考试且无前置条件，该评审因素的设置与该项目招标文件中采购需求具有的技术管理特点和实际需要存在关联性；另“人力资源和社会保障部”

与“工业和信息化部”每年举行的“计算机技术与软件专业技术资格（水平）考试”相关国家认证，也与招标文件中采购需求具有的技术管理特点和实际需要存在关联性，但被投诉人未将其列入评审因素，对有该类型认证人员的供应商参与该项目采购活动形成了差别和歧视待遇，违反《政府采购法实施条例》第二十条第（八）项“以其他不合理条件限制或者排斥潜在供应商”规定，属于以不合理的条件对供应商实行差别待遇或者歧视待遇的情形。

关于投诉事项4。经审查，该项目招标文件评分表中，被投诉人将投标人业绩列为了评审因素，按前端监控点位建设规模分为“4500个以上、2500个（包含）以上～4500个以下、1000个（包含）以上～2500个以下”三档计分，而该项目前端监控点位建设规模为2000个，该评审因素的设置超出该项目本身规模，违反《政府采购法实施条例》第二十条第（八）项“以其他不合理条件限制或者排斥潜在供应商”规定，属于以不合理的条件对供应商实行差别待遇或者歧视待遇的情形。

关于投诉事项5。经审查，该项目招标文件评分表中，被投诉人将投标人具有“软件能力成熟度集成模型CMMI5级认证证书”列为了评审因素，CMMI是由美国卡内基－梅隆大学软件工程研究所制定的一套专门针对软件产品的质量管理和质量保证标准，是国际通行的衡量软件开发水平和软件产品质量的认证，在中国境内可接受CMMI认证申请、发放CMMI认证证书的国内公司为数不少，企业可在中国境内自由选择申请CMMI认证，该项目采购需求中含有“视频图像信息联网、共享平台软件、公共视频共享发布平台、职能运维管理系统升级、IPC业务应用可视化管理平台”等软件产品内容，该评审因素的设置与招标文件中采购需求具有的技术管理特点和实际需要存在关联性；另根据《国务院关于取消和调整一批行政审批项目等事项的决定》（国发〔2015〕11号）文件规定，国家已取消了工业和信息化部的“软件企业认定”行政审批。

关于投诉事项6。经审查，在该项目招标文件评分表中，被投诉人将投标人售后服务方案列为了评审因素，具体描述为“投标人在常德市有售后服务机构的记2分，投标人在常德市外湖南省内有售后服务机构的记1分，湖南省外的不计分（售后服务机构必须是投标人经工商注册的分公司或子公司，提供证明材料）”，该评审因素要求投标人的售后服务机构须是在湖南省或常德市经工商注册的分公司或子公司，限定了供应商的注册所在地，违反《政府采购法实施条例》第二十条第（七）项“非法限定供应商的所有制形式、组织形式或者所在地”规定，属于以不合理的条件对供应商实行差别待遇或者歧视待遇的情形。

综上所述，根据《政府采购质疑和投诉办法》（财政部令第94号）第三十一条第（一）项规定，常德市财政局于2018年10月25日作出处理决定，责令重新开展采购活动。

案例评析

CASE ANALYSIS

1. 将供应商分支机构注册在当地作为加分因素，属于以不合理的条件对供应商实行差别待遇或者歧视待遇的情形

对货物采购项目，涉及售后服务的问题，按照通常做法，招标文件可以要求供应商对所售货物的本地化售后服务提出承诺，要求其在限定时间内提供售后服务并保证质量。但本案中招标文件规定的评审因素要求投标人的售后服务机构，须是在湖南省或常德市经工商注册的分公司或子公司，并规定了加分条件，属于对供应商实行地域歧视待遇的行为，属于违规行为。这就会导致在招标之前未在湖南省或常德市进行工商注册的供应商，在投标时必将因此而失分，处于不利地位。

2. 评审因素有的与履行合同无关，有的设置有片面性，有的超出项目规模，也属于以不合理的条件对供应商实行差别待遇或者歧视待遇的情形

招标文件将具有涉密信息系统集成资质证书作为评审因素，与该项目采购需求具有的技术管理特点和实际需要无关联；将思科、华为及 ORACLE 公司相关认证列入评审因素，却不将人力资源和社会保障部与工业和信息化部每年举行的“计算机技术与软件专业技术资格（水平）考试”相关国家认证作为评审因素，具有片面性；投标人业绩中的前端监控点位建设规模的评审因素，高的为 4500 个以上，超出该项目本身规模。这些都违反了《政府采购法实施条例》第二十条第（八）项“以其他不合理条件限制或者排斥潜在供应商”规定，属于以不合理的条件对供应商实行差别待遇或者歧视待遇的情形。

六、对是否以其他不合理条件限制或者排斥潜在供应商的争议

此争议指《政府采购法实施条例》第二十条规定的采购人或者采购代理机构的 7 种具体情形之外的“以其他不合理条件限制或者排斥潜在供应商”。实践中，以其他不合理条件限制或者排斥潜在供应商的情形还有：

一是在采购文件获取环节，以不合理条件限制或者排斥潜在供应商，有的资格预审公告或者采购公告中对获取资格预审文件或者采购文件的要求不合理，有的要经采购人同意或与采购人签订协议才能获取采购文件，有以各种借口阻挠潜在供应商取得资格预审文件或者采购文件，有的资格预审文件和采购文件的发售期限非常短暂，有的要求供应商缴纳各种不合理参与采购活动费用以及超过规定比例的保证金，有的在购买采购文件时就对潜在供应商进行资格审查。财政部“指导案例 5 号：×× 网络建设工程项目投诉案”[1]中认为，在公开招标的政府采购项目中，对供应商提供货物和服务能力的评判，是评审活动的重要

1 《指导案例 5 号：XX 网络建设工程项目投诉案》，载 http://www.ccgp.gov.cn/aljd/201711/t20171120_9187971.htm，最后访问日期：2020 年 6 月 20 日。

内容，应当在评审环节进行。招标公告将本应在评审阶段由评审专家审查的因素作为供应商获取招标文件的条件，属于将应当在评审阶段审查的因素前置到招标文件购买阶段进行，违反了法定招标程序，构成《政府采购法》第七十一条第（三）项规定的“以不合理的条件对供应商实行差别待遇或者歧视待遇”的情形。财政部“指导性案例 25 号：L 研究所研究仪器设备购置项目投诉案”[1]，该项目招标公告，其他补充事宜”显示，“1. 购买招标文件时需提供以下文件：1.1 投标人营业执照副本（复印件加盖公章）；1.2 法人代表的授权委托书（原件）及被授权人身份证（复印件加盖公章）或单位介绍信（原件）”。财政部认为，该项目属于公开招标项目，政府采购相关法律法规未对供应商获取招标文件作限制性规定，未赋予采购人、代理机构在获取招标文件环节对供应商进行审查的权利和义务，也即所有潜在供应商均可以获取招标文件。该项目要求供应商获取招标文件时提供营业执照副本等文件没有法律依据，且相关做法与优化营商环境的改革方向不符。处理结果为，投诉事项成立，政府采购合同已经履行，给他人造成损失的，相关当事人可依法提起诉讼，由责任人承担赔偿责任。责令代理机构 S 公司就供应商获取招标文件环节设置审查条件的问题限期改正。

二是在准备投标环节，以不合理条件限制或者排斥潜在供应商，有的采购文件澄清或者修改的通知时间、投标截止时间不符合规定，有的未给予供应商准备检测报告的必要时间。财政部“指导性案例 23 号：K 单位 X 光机采购项目投诉案”[2] 中认为，采购人可以根据项目需求，在采购文件中要求供应商提供相应的检测报告，但应给予供应商准备检测报告的必要时间。未给供应商进行检测和提供检测报告预留必要时间的，构成以不合理的条件对供应商实行差别待遇或者歧视待遇。该项目招标文件“第四部分项目需求书”中所列部分“★”条款和“▲”条款技术指标并非国标检测项，招标文件将上述指标对应的检测报告作为实质性条款，且自发布招标公告至开标仅有 20 天时间，未给予供应商准备检测报告的必要时间，属于《政府采购法实施条例》第二十条第（八）项规定的“以其他不合理条件限制或者排斥潜在供应商”的情形，违反了《政府采购法》第二十二条第二款的规定。处理结果为，根据《政府采购质疑和投诉办法》（财政部令第 94 号）第三十一条第（一）项的规定，投诉事项成立，责令重新开展采购活动。鉴于该项目已经废标，责令 K 单位就以不合理的条件对供应商实行差别待遇或者歧视待遇的问题限期改正。

---

1 《指导性案例 25 号——L 研究所研究仪器设备购置项目投诉案》，载 http://www.cgpnews.cn/articles/51094，最后访问日期：2020 年 6 月 20 日。

2 《指导性案例 23 号——K 单位 X 光机采购项目投诉案》，载 http://www.cgpnews.cn/articles/50967，最后访问日期：2020 年 6 月 20 日。

【案例25[1]】招标文件所规定的条件，代理商与经销商均不能具备，设置的加分条款不合理的，应如何处理

关键词：采购需求/限制代理商/限制经销商/不合理的加分条款

案例要点：招标人间接限制代理商、经销商参加采购活动，采购文件设置不合理的加分条款，属于"以其他不合理条件限制或者排斥潜在供应商"，财政部门应责令其限期整改。

案情简介

厦门都森医疗科技有限公司（以下简称"都森公司"）参加厦门某工程管理公司代理的厦门某医院内科综合大楼暨院区综合改造项目一期工程（医用气体系统）货物类采购项目（以下简称"该项目"）公开招标过程中，于2019年01月23日对采购文件提出质疑，厦门某工程管理公司于1月29日作出答复。都森公司对厦门某工程管理公司做出的质疑答复不满意，向厦门市财政局提出投诉称：

1．该项目采购公告及采购项目附件中未根据我国现行相关法规条文要求，对该项目中属于二类医疗器械的医用气体设备产品提出正确的资格性要求或作为符合性审查不合格条款要求。

2．该项目采购项目附件文件中技术商务评分要求的评分标准，明显为特定企业量身定制技术参数和评分标准，涉嫌排斥潜在投标人。

3．该项目的采购项目附件中的产品技术参数偏离国家药监总局法规要求。要求并非属于医疗器械管理产品提供国家医疗器械质量监督检验报告（盖厂家公章且采购文件中该产品未被定义为核心产品），涉嫌通过特定产品的技术参数（非国家强制性要求）排斥潜在投标人。

4．该项目采购公告及采购项目附件相关要求明显涉嫌通过非国家强制性要求的指向性条款排斥潜在投标人。

厦门市财政局查明情况如下：

1．根据现行《医疗器械分类目录》及福建省食品药品监督管理局针对医疗气体设备复函的内容，经向省市两级食品药品监督部门了解，采购人采购的医用气体系统，拟用于医院集中供气，应采购整机（整体系统）产品，该产品应具备整机（整体系统）的医疗器械注册证。医用空气集中供应系统尚未有医疗器械注册成功记录，该项目作为新建医疗气体系统，要求提供医用中心供氧系统和医用中心吸引系统《医疗器械注册证》未违反相关法律规定。

2．采购文件并未明确禁止代理商参加，但资格条件中"投标人须具有省级药监部门核发的医用中心供氧系统和医用中心吸引系统《医疗器械注册证》"客观上限制了代理商参加采购活动，属于《政府采购法实施条例》第二十条第（八）项规定的"以其他不合理

1　案例来源：厦财采〔2019〕33号。

条件限制或者排斥潜在供应商”的情形。“投标人注册地为厦门地区”“投标人售后服务地址在厦门市、具有厦门市免费服务热线”等条款属于《政府采购法实施条例》第二十条第（七）项“非法限定供应商的所有制形式、组织形式或者所在地”情形。被投诉人、采购人提供的材料不足以证明JCI复审涉及医疗气体相关要求，设置“投标人具有国内医院JCI创建过程服务经验（医用气体系统方面）的得3分，须提供相关证明”属于《政府采购法实施条例》第二十条第（二）项“设定的资格、技术、商务条件与采购项目的具体特点和实际需要不相适应或者与合同履行无关”的情形。

3．被投诉人及采购人设置“细菌过滤器”“医用空气压缩机（组）和医用O气体报警系统（器）”等设备要求提供国家级医疗器械质量监督检验中心检测报告等相关加分条款，要求特定机构的检测报告作为加分条款，属于《政府采购法实施条例》第二十条第（八）项规定的“以其他不合理条件限制或者排斥潜在供应商”的情形。

4．采购文件中设置“投标人每具有一项跟医用气体系统有关的专利（专利权人必须为投标人，否则不得分；可以为系统整体专利，也可以为系统部件专利）得0.5分”。条款限制了经销商参与采购活动；信誉证明中设置“企业信用评价AA级信用企业”等加分条款属于《政府采购法实施条例》第二十条第（八）项规定的“以其他不合理条件限制或者排斥潜在供应商”的情形。其他事项与投诉事项1、2、3重复。

经审查，采购文件还设置了“厂家通过欧盟许可认证机构管理体系审核并取得相关的ISO13485”等加分条款，“空气压缩机”等设备要求为进口设备，属于《政府采购法实施条例》第二十条第八项规定的“以其他不合理条件限制或者排斥潜在供应商”的情形。在设备清单中对相关设备提出品牌要求，属于《政府采购法实施条例》第二十条第（六）项规定的“限定或者指定特定的专利、商标、品牌或者供应商”。

综上所述，厦门市财政局决定责令采购人、代理机构限期整改。

案例评析 CASE ANALYSIS

1. 招标人间接限制代理商、经销商参加采购活动应属违规行为

本案中采购文件虽未明确禁止代理商、经销商参加，但其要求的《医疗器械注册证》资格条件和专利加分条件客观上限制了代理商、经销商参加采购活动，属于《政府采购法实施条例》第二十条第（八）项规定的“其他不合理条件”，应予调整。

2. 采购文件设置不合理的条件作为加分条款，财政部门应责令采购人、代理机构限期整改

本案中，采购人及代理机构要求供应商提供国家级医疗器械质量监督检验中心检测报告以及特定机构的信誉证明、管理能力评价、检测报告等相关加分条款，以不合理条件限制或者排斥潜在供应商，应予限期整改。

七、对供应商规模条件的争议

《政府采购法》第九条、《政府采购法实施条例》第六条规定了政府采购应当有利于促进中小企业发展。“财政部令第87号”第十七条规定，采购人、采购代理机构不得将投标人的注册资本、资产总额、营业收入、从业人员、利润、纳税额等规模条件作为资格要求或者评审因素……对投标人实行差别待遇或者歧视待遇。投标人的规模条件，除了上述注册资本、资产总额、营业收入、从业人员、利润、纳税额以外，还有投标人厂房面积、设备数量及价值，等等。一般来说，如果招标文件将投标人的上述规模条件直接表述的，肯定是不能作为资格要求或者评审因素的。如果招标文件不是以投标人的上述规模条件来直接表述的，而是与投标人规模条件有关联的其他条件作为资格要求或者评审因素，是否属于禁止范围之内，就会产生争议。实践中比较常见的是，以特定的合同金额、特定的业绩作为资格要求或者评审因素。有人认为，特定金额的合同、业绩不是供应商的规模条件，小企业也能干大事，不能作为资格条件，但可以作为评审因素。有人认为，特定金额的合同、业绩与企业的规模条件相关，既不能作为资格条件，也不能作为评审因素。财政部公布的“指导案例4号：××物业消防运行服务项目举报案”[1]中认为，由于合同金额与营业收入具有直接的关联性，招标文件中将供应商具有特定金额的合同业绩作为资格条件，实质上属于以营业收入排除或限制中小企业进入政府采购市场，构成政府采购法和政府采购法实施条例所规定的“以不合理的条件对供应商实行差别待遇或者歧视待遇”的情形。

【案例26[2]】招标文件将特定金额合同业绩作为评审因素，是否合理

关 键 词：采购需求/规模条件/合同金额

案例要点：对供应商特定金额合同业绩设置为加分条件，实质上是将供应商的规模条件作为评审因素。

案情简介

2019年7月22日，北京某公司对《洛阳市文物局二里头遗址博物馆陈列展柜制作与安装工程项目》采购文件提出质疑，中资国际工程咨询集团有限责任公司进行了答复，投诉人对答复不满意，于7月31日向洛阳市财政局进行投诉称：

1．投诉事项1。“投标人提供博物馆陈列展柜生产及安装项目业绩合同且合同金额不

---

1 《指导案例4号：XX物业消防运行服务项目举报案》，载 http://www.ccgp.gov.cn/aljd/201711/t20171120_9187897.htm，最后访问日期：2020年6月20日。

2 案例来源：洛阳市财政局政府采购投诉处理决定书〔2019〕第9号。

低于1000万元的，每有一份得2分，最多得10分。”

2. 投诉事项2。“投标人具有有效的国家级科技创新企业证书的得2分，没有不得分。”

3. 投诉事项3。“投标人自有自动化焊接设备的得2分，自有自动化喷涂设备的得2分。”投诉人认为以上三项条款有严重的排他性、指向性，未落实《政府采购促进中小企业发展暂行办法》。

洛阳市财政局查明情况如下：

1. 本项目招标公告中有关供应商特定金额合同业绩加分条件的设置，实质是对中小企业营业收入的限制，构成对中小企业实行差别待遇或者歧视待遇，违反了《政府采购法》第二十二条第二款和《政府采购法实施条例》第二十条第（二）项的规定。

2. 招标文件中有关证书要求不在国务院取消的资格许可和认定事项目录内，且其申请条件中也没有对企业的注册资金、营业收入等业绩规模作出限制。同时，招标文件要求的证书与本项目本身具有的技术特点和实际需要存在关联性。另外，参加投标的供应商中有3家具备这个证书。因此，此项证书作为加分条件不属于以不合理的条件对供应商实行差别待遇或歧视待遇的情形。

3.《政府采购法实施条例》第十七条第一款第（三）项规定：参加政府采购活动的供应商应当提供具备履行合同所必需的设备和专业技术能力的证明材料，招标文件要求的设备与本项目本身具有的技术特点和实际需要存在关联性。另外，参加投标的供应商中有3家具有自动化喷涂设备、2家具有自动化焊接设备。因此，将这2项设备作为加分条件不属于以不合理的条件对供应商实行差别待遇或歧视待遇的情形。

综上所述，投诉事项2、投诉事项3缺乏事实依据投诉事项1成立。洛阳市财政局于2019年9月6日作出处理决定，扣除投诉事项1所加分值后不影响采购结果，依据《政府采购质疑和投诉办法》（财政部令第94号）第三十一条规定，可以继续开展采购活动。

案例评析 CASE ANALYSIS

1. 营业收入不能作为资格要求或者评审因素

《政府采购货物和服务招标投标管理办法》（财政部令第87号）第十七条规定，采购人、采购代理机构不得将投标人的注册资本、资产总额、营业收入、从业人员、利润、纳税额等规模条件作为资格要求或者评审因素。《政府采购促进中小企业发展暂行办法》（财库〔2011〕181号）第三条规定，任何单位和个人不得阻挠和限制中小企业自由进入本地区和本行业的政府采购市场，政府采购活动不得以注册资本金、资产总额、营业收入、从业人员、利润、纳税额等供应商的规模条件对中小企业实行差别待遇或者歧视待遇。营业收入是指企业在从事销售商品，提供劳务和让渡资产使用权等日常业务过程中形成的经济利益的总流入，分为主营业务收入和其他业务收入。营业收入增长只能说明企业产品或者服务市场推广良好，营业收入减少也只能反映市场大环境的影响，上游企业需求不旺，并不能说明一家公司的服务情况、负责项目的能力，因此不宜使用“营业收入”作为评审因素。由于中小企业营业收入较之大企业，肯定处于弱势，将合同金额列为评审因素，对中小企业是不公平的，不能允许。

2. 将特定金额的合同业绩列为评审因素本质上就是将营业收入列为评审因素

合同金额虽然不是企业规模的数据，特定合同金额虽然不直接表现为企业规模，但由于合同金额与营业收入直接相关。将合同金额列为评审因素，本质上就是将企业的营业收入列为评审因素。其实，在政府采购实践中，采购人或者采购代理机构可以用其他方式，来考核供应商的履约能力大小；以其他商务条件和采购需求来设定评审因素，来评估、比较、评价供应商的履约能力大小。以特定金额的合同业绩作为评审因素，势必对中小企业参与政府采购活动造成不利影响，构成对中小企业实行差别待遇或者歧视待遇。

第五节 对招标文件的发布、提供、澄清、修改等过程的争议

“财政部令第 87 号”第十八条、第二十七条第一款规定，采购人或者采购代理机构应当按照招标公告、资格预审公告或者投标邀请书规定的时间、地点提供招标文件或者资格预审文件，提供期限自招标公告、资格预审公告发布之日起计算不得少于 5 个工作日。提供期限届满后，获取招标文件或者资格预审文件的潜在投标人不足 3 家的，可以顺延提供期限，并予公告。公开招标进行资格预审的，招标公告和资格预审公告可以合并发布，招标文件应当向所有通过资格预审的供应商提供。采购人或者采购代理机构可以对已发出的招标文件、资格预审文件、投标邀请书进行必要的澄清或者修改，但不得改变采购标的和资格条件。澄清或者修改应当在原公告发布媒体上发布澄清公告。澄清或者修改的内容为招标文件、资格预审文件、投标邀请书的组成部分。有时，采购人或者采购代理机构对招标文件的采购标的的部分内容进行修改，会被有的供应商质疑、投诉为变更采购标的。财政部“指导性案例 27 号：M 中心防吸附气体采样袋及附件采购项目投诉案”[1]中认为，该项目第四次更正公告显示，采购标的的材质、容积、接头、耐温性、耐压性、安全性能等技术要求以及检验方法均发生变更，但是并不构成对采购标的的改变，不属于变更采购标的

---

1 《指导性案例 27 号——M 中心防吸附气体采样袋及附件采购项目投诉案》，载 http://www.cgpnews.cn/articles/51296，最后访问日期：2020 年 6 月 20 日。

的情形。对招标文件的发布、提供、澄清、修改等过程，经常发生争议的主要有以下几种情况：

一、对招标文件发布与提供的时间不足法定时间的争议

在政府采购实践中，经常碰到采购项目十分紧急，采购人对采购时间要求较高，希望尽快完成项目的采购，将货物、工程、服务投入使用。此时，采购人和采购代理机构注重的是采购效率问题，往往就会忽视招标文件发布与提供时间的问题。在这种情况下，则不能保证供应商有充分时间准备投标文件，有可能导致投标人投标文件准备不足或者投标人较少，降低了政府采购项目的投标质量与竞争效果，最终还是影响该项目的采购质量与采购效果。为了避免出现此种情形，法律、法规和行政规章都对招标文件发布与提供的时间作出明确规定。《政府采购法》第三十五条规定，货物和服务项目实行招标方式采购的，自招标文件开始发出之日起至投标人提交投标文件截止之日止，不得少于二十日。《政府采购法实施条例》第三十一条规定，招标文件的提供期限自招标文件开始发出之日起不得少于5个工作日。“财政部令第87号”第十六条规定，招标公告、资格预审公告的公告期限为5个工作日。公告内容应当以省级以上财政部门指定媒体发布的公告为准。公告期限自省级以上财政部门指定媒体最先发布公告之日起算。第十八条规定，采购人或者采购代理机构应当按照招标公告、资格预审公告或者投标邀请书规定的时间、地点提供招标文件或者资格预审文件，提供期限自招标公告、资格预审公告发布之日起计算不得少于5个工作日。提供期限届满后，获取招标文件或者资格预审文件的潜在投标人不足3家的，可以顺延提供期限，并予公告。

在政府采购的实践中，对于按日计算期间的，由于“财政部令第87号”有明文规定，开始当天不计入，从次日开始计算，期限的最后一天是国家法定节假日的，顺延到节假日后的次日为期限的最后一日。但是，对于按工作日计算期限的，开始当天是否计算在内？对此有截然相反的争议。一种意见认为应当从发布当天的次日开始计算，另一种意见则认为应当从发布当天开始计算。

【案例27[1]】招标文件发出之日，应当计算在5个工作日之内吗

关 键 词：公告期限的起算点/公告发布之日/工作日

案例要点：招标公告期限的起算点应当包括公告发布之日，民法通则关于期间的规定不适用于政府采购法中关于工作日的要求。

---

1 案例来源：长绿财采购决〔2019〕2号；（2017）鲁16行终10号。

1. 不计算在内的案例

案情简介

2019 年 6 月 25 日，陕西麦克兴科技有限公司对长春市某中学班班通、录播教室、网络设备项目向长春市绿园区财政局投诉。投诉事项为：1. 该项目的采购公告发布时间未满五个工作日；2. 我司依法于 2019 年 6 月 3 日提出质疑，未收到回复。投诉请求为：（1）依法暂停本项采购活动，依法重新开展采购活动。（2）监督检查调查此次采购过程，处罚相关代理机构和采购人并公示。

2019 年 6 月 26 日，该局下发了《关于暂停政府采购活动的通知》《政府采购调查通知书》，依法对投诉事项进行了审查。查明：项目采购公告期限为 2019 年 5 月 17 日至 2019 年 5 月 23 日，其中 18 日、19 日为公休时间。该局认为，依据《民法总则》第二百零三条第二款“期间的最后一日的截止时间为二十四时；有业务时间的，停止业务活动的时间为截止时间”。《政府采购货物和服务招标投标管理办法》（财政部令第 87 号）第八十五条“本办法规定按日计算期间的，开始当天不计入，从次日开始计算。期限的最后一日是国家法定节假日的，顺延到节假日后的次日为期限的最后一日”。之规定，认定该项目采购公告时间为 4 个工作日，未满足《财政部关于做好政府采购信息公开工作的通知》（财库〔2015〕135 号）第二条第（四）款第 1 点“招标公告、资格预审公告的公告期限为 5 个工作日”的规定要求。

该局依据调查结果，根据《政府采购质疑和投诉办法》（财政部令第 94 号）第三十一条第二项和第三十六条第二项的规定作出处理决定：（1）中标结果无效，责令重新组织采购活动。（2）责令被投诉人限期改正。

2. 计算在内的案例

招标、监督检查情况

2016 年 8 月 4 日，某县城区路网建设指挥部（以下简称“指挥部”）通过采购代理机构某招标公司发布老城区道路及附属设施改造工程环网柜、电缆采购项目（以下简称“该项目”）招标公告，公告中载明了投标截止和开标时间等相关内容。2016 年 8 月 24 日，指挥部发布该项目中标公告，北京某公司中标。

2016 年 10 月 18 日，山东某公司向某县财政局举报，检举该项目中没有要求供应商提供具备资格条件的证明材料、公告获取招标文件的时间不足 5 个工作日、招标文件对投标人资格要求前后矛盾。该县财政局受理举报后，通过调查认定检举人举报事项属实。

2016年11月15日，该县财政局作出监督检查处理决定，责令采购人指挥部对本项目作废标处理；对本案调查中发现的问题，责令被举报人进行整改。2016年11月16日，指挥部发布废标（终止）公告，该项目废标。

行政诉讼一审情况

北京某公司不服该行政处理行为，向某县人民法院提起诉讼。一审法院认为，根据《政府采购法实施条例》第三十一条的规定，对政府采购活动有程序性要求，政府采购活动应按照采购程序进行，否则就会影响采购活动的公正性。该项目招标公告发布于2016年8月4日17时12分，招标文件的提供期限截止于2016年8月10日17时，招标文件的提供期限为4个工作日，违反了上述规定。某县财政局作出责令采购人对该项目废标的处理决定，认定事实清楚，证据确实、充分，适用法律正确。根据《政府采购法》的规定，废标理由应由采购人通知所有投标人而非被告，因此原告主张未收到处理决定书，被告程序违法的理由不能成立，不予支持。据此，依照《行政诉讼法》第六十九条之规定，一审判决驳回北京某公司的诉讼请求。

行政诉讼二审情况

北京某公司不服一审判决，向山东省滨州市中级人民法院提起上诉。二审法院认为，根据《政府采购法》第三十六条、《政府采购法实施条例》第三十一条规定。本案中，该项目的招标文件，根据某县财政局提供的“中国山东政府采购网”网页截图显示，发布时间为2016年8月4日17时12分，投标人报名时间为2016年8月4日至10日。从上述招标文件发布之日起算，至报名截止日止，招标文件的提供期限已满足5个工作日的要求。某县财政局称根据《民法通则》“期间开始之日不计算在内”的主张，该处的“期间开始之日”是指以日历日计算的情况，不同于《政府采购法实施条例》规定的招标文件以工作日计算的情形，《民法通则》关于期间的规定不适用于《政府采购法实施条例》中关于工作日的要求。

因此，该案该项目不属于上述法律规定应予废标的情形，某县财政局作出涉案处理决定认定事实不清、适用法律错误，应予撤销。一审判决驳回北京某公司的诉讼请求错误，应予纠正。北京某公司的上诉理由成立，法院予以支持。据此，依据《行政诉讼法》第八十九条第一款第（二）项之规定，判决撤销一审判决，撤销某县财政局作出的监督检查处理决定。

案例评析 CASE ANALYSIS

5 个工作日的规定是采购人提供招标文件期限的最短时限要求，采购人或者采购代理机构应当根据项目特点和本单位实际情况，按照有利于竞争原则，在满足法定最短期限要求的前提下，规定足够长的招标文件提供期限，以便最大范围的供应商获取招标文件参与投标，促使竞争更为充分。如果招标文件提供期限不足 5 个工作日，就违反了行政法规的强制性规定，会对采购活动的公正性产生影响，属于《政府采购法》第三十六条第一款第（二）项所列的“出现影响采购公正的违法、违规行为的”情形，可能导致废标。

根据“财政部令第 87 号”第十六条的规定，5 个工作日的起算点应当包括公告发布之日。在上述两案中，两家财政局称根据《民法通则》“期间开始之日不计算在内”的主张，该处的“期间开始之日”是指以日历日计算的情况，不同于实施条例规定的招标文件以工作日计算的情形，《民法通则》关于期间的规定不适用于《政府采购法》中关于工作日的要求。因此，工作日与自然日的期间起算点不同。另需注意的是，如果招标文件的提供期限内包含非工作日，导致实际提供期限不足 5 个工作日的，属违反法定时限的要求，在政府采购工作实践中应注意这一要求并严格遵守。

二、对是否应当顺延提交投标文件的截止时间的争议

《政府采购法实施条例》第三十一条第二款规定，采购人或者采购代理机构可以对已发出的招标文件进行必要的澄清或者修改。澄清或者修改的内容可能影响投标文件编制的，采购人或者采购代理机构应当在投标截止时间至少 15 日前，以书面形式通知所有获取招标文件的潜在投标人；不足 15 日的，采购人或者采购代理机构应当顺延提交投标文件的截止时间。

“财政部令第 87 号”第二十七条第二款、第三款规定，澄清或者修改的内容可能影响投标文件编制的，采购人或者采购代理机构应当在投标截止时间至少 15 日前，以书面形式通知所有获取招标文件的潜在投标人；不足 15 日的，采购人或者采购代理机构应当顺延提交投标文件的截止时间。澄清或者修改的内容可能影响资格预审申请文件编制的，采购人或者采购代理机构应当在提交资格预审申请文件截止时间至少 3 日前，以书面形式通知所有获取资格预审文件的潜在投标人；不足 3 日的，采购人或者采购代理机构应当顺延提交资格预审申请文件的截止时间。对是否应当顺延开标时间、应当顺延多长时间、修改招标文件是否损害供应商合法权益等问题，经常容易发生争议。财政部“指导性案例 27 号：

M 中心防吸附气体采样袋及附件采购项目投诉案”[1]中认为，采购人 M 中心提供的 5 期《M 中心 VOCs 项目组会议纪要》显示，采购人 M 中心根据本项目的整体进度要求、相关质疑情况以及专家论证结果修改招标文件，同时，代理机构 Z 公司按照法律规定相应顺延开标时间，没有减损供应商的利益。

【案例 28[2]】变更公告发布后一日即开标，供应商均未提出质疑，是否影响投标文件编制，开标应否顺延

关 键 词：修改招标文件 / 编制投标文件 / 影响

案例要点：招标文件的修改如果对投标人投标文件的编制以及中标结果不产生实际影响的，开标时间未顺延的瑕疵，不影响政府采购活动开展。

招标、质疑、投诉、复议情况

2016 年 11 月 18 日，采购人马鞍山市花山区城市管理局委托代理机构马鞍山市双赢招标投标中心有限责任公司（以下简称“双赢公司”）发布马鞍山市花山区（2016—2018 年度）道路清扫保洁服务采购项目（以下简称“该项目”）招标公告，公告期间，双赢公司分别于 11 月 28 日、11 月 30 日、12 月 12 日三次发布变更公告，对招标文件第五章第二节保洁机械设备配备要求进行变更，将中型洗扫车总质量≈ 10 吨先后变更为 7~10 吨、7~11 吨、7~12 吨。参加投标的 24 家单位均按要求递交标书，在开标前均没有对上述变更提出质疑。2016 年 12 月 13 日，该项目开标。开标后，马鞍山市某公司多次向双赢公司提出质疑，均未获得双赢公司支持。

2017 年 1 月 4 日，马鞍山市某公司向花山区财政局提出投诉称，双赢公司三次发布变更公告，违反法律规定，应予废标。2017 年 2 月 17 日，花山区财政局作出投诉处理决定，驳回马鞍山市某公司的投诉。

马鞍山市某公司不服，于 2017 年 9 月 27 日向马鞍山市财政局申请行政复议。2017 年 12 月 22 日，马鞍山市财政局维持了花山区财政局的处理决定。

原告请求及观点

马鞍山市某公司对以上处理决定不服，以花山区财政局和马鞍山市财政局为被告，向

1 《指导性案例 27 号——M 中心防吸附气体采样袋及附件采购项目投诉案》，载 http://www.cgpnews.cn/articles/51296，最后访问日期：2020 年 6 月 20 日。

2 案例来源：（2018）皖 0503 行初 1 号。

安徽省马鞍山市花山区人民法院提起诉讼称，花山区财政局和马鞍山市财政局对于招标人及委托的招标代理机构是否违反法律规定的期限发布招标变更公告以及该变更是否对政府采购造成不良影响未依法调查清楚，对于存在瑕疵的招投标应当完全废标。花山区财政局和马鞍山市财政局作出被诉行政行为依据的主要事实不清，程序违法，内容失当，适用法律错误，请求撤销被诉行政行为及行政复议决定。

被告答辩及观点

花山区财政局及马鞍山市财政局辩称，花山区财政局作出的投诉处理决定认定事实清楚，证据确实充分，适用法律正确，马鞍山市财政局作出的行政复议决定程序合法，请求法院依法驳回马鞍山市某公司的诉讼请求。

法院裁判及观点

法院查明，该项目招标于2016年12月13日开标，参加投标的24家单位中拥有吨位在11～12吨中型洗扫车的仅有马鞍山市诗城物业管理有限责任公司一家，该单位中标第八包，招标文件对第八包投标人是否拥有中型洗扫车没有技术要求。

花山区法院认为，根据《政府采购法》第五十二条、《政府采购法实施条例》第五十三条之规定，本案中，采购人和采购代理机构在递交投标文件截止时间前三次发布招标文件变更公告，对招标文件第五章第二节保洁机械设备配备要求进行变更，将中型洗扫车总质量≈10吨先后变更为7~10吨、7~11吨、7~12吨。对上述变更，投标人在开标前均未提出质疑，并按要求时间递交了投标文件参加招投标活动，而马鞍山市某公司对变更公告最早提出质疑时间是2016年12月16日，不符合法律法规的规定。

此外，根据24家投标单位投标文件中关于各自中型洗扫车吨位的描述，仅有马鞍山市诗城物业管理有限公司拥有吨位在11~12吨的中型洗扫车，该公司中标第8包，但第8包在招标公告中对中型洗扫车未作技术要求。马鞍山市某公司参与投标的包1、包3~包8等7个标段，在拟投入的保洁设备评分项目中均得到满分20分。因此，采购人及代理机构发布变更公告的行为虽然存在瑕疵，但对投标人投标文件的编制以及中标结果不产生实际影响。花山区财政局作出驳回投诉决定并无不当，应予维持。马鞍山市财政局认定事实清楚，符合法定程序，适用法律正确，亦应维持。马鞍山市某公司的诉求缺乏事实根据和法律依据，花山区法院不予支持。据此，依据《行政诉讼法》第六十九条之规定，判决驳回马鞍山市某公司的诉讼请求。

案例评析 CASE ANALYSIS

在政府采购活动中，供应商若根据中标结果确定是否质疑、投诉，中标则不质疑、不投诉，不中标则乱质疑、乱投诉，意图改变中标结果，严重影响了政府采购活动的正常秩序。本案中，招标人三次修改招标文件，开标前供应商均未提出质疑，中标结果公告后供应商才提出质疑、投诉，虽然采购人及代理机构发布变更公告的行为存在瑕疵，但对投标人投标文件的编制以及中标结果不产生实际影响，故供应商的质疑、投诉不具有正当性，不能成立。

第六节 对样品条款争议

“财政部令第87号”第二十二条规定：“采购人、采购代理机构一般不得要求投标人提供样品，仅凭书面方式不能准确描述采购需求或者需要对样品进行主观判断以确认是否满足采购需求等特殊情况除外。要求投标人提供样品的，应当在招标文件中明确规定样品制作的标准和要求、是否需要随样品提交相关检测报告、样品的评审方法以及评审标准。需要随样品提交检测报告的，还应当规定检测机构的要求、检测内容等。采购活动结束后，对于未中标人提供的样品，应当及时退还或者经未中标人同意后自行处理；对于中标人提供的样品，应当按照招标文件的规定进行保管、封存，并作为履约验收的参考。”

在实际采购中，如果书面方式能准确描述采购需求或者采购需求无须评审人员主观判断，那就不能要求投标人提供样品参与投标。在政府采购项目中一般不应要求通用产品、标准产品的采购提供样品，但可以要求投标人提供主要材料、备件的样品，或者实物图样、模型小样等。对于服装、家具等采购项目的采购需求，如果不能以书面方式正确描述或者需要对样品进行主观判断，可以要求投标人提供样品进行投标。有的招标文件对供应商提供样品的，会要求在评标现场委托具有相应资质的单位进行检验，这完全由采购人或者采购代理机构自己决定，并非法律、法规和行政规章的强制要求。财政部“指导性案例27号：M中心防吸附气体采样袋及附件采购项目投诉案”[1]中，投诉人认为变更后的评标和检验环节取消了现场由采购人M中心委托的具有相应资质实验室进行检验的程序，无法保证评审的公平性，违反了《政府采购货物和服务招标投标管理办法》（财政部令第87号）第

1 《指导性案例27号——M中心防吸附气体采样袋及附件采购项目投诉案》，载http://www.cgpnews.cn/articles/51296，最后访问日期：2020年6月20日。

二十二条的规定。代理机构Z公司认为，变更后原实验环节取消，不再安排现场实验，由供应商提供满足各项技术要求的全部有效证明材料。财政部认为，现场实验程序并非《政府采购货物和服务招标投标管理办法》(财政部令第87号)第二十二条的强制性要求。本项目由评标委员会根据供应商提供的检测报告等进行评审，未违反相关规定。

【案例29[1]】对硬件外观特性表述需要样品演示吗，对需直观判断产品优劣的产品需要样品演示吗

关 键 词：样品演示条款/外观特性/技术参数核实

案例要点：对产品硬件外观特性可以用文字表述，无须样品演示；对需直观判断产品优劣的，设置样品演示条款，有利于招标人核实各投标人投标文件技术参数的承诺，属于合理情形。

案情简介

投诉人南宁某公司于2019年2月14日参加广西龙建工程管理有限公司组织的“2018年第二批农村义务教育薄弱学校改造计划教学仪器设备采购项目”A分标的政府采购活动，因不满被投诉人广西龙建工程管理有限公司质疑答复书的答复，向钦州市钦北区财政局投诉：

1. 参数设置不合理，不符合三家或以上品牌满足参数的标准，要求采购人和代理机构公布调查报告，并删除和修改参数。

2. 样品演示项设置不合理，要求取消。

3. 评分标准设置不合理，要求重新制定或删除。

钦州市钦北区财政局查明情况如下：

1. 关于参数设置，经我局组织的相关专家论证，市场上具有三家以上的品牌技术参数满足招标文件的要求，形成有效竞争，不存在唯一性和排他性。投诉事项不成立。

2. 关于样品演示项设置，硬件演示内容(2)、(3)、(4)点均属外观特性，可用文字描述清楚，需删除。但各投标人对投标文件技术参数的承诺需用样品进行核实，便于评标委员会更直观的判断产品的优劣，该项目要求对产品进行现场演示，符合《政府采购货物和服务招标投标管理办法》(财政部令第87号)第二十二条“……仅凭书面方式不能准确描述采购需求或者需要对样品进行主观判断以确认是否满足采购需求等特殊情况除外”的特殊情况。因此，演示项仅可保留第(1)、(5)点。该投诉事项部分成立。

3. 关于具体评分标准，采购人已在质疑期间对评分标准的部分内容进行了修改，为

---

1 案例来源：钦北政采〔2019〕第3号。

保障产品的技术水平、售后服务及履约能力的有力体现，依据《政府采购法》第二十二条第二款“采购人可以根据采购项目的特殊要求，规定供应商的特定条件 ...”的规定，修改后的分值设置均属合理范围，不影响符合投标人资格的供应商前来参与投标。投诉事项缺乏事实依据，投诉事项不成立。

投诉人所述的条款并未将生产厂家授权、承诺、证明、背书等作为资格要求，只是作为加分项，不属于违反《政府采购货物和服务招标投标管理办法》（财政部令第 87 号）第十七条的情形，投诉事项缺乏事实依据，投诉事项不成立。

钦州市钦北区财政局于 2019 年 4 月 18 日作出处理决定如下：根据《政府采购质疑和投诉办法》（财政部令第 94 号）第二十九条第（二）项的规定，投诉事项一、三缺乏事实依据，投诉事项不成立，驳回投诉；根据《政府采购质疑和投诉办法》（财政部令第 94 号）第三十一条第（一）项的规定，投诉事项二部分成立，采购人应依法修改招标文件，删除不合理的条款，责令重新开展采购活动。

案例评析 CASE ANALYSIS

在招投标活动中，为了切实保障采购当事人的正当权益，有效防范投标人进行“恶意”竞争，对中标商的确定依据就不能仅仅局限于其所投的标书，必要时，还应要求投标人提供实物样品进行现场演示，以有效避免标书中的虚假陈述或不切实际的承诺。本案中，各投标人对投标文件技术参数的承诺需用样品进行核实，故采购人要求对产品进行现场演示，有利于评标委员会更直观地判断产品的优劣，符合相关法律规定。但对于产品硬件外观特性演示内容，可以用文字表述，无须样品演示。

第七节 有关评标方法、评标标准、评审因素的争议

一、对评标方法的争议

评标方法，是指在招标文件中按事先确定的评标标准评审、比较、选择推荐中标候选人的具体方法。《政府采购法实施条例》第三十四条，“财政部令第 87 号”第五十三条、第五十四条规定，政府采购招标评标方法分为最低评标价法和综合评分法。

“财政部令第 87 号”第五十四条规定：“最低评标价法，是指投标文件满足招标文件

全部实质性要求且投标报价最低的投标人为中标候选人的评标方法。技术、服务等标准统一的货物和服务项目，应当采用最低评标价法。采用最低评标价法评标时，除了算术修正和落实政府采购政策需进行的价格扣除外，不能对投标人的投标价格进行任何调整。”一般而言，最低评标价法用于采购项目技术含量不高且与其他项目关联度不强的政府采购项目招标中，如采购简单商品、原材料、半成品、设备，以及其他性能、质量相同或容易进行比较的货物、服务时，价格可以作为评标时考虑的唯一因素时使用。

“财政部令第 87 号”第五十五条规定：“综合评分法，是指投标文件满足招标文件全部实质性要求，且按照评审因素的量化指标评审得分最高的投标人为中标候选人的评标方法。评审因素的设定应当与投标人所提供货物服务的质量相关，包括投标报价、技术或者服务水平、履约能力、售后服务等。资格条件不得作为评审因素。评审因素应当在招标文件中规定。评审因素应当细化和量化，且与相应的商务条件和采购需求对应。商务条件和采购需求指标有区间规定的，评审因素应当量化到相应区间，并设置各区间对应的不同分值。评标时，评标委员会各成员应当独立对每个投标人的投标文件进行评价，并汇总每个投标人的得分。货物项目的价格分值占总分值的比重不得低于 30%；服务项目的价格分值占总分值的比重不得低于 10%。执行国家统一定价标准和采用固定价格采购的项目，其价格不列为评审因素。价格分应当采用低价优先法计算，即满足招标文件要求且投标价格最低的投标报价为评标基准价，其价格分为满分。其他投标人的价格分统一按照下列公式计算：

投标报价得分 =(评标基准价 / 投标报价) × 100

评标总得分＝ F1 × A1 ＋ F2 × A2 ＋…＋ Fn × An

F1、F2…Fn 分别为各项评审因素的得分；

A1、A2…An 分别为各项评审因素所占的权重 (A1 ＋ A2 ＋…＋ An ＝ 1)。评标过程中，不得去掉报价中的最高报价和最低报价。因落实政府采购政策进行价格调整的，以调整后的价格计算评标基准价和投标报价。”

与上述规定有关的争议，本节将在后面的内容中进行讨论。有关评标总得分的问题，因有些采购代理机构沿袭工程招标的做法，去掉 1 个最高分和 1 个最低分后的平均分来计算投标人的综合得分。这样做法是违反规定的。财政部“指导性案例 18 号：D 大学校园网基础设施改造更新工程项目举报案”[1]中认为，评标委员会各成员的评分具有法律效力，采用综合评分法进行评审的，应当保留各成员的评分，不得采用类似“去掉最高分和最低分”等方法计算得分。该项目招标文件“评分标准”中“评分说明”要求，“若评标委员会组

1 《D 大学校园网基础设施改造更新工程项目举报案》，载 http://www.cgpnews.cn/articles/47239，最后访问日期：2020 年 6 月 20 日。

成为 7 人或 7 人以上时，去掉 1 个最高分和 1 个最低分后的平均分，即为该投标人综合得分”，违反了《政府采购货物和服务招标投标管理办法》（财政部令第 18 号）第五十二条、《财政部关于加强政府采购货物和服务项目价格评审管理的通知》（财库〔2007〕2 号）的规定。

【案例 30[1]】对学生作业本采购，究竟应当用“最低评标价法”，还是“综合评分法”

关 键 词：招标文件 / 评标方法 / 评标标准

案例要点：对评标方法的选择，即应当采用“最低评标价法”，还是采用“综合评分法”，应以技术、服务等标准能否统一为依据。提出异议的，不应自相矛盾；作出处理时，应说明理由与依据。

招标、质疑、投诉、复议情况

2015 年 5 月 5 日，重庆市江北区公共资源交易中心（以下简称“江北区交易中心”）在其网站和重庆市政府采购网就重庆市江北区教育委员会（以下简称“江北区教委”）所需作业本项目（以下简称“该项目”）发布招标文件，后对该项目补遗，确定作业本规格型号。

2015 年 6 月 4 日，重庆某公司就该项目向江北区交易中心质疑。2015 年 6 月 9 日，江北区交易中心作出质疑答复。2015 年 7 月 5 日，重庆某公司向江北区财政局投诉。2015 年 7 月 22 日，江北区财政局作出投诉处理决定，驳回重庆某公司的投诉。

重庆某公司不服该处理决定，向重庆市财政局申请行政复议，该局于 2015 年 10 月 26 日决定维持江北区财政局作出的投诉处理决定。

行政诉讼情况

一审法院经审理认为：

1. 重庆某公司认为江北区交易中心未在法定期限内作出质疑答复。经查，江北区交易中心在收到重庆某公司的质疑书后在 7 个工作日内，按照重庆某公司的注册地址向重庆某公司邮寄《政府采购质疑答复》，故江北区财政局认定江北区交易中心在法定期限内作出《政府采购质疑答复》，并依法向重庆某公司送达，符合《政府采购法》第五十三条的规定，事实清楚、程序合法。

2. 重庆某公司认为“投标人须出具近三年省（直辖市）级及以上质量监督部门出具的

---

1 案例来源：（2016）渝 01 行终 652 号。

产品质量检验报告”的特定资格条件，是以不合理条件限制新注册成立的企业或新从事作业本生产的供应商参加此次政府采购项目。因作业本系产品，且重庆市质量技术监督局就中小学生作业本印制质量发布地方标准，故招标文件将产品质量作为资格性条款设置，符合《产品质量法》第二十六条等规定。同时，该特定资格条件同等对待每位参加政府采购活动的供应商，没有对供应商实行差别待遇或歧视待遇，且江北区交易中心举示的证据证明符合上述资格的单位共有5家。故江北区财政局认定上述特定资格条件不属于不合理条件，既有事实依据也有法律依据。

3. 重庆某公司认为“货物和货物材质样品评分（10分）”和“配送方案（8分）”没有具体评分标准，江北区财政局举示的招标文件载明的评分标准系评审专家对供应商提供的作业本样本的货物材质和配送方案进行评判，足以证明评分标准是具体的。

4. 重庆某公司认为有关“投标公司提供近两年（2013年至今）类似作业本业绩合同（5分）”的评标标准，属于以不合理的条件对供应商实行差别待遇或者歧视待遇。该评标标准是对作业本产品业绩作出相应评分，也能反映出投标公司以往的产品质量及商业信誉。同时，该标准并未将投标公司在特定行政区域或特定行业业绩作为加分条件。故江北区财政局认为该评分标准不存在以不合理条件对供应商实行差别待遇或歧视待遇，符合《政府采购法实施条例》第二十条第（四）项的规定。

5. 重庆某公司认为作业本项目应当采用“最低评标价法”。本次采购项目是中小学生的作业本不仅涉及到作业本的产品质量，还涉及作业本的质量、厂家的信誉以及后期的配送等服务，不能做到统一的标准。故江北区财政局依据《政府采购法实施条例》第三十四条第四款的规定，认定该采购项目不能采用最低评标价法，只能采用综合评分法，并无不当。

6. 重庆某公司认为本项目在重庆政府采购网上发布澄清公告，但没有顺延提交投标文件的截止时间，程序违法。因江北区财政局提供的补遗并未影响投标文件的编制，故江北区交易中心未顺延投标文件的截止时间不违反《政府采购法实施条例》第三十一条的规定。

综上所述，江北区财政局作出的投诉处理决定证据确凿、程序合法、适用法律正确。依据《行政诉讼法》第六十九条的规定，判决驳回重庆某公司的诉讼请求。

上诉人诉求及观点

重庆某公司不服向重庆市第一中级人民法院提起上诉称，一审法院无理驳回上诉人的回避申请及复议申请，审判程序违法。江北区交易中心变更采购需求，影响供应商报价，其变更编制采购文件未在法定期限内发布变更公告，程序违法；采购文件中的“投标人须出具近3年省（直辖市）级及以上质量监督部门出具的产品质量检验报告”的供应商投标资格条件设置不合理；评分办法中“货物和货物材质样品评分（10分）”和“配送方案（8

分）”没有具体的评分标准；评分办法“业绩”中有关“类似作业本加分”的评标标准涉嫌以不合理的条件对供应商实行差别待遇或者歧视待遇；本项目应当采用“最低评标价格”。请求撤销一审判决，撤销市财政局作出的《复议决定》，确认江北区财政局作出的《投诉处理决定》违法，撤销江北区财政局作出的《投诉处理决定》，并责令重作决定。

被上诉人答辩及观点

市财政局答辩，其作出行政复议决定程序合法、认定事实清楚、适用法律法规正确。综上，请求驳回上诉人的上诉请求，维持一审判决。

其他被上诉人未提供书面答辩意见。

二审法院裁判及观点

江北区财政局认定上诉人的投诉缺乏事实依据，决定驳回其投诉，适用法律正确。而上诉人向江北区财政局提出投诉的事项与提起一审行政诉讼的事实理由及二审的上诉理由基本相同，针对其认为被诉的投诉处理决定认定事实错误的主张，一审法院已对此作了具体阐述，且认为江北区财政局作出的投诉处理决定事实清楚，二审法院亦认为上诉人提出的关于投标文件中设置不合法、不合理或政府采购程序违法的上诉理由，缺乏事实依据和法律依据，一审法院的评判正确。综上，法院判决驳回上诉，维持原判。

案例评析 CASE ANALYSIS

1. 投诉人对招标文件的质疑，既对评标方法，又对评标标准，有些自相矛盾

重庆某公司的投诉、申请复议及提起诉讼，都对评标方法提出异议，即主张，本项目的技术、服务等标准统一，应当采用“最低评标价法”，而本项目采用“综合评分法”，违反《政府采购法实施条例》第三十四条第三款规定。既主张采用“最低评标价法”，反对采用“综合评分法”，但在自己的主张中又对综合评分法前提下的评审标准中分值设置与评审因素评头论足。就好像既主张自己没有违约，又对违约金金额提出异议；既主张自己没有犯罪，又对刑罚轻重提出异议，是自相矛盾的。

2. 主张只能采用综合评分法的主张，也依据不足

财政部门认为，本项目是中小学生的作业本涉及的质量、厂家的信誉以及后期的配送等服务，不能做到统一的标准，依据《政府采购法实施条例》第三十四条第四款的规定，不能采用最低评标价法，只能采用综合评分法。但没有说明为什么技术、服务等标准不能统一，有什么证据证明。

二、对评标标准的争议

《政府采购法实施条例》第三十四条、第六十八条规定，采用综合评分法的，评审标准中的分值设置应当与评审因素的量化指标相对应。采购人、采购代理机构采用综合评分法时评审标准中的分值设置未与评审因素的量化指标相对应，依照《政府采购法》第七十一条、第七十八条的规定追究法律责任。

根据“财政部令第 87 号”第二十条的规定，采购人或者采购代理机构在编制招标文件时应当包括“评标方法、评标标准和投标无效情形”的内容。在政府采购活动过程中，对于招标文件中评标标准条款的质疑、投诉案例数见不鲜，若能将招标文件中此部分的内容编制得当，即可在源头防范纠纷，利于政府采购活动的开展。

【案例 31[1]】招标文件中的评标标准过于笼统，是否违规

关 键 词：综合评分法 / 评审标准 / 与评审因素对应

案例要点：采用综合评分法时，评标标准中的分值设置应当与评审因素的量化指标相对应，且评分标准的分值必须量化到区间。

招标投标、质疑答复、投诉处理、行政复议情况

2017 年 8 月 31 日，惠东县公安局委托惠东县公共资源交易中心（政府采购部）对惠东县公安局强制戒毒所及拘留所办公家具及服务采购项目（以下简称“该项目”）发布招标公告。2017 年 9 月 12 日，广东某公司报名参与该项目。

江西某公司向惠东县公共资源交易中心递交《质疑书》，对招标文件第 68 页商务技术评审表:序号 2 内容提出质疑，认为该条评分细则得分设置没有量化细化。2017 年 9 月 20 日，惠东县公安局作出答复，认为该评分标准并未违背政府采购相关法律法规和政策精神。

2017 年 10 月 9 日，江西某公司向惠东县财政局（以下简称“县财政局”）投诉招标文件第 68 页第 2 项商务技术评审表中关于售后免费更换服务（分值 8 分）的评分细则得分设置没有量化细化。2017 年 10 月 16 日，广东某公司接到该项目中标的通知。2017 年 11 月 20 日，县财政局作出投诉处理决定，认为该项目的招标文件的评分标准过于笼统，评审因素没有细化量化，违反了《政府采购法实施条例》第三十四条第四款的规定，属于违法行为，且该违法行为影响了采购的公正性，决定对该项目予以废标，责令重新开展采购活动。

---

1 案例来源：（2018）粤 1322 行初 64 号。

广东某公司收到上述处理决定后，向县政府提起行政复议。2018 年 1 月 23 日，县政府作出复议决定，决定维持惠东县财政局作出的投诉处理决定。

行政诉讼情况

广东某公司不服该复议决定，于 2018 年 4 月 18 日向广东省博罗县人民法院提起行政诉讼。

法院认为，该项目中标存在法律法规规定的废标的情形，故县财政局作出的决定并无不当。依照《行政诉讼法》第六十九条规定，判决驳回广东某公司的诉讼请求。

案例评析 CASE ANALYSIS

1. 采用综合评分法时，评标标准不能过分笼统

从实践来看，综合评分法是目前最常用的一种评标方法。本案中，由于采购人在编制采购文件时，规定评标方法为综合评分法。《政府采购法实施条例》在总结政府采购招标实践的基础上，对综合评分法进行规范，明确了综合评分法是指投标文件满足招标文件全部实质性要求且按评审因素的量化指标评审得分最高的供应商为中标候选人的评分方法。采用综合评分法时，评标标准中的分值设置应当与评审因素的量化指标相对应。

2. 评分标准的分值必须量化到区间

采用综合评分法时必须注意，评分标准的分值设置必须与评审因素的量化指标相对应。即：一是评审因素的指标必须是可以量化的，不能量化的指标不能作为评审因素；二是评审因素的指标量化后，评分标准的分值也必须量化，评审因素的指标量化为区间的，评分标准的分值也必须量化到区间。这个规定的核心要求是综合评分的因素应当尽量量化为客观分，减少主观分的比值，最大限度地限制评标委员会在评标中的自由裁量权。由于该案中存在评审标准中的分值设置与评审因素的量化指标不对应的问题，因此被责令废标、重新开展采购活动的处理是合适的。

三、对评审因素的争议

《政府采购法实施条例》第三十四条规定："政府采购招标评标方法分为最低评标价法和综合评分法。最低评标价法，是指投标文件满足招标文件全部实质性要求且投标报价最低的供应商为中标候选人的评标方法。综合评分法，是指投标文件满足招标文件全部实质性要求且按照评审因素的量化指标评审得分最高的供应商为中标候选人的评标方法。技术、服务等标准统一的货物和服务项目，应当采用最低评标价法……"

"财政部令第87号"第五十五条规定："综合评分法，是指投标文件满足招标文件全部实质性要求，且按照评审因素的量化指标评审得分最高的投标人为中标候选人的评标方法……"可见，最低评标价法中没有评审因素的设定问题，综合评标法中评审因素是一个核心问题。评审因素，是指政府采购采用综合评分法时，用于评审（评标）打分的价格、商务、技术、服务等方面的具体内容。评审因素的设定，是政府采购争议的热点问题之一。评审因素一般包括价格、商务、技术和服务四部分内容，设定哪些条件，反映了采购人的需求重点。特别是哪些条件能够设定为评审因素，哪些条件不能设定为评审因素，把握也很难，导致争议层出不穷，甚至形成对供应商的差别待遇或歧视待遇而被责令重新开展采购活动。

财政部"指导性案例22号:C大学游泳馆泳池设备采购项目投诉案"[1]中，国家公共信用信息中心回函表示，"信用中国"网站公示的是有关部门认定的守信联合激励对象名单，简称"红名单"。相关信息包括海关高级认证企业名单、纳税信用A级纳税人名单、2018年公路水运工程建设领域守信典型企业名单，分别由海关总署、税务总局、交通运输部提供。财政部认为，将"信用中国"守信红名单作为评审因素没有相关法律法规依据，且名单中包含纳税信用A级纳税人等相关信息，与供应商经营年限及经营范围等挂钩，与《中小企业促进法》第四十条第三款、《政府采购法》第二十二条第二款的规定不符。处理结果为，根据《政府采购质疑和投诉办法》（财政部令第94号）第三十一条第（一）项的规定，投诉事项成立，责令重新开展采购活动。

在评审因素设定问题上容易产生争议的有：

1．有关评审因素是否量化细化的争议

《政府采购法实施条例》第三十四条第四款规定："采用综合评分法的，评审标准中的分值设置应当与评审因素的量化指标相对应。"但是，在实践中经常出现违反上述规定的情形，有的评审因素不量化，有的即使量化了也不能对评审标准中的分值设置一一对应。

财政部"指导性案例27号：M中心防吸附气体采样袋及附件采购项目投诉案"[2]中认为，采用综合评分法的，评审标准中的分值设置应当与评审因素的量化指标相对应，不应采用横向比较等方式进行评审。除价格以外的评审因素均应按照投标文件对招标文件的响应情况打分，而非通过投标文件之间的比较进行打分。该项目评审因素"安全措施""样品"和"售后服务"采用横向比较各投标文件的方式进行打分，属于《政府采购法实施条例》第六十八条第（七）项规定的"采用综合评分法时评审标准中的分值设置未与评审因素的

---

1 《指导性案例22号——C大学游泳馆泳池设备采购项目投诉案》，载 http://www.cgpnews.cn/articles/50928，最后访问日期：2020年6月21日。

2 《指导性案例27号——M中心防吸附气体采样袋及附件采购项目投诉案》，载 http://www.cgpnews.cn/articles/51296，最后访问日期：2020年6月21日。

量化指标相对应”的情形。

【案例 32[1]】“优良中差”能成为评审标准中的分值设置与评审因素的量化指标相对应的内容吗

关 键 词：评审标准/评审因素/量化指标/优良中差

案例要点：可以量化的指标才能列入评审因素，评审因素在细化和量化时，不宜使用优良中差等没有明确判断标准、容易引起歧义的表述。评审因素的指标量化为区间的，评审标准的分值也必须量化到区间，且相互对应。

案情简介

某政府采购项目的采购文件的“售后服务方案”评分项分值为5分，其中：第1点评分项，对售后服务响应、应急服务响应、服务体系、备品备件等进行综合评比（以服务响应到达现场时间作为重要指标）优4分，良3分，中2~1分，差0分；第2点评分项规定，在项目所在城市，有投标人的工商注册公司或分支机构1分，否0分。经审核，中标人“售后服务方案”评分项得分为5分，中标人的投标文件中提供了与东莞某公司签订的售后服务委托协议，作为该项目的售后服务机构。

中标人提供材料称，中标人与东莞某公司长期经营合作，并在东莞某公司成立由中标人技术人员驻守的办事机构，驻守工作人员的管理及工资全部由中标人负责，并随函附有相关社会保险参保证明。经调查，通过国家企业信用信息公示系统查询显示，中标人的“分支机构信息”栏为“暂无分支机构信息”；东莞某公司为经工商登记注册的独立法人，有关工商登记信息未显示其为中标人分支机构，东莞某公司与中标人并无隶属关系。

该项目于2017年5月27日组织开评标，中标人于2017年5月22日才与东莞某公司签订售后服务委托协议，中标人提供社会保险参保证明不能证明中标人与东莞某公司存在从属关系。综上所述，中标人所提交材料自称在东莞某公司成立办事机构属于分支机构的观点，财政部门不予支持。

另查明，其他通过资格性和符合性审查的6家投标人有部分提供了项目所在地的分支机构相关证明材料，有部分未提供项目所在地的分支机构相关证明材料。“售后服务方案”第2点评分项为客观分，但评审报告的“商务部分评分表”中没有分列“售后服务方案”2个评分项，且该项评分存在不一致的情形，无法区分除中标人外其他各投标人的上述2个评分项的具体得分，此外，“售后服务方案”第1项评分项已明确了优、良、中和差4档，

---

1 案例来源：粤财采决〔2017〕20号。

但在“中”档中又设置了“2~1 分”的分值区间。

财政部门认为，采购文件明确将“售后服务方案”评分项中的售后服务综合评比和投标人在项目所在地的工商注册公司或分支机构作为 2 项评审因素，但实际评审中未进行分项评分。此外，售后服务综合评比评审标准设置了分值区间，但没有与设置的评审因素的量化指标相对应，违反了《政府采购法实施条例》第三十四条“采用综合评分法的，评审标准中的分值设置应当与评审因素的量化指标相对应”的规定。上述表明，该项目存在采购文件影响或者可能影响中标、成交结果的情形。

案例评析 CASE ANALYSIS

根据《政府采购法实施条例》及相关法律法规的规定，一方面，评审因素的指标应当是可以量化的，不能量化的指标不能作为评审因素，评审因素在细化和量化时，一般不宜使用优良中差等没有明确判断标准、容易引起歧义的表述；另一方面，评审标准的分值应当量化，评审因素的指标量化为区间的，评审标准的分值也必须量化到区间。本案中，招标文件中售后服务综合评比评审标准设置了分值区间，但没有与设置的评审因素的量化指标相对应，不符合法律规定。

2. 有关评审因素是否属于投标人的规模条件的争议

“财政部令第 87 号”第十七条规定:“采购人、采购代理机构不得将投标人的注册资本、资产总额、营业收入、从业人员、利润、纳税额等规模条件作为资格要求或者评审因素,……”注册资本，是指在公司登记机关登记的全体股东认缴的出资额。资产总额，是指企业拥有或控制的全部资产，包括流动资产、长期投资、固定资产、无形及递延资产、其他长期资产等，即为企业资产负债表的资产总计项，其显示的是企业过去的交易、事项形成并由企业拥有或控制的资源。营业收入，是指企业从事主营业务或其他业务所取得的收入，其显示在一定时期内，销售商品提供劳务、让渡资产使用权等日常经营业务过程中所获得的货币收入，分为主营业务收入和其他业务收入。从业人员，是指在某单位工作并取得劳动报酬或经营收入的各类人员。利润，是指收入扣除成本价格和税金的余额，其本质是企业盈利的表现形式，是全体职工的劳动成绩。纳税额，是指企业按照税法的规定，向税务机关缴纳的税金数额。如果用上述“六大规模条件”的大小、高低,来衡量供应商的竞争力大小、货物服务质量的高低，就会明显歧视中小企业，削弱了他们的竞争力，甚至还会造成许多中小企业丧失了参加政府采购活动的机会。

一般来说，在招标活动中，仍然将上述“六大规模条件”作为评审因素的微乎其微，但对于"六大规模条件"之外的条件，哪些是规模条件，哪些不是规模条件？对于尽管不是企业的规模条件，如合同业绩数额等，但该评审因素与规模条件是否密切相关？对于投入项目资金数额、纳税额、参与项目的人员数量，等等，是否属于投标人的规模条件？经常会有不同的看法。

【案例 33[1]】投入生产人员情况的评审因素，是否属于投标人的规模条件

关 键 词：评审因素 / 投入生产人员 / 规模条件 / 按时完工 / 采购需求

案例要点：投入生产人员情况的评审因素，不属于投标人的规模条件，是采购人为确保按时完工的采购需求的合理考虑。

案情简介

投诉人对某政府采购项目投诉称：招标文件第 29 页"根据各投标人的投入生产人员的数量情况进行比较：每提供一人得 0.2 分，最高分得 2 分；不提供或不按要求提供的不得分：[提供由社保机构或税务部门出具的在本项目投标截止日前连续 6 个月以上投入人员的：《投保单》或《社会保险参保人员缴费证明》或单位代缴个人所得税税单的复印件。（投标人须在证明资料中明确标识出对应的人员）]"评分细则内容。投诉人认为招标文件的评分方式用投标人投入生产人员的数量情况进行比较打分，是对企业的从业人员数量进行评审内容，属于"财政部 87 号令"第十七条"采购人、采购代理机构不得将投标人的注册资本金、资产总额、营业收入、利润纳税额等规模条件作为资格要求或者评审因素"的禁止情形。招标文件、质疑函答复内容中认为对投标人投入生产人员数量情况进行评审，又要求提供《投保单》或《社会保险参保人员缴费证明》或单位代缴个人所得税税单的复印件作为评审得分的依据，其实是《政府采购法实施条例》第十七条"参加政府采购活动的供应商应当具备政府采购法第二十二条第一款规定的条件，提供下列材料：……（二）财务状况报告，依法缴纳税收和社会保障资金的相关材料"的资格条件，是审查投标人是否具备参加政府采购活动的内容，作为评审因素是违法、违规行为。

采购人认为，投诉人对相关法律条文的概念理解及解析有误。《政府采购法》第二十二条、《政府采购法实施条例》第十七条仅仅是明确供应商应具备独立承担民事责任、依法纳税等合法主体的资格条件，此条评分项的设定意在将供应商的技术生产能力及按时完成项目的履约能力考虑在内，并作为评比内容，并不违法。此条评分项的设定，意在确保项目在依法依规的前提下，能高效完成。本项目要求 30 个自然日内一并完成大批量的窗帘、

1 案例来源：穗财采〔2019〕35 号。

医用隔离帘、老人床上用品的交货验收和安装调试，确保项目按时完成，通过比较各投标人投入项目的生产人员，以考核投标人是否具有足够的生产效率。

采购代理机构认为：(1) 本项目招标文件商务评审项“投标人投入生产人员情况”的设置，是关于投标人投入本次采购项目生产人员数量的评审，有别于投标单位的从业人员数量。该评审因素也未违反“财政部87号令”第十七条规定。(2) 本项目招标文件用户需求书要求中标后须送交货物成品样品征得采购人确认后方可按样生产，且自接到采购人通知起30个自然日内完成大批量窗帘(415套)医用隔离帘(297套)、老人床上用品(297套)的交货验收和安装调试，投标人投入生产人员数量对上述工作内容能否按时完成起到关键作用。对投标人投入生产人员数量情况进行考量，考核能否按时完成交货任务，也符合“财政部87号令”第五十五条规定。(3)该评审因素要求投标人提供投入本项目的生产人员“《投保单》或《社会保险参保人员缴费证明》或单位代缴个人所得税税单”作为生产人员是投标单位职员的证明材料，是为了确保劳动者与投标单位之间存合法的劳动关系，保障项目能够顺利实施，不同于《政府采购法实施条例》第十七条规定的要求供应商提交的企业的财务状况报告、依法缴纳税收和社会保险相关材料。

财政部门认为：(1) 关于是否存在将投标人的从业人员规模作为评审因素的问题。《政府采购货物和服务招标投标管理办法》(财政部令第87号)第十七条规定的“从业人员”是指潜在供应商的员工数量规模。本项目招标文件第29页“5. 投标人投入生产人员情况”，并要求投标人在证明资料中标识出投入生产对应的人员，此处是对投入本项目生产人员数量的评审，不同于对投标人的从业人员规模进行比较，不违反《政府采购货物和服务招标投标管理办法》(财政部令第87号)第十七条的规定，且招标文件中规定“每提供一人得0.2分，最高分得2分”，也即投入10个人即可获得最高分，因此也不存在排斥小微企业的情形。且本项目需要中标供应商自接到采购人通知起30个自然日内完成大批量窗帘(415套)医用隔离帘(297套)、老人床上用品(297套)的交货验收和安装调试，采购人为确保按时完工的采购需求角度考虑，对投标人投入项目的生产人员数量进行比较打分并无不妥。(2) 关于是否存在将资格条件作为评审因素的问题。经查，招标文件第4页规定“供应商的资格”包含了“提供2018年任意一个月的依法缴纳税收的证明复印件”“提供2018年任意一个月的依法缴纳社会保险的证明复印件”，此处是根据《政府采购法》第二十二条对潜在供应商作为法人主体参加政府采购活动的基本要求，而第29页评审“投标人投入生产人员情况”是将“提供由社保机构或税务部门出具的在本项目投标截止日前连续6个月以上投入人员的：《投保单》或《社会保险参保人员缴费证明》或单位代缴个人所得税税单的复印件(投标人须在证明资料中明确标识出对应的人员)”作为评审因素，此处是对具体投入生产的人员缴纳个人所得税和社会保险的情况，是考核供应商与投入项目的生产人员相对合法稳定的劳动关系。上述两处规定虽均涉及纳税和社会保险，但考核的时间、主体、内容不相同，投诉人认为招标文件存在将资格条件作为评审因素的观点缺乏事实和法律依据。因此，投诉人此项投诉，财政部门不予支持。

案例评析

CASE ANALYSIS

政府采购法律法规禁止将投标人的规模条件作为资格要求和评审因素，但投标人投入采购项目的生产人员情况与投标人的从业人员规模，这两个概念不同。投入采购项目的生产人员数量，是采购人为确保按时完工的采购需求的合理考虑。本案中，招标人对具体投入生产的人员缴纳个人所得税和社会保险的情况进行审核，并要求在证明资料中标识出投入生产对应的人员，是对投入采购项目生产人员数量的评审，考核供应商与投入项目的生产人员相对合法稳定的劳动关系，因此招标文件中规定对投标人投入项目的生产人员数量进行评审不违反法律法规规定。

3．对评审因素的设定与投标人所提供货物服务的质量无关的争议

"财政部令第 87 号"第五十五条规定："……评审因素的设定应当与投标人所提供货物服务的质量相关，包括投标报价、技术或者服务水平、履约能力、售后服务等……"设定的评审因素如果与投标人所提供货物服务的质量相关了，通过对评审因素的比较，就能够区分供应商竞争力的强弱、货物服务质量的优劣。但是有的招标文件设定的评审因素与货物服务质量无关，有的以供应商成立时间、货物服务的市场占有率、所投产品的知名度、投标文件的制作水平与装订质量等，这些因素都属于供应商及其投标文件表面印象，不能反映供应商及其投标本身内在的优劣。在实践中，甚至还有招标文件中所规定的评审因素与货物服务的质量风马牛不相及的现象。

【案例 34[1]】投标文件的质量能否作为评审因素

关 键 词：投标文件质量 / 与货物服务质量无关

案例要点：投标文件的质量体现的是投标文件制作的客观水平，与投标人所提供货物服务的质量无关，不能作为评审因素。

案情简介

投诉人称，投标文件制作的规范性、完整性是由投标公司的主观和客观原因造成的，

1 参见 http://czju.suzhou.gov.cn/zfcg/html/content/20190228111749123.shtml，最后访问日期：2020 年 6 月 20 日。

体现出来的就是投标文件的制作水平。评标委员会按照评分标准对应的主观分、客观分评定后，再次对整个文件的完整性、规范性评分，不仅存在重复，还存在与采购需求无关的客观事实。

经核实，招标文件 P20“17. 投标文件编制要求”中明确提出对投标文件的制作要求。财政部门认为，评分项“投标文件规范性、完整性”内容属于投标文件制作的客观事实，与投标人所提供货物服务的质量无关，不符合《政府采购货物和服务招标投标管理办法》第五十五条第二款的规定。该投诉事项成立。

案例评析 CASE ANALYSIS

投标文件制作的规范性和完整性内容属于投标文件制作的客观水平，与投标人所提供货物服务的质量无关，采购人不得将其列入招标文件的评审因素中。

4．对资格条件作为评审因素的争议

“财政部令第 87 号”第五十五条第二款规定，资格条件不得作为评审因素。这是指已经在招标的资格预审环节作为投标资格的各个条件，或者在招标文件中作为投标资格的各个条件，不得再在评标环节作为评标（评审）因素。这一规定是与《招标投标法》的相关规定不同的，应当引起注意。由于需要使用综合评分法进行评审的项目与通用类货物、服务不同，其专业要求较强、技术较为复杂，这就决定了这类项目在招标时不能只考虑投标人的基本资格条件和投标价格，而必须综合考量投标人的产品性能、专业设备、技术水平、商务服务等方面的综合实力，以选择最大限度满足招标项目要求的货物、服务供应商。

一些采购人及采购代理机构认为，评审因素里将投标人最基本的资格条件要求列为加分条件，能满足报名条件的投标人都能满足加分条件，没有任何倾向性，这种认识是错误的，可能会成为部分供应商质疑、投诉的争议要点。

【案例 35[1]】能否将投标人服务于本项目的工程师证书数量纳入评审因素

关 键 词：评审因素 / 投标人服务于本项目的工程师证书数量 / 资格条件 / 责令采购人、代理机构限期整改

1　案例来源：http://www.ccgp-sichuan.gov.cn/view/staticpags/tscl/402886876aafd3e6016ad38b2f093c3d.html，最后访问日期：2020 年 6 月 20 日。

案例要点：采购人将投标人服务于本项目的工程师证书数量纳入评审因素不合理，财政部门应责令其限期整改。

案情简介

某政府采购项目投诉事项：投标人服务于本项目的工程师证书数量作为评审因素。

采购人对投诉事项的说明：招标文件中要求的是服务于本项目的工程师人数，并是不指公司工程师人数等规模性事项，要求证书只是为了证明该工程师具有的专业水平，并不是为了形成差别对待。投诉人对本项的投诉没有事实根据。

采购代理机构对投诉事项的说明：招标文件评分表设定只是将服务于本项目的工程师证书数量作为评审因素，并非将投标人单位具有多少人满足本项目的要求设置为评审因素。而投诉项目本身的设备要求就需要专业的工程师作为技术支撑，才能够安全有效的完成项目的安装及后期维护。为了项目能够更加安全的实施，采购人针对投诉项目要求投标人服务于本项目工程师的服务人员做加分要求并未违反相关法律法规。且该项的设置属于与供应商履约能力相关的一些要求，并未阻挠和限制中小企业自由进入本地区和本行业的政府采购市场，并未违反《政府采购促进中小企业发展暂行办法》的相关规定。

经调查，财政部门对投诉事项做出如下认定：招标文件第四章第一条 1.1 项（5）投标人须提供依法缴纳税收和社会保障资金的承诺函原件（格式 15）或者近三个月依法缴纳税收和社会保障资金的证明材料复印件作为投标人资格条件，而招标文件第七章 4.3.3 综合评分明细表第 3 项履约能力第 2 款“投标人提供服务于本项目技术人员的工程师证书：工程师数量：6 个及以上的得 3 分；工程师数量：3~5 个的得 2 分；工程师数量：1~2 个的得 1 分；此项最多得 3 分，未提供不得分。

财政部门认定：采购人将服务于本项目工程师社保证明纳入了评分因素，违反了《政府采购货物和服务招标投标管理办法》（财政部令 87 号）第五十五条第二款“资格条件不得作为评审因素”的规定。因此投诉人的投诉事项成立。

案例评析 CASE ANALYSIS

采购人将投标人服务于本项目的工程师证书数量等资格条件作为评审因素，违反了“财政部令第 87 号”的第五十五条第二款的规定，财政部门应责令采购人、代理机构限期整改。

5．有关评审因素细化和量化及与相应的商务条件和采购需求对应的争议

根据《政府采购法实施条例》第六十八条第（七）项规定，采用综合评分法时评审标

准中的分值设置未与评审因素的量化指标相对应的，对采购人、采购代理机构依照《政府采购法》第七十一条、第七十八条的规定追究法律责任。《政府采购货物和服务招标投标管理办法》（财政部令第87号）第五十五条第三款规定："评审因素应当细化和量化，且与相应的商务条件和采购需求对应。商务条件和采购需求指标有区间规定的，评审因素应当量化到相应区间，并设置各区间对应的不同分值。"根据上述规定，我们可以得出这样的结论：一是评审因素应当细化和量化，即评审的具体指标应当是明确的、没有歧义的，如投标人业绩的定义、业绩的种类、业绩的内容、业绩的形式、业绩实施的年限、业绩实施的主体、业绩的证明材料等，作出明确、具体的规定，才能让评标委员会在认定业绩时不出现错误理解或者出现不同的理解。二是评审因素应与商务条件和采购需求对应，即评审因素的设定，要与用于评审打分的投标报价、技术或者服务水平、履约能力、售后服务等方面的具体内容相对应。三是商务条件和采购需求指标有区间规定的，评审因素应当量化到相应区间，并设置各区间对应的不同分值，即对于可以量化的技术参数、业绩数量等评审因素，要与商务条件和采购需求指标相对应，并量化到相应区间并分别设置对应的分值。对于评审因素中需要依据评审专家主观判断作出评审得分的，也应量化到相应的区间。财政部"指导案例9号：×× 仓库资格招标项目投诉案"[1]中认为，在政府采购评审中采取综合评分法的，评审标准中的分值设置应当与评审因素的量化指标相对应。一方面，评审因素的指标应当是可以量化的，不能量化的指标不能作为评审因素。评审因素在细化和量化时，一般不宜使用"优""良""中""一般"等没有明确判断标准、容易引起歧义的表述。另一方面，评审标准的分值也应当量化，评审因素的指标量化为区间的，评审标准的分值也必须量化到区间。评审标准中的分值设置与评审因素的量化指标不对应的，应当根据《政府采购法》第三十六条、《政府采购供应商投诉处理办法》（财政部令第20号）第十九条的规定予以处理。即责令采购人废标，重新开展采购活动。

【案例36[2]】招标文件评审分值与评审因素不对应是否合理

关 键 词：评审因素/评审分值/责令限期改正

案例要点：评审分值与评审因素不对应，应属违法行为，财政部门应责令采购人限期改正。

1 《指导案例9号：XX仓库资格招标项目投诉案》，载 http://www.ccgp.gov.cn/aljd/201711/t20171120_9188199.htm，最后访问日期：2020年6月20日。

2 案例来源：http://www.ccgp-sichuan.gov.cn/view/staticpags/tscl/402886876aafd3e6016ad38b2f093c3d.html，最后访问日期：2020年6月20日。

案情简介

某政府采购项目投诉事项：评审分值与评审因素不对应。

采购人对投诉事项的说明：招标文件中评分分值与评审因素已经细化和量化，且与相应的商务条件和采购需求相对应；针对招标文件规定技术分值 50 分，但“Δ”和非“Δ”条件的总扣分值达 132 分的问题，招标文件明确规定技术分值扣完为止。投诉人对本项的投诉没有事实根据。

采购代理机构对投诉事项的说明：投诉项目中评分表技术指标的设置是严格按照四川省财政厅关于印发《四川省政府采购货物项目招标文件范本》的通知执行，根据项目的特点在有利于项目实施的情况下进行调整。其中该项设置要求是所投产品技术参数完全满足招标文件项目清单及参数要求的，得基本分 50 分。每有 1 项技术指标、参数不满足招标文件中加“△”号部分技术参数及要求的，每项扣 5 分；每有 1 项技术指标、参数不满足招标文件中未加“△”号部分技术参数及要求的，每项扣 2 分，扣完基本分 50 分为止。该项已经设置基本分 50 分，而且明确写明扣完基本分为止，所以该项已经设置最高得分及最低得分。

针对每一项技术参数不满足将进行扣分的要求已经进行细化量化，且具体参数的扣分要求已经明确。投诉项目中针对该项的设置与相应的商务条件和采购需求是相对应的，并未违反《政府采购货物和服务招标投标管理办法》（财政部令第 87 号）的相关规定。

财政部门对投诉事项认定：招标文件第七章 4.3.3 综合评分明细表“所投产品技术参数完全满足招标文件项目清单及参数要求的，得基本分 50 分。每有 1 项技术指标、参数不满足招标文件中加‘△’号部分技术参数及要求的，每项扣 5 分；每有 1 项技术指标、参数不满足招标文件中未加‘△’号部分技术参数及要求的，每项扣 2 分，扣完基本分 50 分为止”。从招标文件要求看，“△”条件有 12 处，小计 60 分，非“△”条件 36 处，小计 72 分。招标文件规定技术分值 50 分，但“△”和非“△”条件的总扣分值达 132 分。由此，财政部门认定：采购人招标文件评分标准的设置未与招标产品的具体技术参数相对应，违反了《政府采购法实施条例》第三十四条第四款“采用综合评分法的，评审标准中的分值设置应当与评审因素量化指标相对应”及《政府采购货物和服务招标投标管理办法》（财政部令第 87 号）第五十五条第三款“评审因素应当细化和量化，且与相应的商务条件和采购需求相对应。商务条件和采购需求指标有区间规定的，评审因素应当量化到相应区间，并设置各区间对应的不同分值”的规定。因此投诉人的该投诉事项成立。

案例评析 CASE ANALYSIS

采购人招标文件评分标准的设置未与招标产品的具体技术参数相对应的，违法《政府采购法实施条例》第三十四条第四款的规定，财政部门应责令其限期改正。本案中，采购人采用综合评分法，在招标文件中规定技术分值 50 分，但“△”和非“△”条件的总扣分值达 132 分，设置的评分标准与招标产品的具体技术参数并未对应，此应属违法情形。

6．有关价格分值的争议

在政府采购中，投标报价得分采用低价优先法，即在满足采购需求的前提下，投标价格越低越好。2007 年 1 月，财政部发布《关于加强政府采购货物和服务项目价格评审管理的通知》（财库〔2007〕2 号）第一条“充分认识价格评审的重要性”中指出：“价格是政府采购货物和服务项目评审的重要因素，是评价采购资金使用效益的关键性指标之一”，“在满足需求的情况下，坚持低价优先、物美价廉的原则”。坚持低价优先，在价格分值的设置上，就要将价格分值占总分值的比重予以提高。由于投标价格低，不能保证技术方案先进，不能保证货物服务质量高，因此在综合评分法中，也要考虑到其他评审因素的分值比例，给采购人、采购代理机构一个合理的选择空间。“财政部令第 87 号”第五十五条第五款规定：“货物项目的价格分值占总分值的比重不得低于 30%；服务项目的价格分值占总分值的比重不得低于 10%。执行国家统一定价标准和采用固定价格采购的项目，其价格不列为评审因素。”但是，在实践中，经常出现的是采购人、采购代理机构尽量压低价格分值的比例，容易引起争议。如果在上述规定最低值以上，还在采购人、采购代理机构的选择权范围之内；如果低于上述最低值，则毫无疑问属于违规行为。现在经常出现的是，有的服务采购项目中包括货物采购的项目，采购人以采购项目无法确定，按照有利于采购项目实施的原则确定为服务采购，从而达到降低价格分值占总分值的比重的目的。这种现象应当引起注意，以防范法律风险。

【案例 37[1]】评分标准中货物项目的价格分值占总分值的比重低于 30% 的，是否合法

关 键 词：评分标准 / 价格分值 / 占总分值的比重

案例要点：招标文件评分标准中货物项目的价格分值占总分值的比重低于 30% 的，财政部门应责令采购人及其代理机构限期整改。

1 案例来源：http://czt.hunan.gov.cn/xxgk/xzcf/xzcfjdwsgk/201802/t20180213_4957313.html，最后访问日期：2020 年 6 月 20 日。

案情简介

根据《财政部关于2017年开展全国政府采购代理机构监督检查工作的通知》要求，湖南省财政厅派出检查组对某公司2016年代理的湖南省蔬菜研究所温室大棚政府采购项目进行了监督检查。检查组于2017年11月22日作出了检查报告，根据《政府采购法》和《政府采购法实施条例》的规定，检查中查明的问题和湖南省财政厅的处罚决定如下：

1．查明的问题

……

（3）价格分权值设置不合规

在湖南省蔬菜研究所温室大棚项目中，采购对象为货物，其评标方法为综合评分法，评分标准中价格分值占总分值25%，低于《政府采购货物和服务招标投标管理办法》（财政部令第18号）规定的“采用综合评分法的，货物项目的价格分值占总分值的比重（即权值）为百分之三十至百分之六十”。

上述问题违反了《政府采购货物和服务招标投标管理办法》（第18号令）第五十二条第四款“采用综合评分法的，货物项目的价格分值占总分值的比重（即权值）为百分之三十至百分之六十；服务项目的价格分值占总分值的比重（即权值）为百分之十至百分之三十……”的规定。

……

对于上述第（3）～（6）的问题，某公司应认真进行整改，严格遵守《政府采购法》《政府采购法实施条例》以及政府采购相关规定，严格按照政府采购工作流程，进一步加强内部控制管理，明确内部各部门、各岗位的工作职责，建立健全内部部门之间，相关业务、环节和岗位之间相互监督制约制衡机制，强化对关键环节、关键岗位和重大风险事项管理，提高政府采购代理专业水平。

案例评析 CASE ANALYSIS

政府采购货物采用综合评分方法的，除执行统一价格标准的服务项目外，采购人或其委托的采购代理机构应当依法合理设置价格分值，评分标准中价格分值占总分值的比重低于百分之三十的，财政部门应责令其限期整改。

CHAPTER 03

第三章

对投标活动的争议事项

政府采购中的投标，是指供应商响应采购人或者采购代理机构的招标公告或者邀请，根据招标公告或投标邀请书所规定的条件，在规定的期限内递交投标文件的行为。投标一般是由投标人先取得招标文件，经分析研究后编制投标文件。投标文件中的权利义务必须十分明确，在有效期内不得撤回、变更或修改。投标，在法律上实质上是一项要约，发出要约的一方称要约人，接受要约的一方称受要约人。这里的要约，是指投标人以中标并缔结政府采购合同为目的，向采购人提出合同条件，希望采购人接受的意思表示。投标虽然是各个投标人的各自单方行为，但是，从纵向看，与采购人或者采购代理机构有互动；从横向看，与其他投标人有竞争。容易引起各种争议。

第一节 对投标人的争议

"财政部令第 87 号"第三十条规定，投标人是指响应招标、参加投标竞争的法人、其他组织或者自然人。在政府采购投标活动中，对投标人的争议主要有：

一、对投标人公章的争议

企业在从事经营活动中作出意思表示时，经常会使用公章。根据国务院《关于国家行政机关和企业事业单位社会团体印章管理的规定》（国发〔1999〕25 号）第十五条、第二十二条、第二十三条、第二十五条、第二十六条规定，企业事业单位、社会团体印章所刊名称，应为法定名称；其他专用印章（包括经济合同章、财务专用章等），在名称、式样上应与单位正式印章有所区别，经本单位领导批准后可以刻制；刻制印章，应到当地公安机关指定的刻章单位刻制；未经本单位领导批准，不得擅自使用单位印章；对伪造印章或使用伪造印章者，要依照国家有关法规查处。在政府采购活动中，对投标人公章的问题经常产生争议的是，供应商投标时全部或者部分盖章处未用法定名称的印章而是用经济合同章、投标专用章、财务专用章或者单位内设机构公章，该投标文件是否有效。如果招标文件有要求明确，争议则会少一点，如果要求不明确，就会有各种不同看法。

在投标活动中，冒用其他单位投标的情形确实时有发生。如果未中标，被冒用的单位往往也不会知晓；如果中标了，被冒用的单位往往也乐于接受，与冒用者达成某种默契，各有所得。由于不少供应商事实上存在几枚公章的现象，发生争议时有时很难认定。

【案例 38[1]】质疑、投诉供应商投标文件中的公章虚假，应如何处理

关 键 词：投标人 / 公章虚假 / 投标效力

案例要点：只要投标文件中的公章是真实的，就能代表供应商投标。答复质疑、处理投诉时，对投标文件中公章的审查一般仅是形式审查，质疑人或者投诉人没有任何证据，对其他供应商投标文件提出异议的，不能认定该异议成立。

案情简介

2006 年 1 月 20 日，江苏省政府采购中心（以下简称“采购中心”）受采购人委托，组织对家具项目公开招标。此次招标共分三个包，经专家评审，三个包的第一中标候选人均为 S 公司，第二中标候选人为 H 公司。2006 年 1 月 25 日，第二中标候选人 H 公司提出质疑，认为第一中标候选人 S 公司的资质有问题，说 S 公司所提供的北京某公司公章并非真的，并提供了有关证明文件。调查中，S 公司称是与北京某公司联合投标，但北京某公司却否认此事。不过，在得知 S 公司中标后，北京某公司又发来签字盖章的书面函件，承认与 S 公司联合投标。采购中心再次组织评标委员会对 S 公司的投标文件进行审查。评标委员会审查后认为，S 公司中标资质不合格，决定取消其中标候选人资格，第二中标候选人 H 公司为第一中标候选人。

2006 年 3 月 13 日和 14 日，S 公司又反过来质疑 H 公司和另一投标人 J 公司。质疑

1 案例来源：（2006）宁行初字第 34 号。

的主要内容是：（1）H公司公章存在虚假情况；（2）H公司和J公司同一地址、同一电话，存在围标串标行为。采购中心在法定期限内答复S公司，S公司对质疑答复不满意，于2006年3月31日，S公司向江苏省财政厅投诉。收到投诉函后，该厅立即依法分别向采购代理机构、H公司进行调查取证，并先后到工商部门、公安部门核实情况。2006年5月16日，该省财政厅作出投诉决定：（1）H公司在投标文件、质疑函上使用的公章与其在工商局登记备案的公章一致。（2）S公司投诉H公司与J公司同一地址、同一电话等问题缺乏事实依据。

随后，S公司向南京市中级人民法院提起行政诉讼，要求撤消省财政厅2006年5月16日作出的投诉处理决定，重新作出投诉处理决定。2006年10月12日，经南京市中级人民法院判决，驳回S公司诉讼请求。S公司不服，又上诉到江苏省高级人民法院，2007年1月22日，省高院终审判决，驳回上诉，维持原判。

案例评析 CASE ANALYSIS

在政府采购活动中以及后续的质疑答复、投诉处理时，对投标文件中公章的审查一般仅是形式审查。对供应商相互之间对投标文件中的公章提出异议的，如果不能提供必要的证明材料或者调查线索，只是一口咬定对方公章虚假的，最好认定该质疑、投诉事项查无实据，而不宜从正面认定该公章真假的问题。否则，就会给自己增加举证的压力。

二、对投标人法定代表人签字是否真实的争议

在政府采购活动中，招标文件经常要求投标文件中必须有招标人的法定代表人签字，有时还将法定代表人签字作为实质性要求，规定无法定代表人签字的，投标无效。在这方面发生争议的经常有，对法定代表人未签字或者仅是盖章、法定代表人非本人签字而是他人代签，等等，在这样情形下，该投标文件是否有效？

【案例39[1]】投标人的法定代表人签字授权书是虚假的，该投标有效吗

关 键 词：投标人/法定代表人签字虚假/投标效力

案例要点：投标文件中法定代表人签字作为实质要求的，如果签字虚假则投标无效，该投标人不能认定为实质响应的供应商。

1 案例来源：（2016）鄂0923行初16号。

招标、质疑、投诉、复议情况

2016年6月12日，云梦县人民医院（以下简称“县医院”）委托湖北天喜工程咨询有限公司对安保部分服务项目（以下简称“该项目”）公开招标，云梦某保安公司为中标候选人。湖北某公司分别向云梦县财政局（以下简称“县财政局”）举报及向县医院提出质疑，并向县财政局以本次招标在资格审核不严谨，在业主未到场前，私自选出招标评委，云梦某保安公司法定代表人签字的授权委托书是假的为由进行投诉，县财政局、云梦县公共资源交易监督管理局（以下简称“县公管局”）受理该投诉后进行了调查。2016年8月22日，县医院向县财政局提出重新评审的申请，经重新审查和评标，认为云梦某保安公司授权委托书不是法定代表人签字，授权委托书无效，符合性审查不合格，评审认为符合招标文件的供应商不足三家，建议此次招标废标。

同月24日县财政局、县公管局召集县医院、云梦某保安公司、湖北某公司、湖北天喜工程咨询有限公司举行了质证会议，并作出投诉处理决定书，认为云梦某保安公司在此次投标中的行为属于招标文件第22.5条第（3）款“投标文件无法定代表人签字或签字人无法定代表人有效授权书的”规定的情形，属于没有实质性响应招标文件要求的行为，其投标无效。

由于此次招标活动仅有三家公司参入投标，且经评委会重新评审确认云梦某保安公司投标无效，故根据《政府采购法》第三十六条第一款、第三十七条的规定，决定此次招标活动应予废标，责令县医院重新开展采购活动。对涉嫌违法的有关供应商将依法另行处理。

湖北某公司对此决定不服，于2016年9月27日向孝感市人民政府申请行政复议，2016年11月21日孝感市人民政府作出行政复议决定，维持了县财政局、县公管局作出的投诉处理决定书。

原告诉求及观点

湖北某公司对此决定不服遂向湖北省云梦县人民法院提起诉讼称：本次招投标活动程序合法，不能随意撤销，云梦某保安公司投标无效不影响招投标活动及评标结果，应由排名第二候选人的我公司替补。请求判令依法撤销行政复议决定和投诉处理决定书中关于该项目废标的决定，确认该项目招标中，云梦某保安公司的投标无效，按照评标委员会推荐的中标候选人名单排序，依次确定第二候选人原告湖北某公司为中标人。

被告答辩及观点

县财政局及云梦县公共资源交易管理局辩称：县财政局作出的行政决定，事实清楚，证据充分，程序合法，适用法律正确，应当予以维持。原告湖北某公司请求确认其为中标人的主张不应支持。故请求驳回湖北某公司的诉讼请求。

孝感市人民政府辩称：答辩人有权作出行政复议决定，复议被申请人作出的认定事实清楚、证据确凿、适用依据正确、程序合法、内容适当，依法应当予以维持，原告提出的相关主张没有任何事实和法律依据。请求驳回原告湖北某公司的诉讼请求。

法院裁判及观点

该项目的招标采购活动中，云梦某保安公司提供虚假的法定代表人签字授权书，属签字人无法定代表人有效授权书，在评标委员会审查、评标时未即时查明，致使云梦某保安公司成为中标第一候选人。根据湖北某公司的投诉，县财政局、县公管局调查，确认云梦某保安公司提供的法定代表人签字授权书为虚假签字，属符合性审查不合格，依据招标文件 22.2“符合性检查是依据招标文件的规定，从投标文件的有效性……进行审查，以确定是否对招标文件的实质性要求作出响应”的规定，属没有实质性响应招标文件要求，根据招标文件 22.5“投标文件无法定代表人签字或签字人无法定代表人有效授权书的”的规定，云梦某保安公司投标无效。

另，由于本案招标活动仅有三家公司进行了投标登记，对招标文件作实质性响应只有两家公司，符合《政府采购法》第三十六条第一款第（一）项应予废标的规定，被告作出此次招标活动应予废标，责令县医院重新开展采购活动。对涉嫌违法的有关供应商将依法另行处理的决定证据确凿，适用法律、法规正确，符合法定程序。孝感市人民政府复议程序及实体处理合法。湖北某公司要求递补，没有法律依据，法院不予支持。是此，经合议庭评议，依照《行政诉讼法》第六十九条规定，判决如下：驳回湖北某公司的诉讼请求。

案例评析　CASE ANALYSIS

1. 投标文件中法定代表人签字作为实质要求的，如果签字虚假则投标无效

该项目招标文件规定，投标文件无法定代表人签字或签字人无法定代表人有效授权书的，属没有实质性响应招标文件要求，云梦某保安公司投标无效。

2. 法定代表人签字虚假的投标人不能认定为实质响应的供应商

云梦某保安公司法定代表人签字虚假的情形在符合性审查、评标时未及时查明，致使云梦某保安公司成为中标第一候选人。而该公司不能认定为实质响应的供应商，由于仅有 3 个供应商投标，对招标文件作实质性响应只有 2 个供应商，符合《政府采购法》第三十六条第一款第（一）项应予废标的规定。湖北某公司要求递补，没有法律依据。

第二节 对投标代表的争议

投标人可以是法人、其他组织或者自然人，除了法人的法定代表人、其他组织的负责人、自然人本人直接参加投标之外，都应当委托并授权投标代表参加。在政府采购中，法定代表人或者负责人直接去投标的并不多，投标代表参加招标投标活动的占绝大多数。投标代表一般由供应商的员工担任，其在投标活动中的行为代表供应商，其行为的法律后果由供应商承受。有的供应商对投标代表的行为，采取有选择的承认，对自己有利的就承认，对自己不利的就否认，供应商与投标代表之间也经常“周瑜打黄盖，一个愿打一个原挨”，由投标代表“包揽”责任。在财政部“指导案例 1 号：× × 监控系统采购项目投诉案”[1]中，财政部查明，S 公司投标文件中提供的所投产品的检验报告与检验报告出具单位提供的检验报告存档件的多项内容不一致，且不一致内容均为招标文件所要求的重要指标。对此，财政部依法启动了监督检查程序，审查终结后向 S 公司送达了《财政部行政处罚事项告知书》。对此，S 公司在法定期限内提出了听证申请，称其投标文件中提供的检验报告是其员工篡改的，属于个人行为，S 公司对此并不知情，且 S 公司已对相关责任人员进行了处理。财政部依法组织了听证会，经审查，认为 S 公司的辩解不成立，依法作出处罚决定。本案中，虽然 S 公司称其投标文件中提供的检验报告是其员工篡改的，属于个人行为，S 公司对此并不知情，且 S 公司已对相关责任人员进行了处理。但是，投标主体为 S 公司，投标文件盖有 S 公司的公章，其员工的投标行为代表公司。因此，S 公司的申辩理由不能成立。

在对投标代表争议的问题上，更多被注意的是：投标代表之间、投标代表与所代表的投标人之间、投标代表与其他投标人之间、投标代表与投标的其他品牌产品之间，经常会有若隐若现的关系。对于投标代表参加招标投标活动的，容易产生争议的有：

一、因有特殊财产关系、人身关系的数人，代表不同供应商，参加同一项目的招标投标活动而产生的争议

财产关系，指在法律上被确认的所有制关系。人身关系，指人们在社会生活中形成的具有人身属性，与主体的人身不可分离的、不是以经济利益而是以特定精神利益为内容的社会关系。有财产关系、人身关系的数人，特别是有特殊财产关系、人身关系的数人，分别代表不同的供应商，参加同一项目的招标投标活动，经常被其他投标人质疑、投诉。

---

1 《指导案例 1 号：XX 监控系统采购项目投诉案》，载 http：//www.ccgp.gov.cn/aljd/201711/t20171120_9187817.htm，最后访问日期：2020 年 6 月 20 日。

【案例40[1]】夫妻各代表不同公司，向同一政府采购项目投标，是否属于串通

关 键 词：夫妻关系/代表不同投标人投标/恶意串通

案例要点：法律虽未禁止夫妻代表不同公司投同一标的情形，但同时规定了恶意串通的概括性兜底条款。因夫妻作为人身利益、财产利益的共同体，不可排除串通的可能性，财政部门应调查取证。

招标、质疑、投诉情况

2016年7月，靖江市人民医院委托靖江市公共资源交易中心（以下简称“交易中心”）对医疗设备进行招标采购。南京某医疗器械公司、江苏某科技公司均参加了招投标。南京某医疗器械公司以第一名中标，江苏某科技公司列第二名。后因公示中标总价错误，该次投标作废标处理。2016年9月，交易中心受靖江市人民医院的委托，重新组织招投标，并发布招标公告。招标文件第46条之46.2约定：有下列情形之一的，视为供应商相互串通投标：46.2.2不同供应商委托同一单位或个人办理投标事宜。2016年9月28日，交易中心组织招投标项目的开标、评标工作，包含南京某医疗器械公司、江苏某科技公司在内的五家公司的法定代表人或授权代表参与该活动。2016年9月29日，交易中心发布公告公布江苏某科技公司预中标。

2016年10月10日，南京某医疗器械公司向某市财政局采购办公室、交易中心、靖江市人民医院提出质疑。质疑内容为：预中标人相互串通投标报价，排挤其他投标人的公平竞争，江苏某科技公司与另一家投标单位的投标代表系夫妻关系，且该两家公司为关联企业，存在串通投标行为。请求对涉案招投标项目重新评标并暂停采购活动。

2016年10月17日，交易中心就南京某医疗器械公司质疑作出回复：现无依据证明供应商之间存在直接控股、管理关联关系，无依据证明存在恶意串通情形。2016年10月30日，南京某医疗器械公司向某市财政局提交投诉书，投诉事项：江苏某科技公司、南京某贸易公司投标代表为夫妻关系，两公司亦存在利益关系，属同一利益集团。2016年11月15日，某市财政局作出涉案处理决定，驳回南京某医疗器械公司的投诉。

行政诉讼一审情况

南京某医疗器械公司对投诉处理决定不服，以某市财政局为被告，以交易中心、江苏某科技公司为第三人向江苏省泰州医药高新技术产业开发区人民法院提起诉讼。一审法院

1 案例来源：（2017）苏12行终194号。

认为，投诉书所列投诉事项既是财政部门启动行政处理程序的原因，也是行政处理的内容与范围，财政部门仅应当就投诉内容进行处理。对投诉人而言，质疑是投诉的前置程序，未经质疑的事项不能直接向财政部门投诉；但质疑事项并不直接、当然地成为投诉事项，投诉人质疑内容未作为投诉事项的，财政部门不应主动处理。据此，对处理决定内容评判如下：

某市财政局认为法律无明文禁止夫妻二人代表不同投标人参加同一招投标活动，本次招投标不存在串通投标行为，故驳回南京某医疗器械公司该项投诉。一审法院认为，某市财政局该项处理存在不当，理由如下：

1. 法律构成要件可以列举式及概括式的方法予以规定。《政府采购法实施条例》第七十四条在列举六项恶意串通行为之外，第七项亦概括规定："供应商与采购人或者采购代理机构之间、供应商相互之间，为谋求特定供应商中标、成交或者排斥其他供应商的其他串通行为。"因此，恶意串通投标行为，若未在法律明确列举的特定情形之中，仍需考察是否符合法律的概括规定。根据上列兜底条款，对投标人之间谋求中标或排斥特定投标人的联合行动均应认定为恶意串通投标的行为，故即使法律未明确禁止夫妻二人代表不同投标人参加同一招投标活动，并不当然可以排除存在串通投标的事实。

2. 招标文件第 46 条之 46.2 约定：有下列情形之一的，视为供应商相互串通投标：46.2.2 不同供应商委托同一单位或个人办理投标事宜。同一单位或个人因主体同一，在处理不同事务时存在认识与行动的一体化，故其代理不同投标人，得以推定不同投标人之间存在谋求中标或排斥特定投标人的联合行动。而夫妻关系以财产共有制为基础，系社会观念上最为普遍认同的利益趋同体，虽不属"同一单位或个人"之情形，却具有与"同一单位或个人"所高度一致的认识与行动上的一体性。虽然这一推定在实践中受夫妻感情状况、财产所有制情况等因素的影响，但该些因素应待投诉处理部门予以核查后再予具体判定，不宜据此直接否定夫妻关系在考量是否存在串通投标时的重要价值。某市财政局在处理投诉时有意忽略夫妻关系之事实，属对法律的理解与适用错误。

3. 政府采购通过招投标程序的公平竞价机制，尽可能地消除暗箱操作，公开透明地分配公共资源。财政部门处理招投标投诉时，对具体的投诉事项应结合投诉人的初步举证审慎开展调查，切实发挥招投标机制的作用，消除违法招标行为，维护正常的招投标秩序。经查明，南京某医疗器械公司在投诉书中表明江苏某科技公司、南京某贸易公司投标代表系夫妻，某市财政局已经知晓且未持异议；南京某医疗器械公司还初步阐述两公司之间的利害关系。而某市财政局仅就法律的解释与适用问题要求南京某医疗器械公司予以答复，并未就可能构成串通投标的关联事实向江苏某科技公司等展开必要的调查与核实，这一行为方式本身即有违调查为查明客观事实之目的，也当然导致事实无以查明。因此，某市财政局所作该处理决定认定事实不清，证据不足，应为违法。

综上所述，某市财政局针对南京某医疗器械公司投诉事项所作处理事实认定不清，适用法律错误，依法应予撤销，并责令其重新作出处理。交易中心未到庭参加诉讼，不影响本案的审理。据此，一审法院依照《行政诉讼法》第七十条之规定，判决撤销某市财政局投诉处理决定中针对南京某医疗器械公司投诉书中第三个投诉事项所作处理部分，责令某市财政局于判决生效后45日内针对南京某医疗器械公司投诉书中第三个投诉事项重新作出处理，驳回南京某医疗器械公司要求撤销某市财政局投诉处理决定中其他处理部分的诉讼请求。

行政诉讼二审情况

南京某医疗器械公司、某市财政局皆不服向泰州市中级人民法院提起上诉。

南京某医疗器械公司请求改判撤销投诉处理决定。

某市财政局上诉称，一审法院撤销对投诉事项处理决定不当，某市财政局已针对江苏某科技公司与南京某贸易公司是否为同一集团展开必要的调查，至于投标代表为夫妻关系是否导致存在串通投标的问题，某市财政局认为南京某医疗器械公司在投诉程序中未明确作为投诉事项，不属于投诉处理范围。一审法院的解释有违“法无禁止即自由”的法治精神。请求撤销一审判决，改判驳回南京某医疗器械公司要求撤销投诉处理决定的诉讼请求。

江苏某科技公司述称，一审判决错误地扩大化了法律对特殊身份关系构成串通行为的推定范围，错误地理解了政府采购投诉处理部门的权限及调查方式。某市财政局对本案的投诉处理行为符合法律规定。

二审法院裁判及观点

二审法院认为，关于江苏某科技公司与南京某贸易公司存在串通投标行为，南京某医疗器械公司在投诉中提出江苏某科技公司与南京某贸易公司串通投标的理由有二：一是两公司的投标代表为夫妻；二是两公司存在利益关系，属于同一利益集团。而某市财政局仅核查了两家公司是否属于单位负责人为同一人或者是否存在直接控股、管理关系。

《政府采购法实施条例》第七十四条规定了多种供应商之间串通投标的行为，包括列举的六种情形及概括的兜底情形。固然《政府采购法》及实施条例中并未明确禁止夫妻分别代表不同的供应商参加同一项目的投标活动，但基于法律规定本身不可能穷尽生活事实的特征以及政府采购中禁止供应商之间串通投标的立法本意，只要是符合“供应商与采购人或者采购代理机构之间、供应商相互之间，为谋求特定供应商中标、成交或者排斥其他供应商”的串通行为，均是立法禁止的行为。

南京某医疗器械公司在投诉时已经提出江苏某科技公司、南京某贸易公司投标代表为夫妻，某市财政局已经知晓这一情况。在得知存在夫妻分别代表不同供应商投标及可能存在串标行为时，某市财政局应当就此向江苏某科技公司及南京某贸易公司进行进一步调查，如是否存在协商报价、技术方案等投标文件或者响应文件的实质性内容等情形，而某市财政局甚至都未调查江苏某科技公司与南京某贸易公司委派的投标代表是否为夫妻，如情况属实是否存在串通投标行为，即以没有法律依据为由驳回投诉，显属不当。

综上所述，一审判决正确，南京某医疗器械公司、某市财政局的上诉理由均不能成立，判决驳回上诉，维持原判决。

案例评析 CASE ANALYSIS

1. 如符合恶意串通的兜底规定，仍应认定为恶意串通

《政府采购法实施条例》第七十四条规定了多种供应商之间恶意串通的行为，包括列举的六种情形及概括的兜底情形。固然《政府采购法》及实施条例中并未明确禁止夫妻分别代表不同的供应商参加同一项目的投标活动，但基于法律规定本身不可能穷尽生活事实的特征以及政府采购中禁止供应商之间串通投标的立法本意，只要是符合“供应商与采购人或者采购代理机构之间、供应商相互之间，为谋求特定供应商中标、成交或者排斥其他供应商”的串通行为，均是立法禁止的行为。

2. 夫妻之间财产关系与人身关系非常特殊，夫妻投标同一项目不应简单否认其不符合视为串通投标的情形

夫妻关系从财产关系上看，婚姻存续期间财产共有；从人身关系上看，系最为普遍认同的、最紧密的人身有关系之一。当然，也有例外，如受夫妻感情状况不好、财产所有另有约定等因素的影响。夫妻各自代表不同单位投标，虽不属委托同一单位或个人投标的情形，却具有与同一单位或个人所高度一致的认识与行动上的一体性。不能以法律没有明文规定而直接否定夫妻关系在考量是否存在串通投标时的重要价值。

3. 财政部门在书面审理无法了解实际情况时，应履行调查的职责

某市财政局在得知存在夫妻分别代表不同供应商投标及可能存在串标行为时，某市财政局应当就此向江苏某科技公司及南京某贸易公司进行进一步调查，如是否存在协商报价、技术方案等投标文件或者响应文件的实质性内容等情形，而某市财政局甚至都未调查江苏某科技公司与南京某贸易公司委派的投标代表是否为夫妻，如情况属实是否存在串通投标行为，即以没有法律依据为由驳回投诉，显属不当。某市财政局在处理投诉时有意忽略夫妻关系之事实，属对法律的理解与适用错误。

二、与某单位曾有某种关系的数人，代表不同供应商，参加同一项目的招标投标活动而产生的争议

在政府采购中，分别代表不同供应商的投标代表，如果与某一单位存在劳动合同关系、代缴社保费用关系、经销商品上下游关系等某种利益关系，在所代表的其中一家供应商中标后，就会引起其他供应商的质疑与投诉，认为他们之间存在恶意串通的嫌疑。

【案例 41[1]】两公司投标代表的参保单位为同一单位，能推定两公司委托同一个单位投标吗

关 键 词：参保单位相同 / 委托同一单位投标 / 串通投标

案例要点：即使投标代表参保单位相同，但如有其他证据可以证明投标代表不在参保单位工作，则不存在委托其他单位投标的情形，亦不属于不同投标人委托同一单位办理投标事宜。

招标、质疑、投诉情况

金寨县政府采购中心（以下简称“采购中心”）接受采购人安徽金寨职业学校（以下简称“金寨职校”）委托，对该校物流服务与管理实训中心专用设备购置安装项目（以下简称“该项目”）进行采购。共有 4 家供应商参与现场投标。经评标委员会评审，北京络捷斯特科技发展股份有限公司（以下简称“络捷斯特公司”）为中标候选人，采购中心在网站发布公告。

2017 年 9 月 25 日，深圳某公司对该项目中标结果向金寨职校和采购中心提出质疑。采购中心和金寨职校 2017 年 11 月 1 日向深圳某公司回复：被质疑的北京浩海心盟科技有限公司（以下简称“浩海心盟公司”）、深圳市中视典数字科技有限公司（以下简称“中视典公司”）、络捷斯特公司均为独立法人企业，法定代表人不同，本项目投标保证金均从各自单位账户汇入指定账户；在本项目招投标活动中，采购中心严格按照规定组织开标、评标会，评标委员会根据招标文件对投标供应商的资质、技术进行评审，最终推荐综合得分最高的投标供应商为中标候选人，因此，在没有充分证据情况下，理应尊重招投标结果。

深圳某公司于 2017 年 11 月 24 日向金寨县财政局投诉，投诉请求为：（1）确认络捷斯特、浩海心盟、中视典三公司在本项目招投标过程中存在串通投标情形，本次中标无效。（2）依法对上述三公司作出禁止 1~3 年进入本地区投标活动并处以罚款的处罚。理由是：

1　案例来源：（2018）皖 15 行终 71 号。

（1）浩海心盟公司投标代表操某系络捷斯特公司控股子公司杰尔思公司监事，两公司属于同一个集团公司。中视典公司投标代表袁某同样是杰尔思员工。（2）络捷斯特公司公开公布的2015年、2016年及2017年上半年财务报告和股份转让说明书显示，络捷斯特公司与中视典公司存在多笔投标保证金往来账，可能是串通投标。

金寨县财政局受理投诉后，审查了相关招投标资料及采购中心、采购人、络捷斯特公司书面说明。金寨县财政局认为无证据证明络捷斯特、浩海心盟、中视典公司在此次投标活动中有串通投标行为，决定驳回深圳某公司的投诉请求。

行政诉讼一审情况

深圳某公司不服该处理决定，以金寨县财政局为被告，以采购中心、络捷斯特公司、浩海心盟公司、中视典公司为第三人向安徽省金寨县人民法院提起行政诉讼。

一审法院认为，杰尔思公司虽然为络捷斯特公司控股子公司，但并未参与本项目招投标活动；络捷斯特公司、浩海心盟公司、中视典公司分别委托不同的个人为投标代表，因此不能认定三公司违反了上述法律规定、属于同一集团或委托同一单位构成串通投标。其次，投标保证金均是从各投标单位的帐户转入采购中心指定账户，不是不同投标人的投标保证金从同一单位或者个人的账户转入采购中心账户。深圳某公司诉称构成串通投标的理由不能成立，证据不足，依法不予支持。金寨县财政局作出的投诉处理决定认定事实清楚、适用法律正确、程序合法，依法应当予以维持。依据《行政诉讼法》第六十九条之规定，判决驳回深圳某公司的诉讼请求。

上诉人诉求及观点

深圳某公司不服，向安徽省六安市中级人民法院提起上诉称，一审法院认定三公司不构成串通投标系认定事实错误。络捷斯特公司与杰尔思公司作为母子公司，其利益是一致的，子公司派员工代表三家不同单位投标，其中还代表母公司去投标，明显违反《招投标法实施条例》第四十条第二项规定，是相互串通投标行为。南京社保中心缴费证明显示浩海心盟投标代表人操某和中视典投标代表人袁某在投标期间均是杰尔思公司员工，作为不同的投标人委托同一单位员工办理投标，理所当然作为受委托单位肯定是指派单位的员工实施投标事宜。

杰尔思公司工商档案显示该公司法定代表人是络捷斯特公司的股东，且前者是后者的控股子公司，说明络捷斯特是通过控制杰尔思公司来控制整个串通投标活动。络捷斯特公司投标代表人茆某参与投标的录像视频显示杰尔思公司总经理魏某全程陪同，并代表络捷斯特公司参与现场投标答疑演示，说明了络捷斯特公司委托杰尔思公司员工参与三家公司投标。以上事实足以证明络捷斯特公司、浩海心盟公司、中视典公司存在串通投标行为，本次中标应被确定无效。

被上诉人答辩及观点

金寨县财政局辩称，一审认定事实清楚，适用法律正确，深圳某公司诉请撤销没有事实和法律依据。

采购中心述称，整个招投标程序符合法律规定，确定中标人后，针对深圳某公司提出的质疑，该中心依法对事实进行了详细核实。

络捷斯特公司述称，杰尔思公司与络捷斯特属于完全独立的两个企业法人，不属于同一集团，且杰尔思公司并没有参与涉案项目的投标，亦未受络捷斯特公司的委托办理投标事宜。操某和袁某分别于2017年7月3日、8月11日从杰尔思公司离职，续费社保属于个人委托杰尔思公司进行代缴以便维持其社保关系连续性的行为，不能以此判定两人与杰尔思公司存在劳动关系。深圳某公司依据自己的主观猜测认为串通投标情形的存在，没有事实和法律依据。

二审法院裁判及观点

深圳某公司认为络捷斯特公司、浩海心盟公司、中视典公司存在“不同投标人委托同一单位或个人办理投标事宜”应视为投标人相互串通投标的情形，并提交了投标代表人的社保缴费证明、工商登记材料等证据。这些证据能够显示浩海心盟公司的投标代表人操某、中视典公司的投标代表人袁某在投标期间的社保参保单位是杰尔思公司，但从浩海心盟公司和中视典公司在投标过程中提交的投标文件可以看出，两公司分别委托操某、袁某个人而非杰尔思公司为投标代表人，深圳某公司仅因两人的参保单位为同一单位而推定上述两公司委托的是同一个单位，与事实不符。从深圳某公司提交的工商登记材料可以反映出杰尔思公司的其中一位股东为络捷斯特公司，但该两个公司均是依法成立的独立法人，依法独立承担民事责任，深圳某公司仅以两公司的此种工商关联而推定络捷斯特公司控制杰尔思公司进而控制投标行为，没有事实依据，亦与法律规定相悖。

一审判决驳回上诉人的诉请正确，依法应予维持；深圳某公司的上诉理由没有事实和法律依据，不予支持。依照《行政诉讼法》第八十九条第一款第（一）项之规定，判决驳回上诉，维持原判。

案例评析 CASE ANALYSIS

1. 参保单位同一，并不代表都是该公司员工

社保缴费记录是劳动关系的一种证明，可以证明当事人的工作单位。但现实仍存在社保代缴、不按规定缴纳社保等情形。如果有其他充分的证据依然可以证明当事人不在社保缴纳单位工作。本案，操某和袁某分别于 2017 年 7 月 3 日、8 月 11 日从杰尔思公司离职，续费社保属于个人委托杰尔思公司进行代缴以便维持其社保关系连续性的行为，不能以此判定两人与杰尔思公司存在劳动关系。

2. 虽参保单位同一，但皆非该公司员工，不属于委托同一单位办理投标事宜

如上所述，两人已经分别从杰尔思离职，两人分别以各公司员工身份参加现场投标，而非两公司委托杰尔思公司员工参与投标。因此，不存在不同投标人委托同一单位办理投标事宜的情形，不视为串通投标。

三、某一单位先后有劳动关系的数人，代表不同供应商、不同品牌产品，参加同一项目的招标投标活动而产生的争议

同行业之间经常出现人才流动的情况，而作为授权代表参与采购活动时，容易产生同一公司授权不同员工代表不同供应商串通投标的质疑投诉。那么针对此类投诉，应核实调查真正的劳动关系、企业之间的关系等情况。

【案例 42[1]】投标人缴纳社保的两个员工，分别代表不同公司、不同品牌投标，能否视为串通投标

关 键 词：投标代表 / 劳动关系 / 串通投标

案例要点：认定劳动关系可通过劳动合同、社保缴纳、辞职证明、工资单等来综合认定，而不能仅仅依靠社保缴纳的情况来认定。如员工已经与原公司解除劳动关系，再与新公司建立劳动关系，如代表新公司投标，则不属于原公司两个员工代表不同公司不同品牌投标。

招标、质疑、投诉情况

昆山市巴城镇建设管理所委托苏州宇恩项目咨询有限公司（以下简称“宇恩公司”）对“红杨动迁小区电梯、凤瑞园小区电梯、古澄花园小区电梯”项目（以下简称“该项目”）进行采购，巨立电梯股份有限公司（以下简称“巨立公司”）、苏州某公司、舒马克电梯（张

1 案例来源：（2018）苏 05 行终 328 号。

家港）有限公司（以下简称“舒马克公司”）等均参与采购活动，中标人为巨立公司。苏州某公司认为舒马克公司的授权代表黄某实为巨立公司的正式员工，存在一家单位的两个员工代表不同品牌投同一个标、恶意串通围标的嫌疑，故苏州某公司于2017年7月12日向宇恩公司提出质疑。宇恩公司于2017年7月18日作出回复函，称黄某已从巨立公司辞职，现入职舒马克公司，因此并未存在恶意串标围标的嫌疑。

苏州某公司对该质疑答复不满意，于2017年7月21日向昆山市财政局提出投诉，请求对上述事项取证调查、重新展开采购活动。巨立公司向昆山市财政局提供了情况说明，称黄某于2017年5月31日离职，巨立公司于次日同意其辞职申请，舒马克公司向昆山市财政局提交情况说明，称黄某为我司正式授权代表参加本次项目投标，并提供了证据。昆山市财政局于2017年9月1日作出投诉处理决定，认为黄某与巨立公司于2017年5月31日后不再存在劳动关系，其与舒马克公司于2017年6月5日签订劳动合同，故该项目投标时，不存在一家单位的两个员工代表不同品牌，投同一个标进行恶意串通围标的情形，因此认定投诉缺乏事实依据，决定驳回投诉。

行政诉讼一审情况

苏州某公司不服，以昆山市财政局为被告、以巨立公司、舒马克公司、宇恩公司为第三人向张家港市人民法院提起行政诉讼。

一审法院认为，黄某与巨立公司经协商一致解除劳动合同，自2017年5月31日后黄某未在巨立公司提供事实劳动，也不存在巨立公司的两个员工代表不同品牌投同一个标进行恶意串通围标的情况。苏州某公司认为存在恶意串通围标的情形，并无事实和法律依据。综上所述，昆山市财政局作出的投诉处理决定事实清楚、证据充分、适用法律正确、程序合法。一审法院依照《行政诉讼法》第六十九条的规定，判决驳回苏州某公司的诉讼请求。

上诉人诉求及观点

苏州某公司不服，向江苏省苏州市中级人民法院提起上诉称：(1)一审法院认定事实不清。本案关键事实以及争议为黄某从巨立公司的离职时间，关于昆山市财政局做出决定所依据的相关证据，该证据均系后续伪造形成的，不应予以采纳。《退工备案登记表》上记载的退工时间与事实并不相符。《辞职申请表》《劳动合同》均可人为后期形成，无法显示真实的形成时间。巨立公司和舒马克公司存在恶意串通并伪造证据的情形，意在掩盖恶意串标围标的事实。(2)一审判决适用法律错误，从而导致判决结果显失公平。因相关事实未查清，故一审法院作出判决所适用的法律错误。请求中院在查明事实的基础上，依法正确适用法律，依法撤销一审判决并依法改判。

被上诉人答辩及观点

昆山市财政局辩称，一审法院认定事实清楚，适用法律正确，应当予以维持。首先，退工备案登记表上记载的时间是黄某实际退工的时间，这个时间点和巴城劳动管理所的复函内容表述并不矛盾，因为正常情况辞工时间与网上的备案时间是不一致的。苏州某公司认为辞职申请表、劳动合同均可以修改或者伪造，系其单方的主观猜测，其至今未能提供任何证据予以佐证。其次，昆山市财政局在处理案件过程中调查了相关的采购资料并向相关部门作了调查，综合所掌握的相关材料，并与法规进行对照，并未发现苏州某公司所说的串通投标的情形。一审法院适用法律正确，请求依法予以维持。

二审法院裁判及观点

昆山市巴城镇劳动和社会保障所所作复函的内容与黄某的辞职申请表、昆山市企业职工解除（终止）劳动合同证明（退工备案登记表）、劳动合同书、个人社会保险参保证明所反映的内容一致，苏州某公司认为辞职申请表、劳动合同系后续伪造形成，但并未提交充分有效的证据予以证明，法院不予采纳。根据现有证据，并不能证明在本次政府采购活动中存在恶意串标围标情形，苏州某公司的投诉依据不足。昆山市财政局在接到投诉后，经过调查，在法定期限内作出涉案投诉处理决定并无不当，程序合法。综上，苏州某公司的上诉请求及理由缺乏事实和法律依据，法院不予支持。一审判决认定事实清楚，适用法律正确，程序合法，依法应予维持。据此，依照《行政诉讼法》第八十九条第一款第一项之规定，判决驳回上诉，维持原判。

案例评析 CASE ANALYSIS

1. 不同投标人委托同一单位或者个人办理投标事宜，视为串通投标

根据“财政部令第 87 号”第三十七条第（二）项规定，不同投标人委托同一单位或者个人办理投标事宜的，视为投标人串通投标，其投标无效。如果同一公司的两个员工分别代表不同公司、不同品牌投标，毫无疑问，应当视为串通投标，该两个公司投标均应认定无效。

2. 如投标代表与某公司不再具有劳动关系，则不存在代表该公司参与投标的问题

认定该两个员工是否属于同一公司，应当以当时的劳动关系为准。认定劳动关系可通过劳动合同、社保缴纳、辞职证明、工资单等，而不能仅仅依靠社保缴纳的情况来认定。本案经查证，2017 年 5 月 25 日黄某向巨立公司申请辞职，巨立公司于同年 5 月 26 日批准，同年 6 月 5 日黄某与舒马克公司签订劳动合同。而该采购项目于 2017 年 7 月 7 日开标，黄某作为舒马克公司的授权代表参与采购活动并无不当，与巨立公司无关。因此，在无其他证据情况下，并不存在巨立公司的两个员工代表不同公司、不同品牌投同一个标进行恶意串通围标的情况。

第三节 因提供相同品牌产品的不同投标人参加同一合同项下投标而引起的争议

在同一合同项下，经常出现不同投标人提供相同的品牌产品，如果让提供这些相同品牌产品的不同投标人都继续参加政府采购活动，那么就会有串标、围标之嫌，对其他提供其他品牌产品的单个投标人也是不公平的。《政府采购货物和服务招标投标管理办法》（财政部令第 87 号）第三十一条规定：“采用最低评标价法的采购项目，提供相同品牌产品的不同投标人参加同一合同项下投标的，以其中通过资格审查、符合性审查且报价最低的参加评标；报价相同的，由采购人或者采购人委托评标委员会按照招标文件规定的方式确定一个参加评标的投标人，招标文件未规定的采取随机抽取方式确定，其他投标无效。使用综合评分法的采购项目，提供相同品牌产品且通过资格审查、符合性审查的不同投标人参加同一合同项下投标的，按一家投标人计算，评审后得分最高的同品牌投标人获得中标人推荐资格；评审得分相同的，由采购人或者采购人委托评标委员会按照招标文件规定的方式确定一个投标人获得中标人推荐资格，招标文件未规定的采取随机抽取方式确定，其他同品牌投标人不作为中标候选人。非单一产品采购项目，采购人应当根据采购项目技术构成、产品价格比重等合理确定核心产品，并在招标文件中载明。多家投标人提供的核心产品品牌相同的，按前两款规定处理。”对于不同投标人提供相同的品牌产品的问题经常发生的争议有：

一、对单一产品采购项目不同投标人提供相同产品品牌的争议

根据《政府采购货物和服务招标投标管理办法》（财政部令第 87 号）第三十一条第一款、第二款规定，一般分以下步骤：相同品牌采购“先内后外”决出唯一投标人，对不同投标人提供相同品牌产品，是采购先内部竞争决出一个投标人、再由该投标人与其他投标人进行外部竞争的方法。即所有投标人都参加资格审查、符合性审查和价格评审，然后在相同品牌产品投标人之间，从中选出投标人报价最低的（采用最低评标价法时）或者综合评分得分最高的（采用综合评分法时）中一个投标人，再由这一个投标人的报价（采用最低评标价法时）或者得分（采用综合评分法时），去与其他品牌的投标人进行竞争。一句话，就是只让报价最低的参加评标（采用最低评标价法时）或者评审后得分最高的同品牌投标人获得中标人推荐资格（采用综合评分法时），然后报价（采用最低评标价法时）或者得分（采用综合评分法时）相同的，按招标文件规定的方式确定，未规定的随机抽取。

【案例 43[1]】三家投标人提供相同品牌产品，投诉人主张废标，应如何处理

关 键 词：提供相同品牌产品 / 综合评分法 / 得分最高

案例要点：采用综合评分法的采购项目，通过资格性、符合性审查的多家投标人提供相同品牌产品，得分最高的投标人获得中标人推荐资格。

案情简介

深圳某公司因不服深圳市盐田区政府采购中心（以下简称“采购中心”）关于“深圳市盐田区人民医院 2018 年直饮水机设备及相关服务采购”项目（以下简称“该项目”）的质疑答复，于 2019 年 1 月 17 日向深圳市盐田区财政局（以下简称“盐田区财政局”）提起投诉。投诉事项其中有：“同一品牌同一型号有多家公司参与投标的问题。”该项目投标人深圳市浩泽净化科技有限公司（以下简称“浩泽公司”）、深圳市中信智为科技有限公司（以下简称“中信智为公司”）、深圳某公司三家供应商投标产品品牌为同一品牌“浩泽”，且产品型号大致相同。同一品牌同一型号产品只能有一家投标人作为供应商参加投标，此项不符合《招标投标法》，采购人应废除本次招标结果，重新招标。

采购中心答复：关于同一品牌的质疑事项，根据《政府采购货物和服务招标投标管理办法》（财政部令第 87 号）第三章第三十一条第二款规定，评审委员会认定，在原评审过程中只有同品牌公司中得分最高的供应商获得了推荐资格，符合政府采购相关法律法规的规定，该质疑不成立。

盐田区财政局认为，该项目属于政府采购货物类招投标的范围，应按照“财政部令第 87 号”执行。根据“财政部令第 87 号”第三十一条第二款规定，该项目招标文件显示该项目评标方法为综合评分法。经评审委员会评审，通过资格性审查、符合性审查的投标供应商共 7 家，其中浩泽公司、中信智为公司、深圳某公司三家供应商投标产品品牌均为“浩泽”，且产品型号类型存在一定差异，综合得分最高的浩泽公司获得同品牌唯一的中标人推荐资格，符合“财政部令第 87 号”第三十一条第二款的规定。因此，该项目招标评标程序合法，该投诉事项缺乏依据，投诉事项不成立。根据《政府采购质疑和投诉办法》（财政部令第 94 号）第二十九条第（二）项规定，该局于 2019 年 2 月 1 日决定，深圳某公司对该项目的投诉无效，驳回投诉。

---

1 案例来源：深盐财采书〔2019〕2 号。

案例评析 CASE ANALYSIS

1. 提供相同品牌的不同投标人参与同一采购活动并不禁止，不应废标

政府采购项目不禁止提供相同品牌的投标人参加同一采购活动，但对提供相同品牌的不同投标人，明确按照评分方法以不同的规则进行淘汰。该项目经评审委员会评审，通过资格性审查、符合性审查的投标供应商共 7 家，其中三家供应商投标产品品牌相同，按一家投标人计算，也就是共有 5 家投标人通过资格性审查、符合性审查，即实质性响应投标人满足法定数量，投诉人主张废标没有任何法律与事实依据。

2. 提供相同品牌的不同投标人，按一家投标人计算

该项目采用综合评分法，则评审后得分最高的同品牌投标人获得中标人推荐资格。浩泽公司、中信智为公司、深圳某公司三家供应商均通过资格性、符合性审查，投标产品品牌均为“浩泽”，且产品型号类型存在一定差异，综合得分最高的浩泽公司获得同品牌唯一的中标人推荐资格，符合法律规定，并无不当。

二、对非单一产品采购项目核心产品品牌的争议

根据“财政部令第 87 号”第三十一条第三款规定，采购人应当根据采购项目技术构成、产品价格比重等合理确定核心产品，并在招标文件中载明。多家投标人提供的核心产品品牌相同的，按“财政部令第 87 号”第三十一条第一款与第二款的规定处理。即对于非单一产品采购项目，采购人应当在招标文件中确定核心产品，不同投标人提供的核心产品品牌相同的，也按“财政部令第 87 号”第三十一条第一款、第二款规定确定一个投标人。

【案例 44[1]】不同投标人提供的核心产品配套部件品牌相同，应否认定为同一品牌核心产品

关 键 词：核心产品 / 配套部件 / 同一品牌

案例要点：不同投标人提供的核心产品品牌不同，核心产品的配套部件品牌相同，但配套部件具有可替代性，不应认定为同一品牌核心产品。

案情简介

因庄河市教育局 2019 年度特殊教育普通型资源教室采购项目（以下简称“该项目”），淮安某公司对质疑答复不满意，于 2019 年 11 月 12 日向庄河市教育局投诉，投诉事项之

1 案例来源：庄财采投处〔2019〕4 号。

一为：在开（评）标现场的样品演示厅，有两家投标单位同时提供同一品牌的核心产品希沃 55 寸液晶屏，评标时未按照“财政部令第 87 号”第三十一条之规定，将两家投标单位认定为一家投标单位来计算。

庄河市财政局查明，投诉项目招标文件中已明确规定核心产品为资源教室综合训练系统，辉氏科技有限公司（以下简称“辉氏科技”）、淮安某公司、大连俊科网络科技有限公司（以下简称“大连俊科”）3 家投标单位投标使用的核心产品品牌并不相同，分别是“辉氏”“心智超航”“钱璟”。辉氏科技和大连俊科使用的资源教室综合训练系统都提供了“希沃”品牌的 55 寸液晶显示屏，但该部分显示器只是核心产品的配套部件，且价格占比不超过核心产品价格的 60%，具有可替代性。参照《机电产品国际招标投标实施办法（试行）》（商务部令 2014 年第 1 号）第四十六条之规定，不能认定为同一品牌核心产品。根据《政府采购货物和服务招标投标管理办法》（财政部令第 87 号）第三十一条之规定，庄河市财政局认为，不能认定为使用的同一品牌产品而按 1 家投标人计算。评标委员会专家所作出的意见和判定未发现不合理，被投诉人就该质疑事项答复符合规定，投诉事项不成立。

案例评析 CASE ANALYSIS

1. 非单一产品采购，对于标明的核心产品，不同投标人提供相同品牌，按一家投标人计算

对于非单一产品采购，提供部分相同品牌产品的不同投标人，如果所提供的相同品牌非核心产品，并不影响投标人参与投标的权利。所以采购人应当根据采购项目技术构成、产品价格比重等合理确定核心产品，并在招标文件中载明。该项目招标文件中明确规定核心产品为资源教室综合训练系统，辉氏科技、大连俊科提供的核心产品品牌不同，分别为辉氏、钱璟，形式上并无违反招标文件的规定。

2. 提供相同品牌产品为核心产品一部分，是否应认定为同一品牌核心产品应衡量相关因素

核心产品的配套产品或组成产品相同，如具有不可替代性、占产品的总价值量或发挥了主要的功能，应认为为同一品牌核心产品。该项目高辉氏科技和大连俊科使用的资源教室综合训练系统都提供了“希沃”品牌的 55 寸液晶显示屏，该部分显示器为核心产品的配套部件，且价格占比不超过核心产品价格的 60%，具有可替代性。因此，不宜认定为同一品牌核心产品。

三、对招标文件规定同一品牌只能授权一家供应商投标的争议

招标文件要求供应商出具货物生产厂家的授权，能保证货物来源、供货及时、货物质量品质，对于技术复杂的设备还需生产厂家安装、调试、技工培训、售后服务，本是正常事情，也符合惯例。由于大部分非进口货物金额不高，再要求供应商授权会增大供应商投标成本。因此，“财政部令第 87 号”不再允许采购人将除进口货物的生产厂家出具授权书

作为投标的资格条件，对进口货物生产厂家出具授权书作为投标的资格条件仍然未予禁止。采购人为防范串标、围标行为，有时会在招标文件中规定，同一品牌只能授权一家供应商投标。

【案例 45[1]】招标文件规定“产品授权唯一”，同一品牌授权两家供应商，应如何处理

关 键 词：同一品牌授权 / 不同供应商 / 违反招标文件 / 投标无效

案例要点：同一品牌授权的两家供应商参与同一项目投标，因违反了招标文件有关“产品授权唯一”的要求，两家供应商均被认定为无效投标。

招标、质疑、投诉情况

2014 年 8 月 20 日，六安市政府采购中心（以下简称“市采购中心”）作为招标代理人接受六安市人民医院（以下简称“市人民医院”）委托就市人民医院“彩色 B 超”设备公开招标采购。该项目招标文件中显示：……（3）货物需求及技术规格第二包 2.2 项注明“为公平起见，同一品牌只允许一家公司参与投标”；（4）投标人须知补充事项二有关注意事项第 9 项注明“如果投标人在质疑截止时前未对本招标文件有关条款提出质疑，视为充分了解招标文件所有的内容，一旦递交投标文件，视为投标人完全接受招标文件的全部条款，开标后不得对招标文件的内容或条款提出质疑”;（5）相关要求第 3 项注明“投标人（代理商）所投的主要设备须有产品原制造厂商针对该项目的产品授权证书，且产品授权是唯一的”。2014 年 9 月 22 日开标，经评标专家组一致评审认为，安徽某公司与南京某公司所代理的百胜超声诊断系统为同一授权人，南京某公司因此未能通过初审。

2014 年 9 月 23 日，南京某公司向市采购中心质疑。2014 年 9 月 24 日，市采购中心向南京某公司作出回复。2014 年 9 月 26 日，南京某公司向六安市财政局（以下简称“市财政局”）投诉称：南京某公司经百胜公司独家授权，是唯一一家有资格代表百胜的企业，但招标方未对冒充百胜的投标商进行调查处理，导致南京某公司的投标权利受到损害，显失公平。2014 年 10 月 27 日，市财政局作出投诉处理决定，该决定书主要内容为：（1）根据招标文件要求：本次招标一种产品只能一家代理商参与投标的规定，是面对所有产品或公司的，并非针对某一产品或某一公司。评标现场发现“百胜”牌彩超有两家代理商，明显不符合招标文件要求，因此终止包括南京某公司在内的两家公司参与招标是符合规定的，至于评标现场财政部门无责任和义务去核实两家相同代理商真假授权问题。（2）该项目招标文件已分别在相关网站公开发布，在规定期限内，采购部门没有收到任何参与该项

---

1 案例来源：（2015）六金行初字第 00005 号。

目投标供应商对招标文件提出质疑，即在开标前投标供应商对该项目招标文件没有异议，视为认同招标文件，开标后对招标文件提出质疑和投诉概不受理。

原告诉求及观点

南京某公司对市财政局作出的投诉处理决定不服，向安徽省六安市金安区人民法院提起行政诉讼称，市财政局作为监督管理机构，不仅没有依法行政，还对投诉的供应商歧视对待，对于招投标活动中的种种违法行为监管不作为等，侵害了南京某公司作为参与者的合法权益。据此，诉请判令市财政局依法监管，认定市人民医院委托六安招投标中心的招标行为无效，立即终止违法采购行为。

被告答辩及观点

市财政局辩称：市财政局依法履行了对市人民医院“彩色B超”项目公开采购活动的监督管理职责。南京某公司诉请市财政局认定该项目招标行为无效，立即终止违法采购行为，既无事实与法律依据，也不符合行政诉讼的诉讼规则。

法院裁判及观点

南京某公司在招投标文件规定的期限内未就文件内容提出任何质疑而是积极竞标，应视为其完全认同招标文件限定的条件等内容。在开标现场，经评标专家组一致评审，因南京某公司与另一投标商代理的是相同品牌，从而不符合招投标文件的要求，故作废标处理，并无不妥。另南京某公司诉称“要求财政部门认定六安市人民医院委托六安招投标中心的招标行为无效，立即终止违法采购行为”，因不属本案审理范围，故依法不予支持。综上，据此依照《最高人民法院关于执行〈中华人民共和国行政诉讼法〉若干问题的解释》第五十六条第（四）项之规定，判决驳回南京某公司的诉讼请求。

案例评析 CASE ANALYSIS

1. 同一品牌授权的两家供应商参与同一项目投标，违反了招标文件关于“产品授权唯一”的要求，两家供应商均应被认定为无效投标

供应商应当根据招标文件要求编制投标文件，投标文件应当对招标文件提出的实质性要求和条件作出响应。否则，该投标行为应按照无效投标处理。本案中，招标文件中明确规定供应商所投的产品需有唯一的产品授权，且在招投标文件规定的期限内没有任何供应商对前述内容提出任何修改意见。但参加本次政府采购活动的两家供应商所代理的产品为同一授权人，违反了招标文件的要求。因此，针对此种明显违法招标文件要求的投标行为，应当认定为无效投标。

2. 关于本案中针对该两家供应商应按照废标处理还是无效投标处理的争议

根据政府采购相关法律规定，废标是针对整个政府采购项目出现法定情形的一种处理措施，废标后，除取消采购任务外，应当重新组织招标。而针对某供应商的投标文件未实质响应招标文件的情形，依法应当认定投标无效，但不影响本次政府采购活动的正常进行。本案中，该政府采购行为不存在任何废标的法定情形，不应按照废标处理。因此，针对两家供应商的投标文件违反招标文件规定的情形，应当依法认定投标无效，而非按照废标处理。

第四节　因投标人未按招标文件要求编制投标文件而引起的争议

根据"财政部令第 87 号"第三十二条的规定，投标人应当按照招标文件的要求编制投标文件。投标文件应当对招标文件提出的要求和条件作出明确响应。在招标投标活动中，招标人发出招标文件，是要约邀请；投标人按照招标文件的要求编制投标文件并投标，是要约。投标中的要约有一个显著的特点，就是要约的内容即投标文件必须按照要约邀请的内容即招标的要求来编制，就是要对招标文件的内容作出响应，使其成为将来政府采购合同的内容。投标文件的表现形式应当从广义上来理解，包括书面投标文件，这是最基本的表现形式，还包括多媒体电子投标文件、实物样品、软件文件、现场陈述或演示，等等。投标文件的表现形式一般是按照招标文件的要求而准备并编制的。

一、对未按招标文件要求提交身份材料与授权材料的争议

未按招标文件规定将法定代表人、授权代表身份证复印件及授权书附在投标文件中，则可能属于未对招标文件规定的实质性要求作出响应，在此情形下，该投标文件可能会被认定为无效。如果招标文件未将上述内容规定为无效情形的，未提供并不影响投标的效力。

【案例 46[1]】投标人未按招标文件要求提供身份材料与授权材料，其投标是否有效

关 键 词：资格条件 / 未按要求提供材料 / 废标 / 投标无效

1　案例来源：（2016）甘 1091 行初 36 号。

案例要点：招标文件规定的资格条件中要求提供身份材料与授权函，而投标人未按要求提供，则未实质响应资格条件，其投标无效。

招标、投诉情况

合水县某财政全额配套资金项目公开招标，曲阳县某公司与其他6家公司共同参与投标。该项目2016年9月28日开标，曲阳县某公司未将法定代表人身份证（正、反面复印件）或者法人授权函（原件）及法定授权人身份证（正、反面复印件）附加在投标文件中，不符合《招标文件》第29.3条规定，遂对曲阳县某公司招标进行了废标处理。曲阳县某公司不服，向合水县财政局进行了投诉，2016年10月11日合水县财政局作出投诉处理决定，驳回曲阳县某公司投诉。

行政诉讼情况

曲阳县某公司不服投诉处理决定，向甘肃省庆阳林区基层法院提起行政诉讼。法院认为，因曲阳县某公司未将法定代表人身份证（正、反面复印件）或者法人授权函（原件）及法定授权人身份证（正、反面复印件）附加在投标文件中，不符合《招标文件》第三条关于供应商资格条件的规定，评审委员会根据《招标文件》第29.3条规定，按废标处理，并且不允许投标人通过修改或撤销其部分和要求的差异，使之成为具有影响性的投标。上述行为系评审委员会独立行使评审权，任何单位和个人不得非法干预、影响评标的过程和结果。合水县财政局收到曲阳县某公司投诉后，依据《政府采购法》及《政府采购法实施条例》作出的投诉处理决定，证据确凿，适用法律、法规正确，符合法定程序，曲阳县某公司诉请不能成立。依据《行政诉讼法》第六十九条之规定，判决驳回曲阳县某公司的诉讼请求。

案例评析 CASE ANALYSIS

本案《招标文件》第三条关于供应商资格条件要求投标人将法定代表人身份证（正、反面复印件）或者法人授权函（原件）及法定授权人身份证（正、反面复印件）附加在投标文件中。而投标人未在投标文件中附加上述文件，显然未实质响应招标文件的资格条件要求，其投标应当认定为无效。但是，但是本案中用“废标”的说法并不妥当，因为仅是该投标无效，而不属于《政府采购法》第三十六条所规定的“废标”情形。

二、对未按招标文件填写表格、提供表中证明文件争议

实践中经常出现投标人填写表格不规范的情形，根据招标文件的规定，有被认定投标无效的风险。因此，投标人应尤其注意招标文件的格式要求，仔细填写以免遗漏。填写表格的同时仍应按要求附上相应的证明文件，即使完整填写但忘记附证明文件，仍属于未实质响应招标文件的规定。由于投标人的疏忽，可能在资格性审查、符合性审查的过程中产生争议，甚至会被认定投标无效。

【案例47[1]】未按招标文件规定完整填写表格，未全部附上表中所填管理人员的资格证明文件，其资格性、符合性审查是否应当通过

关 键 词：格式要求 / 资格证明 / 资格性审查

案例要点：招标文件规定必须提供资格证明，且要求必须响应格式要求。而投标人未按招标文件规定完整填写表格，未提供部分管理人员资格证明文件，则不符合资格性审查要求，不得进入综合评分环节，其投标无效。

招标、质疑、投诉情况

2014年10月，采购代理机构射洪县公共资源交易服务中心（以下简称“县交易中心”）受采购人射洪县人民医院（以下简称“县医院”）委托，对县医院保洁服务外包项目（以下简称“该项目”）进行公开招标。招标文件第一章“投标邀请”载明本项目投标供应商的资格条件在评标时进行审查，供应商在投标文件中按招标文件的规定和要求附上所有的资格证明文件，要求提供复印件的必须加盖单位印章，并在必要时提供原件备查。若提供的资格证明文件不全或不实，将导致其投标或中标资格被取消。招标文件第二章“投标人须知”载明：“投标文件”部分规定的投标文件的组成包括报价部分、技术部分和商务部分，其中第13.3商务部分第（7）项及第（9）项规定，投标人按照“投标邀请”第五条的要求提供相关资质证明文件，及投标人资格符合招标文件规定的证明文件。第14.1条规定，投标人应严格按照招标文件提供的“投标文件格式”填写相关内容，除明确允许投标人可以自行编写的外，投标人不得以“投标文件格式”规定之外的方式填写相关内容，否则，投标人提供的投标文件将作为无效投标处理。第19.2条规定，本次招标不接受邮寄的投标文件。第20.1条规定，投标人在递交了投标文件后，可以修改或撤回其投标文件，但必须在规定的投标截止时间前，以书面形式通知采购代理机构。“开标和评标”第23.8.1条第（3）项规定，不具备招标文件中规定的资格性要求的，应当在资格性审查时按照无效投标处理；

1　案例来源：（2015）射洪行初字第3号。

第 23.8.2 条第（3）项规定，投标文件组成明显不符合招标文件的规定要求，影响评标委员会评判的，应当在符合性审查时按照无效投标处理。招标文件第三章“投标文件格式”第七项载明了《投标人本项目管理、技术、服务人员情况表》，表中分管理和技术两类人员，两类人员均须填写姓名、职务、学历、年龄、常住地、资格证明。招标文件第四章“资格证明要求”规定了投标人必须提供以下资格证明文件：（1）投标人基本情况，（2）经年检的营业执照（复印件）、……（7）招标文件要求的其他资料。“招标项目和要求”第 2 条“项目名称、数量及主要服务规范及要求”的第（五）项“其他要求”中，用“★”及黑体字注明“人员要求：参建本项目服务人员应≥ 100 人，其中管理人员人数≥ 5 人，人员岗位相对固定。

成都某公司在“资格证明”一列中仅填写了 3 人的资格证明文件名称，其余两人的资格证明文件名称未填写；在“资格证明”一列中仅填写了 1 人的资格证明文件名称和另 1 人的“石材养护”文字，余下 1 人的资格证明文件名称未填写。该表后所附的资格证明文件仅有 2 名管理人员及 1 名技术人员的资格证明文件复印件，未附有其余 3 名管理人员及 2 名技术人员的资格证明文件复印件。

2014 年 10 月 31 日该项目招标结果预公告发布，公告载明成都某公司等 6 家投标该项目的公司“本项目相关人员无从业证书，且不足”。2014 年 11 月 4 日该项目招标结果公告发布，公告载明第一中标候选人以 528.01 万元中标，成都某公司等 6 家投标该项目的公司“本项目相关人员无从业证书，且不足”。

2014 年 11 月 4 日，成都某公司向县交易中心提出书面质疑，请求恢复成都某公司公平参与投标及其资格的合法权利。次日，县交易中心作出书面质疑答复，答复称成都某公司对采购过程提出的质疑事项不属实，质疑无效。

2014 年 11 月 21 日，成都某公司以县交易中心为被投诉人，向射洪县财政局（以下简称“县财政局”）提出书面投诉称，将成都某公司以“本项目相关人员无从业证书，且不足”为由，予以排除投标资格，从而侵害了成都某公司公平参与投标的正当权利。2014 年 11 月 21 日，县财政局受理了成都某公司的投诉，县财政局经审查招标文件与成都某公司的投标文件，认为成都某公司的投诉缺乏依据，驳回投诉，故县财政局于 2014 年 12 月 17 日根据《政府采购供应商投诉处理办法》（财政部令第 20 号）第十七条第（二）项的规定，对成都某公司作出终止投诉的书面决定。该项目已签订采购合同，合同在履行中。

原告诉求及观点

成都某公司不服县财政局作出的投诉处理决定，向四川省射洪县人民法院提起诉讼，请求撤销该决定书。该公司认为，县财政局仅以招标文件与企业投标文件核对，忽视成都某公司的投诉事实和理由，严重侵害了成都某公司的合法权益。理由是：（1）认为成都某公司“本项目相关人员无从业证书，且不足”与事实不符，且是一个含糊不清，互相矛盾的表述。因为县交易中心的质疑答复写明了成都某公司管理人员杨某某有物业管理培训合格证，故说明无从业证书的理由与事实不符；是什么门类的“从业证书”未表述清楚，“相关人员”是指哪些相关人员，“且不足”是指什么不足，多少为足。(2)招标文件中第五章《招标项目和要求》里的项目名称、数量及主要服务规范及要求中对提到的“清洁卫生服务管理人员要求具有相应资格”本是对投标方提出的总体要求，并未明确具体条件。

被告答辩及观点

县财政局辩称，成都某公司的诉讼请求与理由不成立，应依法驳回，县财政局作出投诉处理决定所依据的事实和证据确实充分。招标文件对于实施本项目的管理人员是有明确要求的，而成都某公司在投标文件中是没有对此要求进行响应的。成都某公司虽按照投标人本项目管理、技术、服务人员情况表制作了表格，但是仅提供两名管理人员的资格证明文件，其中杨某某的物业管理证书已于2013年9月29日过期，其他人员根本没有资格证明文件，何以证明管理人员的资格。正是基于此原因，在资格性符合性审查中，专家组认定成都某公司投标文件中相关人员无从业证书，且不足。

法院裁判及观点

法院认为，对争议的招标文件就县医院清洁服务外包项目的管理人员是否明确具体资格条件的问题。就招标文件的表述来看，该项目招标文件中对投标人管理人员的人数要求为5名，且应由投标人按照《投标人本项目管理、技术、服务人员情况表》中所列事项完整填写，并应全部附上该表所填写人员的资格证明文件。如果成都某公司认为自己对招标文件的规定不能清楚理解，成都某公司可以网上澄清等方式清楚招标文件的具体规定，但成都某公司并未采取网上澄清等方式。从成都某公司填写该表内容和该表后所附的人员资格证明文件来看，成都某公司应当知道是要附上表中所填写人员的资格证明文件的。即使是按照成都某公司在庭审中称，其理解的5名管理人员包括技术人员，所以只填写了含2名技术人员在内的5个人员的资格证明，但成都某公司却只附有该5人中3人的资格证明文件，此做法与成都某公司的这一说法相矛盾。故，本案招标文件不仅明确对投标人的资格及资格证明文件有总体要求，而且对投标人的管理人员也明确有资格及资格证明文件的要求，只是管理人员资格条件界定为与该项目相关即可。成都某公司应对此作出全面响应，否则将自行承担无效投标的后果。

对争议的预公告中“本项目相关人员无从业证书，且不足”具体是指哪些相关人员、什么从业证书、什么不足，这些与成都某公司的事实是否相符的问题。从审理查明的事实来看，本项目相关人员应当是指投标人的管理人员，无从业证书是指与该项目管理人员相关的从业资格证书，不足是指管理人员的资格证明文件不足。成都某公司应当将5名具备资格的管理人员按照招标文件规定的格式要求填写入表格，并应当附上该5人的资格证明文件。但成都某公司的投标文件未有这一事实存在。该公告的这一表述表明的意思欠明确，易使他人产生歧义，该表述存在瑕疵，但并不影响成都某公司的权利义务。

综上所述，县财政局认定成都某公司的投诉缺乏事实依据是正确的，投诉处理程序基本符合《政府采购供应商投诉处理办法》（财政部令第20号）的规定，但依据该规定第十七条第（二）项的规定，县财政局应对成都某公司作出驳回投诉而非终止投诉的决定。

依据《政府采购货物和服务招投标管理办法》（财政部令第18号）第五十四条第（三）项的规定“比较与评价。按招标文件中规定的评标方法和标准，对资格性检查和符合性检查合格的投标文件进行商务和技术评估，综合比较与评价”。成都某公司未完整填写招标文件规定表格和未按招标文件规定全部附上表中所填写管理人员的资格证明文件，导致成都某公司在该项目评标审查中不符合资格性、符合性检查，县财政局的投诉处理决定未侵害成都某公司公平参与竞争的权利，是成都某公司自己的原因导致其未能进入综合评分而参与公平竞争。成都某公司要求撤销县财政局对其投诉作出的投诉处理决定缺乏充足的事实根据和法律依据，其诉讼请求依法不予支持。据此，依照《最高人民法院关于执行〈中华人民共和国行政诉讼法〉若干问题的解释》第五十六条第（四）项的规定，判决驳回成都某公司的诉讼请求。

案例评析 CASE ANALYSIS

1. 未按招标文件规定完整填写表格并全部附上资格证明文件，不符合资格条件且未实质响应招标文件

采购项目开标后，先对投标人的资格条件进行审查，后对通过资格审查的投标人进行符合性审查，以确定其是否满足招标文件的实质性要求。未通过资格性审查、符合性审查的投标人，不得进入综合评分环节。本案招标文件规定了管理人员的人数并要求提供相关资质证明文件，同时明确规定了投标文件格式，除此还告知没有对招标文件全面做出实质性响应是投标人的风险。成都某公司虽按照投标人本项目管理、技术、服务人员情况表制作了表格，但是在表格中仅填写了三名管理人员的资格证明文件名称，未按要求提供其他人的资格证明文件。因此，在资格性符合性审查中，被认定成都某公司投标文件中相关人员无从业证书，且不足，并无不当。

2. 投诉事项成立，驳回投诉而非终止投诉处理

如上所述，成都某公司的投诉事项不成立，应根据《政府采购供应商投诉处理办法》（财政部令第20号）第十七条第（二）项规定，驳回其投诉。因成都某公司并未撤回投诉，不适用终止投诉处理的规定。

三、对未按招标文件提交相关资料的争议

投标文件应当对招标文件提出的实质性条件和要求作出响应，未实质性响应可能存在投标无效的风险。实践中因为未按招标文件要求提交材料产生争议的情况不可胜数。因此，为避免争议，投标人应当关注招标文件中标明的实质性要求的条款，并一一响应并提交相关材料。

【案例48[1]】多家投标人均未按招标文件提供资料，造成通过资格审查不足3家，予以废标是否正确

关 键 词：资格审查/未按招标文件提供资料/废标

案例要点：投标人未按照招标文件规定的资格条件提供相应材料，未通过资格审查，应认定为投标无效。如通过资格审查的供应商不足3家，采购项目应作废标处理。

招标、质疑、投诉、复议情况

2016年6月1日，某代理机构受奈曼旗人民医院（以下简称“旗医院”）委托，对医用电子直线加速器等设备进行招标采购，山东某公司等4家单位参与投标。2016年6月29日，该项目开标，经审查发现4家投标人均未通过资格性审查。2016年6月30日，旗医院以对招标文件作出实质响应的供应商不足3家为由，对该项目作废标处理并予以公告。

山东某公司经质疑后，向内蒙古自治区通辽市奈曼旗财政局（以下简称“旗财政局”）投诉，2016年7月28日，旗财政局作出投诉处理决定，认定某代理机构的废标理由成立。山东某公司不服，向奈曼旗人民政府申请行政复议，该旗政府于2016年11月10日作出行政复议决定，维持了旗财政局上述行政行为。

行政诉讼一审情况

一审法院认为，山东某公司提供的授权委托书原件无授权代表签字、未按要求提供检察院出具的无行贿犯罪记录证明原件，不符合采购文件的要求。即使山东某公司的投标申请完全符合招标文件的要求，由于其他3家投标人均未通过评审委员会的资格性审查，导致对招标文件作实质响应的供应商不足3家，亦应当按废标处理。综上，二被告的行政行为认定事实清楚，证据确凿，程序合法，故山东某公司的诉讼请求于法无据，法院不予以支持，驳回山东某公司的诉讼请求。

1　案例来源：奈财函〔2016〕73号。

行政诉讼二审情况

二审法院认为，(1)关于山东某公司的投标资格问题。山东某公司因其提交的授权委托书原件无法人授权代表签字、未提供检察院出具的无行贿犯罪记录证明原件，而未通过资格性审查。在诉讼过程中上诉人也未能提供其按照招标文件要求提交过法人授权代表签字的授权委托书原件和提供检察院出具的无行贿犯罪记录证明原件的证明材料。(2)关于废标问题。因四家公司均未通过资格审查。符合《政府采购法》第三十六条的规定。故该次招标活动因四家公司均为通过资格审查而导致必然废标并无不当，上诉人要求确认其为该次招标的第一中标人的诉讼请求不能成立。综上,原审法院认定事实清楚,适用法律正确。依照《行政诉讼法》第八十九条第（一）项之规定，判决驳回上诉，维持原判。

案例评析 CASE ANALYSIS

1. 未按照招标文件资格条件提交材料，则无法通过资格性审查

如果投标人的投标文件不具备采购文件规定的资格要求，评标委员会应认定投标人投标无效。本案，采购文件第 23.2 条规定："投标人（响应供应商）法定代表人或授权委托人（需授权委托书）参加开标会议，须携带以下证件原件（以下资料不全者拒绝接受投标)：……授权委托书、授权委托人身份证复印件……检察院出具的无行贿犯罪记录的证明。而山东某公司提供的授权委托书原件无授权代表签字、未按要求提供检察院出具的无行贿犯罪记录证明原件，不符合采购文件的资格要求。因此，山东某公司未通过资格性审查，并无不当。

2. 实质响应供应商不足 3 家，采购项目应废标

4 家投标人均未通过评审委员会的资格性审查，导致对招标文件作实质响应的供应商不足 3 家，应当按废标处理。如果招标文件不存在不合理条款或者招标程序不存在违法情形，采购人、某代理机构需要采取其他采购方式，依法报财政部门批准后重新开展采购活动。

四、对投标文件中《开标一览表》填写或者封装错误而产生的争议

《开标一览表》即报价表。许多政府采购项目的招标文件中对开标一览表要求投标文件将《开标一览表》作为单独的投标文件之一，并且需要独立封装，开标时唱标只唱《开标一览表》，该表内容与投标明细表内容不一致的，以《开标一览表》为准。开标时，由投标人或者其推选的代表检查投标文件的密封情况；经确认无误后，由采购人或者采购代理机构工作人员当众拆封，然后进行唱标。因此，《开标一览表》填写及文件密封情况为所有投标人知晓，对一些争议问题有时投标人会当场提出询问或者口头质疑，然后再提出质疑投诉。

【案例49[1]】招标文件未将《开标一览表》漏填工期和免费保修期规定为重大偏差，如有该情形，投标文件能否认定有效

关 键 词：开标一览表/重大偏差/投标效力

案例要点：招标文件未将《开标一览表》漏填工期和免费保修期规定为重大偏差，同时该情形亦不属于法定的重大偏差。因此，投标人虽有漏项，但已实质响应招标文件，投标文件有效。

招标、质疑、投诉、复议情况

2013年6月14日，上海某公司和南京某公司等参加了高邮市教育局电教中心关于高邮市菱塘民族中等专业学校等三所学校塑胶运动场采购项目（以下简称“该项目”）的公开招投标活动，经过评审确定南京某公司为第一中标人，上海某公司为第二中标人。

在评标过程中，上海某公司认为第一中标人南京某公司投标文件《开标一览表》中的施工工期、免费保修期均为空白，未严格按规定格式填写，未实质性响应招标文件，应认定为废标。6月17日，在中标公示期间上海某公司向采购人提出质疑，6月24日，采购人作出答复。2013年6月27日，上海某公司又向高邮市政府采购中心投诉，7月26日高邮市政府采购办公室向上海某公司发出答复函称，南京某公司投标有效，投标文件符合性审查表中说明了确认的原因，五个评委均签了字。2013年6月28日，南京某公司与市教育局电教站签订了合同。7月4日，高邮市政府采购办公室发出中止合同的函。8月中旬，扬州市纪委及高邮市纪委介入该案，9月13日，在扬州市纪委、财政局招标处、高邮市纪委执法室、市政府采购办、市教育局的现场监督下，对该项目的中标人进行了复评，结果是原第一中标人有效。

2013年9月17日，上海某公司向高邮市人民政府提起行政复议，2013年11月18日，上海某公司收到行政复议决定书，维持该招投标结果。

原告诉求及观点

上海某公司认为高邮市财政局（以下简称“市财政局”）不履行法定职责，向江苏省高邮市人民法院提起诉讼称，南京某公司的投标文件《开标一览表》中的施工工期、免费保修期均为空白，当场所有参与投标的单位均向评委提出了口头的异议，认为南京某公司的投标未严格按规定格式填写，未实质性响应招标文件，应认定为废标，但评委视招标文件和法律的明文规定于不顾，违法确认南京某公司为第一中标人。而市财政局的所谓答复，

1　案例来源：（2014）扬行终字第00022号。

与法律规定不符，不是具体行政行为，上海某公司有理由认为，市财政局作为政府采购的主管部门，未纠正评委的违法评标行为，未处罚市教育局的违法施工行为，未担负起监管职责，反而持放任态度，对上海某公司的投诉未按照法律规定处理，为行政不作为，严重损害了上海某公司作为投标人的合法权益。后上海某公司向高邮市人民政府提起行政复议被驳回，故起诉，请求法院责令市财政局履行行政监督职责，重新作出具体行政行为，纠正违法评标行为，处罚违法施工行为，依法认定南京某公司投标为废标，确认上海某公司顺延为第一中标人。

被告答辩及观点

市财政局辩称，上海某公司请求我局"纠正违法评标行为"，我局无此行政职权，南京某公司在《开标一览表》中未填写工期、免费保修期，属于应在评标中解决的事项、当然应由评标委员会决定，评标委员会针对投标中出现的问题，经研究和复议，确认南京某公司中标有效，符合招标文件中的相关规定和法律规定。该评标结果，实现了最低价中标目的。上海某公司以招标文件第七章第2.2条、第2.3条、第3.5条件及《政府采购货物和服务招标投标管理办法》第四十一条为依据，认为南京某公司的投标应认定为废标，其主张不能成立。招标文件第七章第2.2条，仅是开标操作程序的一般规定，对上海某公司的主张没有实际意义。招标文件第七章第2.3条，是为了解决投标人报价差误如何处理而设定的,对南京某公司在《开标一览表》中漏填工期、保修期无约束力。招标文件第七章第3.5条，是对无效投标及废标作的规定。南京某公司在《开标一览表》漏填工期、保修期既已不认为是废标，该条对上海某公司的主张没有实质意义。根据《政府采购货物和服务招标投标管理办法》第四十一条，该条没有出现废标或中标无效字样，仅是解决投标报价出现不一致如何处理。同样，对上海某公司的主张没有实质意义。对上海某公司的投诉，市财政局履行了监督管理职责。请求法院驳回上海某公司的诉讼请求。

法院裁判及观点

招标文件并未将在《开标一览表》漏填工期和免费保修期规定为重大偏差，南京某公司《开标一览表》的填写是有瑕疵的，评标委员会认为南京某公司投标文件售后服务中有免费保修期承诺、施工进度表中有工期承诺的阐述内容，已对招标文件作出了实质性响应，一致认为南京某公司投标有效，并在投标文件符合性审查表中说明了确认的原因，五个评委均签字。法院认为评标委员会认定南京某公司投标有效符合招标文件和法律法规规定。综上所述，法院判决驳回上海某公司的诉讼请求。

案例评析 CASE ANALYSIS

投标文件偏差分为重大偏差和细微偏差，《开标一览表》未填写工期及保修期不属于法定重大偏差的情形，同时本案招标文件亦未将此种情形规定为重大偏差。因此，《开标一览表》未填写工期及保修期属于细微偏差，即存在一定的漏项，但不会影响到招标结果，不影响投标文件的有效性。评标委员会认定投标人已经实质性响应投标文件并无不当。

五、对投标文件所投产品的争议

供应商所投标的产品和服务应满足招标文件的实质性要求，实践中，对投标文件所投产品是否响应招标文件实质性要求，也是争议的热点之一。财政部门应依据招标文件的规定、投标文件的内容及评审报告，审查评标过程是否合法、合规。

【案例 50[1]】所投产品为进口货物被认定无效投标，是否合法

关 键 词：进口货物 / 拆开投标 / 无效投标

案例要点：招标文件禁止采购进口产品，投标人所投产品之一为进口产品，该产品为采购项目不可分割的一部分，显然不符合招标文件的禁止性规定，应认定为无效投标。

招标、质疑、投诉、复议情况

受采购人的委托，采购代理机构于 2014 年 1 月 3 日针对案涉项目发布招标公告。北京某公司投标，其投标文件中包含数字化医用 X 射线摄影系统的医疗器械注册证及医疗器械产品生产制造认可表、医用多介质干式打印机的医疗器械注册证。其中，医用多介质干式打印机的医疗器械注册证中显示该打印机的注册号为国食药监械（进）字 2011 第 1313899 号，生产公司为美国 Codonics，Inc。经评标委员会初步审核，因北京某公司所投产品部分为进口产品，不符合招标文件的规定，初审未通过。2014 年 1 月 24 日，采购代理机构发布中标公告，北京某公司未中标。

2014 年 1 月 28 日，北京某公司向采购代理机构质疑，以其所投产品符合招标文件要求为由请求采购代理机构对本次投标文件重新进行评测。2014 年 2 月 10 日，采购代理机构答复北京某公司，其投标被评标委员会评审为无效投标的原因是北京某公司所投多介质干式打印机为进口产品，不符合招标文件规定；其他投标人的投标货物均有制造厂商授权

1 案例来源：（2015）三中行终字第 91 号。

书和注册证，满足招标文件及政府采购有关法律法规的要求。

北京某公司对采购代理机构的答复不满，于2014年2月25日向北京市顺义区财政局（以下简称“区财政局”）投诉，请求对本次投标单位的投标文件重新进行评测。2014年4月3日，区财政局作出投诉处理决定。北京某公司不服，于2014年4月28日向北京市财政局申请行政复议，该局于2014年7月1日作出行政复议决定，维持了区财政局作出的投诉处理决定。

行政诉讼一审情况

一审判决认为，本次招标产品除了与包括设备名称基本相同的数字化医用X射线摄影系统外，还包括中文报告工作站、医用多介质干式打印机。又因招标文件明确禁止采购进口产品，且投标人不得将一包内的产品拆开投标，故投标人所投的数字化医用X射线摄影系统、中文报告工作站、医用多介质干式打印机均应当为国产产品。北京某公司以拥有独立医疗器械注册证的进口产品——医用多介质干式打印机进行投标明显不符合招标文件要求。因此，区财政局作出投诉处理决定认定事实清楚，其主要执法程序合法，驳回北京某公司投诉的处理方式符合规定。北京某公司的诉讼请求缺乏事实及法律依据，一审法院不予支持。依照《最高人民法院关于执行〈中华人民共和国行政诉讼法〉若干问题的解释》第五十六条第（四）项的规定，判决驳回北京某公司的全部诉讼请求。

行政诉讼二审情况

北京某公司不服一审判决，提起上诉。二审法院认为，关于涉案招标产品是否必须为国产及涉案招标产品是否可以拆开投标的问题。二审法院认为采购代理机构针对案涉项目发布的招标公告及招标文件规定，若投标人须知资料表中未写明允许采购进口产品，如投标人所投产品为进口产品，其投标将作为无效投标被拒绝。从该投标文件中判定，本案投标产品均应为国产产品。案涉项目招标文件规定：投标人可对招标文件中货物需求一览表所列的所有货物进行投标，也可只对其中一包或几包货物进行投标，除非在投标人须知资料表中另有规定。但无论如何，均不得将一包中的内容拆开投标。案涉项目招标的包设备名称为“医用X射线摄影系统”，本次招标产品除了数字化医用X射线摄影系统外，还包括中文报告工作站、医用多介质干式打印机。又因招标文件明确禁止采购进口产品，且投标人不得将一包内的产品拆开投标，故投标人所投的数字化医用X射线摄影系统、中文报告工作站、医用多介质干式打印机均应当为国产产品。北京某公司以拥有独立医疗器械注册证的进口产品——医用多介质干式打印机进行投标不符合招标文件的规定。

关于北京某公司认为投标结果无效并要求对于投标结果重新评判问题。二审法院认为北京某公司所投产品部分为进口产品，不符合招标文件的规定，其初审并未通过，未能进入综合评审。

综上所述，区财政局作出的投诉处理决定认定事实清楚、证据确凿，主要执法程序合法，一审法院判决驳回北京某公司的全部诉讼请求并无不当，二审法院予以维持。北京某公司的上诉请求缺乏事实和法律依据，二审法院不予支持。据此判决驳回上诉，维持一审判决。

案例评析 CASE ANALYSIS

招标文件规定明确规定投标人可对其中一包或几包货物进行投标，但无论如何，均不得将一包中的内容拆开投标。本项目采购数字化医用X射线摄影系统配置中文报告工作站壹套，合格的医用多介质干式打印机壹台，因此医用多介质干式打印机与医用X射线摄影系统不可分割，不可分开投标。同时招标文件规定禁止采购进口产品，在没有区分说明的情形下，显然针对同一包的所有产品。而本案投标人投标产品包含的医用多介质干式打印机为进口产品，不符合招标文件的规定，未实质性响应招标文件，为无效投标。

第五节 对有关分包的争议

“财政部令第87号”第三十五条规定，投标人根据招标文件的规定和采购项目的实际情况，拟在中标后将中标项目的非主体、非关键性工作分包的，应当在投标文件中载明分包承担主体，分包承担主体应当具备相应资质条件且不得再次分包。从上述规定中可以看到，一是从分包内容看，只有非主体、非关键性工作才可以分包，主体的、关键性的工作只有投标人自己承担，由于对不同类型的货物、服务的主体、关键性工作认识不同，应当在招标文件或者投标文件中予以明确，以防范日后争议。二是从分包实施看，投标文件中应当载明分包内容和分包供应商，并提供分包供应商具备相应资质条件和证明材料。三是从分包次数看，分包供应商不得将其分包的内容再次分包给其他供应商。财政部“指导性案例23号:K单位X光机采购项目投诉案”[1]中认为,采购人可以综合专业要求、管理要求、政策要求等因素，对采购项目合理分包。

1 《指导性案例23号——K单位X光机采购项目投诉案》，载http://www.cgpnews.cn/articles/50967，最后访问日期：2020年6月20日。

【案例 51[1]】投标文件中未载明分包，投诉处理时辩称拟劳务分包，能否认定属于分包

关 键 词：分包 / 社保缴纳费用 / 中标结果无效

案例要点：中标人的人工费用报价，经计算社保缴纳费用达不到最低缴纳标准，中标人在投诉处理期间辩称拟采用劳务分包，因未在投标文件载明分包事项，应认定中标结果无效。

案情简介

安阳市政府采购中心（以下简称“采购中心”）于 2017 年 12 月 21 日对“安阳工学院日常保洁及楼宇值班项目”（以下简称“该项目”）进行公开招标，其中 A 标段有 17 家投标人参加投标，北京某公司中标。

中标结果公示后，东营市洁儿惠物业服务有限责任公司（以下简称“洁儿惠公司”）提出质疑，安阳工学院和采购中心进行了答复，洁儿惠公司对答复不满意，于 2018 年 1 月 26 日向安阳市财政局提起投诉。投诉事项中有：（1）北京某公司为谋取中标通过低报税率基数，低于合理成本报价，应认定其报价低于成本价为无效投标。（2）中标供应商北京某公司为谋取中标，投标报价中未按照法律法规要求足额缴纳社保，报价明显低于合理成本报价，应认定其报价无效。投诉请求中有：取消北京某公司中标资格，确定洁儿惠公司为第一中标供应商。

安阳市财政局经查，招标文件第二部分“采购人需求一、项目基本技术、服务要求，A、B 标段服务要求，三、保洁及值班服务项目要求及说明：10 和 C 标段服务要求 18：中标单位所聘员工要按“劳动合同法”的相关规定执行工资保险等待遇规定，如发生用工纠纷，一切责任和后果由中标单位自负，招标单位不承担任何责任。”据悉，2017 年 10 月 1 日该市最低工资标准调整为 1720 元 / 月，2017 缴费年度社保最低缴费基数为 2287 元 / 月，物业企业缴费费率五险共计 27.75%，为 635 元 / 月。

1. 关于洁儿惠公司的第二项投诉事项，根据 A 标段中标供应商北京某公司投标文件显示，该公司在 A 标段的 38 人的人工费用报价为 2 年共计 1807200 元，其中按其分项报价表计算的社保费用为 161352 元，未达到该市 2017 年度最低社保缴费标准，未能响应招标文件的要求。

北京某公司在质疑和投诉阶段的澄清函里所称的拟采用劳务外包的方式在其投标文件中并未提及，且其拟使用外包公司 30 人的服务亦不符合《政府采购货物和服务招标投标管理办法》（财政部令第 87 号）第三十五条和招标文件第三部分供应商须知三、投标文件

---

1 案例来源：安财购投〔2018〕6 号。

的编写 13. 投标文件格式 13.5："投标人根据招标文件的规定和采购项目的实际情况，拟在中标后将中标项目的非主体、非关键性工作分包的，应当在投标文件中载明分包承担主体，分包承担主体应当具备相应资质条件且不得再次分包"之规定。

综上所述，根据招标文件第三部分供应商须知五、开标和评标 28. 评标 28.6"评标委员会判断投标文件是否满足招标文件的实质性要求仅基于投标文件本身内容而不靠外部证据"之规定，北京某公司的投标没有响应招标文件的要求，其投标为无效投标。

2. 关于洁儿惠公司的第一项投诉事项，由于北京某公司的投标报价未能响应招标文件要求，其在质疑和投诉阶段的澄清函里所称的拟采用劳务外包的方式不予认可，因此，该公司在投标报价中关于因外包公司抵扣，税金以 3% 计提亦不成立，洁儿惠公司的该项投诉事项成立。

……

4.《政府采购法实施条例》第四十一条规定："评标委员会、竞争性谈判小组或者询价小组成员应当按照客观、公正、审慎的原则，根据采购文件规定的评审程序、评审方法和评审标准进行独立评审……"在本项目评审过程中，评标委员会未能按照法律和招标文件要求进行客观、公正的评审，本次采购活动违法。

综合以上事实，安阳市财政局认定洁儿惠公司的投诉事项成立，根据《政府采购法实施条例》第四十一条、《政府采购质疑和投诉办法》（财政部令第 94 号）第三十二条第一款第（二）项之规定，该局于 2018 年 3 月 13 日作出如下处理决定：该标段中标结果无效，责令重新开展采购活动，对该项目评标委员会未按规定评审的行为，该局另行处理。

案例评析 CASE ANALYSIS

1. 人工社保费用未达到最低社保缴纳标准，则未响应招标文件

涉案中标供应商在 A 标段的 38 人的人工费用报价为 2 年共计 1807200 元，其中按其分项报价表计算的社保费用为 161352 元，未达到该市 2017 年度最低社保缴费标准，显然未能实质响应招标文件的要求。

2. 未在投标文件载明拟分包及承担主体，中标后不得分包

投标人拟在中标后将中标项目的非主体、非关键性工作分包的，应当在投标文件中载明分包承担主体，否则不得于中标后擅自分包。涉案中标供应商提交的投标文件并未载明分包事项，而在投诉中，因社保缴纳费用问题，投诉人提出其拟采用劳务外包方式，显然不符合法律法规和招标文件的规定，辩称理由无法成立。财政部门应认定中标结果无效，责令重新开展采购活动。

第六节 对有关妨碍其他投标人竞争、损害采购人或者其他投标人合法权益的争议

“财政部令第 87 号”第三十六条规定，投标人应当遵循公平竞争的原则，不得恶意串通，不得妨碍其他投标人的竞争行为，不得损害采购人或者其他投标人的合法权益。在评标过程中发现投标人有上述情形的，评标委员会应当认定其投标无效，并书面报告本级财政部门。上述规定是对投标人行为的原则要求和不当行为的禁止性规定，对于“恶意串通”，《政府采购法实施条例》第七十四条列举了 7 种情形其中该条第（七）项是“兜底”条款规定；对于“妨碍其他投标人的竞争行为”“损害采购人或者其他投标人的合法权益”，《政府采购法》第七十七条、《政府采购法实施条例》第七十二条可以理解为列举了 13 种情形，但法律法规并未指明其属于“妨碍其他投标人的竞争行为”“损害采购人或者其他投标人的合法权益”。在政府采购实践中投标人未遵循公平竞争原则的情形经常出现，极易引起争议。

【案例 52[1]】投标人报价明显低于其他投标人报价却中标，应如何处理

关 键 词：低价中标 / 公平竞争 / 无效投标

案例要点：投标人投标低于成本价违反公平竞争原则，应认定为无效投标。评审委员会评标时发现明显低于其他投标人的报价，应要求报价人书面说明以证明报价合理性。

案情简介

投诉人南京某数据技术公司对采购代理机构某咨询公司组织的苏州卫生职业技术学院共享数据中心平台建设项目（以下简称“该项目”）投诉，投诉事项为：（1）该项目中标供应商江苏某公司为谋取中标结果恶意低价竞标；（2）江苏某公司的相关证书处于暂停状态，在评审中所获得的 2 分应当无效。应认定该项目的中标结果无效，重新推选中标候选人。

江苏省财政厅经审查认为，该采购项目预算金额为 120 万元，4 家供应商递交投标文件，投标报价分别为：上海某公司 109 万元、南京某数据技术公司 82 万元、江苏某公司 20 万元、北京某公司 1.2 万元。评标委员会评标时，既无对于江苏某公司、北京某公司的投标

1 案例来源：苏财采〔2019〕30 号。

报价明显低于其他通过符合性审查投标人报价的认定记录，也无认为其不可能影响产品质量或者能够诚信履约的记录，未要求江苏某公司、北京某公司提供报价合理性的书面说明，违反了《政府采购货物和服务招标投标管理办法》(财政部令第 87 号）第六十条规定。

经查,该项目“投标报价表”中规定:1 主数据管理平台及移动端、2 数据服务总线平台、3 师生个人数据中心、4 数据分析工具、5 主题数据分析、6 学生预警中心、7 业务系统集成服务、8 学校信息化建设方案支持。招标文件第六章“评分要点”中规定：“满足采购文件要求提供至少 2 名入职 2 年及以上的实施人员的现场驻场，驻场时间不少于 2 年的基础上每免费延长一年，加 2 分，最高的 4 分。”江苏某公司在投标文件中承诺，提供至少 2 名入职 2 年及以上的实施人员的现场驻场,驻场时间为 4 年;北京某公司在投标文件中承诺，提供两名入职 2 年以上实施人员驻场且驻场时间为 4 年。

采购人表示：要求该项目中标供应商提供驻场服务，在工作时间内只允许做学校的服务工作。根据苏州市人力资源和社会保障局《关于调整苏州市最低工资标准》规定：“苏州市区、张家港市、常熟市、太仓市、昆山市均执行江苏省一类地区月最低工资标准，由原来 1940 元 / 月调整为 2020 元 / 月”，苏州市人力资源和社会保障局《关于公布 2018 结算年度社会保险缴费基数的通知》规定：“2018 年度参加我市企业职工社会保险的单位和职工缴纳社会保险费的基数上限为 263556 元（21963/ 月）；缴费基数下限为 36360（3030/ 月）。”

上述文件可计算出江苏某公司、北京某公司驻场的 2 名工作人员 4 年的人工工资费用与社保费用至少为（2020+892.3）×2×12×4=279580.8 元，该最低人工费用已明显高于北京某公司的 1.2 万元报价以及江苏某公司的 20 万元投标报价。

为进一步查明有关事实，该厅于 2019 年 7 月 4 日组织该项目的原评标委员会对投诉事项进行论证并形成《专家论证意见》，认为北京某公司、江苏某公司的报价属于偏低价，江苏某公司属于低价中标。因此，北京某公司、江苏某公司的投标报价明显低于成本价，违背了公平竞争的原则,其行为违反了《中华人民共和国价格法》第十四条第一款第(二)项、《政府采购货物和服务招标投标管理办法》(财政部令第 87 号）第三十六条第一款的规定，北京某公司与江苏某公司低于成本的投标报价影响了整个评标结果。

综上所述，南京某数据技术公司投诉事项成立，影响中标结果，但其要求“评标委员会根据相关规定重新推选中标候选人”的投诉请求，没有法律依据。该厅于 2019 年 7 月 10 日作出如下处理决定：根据投诉和审查结果，依据《政府采购法》第五十六条和《政府采购质疑和投诉办法》第三十二条的规定，认定投诉事项成立，中标结果无效，重新开展采购活动。

案例评析 CASE ANALYSIS

1. 评标委员会应要求明显低于其他报价的投标人作出书面说明，以证明报价合理性，不能证明按投标无效处理

评标时，评标委员会发现投标人的报价明显低于其他投标人报价，有可能影响产品质量或不能诚信履约的，应当要求投标人提供书面说明或者证明材料，否则评标委员会应将其作无效投标处理。本案，四家投标人报价为 109 万元、82 万元、20 万元、1.2 万元。显然，20 万元、1.2 万元与其他投标人报价有巨大差距，而评标委员会未要求这两家投标人作出说明，不符合规定。同时，根据招标文件要求，经计算项目最低人工费用已经超过 20 万元，所以 20 万元、1.2 万元明显低于成本价，不具有基本履约能力，应作为无效投标处理。

2. 公平竞争是政府采购的基本原则，违反则投标无效

公平竞争原则是《政府采购法》规定的基本原则，主要表现为供应商不得恶意串通，不得妨碍其他投标人的竞标行为，不得损害采购人或其他投标人的合法权益，违反则按投标无效处理。本案，两家投标人的报价明显低于成本价，尤其 1.2 万元已经远远低于成本价。很明显，存在恶意报价的行为，损害了其他投标人的合法权益，违反了公平竞争的原则。因此，两家供应商应按无效投标处理。

第七节 对有关串通投标的争议

根据《政府采购法》第七十七条第一款第（三）项规定，供应商与采购人、其他供应商或者采购代理机构恶意串通的，处以采购金额千分之五以上千分之十以下的罚款，列入不良行为记录名单，在一至三年内禁止参加政府采购活动，有违法所得的，并处没收违法所得，情节严重的，由工商行政管理机关吊销营业执照；构成犯罪的，依法追究刑事责任，中标、成交无效。

《政府采购法实施条例》第七十四条规定，有下列情形之一的，属于恶意串通，对供应商依照政府采购法第七十七条第一款的规定追究法律责任，对采购人、采购代理机构及其工作人员依照政府采购法第七十二条的规定追究法律责任：（1）供应商直接或者间接从采购人或者采购代理机构处获得其他供应商的相关情况并修改其投标文件或者响应文件；（2）供应商按照采购人或者采购代理机构的授意撤换、修改投标文件或者响应文件；（3）供应商之间协商报价、技术方案等投标文件或者响应文件的实质性内容；（4）属于同一集团、协会、商会等组织成员的供应商按照该组织要求协同参加政府采购活动；（5）供

应商之间事先约定由某一特定供应商中标、成交；（6）供应商之间商定部分供应商放弃参加政府采购活动或者放弃中标、成交；（7）供应商与采购人或者采购代理机构之间、供应商相互之间，为谋求特定供应商中标、成交或者排斥其他供应商的其他串通行为。“财政部令第 87 条”第三十七条规定，有下列情形之一的，视为投标人串通投标，其投标无效：（1）不同投标人的投标文件由同一单位或者个人编制；（2）不同投标人委托同一单位或者个人办理投标事宜；（3）不同投标人的投标文件载明的项目管理成员或者联系人员为同一人；（4）不同投标人的投标文件异常一致或者投标报价呈规律性差异；（5）不同投标人的投标文件相互混装；（6）不同投标人的投标保证金从同一单位或者个人的账户转出。

一、有关投标文件编制、投标事宜办理、管理或联系人员同一的争议

“财政部令第 87 条”第三十七条第（一）、（二）、（三）项规定，不同投标人的投标文件由同一单位或者个人编制的，不同投标人委托同一单位或者个人办理投标事宜的，不同投标人的投标文件载明的项目管理成员或者联系人员为同一人的，都视为投标人串通投标，其投标无效。

（一）不同投标人的投标文件由同一单位或者个人编制

在实践中对此情形，一般是在资格性审查、符合性审查以及评审时发现的。发现此情形时，应当将编制投标文件与提供投标文件中的部分材料相区别，例如，不同投标人提供了同一制造商的产品，投标文件中产品说明书、售后服务承诺书、制造商授权书、制造商资格资质材料等，如果相同或者雷同，不能视为由同一单位或者个人编制投标文件。

（二）不同投标人委托同一单位或者个人办理投标事宜

这种情形一般在投标人投标过程中被采购人、采购代理机构或者其他供应商发现。这里的办理投标事宜，是指办理投标手续、领取或购买招标文件、递交投标文件、进行投标澄清、补充、修改、撤回等行为。但是，不同投标人委托同一家印刷公司印刷、同一家快递公司递送投标文件、同一家货运公司运输样品、同一家银行汇出投标保证金，等等，不能视为办理投标事宜。

【案例 53[1]】6 家投标人投标样品由同一车辆运输至评标现场参与投标，是否为串通投标

关 键 词：投标样品 / 委托同一单位运输 / 串通投标

1 案例来源：洛阳市财政局政府采购投诉处理决定书〔2019〕第 9 号。

案例要点：不同投标人委托同一单位或个人运输投标样品至投标现场即离开，未实质参与招投标活动，不属于委托同一单位或个人办理投标事宜的情形，不视为串通投标。

案情简介

2019年8月7日，西安某公司对洛阳市文物局二里头遗址博物馆陈列展柜制作与安装工程项目采购过程提出质疑，采购代理机构中资国际工程咨询集团有限责任公司进行了答复，西安某公司对答复不满意，于2019年8月14日向洛阳市财政局进行投诉称，西安某公司拍摄发现中标供应商天津某公司与其他5家供应商的投标样品，由同一车辆运输至评标现场参与投标，西安某公司认为天津某公司与其他5家公司存在串通投标行为。

洛阳市财政局经审查认为，根据《政府采购法实施条例》第七十四条规定的恶意串通情形、《政府采购货物和服务招标投标管理办法》（财政部令第87号）第三十七条规定的视为投标人串通投标情形，供应商的投标样品由同一车辆运输至评标现场参与投标不能认定为恶意串通情形或视为投标人串通投标情形，该投诉事项不成立。

案例评析 CASE ANALYSIS

不同投标人委托同一单位或者个人办理投标事宜的，视为串通投标。投标事宜应主要包括编制投标文件、投递投标文件，参加开标评标现场活动等。那么配合投标的辅助性事项，如不会实质参与到投标到评标结束的任一过程，不具有影响招标活动公平公正的可能性，不应视串通投标。本案，中标供应商与其他5家供应商的投标样品，由同一车辆运输至评标现场参与投标，即不同投标人委托同一单位运输投标样品至现场即离开，因未实质参与投标活动，仅仅起到运输的作用，对投标活动无实质影响。因此，不属于不同投标人委托同一单位或者个人办理投标事宜的情形，不视为串通投标。除此之外，亦不属于恶意串通或者其他视为串通投标的情形。

（三）不同投标人的投标文件载明的项目管理成员或者联系人员为同一人

此情形一般是在资格性审查、符合性审查以及评审时发现。项目管理成员或者联系人员，都是投标人指派的关键人员，不同投标人不能指派同一人。项目管理成员，一般包括投标授权代表、项目经理（负责人）、技术负责人、商务负责人等管理成员。联系人员，是指具体办理投标事项的联系人。而从外单位聘请的专家学者、设计师、技术顾问等人员，如果出现相同或者雷同，则不能视为同一人。

【案例54[1]】两中标候选人在国家企业信用信息公示系统等网站所留电话号码一致，是否能视同串通投标

关键词：电话号码一致/投标文件同一联系人/视为串通投标

案例要点：不同投标人在相同网站所留电话一致，与投标无直接联系，不能直接证明串通投标。但不同投标文件载明的项目管理成员或者联系电话一致，则视为串通投标。

投诉及处理情况

宝鸡市政府采购中心代理的"宝鸡市中心医院重症监护型救护车采购项目（以下简称"该项目"），西安蓝港数字医疗科技股份有限公司（以下简称"西安某公司"）于2018年6月1日提出质疑，宝鸡市政府采购中心于6月11日进行了质疑答复。西安某公司对质疑答复不服，向宝鸡市财政局投诉称，第一预中标供应商山西某科技公司、第二预中标供应商山西某服务公司属于单位负责人为同一人或者存在直接控股、管理关系的不同供应商或属于同一集团、协会、商会等组织成员的供应商之情况，存在恶意串通行为，致使采购项目的中标结果损害了我公司作为投标人的合法权益。投诉请求为：取消山西某科技公司、山西某服务公司的投标资格、中标资格。

山西某科技公司、山西某服务公司分别书面答复称：该手机号及邮箱为太原某咨询公司职工冯某的手机和邮箱联系方式，太原某咨询公司为其委托办理工商注册、年报、证件办理等业务的公司。太原某咨询公司也书面答复称，该公司是一家专业代理记账、代办企业年报及各类资质的公司，手机号邮箱为其职工冯某的联系方式，由冯某实际使用。另，山西某科技公司书面答复称：其在人员紧缺情况下会委托冯某代办合同签订等事宜，因冯某不是该公司在职职工，代办合同签署时该公司要求写公司法定代表人卜某的名字，留的联系方式是冯某本人的手机号码。

经查询国家企业信用信息公示系统，未发现证据表明山西某科技公司、山西某服务公司属于"单位负责人为同一人或者存在直接控股、管理关系"或者"属于同一集团、协会、商会等组织成员"。另查明：山西某科技公司和山西某服务公司的投标文件中，载明的本项目配备人员存在姓名同为王某、手机号码相同人员，属于《政府采购货物和服务招标投标管理办法》（财政部令第87号）第三十七条第（三）项规定的"不同投标人的投标文件载明的项目管理成员或者联系人员为同一人"的情形。

---

1 案例来源：宝市财办采〔2018〕10号。

该局认为，西安某公司提供的事实依据以及现有证据，不足以证明山西某科技公司、山西某服务公司存在《政府采购法实施条例》第十八条第一款“单位负责人为同一人或者存在直接控股、管理关系”规定之关联企业投标情形，或者存在《政府采购法实施条例》第七十四条第（四）项“同一集团、协会、商会等组织成员的供应商按照该组织要求协同参加政府采购活动”规定之恶意串通情形，但山西某科技公司、山西某服务公司存在《政府采购货物和服务招标投标管理办法》（财政部令第 87 号）第三十七条第（三）项规定之视为串通投标情形，投诉事项成立。宝鸡市财政局于 2018 年 7 月 23 日作出投诉处理决定如下：

根据《政府采购货物和服务招标投标管理办法》（财政部令第 87 号）第三十七条第（三）项之规定，视为投标人山西某科技公司、山西某服务公司串通投标，其投标无效。

根据《政府采购质疑和投诉办法》（财政部令第 94 号）第三十二条第一款第（二）项之规定，责令采购人重新开展采购活动。

案例评析 CASE ANALYSIS

1. 不同投标人对外网站所留联系方式一致，不应直接认定为关联企业或存在恶意串通

不同投标人在国家企业信用信息公示系统等对外网站所留联系电话一致，如无其他证据，不能直接证明单位负责人为同一人或者存在直接控股管理关系，属于同一集团、协会、商会等组织成员。本案经查证，山西某科技公司、山西某服务公司皆委托太原某咨询公司为其办理工商注册、年报、证件办理等业务，对外所留联系方式为太原某咨询公司员工电话。此种情形属于不同投标人委托同一单位或者个人办理除了投标以外的其他事宜的，因与投标无直接联系，不应视为串通投标。

2. 不同投标人的投标文件载明的项目管理成员为同一人，视为串通投标

政府采购法律法规坚决禁止恶意串通损害他人利益的行为，不仅投标无效，还应对之行政处罚。实践中，恶意串通可能难以直接认定，要结合投标文件、企业情况、保证金等内容进行判断。本案，山西某科技公司和山西某服务公司的投标文件中，载明的本项目配备人员存在姓名同为王某、手机号码相同的人员。显然属于不同投标人的投标文件载明的项目管理成员或者联系人员为同一人时，视为投标人串通投标的情形。因此，投诉事项成立且影响了中标结果，财政部门应认定其中标无效，并决定是否重新开展采购活动。

二、有关投标文件异常一致或者投标报价呈规律性差异的争议

“财政部令第 87 条”第三十七条第（四）项规定，不同投标人的投标文件异常一致或

者投标报价呈规律性差异的，视为投标人串通投标，其投标无效。在实践中，下列情况不能视为异常一致，一是按照招标文件提供的格式出现一致，二是确有证据证明从同一信息来源获取，三是确有证据证明剽窃他人投标文件。对于投标文件中错误的相同或者雷同，投标文件中大篇幅的相同或者雷同，则应由异常一致的各方予以说明并举证，否则应视为串通投标。

【案例55[1]】投诉两家供应商投标文件部分内容一致，财政部门应如何处理

关 键 词：投标文件/异常一致/串通投标

案例要点：不同投标文件内容存在不属于巧合的一致性时，属于异常一致，应视为串通投标。财政部门认定投诉事项成立的同时，如合格供应商不符合法定数量，应责令重新开展采购活动。

案情简介

某市政府采购中心（以下简称“采购中心”）代理了“某市妇联妇女技能（“吉林三姐”）培训项目”的公开招标采购。2018年9月12日，吉林市草根营职业技能培训学校有限责任公司（以下简称“草根营公司）对该项目的中标结果进行质疑，采购中心于2018年9月17日对质疑事项进行答复。

草根营公司对质疑答复不满意，于2018年10月9日投诉至政府采购监督管理机关。该机关查明，在第10标段中，某市新生活职业培训学校和乾安县秀兵职业培训学校的投标文件异常一致，经评审委员会认定为串通投标并取消两家供应商投标资格，响应招标文件的供应商不足3家，作废标处理。

该机关认为，两家投标供应商的投标文件（技术与售后服务部分和报价部分）中第六部分“项目培训实施方案”、第七部分“服务应答表”异常一致。依据《政府采购货物和服务招标投标管理办法》（财政部令第87号）第三十七条：“有下列情形之一的，视为投标人串通投标，其投标无效：……（四）不同投标人的投标文件异常一致或者投标报价呈规律性差异……”2018年11月20日，该机关作出投诉处理决定书，其中认定了该两家供应商串通投标。

1 案例来源：松财采购投诉〔2018〕4—5号。

案例评析 CASE ANALYSIS

1. 投标文件内容有不属于巧合的一致性，视为串通投标

不同投标人的投标文件存在异常一致的情形，则视为投标无效。以一个智力健全精神正常的成年人的角度来看，投标文件部分内容存在不可能属于巧合的一致性则为异常一致。在本案中，两家投标供应商的投标文件（技术与售后服务部分和报价部分）中第六部分“项目培训实施方案”、第七部分“服务应答表”异常一致，属于上述情形，应视为投标无效。

2. 实质性响应供应商不足 3 人，应责令重新开展采购活动

投诉事项成立且影响中标结果，财政部门应认定中标无效，因两家供应商投标无效从而实质响应供应商不足三人，所以合格供应商不符合法定数量，同时应责令重新开展采购活动。

三、有关不同投标人的投标文件相互混装的争议

“财政部令第 87 条”第三十七条第（五）项规定，不同投标人的投标文件相互混装的，视为投标人串通投标，其投标无效。投标文件相互混装，是指两个或者两个以上投标人的投标文件中的材料，相互装订、彼此夹带，有几种情形：一是两家或者几家材料，相互装订、夹带了其他投标人的材料；二是一家或者几家装订、夹带了其他投标人的材料，被他们装订、夹带材料的投标人的投标文件未夹带其他投标人的材料；三是两家或者几家材料没有相互装订、夹带的情形，但有公章的混盖的情况；四是混盖的公章不是投标人单位备案的公章，也没有证据证明该公章被投标人单位使用过。对于诸如此类的问题，除上述第一种情形是明文规定视为串通投标的，对于其他情形则容易产生争议。笔者认为，出现其他三种情形，应当由涉嫌投标文件相互混装的各方投标人予以说明并举证，不能作出合理说明或者举证的，应当结合投标文件中的其他材料、投标保证金的汇出情况等，进行综合分析，作出认定。财政部“指导案例 6 号：×× 设备购置采购项目举报案”[1] 中认为，为维护公开、公平、公正的政府采购秩序，供应商应当依照各自的条件和能力，依法、诚信、独立地参与政府采购活动，不得为谋取特定供应商中标、成交而进行恶意串通。公章具有代表公司意志的法律效力，在政府采购活动中，供应商应当对盖有本公司公章的投标材料的真实性、合法性负责。不同投标人的投标文件或响应文件混盖公章，又无法提供合理解释的，相当于不同投标人的投标文件相互混装，属于《政府采购法实施条例》第七十四条第（七）项规定的供应商之间为谋求特定供应商中标、成交的串通行为。

---

1 《指导案例 6 号：XX 设备购置采购项目举报案》，载 http：//www.ccgp.gov.cn/aljd/201711/t20171120_9187972.htm，最后访问日期：2020 年 6 月 20 日。

【案例 56[1]】两家供应商投标文件相互混装，其中一家供应商称投标文件中所用印章和授权书系伪造，应如何处理

关 键 词：相互混装 / 印章伪造 / 串通投标

案例要点：供应商提交了投标保证金，授权代表参加了采购活动，如无其他证据证明印章和授权系伪造，提交投标文件应视为供应商行为。该投标文件与其他供应商的投标文件存在相互混装的情形，视为串通投标，投标无效，还应另行进行行政处罚。

招标、处罚、复议情况

2016 年 6 月，南京市公共资源交易中心发布南京城市职业学院报关实训教学软件项目（以下简称“该项目”）采购公告。2016 年 6 月 21 日上午，共有广东某公司、广西某公司等三家供应商递交投标文件。在资格性审查时，发现广西某公司和广东某公司的投标文件封面和封内文件出现混装。南京市财政局经过调查，于 2017 年 2 月 15 日作出行政处罚告知书并送达给广东某公司。广东某公司于 2017 年 2 月 28 日作出“法人代表声明函”和“情况说明”并提交给该局，但未要求听证。2017 年 11 月 27 日，南京市财政局对广东某公司作出处罚决定，认定该公司在参与该项目采购活动中，投标文件与广西某公司投标文件相互混装，具有与其他供应商恶意串通的情形。根据《政府采购法》第七十七条第一款第三项规定，决定对广东某公司处以 800 元罚款，并将广东某公司列入不良行为记录名单，在一年内禁止参加政府采购活动。

广东某公司不服处罚决定，向江苏省财政厅申请复议。该厅于 2018 年 3 月 21 日作出复议决定，维持处罚决定。

原告诉求及观点

广东某公司于 2018 年 3 月 30 日向南京铁路运输法院提起行政诉讼称：（1）处罚决定事实认定不清，程序违法。原告没有提交投标文件。原告支付投标保证金后，经评估认为难度太大，没有进行下一步标书的制作、投标。投标文件所加盖的“公章”系他人冒用原告名义进行投标。原告虽然存在使用多枚公章参与不同政府采购项目的情形，但均有合法原因。截至目前，原告因故曾先后使用过三枚公章，均经过有效备案。原告的法定代表人从未在该项目的投标文件上签字，原告已就私刻公章向广州市天河区公安机关报案。原告从未收到过行政处罚告知书，原告的程序权利没有得到保障。原告是通过其他途径听说被投诉串通投标、可能被行政处罚后，原告的法定代表人赶到南京，向南京市财政局当面作

1　案例来源：（2018）苏 8602 行初 506 号。

了部分陈述、说明。（2）复议决定事实认定不清。欧阳某虽然为原告名义上的员工，但原告未授权其参与投标，欧阳某所持公章和授权委托书均系伪造。原告虽然提交投标保证金，没有明确表示不参加投标，但原告以实际行为表明不参与投标，江苏省财政厅认定原告实际参与投标于法无据。综上，请求法院判决撤销处罚决定和复议决定。

被告答辩及观点

南京市财政局辩称：首先，原告已缴纳了保证金，南京市公共资源交易中心未收到原告退出本次政府采购活动或请求退还保证金的通知。其次，原告在规定期限递交了保证金、投标文件，其员工欧阳某也参与了采购活动。综上，请求法院驳回原告的诉讼请求。

被告江苏省财政厅辩称：该厅受理原告行政复议申请后查明了案件事实，有充分证据。还查明，2017 年 12 月 4 日，原告就盗用印章参与投标事项向广州市公安局天河区分局石牌派出所报案。2018 年 3 月 12 日，该所复函本厅称该案未予受理。原告未向本厅提供向其他公安部门报案的证据材料。该厅认为：（1）原告参加了该项目的投标。（2）原告的程序性权利已得到保障。（3）南京市财政局对原告作出的行政处罚并无不当。因此该厅认定，南京市财政局作出的处罚决定事实清楚、证据确凿、适用依据正确、程序合法、内容适当，依法予以维持。综上，请求法院依法予以驳回。

经审理查明：

2016 年 6 月 2 日，南京市公共资源交易中心（以下简称交易中心）发布该项目竞争性谈判采购公告。2016 年 6 月 13 日，交易中心收到付款人名称为广东某公司的“NJZC-2016I143 保证金”2000 元。2016 年 6 月 18 日，广东某公司向交易中心提交谈判申请及声明，授权其职工欧阳某代表广东某公司提交响应文件并参加谈判。2016 年 6 月 21 日，欧阳某向交易中心递交了投标文件。投标文件中有“法定代表人授权委托书”，委托其职工欧阳某为代理人，就该项目以广东某公司名义处理一切与之有关的事务。谈判小组在资格性审查时发现广东某公司和广西某公司投标文件中的资质材料存在明显的交叉、互相混装的情形，一致建议将广东某公司和广西某公司列入政府采购黑名单，此次招标作废标处理。

2016 年 6 月 22 日，竞争性谈判保证金被退回到广东某公司账户。南京市财政局对广东某公司涉嫌串通投标一案立案后，调取了投标文件、评审报告等材料、调查询问了欧阳某、饶某、熊某等人员。2017 年 2 月 15 日，南京市财政局作出行政处罚告知书，于 2017 年 2 月 22 日送达广东某公司的代理人欧阳某，欧阳某在送达回执上签字。2017 年 2 月 28 日，广东某公司作出法人代表声明函、情况说明，连同欧阳某 2016 年 7 月 29 日辞职信一并提交南京市财政局，表示未参加投标，请求南京市财政局核对公章，但未要求听证。

2017 年 3 月 15 日，南京市财政局向广东某公司的法定代表人吴某发出关于对单位公章进行司法鉴定的通知。2017 年 8 月 17 日，南京市财政局分别向广州市天河区工商行政管理局和广州公共资源交易中心调取了广东某公司注册登记时的公章和其他采购项目中使用的公章各一枚。2017 年 8 月 21 日，南京市财政局将调取的两枚公章印文和该项目中广东某公司印章印文一并提交南京市公安局物证鉴定所进行鉴定。2017 年 8 月 25 日，南京市公安局物证鉴定所作出宁公物鉴（文）字〔2017〕66 号物证鉴定书，鉴定意见表明前述三枚印文均不是同一枚印章盖印。

2017 年 11 月 27 日，南京市财政局对广东某公司作出处罚决定，认定广东某公司在参与该项目采购活动中，投标文件与广西某公司投标文件相互混装，具有与其他供应商恶意串通的情形，决定对广东某公司处以 800 元罚款，并将广东某公司列入不良行为记录名单,在一年内禁止参加政府采购活动。广东某公司缴纳了罚款。2017 年 12 月 4 日 18 时许，广东某公司法定代表人吴某向广州市公安局天河区分局石牌派出所报案，该派出所出具报警回执一份。广东某公司不服处罚决定，向江苏省财政厅申请复议。

江苏省财政厅经复议，于 2018 年 3 月 21 日作出复议决定，维持处罚决定。2018 年 3 月 30 日，广东某公司向该院提起本案行政诉讼。

另查明，广州市公安局天河区分局石牌派出所于 2018 年 3 月 12 日向江苏省财政厅作出情况说明一份，主要内容为：“经核查报案回执及报案人吴某案件情况，核实吴某于 2017 年 12 月 4 日到我所备案,称欧阳某盗用其公司印章在该项目投标。因案发地属南京市，该所不受理，已建议吴某前往案发地报案。又查明，南京市财政局于 2017 年 11 月 27 日对广西某公司作出宁财政府采购处罚字（2017 年）第 2 号行政处罚决定书。广西某公司不服该处罚决定，于 2017 年 12 月 26 日向南京市人民政府申请行政复议。南京市人民政府经复议，于 2018 年 3 月 19 日作出〔2017〕苏行复第 467 号行政复议决定书，维持了南京市财政局作出的宁财政府采购处罚字（2017 年）第 2 号行政处罚决定书。广西某公司未在法定起诉期限内向人民法院起诉。

该院认为：政府采购活动应当遵循公平竞争和诚实信用原则，投标人之间不得相互串通投标，不得损害招标采购单位或者其他投标人的合法权益。广东某公司被处罚决定课予行政处罚，起诉请求该院判决撤销处罚决定和复议决定，将法律关系恢复到上述行政行为作出之前的状态，故本案诉讼类型属于撤销之诉。

《政府采购法》第七十七条第一款规定：“供应商有下列情形之一的，处以采购金额千分之五以上千分之十以下的罚款，列入不良行为记录名单，在一至三年内禁止参加政府采购活动，有违法所得的，并处没收违法所得，情节严重的，由工商行政管理机关吊销营业执照；构成犯罪的，依法追究刑事责任：……（三）与采购人、其他供应商或者采购代理机构恶意串通的……”《招标投标法实施条例》第四十条规定：“有下列情形之一的，视为投标人相互串通投标：……（五）不同投标人的投标文件相互混装……”《江苏省政府采购供应商监督管理暂行办法》第二十条第一款规定："供应商有下列情形之一的，按不良行为记入该注册供应商诚信档案中：……（三）与采购人、采购代理机构或者其他供应商恶意串通的……"第三款规定："本办法第二十条所列的恶意串通，包括以下情形：……（十三）不同投标人的投标文件相互混装……"第四十五条第一款规定："供应商违反法律规定，有本办法第二十条第（一）至（六）项情形之一的，按照《政府采购法》第七十七条和《政府采购货物和服务招标投标管理办法》第七十四条规定进行处罚。"

本案的争议焦点主要在于：（1）存在混装情形的投标文件是否为广东某公司所提交；（2）南京市财政局是否向广东某公司送达了行政处罚告知书。本案中，广东某公司参加了该项目，缴纳了投标保证金，并授权其职工欧阳某代表其提交响应文件并参加谈判，而且从未明示放弃参加投标。因此，欧阳某向交易中心提交的投标文件存在混装，应当视为广东某公司的行为，由广东某公司承担责任。广东某公司委托其职工欧阳某处理一切与该项目有关的事务，则欧阳某于2017年2月22日签收行政处罚告知书，市财政局即完成了向广东某公司的送达。而且，广东某公司也已于2017年2月28日提出了陈述申辩。因此，该院对广东某公司的意见均不予支持。处罚决定和复议决定认定事实清楚、适用法律正确、行政程序合法，并无明显不当。

该院驳回原告的全部诉讼请求。

案例评析 CASE ANALYSIS

1. 采购代理机构有理由相信投标文件的真实性，如未涉及刑事处理，应视为投标人行为

采购人、采购代理机构不具有鉴别印章和授权委托书真伪的能力，对于供应商提交的符合招标文件的文件，有理由相信其真实性。广东某公司参加了该项目，缴纳了投标保证金，并授权其职工欧阳某代表其提交响应文件并参加谈判，而且从未明示放弃参加投标欧阳某亦参加了谈判并提交了谈判文件，应视为广东某公司的行为。同时，如果涉及刑事案件，应先处理刑事部分。但广东某公司就盗用印章参与投标事项向广州市公安局天河区分局石牌派出所报案，该所未予受理。而广东某公司未提供向其他公安部门报案的证据材料。因此，财政部门认定投标文件为广东某公司所提交并无不当。

2. 投标文件相互混装，视为串通投标，应如何处理

不同投标人的投标文件相互混装的，视为投标人串通投标。谈判小组在资格性审查时发现广东某公司和广西某公司投标文件中的资质材料存在明显的交叉、互相混装的情形，应视为串通投标。谈判小组应认定其投标无效。同时，实质响应的供应商不足3人，该项目作废标处理。除此之外，对于恶意串通的情形，财政部门应根据《政府采购法》作出行政处罚。

四、有关同一账户转出或者转入保证金的争议

“财政部令第 87 号”第三十七条第（六）项规定，不同投标人的投标保证金从同一单位或者个人的账户转出的，视为投标人串通投标，其投标无效。这种情形一般是在采购人、采购代理机构组织招标的过程中可以发现。上述规定对投标保证金从同一单位或者个人的账户转出的视为串通投标，但从不同单位转出，退回同一账户的，能否视为投标。笔者认为，应根据具体事实与证据进行综合分析。

【案例 57[1]】不同投标人的投标报价接近，投标保证金退回同一账户，能视为串通投标，能认定投标无效吗

关 键 词：投标保证金/退回账户一致/串通投标/投标无效

案例要点：因不同投标人的投标保证金退回同一账户，且相关投标人投标报价极其接近，呈规律性差异，应视为串通投标，其投标无效。

招标、处罚情况

2014 年 5 月 28 日，梧州某公司、藤县某公司、广西某公司参加了藤县和平镇人民政府委托广西翔正项目管理有限公司代理的项目的投标活动。该项目采购复合肥 360 吨，采购预算 245 万元。梧州某公司报价人民币 244.9908 万元，藤县某公司报价人民币 244.99908 万元，广西某公司报价人民币 244.99548 万元，最终梧州某公司以报价人民币 244.9908 万元，获得中标人资格。上述三家投标公司所缴纳的投标保证金全部退回到广西某公司法定代表人朱某个人账户。

梧州市审计局在藤县 2014~2015 年财政扶贫资金审计中发现，广西某公司在产业扶持项目政府采购招标中涉嫌相互串通投标，中共藤县纪律检查委员会向藤县财政局认为该复合肥采购项目涉嫌串标、围标，要求藤县财政局调查核实，严肃处理。

2016 年 12 月 1 日，藤县财政局对该复合肥采购立案调查，并展开调查取证。藤县财政局作出如下处罚：（1）处以该政府采购项目采购金额千分之十的罚款，该政府采购项目采购金额为人民币 244.9908 万元，该项罚款金额为人民币 24499.08 元；（2）列入不良行为记录名单，在三年内禁止参加政府采购活动。

原告诉求及观点

广西某公司对行政处罚决定不服，于 2017 年 9 月 11 日向广西壮族自治区藤县人民法

1 案例来源：（2017）桂 0422 行初 37 号。

院提起诉讼称，广西某公司没有与招标采购单位、其他投标人恶意串通的行为，藤县财政局所作的处罚决定缺乏依据，请求撤销藤县财政局行政处罚决定。

被告答辩及观点

藤县财政局辩称，广西某公司的投标保证金与梧州某公司、藤县某公司的投标保证金均退到广西某公司法定代表人朱某个人账户，三家投标单位投标报价呈规律性差异。认定广西某公司存在串通投标行为而作出的处罚证据确实、充分，适用法律法规正确。请求法院依法驳回广西某公司的诉讼请求。

法院裁判及观点

法院认为，广西某公司与梧州某公司、藤县某公司投标报价非常接近，且三家投标公司所缴纳的投标保证金全部退回到广西某公司法人朱某个人账户。综合全案事实与证据判断分析，应认定广西某公司存在串通投标行为，藤县财政局认定广西某公司在项目活动中存在串通投标行为的事实清楚，行政处罚恰当。广西某公司主张其公司不存在串通投标行为，理据不足，法院不予采信。判决驳回广西某公司的诉讼请求。

案例评析 CASE ANALYSIS

1.不同投标人的投标保证金退回同一账户，且相关投标人的投标报价非常接近，呈规律性差异，投标应当认定无效

在政府采购活动中，各投标人之间属于市场竞争关系，不同投标人的投标保证金退回同一账户虽不同于投标保证金从同一账户转出的法定串通投标情形，但已足以构成对投标人之间存在串通投标的合理怀疑。同时，本案中三个投标人的投标报价分别为244.9908万元、244.99548万元、244.99908万元，金额极其接近。因此，该三投标人之间存在串通投标的行为。

2. 有关是否可仅以不同投标人的投标保证金退回同一单位或者个人的账户为由认定存在串通投标行为的争议

“财政部令第87条”第三十七条第（六）项规定，不同投标人的投标保证金从同一单位或者个人的账户转出的，视为投标人串通投标。该条款明确禁止各投标人在开标之前的串通投标行为。但投标保证金的退回一般发生在确定中标人之后，此时，各投标人之间已不存在竞争关系，即使投标保证金退回同一单位或者个人的账户，也不必然代表各投标人在投标过程中即存在串通行为。同时考虑到各地市场大小，同行业投标人之间的日常经济往来，也不能排除各投标人委托同一人办理投标保证金退回手续相关事宜的可能性。因此，在无其他相关事实相互印证的前提下，不宜仅以投标保证金退回同一单位或者个人的账户即认定投标人在投标过程中存在串通行为。

五、有关串通投标查无实据的争议

未中标的供应商对其他供应商，特别是对中标供应商控告、检举的内容中，串通投标可说是司空见惯，但真正能够查实的非常少。这样就带来一方不依不饶指控，一方矢口否认对抗，是政府采购争议处理的难点之一。财政部“指导性案例 18 号：D 大学校园网基础设施改造更新工程项目举报案”[1]中认为，除法律法规明确规定的恶意串通情形外，财政部门可以依据合理怀疑进行调查，在仅有孤立的间接证据且不能形成证据链条的情况下，不应认定为恶意串通。

【案例 58[2]】针对中标供应商串通投标的质疑、投诉，在查无实据的情况下，应当如何处理

关 键 词：串通投标 / 质疑、投诉 / 证据不足 / 驳回投诉

案例要点：投诉人对其主张他人串标事项负有必要的举证责任，否则应承担举证不能的法律后果，其投诉不应得到支持。

招标、质疑、投诉、复议情况

2015 年 12 月 23 日，浙江省成套招标代理有限公司（以下简称“招标公司”）受浙江旅游职业学院的委托，就乘务训练设备（以下简称“该项目”）进行公开招标。西安某航空技术公司、西安某航空模拟公司、杭州某信息技术公司信息技术有限公司（以下简称“杭州某信息技术公司”）、西安某航空技术公司和西安某航空模拟公司相继投标。评标委员会经开标评审，推荐西安某航空模拟公司为第一中标候选人，西安某航空技术公司为第二中标候选人。2015 年 12 月 25 日，招标公司发布该项目中标结果公示，确定西安某航空模拟公司为中标人。

西安某航空技术公司于 2015 年 12 月 29 日向招标公司提出质疑，一是认为杭州某信息技术公司不是该项目的合格供应商，其经营范围为：“一般经营项目：计算机软硬件、计算机网络的技术开发、技术咨询、技术服务、成果转让；图文设计、制作（除广告）；其他无需报经审批的一切合法项目。”不涉及乘务训练设备相关专业的设计、生产、制造，也不具有履行合同所必需的专业设备和专业技术能力，注册资金只有 102 万元，少于该项目标的 123 万元。二是认为西安某航空模拟公司在多次多地政府采购中串通投标，相关案件正在查处中，不符合前述规定。综上，该项目符合专业条件的供应商或者对招标文件作

---

1 《D 大学校园网基础设施改造更新工程项目举报案》，载 http：//www.cgpnews.cn/articles/47239，最后访问日期：2020 年 6 月 20 日。

2 案例来源：（2016）浙 01 行初 250 号。

实质性响应的供应商不足三家，应予废标。

2016年1月8日，招标公司作出质疑答复：(1)杭州某信息技术公司取得了专业厂家的授权代理资格，符合“具有履行合同所必需的设备和专业技术能力”的要求。(2)《政府采购法》中没有相关的条款规定注册资金必须大于项目标的。(3)无法认定西安某航空模拟公司有重大违法记录。据此，质疑不能成立。

浙江省财政厅(以下简称“省财政厅”)于1月21日收到西安某航空技术公司寄送的《质疑函》，于2016年3月4日作出投诉处理决定，省财政厅认为：(1)除非采购文件有明确规定，不得仅以营业执照注明的经营范围中没有包括与采购项目相一致的内容而排除供应商参与该项目的政府采购竞争，但法律法规规定属于限制经营或需前置性经营许可的行业除外。该项目属设备采购项目，没有证据显示相关设备属限制经营或需前置性经营许可的行业，评标委员会根据该项目招标文件和杭州某信息技术公司投标文件认定其符合该项目合格供应商的要求，并无不当。(2)西安某航空技术公司提供的以西安某航空模拟公司为核心张某家庭公司结构图、有关西安某航空模拟公司串通投标的文字说明材料等，只是西安某航空技术公司对西安某航空模拟公司涉及有关行政案件或刑事案件的认识，尚不足以证明杭州某信息技术公司与西安某航空模拟公司在该项目采购过程中进行了串通投标，亦不能证明西安某航空模拟公司有《政府采购法实施条例》第十九条第一款所列的重大违法记录或被禁止参加政府采购活动的行政处罚记录。(3)本机关于2016年2月22日向西安某航空技术公司发出《调查举证通知书》，要求西安某航空技术公司提供西安某航空模拟公司相关项目中违法经相关部门依法认定或作出处理的行政处罚决定书、判决书等法律文书，以对相关事实作出调查认定。截止规定时间，西安某航空技术公司未向本机关补充举证。西安某航空技术公司也未提供证据，且此采购行为距现在已超过两年，按照《行政处罚法》第二十九条第一款等规定，已不能再给予其行政处罚。本机关也未发现杭州某信息技术公司与西安某航空模拟公司串通投标的有效证据。评标委员会根据西安某航空模拟公司投标文件认定其符合该项目合格供应商的要求，并无不当。综上，根据《政府采购法》第五十六条和《政府采购法实施条例》第十七条第（二）项的规定，决定驳回投诉。

西安某航空技术公司仍不服，向浙江省人民政府（以下简称“省政府”）申请行政复议。2016年6月6日，省政府作出行政复议决定，维持省财政厅作出的行政处理决定。

行政诉讼一审情况

西安某航空技术公司不服，以省财政厅、省政府为被告，向杭州市中级人民法院提起诉讼，杭州市中级人民法院于2017年6月16日作出行政判决。一审法院认为，西安某航空技术公司指称西安某航空模拟公司在多次多地政府采购中串通投标，并提供了西安某航空模拟公司涉入相关行政和司法案件以及西安某航空技术公司单方向有关部门投诉、举报、报案等的证据材料，却未能提交西安某航空模拟公司因此遭受相关职能部门刑事处罚或行政处罚的证据，因而未能证明西安某航空模拟公司于参加政府采购活动前三年内在经营活动中存在重大违法记录。及至省财政厅要求其限期提供相关证据，并告知其不能提供或者拒绝提供上述证据材料的法律后果，西安某航空技术公司仍然无法提供相关证据，在此情况下，应当视为没有相关证据，从而不能认定西安某航空模拟公司在多次多地政府采购中存在串通投标，不能认定其违反有关合格供应商的资格条件规定。综上所述，省财政厅作出的行政处理决定并无不当，省政府的复议程序符合法律规定。据此，依照《行政诉讼法》第六十九条之规定，判决驳回西安某航空技术公司的诉讼请求。

上诉人诉求及观点

西安某航空技术公司不服一审判决，向浙江省高级人民法院提起上诉称，在质疑和投诉过程中发现西安某航空模拟公司、杭州某信息技术公司和上海某公司串通投标证据，投标授权委托书。本次政府招投标项目从质疑和投诉的行政查处发生重大逆转，本案已远超行政案件查处范围，已是一起精心预谋和策划的恶性串通投标刑事犯罪案件。西安某航空模拟公司为获得非法利益，伙同上海某公司和杭州某信息技术公司在涉案项目中，相互约定，一直抬高投标报价，串通投标，非法获得政府招投标项目。

前述三家公司串通行为，主要表现如下：(1) 杭州某信息技术公司为何在本次政府第二次招标中突然参加。杭州某信息技术公司与本次政府采购不相干，第一次招标没有参与该项目，其业务范围不涉及乘务训练设备相关专业的设计、生产、制造。也不具有履行合同所必需的专业设备和专业技术能力。其自身根本无法编制本次投标文件。因西安某航空模拟公司伙同上海某公司在全国多地、多次串通投标犯罪，被西安某航空技术公司投诉和报案。在本次政府采购中，为避人耳目，以杭州某信息技术公司出面投标围标，拉抬投标报价，滥竽充数。但杭州某信息技术公司在该项目中获得上海某公司的产品投标授权，使得上海某公司浮出水面。(2) 上海某公司为何是本案关键证据？上海某公司是一个专职围标的空壳公司，其不具有履行合同所必需的专业设备和专业技术能力。上海某公司是张某一人独资公司，注册资金是 300 万元。西安某航空模拟公司注册资金为 3000 万元，张某股份为 500 万元，占总股本的 1/6。西安某航空模拟公司股东组成均为张某的亲属朋友。西安某航空模拟公司与上海某公司实质上是一个家族公司，上海某公司不做任何实际经营，完全用来串通投标围标。并且上海某公司在 2012 年浙江经济职业技术学院机安模拟系统竞争谈判中，以 60 万元中标，后其将中标合同转让给西安某航空模拟公司。(3) 张某为何是本案关键犯罪嫌疑人。张某实际是上海某公司和西安某航空模拟公司的直接控股人。

其不是一次串通投标犯罪，是惯犯。在许昌市财政局对“JZFCG-G2014042-2号C包”投诉事项的处理决定中，就认定张某具体实施了串通投标事实。张某利用上海某公司和西安某航空模拟公司以及西安某航空发展公司三个家族公司在多地、多次串通投标，疯狂作案，违法犯罪金额达数千元。(4)杭州某信息技术公司、上海某公司和西安某航空模拟公司在本案政府采购中涉嫌恶意串通投标，其相互约定，一致抬高投标报价，非法获取政府招标项目。上海某公司违法授权不具备资质的杭州某信息技术公司出面投标，统一制作标书，一致抬高投标报价，让西安某航空模拟公司高价中标。相关串通投标的证据包括以上三公司的工商查询、股东信息，投标授权委托书、投标文件，以及多次多地实施串通投标的事实证据等。其中西安某航空模拟公司和上海某公司仅在浙江旅游职业技术学院近年来的政府采购中（包括本案项目），就三次串通投标合计中标金额277万元。西安某航空模拟公司和上海某公司的串通投标犯罪案件相关要件齐备，完全符合《行政执法机关移送涉嫌犯罪案件的规定》，应依法将本案移交公安机关立案查处。省财政厅的处理决定书和省政府的行政复议决定，没有案件调查文件，没有任何证据文件，颠倒黑白，极力掩盖和包庇杭州某信息技术公司、上海某公司以及西安某航空模拟公司的恶意串通投标违法行为，已涉嫌渎职和包庇犯罪。杭州中院一审判决亦存在此问题。

被告答辩及观点

省财政厅辩称，截止规定时间，西安某航空技术公司未能向本机关进行补充举证。西安某航空技术公司未提供、西安某航空技术公司也未发现西安某航空模拟公司在浙江职业技术学院安检模拟系统和客舱服务训练采购项目中有相关法律法规规定属于恶意串通投标的具体证据或被禁止参加政府采购活动的行政处罚记录证据。西安某航空技术公司未提供、本厅也未发现杭州某信息技术公司与西安某航空模拟公司有法律法规规定属于恶意串通投标的有效证据。请求驳回上诉，维持原判。

省政府辩称，行政复议决定认定事实清楚、适用法律正确。

法院裁判及观点

西安某航空技术公司指称西安某航空模拟公司在多次多地政府采购中串通投标，并提供了西安某航空模拟公司涉入相关行政和司法案件以及西安某航空技术公司单方向有关部门投诉、举报、报案等的证据材料，却未能提交西安某航空模拟公司因此遭受相关职能部门刑事处罚或行政处罚的证据，因而未能证明西安某航空模拟公司于参加政府采购活动前三年内在经营活动中存在重大违法记录。并且，在省财政厅要求其限期提供相关证据，并告知其不能提供或者拒绝提供上述证据材料的法律后果，西安某航空技术公司仍然无法提供相关证据，在此情况下，应当视为没有相应证据，从而不能认定西安某航空模拟公司在多次多地政府采购中存在串通投标，不能认定其违反有关合格供应商的资格条件规定。

本案中，杭州某信息技术公司跟西安某航空模拟公司显然不是存在直接控股或管理关系的供应商。杭州某信息技术公司由于获得上海某公司产品授权后具备相应供货商的资格，而涉案政府采购发生时，上海某公司的独资股东张某确系西安某航空模拟公司的股东。在此情形下，是否形成杭州某信息技术公司和西安某航空模拟公司、杭州某信息技术公司串通投标的问题？鉴于杭州某信息技术公司获得的是上海某公司的产品授权，而非代表上海某公司进行投标，且根据相关投标文件，上海某公司的产品品牌是奇异鸟，产地是上海，而西安某航空模拟公司的产品品牌是XFAP，产地是西安。省财政厅作为政府采购招投标行为的监管机构，其主要审查杭州某信息技术公司与西安某航空模拟公司有无前述《政府采购法实施条例》第十八条的关联关系，至于产品授权者上海某公司是否因与西安某航空模拟公司存在关联关系以及是否审查杭州某信息技术公司与西安某航空模拟公司存在串通投标问题，省财政厅认为已超出其行政处理的审查范围，法院认为并无不当。

另外，西安某航空技术公司曾向杭州市公安局下城区分局举报杭州某信息技术公司、西安某航空模拟公司和上海某公司涉嫌违法串通投标，但杭州市公安局下城区分局一直未予立案，西安某航空技术公司又向上城区检察院提起刑事案件立案监督申请，上城区检察院截至目前亦未予以回应。在上述情形下，西安某航空技术公司要求省财政厅依据《行政执法机关移送涉嫌犯罪案件的规定》，依法查处杭州某信息技术公司、杭州某信息技术公司、西安某航空模拟公司恶意串通投标行为的诉求，缺乏相应依据，法院不予支持。

综上，西安某航空技术公司的上诉理由，缺乏相应事实与法律依据，法院不予采纳。一审判决认定事实清楚，适用法律正确，审判程序合法，依法应予维持。依照《行政诉讼法》第八十九条第一款第（一）项之规定，判决驳回上诉，维持原判。

案例评析 CASE ANALYSIS

供应商提起质疑、投诉应当有必要的证明材料。财政部门需要根据投诉人提供的证明材料进行调查，若投诉人无法提供足够的证据或者其提供的线索经查证后不能成立，其投诉将不能得到支持。本案中，投诉人投诉称中标供应商存在多次串通投标的行为，但仅提供了其单方向有关部门投诉、举报的证据材料，并无任何中标供应商遭受相关部门刑事处罚或者行政处罚的证据。后经财政部门要求其提供相关证据后，投诉人仍然不能提供相关证据，在此情况下，投诉人的投诉因缺少相关证据证明，其投诉依法应予驳回。

第八节 对投标保证金的争议

为防止供应商在投标后撤回或在中标后拒不签订政府采购合同，招标文件通常都要求投标人提供一定比例或金额的投标保证金。中标结果确定后，未中标的投标人已缴纳的保证金即予退还。《政府采购法实施条例》第三十三条规定，招标文件要求投标人提交投标保证金的，投标保证金不得超过采购项目预算金额的2%。投标保证金应当以支票、汇票、本票或者金融机构、担保机构出具的保函等非现金形式提交。投标人未按照招标文件要求提交投标保证金的，投标无效。可见，当招标文件规定投标人应当提交投标保证金时，投标保证金就属于投标行为一个不可缺失的组成部分，投标人未按照招标文件要求提交投标保证金的，投标无效。在下列两种情形下，投标都应认定无效，一是投标截止时间没有提交投标保证金，二是提交的保证金数额、形式，不能满足招标文件的要求。

一、对投标保证金提交形式的争议

投标保证金应当以支票、汇票、本票或者金融机构、担保机构出具的保函等非现金形式提交。除了上述明确罗列的，投标人采用其他非现金形式提交保证金，实务中经常产生争议。

【案例59[1]】招标文件规定保证金交纳为转账支票、银行本票、银行汇票等形式（不接受现金），网银电汇在“等”的概括之中吗，其投标是否有效

关 键 词：保证金/提交形式/投标无效

案例要点：投标人采用网银电汇方式提交保证金，与招标文件规定的票据形式有实质的不同，且相应导致提交的时间、地点皆不符合招标文件的规定，其投标无效。

招标、质疑、投诉情况

昆山市建设咨询监理有限公司（以下简称“建设咨询公司”）受巴城镇政府委托，为其拟采购的“巴城镇校园安保服务（三年）项目”（以下简称“该项目”）进行公开招标。2016年9月5日，苏州某公司完成网上报名；2016年9月13日，通过网银电汇形式将保证金十三万元整汇入建设咨询公司账户；2016年9月14日，完成网上投标并得到投标回执；

1 案例来源：（2017）苏05行终496号。

2016年9月19日,苏州某公司到投标地点昆山市××路××号递交投标保证金交纳凭据,建设咨询公司告知其未按照招标文件要求递交保证金,认定投标无效。

2016年9月21日,苏州某公司提出质疑,认为其交纳保证金的形式符合招标文件要求,且如果不符合要求,建设咨询公司应在收到该十三万元保证金后告知苏州某公司。2016年9月28日,建设咨询公司作出回复,称苏州某公司未按照招标文件递交投标保证金,应视为无效,开标现场已告知苏州某公司工作人员,并签字确认。

2016年10月26日,苏州某公司向昆山市财政局投诉称:(1)按照招标文件要求保证金准时交纳,但开标时招标代理机构不予认可;(2)我司质疑招标代理公司,招标代理公司回复我司文件,我司认为不满意。2016年12月6日,昆山市财政局作出投诉处理决定,决定驳回苏州某公司投诉。

行政诉讼情况一审情况

苏州某公司不服,遂向张家港市人民法院提起行政诉讼。一审法院认为,该案中,该项目招标文件中规定的保证金的交纳制度为:现场递交制度;形式为:转账支票、银行本票、银行汇票等形式(不接受现金);退还方式为:(未中标单位的保证金予以)当场退还;后果为:未按要求提交投标保证金的投标将被视为投标无效。苏州某公司主张招标文件所列举的保证金三种交纳形式后有"等"字,是"包括但不限于"而非"当且仅当"。一审法院认可其观点,"等""其他"等概括性用语属于不完全列举的例示性规定,但同时,其所概括的情形应为与列举事项性质类似的事项。本案招标文件的保证金交纳条款采用了列举加概括的形式对保证金的交纳予以规定,其中所列举的"转账支票、银行本票、银行汇票"均为票据形式,系属可以流通转让的有价证券,虽然"不接受现金"仅明文排除了现金形式,但"等"字并不能当然地作无限扩大化解释,将所有非现金形式都涵盖包括在内,应该与所列举的形式性质类似。故此,网银转账并不符合招标文件对保证金交纳形式的要求。同时,保证金的交纳亦应当符合招标文件相关条款中对保证金交纳制度、时间、地点、退还方式等的规定,该条款以及招标文件中的其他相关条款构成了对保证金交纳的完整要求。苏州某公司于2016年9月13日以网银转账的形式将十三万元保证金汇入代理机构建设咨询公司的账户,9月19日在至黄河××路××号递交转账凭证,亦不符合招标文件中对保证金交纳制度、时间、地点、退换方式等的要求。

综上所述,昆山市财政局作出的投诉处理决定事实清楚、证据充分、适用法律正确、程序合法。依照《行政诉讼法》第六十九条的规定,判决驳回苏州某公司的诉讼请求。

行政诉讼二审情况

苏州某公司不服一审判决,向江苏省苏州市中级人民法院提起上诉。二审法院认为,苏州某公司在2017年9月13日以网银转账的方式提交保证金，与上述招标文件要求的保证金递交时间、地点及方式等均不符。昆山市财政局据此认为苏州某公司的投诉缺乏事实依据，并决定驳回其投诉，并不违反法律规定。综上所述，昆山市财政局作出的投诉处理决定事实清楚、证据充分、适用法律正确、程序合法。苏州某公司的上诉请求和理由不能成立，二审法院不予支持。一审判决并无不当，依法应予维持。据此，依照《行政诉讼法》第八十九条第一款第一项之规定，判决驳回上诉，维持原判。

案例评析 CASE ANALYSIS

1. “等”字并不能当然地作无限扩大化解释，应与明确列举的形式性质类似

投标保证金应当以支票、汇票、本票或者金融机构、担保机构出具的保函等非现金形式提交，不同采购项目的具体提交形式、时间、地点等仍应依据招标文件的规定，与招标文件要求的形式不符，则投标无效。本案中，招标文件规定提交形式为转账支票、银行本票、银行汇票等形式（不接受现金）。虽然“等”为不完全概括，但其所概括的情形应为与列举事项性质类似。显然，招标文件明确列举的形式皆为票据形式，网银电汇非票据形式，不符合招标文件的要求。

2. 保证金提交的形式、时间、地点与招标文件要求不符，其投标无效

招标文件规定的保证金的交纳制度为：与投标文件同时递交的现场递交制度，投标文件接收时间地点为：2016年9月19日9：00~9：30昆山市××路××号。投标人于2017年9月13日采用网银转账方式提交保证金，2017年9月19日到投标现场提交转账凭证。因此，投标人提交投标保证金的形式、时间、地点等都不符合招标文件的规定，其投标无效。

二、因投标保证金提交失败的争议

投标人未按照投标文件的规定提交投标保证金的，投标无效。但是，经常发生的情况是投标人愿意且办理了提交投标保证金相关事宜，由于其他原因，保证金提交失败。投标人会认为，自己已经提交了，提交失败的原因不是自己造成的。采购人或者采购代理机构会认为，其他投标人提交成功，个别投标人未能成功提交是其未按照招标文件规定的去操作，责任应由其自负。财政部“指导性案例31号：S局智能安检系统采购项目投诉案”[1]，该项目招标公告已写明网上报名、网上开标等电子招投标事项，招标文件也明确规定“请各投标人代表持投标时所使用的数字证书（CA证书）参加开标”，相关供应商应当知晓该项目为电子投标。S市政府采购网提供了网上投标操作辅导手册与电话咨询服务，供应商

1 《指导性案例31号——S局智能安检系统采购项目投诉案》，载http：//www.cgpnews.cn/articles/51665，最后访问日期：2020年6月20日。

在完成项目网上报名后，也可在相关页面看到项目阶段导航图与投标保证金操作模块。该项目供应商M公司因未充分了解电子投标操作步骤，导致未完成S市政府采购网招投标平台“缴纳保证金”确认环节，应自行承担无法参与该项目开标的后果。

【案例60[1]】投标保证金未能通过银行系统签收，是否能认定投标无效

关 键 词：投标保证金/缴费失败/投标无效

案例要点：因供应商未严格执行缴费码机制缴纳投标保证金，导致保证金至开标截止时间仍未到账，视为未按照招标文件要求提交投标保证金，投标应属无效。

招标、质疑、投诉情况

2016年9月8日丙公司受安顺市人民医院委托，就安顺市人民医院新院标准病区双摇病床、三功能医用电动床项目（以下简称“该项目”）在乙交易中心进行公开招标采购活动并发布公开招标公告。对该项目的数量及简要技术要求参数，供应商资格条件，招标文件的发售时间、方式及价格，保证金缴纳事宜，开标时间、地点等予以公告。甲公司获悉该招标信息后，登录乙交易中心交易平台缴纳资料费，下载了招标文件，于2016年9月21日向乙交易中心电汇投标保证金人民币18万元，并在电汇凭证附加信息及用途栏填写“投标保证金”并注明项目名称。

2016年9月30日9时30分，该项目在乙交易中心准时开标，丙公司在对投标文件作资格性检查时发现，乙交易中心交易平台系统显示甲公司投标保证金到账金额为“0”，甲公司对此提出异议，乙交易中心与中国银行贵州分行联系确认，甲公司电汇投标保证金2016年9月21日因异常未通过系统签收；当日10时47分，中国银行贵州分行实施人工推送签收，结果失败。经该行对此汇款信息的推送进行干预，附言中仅截取有效的随机码信息后，向乙交易中心系统重新进行推送信息，乙交易中心系统返回错误，错误描述信息：缴费账户名称与乙交易中心登记的不一致。同日10时40分，该项目唱标结束，乙交易中心对此作出了贵州省公共资源场内交易异常情况记录，经开标见证人签字，并在当日对该项目完成交易出具了安市公资交证字〔2016〕509号《安顺市公共资源交易中心交易结果证明书》，证明书载明开标情况：甲公司到开标截止时间，保证金未进账，投标无效。

甲公司于2016年10月8日向丙公司提出质疑函，要求还甲公司合格投标人待遇；丙公司于2016年10月10日向甲公司作出质疑答复书。

甲公司不满意，以丙公司无故取消甲公司投标资格，整个投标行为有失公平，属无效

---

1 案例来源：（2017）黔0423行初3号。

行为，应当重新招投标为由，于2016年10月31日向安顺市财政局投诉。该局于2016年12月12日作出投诉处理决定，决定对甲公司的诉求不予支持。

行政诉讼情况

甲公司不服于该投诉处理决定，于2017年1月9日向贵州省镇宁布依族苗族自治县人民法院提起诉讼。法院认为，乙交易中心、丙公司于2016年9月8日在贵州省政府采购网、乙交易中心、安顺市人民政府网站发布的招标公告载明：为了规范保证金缴款新程序，2015年11月4日（含）起，所有项目的保证金缴纳程序严格执行缴费码机制，详情详见中心通知公告栏《保证金缴纳新流程的通知》。《保证金缴款新流程的通知》规定：2015年11月4日（含）起，所有项目的保证金缴纳程序严格执行缴费码机制。投保人在汇款时须在汇款单的附言（根据各种不同的单据，可能为附言、备注、用途等）中正确无误地写清9位缴费码（附言中只能写缴费码，不能写其他任何信息），并对“缴费码”机制说明。甲公司于2016年9月21日向乙交易中心电汇投标保证金时，未严格按照《保证金缴纳新流程的通知》及缴费码机制说明中的汇款凭证“附言”填写样本，准确填写获取的缴费码，致汇款附言除随机码外含有过多字符，造成系统推送异常，未能通过系统自动签收，经银行实施人工推送因“缴费账户名称与交易中心登记的不一致”签收再次失败。据此，造成甲公司电汇的投标保证金未能通过银行系统签收，保证金未入账的原因是甲公司未严格执行缴费码机制，电汇附言填写字符过多，致银行自动推送未能通过签收；其CA数字证书企业账户信息未及时更新，组织机构代码、营业执照、税务登记证均已过期，致缴费账户名称与乙交易中心登记的不一致而无法完成签收。

安顺市财政局投诉处理决定，事实清楚、证据充分、程序合法、适用法律正确、处理适当。据此，甲公司诉讼请求理由不成立，依法不予支持、依照《行政诉讼法》第六十九条的规定，判决驳回甲公司的诉讼请求。

案例评析

CASE ANALYSIS

招标文件要求供应商提交投标保证金的，供应商应按照招标文件要求的时间、地点、方式、金额提交投标保证金，否则应视为未按照招标文件要求提交投标保证金，投标应属无效。本案中，涉案项目的招标文件中明确规定保证金缴纳程序应按照《保证金缴款新流程的通知》规定严格执行缴费码机制。供应商在向交易中心电汇投标保证金时未按要求准确填写缴费码，导致投标保证金未能在投标截止时间前通过银行系统签收。保证金未及时到账的原因系因供应商单方原因导致。因此，对于非因其他方原因导致的投标保证金未到账的投标，应当按照无效投标处理。

CHAPTER 04

第四章

对开标活动的争议

开标，是指在投标人提交投标文件后，采购人或者采购代理机构依据招标文件规定的时间和地点，拆封投标文件，公开宣布投标人名称、投标价格和招标文件规定的需要宣布的其他内容的过程性行为。可知，无论是投标人、采购人或是采购代理机构，都可以通过开标活动了解全部投标情况，以便后续采购活动的开展。开标活动由工作人员记录存档，从而保证开标活动公开、透明、公正。开标活动形式上是各方面对面操作并促使各方互相监督，实质上是在维护政府采购各方的合法权益，并更容易产生争议。

第一节 有关开标时间、地点、录音录像及其保障的争议

开标时间、地点及其录音录像的问题，本来与递交投标文件的截止时间、地点本身没有什么关系，但为了防止采购人、采购代理机构利用递交投标文件截止时间到开标时间之间这段时间泄露投标的相关信息，为了保证投标人能顺利投标，为了对开标、评标进行现场监督，《政府采购货物和服务招标投标管理办法》（以下简称“财政部令第 87 号”）第三十九条规定，开标应当在招标文件确定的提交投标文件截止时间的同一时间进行。开标地点应当为招标文件中预先确定的地点。采购人或者采购代理机构应当对开标、评标现场活动进行全程录音录像。录音录像应当清晰可辨，音像资料作为采购文件一并存档。采购人、采购代理机构未按规定对开标、评标活动进行全程录音录像的，应按照“财政部令第 87 号”

第七十八条规定承担相应的法律责任。

一、对因采购人或者采购代理机构原因造成投标人未能在开标时间前到达开标地点的争议

对于开标的时间、地点，采购人或者采购代理机构必须采取各种措施，保证投标人能够在招标文件确定提交招标文件截止时间前到达开标地点时，不能因采购人或者采购代理机构的原因而延误。实践中，经常发生形形色色的争议：有时因意外情况投标人不能准时到达开标地点在途中打电话要求等他们几分钟，采购人、采购代理机构同意或者不同意都会有争议；有时采购人、采购代理机构未能按时开标，开标地点临时变更但又无法公告或者通知，因此而影响投标的供应商的权益如何保障等情形。一般来说，解决争议的关键在于分清责任，如果非因采购人、采购代理机构的原因造成，不影响继续开标。

【案例 61[1]】因采购中心所在办公大楼关闭，部分供应商未能准时到达开标地点递交投标文件，该次招标采购违规吗

关 键 词：开标时间 / 开标地点 / 未能准时到达

案例要点：因采购人、采购代理机构原因，造成供应商未能准时到达开标地点递交投标文件，不应继续开标、评标。

案情简介

烟台市财政局（以下简称“该局”）于 2017 年 8 月 2 日收到 2 家供应商提交的举报函，反映某采购项目开标程序组织不规范、不严谨，导致 2 家举报供应商未能及时签到并参加开标会议。

经调查，山东某招标公司代理的某政府采购项目，开标时间为：2017 年 8 月 2 日 14：00。通过政府采购大厅的影像资料，该局发现：2017 年 8 月 2 日下午，因人力资源大楼东门下班时间关闭，山东某招标公司未提前与大楼物业管理人员沟通，参与该项目的供应商直至 13：45 才由人力资源大楼南门进入。部分供应商与山东某招标公司的工作人员一起到达政府采购大厅，顺利进入开标厅的开标一室；稍后到达的 2 家供应商到达政府采购大厅后，因山东某招标公司未安排工作人员等候开门，在政府采购大厅等候 6 分钟后直至 14：01 时才通过开标厅门禁到达开标一室。开标会议已经开始，这 2 家供应商未能及时签到、递交投标文件。

1　案例来源：烟财采［2017］20 号。

综上，该局根据《政府采购法》第三十六条第一款第（二）项的规定，于2017年8月18日决定该项目第一包、第二包废标，重新组织采购活动。对山东某代理公司通报批评，责令其对上述行为进行整改。

案例评析 CASE ANALYSIS

由于采购中心的原因，造成部分供应商未能准时到达开标地点递交投标文件，采购中心仍然继续开标、评标，对未能递交投标文件的供应商就不公平。因为未能准时到达开标地点的原因不是迟到供应商的行为造成的，其责任不能由他们来承担，不让他们递交投标文件参加招标采购，属于出现影响采购公正的违规行为。根据《政府采购法》第三十六条第一款第（二）项规定，财政部门决定对该项目第一包、第二包废标，重新组织采购活动。这是完全正确的。

二、有关开标、评标现场录音录像的争议

过去财政部门对政府采购的监督主要采取现场监督的方法进行，随着政府采购规模的逐渐增大，财政部门已经不可能对每一个政府采购项目到场监督了，便要求采购人、采购代理机构对开标、评标现场活动全程录音录像，财政部门可以通过调阅录音录像资料进行事后监督。“财政部令第87号”第三十九条第二款规定，采购人或者采购代理机构应当对开标、评标现场活动进行全程录音录像。录音录像应当清晰可辨，音像资料作为采购文件一并存档。政府采购开标、评标现场活动的全程录音录像，一方面有利于对开标、评标活动的监督，另一方面也是对开标、评标活动合法性的有效证明。在质疑、投诉时，如果供应商对开标、投标活动的某一情节提出异议，录音录像可以作为证据使用，方便质疑答复与投诉处理的顺利开展。

【案例62[1]】样品检测环节未录像，是否属于未全程录像

关键词：开标、评标现场/全程录音录像/样品检测环节

案例要点：样品检测是评标活动的组成部分，包括样品评审的开标、评标全过程都要录音录像。

---

1 案例来源：银财（采）发〔2020〕1号。

案情简介

宁夏幼儿师范高等专科学校普通食堂餐厨设备采购项目（以下简称“该项目”），2019年9月2日开标。投诉人于2019年9月6日向被投诉人提出质疑，被投诉人于2019年10月10日对投诉人质疑进行了答复。投诉人因不满其答复，于2019年10月11日向银川市财政局提出投诉。该局经审查该项目档案资料，调阅监控录像，组织专家论证，于2019年11月19日下达了《银川市财政局政府采购投诉处理决定书》（银财发〔2019〕373号）。后因另一投诉人银川鲁宝厨业有限公司2019年11月19日向自治区财政厅申请行政复议，根据《行政复议决定书》（宁财复议〔2019〕5号）决定，该局重新处理投诉人投诉事项。具体投诉事项及核实情况如下：本项目采购过程中，样品检测环节无监控录像，属于政府采购项目评标现场监控录像不完整，投诉人投诉事项成立。该局于2020年1月16日决定：投诉人投诉事项成立，责令被投诉人对政府采购活动中存在的问题限期整改。

案例评析 CASE ANALYSIS

开标、评标一般都在室内，且事先安装了录音录像设备，因此在室内的开标、评标活动录音录像出现问题的情况不多。由于样品检测经常不在原先的开标、评标地点，有时甚至在室外广场，录音录像需要事先准备好设备。如果考虑不周，经常忽视样品检测环节的录音录像。经常有采购人、采购代理机构辩称，样品检测不是评标活动，可以不录音录像，那么人们要问，如果不是评标活动，那是什么活动，为什么要评标委员会去检测。这个案例提醒采购人、采购代理机构注意，包括样品评审的开标、评标全过程都要录音录像。

第二节 对投标文件密封、送达、签收、拒收及其补充、修改、撤回的争议

投标文件的提交与接收以及对投标文件的补充、修改、撤回，是开标前极其重要的环节。根据“财政部令第87号”第三十三条、第三十四条规定，投标人应当在招标文件要求提交投标文件的截止时间前，将投标文件密封送达投标地点。采购人或者采购代理机构收到投标文件后，应当如实记载投标文件的送达时间和密封情况，签收保存，并向投标人出具签收回执。任何单位和个人不得在开标前开启投标文件。逾期送达或者未按照招标文件要求密封的投标文件，采购人、采购代理机构应当拒收。

投标人在投标截止时间前，可以对所递交的投标文件进行补充、修改或者撤回，并书面通知采购人或者采购代理机构。补充、修改的内容应当按照招标文件要求签署、盖章、密封后，作为投标文件的组成部分。在这个环节经常发生争议的情形有，一是投标人与采购人或者采购代理机构之间，为投标文件的密封是否符合要求、是否接收、如何补充、修改等问题，发生争议；二是投标人之间，为某一投标人是否延迟提交投标文件，密封是否符合要求，补充、修改是否违规等问题发生争议。

一、有关投标文件密封的争议

投标是一次性的竞争行为，密封是为了保护政府采购当事人的合法权益，防止泄露投标人的商业秘密。为保证其公正性，投标文件密封，任何单位和个人不得在开标前开启投标文件，招标人不得也不能向他人透露。由于对投标文件密封要求属于招标文件确定的内容，对投标文件的密封要求在宽与严、简与繁之间差异较大，例如对“正本”“副本”如何密封，对“开标一览表”是否用小信封密封，密封袋外包装是否要有什么标识，密封袋外包装是否要有封条，封条上如何签字盖章，等等。密封的规定越详细、要求越具体，就越容易有瑕疵，争议就越多。财政部“指导性案例 11 号：H 医院超声影像管理系统采购项目投诉案”[1]中，经调阅现场录音录像，J 公司提交的密封的投标文件外包装处有一道约两厘米的开口，代理机构 G 公司工作人员表示通过此开口不能看到投标文件内容，并未当场拒收。对投标文件密封完好的要求应当在合理范围内，不能过于机械地追求形式合规，增加供应商的政府采购交易成本。本案中，虽然 J 公司投标文件外封装存在轻微瑕疵，但不实质影响封闭性，不能仅以此认定 J 公司投标无效。该指导性案例认为，对投标文件密封完好的要求应当在合理范围内。投标文件封装存在轻微瑕疵但不实质影响封闭性的，不应拒收。

【案例 63[2]】投标文件密封提交已被接收，开标时发现未按要求标明字样，唱标时可当场宣布“废标”吗

关 键 词：投标文件 / 密封或标记 / 拒收 / 投标无效

案例要点：采购人或采购代理机构对未按照招标文件要求密封的投标文件，应当拒收并如实记录。而对未按照招标文件标记的投标文件，因不属于法定无效的情形，应依据招标文件的规定处理。

---

1 《H 医院超声影像管理系统采购项目投诉案》，载 http：//www.cgpnews.cn/articles/46963，最后访问日期：2020 年 6 月 20 日。

2 案例来源：文财采决〔2019〕1 号。

案情简介

文昌市文汇花园集中办公区物业管理服务项目（以下简称“该项目”）于2019年1月9日组织开评标，中标人为海南某新能源发展公司。海南某人力资源公司于2019年1月14日向某代理机构提出质疑称，投标当日某代理机构在第一轮所有投标人检查投标文件完整性完毕并签字无异议之后，某代理机构工作人员再进行二轮复查并单方面宣布我公司废标，该程序不符合相关法律法规的规定，某代理机构于2019年1月15日作出答复。

海南某人力资源公司对答复不满意，向文昌市财政局投诉称，因我公司未响应招标文件第14.1条，而当场宣布我公司废标。但采购招标文件中未指出此条款为核心条款，且标记的顺序是否可变动、标记是否必须一字不能改动等并未做出说明；且在第一轮所有投标人检查投标文件完整性并签字无异议后，某代理机构工作人员单独再进行二轮复查并单方面宣布我公司废标。某代理机构工作人员也不退还我公司投标文件，只是单方面地宣布投标文件不合格，明显存在偏向性，不让我公司投标，人为地制造障碍。根据财政部令第87号第四十一条的规定，某代理机构的工作人员只负责当众拆封，宣布投标人名称、投标价格和招标文件规定的需要宣布的其他内容，而不具有在所有投标人检查投标文件完整性且无任何异议的情况下，某代理机构再单独检查投标文件的权利，某代理机构开标程序违法。我公司的投标文件密封情况完全符合招标文件要求，投标文件、开标一览表、电子版投标文件按招标文件的要求都密封在投标专用袋（箱）中。

某代理机构称其严格按照“财政部令第87号”第四十一条所规定进行开标程序，投标文件密封情况由投标人推选的代表检查，经检查发现海南某人力资源公司投标文件密封情况存在错误，未响应招标文件的要求。按照招标文件第二章投标人须知14.1要求海南某人力资源公司未按照招标文件要求密封，某代理机构有权拒绝接受其递交的投标文件。在所有投标人代表和招标人代表的见证下，某代理机构的工作人员未对海南某人力资源公司的投标文件进行拆封并退还其投标文件，且海南某人力资源公司委派的投标人代表在开标现场也未提出疑议，并在开标现场的废标情况表中签字确认。因此，认为海南某人力资源公司所提出的的投诉无依据、不合理。

文昌市财政局经查，招标文件第二章投标人须知四、投标文件的递交“14.招标文件的密封和标记”中，第14.1条规定：“投标人应将投标文件正本和所有副本密封在一个投标专用袋（箱）中，开标一览表（另再单独密封壹份），电子版文件（PDF格式及Word格式，另密封装壹份）[并在投标专用袋（箱）上标明‘投标文件’‘开标一览表’‘电子版’字样，封口处应加盖骑缝章]”；第14.2条规定：“招标文件未按上述规定书写标记和密封者，招标代理机构不对投标文件被错放或先期启封负责”；第五章投标文件内容和格式部分未规定相关内容。

经查看现场录像，查明开标现场情况如下：由投标人推选的代表检查投标文件的密封情况，确认投标文件的密封完整性后签字。某代理机构工作人员在拆封投标文件进行唱标时发现海南某人力资源公司递交的投标文件的投标专用袋上未按照招标文件的要求标明“投标文件”“开标一览表”“电子版”字样。某代理机构工作人员当场宣布海南某人力资源公司废标，未对投标文件进行拆封并将其退还给海南某人力资源公司的投标人代表。海南某人力资源公司委派的投标代表在开标现场时未提出异议，且在开标现场废标情况表中签字确认，开标现场按招标程序继续进行开评标工作。

文昌市财政局认为：根据《政府采购货物和服务招标投标管理办法》第三十三条第二款的规定：“逾期送达或未按照招标文件要求密封的投标文件，采购人、采购代理机构应当拒收。”第四十一条第一款规定：“开标时，应当由投标人或者其推选的代表检查投标文件的密封情况；经确认无误后，由采购人或者采购代理机构工作人员当众拆封，宣布投标人名称、投标价格和招标文件规定的需要宣布的其他内容。”

本案中，首先，对于海南某人力资源公司招标文件密封问题，海南某人力资源公司的投标文件已按照第14.1条的要求将投标文件正本和所有副本、开标一览表、电子版文件进行分袋密封且密封完整，经投标人代表检查后也无人提出异议，因此，其密封情况符合要求，某代理机构认为未按文件要求密封没有事实依据；其次，海南某人力资源公司的投标文件虽未按照第14.1条的要求在投标专用袋上标明“投标文件”“开标一览表”“电子版”等字样，但招标文件第14.2条中规定“招标文件未按上述规定书写标记和密封者，招标代理机构不对投标文件被错放或先期启封负责”，即未书写标记时，某代理机构只对“投标文件被错放或先期启封”两种情形不负责任；但某代理机构却因未书写标记即对海南某人力资源公司宣布“废标”，没有法律依据，并违反招标文件第14.2条规定。

综上所述，因某代理机构以海南某人力资源公司的招标文件不符合密封要求而作出废标决定，没有事实和法律依据，该行为影响或可能影响中标结果。依据《政府采购货物和服务招标投标管理办法》第四十一条第一款、第七十八条第（十二）项，《政府采购法实施条例》第七十一条第一款第（二）项，《政府采购质疑和投诉办法》（以下简称“财政部令第94号”）第三十二条第一款第（二）项之规定，决定如下：（1）某代理机构对海南某人力资源公司的“废标”行为无效；（2）该项目中标结果无效，责令重新开展采购活动。

案例评析 CASE ANALYSIS

1. 投标或开标时，对未按要求密封的投标文件应当拒收

投标人递交投标文件时，采购人或采购代理机构应检查投标文件密封情况，未按要求进行密封的应当拒收。在开标时，投标人或其推选的代表需再检查投标文件密封情况，经确认无误，采购人或采购代理机构才可以开封。本案中，海南某人力资源公司的投标文件已按照招标文件要求将投标文件正本和所有副本、开标一览表、电子版文件进行分袋密封且密封完整，投标时不存在拒收的情况，开标时经投标人代表检查后也无人提出异议。因此，其密封情况符合要求，招标代理机构认为投标文件未按要求密封没有事实依据。即使本案开标密封检查时发现投标文件未按要求密封，采购代理机构亦应当拒收并如实记录，宣布废标没有任何法律依据。

2. 投标文件未按要求标记，并不必然投标无效

如上所述，本案投标文件密封符合招标文件要求，而存在的问题是投标文件未按要求标明字样，但未按要求标记不属于法律法规规定的法定无效情形，此时应依据招标文件的规定。本案招标文件第 14.2 条规定，“招标文件未按上述规定书写标记和密封者，招标代理机构不对投标文件被错放或先期启封负责”。即未书写标记时，投标人仅承担投标文件被错放或先期启封的风险，并不会直接导致投标无效。因此，招标代理机构工作人员在唱标时以此当场宣布投标人海南某人力资源公司废标无任何事实和法律依据。

二、有关投标文件被拒收的争议

《政府采购货物和服务招标投标管理办法》对投标文件的拒收，仅在该办法第三十三条第二款规定“逾期送达或者未按照招标文件要求密封的投标文件，采购人、采购代理机构应当拒收”。政府采购实践中，采购人、采购代理机构还会在招标文件中规定若干拒收投标文件的情形，比如投标人代表身份、投标文件材料完整性、递交投标文件方式等情形，而引起是否接收投标文件的争议，可说是层出不穷，五花八门。

（一）对投标人携带材料是否相符、应否接收投标文件的争议

提交投标文件是政府采购过程中重要的环节，对投标人来说，要在指定时间在指定地点提交密封的投标文件。无论是法定代表人亲自投标还是授权工作人员投标，都应当根据采购文件要求提交投标签到代表需携带的材料以防被拒收投标文件的风险。采购人或者采购代理机构在投标、开标环节亦应严格核实投标人提交的文件。

【案例 64[1]】招标文件只规定投标签到代表应携带的材料，未规定法定代表人应携带的材料，法定代表人递交投标文件被拒收，是否合法

关 键 词：投标人签到代表 / 法定代表人投标 / 拒收投标文件

案例要点：招标文件可以设置拒收投标文件的条件，但不得对供应商实行差别待遇、歧视待遇。虽然招标文件只规定投标签到代表应携带的材料，未规定法定代表人应携带的材料。如法定代表人提交材料，应有材料证明其为法定代表人的身份，否则采购人或者代理机构仍然应当拒收投标文件。

招标、质疑、投诉、复议情况

2016 年 4 月 15 日，福州司法强制隔离戒毒所（以下简称“福州戒毒所”）委托福建省福瑞工程招标有限公司（以下简称“福瑞招标公司”）对食堂生物物资等定点采购项目组织公开招标采购。福州某公司法定代表人魏某前往投标，福瑞招标公司拒绝接收其投标文件。

福州某公司于 2016 年 4 月分别向福州戒毒所和福瑞招标公司发出《质疑函》，福瑞招标公司于 2016 年 4 月 29 日作出并送达《回复函》。福州某公司于 2016 年 5 月 11 日向福建省财政厅（以下简称“省财政厅”）投诉。该厅于 2016 年 7 月 6 日作出投诉处理决定。该厅查明：招标文件第 10 页第二章投标人须知前附表第 13 条规定，“投标人签到代表在开标会现场递交投标文件时，须提供以下材料，未提供的，投标文件将现场被拒绝，并原封不动地退回。（1）提供法定代表人授权书原件（格式按照第五章投标文件“法定代表人授权书”内容）；（2）提供加盖投标人公章的被授权人身份证复印件；（3）提供投标人签到代表身份证原件；（4）投标人代表 2016 年 1 月至 2016 年 2 月的社保证明材料复印件。”该厅认为，福州某公司的法定代表人作为投标人的签到代表递交投标文件，不需要提供投标人须知前附表第 13 条规定的（1）（2）项材料，但应当有相应的材料证明其为投标人的法定代表人。尽管福州某公司所述其加盖企业公章的法人营业执照副本复印件和税务登记副本复印件均在投标文件中，这些证件中均记载福州某公司的法定代表人是魏某，但由于递交投标文件的时间在开标截止时间之前，此时招标文件处于密封且不允许拆封的阶段，因此招标文件中的资料无法拆封用于证明递交招标文件的签到代表系福州某公司的法定代表人。对于投诉书关于福州某公司当时还随带公司的营业执照、税务登记证、组织机构代码证等证件的原件备用的陈述，根据现场监控录像，无法证实福州某公司除投标文件外还向福瑞招标公司提供了上述材料，福州某公司也未提交证据证明该陈述，拒收福州某公司的投标文件的行为并无不当。同时，本采购项目满足投标人须知前附表第 13 条规定的供应商有三家，且福州某公司未能提供有效证据证明福瑞招标公司存在《政府采购法》第七十一条第（四）项

1　案例来源：（2017）闽 0102 行初 7 号。

的“以不合理的条件对供应商实行差别待遇或者歧视待遇的”情形，福州某公司的投诉事项不成立。综上所述，根据《政府采购法》第五十六条、《政府采购供应商投诉处理办法》第十七条第（二）项的规定，省财政厅作出投诉处理决定，投诉缺乏事实依据，驳回投诉。

福州某公司不服该投诉处理决定，于2016年9月6日向福建省人民政府（以下简称“省政府”）申请行政复议。2016年12月1日，省政府作出行政复议决定，维持省财政厅作出的投诉处理决定。

原告诉求及观点

福州某公司仍不服，向福建省福州市鼓楼区人民法院提起行政诉讼称：福瑞招标公司拒收投标文件的行为存在严重错误，理由是：（1）违反了《招标投标法》等法律法规关于接收投标文件的规定。（2）属于《政府采购法》《政府采购法实施条例》明文禁止的违法行为规定。本案中，招标文件没有约定法定代表人不能直接提交投标文件，也未对法定代表人提交投标文件约定任何前提条件。福瑞招标公司以招标文件约定以外的接收投标文件的条件要求福州某公司，明显存在差别待遇或者歧视待遇。（3）违反了其自己编制的招标文件的约定。省财政厅和省政府作出的投诉处理决定和行政复议决定是错误的。理由如下：（1）认定维持福瑞招标公司拒收福州某公司投标文件的行为违反法律规定，适用法律错误。（2）投诉处理决定和行政复议决定认定事实不清。福瑞招标公司并没有证据证明在接收福州某公司投标文件时，有要求签到代表提供“相应的材料证明其为投标人的法定代表人”的证明材料。所谓监控录像证明福州某公司签到代表没有提供证明材料，完全与事实不符。福瑞招标公司根本没有提供投标现场全过程的录像资料，因此根本无法证明其“没有提供证明材料”的主张。事实是福州某公司的签到代表魏某当时已随带公司的营业执照、税务登记证、组织机构代码证等证件的原件备用，且已主动告知、出示。福州某公司特诉请：撤销省财政厅作出的处理决定和省政府作出的行政复议决定，认定福州戒毒所和福瑞招标公司在涉案项目招投标活动中，其采购过程中影响中标，且中标的产生过程存在违法行为，请求判决撤销福州戒毒所与他人签订的采购合同，责令重新开展采购活动。

被告答辩及观点

省财政厅辩称，省财政厅作出的投诉处理决定具有事实和法律依据、程序合法。（1）福州某公司未按照招标文件的规定在提交投标文件时提供相关的材料，福瑞招标公司依据投标人须知前附表第13条关于“投标人签到代表在开标会现场递交投标文件时，须提供以下材料，未提供的，投标文件将现场被拒绝，并原封不动地退回……”的规定拒收福州某公司的投标文件的行为符合招标文件的规定。（2）福州某公司诉讼请求的理由不成立。请求法院依法判决维持投诉处理决定，驳回福州某公司的诉讼请求。

省政府辩称，省政府作出行政复议决定，维持投诉处理决定，符合《行政复议法》第二十八条第一款第（一）项的规定，福州某公司的诉讼请求依法应当予以驳回。

法院裁判及观点

法院认为，（1）省财政厅受理了原告的投诉后，根据现场监控录像、福瑞招标公司提交的证据材料查明福州某公司的签到代表在开标会现场未按照招标文件第10页第二章投标人须知前附表第13条的规定提交相应材料，故福瑞招标公司拒收福州某公司的投标文件的事实，省财政厅据此认定福瑞招标公司的行为符合招标文件的规定，福州某公司的投诉事项不成立，并作出投诉处理决定，事实认定清楚，证据充分。（2）尽管该份招标文件未对法定代表人提交投标文件予以规定，但可以看出招标文件中关于投标人签到代表的规定是为了确认参加开标会人员的身份，确保参会人员具有投标人的授权委托、确能代表投标人参加投标，因此福州某公司的法定代表人亲自参加开标会并无不可，但仍应加以证明其法定代表人身份。结合福州某公司和福瑞招标公司的陈述及现场监控录像，可以看出福州某公司的法定代表人在开标会现场签到仅出示了身份证原件，在福瑞招标公司拒绝其签到并告知其应按照招标文件的要求提交材料，原告的法定代表人遂电话联系公司人员并将其2016年1月至2016年2月的社保证明材料通过传真件发送至开标会，但仍然未提交能够证明福州某公司法定代表人身份的材料。尽管福州某公司称其法定代表人当时携带有公司证照等能证明原告法定代表人身份的材料，但在福瑞招标公司明确告知应当补齐材料的情况下，福州某公司通过传真形式提交签到代表的社保证明材料却不出示其随身携带的公司证照等材料，明显不符合常理，因此福州某公司该意见法院不予采纳。福州某公司的法定代表人在开标会现场签到时仅提供身份证原件予以核对，在福瑞招标公司的协助下复印了该身份证并通过传真件形式当场提交了其2016年1月至2016年2月的社保证明材料，而未提交营业执照等能证明法定代表人身份的材料，因此福瑞招标公司拒收福州某公司的投标文件符合招标文件的规定，并不存在差别待遇或歧视待遇，福州某公司该主张法院不予支持。

综上所述，省财政厅和省政府作出被诉行政行为认定事实清楚，证据确凿，程序合法，适用法律法规正确。据此，依据《行政诉讼法》第六十九条的规定，判决驳回福州某公司的诉讼请求。

案例评析 CASE ANALYSIS

1. 招标文件可以规定投标签到代表应携带材料，否则可以拒收

招标文件可以设置拒收投标文件的条件，但不得对供应商实行差别待遇、歧视待遇。本案中的招标文件要求，投标人签到代表在开标会现场递交投标文件时，须提供法定代表人授权书原件、加盖投标人公章的被授权人身份证复印件、投标人签到代表身份证原件等材料，未提供

的投标文件将现场被拒绝，并原封不动地退回。该条关于投标文件的拒收条件针对所有供应商，并为证明投标人身份和投标签到代表身份的合理材料，不存在限制供应商的情形。

2. 招标文件只规定投标签到代表应携带材料，法定代表人是否应携带材料

虽然招标文件只规定投标签到代表应携带材料，未规定法定代表人应携带材料，但根据本条件的用意为证明签到代表身份且投标获得授权。那么，根据规定法定代表人可直接代表公司行使职权，其参与投标并无不可但亦须证明其为投标人的法定代表人，否则招标公司工作人员无法做出判断。

3. 法定代表人仅提供身份证原件是否应当拒收投标文件

证明法定代表人身份可以通过提供法人营业执照、法定代表人的身份证等材料，但仅部分证明材料并非具有独立证明力，而是需要结合在一起方能实现证明目的。福州某公司提供的文件仅能证明签到人为公司员工，未能在投标截止时间前对所缺材料进行补齐且未能提供营业执照等其他证明材料，招标公司在尽到告知义务的基础上严格按照招标文件的规定对福州某公司的投标文件予以拒绝并原封不动地退回，未损害福州某公司的合法权益。因此，招标公司拒收投标文件符合招标文件的规定。

（二）有关投标截止时间后拒收材料的争议

投标截止时间后，应当一律拒收投标文件，这本没有任何争议。但是，如果由于采购人或者采购代理机构的行为，造成投标人未能在投标截止时间前提交文件，那么就会陷入“两难”的地步，如果继续接收投标文件，则会被其他投标人质疑；如果不接收投标文件，则会被尚未提交投标文件的人质疑。

【案例 65[1]】开标时未验证投标代理人的身份证原件，投标截止时间后拒收有关材料，发生争议应如何处理

关 键 词：身份验证 / 提交投标文件 / 截止时间 / 拒收

案例要点：采购人或采购代理机构应严格遵循采购文件规定的内容和流程，才能保证采购过程的公平公正。财政部门处理采购过程瑕疵的情况，应审查是否影响中标成交结果，作出相应的投诉处理决定。

招标、质疑、投诉、复议情况

2016 年 2 月 18 日，广西壮族自治区国土厅委托广西壮族自治区政府采购中心（以下简称“采购中心”）采购中心组织广西壮族自治区第二批矿业权评估定点服务供应商采购。

1 案例来源：（2017）京行终 2922 号。

北京某公司未中标，于2016年2月26日向采购中心提出质疑，包括对采购过程的质疑事项，认为2016年2月18日提交投标文件签到时未验投标代理人身份证原件。2016年3月8日，采购中心作出答复：在签到过程中，要求所有参与投标活动的委托代理人按照投标文件递交登记表的内容如实填写。包括质疑人的委托代理人在内的三家投标人代表在本项目开标过程的投标文件密封性检查结果表的合格结果作了签字确认。经开标、密封性检查、唱标等环节，开标现场没有投标人对开标过程和开标记录提出疑问和质疑。

北京某公司于2016年3月15日向广西壮族自治区财政厅（以下简称"广西财政厅"）投诉。2016年5月18日，广西财政厅作出的投诉处理决定认定，该项目开标当日采购中心工作人员按照采购文件开标要求组织开标活动，在开标准备的签到过程中，没有检验投标代理人的身份证原件，该投诉事项部分成立，不涉及影响中标结果，其余投诉事项缺乏事实依据，依据《政府采购供应商投诉处理办法》第十七条第（二）项规定，决定驳回投诉人投诉。

北京某公司不服投诉处理决定，向财政部申请行政复议，请求撤销投诉处理决定，责令广西财政厅重新作出处理决定。2016年8月26日，财政部作出复议决定认为，广西财政厅已经确认北京某公司该项投诉成立，但经核对，投标文件递交申请表登记的代理人身份证号码与各公司投标文件中投标代理人身份证复印件的身份证号码一致。采购代理机构的程序错误不会对招标结果产生实质影响，因此，广西财政厅在投诉处理决定中责令采购代理机构进行整改，要求其加强管理和完善单位内部制度，并责成其对相关责任人进行批评教育，并无不妥。

行政诉讼情况

北京某公司不服广西财政厅投诉处理决定和财政部行政复议决定，先后向北京市第一中级人民法院起诉、向北京市高级人民法院上诉。在法院一审、二审判决中，对采购代理机构在递交投标文件签到时没有验招标代理人身份证原件这一问题方面，都认可广西财政厅投诉处理决定和财政部行政复议决定中的观点。

案例评析 CASE ANALYSIS

《政府采购法》及相关法律、法规虽未明确规定开标签到时应验证投标代理人的身份，因投标人一般为公司或者组织，有可能由法定代表人亲自参与投标或者授权工作人员参与投标。法定代表人参与投标的，应证明其为投标人的法定代表人；投标代理人参与投标的，应证明其委托代理人身份且已获得授权。验证身份证原件的目的，是保证身份真实与投标文件一致且获得授权。如果现场工作人员仅遗漏了验证身份证原件这一步骤，但是进行了其他身份核实，应属于采购过程中的瑕疵。财政部门应根据“财政部令第20号”第十九条规定，审查被投诉行为是否影响中标、成交结果作出相应的投诉处理决定。本案中，投标文件递交申请表登记的代理人身份证号码，与各公司投标文件中投标代理人身份证复印件的身份证号码一致，该程序问题对中标结果不产生实质影响。广西省财政厅认定投诉事项成立，但不影响中标结果，继续开展采购活动。对于采购代理机构未严格执行采购文件规定的行为，责令其进行整改，加强管理并责成对相关责任人批评教育，合理合法。

三、有关提交投标文件截止时间后收取原件验证的争议

提交投标文件的截止时间之后，采购人或者采购代理机构是不能再接收投标文件的。有时投标人在截止时间后提交原件材料让评标委员会验证，其他投标人就会提出异议。提交原件的投标人往往会辩称提供的是原件材料，而不是投标材料。究竟谁说得在理，就要看招标文件的具体规定。

【案例66[1]】供应商未按规定时间交齐营业执照原件仍中标，被质疑、投诉应如何处理

关 键 词：营业执照原件/逾期提交

案例要点：财政部门对于逾期提交原件的投诉，应根据招标文件规定区分不同情况进行处理，对于属于投标文件组成部分的文件在提交投标文件截止时间后提交的，采购人、采购代理机构应当拒收。而对于规定提供原件备查的文件，在开标后，根据采购人或者招标代理机构要求合理时间内提供并无不当。

招标、质疑、投诉情况

2013年8月2日，武义县教育局委托某采购代理机构对某配送服务招标项目（以下简称“该项目”）进行公开招标，T公司、X公司参加了竞标。按照招标文件规定，各投标人应当在上午9时前交齐企业营业执照等原件。由于某采购代理机构没有严格执行，造成许多投标人迟交企业营业执照原件的情况。2013年8月3日，投标人联名向武义县教育局、某采购代理机构提出书面质疑，而某采购代理机构仅以公司工作人员业务不熟悉，对员工已处理给予回复。2013年8月27日，某采购代理机构将预中标企业在网上公示。2013年8月28日，T公司和X公司共同向武义县教育局、某采购代理机构提交质疑书，反映某预中标企业存在部分材料弄虚作假的情况，但武义县教育局、某采购代理机构并没有回复T

1 案例来源：（2014）金武行初字第8号。

公司和X公司的质疑。

2013年9月29日，T公司和X公司向武义县财政局投诉。2013年10月21日，武义县财政局作出投诉处理决定，认为投诉理由不成立。

原告诉求及观点

T公司、X公司对该投诉处理决定不服，以武义县财政局为被告，武义县教育局、某采购代理机构为第三人向浙江省武义县人民法院提起诉讼称，按照投标文件规定，企业营业执照原件等材料应在上午9时交齐。而永康某配送公司，离开标后整整晚了3小时之久才交企业营业执照原件等材料，该企业还是中标。请求法院撤销武义县财政局投诉处理决定。

被告观点

武义县财政局辩称，本次招标活动，投标人资格的审查，根据招标文件规定是“资格后审”，即投标行为完成后由评审组进行实质内容的资格审查。要求投标企业提供营业执照的原件，是为了核对其提交的资料的真实性。企业提供原件的时间不影响招标活动的公平、公正，也不影响其他投标人的权益。至于网络公示问题，根据现行的法律法规及相关文件，没有要求一定须在当地网站公示。此次预中标已在浙江政府采购网公示，符合法律规定。

法院裁判及观点

武义县法院认为，参加的投标单位也都按照招标文件要求的截止时间、投标地点提交了投标文件，招标人的代理机构在收到投标文件后进行了查验签收与保存，符合招标文件所规定的实质性要求与条件。招标代理机构在竞标前，虽然没有按照招标文件规定的截止时间收取投标企业营业执照原件，但根据招标文件所规定的实质性要求与条件，整个竞标过程及预中标三个企业的资格审查，是符合招标文件规定的各项技术标准的，并未违反招标文件（招标公告）中规定的公开性、合法性、公正性和竞争性。武义县财政局认为T公司、X公司的投诉事实与理由不成立，作出投诉处理决定并无不当。据此，依照《最高人民法院关于执行〈中华人民共和国行政诉讼法〉若干问题的解释》第四十九条第三款、第五十六条第（四）项之规定，判决驳回T公司、X公司的诉讼请求。

案例评析 CASE ANALYSIS

1. 供应商未按规定时间交齐营业执照原件是否符合规定，应视招标文件要求而定

投标文件根据招标文件的要求进行编制，材料原件是否为投标文件的组成部分，应视招标文件的具体要求而定。如果招标文件要求提供材料原件，投标人应作为投标文件的组成部分密封装订，在投标时一并提供。这种材料一般为授权委托书原件、法定代表人身份证明原件等。如果招标文件要求提供复印件，一般会有原件备查的要求。这种材料大多为资格审查需要的营业执照、资质证书等。对于第一种情况，未能在投标截止时间前提供的应视为无效投标文件。对于第二种情况，仅在评标委员会需要的时候提供审核即可，是按照具体通知要求的时间提供。本案未介绍招标文件中对原件提供的具体规定，但可从案情中看出，要求投标企业提供营业执照的原件，是为了核对其提交的资料的真实性，在投标行为完成后由评审组进行实质内容的资格审查，应该属于原件备查的情形。笔者认为在这种情况下，投标文件里面提供了资格审查要求的材料复印件，原件只是为核对真实性，只要在评标委员会要求的时候，在合理的时间内提供，则不存在违法情形。

2. 对于未按规定时间交齐营业执照原件的，其投标是否有效也应根据招标文件规定

如上所述，要根据招标文件对于提交营业执照原件的要求作出判断。如果规定了截止时间，并规定未能在截止时间前提供则为无效投标。如招标代理机构在截止时间之后仍接收，并在评审时候使用，显然采购过程违法，应审查其是否影响中标结果，作出相应的投诉处理决定。而对于规定原件备查的情形，在要求提供原件时，能在合理的时间内提供原件用以核对复印件真实性即可，在评审过程合法的情况下，中标并无不当。

四、对开标一览表上报价记录的争议

开标一览表，就是投标人将投标所涉及的投标单位名称、投标报价等资料和说明性材料列出，主要目的是用于开标，因为投标结束后会进行开标，然后是唱标和公示，这其中都会用到开标一览表的内容。由于投标人对招标文件的理解不同，有时填写开标一览表是五花八门，容易产生歧义，进而发生纠纷。

（一）有关修正报价还是修改报价的争议

开标后不得再修改包括开标一览表在内的投标文件，这不仅是法律的规定，也是人们的共识，不然招标投标工作就无法进行。但是，对开标一览表中的一些瑕疵，能否在开标时进行确认呢？该确认究竟是属于修正，还是属于修改？不同的立场，会有不同的看法。

【案例67[1]】开标一览表未标明是三年总价还是每年报价，开标时补写为每年报价，是否属于修改报价

关 键 词：修改报价／唱标记录／报价修正

案例要点：开标之后投标人不可修改报价，对于采购文件未明确规定报年份总价还是每年报价的情形，投标人在唱标记录上标注的内容仅是对报价的确认，评标委员会系对投标文件独立进行评审，唱标记录的内容不影响评审工作，其应根据投标文件中具体价格的内容公平公正的评标。

招标、质疑、投诉情况

海安市公共资源交易中心（以下简称“海安公资中心”）受市水利局（以下简称“市水利局”）的委托，就海安市一、二级河道及通航三级河道河面保洁项目（以下简称“该项目”）进行公开招标。八家公司进行了投标，2017年12月22日，海安公资中心主持开标。江苏某公司、无锡明泰物业管理有限公司以及无锡市怡庭物业管理有限公司在招标唱标记录供应商签名后标有：“此报价为一（每）年的价格”“报价为年报价”“年报价”字样。南通沿海市政工程有限公司、南通东湖物业管理有限公司、海南高经物业酒店管理有限公司的备注栏中标有“每年”字样。江苏某公司的“开标一览表”报价栏显示：A标段为2005796元，B标段为1401870元，C标段为1408938元。海安市公共资源交易管理办公室（以下简称“海安公管办”）组织七人评审小组进行了评标。同日，市水利局确认了评标结果，确认该项目A标段中标人为南通东湖物业管理有限公司，B标段、C标段中标人均为江苏某公司。

海安某公司对招投标过程有疑义，于2017年12月23日向市水利局提交质疑函，主要质疑内容为：开标过程的质疑：招标文件明确规定开标一览表的格式应以投标总价报价。在读标时，有些投标单位的开标一览表投标总价为100多万元，后进行了口头改变，将投标总价说成每年单价。该报价方式严重违背招标文件的实质性要求，相关投标单位当场提出了质疑，但最终该投标单位被确定为中标候选人。海安某公司认为，该中标候选人最后中标价应为三年总价100多万元，如果理解为每年100多万元的话，中标结果应为无效。

2018年1月3日，市水利局向海安某公司作出关于投标质疑的答复，主要内容为：投标报价方式方面的答复，（1）根据招标文件可以确定本次招投标报价既可以是三年的总报价，也可以是每年的报价。江苏某公司在投标一览表投标文件的投标报价未标注为每年，在报价明细表亦未标注为每年，可以认定江苏某公司在此次投标过程中存在瑕疵，但该报

1 案例来源：（2018）苏06行终638号。

价应当认定为每年报价。理由：江苏某公司虽未在投标一览表标注每年的价格，但其B标段、C标段的报价低于招标文件规定的年上限，其真实意思应为每年价格，未标注每年系笔误。从其他5家供应商投标价格来看，三年的报价均在400万元以上，将江苏某公司的报价视为三年报价与常理相悖。从订立合同的目的来看，如果三年价格为140万元，明显远低于实际成本，对江苏某公司有失公平，按此价格，双方订立合同的目的将难以实现。（2）江苏某公司等投标人在唱标记录签字后标注“此报价为每年的价格”，该唱标记录除供应商签名外，主持人、采购单位代表、唱标人、记录人均有签字。（3）评标委员会成员在B标段、C标段价格分计算表进行了签字，可以认定评标委员会对江苏某公司等投标人在唱标记录标注的效力及投标报价有效性进行了确认，评标委员会出具的公开招标评审小结标明，江苏某公司所提供的资料及承诺符合采购单位的要求被确定为中标人。评标委员会成员均予以签字，证明评标委员会对江苏某公司对唱标记录标注的效力及投标报价有效性进行了确认。综上，海安某公司对投标人投标报价方式的质疑不成立。

海安某公司不服质疑答复，于2018年1月8日向海安公管办投诉。请求确认此次招投标结果无效，并重新招投标。

海安公管办于2018年2月28日作出投诉处理决定，认为评标委员会的评审依据是投标人的投标文件，而唱标记录仅是存档资料，该项目的采购过程符合相关法律法规的规定。决定驳回投诉。

行政诉讼一审情况

海安某公司不服投诉处理决定，向江苏省如东县人民法院提起诉讼。一审法院认为，从涉案唱标记录来看，参加涉案项目投标的公司中有两家公司在开标一览表中采用的是三年总价的报价方式，有三家公司在开标一览表中明确标注为每年单价的报价方式，江苏某公司、无锡明泰物业管理有限公司以及无锡市怡庭物业管理有限公司三家公司未在投标一览表中标注报价为三年总价还是每年单价。开标时，上述三家公司投标人代表在唱标记录签名处标注了报价为每年报价的字样。江苏某公司提交的“开标一览表”显示其就涉案招标项目的B标段、C标段的报价依次为1401870元、1408938元。结合江苏某公司的投标文件中“报价明细表”来看，其所列船只（设备）使用费、油料费、保洁船只（设备）保养和维修（护）费等15项分项的单价汇总金额与开标一览表所报价格一致。综上可见，江苏某公司虽然没有在开标一览表中明确标明其所报价格为每年单价，但是从江苏某公司的投标文件可以判断出其在开标一览表中采用了每年单价的报价方式，且开标一览表内容与投标文件中明细表内容不存在不一致的情形，投标文件的报价也无前后不一致的情形。江苏某公司投标人代表在唱标记录上标注每年报价的字样，不应视为修改，而应视为确认其报价内容。海安某公司所持的江苏某公司修改报价的行为无效或者将其开标一览表上的价格视为三年总价的意见,没有依据,不予采纳。至于江苏某公司等公司的报价是每年报价,还是三年总价，由评标委员会依据各投标单位的投标文件审查。在出现报价不一致的情况,评标委员会将依据相关规则处理。本案中，评标委员会根据江苏某公司的报价能够确定其所报价格为每年单价而未产生其他歧义，故也不需要依据相关规则进行价格修正，要求投标人作出澄清或者说明等。故对海安某公司所持的涉案招投标过程违法的主张，不予采信。

综上,海安公管办作出的投诉处理决定事实清楚,依据充分,适用法律准确,程序合法。一审法院依据《行政诉讼法》第六十九条之规定，判决驳回海安某公司的诉讼请求。

上诉人诉求及观点

海安某公司对一审判决不服，向江苏省南通市中级人民法院提起上诉称，江苏某公司在唱标记录上标注“每年报价”的内容，属于对投标价格的实质性修改，该标注行为无效。请求二审法院撤销一审判决，撤销海安公管办所作的投诉处理决定，责令海安公管办重新作出处理决定并重新进行招投标。

被上诉人答辩及观点

江苏某公司在唱标记录上标注的“每年报价”内容，只是对报价的进一步说明。根据招标文件，投标人按每年报价或按三年报价均可。事实上，参与投标的八家单位，除个别单位特别标明报价为每年外，其余均未标注报价为每年报价还是三年报价。评标委员会是根据各投标人的投标文件，认定各投标人的报价，并据此进行评选后确定中标人。唱标及唱标记录只是公示各投标人的报价，对评标活动没有影响。海安某公司的上诉理由不能成立，请求二审法院驳回上诉，维持一审判决。

二审法院裁判及观点

江苏某公司提交的“开标一览表”显示其就涉案招标项目的B标段、C标段的报价分别为1401870元、1408938元。而江苏某公司的投标文件中报价明细表,所列的项目为船只（设备）使用费、油料费、保洁船只（设备）保养和维修（护）费等15项分项的单价，汇总金额为该15项分项之和，并没有体现三年总额的内容。该15个分项汇总金额与江苏某公司开标一览表所报价格一致。故应当认定江苏某公司在开标一览表中的报价为每年报价。

至于江苏某公司在唱标记录上签署了“每年报价”的内容的问题。唱标行为只是招标人在开标时对所有符合条件的投标文件当众拆封、宣读，其主要目的在于当众公开各投标人的投标结果，以存档备查。唱标记录并不是评标委员会需要评审的文件，评标委员会进行评标过程中，各投标单位提交的开标一览表、报价明细等投标文件，是评标委员会进行综合比较与评价的文件，唱标记录不会影响评标结果。江苏某公司及其他投标人在唱标记录上标注每年报价的内容，只是因招标文件未明确规定报价方式按每年报价还是按三年报价的情况而就报价所作的说明，不应视为对标书报价的修改。

综上，海安某公司的上诉理由于法无据，本院判决驳回上诉，维持原判。

案例评析 CASE ANALYSIS

1. 开标后不能修改开标一览表报价，只能对前后不一致的按规定进行修正

“财政部第 87 号令”第五十九条规定：“投标文件报价出现前后不一致的，除招标文件另有规定外，按照下列规定修正：（一）投标文件中开标一览表（报价表）内容与投标文件中相应内容不一致的，以开标一览表（报价表）为准；（二）大写金额和小写金额不一致的，以大写金额为准；（三）单价金额小数点或者百分比有明显错位的，以开标一览表的总价为准，并修改单价；（四）总价金额与按单价汇总金额不一致的，以单价金额计算结果为准。同时出现两种以上不一致的，按照前款规定的顺序修正。修正后的报价按照本办法第五十一条第二款的规定经投标人确认后产生约束力，投标人不确认的，其投标无效。”即在提交投标文件后如果投标文件报价出现开标一览表与明细表不一致，大小写金额不一致，单价与总价不一致等笔误或者计算错误的情况，投标人可以进行修正。因此，开标后投标人可以对投标报价的瑕疵进行修正而不可修改以改变其实质价格。

2. 本案中，江苏某公司不存在改标行为

招标文件未明确要求报价写明三年总报价还是每年报价，从而造成投标人中既存在按三年报价也存在报每年报价的情况。在采购代理机构工作人员唱标时候，必然会发现这一的情况。江苏某公司在唱标记录上标注每年报价的内容，只是对按每年报价的确认，不应视为对标书报价的修改。同时，江苏某公司是否存在改标行为并不是由唱标人员决定而是由评标委员会评定。评标委员会在评标过程中，按照一般人的认知，通过报价的高低悬殊便可知道投标人中有的按每年报价、有的按三年报价，进行确认并不存在改标的问题。而事实上，结合投标人的报价明细表，评审专家更确认了按照每年报价的事实。因此，江苏某公司并不存在改标的行为，在唱标记录标注每年报价为对报价的确认。

（二）有关《开标一览表》填写漏项的争议

投标人制作投标文件时填写的《开标一览表》，一般在开标时要展示并唱标。《开标一览表》与投标文件其他部分不同，开标后就不属于商业秘密了，在竞争对手面前要经得起评头论足。因此，投标人对《开标一览表》的制作一定要慎之又慎。不少投标人因为种种原因，在制作《开标一览表》时，经常出现填写漏项，从而引起争议。

【案例68[1]】投标文件的《开标一览表》未填报合计项但填写了总报价，是否认定为无效投标

关 键 词：合计项/总报价/开标一览表

案例要点：投标人在制作投标文件时应严格按照相关法律法规和招标文件的要求，以防遗漏重要事项。如果遗漏事项属于"财政部令第87号"第六十三条或者招标文件规定的无效情形，应认定为无效投标。对于存在负偏离的内容，应由评标委员会综合认定。

招标、质疑、投诉情况

2015年6月12日，陕西华夏招标有限公司（以下简称"华夏招标公司"）受陕西省城市经济学校（以下简称"省经济学校"）委托对省经济学校数字图文处理实训室设备采购项目（以下简称"该项目"）进行公开招标。西安某公司与西安恒新通数码科技有限公司（以下简称"恒新通公司"）参加了该项目的投标。中标供应商为恒新通公司，中标金额为98.20万元。

西安某公司于2015年6月18日向华夏招标公司提出质疑，认为：恒新通公司在投标过程中的唱票环节存在重大问题，在《开标一览表》中未提供合计总价。华夏招标公司于2015年6月29日在法定期限内作出了答复。

西安某公司对质疑答复不服，于2015年7月9日向陕西省财政厅（以下简称"省财政厅"）投诉称，恒新通公司在投标过程中的唱标环节存在重大问题，请求重新查验投标文件、唱标文件及打分情况。该厅于2015年8月4日作出投诉处理决定认为，恒新通公司投标文件《开标一览表》中虽未填报合计项，但填写了总报价（含大写和小写），原评标委员会认为不属于重大缺漏项。且唱标结束后，所有投标人对报价签字确认，未提出异议。决定驳回西安某公司投诉。

原告诉求及观点

2015年11月3日，西安某公司不服投诉处理决定，诉至西安市莲湖区人民法院。西安某公司认为，根据《政府采购法》和《政府采购供应商投诉处理办法》的规定，西安某公司认为，恒新通公司在投标过程中的唱标环节存在重大问题，在《开标一览表》中并未

---

1 案例来源：（2015）莲行初字第00354号。

提供合计总价。省财政厅答复此项不属于重大缺漏项，但根据招标文件中的中标打分原则，此项应为扣分项。且唱标过程中招标组织方并未要求各投标方对其他投标方的唱标环节提出质疑，只是针对本方唱标结果进行签字确认。请求判决撤销省财政厅的投诉处理决定，并撤销恒新通公司的中标资格。

被告答辩及观点

省财政厅答辩观点同投诉处理决定观点，请求驳回西安某公司的诉请。

法院裁判及观点

恒新通公司在《开标一览表》中虽未填报合计项，但填写了总报价（含大写和小写），其未填报合计项的行为不属于重大缺漏项。评标委员会作出该中标结果并无不妥。省财政厅投诉处理决定，事实清楚，程序合法，适用法律正确。西安某公司要求撤销该投诉处理决定以及现中标人中标资格之理由不能成立，依法不予支持。据此，根据《行政诉讼法》第六十九条之规定，判决驳回西安某公司的诉讼请求。

案例评析 CASE ANALYSIS

1. 投标文件的《开标一览表》未填报合计项，但填写了总报价不应认定为无效投标

投标文件的《开标一览表》应按招标文件规定的格式填写，如果招标文件规定必须填报合计项，否则为无效投标。那么遗漏合计项就应该评定为无效投标。如果招标文件没有明确规定，仅遗漏合计项但是填写了总报价，不构成重大缺漏项，并不实质影响评标委员会对报价的评审，不应认定为无效投标。

2. 唱标过程中投标人对唱标内容有疑义应当场提出询问

开标过程应当由采购人或者采购代理机构负责记录，由参加开标的各投标人代表和相关工作人员签字确认后随招标文件一并存档。投标人代表对开标过程和开标记录有疑义，应当场提出询问。如投标人当场不提出疑义而是签字确认，待自己不中标时再提质疑，如无充分事实依据，其质疑事项很难得到支持。

第三节 有关开标主持的争议

"财政部令第 87 号"第四十条规定："开标由采购人或者采购代理机构主持，邀请投标人参加。评标委员会成员不得参加开标活动。"第四十一条规定："开标时，应当由投标人或者其推选的代表检查投标文件的密封情况；经确认无误后，由采购人或者采购代理机构工作人员当众拆封，宣布投标人名称、投标价格和招标文件规定的需要宣布的其他内容……"开标主持人负责主持整个开标活动，宣布开标纪律、开标程序、投标人名称、投标价格等内容，以便投标人了解开标过程、投标情况。虽然，开标主持人的行为并不直接决定投标人资格或者中标结果，但实质上会影响后续采购活动的开展。所以，实践中仍会存在一些对开标主持人行为的争议。

【案例 69[1]】开标时主持人有权宣布供应商投标无效吗，如宣布某供应商投标无效应如何处理

关键词：开标主持人行为 / 顺延中标 / 重新开展采购活动

案例要点：开标主持人主要负责保证整个开标程序的顺利开展，让所有投标人了解参与投标单位、投标价格等内容，其传达的应为事实情况，而不能加以判断审查公布结论。开标活动违法影响中标结果，由财政部门视具体情况，要求另行确定中标、成交供应商或责令重新开展采购活动。

招标、质疑、投诉情况

2014 年 3 月 21 日，绵阳市某公司参与了绵阳市政府采购中心（以下简称"市采购中心"）组织的政府采购活动。当日 14 时开标时，投标供应商共 5 家。在公布《开标一览表》时，四川千昌信息科技有限公司（以下简称"千昌科技公司"）等 2 家供应商因《开标一览表》未按要求填写，被主持人当场宣布为无效投标，所有供应商签字确认。由此，满足招标要求的合格供应商还剩 3 家，根据开标价格，绵阳市某公司将成为第一中标候选人。但 2014 年 3 月 27 日四川政府采购网公布千昌科技公司为第一中标候选人，绵阳市某公司为第二中标候选人。

2014 年 3 月 28 日，绵阳市某公司向市采购中心提交了《意见书》，就无效标供应商成

1 案例来源：（2015）涪行初字第 21 号。

为第一中标候选人提出了意见，该中心于同年4月9日作出答复，称宣布千昌科技公司为无效标是主持人失误，主持人无权宣布无效投标。绵阳市某公司不服，向该中心提出了质疑，该中心于2014年5月6日作出质疑答复，结果是质疑无效，维持采购结果。

绵阳市某公司对质疑答复不服，于2014年5月26日向绵阳市财政局（以下简称“市财政局”）提交了投诉申请书，市财政局于2014年7月3日作出《投诉处理决定书》，认可了第一中标候选人无效标的事实，但同时责令重新开展招标活动，而不是顺延第二中标候选人中标。

行政诉讼情况

绵阳市某公司对投诉处理决定不服，向四川省绵阳市涪城区人民法院提起诉讼。

原告观点

绵阳市某公司认为，既然市财政局认定第一中标候选人为无效标，就应顺延绵阳市某公司为中标人。市财政局裁决重新开展招标活动，不符合《政府采购法》第三十六条、第四十二条等法律的规定。本次招标只不过是有无效标出现的情形，把无效标剔除即可，此不足以引起该次招标活动为废标。市财政局责令重新开展招标活动，对绵阳市某公司的合法权益造成了损害。请求：撤销市财政局所作的《投诉处理决定书》。

被告观点

市财政局辩称，主持人宣布投标无效是越权违规行为，同时评标委员会在评标过程中存在违法违规行为，影响了采购的公正性。我局责令重新开展采购活动事实清楚、证据确凿。

市采购中心述称，市政府采购中心不是被诉具体行政行为的行为人、相对人，与该具体行政行为无利害关系，不应是本案适格第三人。绵阳市政府采购中心是采购代理机构，相关的行为是代理行为，代理行为的后果应归属于采购人。绵阳市某公司涉嫌敲诈勒索已经公安机关立案侦查，建议本案中止审理。

法院判决

法院认为，根据《招标投标法》第三十六条的规定，开标工作人员即主持人的职责是当众拆封，宣读投标人名称、投标价格和投标文件的其他主要内容，此条未规定开标主持人有宣读投标无效的职责。因此，在2014年3月21日进行的项目开标活动中，开标主持人宣读相关投标无效的内容，明显违法。“财政部令第18号”第五十六条规定，不符合法律、法规和招标文件中规定的其他实质性要求的，应当在资格符合性检查时按照无效标处理。

本案中，千昌科技公司未在《开标一览表》填写制造商家及规格型号、数量、投标单价等内容，不符合招标文件第 18.5 项“招标文件应根据招标文件的要求制作，签署、盖章和内容应完整，如有遗漏，将被视为无效投标”的规定。

市财政局认定千昌科技公司中标无效，不违反法律的规定。根据“财政部令第 18 号”第八十二条“有本办法规定的中标无效情形的，由同级或其上级财政部门认定中标无效。中标无效的，应当依照本办法规定从其他中标人或者中标候选人中重新确定，或者依照本办法重新进行招标”的规定，对中标无效的，市财政局作为监管机关，可以决定是否顺延中标人，也可以决定是否废标，是否重新进行招标。因此，市财政局认定评审委员会将无效标认定为有效标，中标结果的产生及开标中存在违法的情形，应予重新进行招标，属市财政局行政裁量权的范围，不违反法律的规定。市财政局责令重新开展采购活动，于法有据。

市采购中心作为此次招标采购活动的组织者，与被诉行政行为有一定利害关系，本院为查清事实，通知其作为第三人参加诉讼，并无不当。本案的审结不需要以相关刑事案件的结果为依据，市采购中心要求中止本案审理的理由不成立，本院不予采信。

综上所述，绵阳市某公司要求撤销市财政局所作投诉处理决定的理由不成立，本院不予支持其请求。依照《最高人民法院关于执行〈行政诉讼法〉若干问题的解释》第五十六条第（四）项的规定，判决如下：驳回绵阳市某公司的诉讼请求。

案例评析 CASE ANALYSIS

1. 开标主持人是否有权宣布投标无效

“财政部令第 18 号”第四十条规定：“开标时，应当由投标人或者其推选的代表检查投标文件的密封情况，也可以由招标人委托的公证机构检查并公证；经确认无误后，由招标工作人员当众拆封，宣读投标人名称、投标价格、价格折扣、招标文件允许提供的备选投标方案和投标文件的其他主要内容……”依据此规定，开标过程中，开标主持人主要负责宣读开标纪律、开标程序、投标人名称、投标价格等内容。因此，开标主持人公布的是投标事实情况，而不具有审查决定投标资格或者名次的权利。同时根据财政部第 18 号令规定，由评标委员会进行的资格性审查和符合性审查属于评标工作在开标活动之后，千昌科技公司提交的《开标一览表》不符合招标文件的实质性规定，应由评标委员会审查认定是否无效，而开标主持人在评标之前擅自宣布无效显然是不符合规定的。

2. 市财政局认定千昌科技公司投标无效是否合法

“财政部令第 18 号”第五十六条规定：“投标文件属下列情况之一的，应当在资格性、符合性检查时按照无效投标处理：……（四）不符合法律、法规和招标文件中规定的其他实质性要求的。”同时，本案招标文件第 18.5 项规定“投标文件应根据招标文件的要求制作，签署、盖章和内容应完整，如有遗漏，将被视为无效投标”的规定。那么千昌科技公司未在《开标一览表》填写制造商家及规格型号、数量、投标单价等内容，属于投标文件内容不完整有所遗漏，应按照无效投标处理。因此，千昌科技公司中标属于中标结果违法，对于绵阳市某公司的投诉，市财政局应依照“财政部令第 20 号”第十九条规定，认定采购过程违法影响中标结果，责令重新开展采购活动。所以，市财政局的处理是合法的。

3. 中标结果无效，是否应当顺延中标

“财政部令第 20 号”第十九条规定：“财政部门经审查，认定采购文件、采购过程影响或者可能影响中标、成交结果的，或者中标、成交结果的产生过程存在违法行为的，按下列情况分别处理：（一）政府采购合同尚未签订的，分别根据不同情况决定全部或者部分采购行为违法，责令重新开展采购活动……”本案中，千昌科技公司的投标文件不符合招标文件规定的实质性要求应按无效投标处理。而开标主持人在开标活动中宣布千昌科技公司为无效投标，评标委员会却在资格性审查和符合性审查中未发现千昌科技公司不符合实质性要求，确定其为中标人，显然采购过程影响中标结果，市财政局应责令重新开展采购活动。“财政部令 18 号”第八十二条规定：“有本办法规定的中标无效情形的，由同级或其上级财政部门认定中标无效。中标无效的，应当依照本办法规定从其他中标人或者中标候选人中重新确定，或者依照本办法重新进行招标。”则在中标无效情况下，是否顺延中标财政部门具有一定的自由裁量权，如有其他中标人或中标候选人可以顺延中标，也可以重新招标。本案评审过程存在问题，可能导致整个评审名次或者候选人名单都不符合法律或者招标文件的规定，具有重新招标的必要性。因此，市财政局责令重新开展招标符合规定。

“财政部令第 94 号”第三十二条规定：“投诉人对采购过程或者采购结果提起的投诉事项，财政部门经查证属实的，应当认定投诉事项成立。经认定成立的投诉事项不影响采购结果的，继续开展采购活动；影响或者可能影响采购结果的，财政部门按照下列情况处理：……（二）已确定中标或者成交供应商但尚未签订政府采购合同的，认定中标或者成交结果无效。合格供应商符合法定数量时，可以从合格的中标或者成交候选人中另行确定中标或者成交供应商的，应当要求采购人依法另行确定中标、成交供应商；否则责令重新开展采购活动……”即在已经确定中标人的情况下，如认定中标结果无效，顺延的条件为仍有合格数量的供应商并有其他中标或者成交候选人。同时，从公平公正的角度，还应考虑采购过程违法是否影响整个候选名单或者评审名次，应根据具体情况作出要求顺延中标或责令重新采购的处理决定。

第四节 有关投标文件检查密封、拆封、唱标的争议

开标时对投标文件检查密封情况、当众拆封、进行唱标，是开标活动最重要的环节。“财政部令第 87 号”第四十一条规定，开标时，应当由投标人或者其推选的代表检查投标文

件的密封情况；经确认无误后，由采购人或者采购代理机构工作人员当众拆封，宣布投标人名称、投标价格和招标文件规定的需要宣布的其他内容。投标人不足 3 家的，不得开标。在此环节要注意的防范争议的问题有：

一是对检查投标文件密封的主体问题。根据相关规定分析，对投标文件密封有两次检查：第一次检查是根据“财政部令第 87 号”第三十三条规定收到投标文件时的检查，即采购人或者采购代理机构收到投标文件后如实记载投标文件的密封情况；第二次是“财政部令第 87 号”第四十一条规定开标前的检查，即由投标人或者其推选的代表检查投标文件的密封情况。有的采购人、采购代理机构委托公证机关检查投标文件的密封情况，或者委托采购人、采购代理机构的纪检监察人员检查投标文件的密封情况，或者委托其他人检查投标文件的密封情况，这些都存在采购程序的错误问题。

二是检查的范围问题。投标人或者其推选的代表应对所有投标文件的密封情况进行检查，而不是仅检查自己的投标文件的密封情况。

三是发现投标文件密封情况异常的处理问题。开标前检查时，如果发现投标文件密封情况异常，应如实记录，并由投标人或者投标人代表确认。

四是当众拆封的问题。应在投标人或者投标人代表确认无误后，由采购人、采购代理机构的工作人员当众拆封，不能在未确认无误时当众拆封，也不能由投标人或者投标人代理当众拆封。

五是唱标的问题。应由采购人、采购代理机构的工作人员唱标，而不能由投标人自行唱标。唱标时，应宣布投标人名称、投标价格和招标文件规定的需要宣布的其他内容，不能随意唱标，现场临时决定增加或者减少宣布的内容，既不能少宣布，也不多宣布。

由于开标是采购人或者采购代理机构与投标人之间、各个投标人之间的“短兵相接”，经常会因各种摩擦产生不同的“火花”。

一、有关投标文件检查密封与当众拆封的争议

参加招标投标活动，对于采购人、采购代理机构以及各个投标人来说，都是一场挑战。特别是各个投标人之间，更是一场“你死我活”的战斗。投标文件检查密封与当众拆封时，各位投标代表眼睛都会盯得很紧，有时还会发现其他投标人的投标文件密封情况不符合招标文件规定，就有可能减少一些竞争对手；有时还会发现拆封投标文件行为不规范，也会留下一手，如果将来自己不中标再提出质疑、投诉。

【案例 70[1]】未按省财政厅规范性文件规定的投标文件拆封顺序操作，是否违规

关 键 词：拆封投标文件顺序 / 规范性文件

案例要点：政府采购相关的法律、法规、规章对开标时拆封投标文件顺序并无具体规定，采购人或采购代理机构只要当众拆封投标文件，宣布投标人名称、投标价格和招标文件规定的需要宣布的其他内容，即符合规定。各地为实际需要，结合当地情况制定政府采购方面的规范性文件，可在上位法规定的范围内进行具体化规定，但不得违反上位法。

招标、质疑、投诉情况

鄞州区水利局（以下简称“区水利局”）委托代理机构宁波中基国际招标有限公司（以下简称“中基公司”）开展鄞州区水利局视频监控系统维护及监控设备等采购项目（以下简称“该项目”）。宁波某公司于 2017 年 3 月 6 日购买采购文件，于 2017 年 3 月 13 日向区水利局、中基公司质疑，要求取消以开具税务部门印发的收据退取保证金，应以开具收据则可退取保证金；更改开标程序，严格按照《浙江省政府采购活动现场组织管理办法》第六条的开标程序进行。2017 年 3 月 16 日，中基公司对宁波某公司的质疑予以回复，认为中标供应商的投标保证金凭收据原额退还；开标程序系根据《政府采购货物和服务招标投标管理办法》第四十条的规定实施的，不作修改。宁波某公司于 2017 年 3 月 17 日向宁波市鄞州区公共资源交易中心缴纳 8000 元的保证金。2017 年 3 月 17 日，宁波某公司以区水利局、中基公司为被投诉人向鄞州区财政局（以下简称“区财政局”）提出《投诉书》，要求责成责任主体纠正招标程序中违法违规行为。

2017 年 3 月 20 日，该项目开标，宁波某公司未提交投标文件。2017 年 3 月 21 日，该项目评标结果公示。2017 年 4 月 14 日，宁波某公司收到鄞州区公共资源交易中心退回的 8000 元保证金。

市财政局于 2017 年 5 月 2 日作出投诉处理决定，处理决定认为：《浙江省政府采购活动现场组织管理办法》第六条规定，“开标原则上应采取先拆封商务和技术文件、后拆封报价文件的顺序进行”，并未强制要求所有的项目均按此开标程序进行。经审查，该项目招标文件中明确，“开标时将公布供应商名称、投标内容、投标价格、交货期等以及招标人认为合适的其他内容，并做开标记录”，同时要求供应商的授权代表应在开标记录表上对自己的总投标价确认无误后签字。该项目的开标程序依据为 2004 年 9 月 11 日起施行的《政府采购货物和服务招标投标管理办法》。该办法第四十条规定，开标时，应当由投标人或者其推选的代表检查投标文件的密封情况，也可以由招标人委托的公证机构检查并公证；

1 案例来源：（2017）浙 0211 行初 46 号。

经确认无误后，由招标工作人员当众拆封，宣读投标人名称、投标价格、价格折扣、招标文件允许提供的备选投标方案和投标文件的其他主要内容。未宣读的投标价格、价格折扣和招标文件允许提供的备选投标方案等实质内容，评标时不予承认。《浙江省政府采购活动现场组织管理办法》属一般规范性文件；《政府采购货物和服务招标投标管理办法》属部门规章。参照上位法优于下位法适用规则，该项目的招标程序合法。因此，区财政局根据《政府采购法》第五十六条、《政府采购供应商投诉处理办法》第十七条第（二）项的规定，驳回投诉。

原告诉求及观点

宁波某公司对投诉处理决定不服，向宁波市镇海区人民法院提起诉讼称，按照《浙江省政府采购活动现场组织管理办法》第六条第一款第（六）项规定，被投诉的项目采购招标文件中的开标程序，与之严重不符，存在开标程序违法。按照该管理办法第六条第一款第（七）项规定，被投诉的项目采购招标文件中的开标程序，对商务和技术评审无效投标人，剥夺了投标人代表收回未拆封的报价文件的权利。例如，北仑区招投标中心为代理机构的政府采购项目均是按照《浙江省政府采购活动现场组织管理办法》的开标程序进行。部分社会中介招标代理机构经投标人书面投诉，拒不改正的用意，或许正是通过先开具价格标，左右评标专家评定技术分的目的，让政府采购公平公正成为部分利益获得者的幌子。综上所述，请求依法判令区财政局作出的投诉处理决定书违法，并依法重新作出处理决定书。

被告答辩及观点

1. 宁波某公司无投诉主体资格，投诉处理决定不影响其权利义务，应驳回宁波某公司的起诉。（1）宁波某公司虽购买了招标采购文件，但未在投标截止时间前投标，更谈不上响应招标文件提出的实质性要求和条件。（2）宁波某公司未参加投标，该次招投标活动对其权利义务不产生实质影响，故其提出质疑及投诉的前提条件不存在。2. 宁波某公司提出的起诉理由不成立。（1）并非一律按照先拆封商务和技术文件再拆封报价文件的顺序进行，只是原则上应先拆封商务和技术文件再拆封报价文件，未禁止其他的开标方式。本案采购代理机构按照《政府采购货物和服务招标投标管理办法》等规定开标，并无违法或不当。（2）规范性文件不作为行政行为合法性与否的评判依据。从《立法法》规定看，我国法律的正式渊源包括法律、行政法规、地方性法规、自治条例和单行条例、规章，不包括规范性文件。既然规范性文件不是广义的法律，就不能作为判断某一行政行为是否违法的有效依据。本案中，宁波某公司主张适用的《浙江省政府采购活动现场组织管理办法》系浙江省财政厅发布的效力低于部门规章的规范性文件，不能作为判断本案设备采购项目活动及投诉处理决定违法与否的依据，宁波某公司据此依据提出的质疑及投诉理由均不成立。而且《行政诉讼法》第六十三条规定，人民法院审理行政案件适用法律法规，参照规章，言外之意不适用规范性文件。所以，在本案的行政审查中，不适用《浙江省政府采购活动现场组织管理办法》的规定。(3) 本案政府采购招标投标活动中开标和评标独立进行，评标专家不参与开标过程，无从知晓报价内容，本案中拆封报价文件不会影响评标专家对技术标的打分，也不会影响政府采购活动的公平、公正。宁波某公司诉状中所谓拆封报价文件影响公正的理由不成立。综上，请法院依法驳回宁波某公司的起诉。

法院裁判及观点

《政府采购货物和服务招标投标管理办法》规定开标时一并拆封宣读商务文件、技术文件、价格文件等，并未对开标先后顺序作出规定。该项目采购文件中载明的开标时检查投标文件的密封情况以及一并拆封宣读投标人名称、投标价格等内容符合《政府采购货物和服务招标投标管理办法》的规定。同时，《浙江省政府采购活动现场组织管理办法》系根据《政府采购货物和服务招标投标管理办法》等法律、法规、制度规定，结合浙江省实际制定的地方规范性文件。《浙江省政府采购活动现场组织管理办法》第六条第一款第(六)项以及第六条第二款的规定，与《政府采购货物和服务招标投标管理办法》第四十条的规定并无明显冲突。区财政局依据《政府采购货物和服务招标投标管理办法》予以认定相应事实，符合法律规定。综上，区财政局作出的投诉处理决定证据确凿，适用法律、法规正确，符合法定程序。据此，依照《行政诉讼法》第六十九条的规定，判决驳回宁波某公司的诉讼请求。

案例评析 CASE ANALYSIS

1. 拆封报价、商务、技术文件先后顺序并无严格规定

法律、法规、行政规章对拆封商务、技术、价格文件的顺序并无具体规定，采购代理机构当众拆封投标文件，达到能够宣读每个投标人名称、投标价格目的即可。况且开标与评标过程分开进行，拆封顺序对整个采购过程和采购结果并无实质性影响。现行实施的"财政部令第87号"中对拆封投标文件的顺序亦无相关的顺序要求。因此，拆封报价、商务、技术文件并无严格的顺序。

2.《浙江省政府采购活动现场组织管理办法》的规定不违反上位法

《浙江省政府采购活动现场组织管理办法》第六条第一款规定开标原则上应采取先拆封商务和技术文件、后拆封报价文件的顺序进行。第二款规定因特殊原因确需商务和技术文件与报价文件同时拆封的，在按照规定完成工作后，按程序送审、监督、告知。即拆封投标文件顺序

并非强制性要求，在保证公平审查情况下允许同时拆封投标文件。该规范性文件为实施法律、法规、规章，结合该省情况下作出的具体规定，该条并未限制投标人权利亦未增加投标人义务，并未创设行政许可、行政处罚等，因此不存在违反上位法规定的情形。

3. 财政部门对于此投诉处理合理、合法

本案招标文件规定开标时检查投标文件的密封情况以及一并拆封宣读投标人名称、投标价格等内容，且在此之前并无供应商对招标文件质疑投诉。采购代理机构按照招标文件的规定拆封投标文件并未不当，财政部门应认定该投诉事项不成立。

二、有关唱标的争议

唱标，采购人或者采购代理机构工作人员当众拆封投标文件后，宣布投标人名称、投标价格和招标文件规定的需要宣布的其他内容的行为。开标时，公开宣读投标人上述信息，即为“唱标”，意即大声地公布。唱标经常发生争议的是，唱标的内容投标人不确认或者得不到采购人、采购代理机构、其他投标人的确认，投标人所主张的内容与投标文件内容之间有歧义，等等。

唱标的争议主要还是集中在有关投标价格的争议方面。无论采用综合评分法还是最低价评分法，价格都是评审因素中分量较重的考量因素，并且在开标环节采购代理机构工作人员也会对各投标人的报价进行唱标，从而报价成为所有投标人关注的重点。同时在报价方面也存在各种细节化的注意点，容易有所遗漏。因此，也相应导致实践中大量的关于报价的争议，包括对价格修正、修改价格、价格项有所缺漏等各种情形。对于报价争议的处理，应结合招标文件的规定和投标文件的报价内容，依照法律法规规章的规定进行处理，保证公开公正。

【案例 71[1]】唱标时碰到一个投标人两个报价，应如何处理

关 键 词：报价 / 唱标 / 选择性

案例要点：投标人在填写报价信息时要谨慎大小写、单价与总价一致，报价前后一致等问题，防止因失误丧失中标机会。唱标时主持人会遇到报价不一致的情况，包括有两个报价或者大小写金额不同等，唱标主持人应将事实情况宣读出来，及时记录确认存档并告知评标委员会进行评审，而不应自己作出判断，在告知评审结果时要用词严谨，以防瑕疵。

1 案例来源：苏财购〔2017〕42 号。

招标、质疑、投诉情况

2017年3月27日，苏州工业园区华建工程咨询服务有限公司（以下简称“华建公司”）组织的某政府采购项目（以下简称“该项目”）开标，上海某公司等4家公司投标，北京某公司为中标人。

2017年4月7日，上海某公司向华建公司提出质疑称：（1）我公司投标文件的评分为“没有得分”（此结果是根据宣读评标结果时招标代理工作人员的现场宣读和答复），此结果不符合招标程序和评标原则，不具合法性。（2）此招投标项目的唱标、评标、结果公布的程序和过程有严重问题，不符合政府采购及相关法律法规。（3）对中标人北京某公司的得分（85分）提出质疑，有理由怀疑其得到了不公的高分。华建公司于2017年4月18日作出答复，回复内容如下：（1）上海某公司同时递交了投标文件及投标声明（均单独密封）。招标代理工作人员及公证人员准时组织唱标活动时，发现上海某公司有二份不同商务报价文件（一份是投标文件中报价，一份是投标声明中报价），代理机构工作人员现场记录了相关情况，并要求提请本项目评标委员会评审。在苏州市苏州公证处工作人员现场公证、监督下，评标委员会根据相关法律、法规及本项目招标文件进行评审，评定上海某公司一标二价，故不能评审。（2）根据《政府采购法》第五十二条和《政府采购法实施条例》第五十三条，上海某公司对本项目招标文件（评标办法）提出的质疑，超出法定质疑时限，为无效质疑，不予受理。（3）上海某公司提供的对其他投标单位的质疑材料没有事实依据，不予受理。

上海某公司于2017年5月10日投诉至江苏省财政厅（以下简称“省财政厅”）称：（1）投诉人的投标文件的评分为“没有得分”，此结果不符合招标程序和评标原则，不具合法性。（2）此招投标项目的唱标、评标、结果公布的程序和过程有严重问题，不符合政府采购及相关法律法规。省财政厅经审查，作出如下认定：

第一，关于“投诉人的投标文件的评分为‘没有得分’”的问题。经查，招标文件15.3.4规定：一项投标内容只允许一个报价，招标代理机构不接受任何有选择性的投标报价。招标文件21.2规定：投标人修改投标文件的书面材料，须密封送达招标代理机构，同时应在套封上标明“修改投标文件（并注明招标编号）”和“开封时启封”字样。招标文件25.1规定：开标后，评标委员会将首先审查投标文件是否实质性响应招标文件的要求、内容是否完整、价格构成有无计算错误、文件签署是否齐全等，招标文件有下列情况之一者将被拒绝：25.1.5投标人的报价是选择性的；25.1.7其他被评委会认定无效的情况。招标文件26.3规定：投标人对投标文件的澄清不得改变投标的价格（校核时发现的算术错误除外）及实质内容。2017年3月27日，上海某公司递交投标文件时，除投标书一和投标书二之外，另外还有注明“投标声明”的小信封。该信封上用黑笔手写“SZHJ2017-BS-G-001

多功能材料试验系统招投标项目投标声明”字样，信封里装有一张纸上面用黑笔手写“投标声明 SHZHJ2017-BS-G-001 多功能材料试验系统招投标项目，我司最终报价为：¥2,475,800.贰佰肆拾柒万伍仟捌佰元整”并盖有该公司公章。《投标报价确认记录表》显示：上海某公司的投标代表在报价（元）一栏上用黑笔手写 2495800（投标文件中），在备注一栏上用黑笔手写 2475800 元（另提供投标声明），表上有上海某公司代表的签字确认。评审委员会经评审一致认为，根据招标文件 15.3.4 一项投标内容只允许一个报价，招标代理机构不接受任何有选择性的投标报价，上海某公司“一标二价，故不能进行评审”。省财政厅在投诉处理过程中，评标委员会对“一标二价”、“不能进行评审”作补充说明：鉴于上海某公司的小信封封套上未按照招标文件 21.2 条款进行标明，对投标报价的修改不符合该条款规定的修改条件，上海某公司在唱标现场强调以其小信封中的报价为最终报价，故评标委员会认定上海某公司一标二价；鉴于上述事实，根据招标文件 25.1.5 及 25.1.7 条款，上海某公司投标无效。

省财政厅经审查认为，上海某公司《投标声明》与招标文件要求不符，其有关《投标声明》为最终报价并满足《政府采购货物和服务招标投标管理办法》第三十二条规定的主张不能成立。上海某公司的投标文件不是“没有得分”，而是没有进入下一步的评审。省财政厅在投诉处理过程中发现，评标委员会的评审意见和华建公司的质疑答复对上述“一标二价”“不能进行评审”的问题，因说明理由不足，存在瑕疵。鉴于上海某公司的投标行为违反投标文件，上述瑕疵不影响或可能影响招标结果，上海某公司主张“此结果不符合招标程序和评标原则，不具合法性”，没有事实根据与法律依据。

第二，关于“此招投标项目的唱标、评标、结果公布的程序和过程有严重问题，不符合政府采购及相关法律法规”的问题。

省财政厅经审查证据并调取现场监控录像，未发现有投诉人所述“公证员主持了整个开标和唱标仪式”“公证员在向评标委员会说明情况的时候，向评标委员会作出了其倾向性、误导性的说明”等情形。开标后，公证员宣读公证词，代理机构组织开标。评标结束后，公证员未宣读公证词但出具了正式的公证书，这一行为并不影响或可能影响中标结果。因此，未发现该项目的唱标、评标、结果公布的程序和过程存在违反政府采购相关法律法规的行为。

综上，根据投诉和审查结果，依据《政府采购法》第五十六条、《政府采购供应商投诉处理办法》第十七条的规定，省财政厅作出如下处理决定：驳回上海某公司的投诉。

案例评析 CASE ANALYSIS

1. 投标文件不能存在两个报价

投标文件中有两个报价，应区分是笔误还是选择性报价。笔误一般是大小写错误，单价汇总金额与总价不一致等，即使开标后，可以依据“财政部令第 87 号”第五十九条规定进行修正，经投标人确认后产生约束力。而选择性报价金额差距不会太大，一个投标文件只允许一个最终报价，选择性报价是不允许的，应视为无效投标。本案中，投标人提供的投标报价表中报价为 2495800 元，备注写明报价 2475800 元（另提供投标声明），其另附的投标声明中报价 2475800 元，可见两个报价并不是投标人笔误，而是具有其主观意思的。根据招标文件的规定，即使认为投标人意图修改投标文件，但其提供的投标声明则不符合修改的条件，不可认定为在开标前修改。因此，根据采购文件的规定，对于具有两个最终报价无法修正不可澄清应认定其为无效投标。

2. 唱标时发现有两个报价应如实记录并告知评标委员会

采购代理机构工作人员唱标时候发现报价存在不一致的地方，应当由工作人员记录并由相关人员签字确认，工作人员不能对其报价自己作出判断，而是应告知评标委员会，由评标委员会作出认定。本案中，采购代理机构工作人员发现投标人在投标文件中和投标声明中有两个报价，做了相关记录并提请评标委员会评审，程序合法。但是其一标二价为无效投标，不能进入下一步评审。采购代理机构工作人员应告知其无效投标而不是没有得分，属于告知的瑕疵，但不足以影响评标结果，投标人的投诉事实不能成立。

第五节 对开标过程的争议

根据“财政部令第 87 号”第四十二条规定，开标过程应当由采购人或者采购代理机构负责记录，由参加开标的各投标人代表和相关工作人员签字确认后随采购文件一并存档。投标人代表对开标过程和开标记录有疑义，以及认为采购人、采购代理机构相关工作人员有需要回避的情形的，应当场提出询问或者回避申请。采购人、采购代理机构对投标人代表提出的询问或者回避申请应当及时处理。投标人未参加开标的，视同认可开标结果。对上述规定，笔者认为有如下问题应予以关注：

一是开标记录必须有。开标过程应当记录，开标记录的主要内容一般包括：开标的时间、地点，参加开标的人员及所在单位，开标前检查投标文件密封的情况，开标程序与环节，宣布的投标人名称、投标价格和其他内容情况，投标人对开标过程提出的疑义情况及答复情况（如有），申请回避及处理情况（如有）等内容。

二是开标记录要确认。开标记录要由参加开标的各投标人代表和相关工作人员签字确认，然后随采购文件一并存档。在开标现场，经常有投标人对开标过程有疑义，进而拒绝签字确认开标记录。采购人、采购代理机构的工作人员要解释，签字确认的是开标的过程，投标人如有疑义，应当场提出以便采购人、采购代理机构及时处理，如对处理不满意仍然有提出质疑与投诉的权利。

三是开标疑义要提出。投标人代表对开标过程和开标记录有疑义，应当场提出询问，采购人、采购代理机构应及时处理。

四是利害关系要回避。投标人代表认为采购人、采购代理机构相关工作人员有需要回避的情形的，应当场申请其回避。《政府采购法实施条例》第九条规定，在政府采购活动中，采购人员及相关人员与供应商有下列利害关系之一的，应当回避：（1）参加采购活动前 3 年内与供应商存在劳动关系；（2）参加采购活动前 3 年内担任供应商的董事、监事；（3）参加采购活动前 3 年内是供应商的控股股东或者实际控制人；（4）与供应商的法定代表人或者负责人有夫妻、直系血亲、三代以内旁系血亲或者近姻亲关系；（5）与供应商有其他可能影响政府采购活动公平、公正进行的关系。供应商认为，采购人员及相关人员与其他供应商有利害关系的，可以向采购人或者采购代理机构书面提出回避申请，并说明理由。采购人或者采购代理机构应当及时询问被申请回避人员，有利害关系的被申请回避人员应当回避。

五是不去开标视认可。开标既是政府采购信息公开的过程，也是对政府采购当事人行为及政府采购活动监督的过程。参加开标活动是投标人的一项权利，投标人可以放弃这一权利，不去参加开标活动。投标人既然放弃了这一权利，就意味着认可开标结果。

“财政部令第 87 号”对于询问或者回避申请的处理并未规定后续的救济途径。因此，投标人一般仍可继续采取质疑、投诉的方式维护自身权益。

【案例 72[1]】投诉人对开标过程未提疑义，后对开标时未对投标人的法定代表人、委托代理人的身份进行核验提出异议，该异议能成立吗

关 键 词：开标 / 疑义 / 身份核验

案例要点：开标过程无疑义，后来再提异议的，如无充分证据证明，均不能成立。

案情简介

2018 年 12 月 5 日，常州常投招标有限公司（以下简称“常投公司”）组织的常州大

1　案例来源：苏财购〔2019〕14 号。

学信息化统一平台项目（以下简称“该项目”）的开标评标，中标供应商为朗高工程有限公司。2018 年 12 月 10 日，江苏某公司向常投公司提出质疑，常投公司于 2018 年 12 月 12 日作出答复。江苏某公司对质疑答复不满意，向江苏省财政厅投诉称：（1）对常投公司的《回复函》关于法定代表人或授权委托代理人身份验证的回复不满意；（2）该项目为软件开发服务项目，应当属于常州市政府集中采购项目，不应当在招标代理机构采购。

江苏某公司认为：该项目未对投标单位的法定代表人、授权委托代理人的身份进行核验，不能确保开标过程的公平公正。朗高工程有限公司表示：常投公司工作人员在开标现场接收并查阅了授权委托人身份证原件及投标文件（授权委托书包含在投标文件中）。江苏开拓信息与系统有限公司表示“由于时间较长，我方授权代表对于当时开标现场是否检查此项不大确定”，此外常投公司表示，该司工作人员查看了各投标单位授权委托书，投标文件递交时间截止后，按照规定程序进行了开标，开标过程中未收到投标单位提出的疑义。

该项目招标文件第一章第十六项“开标程序”第 3 条规定“投标单位的法定代表人或授权代理人未参加开标活动的视为认同开标结果”，《政府采购货物和服务招标投标管理办法》（财政部令第 87 号）第四十二条第三款规定“投标人未参加开标的，视同认可开标结果”。可见，在开标现场审查法定代表人或授权委托代理人身份，并非招标文件所规定的必须条件，开标现场是否已经审查，因各方陈述不一，江苏某公司的主张不能得到证实，该投诉事项不能成立。

关于对是否属于集中采购项目的投诉。经审查，江苏某公司向常投公司购买该项目招标文件的时间为 2018 年 11 月 14 日，江苏某公司收到招标文件的时间为 2018 年 11 月 14 日。2018 年 12 月 10 日，江苏某公司对采购文件提出质疑，根据《政府采购法》第五十二条、《政府采购法实施条例》第五十三条的规定，该投诉事项已过提出质疑的法定期限。因此，该投诉事项不符合《政府采购质疑和投诉办法》（财政部令第 94 号）第十九条第二款的受理条件。

该厅经审查做出驳回投诉的处理决定。

案例评析

CASE ANALYSIS

该招标项目开标过程中未收到投标人提出的疑义，根据“财政部令第 87 号”规定及该项目招标文件规定，投标人未参加开标的，视同认可开标结果。再说，在开标现场审查法定代表人或授权委托代理人身份，并非招标文件所规定的必须条件，开标现场是否已经审查，因各方陈述不一，江苏某公司的主张不能得到证实，该投诉事项不能成立。

第六节 对投标人或者合格投标人不足3家的争议

根据《政府采购法》第三十六条规定，在招标采购中，符合专业条件的供应商或者对招标文件作实质响应的供应商不足三家的，应予废标。根据“财政部令第87号”第四十一条第二款、第四十三条、第四十四条第二款规定，投标人不足3家的，不得开标。公开招标数额标准以上的采购项目，投标截止后投标人不足3家或者通过资格审查或符合性审查的投标人不足3家的，除采购任务取消外，或者改正后依法重新招标，或者报财政部门批准后采用其他采购方式采购。合格投标人不足3家的，不得评标。从上述规定中可以看到，投标人数量对开标、评标活动至关重要。所以，实践中存在很多投标人因未中标而意图重新开展采购活动，就以“投标人或者合格投标人不足3家”为由质疑、投诉。

【案例73[1]】只有一家供应商按招标文件要求提供社保票据，采购代理机构仍然评标，投诉处理决定重新采购，在二审期间原告提供了社保票据，能视为其是合格投标人吗

关键词：资格审查/合格投标人/新证据

案例要点：采购人或者采购代理机构应严格审查投标人的资格条件，对于提交材料不符合资格要求应认定为无效投标。合格投标人不足三家的情形，不得评标。

招标、质疑、投诉情况

四平市政府采购中心（以下简称“采购中心”）于2017年9月21日就吉林省四平市人民检察院物业服务机构采购项目（以下简称“该项目”）进行公开招标，四平某公司、四平市坤生物业服务有限公司、四平吉易物业有限公司三家供应商投标，并分别在投标文件中提供了企业社保缴费票据。2017年10月11日为开标日，四平市坤生物业服务有限公司中标。

2017年10月16日四平某公司向采购中心提出质疑，采购中心对其质疑作出答疑。四平某公司又于2017年11月3日提起投诉。四平市财政局负责政府采购管理工作的内设机构四平市政府采购管理工作办公室于2017年12月5日作出投诉处理决定：1.采购中心在该项目初审过程中存在过失，已对其负责人进行批评并责其改正。2.因完全符合招标文件要求的供应商只有一家，不符合《政府采购法》规定的开标条件，该项目2017年10月

1 案例来源：（2018）吉03行终117号。

11日开标结果无效，由采购中心另行组织重新开标。

一审法院裁判及观点

四平某公司提供的社会保险缴费票据及第三人四平市坤生物业服务有限公司提供的社会保险缴费票据均不符合相关规定，两家供应商皆未能响应招标文件要求。该项目中，作出实质响应的供应商不足三家，应予废标。因此，四平市财政局所作出的投诉处理决定符合相关法律规定，程序合法。关于四平某公司认为四平市财政局应当依照《招标文件》作出“中标顺延”的意见，因四平某公司投标时，仅提供了2017年8月的社会保险缴费票据，其不符合《招标文件》中所确定的，“须在投标文件里提供从开标之日算起近一年的缴纳票据”的规定，故对四平某公司的观点，法院不予支持。综上，一审法院判决驳回四平某公司的诉讼请求。

二审法院裁判及观点

四平某公司、四平市坤生物业服务有限公司所提供的社会保险缴费票据均不符合招标文件的规定，该两家供应商都未能响应招标文件要求。四平某公司虽于二审期间提交新的证据证明其于2017年6月至10月社会保险缴费情况符合招标文件要求，但并不能改变其在投标文件中仅提供了2017年8月社保缴费票据之事实。四平市财政局依职权所作出的处理决定事实清楚，证据确凿，适用法律、法规正确，程序合法。原审法院据此判决驳回上诉人的诉讼请求认定事实清楚，适用法律正确，应当予以维持。上诉人的上诉理由不能成立，应当予以驳回。依照《行政诉讼法》第八十九条第（一）项之规定，判决驳回上诉，维持原判。

案例评析 CASE ANALYSIS

1. 只有一家按招标文件要求提供社保票据不应进行评标

《政府采购法》第二十二条规定：“供应商参加政府采购活动应当具备下列条件：……（四）有依法缴纳税收和社会保障资金的良好记录……”可见，社会保障资金记录是合格供应商参与政府采购的法定基本资格要求。本案招标文件具体要求为：“为证明企业有良好的社保缴纳记录，须在投标文件里提供从开标之日算起近一年的缴纳票据清晰复印件，人数不少于三人。”本案三家公司参与投标，两家提供了2017年8月、2016年11月企业社保缴费票据，仅一家提供了2016年8月至2017年8月的企业社保缴费票据。因此，仅有1家提供的社保缴纳记录符合招标文件的资格要求。开标后，采购人或者采购代理机构应当依法对投标人的资格进行审查，符合资格条件的不足三家不得评标。本案仅有一家符合资格审查的条件，因此不得评标。所以，只有一家按招标文件要求提供社保票据仍然评标违反法律规定。

2. 在二审期间原告提供了社保票据，也不能证明其为合格投标人

原告二审期间提交新的证据证明其于 2017 年 6 月至 10 月社会保险缴费情况符合招标文件要求。但采购过程是要通过投标文件来评定投标人情况的，并且为了公平公正，提交投标文件有截止时间，在此之后提交均应拒收。因此，在开标后，采购人或者采购代理机构根据投标人提供的现有投标文件进行审查、评标。即使投标人的事实情况与投标文件体现的内容不同，但仍以投标文件内容为准，不依靠任何外部证据。

CHAPTER 05

第五章

对评标活动的争议

评标，是指在政府采购中采用公开招标或者邀请招标采购方式时，评标委员会依据招标文件规定的评标程序、评标方法和评标标准，对投标文件进行审查、比较和评价的行为。评标活动是招标投标活动中的核心环节，是否真正公平、公正，决定着整个政府采购活动是否公平、公正，决定着能否从众多投标供应商中遴选出最符合采购人意愿、最能满足政府采购项目各项要求的供应商。对评标活动的争议，在政府采购争议中占有相当大的比例。

第一节　对采购人、采购代理机构履行职责的争议

“财政部令第87号”第三十九条、第四十四条、第四十五条对采购人、采购代理机构履行职责的问题作了明确规定，即在公开招标采购项目开标结束后依法对投标人的资格进行审查，对评标现场活动进行全程录音录像，负责组织评标工作并履行下列职责：(1)核对评审专家身份和采购人代表授权函，对评审专家在政府采购活动中的职责履行情况予以记录，并及时将有关违法违规行为向财政部门报告；(2)宣布评标纪律；(3)公布投标人名单，告知评审专家应当回避的情形；(4)组织评标委员会推选评标组长，采购人代表不得担任组长；(5)在评标期间采取必要的通讯管理措施，保证评标活动不受外界干扰；(6)根据评标委员会的要求介绍政府采购相关政策法规、招标文件；(7)维护评标秩序，

监督评标委员会依照招标文件规定的评标程序、方法和标准进行独立评审，及时制止和纠正采购人代表、评审专家的倾向性言论或者违法违规行为；（8）核对评标结果，有本办法第六十四条规定情形的，要求评标委员会复核或者书面说明理由，评标委员会拒绝的，应予记录并向本级财政部门报告；（9）评审工作完成后，按照规定向评审专家支付劳务报酬和异地评审差旅费，不得向评审专家以外的其他人员支付评审劳务报酬；（10）处理与评标有关的其他事项。采购人可以在评标前说明项目背景和采购需求，说明内容不得含有歧视性、倾向性意见，不得超出招标文件所述范围。说明应当提交书面材料，并随采购文件一并存档。可见，在开标结束后，采购人、采购代理机构最紧迫的工作有两项，一是对投标人进行资格审查，二是组织评标工作并履行相应职责。

一、有关投标人资格审查的争议

资格审查，是指采购人或者采购代理机构对投标人的是否具备《政府采购法》第二十二条所规定的条件以及招标文件所规定的特定要求，对投标人的经营资格、专业资质、财务状况、技术能力、管理能力、业绩、信誉等方面评估审查，以判定其是否具有参与项目投标和履行合同的资格及能力的活动。对投标人资格审查，应注重以下问题，以减少与防范争议：

一是资格审查的主体问题。“财政部令第 87 号”施行之前，对投标人的资格审查一直是由评标委员会履行，但“财政部令第 87 号”施行之后，此惯性仍未消失，仍出现由评标委员会进行资格审查的情形，这是违反招标程序的。根据“财政部令第 87 号”第四十四条规定，依法对投标人的资格审查既是采购人或者采购代理机构的职责，也是他们的权利，更是招标项目的必要程序，它对于保障采购人和投标人的合法权益具有重要作用。

二是资格审查的时间问题。根据“财政部令第 87 号”第四十四条规定，应在公开招标采购项目开标结束后，对投标人的资格进行审查，不能提前，也不能推后。财政部“指导性案例 18 号：D 大学校园网基础设施改造更新工程项目举报案”[1] 中认为：“采购人、采购代理机构应当在资格审查阶段对供应商的资格条件进行审查，不得通过设置供应商库等形式进行前置审查。”

三是资格审查的内容问题。资格审查应根据法律、行政法规、行政规章和招标文件所规定的内容，具体来说就是指《政府采购法》第二十二条、第二十三条、第二十四条，《政府采购法实施条例》第十七条、第十八条、第十九条、第二十条、第二十二条，“财政部令第 87 号”第十七条、第十九条所规定的内容，以及招标文件有关供应商资格条件中的内容。如其中内容发生冲突，应以法律、法规和行政规章的规定为准。比如，某一招标文件将投

---

1 《D 大学校园网基础设施改造更新工程项目举报案》，载 http：//www.cgpnews.cn/articles/47239，最后访问日期：2020 年 6 月 20 日。

标人的规模条件作为资格要求，资格审查时不以招标文件此一要求为准，将来发生质疑、投诉时，该资格审查结果将不影响采购结果。

四是资格审查的越界问题。资格审查的职责由采购人、采购代理机构履行，对投标文件的符合性审查的职责仍由评标委员会履行，这是不同的两个阶段，不能“眉毛胡子一把抓”，在资格审查时审查产品的认证要求、产品的指标要求，由采购人、采购代理机构去越俎代庖。

五是资格审查的记录问题。资格审查结束应当编写资格审查报告，记录资格审查的情况，向评标委员会提供资格审查合格的投标人名单。如果资格审查合格的投标人不足 3 家，应通知评标委员会不再进行符合性审查和评标。

有的投标人在资格审查时就出局，未进入对其投标文件的符合性审查与评标；有的投标文件进入评标环节甚至中标了，有人也会对投标人的资格审查提出异议。

【案例 74[1]】所有投标人都按规定完整地提供了有关资格证明材料，但采购档案中无资格审查记录，能否评标

关 键 词：资格证明材料 / 资格审查 / 采购人或者采购代理机构职责

案例要点：没有对投标人资格审查的书面记录，不能证明采购人、采购代理机构对投标人的资格进行审查。招标文件未要求，投标人也未提供完整的证明材料，所有投标人的资格审查应当不予通过，合格投标人不足 3 家的，不得评标。

案情简介

森赫电梯股份有限公司因对龙里县机关事务管理局就“龙里县行政办公楼及县人才电梯采购更换及安装项目”（以下简称“该项目”）的质疑答复不满意，向龙里县政府采购办公室（以下简称“县采购办”）投诉。县采购办查明情况如下：

（1）该项目采购文件“第二章　投标人须知表”中的资格审查部分，要求投标人携带的验证资料有“身份证、授权委托书、工商营业执照、税务登记证、组织机构代码证、特种设备（电梯）安装改造维修许可证、投标保证金收据以及生成投标文件的数字证书”，没有要求投标人提供财务状况报告、依法缴纳税收和社保资金相关材料以及参加政府采购活动前 3 年内在经营活动中没有重大违法记录的书面声明等材料。仅在“第一章　招标公告……8. 投标人资格要求（1）一般资格要求”中要求参加政府采购活动的投标人应当符

1　案例来源：《龙里县政府采购办公室　政府采购投诉处理决定书——投诉处理》，载 http：//www.ccgp-guizhou.gov.cn/view-1156199190442836-2771111158330897.html？ siteid=1，最后访问日期：2020 年 6 月 20 日。

合《政府采购法》第二十二条之投标人资格条件要求。上述行为不符合《政府采购法实施条例》第十七条“参加政府采购活动的供应商应当具备政府采购法第二十二条第一款规定的条件，提供下列材料：……（二）财务状况报告，依法缴纳税收和社会保障资金的相关材料；……（四）参加政府采购活动前3年内在经营活动中没有重大违法记录的书面证明……”的规定。

（2）该项目采购资料中未见到对投标人资格审查的书面记录，不符合《政府采购货物和服务招标投标管理办法》第四十四条“公开招标采购项目开标结束后，采购人或者采购代理机构应当依法对投标人的资格进行审查”的规定。

（3）该项目所有投标文件中均未按《政府采购法实施条例》第十七条的规定提供完整的证明材料，对所有投标人的资格审查应当不予通过，不符合“财政部令第87号”第四十四条“……合格投标人不足3家的，不得评标”的规定。

县采购办根据《政府采购法实施条例》第十七条、第六十八条、第七十一条，“财政部令第87号”第四十四条、第七十八条的有关规定，于2019年11月30日作出如下处理决定：（一）中标结果的产生过程存在违法行为，该采购行为无效，责令重新开展采购活动。（二）给予采购人、采购代理机构警告。

案例评析 CASE ANALYSIS

本案采购活动存在三个问题，一是招标文件没有要求投标人提供财务状况报告、依法缴纳税收和社保资金相关材料以及参加政府采购活动前3年内在经营活动中没有重大违法记录的书面声明等材料；二是没有对投标人资格审查的书面记录，不能证明采购人或者采购代理机构对投标人的进行过资格审查；三是该项目所有投标文件中均未按规定提供完整的证明材料，对所有投标人的资格审查应当不予通过，合格投标人不足3家的，不得评标。

二、对组织评标委员会的争议

组织评标，是采购人或者采购代理机构的职责之一。要组织评标，就要根据法律、法规和行政规章的规定，按照招标文件的相关要求进行，首先要组织评标委员会。根据“财政部令第87号”第四十五条规定，采购人或者采购代理机构履行核对评审专家身份和采购人代表授权函，宣布评标纪律，告知评审专家应当回避的情形，组织评标委员会推选评标组长等职责。组织评标委员会时，还要按照招标文件所规定的评标委员会人数与构成，且评审时也应当一致。否则，就会引起争议，甚至会被追究法律责任。

【案例 75[1]】招标文件中规定的与实际参加评审的评标委员会组成人数不一致，评标结果有效吗

关 键 词：评标委员会组成 / 招标文件与实际评审人数不一致 / 中标结果

案例要点：招标文件规定评标委员会组成，与实际评审中评标委员会组成不符，属于未按照规定进行开标和组织评标的情形，且影响中标结果，评标结果无效，应重新开展采购活动。

案情简介

2018 年 1 月 18 日，某市政府采购中心（以下简称“市采购中心”）受某市卫生和计划生育委员会（以下简称“市计生委”）委托，就某市全民健康信息平台项目（以下简称“该项目”）组织实施采购，通过公开招标方式确定某信息系统公司为中标供应商。

1 月 29 日，某软件公司向市采购中心提出质疑，因对质疑答复不满，2 月 28 日向某市财政局提起投诉。投诉事项为：该项目中标公告内容不合法，招标文件规定评标委员会由 11 人组成，而 2018 年 2 月 22 日发布的关于本项中标公告包括评审专家和采购人代表仅公示了 7 位。

某市财政局经审查认为：招标文件第四章（二）规定“评标委员会由 11 人组成，其中采购人代表 2 名，其余为政府采购评审专家”。实际评审中评标委员会由 7 人组成，其中政府采购评审专家 5 人，采购人代表 2 名，与招标文件规定不符。采购人、采购代理机构对已发出的招标文件进行修改、澄清，未依法在原公告发布媒体上发布澄清公告，其行为违反了《政府采购法实施条例》第三十一条、《政府采购货物服务招标投标管理办法》第二十七条的规定；招标文件中规定的评标委员会组成人数与实际评审中评标委员会组成人数不一致违反“财政部令第 87 号”第四十五条规定，属于“财政部令第 87 号”第七十八条第（七）项“未按照规定进行开标和组织评标的”情形。根据“财政部令第 87 号”第七十九条的规定，因以上违法行为已无法改正且影响中标结果，依法应按《政府采购法实施条例》第七十一条规定处理。综上，某市财政局决定该投诉事项成立，该项目中标结果无效。责令重新开展采购活动。

---

1 案例来源：晋中财购诉决〔2018〕4 号。

案例评析 CASE ANALYSIS

招标文件规定评标委员会由 11 人组成，实际评审中评标委员会由 7 人组成，两者不符，属于“财政部令第 87 号”第七十八条第（七）项“未按照规定进行开标和组织评标的”情形。根据“财政部令第 87 号”第七十九条的规定，因以上违法行为已无法改正且影响中标结果，应按《政府采购法实施条例》第七十一条第（二）项规定处理。

三、有关采购人、采购代理机构履行组织评标的职责的争议

刚才讨论了采购人、采购代理机构在组织评标委员会方面的内容。另外，“财政部令第 87 号”第四十九条规定，评标中因评标委员会成员缺席、回避或者健康等特殊原因导致评标委员会组成不符合本办法规定的，采购人或者采购代理机构应当依法补足后继续评标。被更换的评标委员会成员所作出的评标意见无效。无法及时补足评标委员会成员的，采购人或者采购代理机构应当停止评标活动，封存所有投标文件和开标、评标资料，依法重新组建评标委员会进行评标。原评标委员会所作出的评标意见无效。采购人或者采购代理机构应当将变更、重新组建评标委员会的情况予以记录，并随采购文件一并存档。这里所指的评标委员会成员的补足，是指评标委员会中评审专家的补足，采购人代表不存在此问题，只要采购人重新选派即可。评审专家需要补足的情形，主要包括缺席、回避或者健康原因等。采购人、采购代理机构一般应当依法重新抽取评审专家，在补足的专家赶到之前，评标应当暂停，被更换的评审专家所作出的评标意见无效。无法及时补足的，应停止评标。采购人或者采购代理机构应当将有关变更的情况予以记录存档。

根据“财政部令第 87 号”第四十五条第一款第（五）项、第（七）项规定，“在评标期间采取必要的通讯管理措施，保证评标活动不受外界干扰”和“维护评标秩序，监督评标委员会依照招标文件规定的评标程序、方法和标准进行独立评审，及时制止和纠正采购人代表、评审专家的倾向性言论或者违法违规行为”，也是采购人、采购代理机构应当履行的职责。

采购人、采购代理机构如果未能履行上述职责或者未能达到应有的效果，也会引起争议。

【案例 76[1]】评标委员会成员更换而影响评审时间、采购人代表去开标现场、无关人员去评标现场、手机未统一保管，该评标结果有效吗

关 键 词：评委更换 / 评标现场秩序 / 通讯管理措施

---

1 案例来源：阳财采决〔2018〕1 号。

案例要点：评标委员会成员的更换应在资料中反映，采购人代表不应到开标现场，与评审无关的人员不应到评标现场，手机等通信工具或相关电子设备应交由采购人或采购代理机构统一保管。如有违反，则存在影响或者可能影响结果公平公正的情形。

投诉情况

投诉人认为，评标现场发生违规违法的行为，而且实际评标过程与质疑答复的评标过程相互矛盾，评审流程有瑕疵，补抽的专家到场也存疑。理由是：(1) 2017 年 12 月 19 日下午 2 时，投诉人授权代理人接到采购代理机构的电话，通知领取相关原件资料。投诉人授权的代理人在招标代理指引下进入开标室领取资料时，发现投标文件在评标专家的桌面上，而部分专家手中持有手机。(2) 采购代理机构在质疑的复函中“资格审查当天因抽取的资格审查专家请假，按规定完成了专家补抽工作后，因补抽的专家未能及时赶到现场，采购代理机构征求了监管部门和到场专家的意见，决定等待该专家到场并完成资格审查工作，该专家下午 4 时 27 分赶到评审地点后资格审查评审正式开始。”招标文件 P32“资格预审申请文件目录表”中要求提供原件和复印件备查，此项为资格评审内容。“下午 2 时我单位授权代理人收到领取各投标人原件的通知”，视为 2 时之前专家在未到齐的情形下已进入评审程序且完成原件审查。此与复函中“非正式评审阶段”不符。实际过程与复函内容矛盾。(3) 因存在补抽专家到场迟到的情形，投诉人怀疑：补抽专家迟到，其评审结果易受其他因素左右，做出不客观的判断，且执行“专家评审按照少数服从多数”这一原则，会因到场专家数量的不一致，影响最终评审结果。(4) 专家请假，代理机构应提前收到请假申请通知，而不应拖延时间，影响评标。

投诉处理情况

财政部门查阅了采购人和代理机构的质疑答复及该项目的《资格预审报告》，其中根据《资格预审报告》显示本项目于 2017 年 12 月 19 日上午 10：00 进行评审。但采购代理机构在对质疑回复时的表述则为因有评委请假需补抽专家，在当日的下午 4：27 才到达评审现场。此情况未在《资格预审报告》中反映，且评审的时间上存在矛盾之处，不符合《政府采购货物和服务招标投标管理办法》第五十八条规定。同时，根据投诉人反映其“授权的代理人在招标代理指引下进入开标室领取资料时发现投标文件在评标专家的桌面以及部分专家手中持有手机”的情况，财政部门核查了该项目的开标评标现场录音录像资料，发现存在如下问题：

1.采购人代表同时出现在开标现场和评标现场，现场监控视频发现另有与评审无关的人员出现在评标现场，不符合“财政部令第87号”第六十六条，以及《财政部关于进一步规范政府采购评审工作有关问题的通知》(以下简称《财库〔2012〕69号文》)第三点严肃政府采购评审工作纪律“采购人、采购代理机构要加强评审现场管理，与评审工作无关的人员不得进入评审现场”的规定。

2.在评标室内没有统一上交保存手机等通信工具，评审委员会未组建前已有专家接触供应商的投标文件。本项目当天开标后，评委会成员即使没有全部到齐组建评委会，采购人或代理机构也应当首先要求已进入评标现场的评委上交手机，进行统一保管，而且在评标现场的评委已获取到投标文件资料，则实质上该评委的评审工作已开始，此时仍持有手机，也可认定采购人、采购代理机构没有为评标提供必要的条件，不符合“财政部令第87号”第六十六条，《财库〔2012〕69号文》第三点严肃政府采购评审工作纪律“在评审工作开始前，将手机等通信工具或相关电子设备交由采购人或采购代理机构统一保管，拒不上交的，采购人或采购代理机构了机构可以拒绝其参加评审工作并向财政部门报告”的规定，以及属于《广东省实施〈中华人民共和国政府采购法〉办法》第六十六条“……（七）未按规定组建评标委员会、谈判小组或者询价小组，或者未按规定为评审工作提供必要条件、影响评审工作正常进行的”的情形。

财政部门认为该项目的《资格预审文件》存在影响或者可能影响结果公平公正的情形，评审过程存在违法情形，根据《政府采购供应商投诉处理办法》(财政部令第20号)第十九条第（一）项的规定，财政部门于2018年2月26日决定：责令重新开展采购活动。

案例评析

CASE ANALYSIS

本案组织评标方面违规之处有：一是违反“财政部令第87号”第五十八条第（六）项规定，评标委员会成员的更换，应当在《资格预审报告》中反映。采购代理机构所称的因有评委请假需补抽专家，在当日的下午4：27才到达评审现场在《资格预审报告》中无反映，且评审的时间上也有矛盾之处。二是违反“财政部令第87号”第六十六条规定，采购人代表同时出现在开标现场和评标现场，另有与评审无关的人员出现在评标现场。三是违反“财政部令第87号”第六十六条规定，未将手机等通信工具或相关电子设备交由采购人或采购代理机构统一保管。该项目评审存在影响或者可能影响结果公平公正的情形，故财政部门责令重新开展采购活动。

第二节 有关评标委员会职责、组成以及行为的争议

评标委员会，是指在政府采购的招标投标中，依法由采购人代表和有关技术、经济等方面的专家组建，负责对投标文件进行评审并提出评审意见的临时性权威机构。根据“财政部令第 87 号”第四十六条规定来分析，评标委员会负责具体评标事务，并独立履行下列五个职责，一是评审职责，即审查、评价投标文件是否符合招标文件的商务、技术等实质性要求；二是要求澄清、说明职责，即要求投标人对投标文件有关事项作出澄清或者说明；三是比较、评价职责，即对投标文件进行比较和评价；四是定标职责，即确定中标候选人名单，以及根据采购人委托直接确定中标人；五是报告职责，即向采购人、采购代理机构或者有关部门报告评标中发现的违法行为。

一、对评标委员会组成的争议

为了保证评标委员会的公正性、权威性，尽可能地有合理的知识结构和高质量的组成人员，参加评标委员会的专家应当有较高的专业水平，并依照法定的方式确定，与投标人有利害关系的人不得进入相关项目的评标委员会。“财政部令第 87 号”第四十七条、第四十八条、第四十九条，对评标委员会的组成作了明确规定：评标委员会由采购人代表和评审专家组成，成员人数应当为 5 人以上单数，其中评审专家不得少于成员总数的 2/3。采购预算金额在 1000 万元以上，或者技术复杂，或者社会影响较大的采购项目，评标委员会成员人数应当为 7 人以上单数。采购代理机构工作人员不得参加由本机构代理的政府采购项目的评标。评标委员会成员名单在评标结果公告前应当保密。采购人或者采购代理机构应当从省级以上财政部门设立的政府采购评审专家库中，通过随机方式抽取评审专家。对技术复杂、专业性强的采购项目，通过随机方式难以确定合适评审专家的，经主管预算单位同意，采购人可以自行选定相应专业领域的评审专家。评标中因评标委员会成员缺席、回避或者健康等特殊原因导致评标委员会组成不符合本办法规定的，采购人或者采购代理机构应当依法补足后继续评标。被更换的评标委员会成员所作出的评标意见无效。无法及时补足评标委员会成员的，采购人或者采购代理机构应当停止评标活动，封存所有投标文件和开标、评标资料，依法重新组建评标委员会进行评标。原评标委员会所作出的评标意见无效。采购人或者采购代理机构应当将变更、重新组建评标委员会的情况予以记录，并随采购文件一并存档。从上述规定，我们可以概括出下列要点：

一是评标委员会的构成人员，即由采购人代表和评审专家两方面人员构成。实践中也发生采购人代表缺位的情形，一种意见认为采购人放弃派代表参加，这是采购人的权利，

符合规定；还有一种意见认为采购人不派代表参加，是不履行责任和义务的表现，责任和义务是不能放弃的。财政部“指导性案例 17 号：A 单位办公楼物业管理服务项目投诉案”[1]中认为，根据《政府采购货物和服务招标投标管理办法》（财政部令第 87 号）第四十七条第一款的规定，评标委员会由采购人代表和评审专家组成，采购人应委派代表参加评标，积极行使权利。由于 D 公司在本项目报名时仍在为采购人 A 单位提供物业管理服务，采购人 A 单位不委派代表参加本项目评标，不影响评标活动的正当性和合法性。可见，在一般情况下，采购人代表应当参加评标委员会；在特殊情况下，也可以不参加。

二是评标委员会成员人数。成员人数应当为 5 人以上单数，采购预算金额在 1000 万元以上，或者技术复杂、或者社会影响较大的采购项目，成员人数应当为 7 人以上单数。

三是评标委员会的组成比例。其成员人数应当为 5 人以上单数，其中评审专家不得少于成员总数的 2/3，采购代理机构工作人员不得参加由本机构代理的采购项目的评标。

四是评标委员会的专家来源。评审专家从省级以上财政部门设立的政府采购评审专家库中随机抽取；对技术复杂、专业性强的采购项目，经主管预算单位同意，采购人可以自行选定相应专业领域的评审专家。财政部“指导性案例 15 号：D 大学智慧校园软件平台采购项目举报案”[2]中认为，该项目采购内容为 D 大学附属中学的智慧校园软件平台，不属于《关于完善中央单位政府采购预算管理和中央高校、科研院所科研仪器设备采购管理有关事项的通知》（财库〔2016〕194 号）规定的“中央高校、科研院所科研仪器设备采购”的情形。该项目未从政府采购评审专家库中抽取评审专家，违反了《政府采购法实施条例》第三十九条和《政府采购货物和服务招标投标管理办法》（财政部令第 18 号）第四十八条的规定。鉴于本项目评审专家抽取不合法，其评审意见无效，财政部不再进行审查。处理结果为：根据《政府采购法实施条例》第三十九条、《政府采购货物和服务招标投标管理办法》（财政部令第 18 号）第四十八条及《关于完善中央单位政府采购预算管理和中央高校、科研院所科研仪器设备采购管理有关事项的通知》（财库〔2016〕194 号）的规定，本项目评审专家抽取不合法。鉴于本项目评审专家抽取不合法，其评审意见无效。财政部不再对举报人反映的价格评审问题进行审查。根据《政府采购法》第三十六条第一款第（二）项的规定，责令采购人废标。根据《政府采购法》第七十一条及《政府采购法实施条例》第六十八条第（五）项的规定，责令采购人 D 大学和代理机构 Z 公司限期改正。

五是评标委员会的成员补足。评标中因特殊原因导致评标委员会组成不符合规定的，应当依法补足成员后继续评标，被更换的成员所作出的评标意见无效。无法及时补足的，应当停止评标活动，原评标委员会所作出的评标意见无效。采购人或者采购代理机构应当

1 《A 单位办公楼物业管理服务项目投诉案》，载 http：//www.cgpnews.cn/articles/47196，最后访问日期：2020 年 6 月 20 日。

2 《D 大学智慧校园软件平台采购项目举报案》，载 http：//www.cgpnews.cn/articles/47109，最后访问日期：2020 年 6 月 20 日。

将变更、重新组建评标委员会的情况予以记录，并随采购文件一并存档。

【案例 77[1]】同一采购人的两个项目同时招标，所需评审专家专业背景相同，是否应当分别抽取专家

关 键 词：同一采购人 / 两个项目同时招标 / 专家专业背景相同 / 是否分别抽取

案例要点：同一采购人的两个项目同时招标，如果所需评审专家专业背景相同，可以一并抽取评审专家。

招标、质疑、投诉、复议情况

广州某公司参与了“大沥镇下水道清淤项目”（以下简称“清淤项目”）和“汾江河水道（大沥段）保洁项目”（以下简称“保洁项目”）的政府采购。2015 年 3 月 31 日，佛山市南海区公共资源交易中心（以下简称“交易中心”）作为采购代理机构，就上述两个项目的中标结果发布了中标公告，广州某公司在“清淤项目”中排名第三，在“保洁项目”中排名第二，均没有中标。

2015年4月1日，广州某公司向交易中心质疑，认为上述两个项目是两个不同项目名称、不同招标项目编号、不同招标文件的独立项目，应重新按照两个标，抽取两个不同的专家评审小组进行独立评审。4 月 10 日，交易中心函复广州某公司称，项目评审委员会由评审专家和采购人组成，项目评审专家按照规定从广东省政府采购专家库通过自动语音系统随机抽取生产，项目评审过程合法合规。

2015 年 4 月 29 日，广州某公司向佛山市南海区财政局（以下简称“区财政局”）提出对清淤项目和保洁项目中标结果的投诉，投诉事项同质疑事项。区财政局于 2015 年 6 月 11 日作出投诉处理决定，认定清淤项目和保洁项目所需的专家专业背景相同，专家的抽取过程并没有违反专家抽取的相关规定，均是从广东省政府采购专家库通过自动语音系统随机抽取，未发现该批专家在评审过程中存在违法违规行为，南海区财政局认为广州某公司的投诉缺乏事实依据，决定驳回广州某公司的投诉。

广州某公司不服上述处理决定，向佛山市财政局（以下简称“市财政局”）申请行政复议。该局于 2015 年 9 月 24 日作出行政复议决定书，决定维持投诉处理决定。

原告诉求及观点

广州某公司不服，以区财政局、市财政局为被告，向广东省佛山市南海区人民法院（以

---

1 案例来源：（2015）佛南法行初字第 457 号。

下简称“区法院”）提起行政诉讼称：投诉处理决定不尊重客观事实，并且错误地援引了法律条款，因此应予撤销。具体理由如下：(1）区财政局的具体行政行为没有充分确凿的证据材料。(2）区财政局未依照法律规定实施具体行政行为。(3）区财政局应按照法律规定承担举证责任。(4）评标委员会违法评分。广州某公司认为清淤项目，和保洁项目，是两个不同项目名称、不同招标项目编号、不同属性（一个是保洁类，另一个是市政工程类）的两个独立项目，所需评审专家的专业背景要求完全不同，应按照两个完全独立的标，抽取两组不同专业类型的专家进行独立评审。一个是汾江河保洁，即水域垃圾清捞作业；另一个是下水道清淤，典型的市政工程附属服务。再从文理上解释，项目立项时，就是基于完全不同的性质才独立立项招投标。南海区财政局为加固结果，认定两项目专业背景完全相同，再去寻找支撑的证据，属典型的“有罪推定”。至于两项目的专业背景是否完全相同，需要法院重新界定或者权威部门重新释义。(5)《政府采购法》没有规定的或规定不够明确的，不得违背立法宗旨。区财政局却以“就两项目的专家抽取工作同时进行的问题，由于目前法律未对此作禁止性规定,在操作过程中,专家的抽取系统未有异常提示”为由规避。(6）区财政局没有调查就妄自实施具体行政行为，应予撤销。综上所述，南海区财政局和佛山区财政局在作出具体行政行为的过程中均没有适用任何法律对争议事实进行分析、认定和处理。请求撤销投诉处理决定和行政复议决定。

被告观点

南海区财政局辩称，投诉处理决定程序合法，事实清楚，证据充分，适用法律正确，应予维持。

佛山市财政局辩称，行政复议决定证据确凿，适用法律、法规正确，符合法定程序，请求驳回广州某公司的诉讼请求。

法院裁判及观点

区法院经审查，清淤项目和保洁项目所需的专家专业背景相同，专家均是从广东省政府采购专家库通过自动语音系统随机抽取，评审委员会的组成合法，专家的抽取过程没有违反专家抽取的相关规定，未发现评审专家有需要回避的情形，也未发现该批专家在评审过程中存在违法违规行为。

根据《政府采购货物和服务招标投标管理办法》第七十八条、《政府采购信息公告管理办法》第八条之规定，因此，评标过程中的细节、分项评分细节以及现场视听资料不属于公开的范畴。广州某公司请求依法对该次评标过程中的细节予以公开，并向供应商出示各分项评分细节以及现场视听资料，没有法律依据。根据《政府采购供应商投诉处理办法》

第十七条第（二）项之规定，南海区财政局作出南财采决（2015）7号政府采购投诉处理决定，驳回广州某公司的投诉，认定事实清楚、证据充分，适用法规正确。

广州某公司认为南海区财政局所作上述政府采购投诉处理决定，主要证据不足，适用法律错误，请求撤销该政府采购投诉处理决定，并提出其他诉讼请求，没有事实和法律依据，区法院不予支持，依法应予驳回。依照《行政诉讼法》第六十九条的规定，判决驳回广州某公司的诉讼请求。

案例评析 CASE ANALYSIS

上述两个政府采购项目的采购人都是佛山市南海区大沥镇人民政府，两个项目同时招标。投诉人认为，两个项目是独立项目，应抽取两个不同的专家评审小组进行独立评审。经投诉处理、行政复议、行政诉讼，查明该两个项目所需的专家专业背景相同，专家均是从广东省政府采购专家库通过自动语音系统随机抽取，评审委员会的组成合法，专家的抽取过程没有违反专家抽取的相关规定，未发现评审专家有需要回避的情形。因此，上述两个项目的评标委员会组成不存在违法违规行为。

二、有关评标委员会及其成员行为的争议

"财政部令第87号"第六十二条规定："评标委员会及其成员不得有下列行为：（一）确定参与评标至评标结束前私自接触投标人；（二）接受投标人提出的与投标文件不一致的澄清或者说明，本办法第五十一条规定的情形除外；（三）违反评标纪律发表倾向性意见或者征询采购人的倾向性意见；（四）对需要专业判断的主观评审因素协商评分；（五）在评标过程中擅离职守，影响评标程序正常进行的；（六）记录、复制或者带走任何评标资料；（七）其他不遵守评标纪律的行为。评标委员会成员有前款第一至五项行为之一的，其评审意见无效，并不得获取评审劳务报酬和报销异地评审差旅费。"

上述第（二）、（四）项是评标委员会所有成员的行为，其他几项则是评标委员会个别成员的行为。对于上述第（二）项的行为，将在本章第四节"对澄清、说明或者补正的争议"的"三、对澄清、说明或者补正的内容是否超出范围，是否改变投标文件实质性内容的争议"中讨论。对于上述第（四）项的行为，将在下面"对评标委员会所有成员行为的争议"中讨论。

（一）对评标委员会所有成员行为的争议

这里的争议，是指对评标委员会集体行为的争议。评标委员会个别成员无法作出该行为，其责任也应当由每一个评标委员会承担。对评标委员会所有成员行为的争议，经常碰

到的是“对需要专业判断的主观评审因素协商评分”，违反了《政府采购法实施条例》第四十一条有关“进行独立评审”的规定。独立评审包括以下内容：

一是评标委员会成员应当对投标文件的全部内容进行评审，不得只评审部分内容，只评审部分内容就是分工评审。分工评审有两种情形，第一种情形是对同一投标文件进行分工评审，有的评审技术标某一部分，有的评审商务标某一部分，理由是扬长避短，发挥评审专家的业务专长；第二种情形是对不同投标人的投标文件进行分工评审，一人负责一个或几个，理由是内容多、时间紧，否则无法完成评审任务。然而，各个专家评审完成后，再汇报自己的评审情况，由其他评审专家酌情打分。

二是评标委员会成员应当独立提出评审意见，不得听取、采纳、参考、抄取其他成员的评审意见。

三是评标结果汇总时，应当将评审专家作出的所有评分进行汇总，除“财政部令第87号”第六十四条第一款所规定的情形以外，任何人不得修改评分。

四是个别专家对评分按“财政部令第87号”第六十四条规定进行修改的，应在评标报告中记载。

如果不按照上述内容进行评审，实际上违反了“财政部令第87号”第五十五条第四款“评标时，评标委员会各成员应当独立对每个投标人的投标文件进行评价，并汇总每个投标人的得分”的规定，也是“对需要专业判断的主观评审因素协商评分”。

【案例78[1]】评标委员会分工评审，对需要专业判断的主观评审因素协商评分，该评审意见是否有效

关 键 词：分工评审/主观评审因素协商评分/评审意见效力

案例要点：评标委员会分工评审，对需要专业判断的主观评审因素协商评分，违反了有关“进行独立评审”的规定，评标委员会所有的成员评审意见无效。

案情简介

湖南某公司因不满意某招标代理公司于2018年8月7日对常德市网上办事大厅(一期)建设（第二次）采购项目（以下简称“该项目”）作出的质疑答复，于2018年8月24日向常德市财政局（以下简称“市财政局”）提起投诉。投诉事项如下：

投诉事项一，依据该项目招标文件，对中标结果无法理解。投诉人认为：虽然第二次招标文件评分标准在第一次招标文件评分标准上做了部分细微调整，但是调整后的评分条

1 案例来源：常财检〔2018〕6号。

款基本满足，不至于前后得分差异如此之大。出现前后得分小差异、评委对评分尺度把握不同可以理解，但是出现前后得分大差异、评委集体性把握不同无法理解。

被投诉人称：参与本次评标活动的工作人员和采购人代表、监标人均未发现评委在评标过程中有不当行为，故没有理由和法律法规依据组织重新评标。

某政务服务中心称：在评标后，已要求招标代理公司认真核定了专家评分，确保分值汇总计算准确无误。专家组在评定投标单位主观条款时遵循了独立评审规则，在评定客观条款时均按同一标准进行，其程序是各位专家先进行独立评分，然后由专家组组长进行统一复核，经会商后再统一核定分数，在公正性和客观性上不存在偏差的情况。

投诉事项二，在演示过程中被评委以提问的方式多次打断，投诉人工作人员提出待实操演示完后统一答疑，但评委仍然无视，并继续用提问方式打断演示者，其认为相比其他公司享受了不公平待遇，影响了评标结果。

被投诉人称：评委对演示提问的次数多少，与投标方的系统演示是否清晰、流畅无关，且招标文件并未对提问的次数作出规定，同时我公司和采购人代表、监标人也未发现评委有故意刁难之嫌。

某政务服务中心称：专家在各投标单位系统演示环节针对不清晰、不流畅、不明确的问题都进行了正常提问，不存在刻意打断某个公司演示过程的做法，同时招标文件并未对提问的次数做出相关规定，监标人也未发现评委有故意刁难之嫌。

经市财政局查明：

关于投诉事项一，在该项目的评标现场录音录像资料中，发现评标委员会成员有分工评审的行为，在演示部分的评分过程中有明显的讨论协商行为。随后，市财政局对评标委员会的六位评审专家及采购人代表依法进行了询问，七人均承认了评标委员会组长将评标工作分配到各个评标委员会成员，每人主要看一家投标人的投标文件，没有看的投标文件抄写其他人的评分，在评标的过程中，对属于主观评审因素的演示部分等进行了协商评分，与录音录像资料相应证。评标委员会成员上述行为违反了《政府采购法实施条例》第四十一条“评标委员会、竞争性谈判小组或者询价小组成员应当按照客观、公正、审慎的原则，根据采购文件规定的评审程序、评审方法和评审标准进行独立评审”的规定、《政府采购货物和服务招标投标管理办法》第四十六条第（三）项“评标委员会负责具体评标事务，并独立履行下列职责：对投标文件进行比较和评价”、第五十五条第四款“评标时，评标委员会各成员应当独立对每个投标人的投标文件进行评价，并汇总每个投标人的得分”及第六十二条第一款第（四）项“评标委员会及其成员不得有下列行为：对需要专业判断的主观评审因素协商评分”的规定，评标委员会成员未遵循客观、公正、审慎的原则，其未独立评审及对主观评审因素协商评分的行为影响采购结果，根据《政府采购法实施条例》第七十五条第四款“政府采购评审专家有上述违法行为的，其评审意见无效……”规定，评标委员会成员评审意见无效。

投诉事项 2，评标委员会成员在各投标人演示的过程中均有提问，该行为符合《政府采购货物和服务招标投标管理办法》(财政部令第 87 号) 第四十六条第 (二) 项“评标委员会负责具体评标事务，并独立履行下列职责：要求投标人对投标文件有关事项作出澄清或者说明”的规定。

市财政局于 2018 年 9 月 21 日作出处理决定：投诉事项一事实成立，投诉理由市财政局予以采纳。投诉事项二缺乏事实依据，投诉理由市财政局不予采纳。根据《政府采购质疑和投诉办法》(财政部令第 94 号) 第三十二条第 (二) 项规定，市财政局决定：中标结果无效，责令重新开展采购活动。

案例评析 CASE ANALYSIS

在该项目的评标过程中，评标委员会成员有分工评审的行为，评标委员会七名成员均承认了存在这一行为。在演示部分的评分过程中，对需要专业判断的主观评审因素协商评分。评标委员会成员的上述行为，违反了《政府采购法实施条例》第四十一条“进行独立评审”的规定、“财政部令第 87 号”第四十六条第 (三) 项“独立履行”“对投标文件进行比较和评价”、第五十五条第四款“评标委员会各成员应当独立对每个投标人的投标文件进行评价”及第六十二条第一款第 (四) 项不得“对需要专业判断的主观评审因素协商评分”的规定。因此，评标委员会所有的成员评审意见无效。

(二) 对评标委员会个别成员行为的争议

这里的争议，是指对评标委员会个别成员行为的争议，与此行为无关的其他评标委员会成员无须承担相应责任。

【案例 79[1]】评审专家被选定前与某投标人有通话记录，但其评分在合理范围内，其评标行为合法吗

关 键 词：评标专家被选定前 / 与投标人通话 / 评分合理

案例要点：评审专家在被选定前的身份并非评标委员会成员，其与投标人通话，不能证明其存在违规行为，其评分也在合理范围内，评标行为合法。

1 案例来源：(2015) 绍柯行初字第 36 号。

招标、投标、质疑、投诉情况

2014年6月30日，某质监所在绍兴市上虞区公共资源交易中心（以下简称“交易中心”）公开招标采购照明电器检测设备。杭州某公司参加投标未中标，对评标结果不满提出质疑，后对质疑答复函不服，于2014年7月31日投诉称，某评标专家在开标之前将杭州某公司员工李某叫到他家里，告诉他其就是该项目的评标专家，并提出利益索求，李某没有回应。杭州某公司有理由相信该专家在没有得到肯定答复后，有极大的可能主动联系了第一中标候选人提供货物的厂家。从该专家在开标之前与杭州某公司李某联系和后期多次的通话记录表明该专家在本次政府采购中已直接影响本次招标的公平、公正。本次招标应予废标。上虞市财政局（以下简称“市财政局”）于2014年8月5日收到杭州某公司投诉后，经审查于2014年8月28日作出投诉处理决定，认定杭州某公司投诉事项缺乏事实依据，决定驳回其投诉。

原告诉求及观点

杭州某公司不服起诉至绍兴市柯桥区人民法院称，该项目某评审专家违反规定，在开标前主动与杭州某公司联系。故诉请判决撤销投诉处理决定并判令其重新作出处理决定。

被告答辩及观点

市财政局辩称，杭州某公司所附的涉嫌专家与该公司员工的通话记录发生在2014年6月11日至16日，而本次招标的评标委员会于2014年6月30日在10位特殊专家名单上随机抽取其中5位确定为评标专家。两者发生的时间和随机性均存在差异，也不存在事先选定评委的情况，且无直接证据证明该专家有涉嫌违规行为发生。另经调查，该专家的资信分和技术分的评分结果不存在最高分和最低分的情况，给分在合理的范围内，杭州某公司怀疑该专家为中标人谋利并没有任何证据，系单方猜测。投诉处理决定事实清楚、证据确凿、程序合法、内容适当，故请依法维持市财政局所作行政行为。

法院裁判及观点

法院认为，关于某评标专家是否存在评标违规行为，杭州某公司认为某评标专家在开标前主动联系杭州某公司员工，并提出利益索求，未果后，极有可能联系中标供应商提供货物的厂家。杭州某公司虽提供某专家与杭州某公司于2014年6月11日至16日的通话时间记录，而根据市财政局提供的政府采购特殊专家审批表，该专家由评标委员会于2014年6月30日在10位特殊专家中随机抽取，即该专家与杭州某公司员工的通话发生在该专家在被选定为评委之前，故该通话时间记录不能必然证明该专家存在违规行为或向杭州某公司提出利益需求。又根据复评过程中该专家出具的情况说明及公出单等，可对上述通话联系作一定合理说明；同时，经审查，该专家的评分也在合理范围内。因此，投诉处理决定书中认定该专家未发生明显违规行为、评审从结果上表明客观、公正并无不当，杭州某公司上述主张不能成立。市财政局收到杭州某公司投诉后，经审查后作出处理决定，认定事实基本清楚、程序合法、适用法律、法规正确。杭州某公司诉请欠缺事实与法律依据，法院不予支持。据此，依照《行政诉讼法》第六十九条之规定，判决驳回杭州某公司的诉讼请求。

案例评析 CASE ANALYSIS

该评审专家在被选定为评标委员会成员之前，与投标人有通话记录，当时该评审专家的身份还不是该项目的评标委员会成员，不能必然证明该评审专家存在违规行为或向投标人提出利益需求。经审查，该评审专家的评分也在合理范围内。因此，该评审专家并无明显的违规行为，其评标行为合法。

第三节 对符合性审查的争议

"财政部令第87号"第五十条规定，评标委员会应当对符合资格的投标人的投标文件进行符合性审查，以确定其是否满足招标文件的实质性要求。

符合性审查，是指在招标时根据招标文件的规定，对投标文件的有效性、完整性和对招标文件的响应程度进行审查，以确定投标文件是否满足招标文件的实质性要求的行为。符合性审查是政府采购评审过程中相当重要的一个环节，符合性审查未能通过，就不可能进入评标阶段。符合性审查的内容，一般包括对投标文件是否符合招标文件的商务要求、技术要求和投标行为要求，即是否符合采购人对采购标的应达到的需求与标准，投标应当满足招标文件的商务要求和技术要求，不然就不能满足采购的人采购目的。

商务要求一般包括"财政部令第87号"第十一条第（四）项、第（五）项和第十二条所规定的内容，即采购标的的数量、采购项目交付或者实施的时间和地点，还包括价款条件、付款方式、付款期限等。商务要求一般都是招标文件提出要求，投标人在不改变实质性要求的前提下，提出具体响应内容。

技术要求一般包括“财政部令第 87 号”第十一条第（二）项、第（三）项、第（五）项、第（六）项、第（七）项所规定的内容，即采购标的需执行的国家相关标准、行业标准、地方标准或者其他标准、规范，需满足的质量、安全、技术规格、物理特性等要求，需满足的服务标准、期限、效率等要求，验收标准以及其他技术、服务等要求。

投标行为要求既不属于商务要求，也不属于技术要求，而是投标本身的要求，一般包括对投标文件所要求的单位及法定代表人签章、法定代表人授权、投标保证金、有关资格证明文件等内容。

符合性审查是一种形式审查，只核实投标文件的有效性、完整性和对招标文件的响应程度进行审查。符合性审查时，对于实质性要求如不符合则可能被认定为无效投标，对于非实质性要求可以有所偏离，正偏离不影响评分，负偏离则会影响评分。符合性审查时经常发生的争议有：

一、对投标文件是否满足招标文件实质要求的争议

在符合性审查时经常争议的话题是，招标文件是否响应招标文件的要求，就是指投标文件与招标文件的所有实质性要求相符，是否无显著偏离或保留。

【案例 80[1]】投标文件所提供的质检报告未盖公章且缺少数据，是否响应招标文件实质要求

关 键 词：符合性审查 / 检验报告

案例要点：投标文件中的检验报告结果处未加盖公章，且存在与招标文件的实质性要求不相符合之处，不应通过符合性审查。

招标、质疑、投诉情况

2015 年 7 月 21 日，包头市某公司参加了呼和浩特市公共资源交易中心（以下简称“交易中心”）组织的某粮库小麦储备采购及呼和浩特市西效粮库储备采购（以下简称“该项目”）招标活动。包头市某公司在投标文件中出具的检验报告结果处未加盖公章，且没有皮色数据无法辨别，被认定投标文件不合格。包头市某公司向公共资源交易中心提出质疑。2015

1 案例来源：（2016）内 01 行终 41 号。

年 8 月 3 日，公共资源交易中心组织评标委员会专家对质疑事项进行论证，结论意见为：（1）检验报告结论处未加盖检验章视为有效。（2）该公司没有提供白皮色小麦的有效材料。评委会专家一致认为，包头市某公司为无效投标。公共资源交易中心依据专家论证意见，于 2015 年 8 月 4 日向包头市某公司作出了书面答复。

包头市某公司对质疑答复不满意，于 2015 年 8 月 10 日向呼和浩特市财政局（以下简称“市财政局”）提交投诉书。该局经审查，认为包头市某公司在投标文件及样品所提供的《包头市粮油质量检测中心检验报告》中，未对小麦皮色数据进行检验，没有实质性响应招标文件中第六章“评标原则和方法”第三条“样品审查”中规定的要求，评标委员会作出的废标结论及质疑论证意见符合招标文件的要求，交易中心作出的废标公告符合法定程序，于 2015 年 9 月 14 日作出的投诉处理决定，驳回包头市某公司的投诉。

行政诉讼情况

一审法院认为，市财政局作出的投诉处理决定认定事实清楚，证据确凿，适用法律、法规正确，符合法定程序。依照《行政诉讼法》第六十九条之规定，一审法院判决驳回包头市某公司的诉讼请求。

包头市某公司不服，向呼和浩特市中级人民法院提起上诉。二审法院认为：根据招标文件第四章第二条“技术参数与配置要求”的规定，政府要求采购的是“硬质白麦”，符合国家标准二等（含）以上 GB1351—2008《小麦》要求。《小麦》（国家标准 GB1351—2008）第 4.1 条规定，“硬质白小麦为种皮为白色或黄白色的麦粒不低于 90%，硬度指数不低于 60 的小麦”。第 6.3 条规定“小麦皮色检验按 GB/T5493 执行”。包头市某公司提交的小麦样品质检报告，在检验依据一栏中没有引用 GB/T5493 标准，在检测项目一栏中没有小麦皮色指标数据检验结果，即该质检报告没有进行小麦皮色检验。

市财政局在投诉处理决定书中认为包头市某公司“提供的质检报告未对小麦皮色数据进行检验，没有实质性响应招标文件第六章第三条规定要求”的认定，事实清楚，主要证据充分。该局依据“财政部令第 20 号”第十七条第（二）项的规定，驳回包头市某公司投诉，适用法律正确。包头市某公司认为招标文件没有要求做小麦皮色数据、其提交的质检报告可以看出其小麦样品为二等白硬麦，完全响应招标文件规定的上诉理由，无事实依据，二审法院不予支持。一审判决认定事实清楚、适用法律正确、程序合法，依照《行政诉讼法》第八十九条第一款第（一）项的规定，判决驳回上诉，维持原判。

案例评析 CASE ANALYSIS

该项目采购的是“硬质白麦”，符合国家标准二等（含）以上GB1351—2008《小麦》要求，该标准第6.3条规定“小麦皮色检验按GB/T5493执行”。而包头市某公司投标文件中出具的检验报告结果处未加盖公章，且没有皮色数据无法辨别，在检验依据一栏中没有引用GB/T5493标准，在检测项目一栏中没有小麦皮色指标数据检验结果，即该质检报告没有进行小麦皮色检验。因此，财政部门认定，该投标文件没有实质性响应招标文件要求，是正确的。

二、对投标文件有关“正偏离”或“重大偏离”的争议

所谓“偏离”，是指投标文件内容高于或者低于招标文件相关要求，高于的称为“正偏离”，低于的称为“负偏离”。

“重大偏离”，是指投标文件内容，特别是投标产品的质量、安全、技术规格、物理特性等要求，数量、交付或者实施时间和地点，服务标准、期限、效率等要求等明显不能满足招标文件的要求。而对于重大偏离，许多招标文件都会直接规定为无效投标。

【案例81[1]】尺寸参数前有“★”但招标文件未作注解，投标文件有所偏离，究竟是“正偏离”还是“重大偏离”

关 键 词：符合性审查/技术规格/“★”条款理解/正偏离/重大偏离

案例要点：招标文件对“★”号条款未作注解，对是否属于“重大偏离”会产生争议，影响正确进行符合性审查。评标时未能正确进行符合性审查，属于未按招标文件规定的评标方法和标准进行评标的行为。

招标、质疑、投诉、复议情况

2014年10月，重庆市万州区公共资源综合交易中心（以下简称“区交易中心”）对重庆市万州区社会管理综合治理委员会（以下简称区综治委）采购警用电瓶巡逻车项目（以下简称“该项目”）进行公开招标，编制了招标文件。该招标文件共七篇，其第二篇项目技术规格、数量及质量要求中“车型参数配置”规定：采购数量为86辆、外形尺寸（长×宽×高）为★ 3280mm×1380mm×2030 mm、电池为★ LEOCH ≥ 6V225AH×8只；其第三篇项目商务要求中第一条“投标产品实物样品提交时间及存放管理办法”规定：集中采购机构

---

1 案例来源：（2015）渝二中法行终字第00071号。

接收样品后进行统一编号，然后由评委进行逐一判定是否合格或是否完全满足招标文件的要求。

东莞某公司参与投标，其制作的《投标文件》第四部分电瓶巡逻车技术参数中载明：电池为大功率深循环铅酸电池 6V / 只、8 只、230AH；车辆外形长 × 宽 × 高（含警灯）为 3550mm×1500mm×2000 mm。

2014 年 10 月 24 日该项目开标，东莞某公司为预中标人。同日，深圳某公司以东莞某公司样车电池不符合招标文件要求为由，对评标结果提出现场质疑。当日下午，该评标委员会成员对深圳某公司质疑事项进行答复，维持了原评标结论。2014 年 10 月 27 日，深圳某公司向区交易中心提出书面质疑函，该中心同年 11 月 3 日作出政府采购质疑回复。

深圳某公司对区交易中心回复不服，以东莞某公司投标样车外形尺寸、电池、投标样车处置等项不符合招标文件要求为由，2014 年 11 月 6 日向重庆市万州区财政局（以下简称"区财政局"）投诉。区财政局认为，东莞某公司投标文件中车辆外形尺寸没有满足招标文件要求，为无效投标；评委未按招标文件中由评委进行逐一判定是否合格或是否完全满足招标文件要求、投标样品不合格或不满足招标文件参数要求系无效投标的规定，对样车电池等是否符合要求进行判定，故认定评委未按照投标文件要求进行评标；对投诉人称区交易中心纵容中标单位转移样车，以及与中标单位串标等事项，没有证据证实。遂作出投诉处理决定，认定评委未按招标文件规定的评标方法和标准进行评标的行为违反了"财政部令第 18 号"第七十七条有关规定，中标结果无效，责令重新开展采购活动。

东莞某公司收到该处理决定书后不服申请行政复议，重庆市万州区人民政府维持了区财政局投诉处理决定。

行政诉讼一审情况

东莞某公司不服行政复议，向重庆市万州区人民法院提起诉讼。一审法院审理后认为：该案争议焦点是东莞某公司投标文件中车辆外形尺寸的技术参数是否满足招标文件的要求；评标委员会成员是否按招标文件规定的评标方法和评标标准进行评标。对于东莞某公司投标文件中车辆外形尺寸的技术参数是否满足招标文件的要求问题。

首先，从区交易中心编制发布的《政府采购招标文件》第二篇项目技术规格、数量及质量要求来看，此次采购项目货物应为特殊定制产品。其次从招标文件第二篇车型参数配置看，设置了十七个项目，只有在外形尺寸和电池两个项目前面加注了"★"号，其他部分项目设置有"≥、≤"符号。因此，这里的"★"号应理解为产品的关键技术参数，即在这十七个项目中这两项参数最关键，投标人的产品应当满足该参数才符合要求，参数不能任意调整，即为固定值。东莞某公司投标文件中车辆外形尺寸与招标文件要求不符，未满足招标文件的要求。

对于评标委员会成员是否按招标文件规定的评标方法和评标标准进行评标的问题。按招标文件第四篇评标方法中评标程序规定，评委首先应对各供应商的投标文件进行资格性检查和符合性审查，而符合性审查中主要审查投标文件的有效性、完整性、对招标文件的响应程度，实质是审查确定投标文件是否对招标文件的实质性要求作出响应；投标文件内容是否“对招标文件第一至三篇规定的招标内容全部作实质性响应”作为对招标文件的响应程度审查的评审标准。招标文件第三篇项目商务要求中规定“……集中采购机构接收样品后进行统一编号，然后由评委进行逐一判定是否合格或是否完全满足招标文件的要求。评标结束后，被评标委员会推荐为中标候选人的其实物样品存放在集中采购机构指定地点……”该案中，东莞某公司投标文件未满足招标文件中对车辆外形尺寸的要求。评委本应在符合性审查中就确定东莞某公司投标文件未对招标文件的实质性要求作出响应。并依据该篇第二条第（九）项无效投标条款中“投标样品不合格或不满足招标文件的参数要求”的规定，认定为无效投标的规定，认定东莞某公司的投标属于无效投标。而该项目的评委未按上述评审标准进行审查认定，从而错误确定东莞某公司为合格投标人，其评审行为违法。在宣布东莞某公司为中标候选人，其他供应商对东莞某公司样车电池容量提出质疑后，东莞某公司将样车当天撤离势必造成其他供应商的合理怀疑。对于东莞某公司提出的即使招标活动违反“财政部令第18号”第七十七条规定，评委的行为只有影响中标结果的，中标结果才无效，并非当然无效的主张。对此认为，政府采购应遵循公开透明、公平竞争、公正、诚实信用原则。评标委员会成员应当按照招标文件规定的评标方法和标准进行评标，对评审意见承担责任。评委的评审意见关系着各位投标人能否中标，故评委只能按既定规则作出评价，否则有失公正与公平。该案中，该项目的评委未按招标文件规定的评标方法和标准进行评标,其行为影响了中标结果,中标结果应无效。东莞某公司主张的理由不成立，不予采纳。

该案中，由于评标委员会成员未按照招标文件规定的评标方法和评标标准进行评标，其评标行为影响了中标结果，且采购合同未签订，应重新开展采购活动。综上，区财政局对深圳某公司的投诉作出的投诉处理决定事实清楚，程序合法，适用法律法规正确，东莞某公司请求撤销的理由不成立，应不予支持。同理，对东莞某公司请求判令区财政局确认区交易中心对该项目的招投标程序合法、结果有效及确认东莞某公司为该项目的中标单位的诉讼请求，不予支持。遂判决驳回东莞某公司的全部诉讼请求。

行政诉讼二审情况

东莞某公司不服一审判决，向重庆市第二中级人民法院提起上诉称，（1）招标文件中对“★”号未作任何注解,区财政局、一审法院将“★”号理解为固定值,系主观臆断。“★”

号若作固定值理解，车型参数配置中电池项也带有“★”号，却标注了“≥”符号，故作不可变的固定值理解不符合逻辑。且“★”号若作固定值理解，而本次招投标中只有一家单位的投标参数满足该招标参数，这有指定供应商之嫌。故认为“★”号在此应理解为等于或优于该参数。（2）其投标文件中载明车辆外形尺寸参数同招标文件中车型参数配置的外形尺寸相比较，长了270㎜、宽了120㎜，众所周知，车体越长越宽，乘坐越舒适且生产成本也越高，这是有利于业主单位的。另从高度上看仅降低了30㎜，不影响乘坐，可以保证车身更稳，电量消耗更低。整体体积比例为1.159 ：1，属正偏离，完全符合对招标文件参数的实质响应。综上，一审法院认定事实错误，适用法律、法规错误，请求二审人民法院依法改判。

区财政局、深圳某公司未提交书面答辩意见，区交易中心未提交书面意见。二审法院认为：

1.关于东莞某公司投标文件中载明的车型参数是否满足招标文件车型参数要求的问题。该案中，招标文件第二篇中对车型的外形尺寸（长×宽×高）参数规定为3280mm×1380mm×2030㎜，该参数规定中并未使用“＞、＜”或“≥、≤”符号，即没有规定该参数可“大于、小于”或可“大于等于、小于等于”。但东莞某公司投标文件第四部分内的电瓶巡逻车技术参数中载明车辆外形尺寸（长×宽×高）为3550mm×1500mm×2000㎜，显然，其上载明的该项技术参数未满足招标文件要求。而招标文件第四篇中“无效投标条款”第（九）项明确规定，评标委员会评审中对投标文件出现不满足招标文件参数要求的，应评为无效投标。区财政局据此认定东莞某公司投标文件中车辆外形尺寸没有满足招标文件要求为无效投标，并无不当。

2.关于评委是否未按招标文件规定的评标方法和标准进行评标的问题。招标文件第四篇中对评标委员会履行评审职责进行“符合性审查”时规定，依据招标文件的规定，从投标文件的有效性、完整性和对招标文件的响应程度进行审查，以确定是否对招标文件的实质性要求作出响应。而在“招标文件的响应程度审查”中又规定，对招标文件第一至三篇规定的招标内容要全部作实质性响应。同时，招标文件第五篇中对“评标”还规定，评标的依据为招标文件（含有效的补充文件），评标委员会判断投标文件对招标文件的响应仅基于投标文件本身而不靠外部证据。但评标委员会评审中，对东莞某公司投标文件出现不满足招标文件参数要求的并未评为无效投标，区财政局据此认定评委未按招标文件规定的评标方法和标准进行评标，并无不当。

3.评委有未按招标文件规定的评标方法和标准进行评标的行为，且该行为对东莞某公司为预中标人的结果有影响，决定中标结果无效，责令重新开展采购活动，符合“财政部令第18号”第七十七条第二款、“财政部令第20号”第十九条的规定。

4.区财政局受理并处理投诉符合“财政部令第20号”的程序规定。

5.本案涉及的招标文件中虽对“★”号未作注解，但从招标文件的整体内容知，“★”

号表示提示作用，引起投标人对带“★”号内容的重视。一审法院对此理解为关键参数或关键内容，并无不当。但一审法院表述为不能调整的固定值，有失准确性，二审法院予以纠正。招标文件规定了车型的外形尺寸参数，故投标人投标文件中车辆外形尺寸参数只能是符合该参数，否则就是未满足招标文件要求。

综上，一审判决认定事实清楚，适用法律法规正确，程序合法，应予维持。东莞某公司的上诉理由不能成立，二审法院不予支持。建议依照《行政诉讼法》第八十九条第（一）项之规定，判决驳回上诉，维持原判。

案例评析 CASE ANALYSIS

1. 对比“★”与“≥、≤”符号，“★”号理解为产品的关键技术参数并无不当，但不能理解为固定值

该项目采购的货物为特殊定制产品，从招标文件中十七个参数配置看，只有在外形尺寸和电池两个项目前面加注了“★”号，其他部分项目设置有“≥、≤”符号，因此“★”号应理解为产品的关键技术参数，但不能理解为固定值。

2. 投标文件“偏离”问题客观存在，认定“正偏离”与“重大偏离”依据都不足

由于招标文件对“★”号未作解释，也不能将其理解为实质性要求，即认定为“重大偏离”是没有充分证据的。中标候选人认为，与招标文件中车型参数配置的外形尺寸相比较，其投诉文件中的外形尺寸长了270㎜、宽了120㎜、降低了30㎜，属“正偏离”，也没有任何依据。

3. 评委未能正确进行符合性审查，且中标候选人未按招标文件要求存放中标样品，影响采购结果

评委在符合性审查中，未逐一判定投标文件及其样品是否完全满足招标文件的要求，属于未按招标文件规定的评标方法和标准进行评标的行为。评标结束后，中标候选人的实物样品撤回未能按招标文件规定存放在指定地点。这些都影响中标结果，财政部门责令重新开展采购活动是适当的。

三、对投标文件有关“细微偏离”的争议

“细微偏离”是指投标文件在实质上响应了招标文件要求，但在个别地方存在漏项或者提供了不完整的技术信息和数据等情况，并且补正这些遗漏或者不完整不会对其他投标人造成不公平的结果。细微偏离不影响投标文件的有效性，许多招标文件中规定，通过加减分方式进行评价。有的招标文件还规定，评标委员会可以书面要求存在细微偏离的投标人在评标现场作出必要的澄清、说明或者补正，对拒不澄清、说明或者补正的在详细评审时可以对细微偏离作不利于该投标人的量化，量化标准应当在招标文件中规定。但也有许

多投标文件对偏离的各种情形的处理未予以明确规定，评标环节就容易出现分歧。

【案例 82[1]】投标文件对招标文件某部分内容未响应，是否属于“细微偏离”，是否能够通过符合性审查

关 键 词：符合性审查 / 招标文件部分内容 / 未响应 / 细微偏离

案例要点：投标文件就招标文件的有关部分未作实质性响应，不能通过符合性审查，不存在技术参数的“细微偏离”问题。

招标、质疑、投诉、复议情况

2015 年 3 月，奉节县公共资源交易中心（以下简称“交易中心”）受奉节县中医院的委托，对其所需的医疗设备（以下简称“该项目”）进行公开招标。招标文件第四篇为评标方法、评标标准、无效投标条款和废标条款，其中评标程序分为资格性检查、符合性审查、澄清有关问题、推荐中标供应商名单、对技术参数的偏离。在符合性审查环节，应依据招标文件的规定，从供应商投标文件的有效性、完整性和对招标文件的响应程度进行审查，以确定是否对招标文件的实质性要求作出响应。招标文件的响应程度审查，要求投标文件对招标文件第一篇和第二篇规定的内容全部作出响应。就质量技术参数，要满足招标文件的技术参数和功能要求。

重庆某医疗器械公司就医疗设备采购超声诊断仪制作了投标文件，其中在技术条款差异部分，就测量 / 分析和报告项下的前七项内容进行了无差异的说明，对产科自动测量功能未作出响应。2015 年 4 月 3 日，交易中心就采购结果进行公示，重庆某医疗器械公司成为超声诊断仪的成交供应商。

公示期间，重庆某科技公司提出质疑，要求取消重庆某医疗器械公司的中标候选人资格。奉节县中医院、交易中心组织评标委员会进行复核，发现重庆某医疗器械公司未对产科自动测量功能作应答，评审委员会认为该项属细微偏差，故于 2015 年 4 月 16 日作出不予支持重庆某科技公司诉求的质疑答复。

因重庆某科技公司不服质疑答复，于 2015 年 4 月 28 日向奉节县财政局提起投诉。该局根据查明的事实，认为重庆某医疗器械公司的投标文件未按招标文件的要求和条件对“产科自动测量功能”作出实质性响应，违反了“财政部令第 18 号”的规定；在投诉人提出质疑后，认定未作应答属细微偏差无事实依据，故于 2015 年 7 月 3 日作出投诉处理决定，决定部分采购活动违法，责令重新开展采购活动。

---

1 案例来源：（2016）渝 02 行终 481 号。

重庆某医疗器械公司不服该处理决定书，于2015年8月14日向重庆市人民政府法制办公室申请行政复议。2015年11月5日，该办公室以重庆市财政局的名义作出行政复议决定，维持了奉节县财政局作出的投诉处理决定。

行政诉讼情况

一审法院认为，本案所涉的政府采购招标文件就超声诊断仪的技术要求之“4.测量/分析报告”项下列举了八项内容，重庆某医疗器械公司制作的投标文件就前七项作了无差异的应答，对第八项对“产科自动测量功能”未作出响应。该八项内容在排列上是以断行方式列举，应属并列关系，对第八项内容单独列明，更能体现出采购人对该项技术要求的特定需求，投标人必须作出实质性响应。只有在对招标文件的要求作出响应后，才存在技术参数的偏离问题。重庆某医疗器械公司的投标在符合性审查时应按无效投标处理。重庆某医疗器械公司认为其未对“产科自动测量功能”作出响应,属于细微偏差的理由不能成立。《评标委员会和评标方式暂行规定》中就细微偏差的定义为，投标文件基本上符合招标文件要求，但在个别地方存在漏项或者提供了不完整的技术信息和数据等情况，并且补正这些遗漏或不完整不会对其他人造成不公平的结果。细微偏差存在的前提是投标文件对招标文件进行响应，重庆某医疗器械公司未对该项技术要求作出响应，根本不符合招标文件的要求，更谈不上细微偏差问题。

综上，奉节县财政局作出的投诉处理决定，认定事实清楚，适用法律法规正确。重庆某医疗器械公司要求撤销奉节财政局作出的投诉处理决定和重庆市财政局作出的行政复议决定的诉讼请求，不符合法律规定，一审法院不予支持。据此判决驳回重庆某医疗器械公司的诉讼请求。

上诉人诉求及观点

重庆某医疗器械公司不服，向重庆市第二中级人民法院提出上诉称，一审法院对重庆某医疗器械公司与重庆市财政局争议较大的法律适用问题未做审查和评述；一审法院在本案中将“实质性响应招标文件”认定为要全部一一对应响应招标文件内容后再判断是否存在“细微偏差”的理解，实质上排除了《招标投标法》及其实施条例和其他规范性文件的适用。请求二审改判。

被上诉人答辩及观点

奉节县财政局答辩称，财政部门对招投标的全过程有权进行监管，本案应该适用政府采购法；重庆某医疗器械公司没有对招标文件上的技术要求进行回应，不属细微偏差。请求驳回上诉，维持原判。

重庆市财政局答辩称，同意奉节县财政局的答辩意见。

法院裁判及观点

二审法院认为：该案被诉的投诉处理决定涉及的行为是适用招标方式进行的政府采购行为，对该行为的监管应适用的法律是本案争议焦点。根据《政府采购法》第二条、《政府采购法实施条例》第七条、《招标投标法实施条例》第八十四条的规定，在政府采购活动中除采用招标方式进行的工程采购活动适用《招标投标法》及其实施条例进行监管外，其余政府采购活动均适用《政府采购法》及相关行政法规、政策进行监管。

一审法院查明奉节县中医院的采购行为属于采用招标方式进行的政府采购活动，判明应适用《政府采购法》及相关行政法规、政策审查本案并无不当。重庆某医疗器械公司主张自己对招标文件的要求和条件进行了全面实质性相应，仅存在细微偏差。经查重庆某医疗器械公司制作的投标文件就技术要求的前七项作了无差异的应答，对第八项“产科自动测量功能”未作出响应。该八项技术要求在招标文件上是以断行方式列举，应属并列关系，体现出采购人对该项技术要求的特定需求。采购人对产品技术方面的要求，直接涉及其核心权益，关乎能否实现其采购目的，故对招标文件的技术性要求，投标人必须作出实质性响应。重庆某医疗器械公司认为其未对“产科自动测量功能”作出响应，属于细微偏差的理由不能成立。由于重庆某医疗器械公司的投标未对招标文件的要求和条件进行全面实质性响应，奉节县财政局认定其违反“财政部令第18号”第三十条的规定，决定责令重新开展采购活动是正确的。

综上，重庆某医疗器械公司的上诉理由不能成立，其上诉请求本院不予支持。判决驳回上诉，维持原判。

案例评析

CASE ANALYSIS

采购人对产品技术方面的要求，直接涉及其核心权益，关乎能否实现其采购目的，故对招标文件的技术性要求，投标人必须作出实质性响应。本案中，重庆某医疗器械公司的投标文件就招标文件有关部分前七项作了无差异的应答，对第八项未作出响应。该八项内容属并列关系，对第八项单独列明，更能体现出采购人对该项技术要求的特定需求，投标人必须作出实质性响应。在响应后进行符合性审查，才存在技术参数的偏离问题；未响应的情形下，符合性审查时应按无效投标处理，不属于“细微偏差”。

四、对投标文件某部分得分为 0 是否属于未通过符合性审查的争议

在评标时，有的投标文件某部分得分为 0。一般说来，某部分得分为 0 中标的可能性非常小。如果该项采购项目通过资格性审查、符合性审查的供应商仅为三四家时，未中标的供应商就会主张，投标文件某部分得分为 0 的投标文件不应当通过符合性审查，对招标文件作实质响应的供应商不足 3 家，应当废标；而中标供应商就会主张，得 0 分是评分性质，而不是符合性审查性质。双方各执一词，形成争议或者纠纷。

【案例 83[1]】3 家供应商技术部分得分均为 0，能否视为符合性审查都未通过

关 键 词：符合性审查 / 某部分评分为 0/ 能否认定未响应

案例要点：招标文件单独将某部分作为评分内容，未作为符合性审查部分的，即使该部分评分为 0 分，也不能认定该投标为未通过符合性审查。

招标、质疑、投诉情况

2016 年 5 月，重庆市渝北区公共资源招投标交易中心（以下简称“交易中心”）发布招标文件，载明对所需的医疗设备（以下简称“该项目”）进行公开招标，采用综合评分法进行评标。招标文件相关部分规定：“符合性审查，依据招标文件的规定，从投标文件的有效性、完整性和对招标文件的响应程度进行审查，以确定是否对招标文件的实质性要求作出响应。招标文件的响应程度审查是对投标文件内容和投标有效期进行审查，投标文件内容的审查即是否针对招标文件第二篇规定的招标内容作出响应，投标有效期的审查即是否满足招标文件规定。”“技术部分为 0 分的投标人，将失去成为中标候选人的资格。”“无效投标条款：投标人未通过资格性检查或投标文件未通过符合性审查的。”“废标条款：符合专业条件的供应商或者对招标文件作实质响应的供应商不足三家的。”

2016 年 6 月 21 日，评审专家进行资格性、符合性审查，认为符合条件，并进行评分，出具评标报告，确定重庆某器械公司等 3 家公司的技术部分得分为 0 分，重庆某器械公司合计得分 61.40 分，为中标候选人第二名。2016 年 6 月 23 日，重庆某器械公司递交质疑书，认为 3 家供应商的技术得分均为 0 分，按照招标文件的规定，应予废标，请求重新组织招标。2016 年 6 月 29 日，评审专家针对重庆某器械公司的质疑，回复认为招标文件并未规定技术部分为 0 分视为无效标或是未响应招标文件要求。2016 年 7 月 5 日，交易中心作出质疑答复，认为重庆某器械公司的质疑事项不成立。

---

1 案例来源：（2016）渝 0105 行初 190 号。

随后，重庆某器械公司递交投诉书，认为招投标过程中违反《政府采购法》第三十六条第一款第（一）项的规定，有3家供应商的技术得分均为0分，按照招标文件的规定，应予废标。

2016年7月12日，渝北区财政局受理重庆某器械公司的投诉。2016年7月19日，评审专家针对重庆某器械公司的投诉，回复认为：4家投标人的投标文件是实质响应本次招标文件，且满足3家，属于有效标。同时，招标文件规定技术部分为0分的投标人失去中标候选人的资格,并未规定技术部分为0分视为无效标或是未响应招标文件要求,要废标。2016年8月1日，渝北区财政局作出投诉处理决定，不支持重庆某器械公司的诉求。

原告诉求及观点

重庆某器械公司对上述处理决定不服，向重庆市江北区人民法院提起行政诉讼称，因包括重庆某器械公司在内的三家投标人技术分均为0，本次招标应当宣布为废标，并重新组织采购。请求撤销，并责令重新作出行政行为。

被告答辩及观点

渝北区财政局辩称，此次招投标有4家供应商通过了资格性、符合性审查，且对招标文件的实质性要求均作出响应，故符合专业条件的供应商超过3家。同时，招标文件并未将“技术部分得分为0分的投标人，将失去中标候选人的资格”列入无效投标条件和废标条款，故技术部分为0分并不能认定为没有实质响应招标文件。请求驳回重庆某器械公司的诉讼请求。

法院裁判及观点

本案中，评审专家对参与此次投标的4家供应商进行了资格性和符合性审查，因招标文件单独将技术参数作为评分内容，故符合性审查仅包括对投标文件是否对招标文件第二篇规定的招标内容作出响应，故评审专家认为4家供应商均通过资格性和符合性审查。同时，招标文件中评标标准规定有效投标人的起评分为20分，亦规定扣分条款，只要重要技术参数带★部分有一条不满足的，技术部分得分为0分，而无效投标条款中没有规定技术分为0分系无效标。故渝北区财政局作出的投诉处理决定认为交易中心作出的《质疑答复》符合招标文件的要求，事实清楚。

综上，判决驳回重庆某器械公司的诉讼请求。

案例评析 CASE ANALYSIS

1. 评标委员会认定四家供应商均通过符合性审查不违背招标文件规定，三家供应商技术部分得分均为零，不能认定其对招标文件未能响应

因该项目招标文件单独将技术参数作为评分内容，未作为符合性审查的内容。同时，招标文件中的无效投标条款中没有规定技术分为0分系无效标，上述符合性审查符合招标文件的要求。

2. 该项目招标文件符合性审查的设置存在问题，对投标人未能形成有效竞争，是存在缺陷的

尽管根据法律规定与招标文件内容，该项目不应废标。但对招标文件存在的问题应当正视，正是由于招标文件有关符合性审查的设置问题，造成三家供应商的技术部分得分均为0，另外一家供应商可以“不战而胜”，该项目缺乏有效竞争。

五、对投标文件签字与盖章的争议

在符合性审查时，如果发现投标文件未按招标文件要求签署、盖章的，根据“财政部令第87号”第六十三条规定应投标无效，是不可能通过符合性审查的。由于采购人或者代理机构习惯不同，要求也不同，有时招标文件对签字与盖章的规定还比较烦琐，稍不注意就会“大意失荆州”，或者被评标委员会认定为无效投标，或者被其他投标人作为质疑、投诉事项。对盖章的问题经常引起异议的有，未盖单位名称章而是盖的单位合同专用章、单位投标专用章、单位内设机构章、分公司章；对签字的问题经常引起争议的有，他人代签、冒充签字、用章代替签字。如果此类问题，招标文件有明确要求，争议比较容易解决，如果招标文件没有明确要求，容易公说公有理，婆说婆有理。

【案例84[1]】采购文件要求申请文件逐页盖章，PPP项目资格预审时，申请文件封面和内封面未签章，能否通过符合性审查

关 键 词：符合性审查/逐页签章

案例要点：采购文件对签署盖章的要求表述不明，封面和内封面是否应签署盖章，应按采购文件的明确表述与规定，否则不能扩大解释，进而认定供应商未通过符合性审查。

案情简介

投诉人于2017年12月22日对“阳江港进港航道改造工程项目PPP”的采购活动提起

1 案例来源：阳财采决〔2018〕1号。

质疑。因对采购人、采购代理机构作出的质疑答复不满意，投诉人遂于2018年1月12日向阳江市财政局提起投诉。

投诉人认为，采购人、采购代理机构恣意扩大解释，评判依据不客观；“逐页”存在歧义，评标标准不公正。投诉人认为评审专家以“封面和内封面”不符合资格预审须知前附表3.3.1条款，做出其投标文件未通过符合性审查的结论，是恣意扩大、片面理解“逐页签字并加盖单位公章”。

阳江市财政局查明情况如下：

1.《资格预审文件》关于签署盖章的要求表述不明。关于《资格预审文件》中对于签署盖章的要求，在第二章“一、资格预审须知前附表”3.3.1资格预审文件应按资格预审申请文件中的格式要求签字和盖章，并逐页签字并加盖单位公章。上述表述中未明确何为“资格预审文件”“资格预审申请文件”的范围。如果“资格预审文件应按资格预审申请文件中的格式要求签字和盖章，并逐页签字并加盖单位公章”中的“资格预审文件”就是本项目中采购人提供的《资格预审文件》，则本条款中要求“逐页签字并加盖单位公章”则是要求各投标人应提供“逐页签字并加盖单位公章”的《资格预审文件》，并非是《资格预审申请文件》。因此，对于供应商提交的文件要求，是否全部需要“逐页签字并加盖单位公章”，仅从字面理解是无法作出合理严谨的表述。

2.《资格预审文件》对于封面的要求仅为标明正副本。《资格预审文件》第二章“一、资格预审须知前附表”及“二、资格预审申请人须知”中，均对封面有要求，两部分的3.3.2均为“正本和副本的封面上应清楚地标记“正本”或“副本”字样。当正本和副本不一致时，以正本为准”，即封面的作用为识别正本与副本。

3.资格预审申请文件未包括封面。《资格预审文件》第二章“二、资格预审申请人须知”中，“3.3.1申请人应按本章第3.1款和第3.2款的要求，编制完整的资格预审申请文件，用不褪色的材料书写或打印。签字或盖章的其他要求见资格预审须知前附表。”即完整的资格申请文件是在该章第3.1款和第3.2款，但第3.1款和第3.2款没有提及封面的问题。从上可以看出，《资格预审文件》中没有将封面作为资格预审文件的内容。

4.《资格预审文件》表述上的缺陷有可能影响到结果的公平公正。阳江市财政局经查阅该项目评审《符合性审查表》，评审委员会对于投诉人的《资格预审申请文件》是否符合要求并非是完全一致的意见。因此，本项目的《资格预审文件》应存在表述上的缺陷，评审专家对《资格预审文件》要求的理解不一致，最终可能影响到结果的公平公正，不符合《政府采购法》第三条关于公平、公正的原则。

阳江市财政局认为该项目的《资格预审文件》存在影响或者可能影响结果公平公正的情形，决定责令重新开展采购活动。

案例评析 CASE ANALYSIS

本案中，评审专家以投诉人《资格预审申请文件》“封面和内封面”没有签署盖章为由，未让投诉人通过符合性审查。但是，《资格预审文件》对签署盖章的要求表述不明，对于封面的要求仅为清楚地标记“正本”或“副本”字样，没有将封面作为《资格预审申请文件》的内容。由于《资格预审文件》表述上的缺陷，评审专家此理解也不一致。未让投诉人通过符合性审查，可能影响到评审结果的公平公正，存在违法情形，应责令重新开展采购活动。

第四节 对澄清、说明或者补正的争议

在评标环节，对于各个投标人的投标文件评审的时候可能会有些地方难以理解，评标委员会就可能提出书面要求，由投标人对模糊之处所作的消除模糊的陈述，就是澄清；对不清楚之处所作的解释，就是说明；对不完善之处所作的补正修正，就是补正。澄清、说明或者补正的作用有两个方面，一是为了评标时准确理解投标文件，保证评标工作的顺利进行；二是为了签订政府采购合同时准确表述合同内容，避免合同产生歧义；三是为了合同的顺利履行，防范合同履行中的争议。

“财政部令第 87 号”第五十一条规定，对于投标文件中含义不明确、同类问题表述不一致或者有明显文字和计算错误的内容，评标委员会应当以书面形式要求投标人作出必要的澄清、说明或者补正。投标人的澄清、说明或者补正应当采用书面形式，并加盖公章，或者由法定代表人或其授权的代表签字。

对澄清、说明或者补正，必须符合以下条件：一是投标人应评标委员会要求作出的，只有评标委员会才能够启动该程序，其他相关主体，不论是采购人、采购代理机构，或是行政监督部门，均无权启动；二是必须书面通知该投标人，投标人也以书面方式提供澄清、说明或者补正，不得以口头形式；三是只有在投标文件出现法定情形时才能启动，即出现投标文件中含义不明确、同类问题表述不一致或者有明显文字和计算错误的内容，不得暗示或者诱导投标人，也不得接受投标人主动提出的澄清、说明或者补正；四是澄清、说明或者补正不得超出投标文件范围或者改变投标文件实质性内容。在澄清、说明或者补正环节，经常发生的争议有：

一、对是否应当要求澄清、说明或者补正的争议

对于投标文件出现瑕疵，给予投标人澄清、说明或者补正，对其是一个机会。如果不给予，该投标人会质疑评标委员会违反“财政部令第 87 号”第五十一条规定；如果给予，其他投标人就会质疑评标委员会“法外开恩”。

【案例 85[1]】仅封面将“投标文件”写成了“招标文件”，是否应要求其澄清、说明或者补正，还是应直接认定投标无效

关 键 词：评标 / 明显文字错误 / 澄清、说明或者补正 / 法律适用

案例要点：仅投标文件封面写成“招标文件”属于明显文字错误不属于文件格式问题，应以书面形式要求投标人作出必要的澄清再审查投标是否无效。

招标、质疑、投诉、复议情况

2015 年 10 月 28 日，某区公共资源交易中心（以下简称“交易中心”）发布某区 2015 年省级森林碳汇抚充工程项目（以下简称“该项目”）招标文件。2015 年 11 月 17 日，评标结果公告，某绿化公司等两家供应商的投标书不符合文件格式的要求，视为无效投标人。2015 年 11 月 22 日，某绿化公司向交易中心质疑称，评标委员会没有给予我方作出必要的澄清、说明及纠正，对我方投标文件置之不理。交易中心于 2015 年 12 月 18 日答复称，贵公司的投标文件封面的“投标文件”写成“招标文件”，评委委员会就这一问题现场告知了贵公司的投标当事人，该投标当事人也核证了将“投标文件”写成“招标文件”这一事实。

某绿化公司于 2015 年 12 月 16 日向某区财政局投诉，评审委员会以我公司的投标文件封面的“投标文件”写成了“招标文件”为由，认定我公司为无效投标人，评审委员会未就此问题作出任何书面形式要求我公司做出澄清、说明或者纠正，在一页封面的一个明显错字不影响整套标书的实质内容的情况下，就将我公司的投标文件作为无效处理。请求对被投诉人在本次招标活动中的违法行为进行查处并重新审查各方投标资料，以示公正公平。

某区财政局于 2016 年 1 月 25 日作出投诉处理决定。（1）某绿化公司确认属“明显文字错误”，封面中的其他内容与招标文件的要求相符。错将投标文件封面标注为“招标文件”的情形，不会导致将该公司的投标文件误解为招标文件。某绿化公司错将投标文件封面标注为“招标文件”，属允许投标人澄清情形，评标委员会应当按照客观、公正、审慎的原

---

1 案例来源：（2016）粤 02 行初 51 号。

则以书面形式要求某绿化公司就此问题作出必要的澄清、说明或者纠正，但评审委员会未履行相应评标工作程序，而是直接认定某绿化公司的投标无效。评审委员会的行为违反了“财政部令第 18 号”第五十四条规定的评标工作程序。(2) 评标委员会是在投标文件的初审环节认定某绿化公司的投标无效，根据“财政部令第 18 号”第五十四条的规定，初审分为资格性检查和符合性检查。首先，资格性审查的内容限于法律、法规和招标文件规定的投标人应当具备的资格条件。招标文件未将投标文件的“文件格式”规定为认定投标人资格的条件。其次，符合性检查的内容是投标文件的有效性、完整性和投标文件是否响应招标文件的实质性要求。本案中，某绿化公司错将投标文件封面标注为“招标文件”仅涉及投标文件的“名称”，不影响投标文件的有效性、完整性。招标文件没有将“文件格式”作为符合性检查的内容。因此，评标委员会在符合性检查中未能遵循招标文件规定的资格性评审标准、符合性评审标准，评标委员会认定某绿化公司的投标无效，违反“财政部令第 18 号”第五十六条规定，没有事实依据和法律依据。

综上所述，某区财政局作出处理决定，中标结果无效，责令重新开展采购活动。中标供应商不服，向某区人民政府申请复议，某区政府作出行政复议决定，决定维持投诉处理决定。

原告诉求及观点

中标供应商不服以上处理决定，以某区财政局、某区政府为被告，向某中级人民法院提起行政诉讼称：

1. 某区财政局的复议决定和某区政府的处理决定适用法律错误。因为该项目是采用公开招标方式进行的政府采购工程活动，应当适用《招标投标法》《招标投标法实施条例》及其相关法律法规的具体规定。而不能直接适用《政府采购法》《政府采购法实施条例》。

2. 某绿化公司的投诉已经超过了法律时效。

3. 提交投标文件的截至时间前，某绿化公司本应审慎检查自己的投标文件，并有足够的时间和机会来修正自己的投标文件，责任理应自己承担。

4. 某绿化公司无权要求对投标文件进行修改和澄清。第一，退一步来讲，即便此案适用政府采购的有关法律法规，那么按照“财政部令第 18 号”第五十四条第（二）款以及招标文件第三部分第 23 条的有关澄清方面的规定，可以知道这些条款都是针对评标程序中的实质性审查环节的。首先从条文的设计就可以得出这一结论：“财政部令第 18 号”第五十四条是关于评标的整个程序的规定，而第（一）款专门针对的初审，澄清则是在其第（二）款，不是针对的初审部分。某绿化公司在初审环节已被认定无效投标，也就不能适用关于澄清和修改的规定了。评标委员会也就没有这相应义务。第二，“财政部令第 18 号”及招标文件的有关澄清部分的规定的用语是“可以”，而不是“应当”。

综上所述，某区财政局和某区政府均存在法律适用错误，事实调查不清，违反行政合理性原则。请求法院撤销某区财政局做出的行政复议决定。撤销某区财政局作出的投诉处理决定。

被告答辩及观点

某区财政局辩称：该项目的采购内容为森林碳汇抚育提升项目，显然政府采购对象不是“建设工程”，本案不应适用招标投标法律、法规。根据《政府采购法》第二条第七款，该项目政府采购对象是“服务”，依法应适用政府采购法律、法规及规章。因此，依据政府采购法律、法规处理本案投诉，适用依据正确。我国政府采购法律、法规及规章并未将“文件格式与招标文件要求不符”规定为认定无效投标的法定情形。因此，评标委员会以某绿化公司的投标文件的文件格式不符合招标文件的要求为由，认定某绿化公司的投标无效，违反了“财政部令第 18 号”第 56 条关于认定无效投标的法定条件，属违法评审行为。

投标文件的初审与澄清是两个相互独立的评审环节。某绿化公司将“投标文件”的封面标注为“招标文件”属“明显文字错误”是允许投标人澄清的法定事由，应在投标文件的澄清环节进行处理。换言之，“明显文字错误”事项不是投标文件初审环节的所查内容。因此，评标委员会在投标文件初审环节认定某绿化公司的投标无效，违反法定评审程序和招标文件的评审程序，其行为违法。要求投标供应商对投标文件的有关事项作出解释或者澄清是评标委员会的法定职责，但评标委员会未履行法定职责。综上所述，请求查明事实，并依法驳回中标供应商的诉讼请求。

区政府辩称：该项目不涉及“建设工程”，本案应适用政府采购法及其相关规定。投诉处理决定事实清楚、证据确凿、内容适当。请求依法驳回中标供应商的诉讼请求。

法院裁判及观点

本案说明三个事实：一是某绿化公司将“投标文件”写成了“招标文件”；二是评标委员会现场告知了某绿化公司；三是评标结果是按少数服从多数的原则四比一作出的评标结果。《招标文件》没有要求评标委员会应当或者必须给予书面形式要求某绿化公司澄清纠正。此外，评标委员会已告知某绿化公司，但某绿化公司要澄清、说明或者补正没有采用书面形式。

招标结果出来后，某区政府、区林业局要求中标供应商对招标树木进行抚育，经现场勘察，中标供应商确有抚育林木的事实，中标供应商认为已工作了两个多月的时间，完成了 1400 多亩（2/3）的面积。上述事实，某区财政局和某区政府没有调查核实便确认中标无效，把已经完成招标项目 2/3 的工程推倒重来，作出重新招标决定的行政行为不当。

综上所述，中标供应商请求撤销某区财政局作出的投诉处理决定和某区政府作出的行政复议决定，理由正当，法院予以支持。据此，判决撤销某区财政局作出的投诉处理决定和某区政府作出的行政复议决定。

案例评析 CASE ANALYSIS

1. 投标文件封面写成“招标文件”属于明显文字错误，评标委员会应以书面形式要求投标人作出必要的澄清

某绿化公司投标文件封面中的其他内容与招标文件的要求相符，“投标人名称”一项载明为某绿化公司。某绿化公司误将投标文件封面标注为“招标文件”，不会导致将其误解为招标文件，且封面并非投标文件的实质内容。在投标文件初审时，评标委员会发现某绿化公司的投标文件封面的写成“招标文件”，便告知了某绿化公司，根据少数服从多数原则认定某绿化公司为无效投标人。笔者认为，评标委员会的这一做法值得商榷，应当认定属于明显文字错误，而不应当认为是格式不符合要求。

2. 文件格式并未列入投标人资格条件，也未作为认定无效投标的情形之一

法律、法规和招标文件未将投标文件的文件格式规定为认定投标人资格的条件和符合性检查的内容。某绿化公司错误标注为“招标文件”不影响投标文件的有效性、完整性，因此认定某绿化公司的投标无效，没有事实依据和法律依据。

3. 本案应适用《政府采购法》，而不应适用《招标投标法》

该政府采购项目为林地的森林碳汇抚育提升项目，包括割灌除草、补植、追肥、森林保护措施等工作，采购标的为服务，不是建设工程，不应适用招标投标法律、法规，应适用政府采购法律、法规及规章。

4. 本案投诉处理决定、行政复议决定、法院判决存在值得商榷之处

本案投诉处理决定、行政复议决定，没有查明该政府采购项目合同是否已经签订并实际履行而作出错误决定。法院的判决存在值得商榷之处：一是将封面上的“投标文件”写成“招标文件”这一明显文字错误的问题，认定为“本身就不符合招标文件的要求”，没有事实依据与法律依据。如果该判决的理由能够成立，那么包括《招标投标法实施条例》第五十二条在内的相关行政法规、行政规章有关明显文字错误的规定就形同虚设了；二是将在投标截止后，投标人不得对其投标文件做任何修改和补充，与对投标文件中明显文字错误作澄清相混淆；三是将评标委员会口头告知某绿化公司与书面通知相混淆，对评标委员会没有书面通知的问题未指出，却认为某绿化公司“要澄清、说明或者补正没有采用书面形式”是不适当的；四是以中标供应商确有抚育林木的事实，认定财政部门与复议机关“确认中标无效，把已经完成招标项目 2/3 的工程推倒重来，作出重新招标决定的行政行为不当”，但没有查明合同是否签订，即使已经签订与实际履行，也有一个责任人承担赔偿责任的问题。

二、对报价澄清、说明或者补正的争议

报价问题，是投标与评标中的一个核心问题，关系到谁中标，也关系到合同的签订与履行。由于各种原因，报价问题上会出现各种瑕疵，可能会出现理解上的争议。对于投标文件报价出现前后不一致的，除招标文件另有规定外，“财政部令第87号”第五十九条规定了修正方法：（1）投标文件中开标一览表（报价表）内容与投标文件中相应内容不一致的，以开标一览表（报价表）为准；（2）大写金额和小写金额不一致的，以大写金额为准；（3）单价金额小数点或者百分比有明显错位的，以开标一览表的总价为准，并修改单价；（4）总价金额与按单价汇总金额不一致的，以单价金额计算结果为准。

同时出现两种以上不一致的，按照上面规定的顺序修正。修正后的报价按照“财政部令第87号”第五十一条第二款的规定经投标人确认后产生约束力，投标人不确认的，其投标无效。

还有一种情况是投标报价之外，还有一些金额是不具有竞争性的，有的是该项目先前已经产生的费用，有的是必须由中标人支付给第三方的费用。如果招标文件对报价表述的要求不明确，那么报价总金额中是否包括这些不具有竞争性的金额，出于不同的理解，就会有不同金额的报价。

【案例86[1]】投标人通过澄清方式明确不可竞争的暂列金额及其他项目费未计入总报价，是否合乎规定

关键词：评标/澄清/说明/补正/不可竞争金额

案例要点：招标文件中没有特别明确总报价是否必须包括不可竞争金额的，不属于因投标总价缺漏内容而视为无效投标的情形。投标人根据评标委员会的澄清要求，确认其评标总报价没有包括暂列金额及其他项目费，且愿意将其列入总报价，并以书面澄清形式作出。且该增加的内容为不可竞争性费用，不超出投标文件的范围或者改变投标文件的实质性内容。

招标、质疑、投诉、行政复议情况

某采购人就某设备采购及安装工程项目（以下简称“该项目”）委托湖南省智埔建设有限公司进行国内公开招标。在该项目的招标文件中，招标人明确了采购项目总预算为10833730元，并制作了统一的开标一览表和分项价格明细表。另外，在评标方法的规定中，对澄清问题进行了明确规定：“对投标文件中含义不明确、同类问题表述不一致或者有明

1 案例来源：（2016）湘1302行初60号。

显文字和计算错误的内容，评标委员会将以书面形式通知投标人作出必要澄清、说明，但是不得超出投标文件的范围或对投标文件做实质性的修改（计算错误修正除外）。评标委员会不接受投标人主动提出的澄清。

在投标截止期限内，深圳某公司和某科技公司等共计4家单位进行了投标。2016年1月28日在开标过程中，由于某科技公司的投标价格中没有列明暂列金额487645元及其他项目费200000元，而只有自控仪表及监控、低压电气及电缆、工艺设备三部分的报价，评标委员会认为，招标文件的相关内容不明确，可能导致投标人对投标总报价是否应当包括不可竞争性费用（暂列金额及其他项目费）的理解存在差别，便要求某科技公司对投标报价的暂列金额487645元，其他项目费200000元作出澄清。某科技公司就暂列金额及其他项目费以书面形式向评标委员会作出澄清，确认其投标总价928万元中，不包含暂列金额487645元，其他项目费200000元，愿意将暂列金额487645元，其他项目费200000元，共计687645元增加到总报价中，其总报价最终确认为9967645元。某科技公司作出澄清后，深圳某公司等其他投标人的最终报价仍均高于某科技公司的最终报价，各投标人的投标总报价高低顺位没有改变。此后，经评标委员会评定，确认某科技公司有限为第一中标候选人，深圳某公司为第二中标候选人。

2016年2月2日，深圳某公司以招标人组织的评标活动存在违法，中标结果无效为由提出质疑。后深圳某公司收到不接受深圳某公司质疑意见的质疑答复书。

2016年2月19日，深圳某公司因对质疑答复不服，向涟源市财政局进行投诉称，该项目的招标活动中的中标结果违反《招标投标法》及《建设工程工程量清单计价规范》，请求撤销某科技公司有限为第一中标候选人的评标结果，并追查篡改价格的相关人员的严重违法行为。

涟源市财政局于2016年2月26日受理了深圳某公司的投诉于3月16日作出投诉处理决定认为，本项目为政府采购货物类采购，相关采购活动适用《政府采购法》《政府采购货物和服务招标投标管理办法》及《湖南省政府采购工作规范》，不适用《建设工程工程量清单计价规范》。投诉人投诉缺乏事实和证据支持，法律依据不足，驳回投诉人的投诉，维持原评标结果。

深圳某公司对投诉处理决定不服，于2016年4月21日向复议机关申请行政复议。该局于2016年7月14日作出行政复议决定，维持投诉处理决定。

原告诉求及观点

深圳某公司不服，向湖南省娄底市娄星区人民法院提起行政诉讼称，涟源市财政局没有查明事实，也没有及时纠正招标人和评标委员会在招标活动中实施错误行为所造成的后果，而是驳回深圳某公司的投诉。深圳某公司向复议机关申请行政复议，复议机关维持涟源市财政局错误行政行为。故请求法院依法撤销投诉处理决定及行政复议决定，并判令涟源市财政局重新作出投诉处理意见。

被告答辩及观点

涟源市财政局辩称，某科技公司对该项目的投标有效，评标委员会作出的要求某科技公司对总报价的暂列金额及其他项目费予以澄清行为符合法律法规规定，深圳某公司投诉理由不成立，请求法院驳回深圳某公司诉讼请求。

复议机关辩称，深圳某公司所诉事实及主张不能成立，故请求法院驳回深圳某公司的诉讼请求。

法院裁判及观点

某科技公司的投标总报价没有将暂列金额及其他项目费包括在总报价中，应属于投标人对招标文件中同类问题理解不一致所致，不属于因投标总价缺漏招标文件所要求的内容而视为无效投标的情形。

同时，某科技公司的投标对招标文件中标注的实质性条款及要求均作出了响应，且不存在构成投标无效的其他情形，故某科技公司的投标为有效投标。在公开招标询标答疑时，评标委员会要求投标人某科技公司对总报价遗漏不可竞争性费用即暂列金额及其他项目费予以澄清。法院认为，由于招标文件相关内容不明确的情况客观存在，投标人对投标总报价是否应当包括不可竞争性费用（暂列金额及其他项目费）的理解存在差别，具有合理性，评标委员会作出要求某科技公司对总报价中遗漏的暂列金额及其他项目费作出澄清的行为符合招标文件的相关规定；同时，评标委员会要求某科技公司对总报价中遗漏的暂列金额及其他项目费作出澄清，并没有对其他投标人造成不公正的结果，其行为亦没有违背相关法律法规的规定，故评标委员会要求某科技公司对暂列金额及其他项目费进行澄清的行为不构成违法。某科技公司没有对投标结果产生实质性影响。故某科技公司通过澄清方式追加的暂列金额及其他项目费应当作为评标的依据。

复议机关对其作出的行政复议决定，因在诉讼过程中，没有向法院提供证据证明其复议程序的合法性，故法院确认复议机关复议程序违法。据此，法院判决驳回深圳某公司要求撤销涟源市财政局作出的投诉处理决定及要求涟源市财政局重新作出行政行为的诉讼请求。确认复议机关复议程序违法。

案例评析 CASE ANALYSIS

1. 某科技公司对报价的澄清对投标文件没有影响

招标文件中，对其中包含的暂列金额及其他项目费是明确具体的，是不具竞争性的预算，没有特别明确总报价是否必须包括采购人明确的暂列金额及其他项目费，也没有将暂列金额及其他项目费作为必须响应的实质性要求予以标注。某科技公司的投标总报价没有将暂列金额及其他项目费包括在总报价中，属于对招标文件中同类问题理解不一致所致，不属于因投标总价缺漏招标文件所要求的内容而视为无效投标的情形。评标委员会要求某科技公司对总报价遗漏不可竞争性费用即暂列金额及其他项目费予以澄清，符合相关规定。某科技公司根据评标委员会的澄清要求，以书面形式向评标委员会作出澄清，确认其评标总报价没有包括暂列金额及其他项目费，且愿意将其列入总报价，并以书面形式作出。且该增加的内容为不可竞争性费用，不超出投标文件的范围或者改变投标文件的实质性内容。

2. 复议机关未提供证据证明其复议程序合法应被确认违法

本案财政部门的投诉处理决定，认定事实清楚、适用法律正确、程序合法。因在诉讼过程中，复议机关没有向法院提供证据证明其复议程序的合法性，被法院确认复议程序违法。法院的这一判决，是正确的。

三、对澄清、说明或者补正的内容是否超出范围，是否改变投标文件实质性内容的争议

“财政部令第 87 号”第五十一条规定，投标人的澄清、说明或者补正不得超出投标文件的范围或者改变投标文件的实质性内容。根据“财政部令第 87 号”第六十二条第（二）款规定，评标委员会及其成员不得接受投标人提出的与投标文件不一致的澄清或者说明，本办法第五十一条规定的情形除外。对于是否超出投标文件范围、是否与投标文件不一致，比较好理解，对照一下即行。对于是否改变实质性内容，就要辨别什么是实质性内容，一般说来实质性内容包括，技术要求、投标报价要求和主要合同条款等内容。

【案例 87[1]】招标文件明确投标价即交货价及其他附带服务的全部费用，评标委员会要求投标人澄清时，询问是否包括招标文件中未列明的费用，对投标文件超出范围、改变内容吗

关 键 词：评标 / 澄清 / 说明 / 补正 / 投标文件范围 / 实质性内容

案例要点：招标文件明确投标价即交货价“及其他附带服务的全部费用”，评标委员

1 案例来源：（2018）新 0105 行初 174 号。

会就《开标一览表》中不明确的内容统一提出问题，对各投标人报价是否属于交钥匙价格进行进一步要求澄清和确认，不属于要求投标人超出投标文件的范围或者改变投标文件的实质性内容作出回答。

招标、质疑、投诉、复议情况

2017年11月25日，伊犁哈萨克自治州政府采购中心（以下简称“采购中心”）发出公开招标公告，对采购人伊犁州特种设备检验检测所采购的特种设备检验所考试模拟设备项目（以下简称“该项目”）进行公开招标。包括大连某公司在内的四家公司参与投标。大连天丰科技有限公司中标。

大连某公司现场提出质疑，评委答复如下：大连某公司代理人明确有三项费用不包括，因此属于未能完全响应招标要求，因此会影响服务响应程度。因此，评委一致认为评标过程完全公平公正，坚持原先的解释，评标结果有效。2018年1月15日大连某公司向采购中心提出质疑，采购中心于2018年1月21日作出质疑答复。

大连某公司于2018年1月22日向伊犁哈萨克自治州财政局（以下简称“伊州财政局”）投诉，该局于2018年3月9日作出投诉处理决定。

大连某公司不服该行政处理决定，2018年4月2日向新疆维吾尔自治区财政厅（以下简称“财政厅”）提出行政复议申请，该厅于2018年6月5日作出行政复议决定，维持了伊州财政局的处理决定。

原告诉求及观点

大连某公司不服，向新疆维吾尔自治区乌鲁木齐市水磨沟区人民法院提起诉讼称，大连某公司完全响应了招标文件所要求的全部条件，评标委员会向大连某公司的提问超出投标文件的范围或者改变投标文件的实质性内容。采购中心以大连某公司的回答没有完全响应招标文件为由，使大连某公司未中标。要求撤销投诉处理决定及行政复议决定。

被告答辩及观点

伊州财政局辩称，（1）驳回大连某公司投诉所依据的事实清楚、证据确凿、内容适当。本次采购开标过程中，评标委员会提问环节合法有效，未超出或改变招标文件实质范围和内容。评标委员会要求四家投标人统一说明的“设备总价里是否包括运费、安装费、调试、培训、技术服务、税费等其他费用”。是对投标文件中价格及提供服务这一重要因素的进一步确认及说明，是其依法履行职责。大连某公司未充分理解招标文件该条款的内容，认为总价不应当包含“卸车费、搬运费及桥门起重机基础费用”，是大连某公司对招标文件的理解错误，导致在询问环节作出了不完全响应招标文件的答复，影响其得分，应当由其自行承担不利后果。评标委员会向包括大连某公司在内的四家投标人统一询问的上述问题，没有超出投标文件的范围或改变投标文件的实质性内容，招标文件中已清晰表述投标总价即为交钥匙价并且有兜底条款。其他投标人的答复都是“设备总价里包括运费、安装费、调试、培训、技术服务、税费等其他费用。”但是大连某公司的答复为“包括运费、安装费、调试、培训、技术服务、税费。不包括卸车费、搬运费和桥门起重机基础费用”，属于不完全响应招标文件的内容，影响其相应的得分，故评标委员会根据大连某公司提交的答复作出相应评分是合法有效的。(2) 本次具体行政行为适用法律规范依据正确。根据《政府采购货物和服务招标投标管理办法》第四十六条、第五十一条规定，评标委员会适用该条款要求投标人作出必要的说明是符合规定的。综上，请求人民法院予以依法维持。

财政厅辩称，大连某公司的诉讼请求不成立，请依法驳回。理由如下：财政厅行政复议决定所依据的事实清楚、证据确凿、法律适用正确，大连某公司的诉讼请求没有事实和理由依据。大连某公司改变了投标文件的实质内容，评标委员会应当否决大连某公司的投标。

法院裁判及观点

本案的争议焦点是评标委员会要求投标人作出的澄清、说明是否超出投标文件的范围或者改变投标文件的实质性内容。根据《政府采购货物和服务招标投标管理办法》(财政部第 87 号令) 第四十六条第 (二) 项、第五十一条第一款之规定，本案中，在开标过程中，由于四家投标人提交的《开标一览表》有两家删除了备注信息，评标委员会就《开标一览表》中不明确的内容统一提出问题，对四家的报价是否属于交钥匙价格进行进一步要求澄清和确认，是对投标文件中价格及提供服务的进一步确认，同时，在《公开招标文件》明确投标价即交货价，包括制造、组装该货物所使用的零部件及原材料已付的全部关税、销售税和其他税；以及招标文件特别要求的安装、调试、培训、运输、保险及其他附带服务的全部费用。因此，评标委员会的询问是其依法履行职责，并未超出投标文件的范围或者改变投标文件的实质性内容。招标文件已明确，投标价即交货价，通过“及其他附带服务的全部费用”的表述对招标文件中未列明的“卸车费、搬运费及桥门起重机基础费用”进行了兜底。而大连某公司的回答中对“卸车费、搬运费和桥门起重机基础费用”提出了异议，认为以上费用不包含在投标报价中，显然是与招标文件中要求投标价即交货价不符。

综上，伊州财政局对大连某公司作出的投诉处理决定，事实清楚、证据确凿、适用法律正确、程序合法，对大连某公司要求撤销伊州财政局作出的投诉处理决定的诉讼请求，无事实和法律依据，法院不予支持。法院判决驳回大连某公司全部诉讼请求。

案例评析

CASE ANALYSIS

1. 评标委员会的提问未超范围、未改变招标文件实质性内容

对于在招标文件与《开标一览表》中对投标价同一类问题的表述，存在不一致时，评标委员会可以书面要求投标人作必要的澄清、说明或者补正，并同时结合招标文件的表述，认真核对，确定该项目适用的标准和内容，才能准确理解投标文件的相关内容，避免相应风险。评标委员会就《开标一览表》中不明确的内容统一提出问题，对四家的报价是否属于交钥匙价格进行进一步要求澄清和确认，是对投标文件中价格及提供服务的进一步确认。评标委员会的询问是其依法履行职责，并未超出投标文件的范围或者改变投标文件的实质性内容。

2. 大连某公司的回答改变了投标文件的实质内容

投标文件的实质内容是指技术要求、投标报价要求和主要合同条款等。投标文件实质性响应招标文件的要求，就是投标文件应该与招标文件的所有实质性要求相符，无显著差异或保留。大连某公司的回答中对“卸车费、搬运费和桥门起重机基础费用”提出了异议，认为以上费用不包含在投标报价中，显然是与招标文件中要求投标价即交货价不符，因此投标被否决。

四、对是否属于澄清、说明、补正的争议

评标时，经常会出现某一投标人被评标委员会通知去评标现场，其他评标人未被通知。如果被通知的投标人后来中标了，有的供应商就会质疑该投标人去评标现场肯定对中标有影响，事实上还不能排除该影响。那么该投标人去评标现场究竟是什么行为，一般都会解释为是澄清、说明、补正，有人也会对该行为提出各种非议。

【案例 88[1]】通知投标人去评标现场，究竟是澄清、说明、补正，还是偏向性操作

关 键 词：评标 / 澄清 / 说明 / 补正 / 偏向性操作

案例要点：中标人在评标时曾被通知去评标现场，究竟是“偏向性操作”，还是澄清，必须由证据材料来证明，如有评标委员会成员签名的书面证明材料和投标人的澄清表，可以证明是进行澄清。

案情简介

2017 年 9 月 19 日，江苏舜天国际集团机械进出口有限公司（以下简称“舜天公司”）

1 案例来源：苏财购〔2017〕72 号。

组织了江苏省环境监测中心实验室改造项目的开标、评标，于 2017 年 9 月 26 日发布中标结果，中标供应商为大橡木（苏州）实验室系统工程有限公司（以下简称“大橡木公司”）。

2017 年 9 月 27 日，投诉人向舜天公司提出质疑，认为评标过程对特定投标人存在偏向性操作嫌疑。2017 年 10 月 9 日，舜天公司向投诉人作出答复。投诉人对答复不满意，于 2017 年 10 月 19 日投诉至江苏省财政厅（以下简称“省财政厅”），认为：“评标阶段招标单位只让大橡木公司进去评标室向专家组述标，时间长达半个多小时，还允许大橡木公司现场临时提供补充文件及承诺！虽然招标公司回复说是品牌澄清，但现场只有招标公司工作人员、评委和大橡木代表，具体谈论内容他人无从知晓”。投诉人提供了其公司在该项目的投标代表肖洁的书面证明作为证据。

舜天公司作出说明称，在评审大橡木公司的投标文件时，由于评标委员会无法确认该产品品牌是否满足技术需求中的要求，所以通知大橡木公司的代表进入评标室进行澄清。评标委员会认为澄清内容没有超出投标文件的范围，也没有改变投标文件的实质性内容。舜天公司还提供了《江苏省环境监测中心实验室改造项目公开招标评标工作中涉及澄清过程的详细说明》《需投标人澄清的问题》和《投标人澄清表》作为证据。

省财政厅经审查，认定舜天公司提供了有评标委员会成员签名的书面证明材料和投标人的澄清表，证明大橡木公司进入评标室是进行澄清，而非投诉人所主张的“向专家组述标”。省财政厅在投诉处理审查过程中，也未发现投诉所称的“评标过程对特定投标人存在偏向性操作嫌疑”的情形。根据投诉和审查结果，依据《政府采购法》第五十六条、《政府采购供应商投诉处理办法》第十七条的规定，省财政厅决定，驳回投诉人的投诉。

案例评析 CASE ANALYSIS

本案争议的焦点问题是，究竟是投诉人所说的“对特定投标人存在偏向性操作嫌疑”，还是采购代理机构所说的“由于评标委员会无法确认该产品品牌是否满足技术需求中的要求，所以通知大橡木公司的代表进入评标室进行澄清”？必须由证据材料来证明，采购代理机构提供了《江苏省环境监测中心实验室改造项目公开招标评标工作中涉及澄清过程的详细说明》《需投标人澄清的问题》和《投标人澄清表》作为证据。评标委员会认为澄清内容没有超出投标文件的范围，也没有改变投标文件的实质性内容。因为有评标委员会成员签名的书面证明材料和投标人的澄清表，证明大橡木公司进入评标室是进行澄清，而非投诉人所主张的“向专家组述标”。

第五节 有关评标行为的争议

"财政部令第 87 号"第五十二条规定，评标委员会应当按照招标文件中规定的评标方法和标准，对符合性审查合格的投标文件进行商务和技术评估，综合比较与评价。该条规定尽管文字简短，但信息量则较多，规定了下列内容：一是规定了评标的主体，即依法组建的评标委员会，而不是采购人或者采购代理机构；二是规定了评标的依据，即招标文件中规定的评标方法和标准，招标文件没有规定的内容不能作为评标方法和标准，即使是法律、法规、行政规章和规范性文件的内容，也不能作为评标的依据；三是规定了评标的手段，即进行商务和技术评估，综合比较与评价；四是规定了评标的对象，即符合性审查合格的投标文件，在招标文件没有规定的情况下，不得将除了投标文件以外的内容如第三方网站、投标人网站的信息作为评标的根据。上述 4 个方面，有关评标主体的争议本节已经讨论，有关评标手段的争议本节在各个部分进行讨论，这里就讨论其他 2 个评标行为方面的争议，而这 2 个方面都是与招标文件与投标文件相关的。

一、对评标方法和标准违反招标文件的争议

评标方法，是指招标文件所规定的对投标相关因素进行评估、比较、评价所使用的方法或者手段。根据"财政部令第 87 号"第五十三条规定，政府采购招标投标评标方法分为最低评标价法和综合评分法。评标标准，是指招标文件对评标时所适用的规则、规定而制定的一系列标准。一个好的评标标准，在投标阶段，能方便投标人充分理解采购人的采购要求，有助于投标人编制投标文件；在评标阶段，能方便评标委员会评标，也便于对评标委员会的监督；在争议处理阶段，能方便各方统一认识，化解矛盾。评标必须按照招标文件所规定的评标方法和标准进行，如有违反就会产生争议与风险。

【案例 89[1]】招标文件规定技术方案进行暗标评审，评标委员会成员评标时已经知道投标人仍然评审，应如何处理

关 键 词：招标文件规定 / 暗标评审 / 评审时明标

案例要点：暗标评审时必须保证不能明示或暗示投标人，实际进行明标评审，应当取消中标结果。

1 案例来源：(2015) 渝一中法行终字第 00114 号。

招标、质疑、投诉、复议情况

2014年4月2日，采购人重庆北部新区环境卫生管理处（以下简称“区卫管处”）委托采购代理机构重庆卓越招标代理有限公司对北部新区市政道路清扫保洁作业服务项目（以下简称“该项目”）进行了开、评标。中标候选人如下：分包一重庆某公司，分包二重庆某公司，分包三某清洁公司；分包四、五、六符合专业条件的投标或者对招标文件作实质响应的投标人不足三家，作废标处理。2014年4月9日，重庆某绿化公司提出质疑，采购人、采购代理机构于2014年4月15日做出了质疑答复。同月21日，采购人、采购代理机构向某清洁公司发出成交通知书。

重庆某绿化公司于2014年5月5日以采购代理机构、重庆北部新区公共资源交易服务中心（以下简称“交易中心”）为被投诉人提出投诉书，2014年5月28日，区财政局以投诉事项与质疑事项明显不一致不予受理。

区财政局对该项目监督调查后，于2014年5月30日作出处理通知认为，由于本次招标中个别环节存在评审程序的瑕疵，可能影响招标程序的公正及招标结果。依据《政府采购供应商投诉处理办法》（财政部令第20号）第十九条第一款之规定，处理决定责成取消该项目的招标结果，对该项目重新组织公开招标。

行政诉讼一审情况

重庆某公司不服，向重庆市渝北区人民法院提起行政诉讼，请求撤销区财政局作出的取消通知。渝北区法院经审理认为，区财政局在处理重庆某绿化公司的投诉过程中，经调取评标委员会在评审过程的视频资料，认定其采购人代表与评标专家的对话行为可能影响中标结果。因此，区财政局作出的关于该项目政府采购活动的处理通知并无不妥。判决驳回重庆某公司的诉讼请求。

行政诉讼二审情况

重庆某公司不服渝北区法院的判决，向重庆市第一中级人民法院提起上诉称：第一，一审判决认定事实错误，区财政局通过调取评标委员会在评审过程的视频资料与在招标结果公告后对三个分包标段内的一家或者两家投标单位的配置清单和明标文件进行事后对照，便主观认为存在可能影响中标结果与评审瑕疵，事后对照不等同于评审程序，区财政局就此作出取消该项目招标结果行政处理决定无事实依据，并且在作出取消招标结果行政处理决定的过程中，其未依法向有利害关系的政府采购当事人即重庆某公司发出与其述称的投诉以及取消招标结果决定等相关的通知，未告知重庆某公司应有权利，也未送达相关的文书材料，程序严重违法。第二，法律未授予区财政局对招标结果直接作出取消行政处理决定的职权，故区财政局的被诉行政处理行为违反依法行政基本原则。综上，请求二审法院撤销一审判决，依法改判撤销北部新区管委会的职能部门重庆市北部新区财政局作出的关于取消该项目招标结果的处理决定。

二审法院认为，本案被诉行为是北部新区管委会的内设机构区财政局作出处理通知。处理通知中认定了以下事实："在商务部分的评审过程，评审专家已查验了由投标人提供的经采购人组织验收后出具的《企业自有机械设备验收表》，在该验收表上载明了设备所属单位名称，而在之后的暗标评审时，投标人的技术方案中又出现了相同的机械设备，因此评审专家可以由此判断出该技术方案可能是对应的投标人。同时，根据收集到的采购过程监控视频资料，评审专家和采购人代表的对话也表明，评审专家对技术方案（暗标）的投标人有可能清楚。"就该事实认定，北部新区管委会提交的评标报告、开标监控视频资料及文字说明、关于该项目有关事项核查的会议纪要、标段一、二、三某投标人以及重庆某公司的《企业自有机械设备验收表》及在技术部分（暗标）出现的相同的设备配置表等证据足以证明。故处理通知事实清楚，证据充分。

根据《政府采购法》第十三条第一款、《政府采购供应商投诉处理办法》第一条和第十九条第（一）项之规定，本案涉及的政府采购项目，虽然分六个分包标段，但各标段均采取相同的招标文件并适用相同的招标方法和程序同时进行，区财政局收到投标人重庆某绿化公司针对其中第一、二标段的投诉后，发现评审程序瑕疵不仅影响第一、二标段的评审公正性，而且影响了本次政府采购项目其他分包标段的评审公正性，遂根据《政府采购供应商投诉处理办法》第十九条第（一）项的规定作出通知，符合《政府采购供应商投诉处理办法》第一条的立法宗旨，适用法律正确。

综上，渝北区法院判决驳回上诉，维持原判。

案例评析

CASE ANALYSIS

1. 该项目技术方案未按招标文件规定进行暗标评审，影响公正

暗标主要是指投标文件的部分评审因素进行匿名评审，评审时必须保证不能明示或暗示投标人。该项目招标文件规定技术方案部分实际暗标评审。由于已经对商务部分进行明标评审，在之后的暗标评审时，评审专家可判断技术方案对应的投标人，实际上是进行明标评审，应当取消中标结果。

2. 本案政府采购监督管理部门的确定值得商榷

北部新区财政局是北部新区管委会的内设机构，依法不具有对外行使行政机关的管理职能。而北部新区管委会不是财政部门，不能成为政府采购监督管理部门，应由设立北部新区管委会的人民政府财政部门作为该项目政府采购管理部门。

二、对评标委员会自立标准与方法进行评标的争议

根据《政府采购法实施条例》第三十四条第五款的规定，招标文件中没有规定的评标标准不得作为评审的依据。在评标时，经常发生未完全按照招标文件规定的评标方法和标准进行评标的情况，究其原因，有的是因为评标委员会或者成员对评标方法和标准的错误理解，有的是因为招标文件本身有歧义，有的是个别评委的私心杂念，甚至还有评标委员会讨论统一按什么方法和标准来评标。发生争议时，有人还会振振有词说，招标文件不完善，为了招标投标工作能够顺利进行，只有设法解决问题。上述原因与做法，都是不能允许的。

【案例90[1]】招标文件没有明确规定具体评标方法和标准，仍继续评标时，应如何处理该争议

关 键 词：招标文件未规定/评标方法和标准/仍然评审

案例要点：评标委员会只能按照招标文件中规定的评标方法和标准来评标，不能根据评标委员会的理解来评标。发现招标文件存在歧义、重大缺陷导致评标工作无法进行，应停止评标工作，告知采购人或采购代理机构招标文件的内容不符合规定，建议重新组织采购活动。

案情简介

2014年10月29日，江苏某采购代理机构发布了江苏省产品质量监督检验研究院所需检测设备及相关服务——包号3（以下简称“该项目”）的招标公告，并于2014年11月19日组织该项目的开标评标，中标供应商为昆山市创新科技检测仪器有限公司。2014年11月22日东莞某公司对招标结果提出质疑，质疑内容为：中标供应商为超高价中标，严重高于市场平均价；整个评标过程存在不公平评标。

江苏某采购代理机构于2014年12月1日对质疑作出答复：本次招标采购是按照政府采购相关法律法规进行的。评审委员会按照招标文件和国家相关规定，对各供应商的投标文件进行了综合评审。评审结果是由评审委员会成员依据相关法律法规，按照招标文件载明的评标标准和方法，独立打分，经过综合汇总后得出，尊重评审委员会的评审结果。

东莞某公司对答复不满意，投诉至江苏省财政厅（以下简称“省财政厅”），该厅于2014年12月18日受理。投诉内容中有，项目的采购过程和中标、成交结果损害了东莞某公司权益，昆山市创新科技检测仪器有限公司的中标产品的价格超出市场平均价近10万元，高价中标，违反《政府采购法》第三条和第十七条的规定。

1 案例来源：苏财购〔2014〕11号。

省财政厅经审查认定，本次招标的开标一览表，中标人投标报价为45.9万元、沈阳紫微机电有限公司报价37.8万元、东莞某公司报价35万元。东莞某公司仅从各投标商的报价计算出该项目第三包的市场平均价，从而认为中标产品的价格高出市场平均价近10万元。省财政厅认为，东莞某公司有关高于市场平均价的主张缺乏依据。同时在审查中发现，招标文件没有明确约定具体评标方法，也没有规定评分总分最高者中标。因此，按照招标文件无法确定中标人。

因此，省财政厅于2015年1月20日作出投诉处理决定，因本项目招标文件没有明确约定具体评标方法，影响中标结果，责令重新开展采购活动。

案例评析 CASE ANALYSIS

1. 评标方法是招标文件所规定的，不能根据评标委员会的理解来确定

评标方法有最低评标价法与综合评分法两种，评标委员会只能按照招标文件中规定的评标方法来评标。由于该案中，招标文件没有明确规定具体的评标方法，评标委员会仅根据自己对招标文件的理解，认为招标文件规定了投标价格、技术能力、服务、业绩、财务与信誉状况和对招标文件响应程度进行打分，就是综合评分法，但未注意招标文件并未确定总分最高者中标。这是有争议的评标行为，往往带来风险。

2. 评标委员会未停止评标工作，影响中标结果

本案中，评标委员会可能是当时没有发现招标文件存在歧义、重大缺陷，也可能发现了为评标工作不受影响而继续。如果当时发现，应停止评标工作；如果当时没有发现，按自己的理解进行评标，是错误的。不认哪一种情况，都影响中标结果，责令重新开展采购活动的处理是合适的。

三、对以投标文件以外的材料为依据进行比较与评价的争议

“财政部令第87号”第五十条、第五十二条规定，评标委员会应当对符合资格的投标人的投标文件进行符合性审查，以确定其是否满足招标文件的实质性要求。评标委员会应当按照招标文件中规定的评标方法和标准，对符合性审查合格的投标文件进行商务和技术评估，综合比较与评价。可见，符合性审查与商务、技术评估的对象是投标文件，而不能是其他材料。在评标时，只能对投标文件中的材料进行商务评估和技术评估，综合比较与评价，而不能依据投标文件以外的材料，哪怕是投标文件以外的材料更符合事实。这就是通常所说的，评标委员会只根据投标文件本身的内容来评标，而不能寻求任何外部的证据。

【案例91[1]】投标文件因缺材料被扣分，投标人在评标结束后补齐材料能重新评审并给分吗

关 键 词：投标文件以外材料 / 重新评审 / 外部证据 / 改变评标结果

案例要点：评标只能对投标文件中的资料进行比较与评价，不能根据外部证据。重新评审改变评标结果，必须符合“财政部令第87号”第六十四条所规定的情形。

案情简介

2018年5月15日，“河北省民政厅2018年救灾储备物资购置公开招标——棉大衣项目”（以下简称“该项目”）开标，中标供应商为河北某纺织品公司。2018年5月23日，石家庄某被服公司向某采购中心提出质疑。2018年6月6日，某采购中心进行了重新评审，中标供应商改变为石家庄某被服公司。2018年6月22日，河北某纺织品公司针对重新评审过程和结果向某采购中心提出质疑，后对质疑答复不满，向河北省财政厅提起投诉。投诉事项为，石家庄某被服公司在开标现场提交的棉大衣检验检测报告原件缺项、漏项，没有实质性响应招标文件有关内容导致扣分；重新评审时提交的棉大衣检验检测报告原件与开标时提交的棉大衣检验检测原件不一致，存在资质原件后期替换的嫌疑。投诉人请求恢复该项目第一次的评标结果或者将该项目废标。经该厅调查，查明下列事实：

1. 招标文件相关规定

（1）在“检测”中规定“投标人投标时提交1包（棉大衣）样品的检测报告原件。检测报告必须为省（自治区、直辖市）级质量检测部门出具，且检测日期在2018年1月1日以后”。

（2）在“评定内容及标准”中规定“根据投标人提供的检测报告进行打分，所检项目检测结果均符合标准的得基础分25分”。

（3）对原件等资料递交事项规定“投标资质、业绩资料及其他资料，须按招标文件附件中《供应商资质及业绩等资料提交表》的格式列出清单，清单与资料原件装入一个文件袋内，在投标时提交采购中心，过时不收。清单中所列所有资料复印件应装订到投标文件中，不允许单独提交”。

2. 对评审及重新评审的核查情况

某采购中心对石家庄某被服公司质疑事项处理备案资料及评审专家论证意见证实，2018年5月15日开标当日，评标委员会根据检测报告原件进行评定，并回忆因石家庄某被服公司提交的检测报告原件缺两项重缺陷，所以扣20分，得5分，且现场未核实检测报告原件与复印件是否一致。2018年5月29日某采购中心组织原评标委员会协助处理石家庄某被服公司质疑事项，因该公司提供了与投标文件检测报告复印件一致的原件，原评

---

1 案例来源：冀财采投〔2018〕16号。

标委员会建议并经某采购中心同意组织了重新评审。重新评审认为石家庄某被服公司提供的检测报告原件与投标文件复印件一致，检测报告无“重缺陷”，得分更正为25分，质疑事项成立，并由此改变了原评审结果。2018年8月20日，河北省财政厅向河北省纺织产品质量监督检验中心核查，证实石家庄某被服公司投标文件中检验监测报告复印件真实有效。

3. 核查结论

（1）检测报告原件不属于投标文件组成部分，评审委员会未核实检测报告原件与复印件是否一致，以检测报告原件为打分依据，违反了“财政部令第87号”第五十条和第五十二条的规定，且导致在处理投诉过程中，对投诉事项无法查证。

（2）某采购中心重新评审不符合《政府采购货物和服务招标投标管理办法》第六十四条的规定情形。

省财政厅决定，责令某采购中心限期改正。

案例评析 CASE ANALYSIS

1. 评标只能对投标文件中的资料进行比较与评价，不能根据外部证据

招标文件规定，相关资料列出清单与资料原件装入一个文件袋内，清单中所列所有资料复印件应装订到投标文件中。可见，相关资料原件不是投标文件的组成部分。评标委员会对该部分内容进行评审时，没有核实检测报告原件与复印件是否一致，根据检测报告原件进行评定，违反了“财政部令第87号”第五十条和第五十二条的规定。

2. 重新评审违反规定

“财政部令第87号”第六十四条规定，评标结果汇总后，除分值汇总计算错误，分项评分超出评分标准范围，评标委员会成员对客观评审因素评分不一致，经评标委员会认定评分畸高、畸低4种情形之外，不得修改评标结果或重新评审。石家庄某被服公司提出质疑，采购代理机构组织原评标委员会协助处理，因石家庄某被服公司提供了原件，遂重新评审，对评分予以更正且改变了原评审结果。本案中，采购机构组织原评标委员会因外部材料而重新评审，这是违反“财政部令第87号”第六十四条规定的。

第六节 对评审得分的争议

“财政部令第87号”第五十二条规定“评标委员会应当按照招标文件中规定的评标方法和标准，对符合性审查合格的投标文件进行商务和技术评估，综合比较与评价。”第

五十三条规定："评标方法分为最低评标价法和综合评分法。"第五十四条规定，"最低评标价法，是指投标文件满足招标文件全部实质性要求，且投标报价最低的投标人为中标候选人的评标方法"。第五十五条规定："综合评分法，是指投标文件满足招标文件全部实质性要求，且按照评审因素的量化指标评审得分最高的投标人为中标候选人的评标方法。……评标时，评标委员会各成员应当独立对每个投标人的投标文件进行评价，并汇总每个投标人的得分……"可见，在最低评标价法评标时，不需要对投标人投标文件进行评分，而在综合评分法时则必须进行评分。对评审得分的争议主要有：

一、对是否违反招标文件规定的评分标准打分的争议

在评标过程中，很多评审专家经常犯的错误是，自以为招标文件规定的评分标准不规范，就在评分范围内搞"修正主义"，按照自己的意志进行"自由裁量"。对于招标文件规定的主观分，他们搞的"修正"与"自由裁量"，还真难进行监督，发生争议也难以取证进行认定。但对于招标文件规定的客观分，他们搞的"修正"与"自由裁量"，则比较容易发现。有时发现了，还会有人辩解说是只要在评分范围内就不违法。这种认识是错误的。

【案例92[1]】对招标文件规定的客观分，评委凭主观评分且不一致，应如何处理

关 键 词：评标/违反评标标准/客观评审因素/主观评分/评分不一致

案例要点：招标文件中的客观评审因素，应完全按评分标准，不能酌情打分，各位评标委员会成员的评分应一致，不能出现"客观分不客观"的情况。

招标、质疑、投诉情况

盛远公司受韶关市技师学院的委托于2011年6月24日对韶关市技师学院A、B栋学生宿舍太阳能辅助系统项目（以下简称"该项目"）进行公开招标采购，当时包括佛山某公司和广州某公司在内共有八家供应商递交了投标文件，评审小组对八家供应商的投标文件进行了评审及综合评分，最后推荐第一中标候选人为佛山某公司，第二中标候选人为广州某公司，并于当天下午发布了中标公告。

2011年6月27日，广州某公司以中标结果损害其权益为由向韶关市盛远招标有限公司（以下简称"盛远公司"）第一次发出质疑。盛远公司收到质疑后因当时评标时确实没有核查相关原件，于是组织原评审专家于同年6月30日对该项目进行了复审，复审结果

1 案例来源：（2011）武行初字第34号。

是评审专家认为原评分方法符合招标文件要求，不影响评审结果，维持原评标结果。并通知佛山某公司、广州某公司必须于7月4日下午15：00前将系统耗能检定证书原件、太阳能集热器具的国家检测报告原件及其他招标文件要求的原件交给采购单位验证，不能提供原件者按照招标文件要求处理。2011年7月1日，佛山某公司、广州某公司按时把资质原件送采购单位现场验证。验证结果是广州某公司当场通过并签字确认。佛山某公司由于未能提供其中一资质原件和网上查询，于同年7月4日再次提供验证，当场通过。广州某公司于2011年7月1日第二次向盛远公司发出质疑，盛远公司为此再次组织复审，该次复审的结果是维持原评审结果。盛远公司于同年7月5日对广州某公司的两次质疑作了书面答复。

广州某公司因对盛远公司的质疑答复不满意，又向韶关市政府采购管理办公室（以下简称"市采购办"）投诉，市采购办作出投诉处理决定，认定关于招标文件中技术评分25.3（序号1）、商务评分25.4（序号3）和商务评分25.4（序号4）三项投诉事项成立，根据《政府采购货物和服务招标投标管理办法》（财政部令第18号）第七十七条第（五）项和第八十二条以及《政府采购供应商投诉处理办法》（财政部令第20号）第十七条、第十九条等规定，认定关于招标文件中技术评分25.3（序号1）、商务评分25.4（序号3）和商务评分25.4（序号4）三项投诉事项成立，中标结果无效，责令重新开展采购活动。

原告诉求及观点

佛山某公司不服投诉处理决定，向广东省韶关市武江区人民法院提起行政诉称，投诉处理决定书认定事实不清，适用法律错误，决定结果侵犯了佛山某公司的合法权益。广州某公司投诉事项不成立，并不影响中标结果。从广州某公司的投诉事项来看，只是对专家评分过程中一些无关紧要的部分进行纠缠并没有触及根本事项。因此，韶关市财政局认定中标结果无效是错误的。请求法院依法撤销投诉处理决定并确认该项目中标结果有效。

被告答辩及观点

韶关市财政局辩称，评标委员会在评标中确实存在未能遵循招标文件的评标标准的违法违规行为，具体如下：（1）招标文件第三部分，第25.3条款评审项目（序号1）规定的评分标准是：能实现功能达到要求给9分，不能实现功能给0分。经查实在评标中存在给7分或8分这一违反招标文件的评分标准的情形。（2）招标文件第三部分，第25.4条款评审项目（序号3）规定的评分标准是：提供热水系统能耗证明，年平均每吨热水7度以下，且能在网上查询5分（投标人已完工的热水系统项目并投入使用，可在使用单位的网站上进行网上查询热水系统的耗电量即证明年平均每吨热水的耗电量在 7 度以下）；仅提供热水系统能耗证明不能上网查询 1 分；没提供热水系统能耗证明 0 分。经查实，评标委员会是在评标结束并已公告评标结果，且在接到广州某公司的质疑后，才分别于 2011 年 7 月 1 日和同年 7 月 4 日实施网上查询。评标委员在评标时存在没有网上查询即给 5 分的情形。（3）招标文件第三部分，第 25.4 条款评审项目（序号 4）规定：投标人具有 ISO 质量体系认证且能提供原件核查的 5 分；投标人不具有 ISO 质量体系认证或不能提供原件核查的 0 分。经查实，评标委员会是在评标结束并已公告评标结果，且在接到广州某公司的质疑后，才分别于 2011 年 7 月 1 日和同年 7 月 4 日先后查验了广州某公司和佛山某公司的相关原件，可见评标委员会存在违反招标文件的评分标准打分的事实。以上事实表明，评标委员会在 2011 年 6 月 24 日的评标过程中，存在影响采购公正的违规行为。根据《政府采购法》《政府采购货物和服务招标投标管理办法》《政府采购供应商投诉处理办法》的有关规定，市采购办关于“中标结果无效，责令重新开展采购活动”的行政决定，事实清楚，证据充分，适用法律正确。

佛山某公司关于“只有在影响到中标结果的情况下，才可认定中标结果无效”的主张没有法律依据。政府采购活动中的违法违规行为是否影响中标结果不是认定中标结果无效的唯一法定情形，根据《政府采购法》和《政府采购供应商投诉处理办法》的有关规定，在招标采购过程中，如出现影响采购公正的违法、违规行为，或者中标、成交结果的产生过程存在违法行为等情形时同样可以认定中标结果无效。本案中市采购办根据已经查明的评标中影响采购公正的违规事实，依法作出中标结果无效的认定于法有据。因此佛山某公司的主张没有法律依据。请求法院驳回佛山某公司的诉讼请求。

法院裁判及观点

经查实，评标委员会是在评标结束后才查验了佛山某公司和广州某公司的相关原件。另韶关市财政局委托授权市采购办处理有关政府采购监督管理工作，同时市采购办是依法设立“负责政府采购的监督管理工作”的事业性法人单位。市采购办根据上述事实及法律规定认定关于技术评分 25.3（序号 1）、商务评分 25.4（序号 3）和商务评分 25.4（序号 4）三项投诉事项成立和作出“中标结果无效，责令重新开展采购活动”的决定并无不当。

佛山某公司请求撤销投诉处理决定的诉讼请求理由不充分，证据不足，法院不予采纳。其诉请确认该项目中标结果有效不属于行政审判的职权范围。综上，判决维持投诉处理决定。

案例评析 CASE ANALYSIS

招标文件对技术评分 25.3(序号 1)、商务评分 25.4(序号 3)、商务评分 25.4(序号 4)规定的评分标准，都是提供了相应的原件，给多少分，都是客观评审因素，一是评分应完全按评分标准来给予，没有什么主观因素，也没有酌情打分的因素，都是客观因素；二是评分应一致，不能你评 3 分，他评 4 分。可见，评标委员未按招标文件规定的评标方法和标准进行评标的情形，造成“客观分不客观”，应当确认中标结果无效，责令重新开展采购活动。

二、对是否严格按招标文件规定的评审标准进行打分的争议

对于招标文件规定的评审标准，在评标时应当严格执行。实践中，经常发现招标文件确实存在这样或那样的问题，有的评审因素没有量化细化，有的评审因素没有与各区间不同分值对应，有的评审因素与分值设置不科学、不合理，评审专家也经常会对招标文件进行评头论足。但是一个基本的底线是，评标委员会要么根据“财政部令第 87 号”第六十五条规定停止评标工作，要么就要严格按照招标文件规定的评审标准进行评标，而不能各行其是。

【案例 93[1]】评标增加评审标准，评分不符合招标文件，应如何处理

关 键 词：评审因素 / 细化与量化 / 增加评标标准 / 满分

案例要点：招标文件规定的评审因素没有细化与量化，违反规定；评标时增加评分标准，将不符合招标文件规定的评审因素评为满分，属于影响公正性的违规行为，应由财政部门责令废标。

招标、质疑、投诉、复议情况

2016 年 7 月 5 日，惠州市第三人民医院物业管理服务采购项目(以下简称“该项目”)在某区公共资源交易中心进行公开招标，并于同日进行评标和定标。参加投标的单位有广州某物业公司、广东某后勤集团等 4 家公司。2016 年 7 月 12 日，公告中载明中标供应商为广州某物业公司。广州某物业公司与惠州市第三人民医院未按中标公告签订政府采购合同。

2016 年 7 月 18 日，广东某后勤集团提出质疑。2016 年 8 月 30 日，广东某后勤集团向惠州市某区财政局(以下简称“区财政局”)投诉。2016 年 10 月 17 日，区财政局作出废标决定。

---

1 案例来源：(2017) 粤 1322 行初 96 号。

2016年10月26日，广州某物业公司不服上述废标决定，向惠州市财政局提起行政复议。2016年11月21日，惠州市财政局作出行政复议决定，认定区财政局的废标决定程序违法，撤销废标决定，责令重新作出政府采购处理决定。

2016年12月2日，区财政局作出投诉处理决定，以该项目的采购活动在“守合同重信用”评审环节出现影响公正行为为由，决定对该项目予以废标，采购单位惠州市第三人民医院应重新组织招标。

广州某物业公司不服该决定，于2017年1月12日向惠州市财政局申请行政复议。2017年3月9日，惠州市财政局作出行政复议决定，维持投诉处理决定。

原告诉求及观点

广州某物业公司不服，向广东省博罗县人民法院起诉称，区财政局贸然作出废标决定，证据不足，没有事实及法律依据。具体理由如下：(1)本次招投标程序、过程合法，评委会评审标准合理。首先，该项目招标程序、申请人的投标行为、评委会的评审标准、评审结果均系严格按照相关法律、法规。该项目所有投标人均符合招标文件规定的投标人资格要求，投标过程不存在违法违规操作，也不存在侵害其他投标人利益的情形，更加不存在违反区财政局所列《政府采购法》第三十六条第二款的情形。其次，招标文件是评委会评标的标准，评委会并没有进行任何形式的变通或扭曲解释，其作出的评审结果均系依照招标文件规定的评分标准及评分范围，而在该标准及范围内评委会有权按照招标文件的精神，按照最优的原则自由裁量评分并不违反相关招标文件及相关法律法规。(2)区财政局主观认定招投标存在违法、违规行为没有事实及法律依据，应予撤销。关于“守合同重信用情况”的评分项，该项是根据投标人是否获得行政管理部门颁发的“守合同重信用”的等级情况进行比较和评价，优：5分，良：3分，一般：1分，无提供不得分。也就是说，该项评分项对投标人设置了分数等级评分标准，评分的标准从投标人获得行政管理部门颁发的证书进行比较和评价。按照大部分评委的评审标准，若投标人获得证书来源部门一致的情况下，会结合该证书连续获得“守合同重信用”的年限进行比较和评价，若连续获得上述“守合同重信用”的证书年限越多，分数越高，而并非区财政局所认为的只要提供了证书均可评优得5分，否则该评分项中无须设置等级分数5分、3分、1分及0分四个等级。若按照区财政局的逻辑，那么该招标文件只需要设置两个分数等级足矣，即提供证书的得5分，不提供证书得0分，显然招标文件设置了4个分数等级，因此评委在这4个分数等级范围内进行评分并无不当。综上，区财政局无权对“守合同重信用”的评分作出自己的解释和判断，评委对该项评分以证书结合年限进行比较和评价恰恰体现了其专业评分水平，也属于其有权解释范围，且该解释不违反采购目的，也不损害所有投标人利益。据此，广州某物业公司提供了连续年限二十一年广州市工商行政管理局的“广东守合同重信用企业”的证书，而广东某后勤集团提供了连续年限仅为六年的证书，评委根据投标文件的评分标准评审广州某物业公司得5分，广东某后勤集团得1分系属合理合法，并没违背原则。(3)退一万步说，即使存在有争议的评审因素，评委作出的评分结果也仅仅系评审过程的瑕疵问题，但该部分瑕疵并不影响评审的最终结果，更加不足以导致整个投标项目需被废除。况且即使广州某物业公司在“守合同重信用”不得分的情况下，广州某物业公司也仍可以大比分获得第一名，其依然为中标方。综上所述，请求判令撤销投诉处理决定和行政复议决定。

被告答辩及观点

区财政局辩称，(1)区财政局作出的投诉处理决定事实清楚、证据充分。关于“守合同重信用”评分项的问题经调查，该项目招标文件40.5.2评分标准的第2.1.3条规定：守合同重信用情况（5分）根据投标人是否获得行政管理部门颁发的“守合同重信用”的等级情况进行比较和评价。(投标文件无提供证书不得分)，优：5分；良：3分；一般：1分；无提供不得分。广州某物业公司提供了广州工商行政管理局颁发的“广东省守合同重信用企业”，连续取得年限为20年，经评标委会评审，其得分为5分；广东某后勤集团提供了深圳市市场监督管理局颁发的“广东省守合同重信用企业”，连续取得年限为六年，经评标委会评审，其得分为1分。从广州某物业公司与广东某后勤集团提供的证书来看，行政管理部门颁发的“守合同重信用”证书的等级情况相同，那么根据招标文件设定的评分标准应得相同分数，但评审委员会却未按照招标文件确定的评审标准，而是在“等级情况”的标准之上又增加了“连续年限”为评分标准，进而导致原本按照招标文件应得相同分数的投标人在此项目上出现了较大的分数差异。(2)区财政局作出的投诉处理决定适用法律正确、程序合法且正当。如上所述，区财政局经充分调查发现该案评标过程中出现未按采购招标文件标准进行评分的情况，违反了《政府采购法实施条例》第四十一条、《招投标法实施条例》第四十九条及《财政部关于进一步规范政府采购评审工作有关问题的通知》之规定。该案中，评标委员会未按照采购招标文件规定的标准进行评标，导致评标结果失去了客观性和公正性，同时也是与相关法律规定相违背的，其行为进一步影响了整体采购结果的公正性及合法性。因此，根据《政府采购法》第三十六条之规定，区财政局作出对该采购项目予以废标的处理决定。区财政局在查明事实的基础上作出的处理决定法律依据充分，程序合法且正当。恳请贵院驳回广州某物业公司的全部诉讼请求，维护区财政局的合法权利。

惠州市财政局辩称，行政复议决定证据确凿，适用法律、法规正确，符合法定程序，人民法院依法应驳回广州某物业公司的诉讼请求。

法院裁判及观点

该项目的评标委员会应严格按《公开招标文件》规定的评标标准和方法对投标单位进行评审。在上述招标文件中关于守合同重信用情况评分标准是根据投标人是否获得行政管理部门颁发的“守合同重信用”的等级情况进行比较和评价，并未将连续获得该项荣誉的年限纳入评审内容。而该案区财政局和惠州市财政局经调查，评审委员会确实存在将连续获得该项荣誉的年限纳入评审标准的情况，广州某物业公司在起诉状及庭审中对此亦予以确认。评审委员会在广州某物业公司和广东某后勤集团获得同等级行政管理部门颁发的“广东省守合同重信用企业”证书的情况下，以获得年限评广州某物业公司 5 分，评广东某后勤集团 1 分，确实超出的项目招标文件规定的标准，也违反了《政府采购法实施条例》第四十一条第一款和《招标投标法实施条例》第四十九条第一款的规定，影响了采购活动的公正性。《政府采购法》和《招标投标法》的立法目的在于保障政府采购和招标投标活动公平、公正及公开的进行，而该案的政府采购项目在评分过程确实存在违反招投标文件规定标准的情况，从而影响了整个采购活动的公正性，依法应予以废标。广州某物业公司主张即使上述评审项不得分，其综合实力仍排名第一，区财政局无权作出废除整个招投标结果的决定，没有法律依据，法院不予采信，判决驳回广州某物业公司的全部诉讼请求。

案例评析

CASE ANALYSIS

1. 招标文件规定的评审因素没有细化与量化，违反规定

投标文件对获得行政管理部门颁发的“守合同重信用”证书规定了对优、良、一般与无的评分标准，但没有细化与量化，这是不符合规定的。

2. 评标违反招标文件规定的标准，属于影响公正性的违规行为

评标时，对颁发的“守合同重信用”证书，增加了“连续年限”为评分标准；对投标人项目负责人的打分方面，将不符合招标文件要求的评为满分。这些不仅违反了招标文件规定的标准，影响了采购活动的公正性。由于评标时出现影响采购公正性的违规行为，根据《政府采购法》第三十六条第（二）项应当予以废标。

3. 认为不影响中标结果没有根据，由财政部门直接决定废标不合法

原中标人以即使两个评审项都不得分，其综合实力仍排名第一，主张仍然由其中标，是没有依据的。由于评标出现了影响公正的违规行为，影响整个评标过程，原中标结果应当认定无效。本案中，财政部门直接决定废标的做法值得商榷，应以财政部门责令采购人或者采购代理机构废标的形式更好。

三、对部分评审因素中得分的争议

有的供应商投标后未中标，就会对各个评审因素进行分析，估算自己与其他投标人的得分，往往得出自己应当中标的结论。他们就会对部分评审因素得分提出异议，认为自己某一个评审因素应当多得分，其他某一投标人应当扣分或者少得分。

【案例94[1]】对评审因素中因职称证书认定而产生争议，应如何处理

关 键 词：评审因素/技术或者服务水平/倾向性

案例要点：招标文件将提供某一专业的职称证书作为评审因素，投标人提供其他不同的职称证书再加与职称证书同一专业的毕业证书，也不能得分。报价只是评审因素之一，报价低则价格分部分得分高，但不一定能中标。

招标、质疑、投诉情况

2016年7月4日，江苏博智工程咨询有限公司（以下简称"博智公司"）组织东海县粮食生产功能区划定项目公开招标、评标，南京图能地产科技有限公司（以下简称"图能公司"）为第一名中标候选人。

2018年7月5日，南京某公司向东海县农委、博智公司提出质疑：评委故意不认可其公司项目组张某的土地专业中级职称，对其评分造成影响。2018年7月9日，东海县农委对质疑作出答复，评标结果并未出现"财政部令第87号"第六十四条出现的情形，评标委员会依据招标文件的评分标准进行评标，评标结果由评标委员会确定。

南京某公司对答复不满意，于2018年7月17日投诉至东海县财政局。投诉事项为：评委会不认定张某具有土地资源管理专业中级职称。投诉请求：（1）公布投诉人和图能公司的总分和扣分项。（2）认定中标结果无效，纠正错误的评标结果，从合格的中标人中重新选择中标人。

东海县财政局经查证认为：投诉人在评标现场只提供该公司张某工程师职称资料，未按招标文件要求现场提供其土地资源管理中级职称证书原件。投诉人主张，张某是2011年河海大学土地资源管理专业毕业的硕士研究生……因此其就是土地资源管理专业中级职称。不在此次评委会评审职责的范围，评委会专家一致未予以认可。另外，本项目为综合评分法，投标报价仅为综合评分的一部分，其是否强于图能公司，由评标委员会依据招标文件的评分标准进行评标，未发现评标委员会有不公正不公平行为。该局作出投诉处理决

1 案例来源：（2018）苏0791行初487号。

定，驳回投诉。

行政诉讼情况

南京某公司对于东海县财政局对其投诉处理决定不服，向连云港经济开发区人民法院提起行政诉讼，请求撤销投诉处理决定。

东海县财政局辩称：南京某公司的起诉，没有事实根据与法律依据。南京某公司声称的不认定张某有关职称，评标不公平、不公正的问题，完全没有任何根据。(1)南京某公司投标文件中没有提交张某土地资源管理中级职称的相应证书资料，评委只能根据投标文件来认定，而不能寻求其他外部证据，南京某公司的该主张根本不能成立。(2)招标文件第二十五条中规定，评标办法：本次评标采用综合评分法。南京某公司认为其报价低就应中标完全是错误说法，该公司报价部分得分高于图能公司 2.46 分，但其他部分得分要么与图能公司相同，要么低于图能公司，因总分低于图能公司而未能成为第一中标候选人，未发现评标过程存在不公平和不公正的情形。

南京某公司收到东海县财政局答辩材料后，在开庭前撤回诉讼，法院裁定予以准许。

案例评析 CASE ANALYSIS

南京某公司认为评标委员会不认定其员工的有关职称而不给分，实际上是自己将招标文件要求提供的土地资源管理职称证书，与自己提供的工程师职称证书和土地资源管理专业毕业证书相混淆，认为其提供的两个证书就能证明该员工具备土地资源管理的能力，应当得分。这是片面的认识，评标委员会评审只能根据投标文件来认定，而不能寻求其他外部证据，南京某公司的该主张根本不能成立。南京某公司认为其报价低就应中标，报价只是评审因素之一，其报价部分得分高于中标人，但其他部分相加低于中标人。财政部门将有关评审因素中得分情况进行分析，入情入理，不战而胜。

四、对评审专家评分是否具有特定倾向性的争议

评审专家如果具有特定的倾向性，就会主观上带着不善良的动机，故意压制某个特定供应商的得分，或者故意抬高某个特定的得分。如果评审专家具有特定的倾向性，就会影响评标委员会评审的公正性、公平性，影响中标结果。应当指出的是，绝大多数评审专家在评标时，是能够客观、公正、公平地对待每一个供应商的，不存在倾向性、歧视性的问题，但也不排除个别评审专家存在特定倾向性的情节，也不排除未中标供应商为达到重新开展采购活动的目的而乱质疑、投诉的现象。

【案例 95[1]】未中标供应商以某评委评分存在重大错误及倾向性提出质疑投诉，应如何处理

关 键 词：评标 / 对投标文件评价 / 倾向性 / 得分

案例要点：评审专家的评分行为尽管存在瑕疵，如不存在故意压低某个投标人的得分，故意抬高某个投标人的得分，就不能认定其具有的特定倾向性。

招标、质疑、投诉情况

房县文化体育局“中央空调设备安装政府采购项目”公开招标组织采购，十堰某公司在内的共 11 家供应商参与了此次招投标活动。此次采购空调设备《评分标准》采用百分制，分三大部分：价格部分 50 分、商务部分 15 分、技术部分 30 分。其中，技术部分的二级指标“技术要求及参数”部分 30 分。在职能部门的监管下，随机抽取 5 名评审专家，依照评分标准和供应商提供的设备数据对参加竞标的十一家供应商进行了独立评分，合计总得分，取平均分排名。

2016 年 11 月 23 日发布中标结果，东风设计研究院有限公司被确认为中标供应商。排名第三的十堰某公司以 4 号评委的评审得分存在重大错误及评审具有特定的倾向性的违法行为等为由，提出质疑。采购人答复：招标程序合法；评分细则合法；评审专家产生程序合法；评审专家作为评委独立评分，评分过程合法。采购代理机构作出与采购人基本一致的答复。十堰某公司于 2016 年 12 月 7 日提出投诉，12 月 14 日房县政府采购管理办公室作出的答复意见与采购人、采购代理机构意见仍然相同。十堰某公司对该答复意见不服，认为应当作出决定而非答复，提起行政诉讼。法院经审理，判决撤销上述行政答复，房县财政局于 2017 年 2 月 8 日作出投诉处理决定。

行政诉讼一审情况

十堰某公司对投诉处理决定不服，向湖北省房县人民法院提起行政诉讼。房县法院认为本案争议的焦点：一是 4 号评审专家评分是否存在特定的倾向性并且违法；二是房县财政局作出的处理决定程序是否合法、适用法律法规是否正确、证据是否确凿。首先，采用分别评分，取平均数来刻画供应商提供商品的优劣，是统计学的一种方法。这种方法整体趋势相对公平，但存在一个缺陷，即平均数容易受到极端数据的影响。这种影响的概率对参与竞标的供应商是平等的，是法律允许采用的竞标统计、评判方法。其次，评审专家的评分行为法律赋予其“依据标准，独立判断”。因为评审专家各自的专业水平、判断能力不同；

1 案例来源：（2018）鄂 03 行终 58 号。

对商品的口碑、服务质量认同程度不同，评审的结果并不相同，这也正是采用这种统计方法刻画供应商提供的商品优劣的意义所在，如果不能容忍各评委之间、评分标准与评委的主观认知之间存在合理的差异，这种统计方法将毫无现实意义。再次，4号评审专家的评分行为是否带有特定的倾向性并且违法。所谓特定的倾向性，是指评审专家主观上带着不善良动机，故意压制某个特定的数据或抬高某个特定的数据的行为。从十堰某公司提供的《评分汇总排序表》中清晰的看到：4号评审专家对十一个供应商都给出了较高分值，就连不能提供投标设备产品正式样本的某供应商也给出了92.47分。一审法院已注意到4号评审专家评分有一定的瑕疵，但不能仅仅据此认定其评分行为存在故意压低十堰某公司的分数，故意抬高其他供应商分数的特定倾向性并且违法，其“高分”概率是相对平等的。最后，房县财政局作出的投诉处理决定，十堰某公司主要是对4号评审专家的评分行为和结果有异议。通过上述分析，十堰某公司的异议不成立。故房县财政局作出的该处理决定的行政行为，应当予以维持。依据《行政诉讼法》第六十九条之规定，判决驳回十堰某公司的诉讼请求。

上诉人诉求及观点

十堰某公司不服，向湖北省十堰市中级人民法院（以下简称“十堰中院”）提起上诉称，（1）4号评委的评审打分未按照评分标准和评分细则评分，存在严重评分错误，具有特定的倾向性的违法等行为。房县财政局却以评审专家行使独立评审权，不存在评审专家存在特定的倾向行为的认定，缺乏事实和法律依据。（2）一审判决维持处理决定缺乏事实和法律依据。投诉处理决定在文书形式上不符合法律、行政法规及规章的规定，应当予以撤销，其作出处理投诉处理意见前没有对十堰某公司的投诉事项进行认真审查以及调查取证，没有证据证明4号评审专家是按照评分标准和评分细则打分，相反十堰某公司有充分的证据证明4号评审专家的评审打分存在严重评分错误。综上所述，一审判决未对投诉处理决定进行合法性审查，认定事实不清，请求二审法院撤销一审判决，依法支持十堰某公司的诉讼请求。

被上诉人答辩及观点

房县财政局辩称，（1）不存在十堰某公司公司所说的评审专家存在特定的倾向性质。（2）评审专家具有独立的评审权，他人无权干涉。（3）中标人已按照相关程序，由采购方和中标方签订合同并已实际履行完毕，不可能再撤销双方签订的合同。综上所述，请求二审法院驳回上诉，维持原判。

法院裁判及观点

根据《政府采购法实施条例》第四十一条之规定，评标委员会成员应当在评审报告上签字，对自己的评审意见承担法律责任。根据该条例第四十三条之规定，评审报告确定东风设计研究院有限公司最终评分汇总中平均得分排第一，建议采购人将其确定为中标人的评审意见。采购人最终按照评审报告上的意见确定该公司作为中标人符合法律规定。

十堰某公司向房县财政局投诉的主要事项是对4号评审专家的评分行为和结果有异议，认为其评分未按照评分标准予以打分，导致评分错误。房县财政局受理投诉后，通过审查招投标文件和评标资料，认为4号评审专家依照《政府采购法实施条例》第四十一条行使独立评审权，采购人依照评标委员会作出的评估报告上的意见作为确定中标人，采购程序合法有效的处理决定符合《政府采购法实施条例》第四十三条的规定。评审委员会对11个供应商分别打分后，评审委员会依照“财政部令第18号”第五十二条的规定采用综合评分法的，按评审后得分由高到低顺序排列，按得分最高值作为中标人，符合法律法规的规定。房县财政局作出中标人有效的认定并无不当。现有证据无法证明4号评审专家的评分对11家供应商的评分存在畸高畸低的明显不合理的情形，十堰某公司要求撤销该投诉处理决定的理由不能成立。综上所述，一审判决认定事实清楚，适用法律正确，程序合法，依法应予维持。依照《行政诉讼法》第八十九条第一款第（一）项之规定，判决驳回上诉，维持原判。

案例评析 CASE ANALYSIS

投诉人主要对4号评审专家的评分行为提出异议，经审查发现该专家对十一个供应商都给出了较高分值，就连不能提供投标设备产品正式样本的供应商也给出了高分，其评分有一定的瑕疵，但不能仅仅据此认定其评分行为存在故意压低投诉人的分数，故意抬高其他供应商分数的特定倾向性，该投诉事项不能成立。

第七节 有关报价及价格分的争议

“财政部令第87号”第五十五条第六款、第七款、第十一款、第十二款对评标基准价、投标报价得分等作出规定，即“价格分应当采用低价优先法计算，即满足招标文件要求且投标价格最低的投标报价为评标基准价，其价格分为满分。其他投标人的价格分统一按照下列公式计算：投标报价得分 =（评标基准价 / 投标报价）×100”“评标过程中，不得去掉报价中的最高报价和最低报价。”在采用综合评分法评标时，对价格分是按照上述规定计算的。但是，在政府采购实践中，不少采购人、采购代理机构还是经常犯这样或者那样的错误，引起争议。财政部“指导性案例 22 号：C 大学游泳馆泳池设备采购项目投诉案”[1]中，该项目招标文件“第二章招标书”中“三、评标办法”显示，“（一）本项目按照综合评分法评标”，评审项目“投标报价”的评审细则为“价格分采用合理低价法，以有效投标文件的评标价算术平均值为 A（当有效投标文件≥ 7 家时，去掉最高和最低后进行平均）；招标控制价为 B，则：评标基准价＝ A×K1×Q1 ＋ B×K2×Q2”“Q2 ＝ 1-Q1，Q1 取值范围为 65% ~85%；K1 的取值范围为 95% ~98%；Q1、K1 值在开标时由招标人随机抽取确定。K2 的取值范围为：95%”“投标价等于评标基准价的得满分，每高于基准价 1% 扣 0.9 分，每低于基准价 1% 扣 0.6 分。偏离不足 1% 的，按照插入法计算得分”。财政部认为，该项目采购游泳馆泳池设备及相关服务，应按照《政府采购法》及《政府采购货物和服务招标投标管理办法》（财政部令第 87 号）等相关规定执行。招标文件评审细则中价格分未采用低价优先法计算，违反了《政府采购货物和服务招标投标管理办法》（财政部令第 87 号）第五十五条第六款的规定。处理结果为，根据《政府采购质疑和投诉办法》（财政部令第 94 号）第三十一条第（一）项的规定，投诉事项成立，责令重新开展采购活动。

一、对落实政府采购政策进行价格调整的争议

“财政部令第 87 号”第五十五条第十二款规定“因落实政府采购政策进行价格调整的，以调整后的价格计算评标基准价和投标报价。”财政部、工业和信息化部《政府采购促进中小企业发展暂行办法》（财库〔2011〕181 号）第五条、第六条规定，对于非专门面向中小企业的项目，采购人或者采购代理机构应当在招标文件或者谈判文件、询价文件中作出规定，对小型和微型企业产品的价格给予 6%~10% 的扣除，用扣除后的价格参与评审，具体扣除比例由采购人或者采购代理机构确定。参加政府采购活动的中小企业应当提供本办法规定的《中小企业声明函》（见附件）。鼓励大中型企业和其他自然人、法人或者其他组织与小型、微型企业组成联合体共同参加非专门面向中小企业的政府采购活动。联合协议中约定，小型、微型企业的协议合同金额占到联合体协议合同总金额 30% 以上的，可给予联合体 2%~3% 的价格扣除。联合体各方均为小型、微型企业的，联合体视同为小型、微型企业享受本办法第四条、第五条规定的扶持政策。组成联合体的大中型企业和其他自然人、法人或者其他组织，与小型、微型企业之间不得存在投资关系。以下为上述文件的附

1 《指导性案例 22 号——C 大学游泳馆泳池设备采购项目投诉案》，载 http：//www.cgpnews.cn/articles/50928，最后访问日期：2020 年 6 月 20 日。

件《中小企业声明函》：

中小企业声明函

本公司郑重声明，根据《政府采购促进中小企业发展暂行办法》（财库〔2011〕181号）的规定，本公司为______（请填写：中型、小型、微型）企业。即本公司同时满足以下条件：

1. 根据《工业和信息化部、国家统计局、国家发展和改革委员会、财政部关于印发中小企业划型标准规定的通知》（工信部联企业〔2011〕300号）规定的划分标准，本公司为______（请填写：中型、小型、微型）企业。

2. 本公司参加______单位的______项目采购活动提供本企业制造的货物，由本企业承担工程、提供服务，或者提供其他______（请填写：中型、小型、微型）企业制造的货物。本条所称货物不包括使用大型企业注册商标的货物。

本公司对上述声明的真实性负责。如有虚假，将依法承担相应责任。

企业名称（盖章）：

日期：

未中标的供应商经常对评标委员会应否根据上述规定而调整评标基准价和投标报价发生争议。

【案例96[1]】投标人自认为是小微企业但未提供《中小企业声明函》，对未进行价格调整提出异议能否成立

关 键 词：政府采购政策/价格调整/投标报价

案例要点：中小微企业尽管填写了自己企业类型分别属于中小微企业，但在投标文件中未提供《中小企业声明函》，其不可能享受中小微企业产品的价格扣除。

案情简介

2015年12月25日，江苏省省级行政机关政府采购中心（以下简称“采购中心”）组织了江苏体彩媒体广告发布服务项目的公开招标。2015年12月30日，投诉人南京某公司对招标结果提出质疑，质疑的事项为：（1）该采购文件（第一分册）第一章第一大项总则的1.3政策功能及供应商诚信状况中有关小微企业的产品优惠价格的描述不合理；（2）文化公司为江苏广播广告中心五年来，江苏省体育彩票类别品牌广告签约代理公司，且为江苏广播广告中心2016年度江苏交通广播网FM101.1江苏省体育彩票类别品牌广告

1 案例来源：苏财购〔2016〕14号。

独家签约代理公司，享有最低折扣。而本次中标单位不具有相关代理资格，其投标平均折扣率明显低于其自身合理成本，无法以该中标折扣率下单。

2016年1月11日，采购中心对质疑作出答复如下：关于南京某公司对招标文件的质疑。根据《政府采购法》第五十二条、第五十四条的规定和《政府采购法实施条例》第五十三条第（一）项的规定，南京某公司质疑招标文件的内容已过质疑期；依据《政府采购促进中小企业发展暂行办法》第五条的规定“参加政府采购活动的中小企业应当提供本办法规定的《中小企业声明函》”，经核实，南京某公司在投标文件中未提供《中小企业声明函》，评委会在评审时无法认定南京某公司的企业类型（中、小、微型），因此，评委会未考虑小微企业产品的价格折扣，并未违反《政府采购法》相关法律法规以及采购文件的规定。

南京某公司收到质疑答复函后不服，于2016年1月19日投诉至江苏省财政厅（以下简称“省财政厅”）称：（1）投诉人在采购文件中未找到《中小企业声明函》的格式和填写要求。采购文件第一分册1.3.3载明“对于非专门面向中小企业的采购项目，将对小型和微型企业产品的价格给予6%的扣除”，1.3.5载明“参加本项目采购活动的投标（响应）供应商属于中、小、微型企业的，应当提供《中小企业声明函》”，而投诉人未在相应的采购文件中找到相关格式和填写要求。（2）按照相关规定和采购文件相关描述来计算，投诉人应当中标。投诉人在“江苏省省级行政机关政府采购中心供应商信息服务平台”进行供应商报名过程中，填写了本公司企业类型属于小型企业。投诉人对采购中心质疑回复“在投标文件中未提供《中小企业声明函》，评委会无法认定投诉人的企业类型，未考虑小微企业产品的价格折扣，并未违反政府采购相关法律法规以及采购文件的规定”这一说法，表示不能接受。如按照相关规定和采购文件（第一分册）中相关描述来计算，中标单位应为投诉人。

省财政厅经审查，做出如下认定：（1）关于对采购文件的投诉。根据《政府采购法实施条例》第五十三条第（一）项、第五十五条规定和采购文件第一分册6.2.1第一项规定，供应商如果对采购文件有质疑应当在2015年12月22日之前提出，采购中心收到南京某公司的质疑时间为2015年12月30日。投诉人未在法定期限内对采购文件提出质疑，因此，该项投诉事项超出已质疑事项的范围，不符合提起投诉的条件。（2）关于投诉人应否中标的投诉。根据《政府采购法实施条例》第四十一条规定，评标委员会根据采购文件规定的评审程序、评审方法和评审标准进行独立评审。经查，评标委员会根据采购文件的规定对投标供应商投标文件进行了评审，并依法推荐候选中标供应商。投诉人投标文件中未提供《中小企业声明函》，不符合《政府采购促进中小企业发展暂行办法》（财库〔2011〕181号）第五条第二款规定，评标委员会未考虑其小微企业产品的价格扣除，并未违反政府采购相关法律法规以及采购文件的规定。综上，根据《政府采购供应商投诉处理办法》第十七条之规定，省财政厅作出如下决定：驳回南京某公司的投诉。

案例评析 CASE ANALYSIS

南京某公司尽管填写了自己企业类型属于小型企业，但在投标文件中未提供《中小企业声明函》，不符合《政府采购促进中小企业发展暂行办法》（财库〔2011〕181 号）第五条第二款规定，评标委员会未考虑其小微企业产品的价格扣除，不违反法律法规以及采购文件的规定。

二、对有关明显低价投标评审的争议

政府采购招标投标活动中，有的投标人为了能够中标，报价明显过低，这是违反公平竞争原则，妨碍其他投标人的竞争行为，也损害采购人或者其他投标人的合法权益。为了防范这种违法行为，"财政部令第 87 号"第六十条规定，评标委员会认为投标人的报价明显低于其他通过符合性审查投标人的报价，有可能影响产品质量或者不能诚信履约的，应当要求其在评标现场合理的时间内提供书面说明，必要时提交相关证明材料；投标人不能证明其报价合理性的，评标委员会应当将其作为无效投标处理。综合评分法的评分因素包括价格、商务、技术等多项内容，中标供应商能够中标是因为其投标文件最大限度地满足招标文件实质性要求，且对各项评审因素进行评审后总得分最高。如果有供应商以不合理的价格进行报价且其报价最低，按照综合评分法评分其价格分不仅是满分，且因其他未报低价供应商价格分均值远低于该报低价供应商的价格分，对于所有进入打分阶段的供应商而言，该报低价供应商价格分占绝对优势，对其他供应商是不公平的。对于投标人明显低于预算金额、明显低于该货物服务市场价的报价，评标委员会要求供应商对其报价进行书面说明，提供相应的证明材料，如供应商对其报价不能给出合理解释，则可认定其投标报价不合理，属于无效投标。为了防范、解决争议，应着重掌握：

一是明显低价的认定标准，即其投标报价明显低于其他通过符合性审查投标人的报价。但在实践中经常出现的错误是仅以投标人平均报价作为判断投标报价是否明显低于合理价格的标准，这样既缺乏法律依据，因为政府采购是在有限范围的投标供应商之间，基于特定政府采购项目所产生的竞争，并非一种完全的市场竞争，因此政府采购活动中的报价与一般市场价格的形成机制存在较大差别。财政部"指导性案例 19 号：A 单位 2017 年度 8.28 万人份 HLA 分型检测服务采购项目投诉案"[1] 中认为，采用综合评分法时，不得采用以平均报价为基础的方式，计算价格分或启动"低价澄清"程序。该项目招标文件将"明显低于"规定为"低于其他通过符合性审查投标人平均报价的 20%"，未限制投标人的投标权与中

---

1 《A 单位 2017 年度 8.28 万人份 HLA 分型检测服务采购项目投诉案》，载 http：//www.cgpnews.cn/epapers/47289？ epaper_period_id=3957，最后访问日期：2020 年 6 月 20 日。

标权，也未限制评标委员会认定投标人投标无效的权利。但是，该规定以平均报价为基础进行核算，可能导致投标人串通报价，从而规避《政府采购货物和服务招标投标管理办法》（财政部令第87号）第六十条的规定。因此，投诉事项成立。但从投标情况及评标过程看，该规定未对该项目产生实质性影响，责令采购人A单位和代理机构Z公司限期改正。

二是要求投标人说明、证明的条件，即评标委员会认为该投标人的明显低价有可能影响产品质量或者不能诚信履约。有时，明显低价也未必会影响产品质量或者不能诚信履约，如果投标人予以合理解释并提供充分证明材料，则不能认为会影响产品质量或者不能诚信履约。

三是投标人说明、证明的地点、时间、形式，即在评标现场、在合理的时间内、以书面说明和相关证明材料的形式，证明其报价合理性。

四是不能说明、证明报价合理性的后果，即评标委员会可以将投标作为无效投标处理。

（一）对投标人为抢占市场份额而低价投标的争议

投标人在法律规定的范围内，为抢占市场份额，本来无可厚非。但是，不遵循公平竞争原则，妨碍其他投标人竞争，损害采购人合法权益，采用明显低价投标，就需要评标委员会注意审查。

【案例97[1]】投标人对报价过低在评标现场说明因“须抢占市场份额，在很少盈利甚至亏损不大”而报价，应如何处理

关 键 词：报价明显过低 / 书面说明 / 抢占市场

案例要点：为抢占市场份额，高价进低价出，尽管承诺能诚信履约，但未对报价合理、报价不影响产品质量或者能诚信履约作出合理说明，应将其作为无效投标处理。

案情简介

2018年1月24日，某工程咨询公司组织苏州农业职业技术学院数据共享服务平台项目开标评标，采购文件中规定：计算出每个投标人的得分，加上价格得分即为每个投标人的综合得分，投标文件满足招标文件全部实质性要求，且按照评审因素的量化指标评审得分最高的投标人为排名第一的中标候选人，此采购项目预算金额为100万元。数家供应商按招标文件规定递交投标文件，其投标报价分别为：98万元、93.6万、85万元、52万元、30万元。2018年1月25日，某工程咨询公司发布了中标结果，中标人为报价最低的江苏

1 案例来源：苏财购〔2018〕23号。

某信息公司。

2018年2月5日，江苏某教育公司向某工程咨询公司提出质疑称，江苏某信息公司投标报价明显低于其他通过符合性审查投标人的报价，且江苏某信息公司“专用设备、工具费用”部分的报价严重低于中标公告的软件产品本身的合理市场价格，并不能提供有效证明其过低报价的合理性，极有可能严重影响本项目的建设质量，应当作无效投标处理。

某工程咨询公司于2018年2月9日做出答复，答复内容如下：(1)各单位购买产品的渠道、合作模式均不相同。江苏某教育公司质疑函中提供的报价单，不能作为直接判断江苏江苏某信息公司技术有限公司购买金蝶软件价格不合理的依据。(2)评标过程中评标委员会发现江苏某教育公司与江苏某信息公司投标报价明显低于其他通过符合性审查投标人报价，要求该两家公司在评标现场合理的时间内提供了书面说明文件；评审委员会对投标文件及书面说明文件认真研究，最终判定江苏某教育公司和江苏某信息公司的投标报价为有效报价。

江苏某教育公司于2018年3月6日投诉至江苏省财政厅（以下简称“省财政厅”）。投诉内容为：江苏某信息公司投标报价明显低于其他通过符合性审查投标人的报价，且其“专用设备、工具费用”部分的报价严重低于中标公告的软件产品本身的合理市场价格，并不能提供有效证明其过低报价的合理性，极有可能严重影响本项目的建设质量，应当作无效投标处理。同时，请求评标委员会根据相关规定重新推选中标候选人。

省财政厅经审查，招标文件的“投标报价组成明细表”中规定了1人工费用、2专用设备、工具费用、3管理费用、4保险费用、5……税金及其他等报价项目，但江苏某信息公司投标文件的“投标报价组成明细表”的内容中为：(1)人工费用（含主数据管理平台建设、校园服务总线建设、数据分析展现建设以及与第三方业务系统对接），报价金额为280000元；(2)专用设备、工具费用（含金蝶AESB企业版v9.0、金蝶AETLv5.0），报价金额为20000元；(3)合计300000元（备注：包含管理费用、保险费用、税金及其它为完成本项目内容所需要的一切费用。）人工费用，专用设备、工具费用两个项目报价说明中无“包含管理费用、保险费用、税金及其他为完成本项目内容所需要的一切费用”的内容，在合计中却有该内容。评标过程中，评标委员会发现江苏某信息公司的报价明显低于其他通过符合性审查投标人的报价，有可能影响产品质量或者不能诚信履约，要求其在评标现场合理的时间内提供书面说明。江苏某信息公司尽管在评标现场承诺能按投标文件中所描述的内容完成开发工作，但未对报价合理、报价不影响产品质量或者能诚信履约作出合理说明，却在承诺函中称：“我司根据自身的战略布局，须抢占市场份额，在很少盈利甚至亏损不大的前提下，完全能接受本次所投报价。”评标委员会在评标现场未指出江苏某信息公司的“投标报价组成明细表”报价项目填写不全且不合理的问题，同时在江苏某信息公司既不能书面说明，也没有证据证明其报价合理性时，未将其作为无效投标处理，违反了《政府采购货物和服务招标投标管理办法》（财政部令第87号）第六十条规定。

根据江苏某信息公司提供的产品报价单查明，其所投两款产品，按批量采购的价格计算给其的报价为5.5万元一套，其提供的产品批量采购报价单为5.5万元一套，而其对该部分的投标报价为2万元。因此，该报价低于江苏某信息公司的采购成本价，其行为违反了《价格法》第十四条第一款第（二）项规定。

江苏某信息公司在评标现场的承诺函中称“须抢占市场份额，在很少盈利甚至亏损不大的前提下，完全能接受本次所投报价”，在报价单的说明中称：“我方考虑到项目竞争环境的激烈且与竞争单位的技术实力较为接近，适当下调了中间件产品的报价”，证明其为谋取中标结果客观上有投标报价低于采购成本价的行为，主观上有违背公平竞争原则的故意，违反了《政府采购货物和服务招标投标管理办法》（财政部令第87号）第三十六条规定。另查明，该项目已确定中标供应商但尚未签订政府采购合同。

因此，省财政厅于2018年5月15日作出投诉处理决定，处理决定为：（1）认定投诉事项成立，中标结果无效。若合格供应商符合法定数量，可以从合格的中标或者成交候选人中另行确定中标或者成交供应商的，采购人依法另行确定中标、成交供应商；若合格供应商不符合法定数量，无法从合格的中标或者成交候选人中另行确定中标或者成交供应商的，重新开展采购活动。（2）驳回江苏某教育公司的其他投诉请求。

案例评析 CASE ANALYSIS

江苏某信息公司两款产品批量采购报价单为5.5万元一套，投标报价为2万元，江苏某信息公司尽管承诺能按要求完成开发工作，但未对报价合理、报价不影响产品质量或者能诚信履约作出合理说明，还在承诺函中称，须抢占市场份额，在很少盈利甚至亏损不大的前提下，完全能接受本次所投报价。评标委员会在在江苏某信息公司既不能书面说明，也没有证据证明其报价合理性时，未将其作为无效投标处理，违反了“财政部令第87号”第六十条、第三十六条规定。

（二）对未要求报价过低的投标人说明即认定投标无效的争议

政府采购供应商的报价行为与一般商业采购相同，属于《价格法》第二条规定的“在我国境内发生的价格行为”。因此，价格法的相关规定适用于政府采购项目。根据《反不正当竞争法》第二条的规定，不正当竞争行为，是指经营者在生产经营活动中，违反本法规定，扰乱市场竞争秩序，损害其他经营者或者消费者的合法权益的行为。对于供应商来讲，政府采购市场与一般商业市场相同，供应商的报价行为同样应适用《价格法》《反不正当竞争法》的相关规定。政府采购供应商以不合理的价格进行投标的行为会扰乱政府采购市场，损害其他投标人的合法权益，造成供应商间的恶性价格竞争，这与《政府采购法》第三条规定的公开透明原则、公平竞争原则、公正原则和诚实信用原则相违背。投标报价明显低于其他报价或者成本价的情况下，是否应当给予投标人合理说明和提供相关证明材料的权利和机会，有的地方与单位各行其是。有的直接以《招标投标法实施条例》第五十一条第（五）项规定为由，直接否决其投标；有的以《价格法》第十四条第一款第（二）项规定，认定其为了排挤竞争对手或者独占市场，以低于成本的价格倾销。这些做法都未给予投标人说明与举证的机会，尤其是在"财政部令第87号"实施之后，都是违规的。

【案例98[1]】投标报价过低评委未让投标人说明即"废标"，是否合法

关 键 词：报价明显过低/未要求投标人书面说明/无效投标

案例要点：对明显低价投标，现行行政规章给予投标人说明、举证机会，再决定是否作为无效投标处理；"无效投标"与"废标"两个专业术语的概念不能混淆。

招标、质疑、投诉、复议情况

永州市第三人民医院委托永州市冷水滩区政府采购中心（以下简称"采购中心"）于2016年5月27日公开发布永州市第三人民医院物业保洁管理采购项目（以下简称"该项目"）招标文件。招标文件发布后，在规定的期限内，共有5家物业管理有限公司参与投标报价，其中永州市某公司"）参与了投标报价，其报价的金额为人民币3,192,497元/年。2016年6月16日，经评标委员会评委组审查认为，永州市某公司的报价明显低于其他投标报价，且低于成本，予以废标。经评委组综合评分，最终永州市劲松物业管理有限公司中标。

2016年6月20日，永州市某公司向采购中心提出质疑函，认为评标委员会对永州市某公司的投标认定为废标程序违法，没有给予永州市某公司合理说明或者提供证明材料的权利和机会。2016年6月21日，采购中心及其评标委员会给永州市某公司出具了书面答复书和答复函，告知永州市某公司依据国家规定投标报价低于最高限价的85%并且低于所有投标报价算术平均值的95%的报价，评标委员会可以依据有关法律规定和招标文件规定直接认定其报价低于成本价并作废标处理。

2016年6月30日，永州市某公司不服采购中心的答复，向冷水滩区财政局（以下简称"区财政局"）投诉称，投诉采购中心在未要求永州市某公司作出书面说明和提供证明材料的

1 案例来源：（2016）湘1102行初119号。

情况下就直接将永州市某公司的投标作为废标处理，其开标、评标存在程序上的问题。

2016年7月12日，区财政局作出投诉处理决定，经审查查明：（1）该项目为公开招标采购，评标委员会根据报价明显低于其他报价的量化评审进行初步判定，再按照招标文件规定进行成本细化核算，永州市某公司对本项目的投标报价明显低于最低成本价。评标委员会根据招标文件规定，给予永州市某公司作无效投标处理。（2）采购中心在该项目中，依法组织，程序到位，评审报告合法有效。综上所述，作出投诉处理决定，驳回投诉。

永州市某公司不服投诉处理决定，于2016年7月25日向永州市财政局（以下简称“市财政局”）申请行政复议，认为区财政局驳回其投诉明显不当，请求撤销区财政局作出的投诉处理决定。

2016年9月5日，市财政局作出行政复议决定，该局经审查查明：该项目永州市某公司投标报价明显低于其他投标报价，且低于成本，根据招标书第十三条第五款之规定予以废标；永州市某公司称评标委员会对永州市某公司的投标直接作无效投标处理后，没有履行澄清程序，没有要求永州市某公司作出书面说明或提供相关材料，没有给永州市某公司解释或澄清机会的问题，审查查明，投标报价是投标文件的实际性指标，永州市某公司的投标报价明显低于其他投标报价，视为对招标文件没有作出实际性的响应，不属于永州市某公司解释或澄清的范围，根据《政府采购货物和服务招标投标管理办法》（财政部令第18号）第五十四条第（二）项的规定，评标委员会直接将永州市某公司的投标作废标处理是有理有据、合法合理的，并无不妥；评标委员会作出的废标处理，不适用国家计委颁布的《评标委员会和评标办法暂行规定》第二十一条的规定，因该规定是部门规章，财政部没有参加，对政府采购活动不适用，没有法律约束力，故永州市某公司引用该规定来证明区财政局驳回永州市某公司的投诉明显不当的理由不成立。市财政局决定依法维持投诉处理决定。

原告诉求及观点

永州市某公司于2016年9月18日向湖南省永州市零陵区人民法院提起行政诉讼称：招标文件第三章第三项13.5款明确规定：“（1）明显低于其他投标报价，投标方不能合理说明或提供相应证明材料，评标委员会认定该投标方以低于成本价投标竞争的；（2）投标方分项报价中个别或部分产品（服务）的价格明显不合理（高于或低于其市场价格）而不能作出合理说明的其投标将会被拒绝。”根据该规定，即使永州市某公司投标报价低于其他报价，采购中心也应当先要求永州市某公司作出书面说明并提供相关证明材料，在永州市某公司不能合理说明或者不能提供相关证明材料时，方可拒绝永州市某公司的投标。而在2016年6月16日的评标过程中，评标委员会在未要求永州市某公司作出书面说明和提供相关证明材料的情况下，就直接将永州市某公司的投标作为废标处理，这一行为明显违反了该招标文件第三章第三项13.5款的明确规定。复议机关维持原行政行为的决定的事实理由明显错误，严重损害永州市某公司的合法权益。请求依法撤销区财政局作出的投诉处理决定以及市财政局作出的行政复议决定，并对永州市某公司的投诉重新作出处理决定。

被告答辩及观点

区财政局辩称：(1)永州市某公司未对招标文件作出实质性响应，其投标无效；(2)招标文件对"投标报价"为实质性条款作出了明确规定(实质性指标足以实行"一票否决"不需要其他材料佐证)；(3)永州市某公司所称需要说明的事项，并不属于要说明的范围。区财政局作出的投诉处理决定证据确凿、充分，适用法律法规正确，符合法定程序，市财政局依法维持该处理决定证据确凿、充分，适用法律法规正确，同样符合法定程序。永州市某公司不服处理决定和复议决定提起诉讼没有道理，请求人民法院依法驳回永州市某公司的诉讼请求。

市财政局辩称的内容与区财政局辩称的内容一致。

法院裁判及观点

法院认为：本案双方争议的焦点是政府采购项目投标人的投标报价明显低于其他报价或者成本价的情况下，评标委员会决定其投标作为无效投标处理，是否应当给予投标人合理说明和提供相关证明材料的权利和机会。参与本次招标的共有5家单位，永州市某公司的投标报价明显低于其他4家，永州市某公司对该事实并无异议，而且经评标委员会评议后认定其报价也明显低于本次招标项目的成本价，永州市某公司因投标价格不符合招标文件的实质性规定而被拒绝继续参与竞标是符合情理的，关键问题是招标部门和评标委员会是否有必要给予投标人永州市某公司澄清的权利和机会。

财政部《政府采购货物和服务招标投标管理办法》第五十四条第（二）项澄清有关问题的规定中，明确了澄清的范围仅限于对招标文件中含义不明确、同类问题表述不一致或者有明显文字和计算错误的内容，评标委员会可以书面形式（应当由评标委员会专家签字）要求投标人作出必要的澄清、说明或者纠正，并不得超出投标文件的范围或者改变投标文件的实质性内容。本案中，永州市某公司没有提供相应的证据证明有上述规定的澄清事项需要向评标委员会澄清的事实，只是在庭审的法庭辩论阶段提出永州市中医院相同政府采购招标项目的中标价比本次招标项目的成本价还要低很多，但没有提供可比性的证据和法律依据，因永州市某公司在本次投标中不存在上述规定的澄清事项，评标委员会通过对永州市某公司投标报价的符合性检查，发现其投标报价明显低于其他投标报价和成本价的情况下直接作出无效投标的认定，拒绝永州市某公司继续参与竞标，而且没有要求永州市某公司作出澄清、说明或者纠正，并无不当。

因此，区财政局作出的驳回永州市某公司投诉的处理决定以及市财政局作出的行政复议决定，证据确凿，适用法律、法规正确，符合法定程序，法院予以支持。永州市某公司要求撤销区财政局作出的行政处理决定和市财政局作出的行政复议决定的诉讼请求缺乏事实依据和法律依据，应当依法予以驳回。

当然，在本案中值得指出的瑕疵是评标委员会在2016年6月16日出具的评标报告中混淆了符合性检查的无效投标和废标两个专业术语的概念，根据《政府采购法》第三十六条规定，废标是对本次政府采购招标项目的全部取消，针对的是参与本次招标的所有投标人，而不是针对某个投标人。又根据该法第三十七条的规定，废标后，除采购任务取消情形外，应当重新组织招标。另外，《政府采购货物和服务招标投标管理办法》第五十六条规定，永州市某公司的投标价格不符合招标文件中规定的价格方面的实质性要求，评标委员会按照无效投标处理是正确的，但不能称之为废标。因此，无效投标和废标的含义完全不同，不能混淆使用，必须加以纠正。

综上所述，法院判决驳回永州市某公司的诉讼请求。

案例评析 CASE ANALYSIS

1. 对明显低价投标，现行行政规章给予投标人说明、举证机会

本案争议焦点是投标人的投标报价明显低于其他报价或者成本价的情况下，评标委员会是否应当给予投标人合理说明和提供相关证明材料的权利和机会，再决定是否作为无效投标处理。该采购项目招标投标时，施行的是“财政部令第18号”，该行政规章当时只对最低评标价法招标时，如果投标价或者某些分项报价明显不合理或者低于成本，有可能影响商品质量和不能诚信履约的，应当要求其在规定的期限内提供书面文件予以解释说明。对于综合评分法，该行政规章没有作出类似规定。“财政部令第87号”在这方面作了较大修改，即在第六十条中规定，评标委员会认为投标人的报价明显低于其他通过符合性审查投标人的报价，有可能影响产品质量或者不能诚信履约的，应当要求其在评标现场合理的时间内提供书面说明，必要时提交相关证明材料；投标人不能证明其报价合理性的，评标委员会应当将其作为无效投标处理。这是要引起注意的，即现行规定是要给投标人说明、举证的机会，再决定是否作无效投标处理。

2.“无效投标”与“废标”不能混淆

该项目评标委员会混淆了“无效投标”与“废标”两个专业术语的概念，无效投标只针对某一个投标人，而不是参与本次招标的所有投标人；废标是对本次政府采购招标项目的全部取消，针对的是所有投标人，而不是针对某一个投标人。

（三）对分项报价为 0 或者报价过低的争议

《招标投标法》第三十三条规定，投标人不得以低于成本的报价竞标，而“财政部令第 87 号”没有将投标报价低于成本价作为明显低价认定的标准，也未明文禁止低于成本的投标报价。由于这一冲突造成了政府采购招标报价能否接受低于成本价的投标的两种意见。第一种意见认为，低于成本价是造成将来政府采购货物、服务的隐患，亏损怎能保证质量，怎能保障诚信履约，让供应商饿着肚子为你干活也不公平，低于成本报价违反《招标投标法》明文规定；第二种意见认为，根据当事人意思自治原则，低于成本投标是市场经济允许的现象，投标人有权选择，有些投标人为进入新市场，取得新经验，积累新业绩，以其他项目的利润来补贴投标项目，并不违反政府采购方面的法律规定，除了工程采用招标投标方式的其他政府采购项目都可以低于成本报价投标。

“财政部令第 87 号”的上述规定，在实践中更具有可行性，因为是否低于成本，评标委员会在评标现场凭投标文件或者投标人说明，是很难判断。再说，《反不正当竞争法》第十一条第一款所禁止的“以低于成本的价格销售商品”的内容已经在法律修改时被删除。应当指出的是，如果招标文件明文禁止低于成本价投标，应当理解为采购人的特殊要求，应以招标文件相应内容为准。

在实践中，投标人总报价是否低于成本价，一般是很难认定的，但对于某几项单项报价，有认定的标准，如当地政府有关部门的最低工资及其社保缴费标准、投标人的采购进价，等等。有的投标人还将某几项单项报价设定为零，更能证明该单项报价低于成本价。这样报价经常引起争议。

【案例 99[1]】在投标报价中将几项分项报价为 0，是否低于成本价，是否属于无效投标

关 键 词：投标报价 / 分项报价为 0/ 是否属于赠与 / 无效投标

案例要点：招标文件规定不低于成本价的，几项单价报价为 0 元，认定投标报价低于成本价，属于无效的投标，未违反评审标准；投标人将报价为 0 解释为赠送，违反法律规定。

招标、质疑、投诉、复议情况

采购项目名称为“车辆号牌制作供应采购项目”，采购人为贵州省公安厅交通管理局（以下简称“贵州省交管局”），采购代理机构为贵州德建招投标代理有限公司（以下简称“德建代理公司”）。《招标文件》第三章第一节“评标办法”规定，本项目采用综合评分法进行评审。第二节“评分标准”“二、评分标准”部分“3. 价格分的计算”规定，投标报价：

1 案例来源：（2018）京行终 524 号。

为所有号牌类别单价的总和。第四节“无效标条款”规定：“出现下列情形之一的，供应商递交的投标文件作无效标处理，该供应商的投标文件不参与评审，且不计算入投标供应商家数：……5.投标报价被评审委员会认定低于成本价的；……7.投标文件对采购文件的实质性要求和条件未作出响应的”。

某交通设施公司和某反光标牌公司均是该项目的投标人。某交通设施公司在投标文件中的报价为：大型汽车号牌每副35元、小型汽车号牌每副35元、挂车号牌每副0元、教练车号牌每副0元、摩托车号牌每副17元、低速车号牌每副0元，单副号牌合计87元。在表中的“投标申明”部分载明:“经我公司多年的生产数据分析，挂车号牌、教练车号牌、低速车号牌（市场分析）约占号牌总量的1.27%，为感谢采购人多年的支持和关心，我公司将此三项不计价赠送，其成本已计入其他号牌中。”

2017年1月13日，该项目开标、评标。某交通设施公司未通过初步审查。评标委员会判定不通过的理由为:某交通设施公司不满足《招标文件》要求,出现无效标情形。同日，德建代理公司发布中标公告，中标的供应商为某反光标牌公司。

某交通设施公司于2017年1月19日向德建代理公司提出质疑，于同年2月16日向贵州省财政厅提出投诉。2017年3月28日，贵州省财政厅作出投诉处理决定（以下简称“8号投诉处理决定”)，认为：(1）某交通设施公司未通过符合性审查，其投标文件未进入评审，因此某交通设施公司对自身报价低而未中标及应得报价分的推测没有事实依据。(2）对《招标文件》的投诉，未在知道或者应当知道权益受到损害之日起7个工作日提出质疑，不符合投诉条件。(3）某交通设施公司对于“不计价赠送的三项号牌零元报价并未违法违规”和“已提供环保局开据的环保测评合格的证明，为何作为废标处理”的投诉，提起投诉前没有依法进行质疑，不符合投诉条件。综上，贵州省财政厅以某交通设施公司的投诉缺乏事实依据为由，驳回了其投诉。

贵州省财政厅在处理上述投诉中，根据某交通设施公司反映的情况启动了对该项目的监督检查程序，并于2017年3月29日作出4号处理决定。该决定认为：(1)《招标文件》规定的是“投标人须达到国家环保部门环保测评标准，提供国家相关部门评测结果的证明材料”，某交通设施公司投标文件中提供的贵阳白云区环保局的《证明》符合《招标文件》的要求，评标委员会对某交通设施公司不满足《招标文件》第二章第二节“商务及其他要求”“九、其他要求”★10的认定并无法律依据和事实依据。(2）该项目是以单副号牌合计价作为投标报价进行评分，某交通设施公司单副号牌合计投标报价为87元，并未超过单副号牌合计预算控制价。该项目《招标文件》并未设定“成本价”的标准，评标委员会简单地将各项号牌分开对待，并认定某交通设施公司的投标报价低于成本价的判定与客观事实不符。因此，评标委员会对某交通设施公司投标报价“低于成本”和“对采购文件的实质性要求和条件未作出响应的”认定并无法律依据和事实依据。综上，该项目评标委员会未按照《招标文件》规定的评标方法和标准进行评标，影响了中标结果，根据《政府采购货物和服务招标投标管理办法》第七十七条第二款和《财政部关于加强政府采购货物和服务项目价格评审管理的通知》（财库〔2007〕2号）之规定，决定该项目中标结果无效，责令重新开展采购活动。

某反光标牌公司不服4号处理决定，向财政部提出行政复议申请称：4号处理决定依据错误，无法律效力。（1）《招标文件》评分办法中已明确采用"综合评分法"，"定标原则"第6款"不保证最低投标报价者中标"，某反光标牌公司以145元的价格中标，未超过本项目预算，中标结果由评标委员会综合评审得出。（2）根据政府采购法第二条的规定，政府采购行为是一种有偿、需要采购人付费的活动。（3）根据《政府采购货物和服务招标投标管理办法》第五十四条和《招标文件》第四节第5点有关"投标报价被评审委员会认定低于成本价，作无效处理"的规定，某交通设施公司对挂车号牌、教练车号牌、低速车号牌的报价为零，明显已低于成本。（4）根据《政府采购法实施条例》第十一条的规定，本项目共采购6种类别的号牌，若采购人在评审过程中接受了赠送的赠品，将损害其他投标供应商的合法权益，对其他投标供应商造成不公平、不公正的差别待遇。某交通设施公司赠送目的是感谢采购人多年的支持和关心，赠送行为已违反了前述法律规定。（5）根据《反不正当竞争法》第十一条的规定，某交通设施公司对挂车号牌、教练车号牌、低速车号牌的报价为零，明显低于成本。（6）某交通设施公司有关"不计价赠送的三项号牌零元报价并未违法违规，为何被废标处理"的请求在质疑函中没有提出，而在投诉函中提出，违反政府采购法实施条例第五十五条的规定。经审理，财政部于2017年6月6日作出行政复议决定，撤销4号处理决定。

行政诉讼一审情况

某交通设施公司不服财政部行政复议决定，向一审法院提起本案诉讼。一审法院认为，财政部关于某交通设施公司提交的贵阳白云区环保局出具的《证明》符合《招标文件》要求的认定意见，某交通设施公司、某反光标牌公司、贵州省交管局均表示不持异议。经审查，财政部的上述认定结论正确，一审法院予以确认。

当时施行的《反不正当竞争法》第十一条第一款规定，经营者不得以排挤竞争对手为目的，以低于成本的价格销售商品。价格竞争是市场竞争的一种方式。面对同质条件下的不同价格的商品和服务，消费者肯定会选择价格低廉的商品或服务。在政府采购领域亦是如此。在经济生活中，生产经营者提供货物或服务均会产生相应的成本。多数情况下，生产经营者提供货物或服务都是以营利为目的，因此，正常的交易价格是不应低于成本价格。低于成本价格销售商品或提供服务，要么带来垄断，要么导致商品或服务的质量下降，不利于社会经济秩序的正常运行，亦会扰乱市场正常的竞争秩序。因此，当时施行的《反不正当竞争法》第十一条第一款将以排斥竞争对手为目的的低于成本价销售商品的行为作为不正当竞争行为予以禁止。

本案中，《招标文件》规定的投标报价方式是以所有号牌类别单价的总和来报价。而某交通设施公司将三类号牌单价报为0元，该价格明显低于其成本价格。虽然《招标文件》未规定单副号牌单价为0元属于低于成本价的无效标情形，但某交通设施公司这种报价方式无形中降低了六类号牌单价的总和，使其在价格分上与其他供应商拉开了差距，进而谋取中标，排挤其他竞争对手。某交通设施公司的行为属于不正当竞争行为，损害了其他参与投标供应商的合法权益。

实际上，供应商每生产和提供一类号牌，就会产生相应的制作和运营等成本，某交通设施公司将三类号牌单价报价为0元，有违诚实信用原则。且正常情况下，供应商亦应当在每类号牌成本的基础上确定其单价，进而合计得出六类号牌的最终报价。某交通设施公司的报价方式与正常情况下其他供应商的报价方式不同，并且通过这种方式，降低六类号牌单价的总和。在六类号牌使用数量尚不确定的情况下，采购人最终为某交通设施公司提供的商品支付的费用可能并非最低。

某交通设施公司的行为不符合《政府采购法》规定的公平竞争原则的要求。《招标文件》规定，投标报价经评标委员会认定低于成本价的，供应商递交的投标文件作无效标处理。涉案政府采购项目的评标委员会是依据相关法律规定，并按照《招标文件》规定的评标办法和标准进行的评标，所作结论并无不当。财政部据此认定4号处理决定就某交通设施公司报价是否低于成本价的相关处理意见，属于认定事实不清，亦无不当之处。

某交通设施公司就该问题提出的相关诉讼意见，缺乏事实和法律依据，一审法院不予采纳。虽然4号处理决定认定某交通设施公司提交环保部门出具的《证明》符合《招标文件》要求正确，但该决定关于某交通设施公司报价不属于低于成本价的认定有误。而该认定对4号处理决定的结论有直接影响。财政部据此撤销该决定正确。某交通设施公司关于财政部在支持4号处理决定部分认定理由的情况下，却对该决定予以撤销，属自相矛盾等诉讼意见，缺乏事实和法律依据，一审法院亦不予采纳。

综上所述，某交通设施公司的诉讼理由均不能成立，判决驳回某交通设施公司的全部诉讼请求。

上诉请求及观点

某交通设施公司不服一审判决，向北京市高级人民法院提起上诉称：一审判决认定的"投标报价"低于"成本价"涉嫌"不正当竞争"没有相应的事实或法律依据。一审判决基本事实不清、证据不足，且在法律适用和程序认定方面均有悖于法，请求二审法院撤销一审判决，依法改判，支持某交通设施公司一审全部诉讼请求。

被上诉人答辩及观点

财政部认为行政复议决定认定事实清楚，证据确凿，适用法律正确，内容适当，符合法定程序，某交通设施公司的上诉理由均不能成立，请求二审法院驳回上诉，维持一审判决。

法院裁判及观点

二审法院认为，本案的主要争议焦点是：某交通设施公司在其投标文件中将涉案三类号牌单价报价为0元的事实，是否满足或响应《招标文件》中提出的技术和商务方面的要求，是否构成无效投标；继而评标委员会、贵州省财政厅、财政部对于上述事实的定性、处理是否正确。

《政府采购法》第三条规定，政府采购应当遵循公开透明原则、公平竞争原则、公正原则和诚实信用原则。经审查，本案《招标文件》的相关规定不违反上述法律规定的原则。故对于上述争议的评判应当首先基于《招标文件》的文本分析。《招标文件》中“价格分的计算”中规定，投标报价为所有号牌类别单价的总和，据此，“总和”应该基于所有号牌类别的“单价”综合而成；而“评标程序”中“初步审查”中的商务符合性要求审查供应商的报价应不低于成本价，该要求未明确供应商投标的“单价”可以低于成本价。

基于《招标文件》的上述规定，某交通设施公司在投标文件中将挂车号牌、教练车号牌、低速车号牌报价每副为0元，评标委员会在评审中认为某交通设施公司的投标报价低于成本价，属于无效的投标，故确认某交通设施公司未通过初步审查。评标委员会的上述行为符合《招标文件》的要求。

《政府采购法实施条例》第四十一条第一款规定，评标委员会应当按照客观、公正、审慎的原则，根据采购文件规定的评审程序、评审方法和评审标准进行独立评审。采购文件内容违反国家有关强制性规定的，评标委员会、竞争性谈判小组或者询价小组应当停止评审并向采购人或者采购代理机构说明情况。该案中，评标委员会认定某交通设施公司的投标报价低于成本价属于无效投标，并未违反客观、公正、审慎的原则，亦未违反评审标准。且《招标文件》中规定的“不低于成本报价”的要求亦不违反国家强制性规定。

同时，二审法院认为，某交通设施公司在报价中称将三项报价为0的号牌“不计价赠送”，既有违《政府采购法》第二条第四款“本法所称采购，是指以合同方式有偿取得货物、工程和服务的行为，包括购买、租赁、委托、雇用等”中规定的有偿原则，同时亦违反了

《政府采购法实施条例》第十一条第二款“采购人不得向供应商索要或者接受其给予的赠品、回扣或者与采购无关的其他商品、服务”的规定。

综上，判决驳回上诉，维持一审判决。

案例评析 CASE ANALYSIS

1. 应认定投标报价低于成本价，不符合招标文件规定

招标文件规定，投标报价为所有号牌类别单价的总和，该“总和”应基于所有号牌类别的“单价”综合而成。招标文件中商务符合性要求审查供应商的报价应不低于成本价，但未明确供应商投标的“单价”可以低于成本价。某交通设施公司在其投标文件中将涉案三类号牌单价报价为 0 元，评标委员会认为投标报价低于成本价，属于无效的投标，未违反评审标准。

2. 投标人将报价为 0 解释为赠送，违反法律规定

某交通设施公司在报价中称将三项报价为 0 的号牌“不计价赠送”，既违反《政府采购法》第二条第四款“有偿取得”的规定，也违反《政府采购法实施条例》第十一条第二款“采购人不得向供应商索要或者接受其给予的赠品、回扣或者与采购无关的其他商品、服务”的规定。

第八节 有关提供虚假材料的争议

有关提供虚假材料的争议，是政府采购中比较多的一类争议。虚假材料包括变造、改造、伪造的材料，有时对是否属于虚假材料难以准确认定的，经常出现供应商称因失误盖错章、写错字、拿错材料或未及时变更信息等理由向财政部门辩解，财政部门需要对相关事实作出判断，认定是否属于提供虚假材料的情形。另外，相关材料个别信息不准确是否导致整个材料的虚假，有些材料的形式瑕疵能否认定该材料就是虚假材料，实践中各方看法不一。

供应商提供虚假材料谋取中标、成交的，根据《政府采购法》第七十七条规定，中标、成交无效，对供应商处以采购金额千分之五以上千分之十以下的罚款，列入不良行为记录名单，在一年至三年内禁止参加政府采购活动，有违法所得的，并处没收违法所得，情节严重的，由工商行政管理机关吊销营业执照；构成犯罪的，依法追究刑事责任。《政府采购法实施条例》第四十条规定，评标委员会、竞争性谈判小组或者询价小组在评审过程中发现供应商提供虚假材料的，应当及时向财政部门报告。

一、对提供虚假材料是否影响中标结果的争议

投标人提供虚假材料谋取中标结果，对其进行处罚没有争议。容易产生争议的是，中标人认为自己没有提供虚假材料，不应影响中标结果；其他未中标的投标人往往感到机会来了，经常会主张出现影响采购公正的违法、违规行为，要求认定中标结果无效或者要求废标，重新组织招标。

【案例 100[1]】提供虚假材料的供应商投标未中标也不是最低报价，影响中标结果吗

关 键 词：提供虚假材料 / 是否中标 / 报价是否

案例要点：提供虚假材料投标，对中标结果是否有影响，要看提供虚假材料者是否中标，投标报价是否最低。如其未中标且不是最低报价，其提供虚假材料的行为并不影响中标结果。

招标、质疑、投诉、复议情况

广东省中医院委托国义招标股份有限公司（以下简称“国义公司”）采用公开招标方式采购医疗设备（以下简称“该项目”）。深圳某贸易公司、南京恒埔伟业科技股份有限公司（以下简称“恒埔公司”）、南京某医疗器械公司及上海坚敬生物科技有限公司（以下简称“坚敬公司”）四家公司参与投标，并递交了投标文件。2017 年 9 月 1 日，国义公司发布中标人为恒埔公司的中标公告。

2017 年 9 月 12 日，深圳某贸易公司对上述评审结果向国义公司提出质疑，认为南京某医疗器械公司提供的厂家授权资料系伪造，恒埔公司与南京某医疗器械公司协同围标，导致恒埔公司高价中标。9 月 21 日，国义公司对深圳某贸易公司提出的质疑进行了回复。

2017 年 10 月 18 日，深圳某贸易公司向广东省财政厅投诉，投诉事项如下：（1）恒埔公司存在围标行为，利用南京某医疗器械公司伪造公章违法犯罪行为导致高价中标；（2）南京某医疗器械公司伪造北京先科创业科技有限公司（以下简称“先科公司”）代理产品授权书。要求废除中标结果，将恒埔公司、南京某医疗器械公司列入黑名单。

2017 年 11 月 29 日，广东省财政厅作出投诉处理决定，认为：（1）深圳某贸易公司关于恒埔公司存在围标行为，利用南京某医疗器械公司伪造公章违法犯罪行为导致高价中标的投诉事项，深圳某贸易公司未提供材料佐证恒埔公司存在围标情形，未发现恒埔公司与南京某医疗器械公司存在恶意串通的情形，故此项投诉缺乏事实依据；（2）深圳某贸易

1 案例来源：（2018）粤 7101 行初 2262 号。

公司关于南京某医疗器械公司伪造先科公司代理产品授权书的投诉事项，经查证属实，南京某医疗器械公司存在提供虚假材料谋取中标的情形。由于涉案项目投标供应商共四家，南京某医疗器械公司推荐排名第三，其行为不影响中标结果，决定：深圳某贸易公司的投诉事项（1）缺乏事实依据，予以驳回；投诉事项（2）成立，但不影响中标结果，另行处罚。

深圳某贸易公司对上述投诉处理决定不服，向广东省人民政府提出行政复议，广东省人民政府于2018年4月16日作出行政复议决定，维持广东省财政厅作出的投诉处理决定。

原告诉求及观点

深圳某贸易公司不服，诉至广州铁路运输法院称，南京某医疗器械公司提供虚假材料且与恒埔公司恶意串通投标以及国义公司未依法履行采购代理机构资格审查职责的失职行为，上述一系列的违法违规行为最终导致广东省中医院以高价采购了低等级的产品，造成财政资金的严重损失。深圳某贸易公司就上述问题进行采购投诉时提供了相关违法违规行为的线索和材料，但广东省财政厅作为政府采购招投标监管机构，在处理投诉过程中，避重就轻，不行使行政权力，不调查收集证据核实，与国义公司一起将举证责任推给深圳某贸易公司，要深圳某贸易公司提供行政机关依职权才能获取的证据，消极不作为。

广东省财政厅在未查清事实的情况下，作出错误的行政处理决定，后广东省人民政府错误的维持了上述行政处理决定。为了维护投标人的合法权益，维护公平公正的招投标秩序，故诉至法院，请求撤销行政复议决定和投诉处理决定，判令广东省财政厅重新作出行政行为。

被告答辩及观点

广东省财政厅辩称：对于南京某医疗器械公司伪造先科公司代理产品授权书的事实予以认定，另行进行查处；对于深圳某贸易公司投诉的恒埔公司与南京某医疗器械公司串通投标情形，缺乏事实依据，予以驳回；南京某医疗器械公司在本项目投标过程中排名第三，其提供虚假材料谋取中标的情形对中标结果的产生过程及最终的中标结果均未产生影响。综上，请求驳回深圳公司的诉讼请求。

广东省人民政府辩称，广东省人民政府作出的“复议决定”认定事实清楚、证据确凿、适用法律正确、符合法定程序，请法院依法驳回深圳某贸易公司提出的诉讼请求。

法院裁判及观点

1. 关于恒埔公司与南京某医疗器械公司是否存在恶意串通、围标行为的问题。法院认为，首先，医疗产品的价格必然会因为型号、配置及功能的不同存在较大差异，故产品价格比对应选择同一型号、配置的产品进行。该案广东省中医院中标型号为最高端配置的HY7000型，而深圳某贸易公司提供的其他医院的中标型号为HY7000-Ⅰ型或HY7000-Ⅱ型，属于中低端配置型号，并非同一产品，不具有价格比对性；其次，该项目最高限价是420万元，恒埔公司的中标价360万元在合理范畴内，未超过最高限价；最后，深圳某贸易公司虽主张恒埔公司利用南京某医疗器械公司进行围标行为，但未能提供相关证据材料予以佐证。广东省财政厅经核查亦未发现两家公司存在恶意串通情形，未发现围标行为。故深圳某贸易公司的上述主张缺乏事实依据，法院不予支持。

2.关于南京某医疗器械公司提供虚假材料谋取中标的情形，是否导致本次中标结果无效的问题。南京某医疗器械公司伪造先科公司的代理产品授权书的行为经查证属实，对南京某医疗器械公司应依据上述规定予以处罚。但由于此次投标有四家供应商参与，南京某医疗器械公司并非项目最低的投标报价，不属基准价，不影响其他供应商在该项目的报价得分。南京某医疗器械公司在投标中推荐排名第三，其提供虚假材料的行为并不影响中标结果。故深圳某贸易公司关于本次中标结果无效的主张，理据不足，法院不予采纳。

综上，法院判决驳回深圳某贸易公司的全部诉讼请求。

案例评析

CASE ANALYSIS

南京某医疗器械公司伪造代理产品授权书的事实经查证属实，对其应予以处罚。那么，对招标投标活动产生的中标结果是否有影响，主要看两个方面，一是南京某医疗器械公司是否中标，如中标则要取消其中标资格；二是南京某医疗器械公司投标报价是否最低，如果是最低报价，其报价就是基准价，对其他投标人的价格分就会有影响。南京某医疗器械公司在投标中推荐排名第三，且非项目最低的投标报价。因此，不影响其他供应商在该项目的报价得分，其提供虚假材料的行为并不影响中标结果。

二、对提供关联公司的真实业绩作为自己的业绩投标是否属于虚假业绩的争议

有的投标人为了能够中标，对招标文件作为评审因素规定的业绩，总会尽量收集，总公司投标的，就将分公司、子公司的业绩尽收囊中；子公司投标的，就将总公司的业绩计入分内。有的甚至还会将关联公司的业绩提交。从法律上看，只有分公司的业绩可以作为自己的业绩，包括子公司等其他法人的业绩，都不可以作为自己的业绩。

【案例 101[1]】提供有母子公司关系的业绩是否属于虚假业绩，即使扣除该业绩也不影响评分，该供应商的中标应否认定无效

关 键 词：母子公司业绩 / 虚假材料 / 谋取中标

案例要点：母子公司业绩不能互相作为自己的业绩。投标人在承诺提供的业绩均真实有效，不存在虚假、隐瞒情况，提供其他公司业绩作为自己的业绩，属于提交虚假材料谋取中标的行为。即使除去虚假业绩不影响评分，但仍然不能中标。

招标、质疑、投诉情况

2015 年 11 月 16 日，集中采购机构某公共资源交易中心政府采购分中心（以下简称“采购分中心”）组织了某图书馆自助借还系统采购项目（以下简称“该项目”）的公开招标活动，采购人为文化广电新闻出版局。宁波某公司、上海某公司等 7 家供应商参与投标。2015 年 12 月 24 日，经评标委员会评审，宁波某公司为该项目的中标人。

2015 年 12 月 25 日，上海某公司提出质疑称，中标人业绩公示中的某学院 RFID 智能图书馆项目等五个业绩涉嫌造假。采购分中心、某文化广电新闻出版局于 2015 年 12 月 30 日对上海某公司作出回复。

2016 年 1 月 6 日，上海某公司向宣城市财政局（以下简称“市财政局”）投诉，投诉内容为：（1）宁波某公司提供虚假业绩材料。业绩公示列表中某学院 RFID 智能图书馆项目，并非宁波某公司业绩。（2）宁波某公司业绩造假。某图书馆、宁夏某学院、某科技大学业绩均为某信息股份公司所有，该股份公司的业绩不能算作宁波某公司的业绩。经调查取证，2018 年 3 月 28 日，市财政局作出投诉处理决定：取消宁波某公司中标供应商资格，重新组织采购。对宁波某公司提供虚假材料谋取中标的行为，另行立案处理。

原告诉求及观点

宁波某公司不服，向安徽省宣城市宣州区人民法院提起行政诉讼称：市财政局作出的投诉处理决定书，事实认定错误，程序违法，处理结果错误。（1）某学院 RFID 智能图书馆项目，宁波某公司确实曾经中标。后因技术参数质疑，采购人取消了宁波某公司的中标资格。同时本次出现该业绩系打印错误，没及时删除。因此，该业绩并非“无中生有”，并非虚假业绩，更非提供虚假材料。（2）某图书馆实为某信息股份公司的业绩，但宁波某公司为某信息股份公司的全资子公司，故母子公司之间的业绩是否合法并计算的认定标准问题，仅为认定标准而非虚假业绩的问题，更非提供虚假资料的问题。（3）宁波某公司客

1 案例来源：（2016）皖 1802 行初 38 号。

观上不存在提供虚假材料的事实，主观上也不存在谋取中标的动机。投标人投标文件中业绩多达 304 个，无须通过以上两个业绩达到要求。同时这两个业绩不影响评分，对评标无实质性影响。（4）市财政局于 2016 年 1 月 11 日受理投诉，2016 年 3 月 28 日作出投诉处理决定书，明显超出法律文书规定的时间，系程序违法。请求法院依法予以撤销市财政局作出的投诉处理决定书。

被告答辩及观点

市财政局辩称：市财政局查明宁波某公司提供虚假业绩材料的情况属实。（1）2016 年 2 月 1 日寄出核实函件，2 月 25 日才收到三家单位回函，鉴定业绩真伪所需的时间不能计算在投诉处理期限内，程序合法。（2）宁波某公司在其投标书业绩清单中某学院 RFID 智能图书馆项目业绩经某学院鉴定为虚假业绩，同时其将某信息技术股份有限公司的业绩“拿来”作为自己公司业绩，皆应认定为“提供虚假材料谋取中标”行为。（3）撤销取消中标资格的处理决定不以提供的虚假业绩材料是否影响得分为要件。综上，请求法院驳回宁波某公司的全部诉讼请求。

法院裁判及观点

法院认为：经调查核实，证实某学院 RFID 智能图书馆项目业绩不属宁波某公司，某图书资料业绩系某信息技术股份有限公司的业绩，且各供应商在投标时承诺投标文件中提供的业绩均真实有效，不存在虚假、隐瞒情况，而宁波某公司提交了虚假业绩材料。同时，市财政局为查明事实约谈发函，本案处理时限应扣除相关单位未及时回复耽搁的时间，因此市财政局在收到投诉后 30 个工作日内对投诉事项作出处理决定，程序合法。综上，法院判决驳回宁波某公司的诉讼请求。

案例评析 CASE ANALYSIS

1. 母子公司业绩不能互相作为自己的业绩

子公司与分公司不同，是具有独立法人资格的。子公司将母公司的业绩说成是自己的业绩去投标，不仅涉及母子公司之间的业绩是否能合并的认定标准问题，还牵涉是否提交虚假材料谋取中标结果的问题。因为本项目各投标人在投标时均承诺投标文件中提供的业绩均真实有效，不存在虚假、隐瞒情况，而宁波某公司在承诺后，却提交了虚假业绩材料。

2. 即使除去虚假业绩不影响评分，仍然不能中标

根据《政府采购法》第七十七条规定，提供虚假材料谋取中标、成交的，不仅要受到行政处罚，中标、成交结果还要被认定无效。因此，财政部门取消中标资格的处理决定不以提供的虚假业绩材料是否影响得分为要件。

三、有关材料本身不虚假但误导评委评分的争议

投标人有时提供的材料是真实的，但不符合招标文件规定应当得分的条件，由于评标委员会的失误给其得分。后来查明了不应得分的事实，予以扣减后，还会有供应商继续要求认定该行为为提供虚假材料。提供该材料的投标人就会辩称，材料并不虚假且自己理解应当得分。对此问题也会有不同的看法，而争执不休。

【案例 102[1]】中标人提供的材料并不虚假，但误导评标委员会给其得分，属不属于提供虚假材料谋取中标结果

关 键 词：材料真实 / 不应得分 / 虚假材料 / 谋取中标

案例要点：中标人提供材料真实的，由于评审失误而给予得分致其中标，但认定该行为属于提供虚假材料的理由不足。投诉成立且影响或可能影响中标结果的，应责令重新开展采购活动。

案情简介

2015 年 5 月 11 日，江苏省政府采购中心（以下简称“省采购中心”）对“南京财经大学建筑水电节能平台采购”项目组织公开招标，并于 2015 年 5 月 13 日组织了该项目的开标，节能唯绿（北京）建筑节能科技有限公司（以下简称“唯绿公司”）为中标候选人。

2015 年 5 月 20 日，江苏某公司对评审结果不满，向省采购中心提出质疑称：中标单位没有通过省级住建厅或国家住建部验收的节能监管系统、节能监管平台工程项目，涉嫌提供虚假的验收材料谋取中标，违反了政府采购的相关规定。2015 年 5 月 28 日，省采购中心对质疑作出答复：（1）评标委员会是按照本项目招标文件规定的评标标准对唯绿公司的投标文件进行评审的。评审行为符合《政府采购法》《政府采购货物和服务招标投标管理办法》的相关规定。（2）江苏某公司的质疑函及附件未提供有效证据证明唯绿公司属于“提供虚假材料谋取中标”的情形。

---

1 案例来源：江苏省财政厅政府采购信息公告〔2015〕第 5 号。

江苏某公司对答复不满，于2015年6月15日投诉至江苏省财政厅（以下简称“省财政厅”）。投诉内容为：截至2015年5月13日，唯绿公司承揽的北京建筑大学和首都师范大学的节能监管系统、节能监管平台工程项目没有通过省级住建厅或国家住建部组织的验收，若该公司提供上述两个项目通过验收的材料作为投标的得分项，则该公司涉嫌提供虚假材料谋取中标，违反了政府采购相关规定，恳请调查并依法处理。

省财政厅经审理认为：（1）关于中标单位唯绿公司是否提供虚假材料谋取中标结果的问题。经查，唯绿公司提供的北京建筑大学和首都师范大学两个项目的“项目验收意见”，因有北京市住房和城乡建设委员会两份政府信息告知书的存在，故认为该两份“项目验收意见”属于虚假材料的理由不足。（2）关于唯绿公司的上述两个项目能否以通过省级住建厅或国家住建部组织的验收并给予得分的问题。由于评审专家在评标时只能根据投标文件的进行评审，评审中未发现中标人在北京建筑大学和首都师范大学承揽的节能监管系统、节能监管平台工程项目，截至2015年5月13日未通过省级住建厅或国家住建部组织的验收，而以成功案例而给予得分。省财政厅认为，根据招标文件的规定，中标人在投标文件中提供的北京建筑大学和首都师范大学的节能监管系统、节能监管平台工程项目案例不应该得分。因此，省财政厅于2015年7月24日作出投诉处理决定：江苏某公司对唯绿公司涉嫌提供虚假材料谋取中标的投诉缺乏事实依据，但对唯绿公司因上述两个工程以成功案例而给予得分的异议成立，且影响或者可能影响中标结果，责令重新开展采购活动。

案例评析　CASE ANALYSIS

中标人提供的北京建筑大学和首都师范大学两个项目的“项目验收意见”，都是真实的，认为属于虚假材料的理由不足。对两个项目截止评标日未通过省级住建厅或国家住建部组织验收的问题，由于评审专家未发现，而以成功案例而给予得分。尽管中标人提供该材料有误导之嫌，但没有证据证明其是故意提供不应得分的材料来误导评审专家，且对自己是否应当得分还有理解不同。投诉人对中标人因上述两个工程以成功案例而给予得分的异议成立，且影响或者可能影响中标结果。故责令重新开展采购活动，是合适的。

四、对提供不符合加分业绩的材料是否属于提供虚假材料的争议

投标人为了能够中标，在收集有关业绩材料时，认为提交的材料是多多益善，有时不论青红皂白，统统提交。其实这样，不仅自己给自己增添不必要的工作量，也给评标委员会评审时加大工作量，实在是画蛇添足。一旦中标了，那些不符合加分条件的业绩材料就会成为“靶子”，被质疑人或者投诉人作为投诉事项。

【案例 103[1]】提交的合同真实但不符合加分业绩要求，是否构成提供虚假材料谋取中标的行为

关 键 词：合同真实 / 不符合加分 / 是否属于虚假材料谋取中标

案例要点：提交的材料是真实的但不符合加分条件，评标委员会也未予以加分，不构成提交虚假材料谋取中标的行为。

招标、质疑、投诉、复议情况

杭州某自动化公司作为供应商之一参加了招标公司组织的海西州职业技术学校实训设备采购项目（以下简称“该项目”）的采购活动。在招标过程中，北京某软件公司中标。

杭州某自动化公司认为中标的北京某软件公司在该项目投标活动中提供的相关业绩资料涉嫌造假，于 2016 年 6 月 27 日向招标公司质疑。招标公司于 2016 年 7 月 7 日向杭州某自动化公司作出质疑答复。

杭州某自动化公司对质疑答复不满，于 2016 年 7 月 11 日向海西蒙古族藏族自治州财政局（以下简称“州财政局”）进行投诉。州财政局受理后，根据调查结果作出投诉处理决定。

2016 年 10 月 26 日，杭州某自动化公司以州财政局作出的具体行政行为事实认定错误，适用依据错误，且程序严重违法为由向青海省财政厅提出了行政复议。青海省财政厅受理并进行了审理，于 2016 年 12 月 23 日作出行政复议决定，维持投诉处理决定。

原告诉求及观点

杭州某自动化公司不服该行政复议决定，向青海省西宁市城北区人民法院提起行政诉讼称，（1）甘肃省化工高级技工学校校企联合开发煤化工及配套化工仿真软件采购项目（以下简称“化工学校项目”）实际中标方为兰州某科技公司，且采购人与兰州某科技公司于 2014 年 9 月 22 日签署了购销合同。同时，根据杭州某自动化公司查实的工商主体信息显示，北京某软件公司和兰州某科技公司无任何关联，两家公司系完全独立的有限责任公司，因此，兰州某科技公司的中标项目显然不能作为北京某软件公司的业绩。（2）北京某软件公司对于化工学校项目并不属于分包，且违反了《政府采购法》和《招标投标法》的强制性规定，违背了政府采购的目的和初衷。根据青海省财政厅提供的部分《技术开发合同》内容来看，合同签署方为化工学校与北京某软件公司，并非所谓的总承包方兰州某科技公司与分包方北京某软件公司签署，显然不符合分包的商业操作惯例。故诉请法院请求判令撤销行政复议决定和投诉处理决定，并责令其重新作出具体行政行为。

---

1 案例来源：（2017）青 0105 行初 1 号。

被告答辩及观点

州财政局辩称，北京某软件公司提交的合同与化工学校项目存在关联关系，化工学校项目中标供应商为兰州某科技公司，兰州某科技公司作为北京某软件公司在甘肃、新疆、青海三省的授权经销商，负责北京某软件公司产品在青海等省的市场开拓等业务。兰州某科技公司作为化工学校项目的中标单位，所中标货物生产厂家正是北京某软件公司。北京某软件公司与化工学校签订的技术开发合同作为该政府采购项目的技术附件真实存在，合同并非伪造，北京某软件公司不存在移花接木盗用其他公司采购合同的行为。同时，北京某软件公司提交该合同时，并未提交另一必备业绩加分条件要求的《中标通知书》。评标委员会对北京某软件公司提交的13份业绩材料进行审查时，仅对7份符合加分条件的业绩材料予以采纳，对包括杭州某自动化公司投诉业绩项在内的6项不符合加分条件的业绩未作业绩项予以加分。因此，北京某软件公司提交的合同材料真实无误，但不符合加分业绩要求，不构成提交伪造业绩材料谋取中标的行为。故根据《政府采购法》《政府采购法实施条例》和《政府采购供应商投诉处理办法》的规定作出驳回投诉决定正确。请求法院驳回杭州某自动化公司的全部诉讼请求。

青海省财政厅辩称，青海省财政厅认定的事实与州财政局认定事实一致。省财政厅作出的行政复议决定，认定事实清楚，证据确凿，适用依据正确，程序合法，内容适当。请求法院驳回杭州某自动化公司的全部诉讼请求。

法院裁判及观点

北京某软件公司提交的合同材料真实无误，但不符合加分业绩要求，不构成提交伪造业绩材料谋取中标的行为。根据上述事实，州财政局作出驳回投诉决定并无不当。故州财政局作出投诉处理决定认定基本事实清楚，相应证据确凿，适用法律、法规正确，符合法定程序，应依法予以维持。青海省财政厅作出行政复议决定认定事实清楚，符合法定程序，适用法律正确，亦应维持。杭州某自动化公司的诉求缺乏事实根据和法律依据，不予支持。判决驳回杭州某自动化公司的诉讼请求。

案例评析 CASE ANALYSIS

北京某软件公司提交的合同并非伪造，且未提交另一必备业绩加分条件要求的《中标通知书》。评标委员会仅对符合条件的业绩材料予以加分，对涉及投诉业绩未予以加分。因此，北京某软件公司提交的材料真实但不符合加分业绩要求，不构成提交伪造业绩材料谋取中标的行为。

第九节 有关重新评审与重新组建评标委员会进行评标的争议

在政府采购实践中，经常发生采购人或者采购代理机构对评标结果不满意的情形，有时就会出现个别采购人或者采购代理千方百计寻找各种理由组织重新评审或者重新组建评标委员会进行评标，希望推翻原评标结果。另外，“重新评审”与“重新组建评标委员会进行评标”这两个概念经常被混淆，有必要在这里将它们之间的区别阐述一下：

一是两者的概念不同。重新评审，是指评标委员会签署评标报告后，由原评标委员会对自己的评审意见重新审查的行为。重新组建评标委员会进行评标，是指原评标委员会不能依法履行评审职责时，重新组建评标委员会进行评标的行为。

二是适用的依据不同。重新评审的依据是“财政部令第 87 号”第六十四条第二款规定，重新组建评标委员会的依据是“财政部令第 87 号”第四十九条、第六十七条规定。

三是重新的前提不同。重新评审的前提是，评标报告签署后，采购人、采购代理机构发现或者投标人质疑发现，存在分值汇总计算错误的，分项评分超出评分标准范围的，评标委员会成员对客观评审因素评分不一致的，经评标委员会认定评分畸高、畸低的四种情形之一的，组织原评标委员会进行重新评审。重新组建评标委员会的前提有两大类，第一类是评标中因评标委员会成员缺席、回避或者健康等特殊原因，导致评标委员会组成不符合规定且无法及时补足评标委员会成员，停止评标后，依法重新组建评标委员会进行评标。第二类是评标委员会或者其成员存在下列情形导致评标结果无效的，采购人、采购代理机构可以重新组建评标委员会进行评标，并书面报告本级财政部门，但采购合同已经履行的除外:(1）评标委员会组成不符合“财政部令第 87 号”第四十七条、第四十八条等规定的，如评标委员会中无采购人代表、采购人代表或者本项目采购代理机构工作人员以专家身份参加评标、评标委员会人数或者评审专家人数比例不符规定、评标委员会成员名单在评标结果公告前泄密影响公正评审、评审专家未从省级以上财政部门设立的政府采购评审专家库中通过随机方式抽取、未经主管预算单位同意自行选定评审专家，等等；(2）有“财政部令第 87 号”第六十二条第（一）项至第（五）项情形的，即确定参与评标至评标结束前私自接触投标人，接受投标人提出的与投标文件不一致的澄清或者说明但本办法第五十一条规定的情形除外，违反评标纪律发表倾向性意见或者征询采购人的倾向性意见，对需要专业判断的主观评审因素协商评分，在评标过程中擅离职守、影响评标程序正常进行的；(3）评标委员会及其成员独立评标受到非法干预的；(4）有《政府采购法实施条例》第七十五条规定的违法行为的，即评审专家未按照采购文件规定的评审程序、评审方法和评审标准进行独立评审或者泄露评审文件、评审情况，评审专家与供应商存在利害关系未回避，评审专家收受采购人、采购代理机构、供应商贿赂或者获取其他不正当利益。

四是评审的主体不同。重新评审仍由原评标委员会进行评审，评标委员会成员不变；重新组建评标委员会进行评标是由新成员组成，有违法违规行为的原评标委员会成员不得参加重新组建的评标委员会。

五是要求的内容不同。重新评审改变评标结果的，书面报告本级财政部门，未改变评标结果的无须报告。根据“财政部令第87号”第四十九条重新组建评标委员会进行评标的，采购人或者采购代理机构应当将重新组建评标委员会的情况予以记录，并随采购文件一并存档，无须报财政部门；根据“财政部令第87号”第六十七条重新组建评标委员会进行评标的，无论是什么结果，都要书面报告本级财政部门。

由于是争议引起的重新评审或者重新组建评标委员会进行评标，这两个“重新”之后，还容易“重新”引起争议。

【案例104[1]】告知并公告“重新评审”，实为“重新组建评标委员会进行评标”，却未向采购人预算级次相同的财政部门报告，是否违规

关 键 词：重新评审/重新组建评标委员会/预算级次/书面报告

案例评析：采购代理机构发出的是“重新评审告知函”与“重新评审公告”，在实际操作中是重新组建评标委员会进行评标，其责任应由采购代理机构负责。重新组建评标委员会进行评标应当按采购人的预算级次来确定书面报告的财政部门。

案情简介

2017年11月2日，某市招投标中心组织了某工艺职业技术学院（以下简称“技术学院”）物业管理服务项目（以下简称“该项目”）的开标、评标，江苏某物业公司被推荐为中标供应商。某市招投标中心于2017年11月2日向某市政府采购管理办公室书面报告该项目“评审过程中评标委员会将13家供应商的评分（包括主观评审因素和客观评审因素）打在同一张评分表中”的情况，某市政府采购管理办公室于2017年11月6日书面作出“采购人、采购代理机构重新组建评标委员会进行评标”的回复。某市招投标中心重新组建评标委员会进行评标，中标人为福建某物业公司。

江苏某物业公司于2017年11月9日向某市招投标中心、技术学院提出质疑，某市招投标中心、技术学院于2017年11月15日向江苏某物业公司作出答复。

江苏某物业公司于2017年12月25日投诉至江苏省财政厅（以下简称“省财政厅”）。

---

1 案例来源：2018年苏财购9号。

投诉内容：(1) 某市招投标中心在2017年11月15日的质疑答复中称"……电话通知2017年11月2日参与本项目投标并通过资审的13家供应商重新评审的事项及时间，13家供应商均无异议"上述所述与事实不符。(2) 某市招投标中心在2017年11月15日的质疑答复中称"财政监管部门对本项目评审过程中评标委员会将13家供应商的评分（包括主观评审因素和客观评审因素）打在同一张评分表中的情况进行调查，经调查当天评审录像，财政监管部门做出评标委员会成员对需要专业判断的主观评审因素存在协商评分的行为"并称"我中心是按照监管的意见和采购人确认重新组织评审的书面材料"。江苏某物业公司提出异议如下：(1) 评标委员会成员对需要专业判断的主观评审因素存在协商评分的行为；(2) 某市招投标中心认为存在上述行为的依据是"评标委员会将13家供应商的评分（包括主观评审因素和客观评审因素）打在同一张评分表中"；(3) 某市招投标中心和技术学院没有遵循相关法律法规，在质疑期不顾我公司的质疑，重新组织评标活动。投诉请求：撤销重新评审的结果，恢复/维持2017年11月2日的评审结果。

省财政厅查明：(1) 关于13家供应商，对某市招投标中心电话通知均无异议的问题。经查，江苏某物业公司称某市招投标中心"电话通知2017年11月2日参与本项目投标并通过资审的13家供应商重新评审的事项及时间",某市招投标中心对此表示认可。对于"13家供应商均无异议"的问题，由于该事项是某市招投标中心通过电话与13家供应商进行沟通的，无其他证据证明，故对该投诉事项查无实据，且13家供应商是否均无异议问题，对认定采购活动是否违法，是否影响中标结果，并无直接因果关系。(2) 关于评标委员会协商评分及重新组建评标委员会进行评标的问题。经查，该项目第一次评审材料显示，"评标委员会将13家供应商的评分（包括主观评审因素和客观评审因素）打在同一张评分表中"的情况属实，可以认定为"对需要专业判断的主观评审因素协商评分"。根据《政府采购货物与服务招投标管理办法》（财政部87号令）第六十二条、第六十七条的规定，该项目第一次评审委员会评审意见应当认定无效，采购人、采购代理机构可以重新组建评标委员会进行评标，并书面报告本级财政部门。该项目属于省级财政预算项目，本应书面报告省财政厅，但某市招投标中心未向省财政厅书面报告，却向某市政府采购管理办公室函告，并根据该办公室答复重新组建评标委员会，2017年11月8日所发重新评审告知函、重新评审公告，又将"重新评审"与"重新组建评标委员会进行评标"两个不同的处理方法相混淆，在实际操作中，某市招投标中心进行的是重新组建评标委员会进行评标的行为。因此应当认定，某市政府采购管理办公室的答复行为超越职权，招标中心的采购过程违法。(3) 关于不顾质疑重新组织评标活动的问题。某市招投标中心于2017年11月8日发出重新评审告知函、重新评审公告。江苏某物业公司向某市招投标中心发送质疑函，某市招投标中心收到江苏某物业公司的质疑函。可见，招投标公司收到质疑函时，重新组建的评标委员会已经进行评标，江苏某物业公司的这一投诉不能成立。另查明，该项目于2017年

12月1日签订采购合同，并且已经履行，技术学院提供了该项目的采购合同、情况说明（包含人员岗位结构分布表）、银行业务回单、发票等证据材料予以证明。

省财政厅作出如下处理决定：（1）技术学院物业管理服务项目采购活动违法，给采购人、投诉人造成损失的，由相关责任人承担赔偿责任；（2）驳回投诉人的其他投诉。

案例评析 CASE ANALYSIS

1. “重新评审”与“重新组建评标委员会进行评标”两个不同的处理方法，不容混淆

采购代理机构发出的是“重新评审告知函”与“重新评审公告”，在实际操作中是重新组建评标委员会进行评标。由于采购代理机构混淆了上述两个概念，并向供应商发出错误的信息，供应商质疑、投诉也以“重新评审”违规为由，其责任应由采购代理机构负责。

2. 重新组建评标委员会进行评标应当按采购人的预算级次来确定书面报告的财政部门

该项目采购人所属预算级次为省级，采购代理机构为县级。根据“财政部令第87号”第六十七条规定，重新组建评标委员会进行评标，究竟是向省级财政部门，还是县级财政部门书面报告？这个问题在实践中有争议。笔者认为，政府采购的投诉处理与监督检查实践中都是按采购人的预算级次确定，那么重新组建评标委员会进行评标也应当按采购人的预算级次来确定，应向省财政厅书面报告。

CHAPTER 06

第六章

对非招标方式采购的争议事项

《政府采购法》第二十六条规定，政府采购的方式有公开招标、邀请招标、竞争性谈判、单一来源采购、询价和国务院政府采购监督管理部门认定的其他采购方式等六种。2014 年 12 月 31 日，财政部以财库〔2014〕214 号文印发了《政府采购竞争性磋商采购方式管理暂行办法》(以下简称《竞争性磋商办法》)，将竞争性磋商认定为采购方式。

在采用不同的采购方式开展采购活动时，为了规范政府采购当事人的采购行为，加强对政府采购货物和服务招标活动的监督管理，维护国家利益、社会利益和政府采购招标活动当事人的合法权益，依据《政府采购法》及其他有关法律法规的规定，财政部于 2004 年 8 月 11 日以“财政部令第 18 号”、于 2017 年 7 月 11 日“财政部令第 87 号”，先后公布、修改了《政府采购货物和服务招标投标管理办法》，分别在 2004 年 9 月 11 日、2017 年 10 月 1 日起施行。《政府采购货物和服务招标投标管理办法》规范了公开招标及邀请招标两种采购方式。财政部于 2013 年 12 月 19 日公布了《政府采购非招标采购方式管理办法》(财政部第 74 号令)，它规范了竞争性谈判、单一来源和询价的三种采购方式。《竞争性磋商办法》规范了竞争性磋商的采购方式。财政部于 2014 年 12 月 31 日，以财库〔2014〕214 号印发《政府采购竞争性磋商采购方式管理暂行办法》，它规范了竞争性磋商的采购方式。

《政府采购法》第三十条、第三十一条、第三十二条，对竞争性谈判、单一来源、询价方式采购的条件作出明确规定。根据《政府采购法实施条例》第二十三条规定，采购人采购公开招标数额标准以上的货物或者服务，符合上述《政府采购法》第三十条、第三十一条、

第三十二条规定情形或者有需要执行政府采购政策等特殊情况的，经设区的市级以上人民政府财政部门批准，可以依法采用公开招标以外的采购方式。

采购方式的确定，应当根据采购项目需求特点，但由于各方角度不同，经常会引起争议。财政部“指导性案例 21 号：J 大学 T 校区车辆识别系统项目投诉案”[1]中指出，采购人应当按照预算支出标准和保障公共服务职能的原则，根据采购项目需求特点确定适合的采购方式。采购需求难以客观量化、技术规格难以具体明确的采购项目，应当通过竞争性磋商、竞争性谈判等方式采购。

2019 年年底至 2020 年年初，新冠肺炎疫情来势凶猛，除了使用财政性资金采购疫情防控以外的货物、工程和服务的可以不适用《政府采购法》的以外，为了政府采购活动能够在疫情防控期间顺利进行，经市级以上财政部门审批，可以考虑采用变更采购方式。对此，政府采购方面的法律、法规、规章已有相关规定，有三种情形：

一是竞争性谈判方式采购适用情形中的“紧急需要”。根据《政府采购法》第三十条第（三）项、《政府采购法实施条例》第二十六条、《政府采购非招标采购方式管理办法》第二十七条第（三）项规定，非采购人所能预见的原因或者非采购人拖延造成采用招标所需时间不能满足用户紧急需要的货物或者服务采购，可以采用竞争性谈判方式采购。

二是单一来源采购适用情形中的“紧急情况”。根据《政府采购法》第三十一条第（二）项规定，发生了不可预见的紧急情况不能从其他供应商处采购的货物或者服务，可以采用单一来源方式采购。

三是“紧急的小额零星货物项目”。根据《政府采购法实施条例》第二十四条规定，紧急的小额零星货物项目即使属于“列入集中采购目录的项目，适合实行批量集中采购的”，也可以作为除外情形不实行批量集中采购。

上述三种情形中，如果“紧急”是由于疫情影响而延误了采购时间，就可以分别采用竞争性谈判、单一来源方式采购，或者不实行批量集中采购。

第一节 对竞争性谈判方式采购的争议

根据《政府采购非招标采购方式管理办法》第二条第三款规定，竞争性谈判是指谈判小组与符合资格条件的供应商就采购货物、工程和服务事宜进行谈判，供应商按照谈判文

1 《指导性案例 21 号——J 大学 T 校区车辆识别系统项目投诉案》，载 http://www.cgpnews.cn/articles/50844，最后访问日期：2020 年 6 月 20 日。

件的要求提交响应文件和最后报价，采购人从谈判小组提出的成交候选人中确定成交供应商的采购方式。这里所指的谈判，是采购人和供应商就采购的条件达成一项双方都能接受的协议的过程。由于谈判项下具有特殊的情况，不像招标投标采购那样采购需求完整、明确，对货物、服务的成本估价比较清楚，需要以谈判的方式确定采购合同的主要条款。

与公开招标相比，采用竞争性谈判方式采购具有较强的主观性，评审过程也难以控制，因此相关法律、法规和规章规定了适用条件和程序。《政府采购非招标采购方式管理办法》第二十七条、第二十八条规定，符合下列情形之一的采购项目，可以采用竞争性谈判方式采购：（1）招标后没有供应商投标或者没有合格标的，或者重新招标未能成立的；（2）技术复杂或者性质特殊，不能确定详细规格或者具体要求的；（3）非采购人所能预见的原因或者非采购人拖延造成采用招标所需时间不能满足用户紧急需要的；（4）因艺术品采购、专利、专有技术或者服务的时间、数量事先不能确定等原因不能事先计算出价格总额的。公开招标的货物、服务采购项目，招标过程中提交投标文件或者经评审实质性响应招标文件要求的供应商只有两家时，采购人、采购代理机构按照本办法第四条经本级财政部门批准后可以与该两家供应商进行竞争性谈判采购，采购人、采购代理机构应当根据招标文件中的采购需求编制谈判文件，成立谈判小组，由谈判小组对谈判文件进行确认。符合本款情形的，本办法第三十三条、第三十五条中规定的供应商最低数量可以为两家。符合本办法第二十七条第一款第（一）项情形和第二款情形，申请采用竞争性谈判采购方式时，除提交本办法第五条第（一）至（三）项规定的材料外，还应当提交下列申请材料：（1）在省级以上财政部门指定的媒体上发布招标公告的证明材料；（2）采购人、采购代理机构出具的对招标文件和招标过程是否有供应商质疑及质疑处理情况的说明；（3）评标委员会或者 3 名以上评审专家出具的招标文件没有不合理条款的论证意见。

一、对谈判文件的争议

谈判文件是供应商准备竞争性谈判响应文件和参加竞争性谈判的依据，同时也是竞争性谈判的重要依据。谈判文件用以阐明谈判项目所需的资质、技术、服务及报价等要求、谈判程序、有关规定和注意事项以及合同主要条款等。根据《政府采购非招标采购方式管理办法》第十条、第十一条规定，谈判文件应当根据采购项目的特点和采购人的实际需求制定，并经采购人书面同意。采购人应当以满足实际需求为原则，不得擅自提高经费预算和资产配置等采购标准。谈判文件不得要求或者标明供应商名称或者特定货物的品牌，不得含有指向特定供应商的技术、服务等条件。谈判文件应当包括供应商资格条件、采购邀请、采购方式、采购预算、采购需求、采购程序、价格构成或者报价要求、响应文件编制要求、提交响应文件截止时间及地点、保证金交纳数额和形式、评定成交的标准等。谈判文件还应当明确谈判小组根据与供应商谈判情况可能实质性变动的内容，包括采购需求中的技术、服务要求以及合同草案条款。在政府采购实践中，对于谈判文件的争议也是经常发生。

【案例105[1]】一件对谈判文件中采购方式、不退还保证金、差别或歧视待遇的投诉处理

关键词：谈判文件 / 采购方式 / 保证金退还

案例要点：供应商存在谈判文件规定保证金不予退还的其他情形，投标保证金可不予退还。供应并不是唯一供应商的，不能采用单一来源方式采购，项目可以采用邀请招标方式采购，但不能否定竞争性谈判方式。认为对供应商实行差别待遇或者歧视待遇，却未指出具体条款，属于缺 乏事实依据。

案情简介

广东某广告公司参与了潮州市公共资源交易中心（以下简称“交易中心”）组织的“智能管理所智能化邮资明信片门票及参观券、市民票、宣传简介、宣传册项目”（以下简称“该项目”）的政府采购活动，因对交易中心的质疑答复不满意，向潮州市财政局提起投诉称：（1）交易中心没收我公司投标保证金，构成不当得利，应立即退回。理由是《竞争性谈判文件》中规定不予退还投标保证金的条款没有法律依据。（2）该项目招标方式不当。该项目中“邮资明信片”为中国邮政专属发行，其他社会单位无此发行权利，此采购物具有特殊性，只能从有限范围的供应商处采购。根据我国《政府采购法》第三章的相关规定，该项目只能采取邀请招标或单一来源采购方式。（3）谈判文件以不合理的条件对供应商实行差别待遇或者歧视待遇。认为邮资明信片用于邮寄，邮资为国家（地区）邮政主管部门发行，作为交寄邮件的纳费标志，此专利为当地邮政部门发行特有。根据《政府采购法》的相关规定，此种情形属于以不合理的条件对供应商实行差别待遇或者歧视待遇，有意排斥其他社会供应商。广东某广告公司要求退还投标保证金。潮州市财政局查明：

1. 关于《竞争性谈判文件》中规定不予退还投标保证金的条款没有法律依据，应退还投标保证金的问题。《政府采购非招标采购方式管理办法》（财政部第74号令）第二十条规定，“……有下列情形之一的，保证金不予退还：……（五）采购文件规定的其他情形”，该项目《竞争性谈判文件》5.5规定，“有下列情形之一的，投标保证金将不予退还：1）报名谈判并已缴纳投标保证金的供应商没有按规定准时递交报价文件、参加采购活动的”。经核查，广东某广告公司已报名参加谈判并缴纳投标保证金，但没有按谈判文件规定时间准时递交报价文件参加采购活动，交易中心不予退还保证金是符合法律、法规及谈判文件规定。

---

1 案例来源：潮财采决〔2018〕2号。

2. 关于该项目招标方式不当，只能采取邀请招标或单一来源采购方式的问题。经核查，该政府采购项目公告期限为2018年8月2日至6日，获取竞争性谈判文件时间为2018年8月2日至9日。根据《政府采购质疑和投诉办法》中第十一条第二款“潜在供应商已依法获取其可质疑的采购文件的，应当在获取采购文件或者采购文件公告期限届满之日起7个工作日内提出”和《财政部关于加强政府采购供应商投诉受理审查工作的通知》的规定，广东某广告公司提出的质疑于2018年8月22日才通过快递发出，质疑时间已超过法定期限，因此该投诉事项无效。根据《政府采购法》第二十九条的规定，结合该项目的实际情况，该项目“可以”采用邀请招标方式采购，并非“应当”。根据《中华人民共和国邮政法》第十四条以及《集邮市场管理办法》第三条的规定，“邮资明信片”的制作、销售属邮政企业经营的业务，邮政企业并不是唯一供应商，所以该项目不能采用单一来源方式采购。广东某广告公司称“该项目只能采取邀请招标或单一来源采购方式”的说法于法无据且未在《竞争性谈判文件》规定时间内提出异议，事实理由不充分。

3. 关于谈判文件以不合理的条件对供应商实行差别待遇或者歧视待遇的问题。质疑时间已超过法定期限，因此该投诉事项无效。经核查，该项目《竞争性谈判文件》中没有发现有以不合理的条件对供应商实行差别待遇或者歧视待遇的条款，广东某广告公司也并没有指出《竞争性谈判文件》中以不合理的条件对供应商实行差别待遇或者歧视待遇的具体条款，缺乏事实依据。

综上所述，广东某广告公司的投诉事项不符合法定受理条件且缺乏事实依据。潮州市财政局决定驳回广东某广告公司的投诉。

案例评析 CASE ANALYSIS

1. 谈判文件中规定不予退还投标保证金的条款符合行政规章规定

根据《政府采购非招标采购方式管理办法》第二十条第（五）项规定，有采购文件规定的其他情形，保证金不予退还。根据谈判文件规定，报名谈判并已缴纳投标保证金的供应商没有按规定准时递交报价文件、参加采购活动的，投标保证金将不予退还。由于广东某广告公司已报名参加谈判并缴纳投标保证金，但没有准时递交报价文件参加采购活动，交易中心不予退还保证金符合规定。

2. 认为只能采取邀请招标或单一来源采购方式，没有根据

该项目“可以”采用邀请招标方式采购，并非“应当”。“邮资明信片”的制作、销售属邮政企业经营的业务，邮政企业并不是唯一供应商，不能采用单一来源方式采购。

3. 认为对供应商实行差别待遇或者歧视待遇，却未指出具体条款，属于缺乏事实依据

财政部门经核查，没有发现谈判文件中有以不合理的条件对供应商实行差别待遇或者歧视待遇的条款，广东某广告公司也并没有指出哪一具体条款存在此情形，缺乏事实依据。

二、对是否符合实质性要求的争议

参加竞争性谈判的供应商应认真阅读和充分理解谈判文件中所有的事项、格式条款和规范要求。供应商应认真阅读、研究谈判文件的全部内容，按照谈判文件的要求提供响应文件，并保证所提供的全部资料的真实性和有效性。《政府采购非招标采购方式管理办法》第十三条、第三十条规定，供应商应当按照谈判文件的要求编制响应文件，并对其提交的响应文件的真实性、合法性承担法律责任。谈判小组应当对响应文件进行评审，并根据谈判文件规定的程序、评定成交的标准等事项与实质性响应谈判文件要求的供应商进行谈判。未实质性响应谈判文件的响应文件按无效处理，谈判小组应当告知有关供应商。可见，在竞争性谈判前，谈判小组先对响应文件进行评审，评审时就确定哪些响应文件实质性响应了谈判文件，哪些响应文件没有响应谈判文件。

在谈判过程中，谈判小组经采购人代表确认，可以对谈判文件作出实质性变动。《政府采购非招标采购方式管理办法》第三十二条规定，在谈判过程中，谈判小组可以根据谈判文件和谈判情况实质性变动采购需求中的技术、服务要求以及合同草案条款，但不得变动谈判文件中的其他内容。实质性变动的内容，须经采购人代表确认。对谈判文件作出的实质性变动是谈判文件的有效组成部分，谈判小组应当及时以书面形式同时通知所有参加谈判的供应商。供应商应当按照谈判文件的变动情况和谈判小组的要求重新提交响应文件，并由其法定代表人或授权代表签字或者加盖公章。由授权代表签字的，应当附法定代表人授权书。供应商为自然人的，应当由本人签字并附身份证明。可见，在谈判过程中，谈判小组还可以对供应商重新提交的响应文件，进行实质性响应的审查。

【案例106[1]】未对竞争性谈判文件提出的要求和条件作出实质性响应，应如何处理

关 键 词：谈判文件/未实质性响应/按无效处理

案例要点：未对竞争性谈判文件提出的要求和条件作出实质性响应，应按无效处理；即使已经发出成交通知书，财政部门仍然有权认定成交结果无效，相应的成交通知书自始无效。

---

1 案例来源：(2013)泸行终字第9号。

谈判、质疑、投诉、复议情况

泸州市政府采购中心（以下简称“市采购中心”）接受泸州市殡仪馆委托，对火化捡灰炉火化机项目（以下简称“该项目”）采用竞争性谈判方式进行采购。该项目竞争性谈判文件第二部分竞争性谈判须知第3.1.3条规定，合格供应商所投设备应当具备《产品质量合格证》和《环境检测报告书》。第13条“竞标人应提供的证明文件”第一款规定，竞标人缺少任何一项证明文件，竞标人将承担其竞标无效的风险。谈判过程中，采购中心将不再采取任何补救措施和通过任何方式寻求竞标文件以外的任何证明使其无效竞标变更为有效竞标。第13.1.4条规定，《产品质量合格证》和《环境检测报告书》为供应商应当提供的证明文件。第13.2.2条规定，应具备所投产品的彩色样本资料、图片资料以及设备的主要 技术指标和运行性能的详细说明（竞标人提供的资料必须与所投设备型号一致）。该竞争性谈判文件附件6“项目报价明细表”注2规定，“各竞标人只能投报一种品牌的一个型号，并在报价表中明确品牌、型号，不接受备选竞标方案，否则，视为无效竞标”。该竞争性谈判文件附件9“项目技术参数及配置要求”第30项规定，消烟除尘系统应达到国家一级标准，不允许有负偏离。

江西某公司提交的《资格性竞标文件》中，提供了《产品质量监督检验合格证》。江西某公司还提供了《监测报告》,《监测报告》监测结果为达标。2012年10月9日，市采购中心组织现场竞争性谈判。2012年10月10日，市采购中心公布该项目竞争性谈判，江西某公司为成交供应商。

2012年10月19日，该项目另一供应商上海某实业公司向市采购中心提出质疑。2012年10月30日,市采购中心作出质疑回复。上海某实业公司不服,向泸州市财政局（以下简称“市财政局”）投诉称，市采购中心未完全依据国家、行业相关法律法规及管理规定和本次谈判文件的要求进行评审，致使没有成交资格的江西某公司预成交，要求依法撤销江西某公司的预成交资格。市财政局于2012年12月21日作出50号投诉处理决定，责令重新开展采购活动。

江西某公司对50号投诉处理决定不服，向四川省财政厅（以下简称“省财政厅”）申请行政复议。省财政厅于2013年1月13日作出行政复议决定，撤销50号投诉处理决定，责令重新作出具体行政行为。

2013年2月6日，市财政局作出1号投诉处理决定。该处理决定认为，江西某公司在竞投时未提供有效竞投产品的《环境检测报告书》《产品质量合格证》，应属未对谈判文件提出的要求和条件作出实质性响应，所投标应为无效投标，项目谈判小组在评审中未按照政府采购法律法规和采购文件的规定要求对江西某公司的供应商资格条件和竞投产品各项标准进行严格评审，导致无效供应商成交，明显不公平、不公正，该评审行为违反了《政府采购法》第三条政府采购应当遵守公平竞争、公正原则的规定，该违法行为影响了成交结果，根据《政府采购供应商投诉处理办法》第十七条第（三）项、第十九条第（一）项之规定，决定责令重新开展采购活动。

行政诉讼一审情况

江西某公司不服，向泸州市江阳区人民法院提起诉讼。一审法院认为，该项目竞争性谈判文件要求"各竞标人只能投报一种品牌的一个型号，并在报价表中明确品牌、型号，不接受备选竞标方案，否则，视为竞标无效"。江西某公司在其竞标文件中提供了多种名称和多个型号的产品，在其报价明细表中仅填写设备名称为"火化捡灰炉火化机"未明确型号，且该名称与其提供的公司简介中载明的产品型号名称和在《技术参数响应及偏离表》中载明所投产品型号以及在产品宣传彩页资料中载明的产品名称与型号均不一致，不符合竞争性谈判文件要求。江西某公司竞标文件中提供的《监测报告》中被监测对象并非针对江西某公司及其本次所投产品型号，且《监测报告》采用的标准已被《燃油式火化机大气污染物排放限值》（GB13801—2009）标准取代；从《监测报告》结果看，《监测报告》也不能满足竞争性谈判文件要求。江西某公司提交的竞标文件，同样不符合竞争性谈判文件要求。

综上，江西某公司在竞投时未提供有效竞投产品的《环境检测报告书》《产品质量合格证》，应属未对竞争性谈判文件提出的要求和条件作出实质性响应，为无效投标。项目谈判小组在评审中未按照政府采购法律法规和竞争性谈判文件的规定要求对江西某公司的供应商资格条件和竞投产品各项标准要求严格评审，违反了《政府采购法》第三条政府采购应当遵循公平竞争原则、公正原则和诚实信用原则的规定。市财政局作出的1号投诉处理决定事实清楚、证据充分。

上诉人诉求及观点

江西某公司不服，向四川省泸州市中级人民法院提起上诉称：（1）江西某公司的成交通知书合法有效，在没有任何行政部门通知取消的情况下，无权责令重新开展同一项采购活动；（2）市财政局参加了市采购中心组织的质疑复核，质疑复核的结果是维护了江西某公司的成交资格，而市财政局之后又通过决定否定江西某公司的成交资格，市财政局前后不一致的行为侵犯了江西某公司的合法权益，直接造成竞标后的各项经济损失，请求撤销市财政局作出的1号投诉处理决定。

被上诉人答辩及观点

市财政局辩称：江西某公司作出的具体行政行为事实清楚、适用法律正确、程序合法，一审法院认定事实清楚，程序合法，江西某公司的上诉理由于法无据，请求维持一审法院判决，驳回江西某公司的上诉请求。

二审法院裁判及观点

二审法院认为：此次竞争性谈判文件要求“各竞标人只能投报一种品牌的一个型号，并在报价表中明确品牌、型号，不接受备选竞标方案，否则，视为竞标无效”，而江西某公司未在《项目报价明细表》明确所投产品的具体品牌和型号，仅填写设备名称为“火化捡灰炉火化机”，且该名称与其提供的公司简介中载明的产品型号名称和在《技术参数响应及偏离表》中载明所投产品型号以及在产品宣传彩页资料中载明的产品名称与型号均不一致，不符合本次竞争性谈判文件的“各竞标人只能投报一种品牌的一个型号，并在报价表中明确品牌、型号”的要求。江西某公司在庭审中主张其提供的产品的品牌和型号就是宣传彩页中“天官五号A型”全自动节能环保高档捡灰火化机，而提供的《环境检测报告》和《产品质量合格证》的品牌、型号、生产厂家等与该“天官五号A型”相互不对应，且《环境监测报告》采用的标准已被《燃油式火化机大气污染物排放限值》(GB13801—2009)标准取代，检测结果也不能满足此次竞争性谈判文件要求，故江西某公司在竞投时提供的《环境监测报告》和《产品质量合格证》，属于未对竞争性谈判文件提出的要求和条件作出实质性响应。市采购中心在组织此次捡灰炉火化机的采购和质疑复核过程中，未依法履行职责，未采纳泸州市殡仪馆的代表人的正确意见，使没有证据证明质量符合谈判文件要求的标准的供应商确定为成交供应商，该采购活动违反了《政府采购法》的相关规定。

综上，一审法院判决并无不当。据此，依照《行政诉讼法》第六十一条第（一）项之规定，判决驳回上诉，维持原判。

案例评析 CASE ANALYSIS

1. 本案江西某公司是否符合谈判文件要求，是否为无效响应

江西某公司响应文件未按竞争性谈判文件要求提供产品的《环境检测报告书》《产品质量合格证》，亦未仅投报一种品牌的一个型号，应属未对竞争性谈判文件提出的要求和条件作出实质性响应，为无效响应。因此，本案投诉处理决定认定谈判过程违法，决定成交结果无效，责令重新开展采购活动并无不当。

2. 成交通知书的法律效力，发出成交通知书后是否可以取消

《政府采购法》第四十六条第二款规定："中标、成交通知书对采购人和中标、成交供应商均具有法律效力。中标、成交通知书发出后，采购人改变中标、成交结果的，或者中标、成交供应商放弃中标、成交项目的，应当依法承担法律责任。"《政府采购法》第四十四条规定："政府采购合同应当采用书面形式。"因此，双方还应签订书面的采购合同才能生效。那么在发出成交通知书后对采购人、中标人具有拘束力，双方不可随意取消。但是，法律、法规和行政规章赋予了财政部门处理投诉时认定中标或者成交结果无效的职权。投诉处理决定作为一种行政裁决行为，可以改变成交通知书的效力。因此，本案虽已经发出成交通知书，但财政部门有权认定成交结果无效，相应的成交通知书自始无效。

三、对竞争性谈判程序的争议

根据《政府采购法》第三十八条规定，采用竞争性谈判方式采购的，应当遵循下列程序：(1) 成立谈判小组。谈判小组由采购人的代表和有关专家共三人以上的单数组成，其中专家的人数不得少于成员总数的三分之二。(2) 制定谈判文件。谈判文件应当明确谈判程序、谈判内容、合同草案的条款以及评定成交的标准等事项。(3) 确定邀请参加谈判的供应商名单。谈判小组从符合相应资格条件的供应商名单中确定不少于三家的供应商参加谈判，并向其提供谈判文件。(4) 谈判。谈判小组所有成员集中与单一供应商分别进行谈判。在谈判中，谈判的任何一方不得透露与谈判有关的其他供应商的技术资料、价格和其他信息。谈判文件有实质性变动的，谈判小组应当以书面形式通知所有参加谈判的供应商。(5) 确定成交供应商。谈判结束后，谈判小组应当要求所有参加谈判的供应商在规定时间内进行最后报价，采购人从谈判小组提出的成交候选人中根据符合采购需求、质量和服务相等且报价最低的原则确定成交供应商，并将结果通知所有参加谈判的未成交的供应商。此外，《政府采购法实施条例》第三十五条，《政府采购非招标采购方式管理办法》第三章，都专门对竞争性谈判的程序加以规定。竞争性谈判与招标投标和程序完全不同，但在实践中经常有人混淆，而引起争议。

下面是江苏省财政厅制作的竞争性谈判操作流程图，[1] 对了解竞争性谈判的程序有借鉴作用：

1 《江苏省财政厅 江苏财政 省财政厅制作"流程图"，让政府采购更高效》，载 http://czt.jiangsu.gov.cn/art/2018/11/6/art_7938_7872377.html，最后访问日期：2020 年 6 月 20 日。

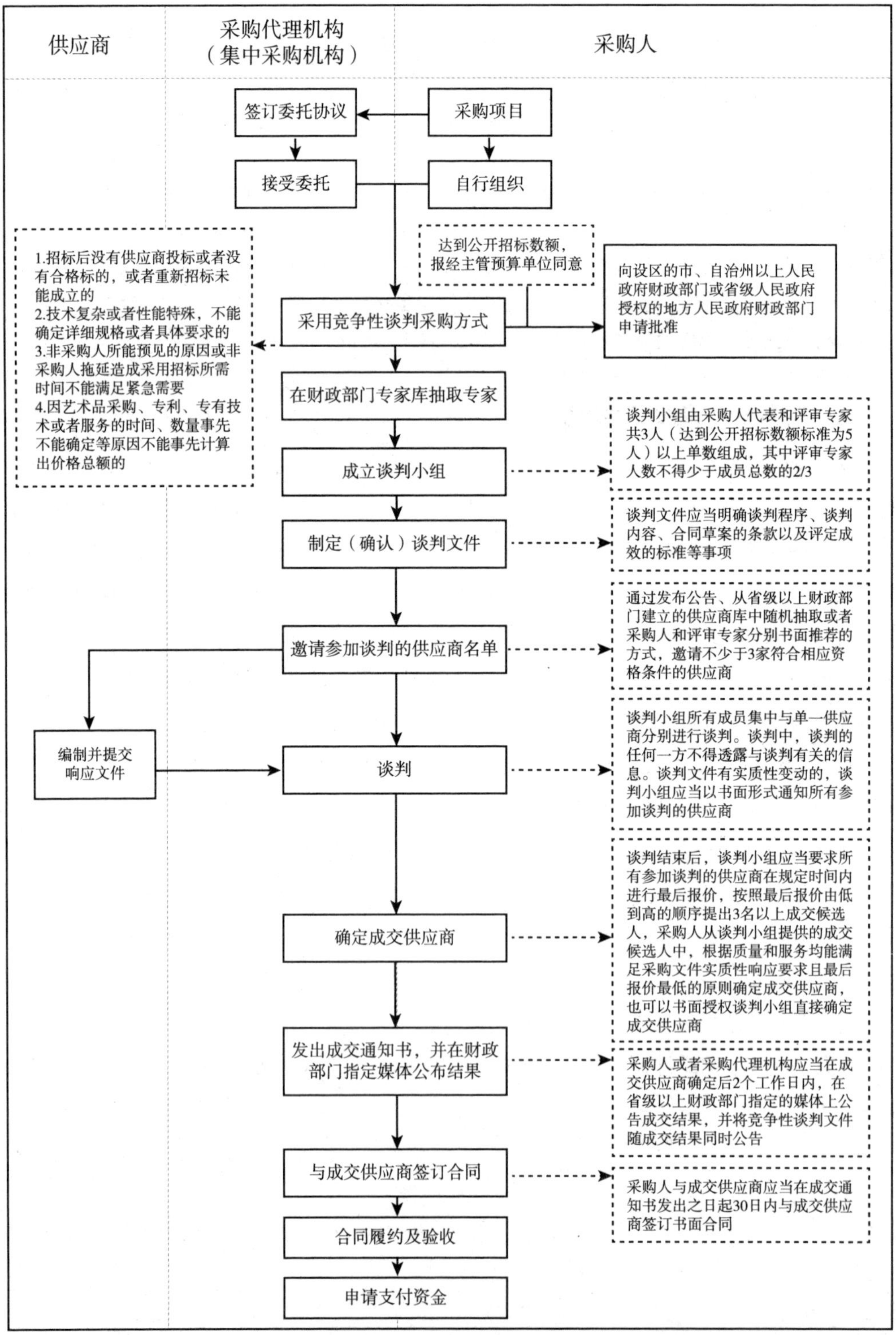

供应商
采购代理机构（集中采购机构）
采购人
签订委托协议
采购项目
接受委托
自行组织
达到公开招标数额，报经主管预算单位同意
1.招标后没有供应商投标或者没有合格标的，或者重新招标未能成立的
2.技术复杂或者性能特殊，不能确定详细规格或者具体要求的
3.非采购人所能预见的原因或非采购人拖延造成采用招标所需时间不能满足紧急需要
4.因艺术品采购、专利、专有技术或者服务的时间、数量事先不能确定等原因不能事先计算出价格总额的
采用竞争性谈判采购方式
向设区的市、自治州以上人民政府财政部门或省级人民政府授权的地方人民政府财政部门申请批准
在财政部门专家库抽取专家
成立谈判小组
谈判小组由采购人代表和评审专家共3人（达到公开招标数额标准为5人）以上单数组成，其中评审专家人数不得少于成员总数的2/3
制定（确认）谈判文件
谈判文件应当明确谈判程序、谈判内容、合同草案的条款以及评定成效的标准等事项
邀请参加谈判的供应商名单
通过发布公告、从省级以上财政部门建立的供应商库中随机抽取或者采购人和评审专家分别书面推荐的方式，邀请不少于3家符合相应资格条件的供应商
编制并提交响应文件
谈判
谈判小组所有成员集中与单一供应商分别进行谈判。谈判中，谈判的任何一方不得透露与谈判有关的信息。谈判文件有实质性变动的，谈判小组应当以书面形式通知所有参加谈判的供应商
确定成交供应商
谈判结束后，谈判小组应当要求所有参加谈判的供应商在规定时间内进行最后报价，按照最后报价由低到高的顺序提出3名以上成交候选人，采购人从谈判小组提供的成交候选人中，根据质量和服务均能满足采购文件实质性响应要求且最后报价最低的原则确定成交供应商，也可以书面授权谈判小组直接确定成交供应商
发出成交通知书，并在财政部门指定媒体公布结果
采购人或者采购代理机构应当在成交供应商确定后2个工作日内，在省级以上财政部门指定的媒体上公告成交结果，并将竞争性谈判文件随成交结果同时公告
与成交供应商签订合同
采购人与成交供应商应当在成交通知书发出之日起30日内与成交供应商签订书面合同
合同履约及验收
申请支付资金

竞争性谈判操作流程图

（一）对竞争性谈判采用招标程序的争议

政府采购竞争性谈判与招标有所不同，尤其在程序方面。程序合法是结果公正的保障，采购人或者采购代理机构在竞争性谈判时，应严格按照《政府采购法》《政府采购法实施条例》《政府采购非招标采购方式管理办法》有关竞争性谈判程序的规定，切不能各行其是，别出心裁，而采用招标程序。

【案例 107[1]】以竞争性谈判方式采购的政府采购项目采用招标程序进行，是否合法

关 键 词：采购方式 / 竞争性谈判 / 招标程序 / 程序违法

案例要点：采用竞争性谈判方式采购应符合法定条件，竞争性谈判应按照法律、法规和行政规章规定的程序。法院审理因政府采购投诉而引起的行政案件，应以投诉处理决定的行政行为是否合法为审查范围，而不应将采购行为作为审查范围。

谈判、质疑、投诉、复议情况

某市政府采购中心（以下简称“采购中心”）根据某市行政服务中心委托，对其所需文印服务招标项目（以下简称“该项目”）进行竞争性谈判招标，要求投标单位需具有文印服务经验、对外承包文印服务经历、文印设备特约授权维修站资历。此次招标实行资质后审，资质审查工作在开标时由评标委员会独立负责。2016 年 6 月 17 日，采购中心向某物业公司下发中标通知书。

中标结果公布后，某印刷科技公司提出质疑。2016 年 9 月 19 日，采购中心以某物业公司不具备招标文件中要求的“文印设备特约授权维修站资历”为由取消某物业公司的成交候选单位资格。随后某物业公司向市财政局投诉，市财政局于 2016 年 11 月 3 日作出第一次处理决定，经复议被撤销后于 2017 年 3 月 14 日作出第二次投诉处理决定如下：（1）市采购中心于 2016 年 9 月 19 日作出的取消某物业公司的候选单位资格的通知合法有效；（2）某物业公司投诉的招标文件中“有关投标单位需具备文印设备特约授权维修站资历”条款有歧视普通文印服务企业的嫌疑，缺乏事实根据，驳回投诉。

行政诉讼一审情况

某物业公司不服，向一审法院提起行政诉讼。一审法院认为，该案中采购中心未提交证据证明该项目不能事先计算出价格总额，其招标行为也不符合法律规定的采用竞争性谈

---

1 案例来源：（2018）豫 11 行终 21 号。

判的其他情形，采购中心在不符合法律规定的采用竞争性谈判的情况下，进行竞争性谈判，且在竞争性谈判的过程中未遵循法律规定的程序成立谈判小组、制定谈判文件，其在程序方面存在重大瑕疵，市财政局作为监管部门，监管不严，未能及时发现此次招标的问题，也未能及时纠正采购中心的违法行为，并作出驳回投诉的决定，认定事实错误，应当予以撤销。一审法院判决撤销某市财政局 2017 年 3 月 14 日作出的投诉处理决定，并重新处理投诉。

上诉人诉求及观点

市财政局上诉称：(1) 本案采购方式是由采购人选择后报市财政局批准，不违反法律、法规的强制性规定，原审判决认定采购方式违法错误；(2) 采购中心在当事人（供应商）对供应商资质问题提出质疑后及时对质疑进行答复，并及时公布了中标结果，不会也不可能存在原审判决称的“没有成立谈判小组”等导致采购程序无法进行的情形，原审判决认定采购程序存在重大瑕疵错误；(3) 根据《政府采购法》《政府采购法实施条例》和财政部《政府采购供应商投诉处理办法》的规定，财政局作为政府采购监督管理部门，针对当事人（供应商）的“投诉事项”进行审查、处理，该案中，该案涉及的采购程序问题不属于当事人“投诉”范围，市财政局行政决定也就“投诉事项”审查、认定，没有任何内容涉及“采购程序”的认定，原审判决认定上诉人行政决定“认定事实错误”没有依据。综上，原审判决超越法律规定认定采购程序错误，从而对被诉行政行为进行否定，请求二审法院撤销原审判决，维持一审被告行政处理决定，驳回原审某物业公司诉讼请求。

采购中心上诉称：(1) 本案采购方式不是其确定的，而是采购人市行政服务中心依法选择后报市财政局批准确定的，且不违反法律、法规的相关规定，原审对此认定错误；(2) 其作为政府集中采购机构，切实履行工作程序和职责，制订竞争性谈判文件，按规定程序办事，不存在原审判决认定的违规行为，也没有当事人对此提出异议，原审认定上诉人采购程序存在重大瑕疵错误；(3) 本案为行政诉讼，应由被诉行政机关市财政局对被诉行政行为的合法性进行举证，采购中心作为民事主体没有相应的举证义务，原审以采购中心未尽举证责任且采购程序存在重大瑕疵为由对行政行为进行否定，从举证责任分配上也是错误的。综上，采购中心系民事活动主体，且采购程序没有被“质疑”和“投诉”，不存在法定举证义务，原审判决认定事实错误，请求二审法院撤销原审判决，维持一审被告行政处理决定，驳回某物业公司诉讼请求。

被上诉人答辩及观点

某物业公司答辩称：(1) 一审中市财政局没有举证证明采购中心的竞争性谈判采购行

为经批准；(2)一审中市财政局没有对行政决定的事实部分举证证明行政决定合法，一审判决市财政局败诉符合举证原则。因此，请求二审法院驳回上诉，维持原判。

二审法院裁判及观点

1.采购中心取消某物业公司成交候选单位资格行为的合法性问题，根据《政府采购法》第二十六条规定了包括公开招标和竞争性谈判在内的政府采购的方式；第三十条和第三十八条亦分别规定了竞争性谈判的适用范围和适用程序；该法第三十八条第(五)项规定采购人从谈判小组提出的成交候选人中根据符合采购需求、质量和服务相等且报价最低的原则确定成交供应商，并将结果通知所有参加谈判的未成交的供应商。《政府采购非招标采购方式管理办法》(第74号令)第三十五条、第三十六条规定，谈判小组应当从质量和服务均能满足采购文件实质性响应要求的供应商中，按照最后报价由低到高的顺序提出3名以上成交候选人；采购人应当在收到评审报告后5个工作日内，从评审报告提出的成交候选人中，根据质量和服务均能满足采购文件实质性响应要求且最后报价最低的原则确定成交供应商。根据上述法律、规章规定，招标与竞争性谈判为不同的政府采购方式，且在竞争性谈判采购程序中，确定成交候选人在先，确定成交供应商在后。该案中，首先，采购中心在以竞争性谈判方式实施政府采购的过程中，以招标文件替代谈判文件，以中标通知书替代成交通知书，全案亦无证据证明其按照《政府采购法》第三十八条规定的程序成立了谈判小组、实施了符合法定程序的谈判、确定了成交候选人，其采购行为不符合上述法律、规章规定的程序；其次，采购中心在向某物业公司发出中标通知书3个月后，又向该公司发出取消成交候选单位资格通知书，亦不符合上述法律、规章规定的程序。

2.市财政局确认取消某物业公司的候选单位资格的通知合法、驳回某物业公司投诉决定的合法性问题。该案中，市财政局是对某市政府采购工作进行全面监督的机构，某物业公司向其投诉采购中心作出的取消某物业公司成交候选单位资格的行为违法，市财政局应当取消某物业公司成交候选单位资格的行为进行审查，即使出现评审错误，亦应认定采购无效，责令重新开展采购活动。但市财政局在对某物业公司投诉的处理过程中，没有按照上述规定对采购中心作出的取消某物业公司成交候选单位资格的行为的合法性进行审查，亦没有调取该取消成交候选单位资格的行为符合上述规定的证据，其作出的确认取消某物业公司的候选单位资格的通知合法有效的决定，认定事实有误，依法应予撤销。

综上，法院判决驳回上诉，维持原判。

案例评析

CASE ANALYSIS

1. 该项目是否可以采用竞争性谈判方式采购

根据《政府采购非招标采购方式管理办法》第二十七条规定，"符合下列情形之一的采购项目，可以采用竞争性谈判方式采购：（一）招标后没有供应商投标或者没有合格标的，或者重新招标未能成立的；（二）技术复杂或者性质特殊，不能确定详细规格或者具体要求的；（三）非采购人所能预见的原因或者非采购人拖延造成采用招标所需时间不能满足用户紧急需要的；（四）因艺术品采购、专利、专有技术或者服务的时间、数量事先不能确定等原因不能事先计算出价格总额的"。可知，符合上述情形之一才可以采用竞争性谈判方式。同时《政府采购法》第二十七条规定："采购人采购货物或者服务应当采用公开招标方式的，其具体数额标准，属于中央预算的政府采购项目，由国务院规定；属于地方预算的政府采购项目，由省、自治区、直辖市人民政府规定；因特殊情况需要采用公开招标以外的采购方式的，应当在采购活动开始前获得设区的市、自治州以上人民政府采购监督管理部门的批准。"即采用竞争性谈判方式采购除满足相应的情形下还应获得市、自治州以上人民政府采购监督管理部门的批准。因此，本案只有在符合上述条件下才可以采用竞争性谈判方式采购。令人遗憾的是，从本案判决书中，看不出该项目应当采用竞争性谈判方式采购情形。

2. 竞争性谈判采用招标程序是否违法

《政府采购非招标采购方式管理办法》第二条第二款规定："本办法所称非招标采购方式，是指竞争性谈判、单一来源采购和询价采购方式。"即竞争性谈判采用非招标采购方式，《政府采购法》第三十八条、《政府采购法实施条例》第三十五条、《政府采购非招标采购方式管理办法》第三章对竞争性谈判的采购程序作了具体的规定。因此，本案采用竞争性谈判方式应严格按照其特有的方式采购，如果采用招标程序则构成程序违法。

3. 本案法院可以因采购方式和程序违法作出撤销的判决吗

《行政诉讼法》第六条规定："人民法院审理行政案件，对行政行为是否合法进行审查。"即行政诉讼的审查对象为被诉行政行为。本案的被诉行政行为为市财政局作出的投诉处理决定。根据《政府采购供应商投诉处理办法》第十四条规定，财政部门处理投诉事项原则上采取书面审查的办法。即市财政局仅需对投诉人提出的投诉事项进行审查，而不是对整个采购行为进行全面审查。很显然从案件事实来看，某物业公司质疑投诉的事项未涉及采购方式和程序问题，因此市财政局作出的投诉处理决定未涉及采购方式和采购程序问题是符合规定的。所以法院的审查范围仅应围绕着被诉投诉处理决定的合法性进行审查，即市财政局作出投诉处理决定的程序是否合法、对投诉事项是否审查清楚，作出的决定是否正确。而本案法院以采购方式和程序违法认定案涉投诉处理决定违法显然超越了审查范围，不符合法律规定。

4. 市财政局作出的投诉处理是否存在问题

《政府采购供应商投诉处理办法》第十条规定，"投诉人提起投诉应当符合下列条件：……（二）提起投诉前已依法进行质疑"即提起未依法质疑的事项不符合投诉受理条件。从上述案情可知，某印刷科技公司提出质疑，采购中心下发通知取消某物业公司的成交候选单位资格。某物业公司针对采购中心取消成交候选单位资格和招标文件问题直接向市财政局提起投诉，市财政局认定市采购中心取消通知合法，并驳回对其他事项的投诉。显然，某物业公司对某印刷科技公司的质疑答复提起投诉，其未提起过质疑，投诉的事项亦未经过质疑。因此，根据《政府采购供应商投诉处理办法》第十一条第一款第（三）项规定，"……（三）投诉不符合其他条件的，书面告知投诉人不予受理，并应当说明理由"。市财政局应对某物业公司的投诉不予受理，如果受理审查后应驳回投诉。所以，本案中某物业公司作出的投诉处理决定不符合规定。

综上所述，尽管法院在审查范围上不符合法律规定，但判决指出的采用竞争性谈判方式采购的问题，竞争性谈判采购招标程序的问题，确实应当引起注意。因财政部门在诉讼过程中，既没有向法院提出审查范围超出了投诉处理的范围，也没有用证据说明采购方式的正确，更没有证明确实是采用竞争性谈判程序进行采购，引起案件败诉。这一教训值得深思。

（二）有关未严格按照谈判程序的争议

采用竞争性谈判的政府采购项目，应按竞争谈判的程序进行。有时，采购人或者采购代理机构尽管在绝大部分是按竞争性谈判的程序进行的，但在个别环节另搞一套，也会产生争议。

【案例108[1]】竞争性谈判时要求供应商进行资格澄清的同时进行二次报价，发生争议应如何处理

关 键 词：资格澄清/二次报价/竞争性谈判

案例要点：竞争性谈判方式采购时，资格审查通过的供应商才可以进入报价环节。而评审委员会要求供应商进行资格澄清同时进行二次报价显然不符合规定，财政部门应根据具体情形及是否影响采购结果作出相应处理。

谈判、质疑、投诉情况

2014年3月，福州某洗涤公司参加采购人福州市第二医院（以下简称"市二院"）委托福建某招标公司进行的"福州市第二医院布草洗涤服务采购项目（以下简称"该项目"）"竞争性谈判。至报价截止日期，该项目共有福州某洗涤公司和福州和洁洗涤有限公司（以

1 案例来源：（2014）鼓行初字第117号。

下简称“和洁公司”）两家供应商参与报价，经评标后由福州某洗涤公司中标。

和洁公司对中标结果及福建优胜招标代理有限公司的质疑答复不满意，于2014年4月28日向福州市财政局提起投诉。福州市财政局于2014年5月26日作出投诉处理决定，认为在竞争性谈判评标期间，谈判小组在要求投标人澄清的同时进行二次报价，其评标程序不符合竞争性谈判文件规定。投诉人的该投诉事项成立，本次中标结果无效，责令重新开展采购活动。

原告诉求及观点

福州某洗涤公司对投诉处理决定不服，向福州市鼓楼区人民法院提起诉讼称，本项目的竞争性谈判文件中并没有明确规定进行二次报价时谈判小组不能要求投标人作出澄清。对此，相关法律、法规和规章也无明确规定。因此，福州市财政局在投诉处理决定中认定本项目谈判小组的评标程序不符合竞争性谈判文件规定，是错误的。退一步说，即使福州市财政局认定的违规事实成立，该违规也只是程序中的小瑕疵，并不影响本次竞争性谈判“中标、成交结果”；而且，谈判小组只是违反本项目竞争性谈判文件的规定，并没有违反相关法律、法规和规章的规定，不属于违法行为。因此，福州市财政局依据《政府采购法》第五十六条和《政府采购供应商投诉处理办法》第十七条第三款和第十九条的规定作出“本次中标无效，责令重新开展采购活动”的处理决定，显然不仅是认定事实错误，适用法律也是错误的。故福州某洗涤公司请求依法撤销福州市财政局作出投诉处理决定。

被告答辩及观点

该案被诉具体行政行为，认定事实清楚，证据确凿。福州某洗涤公司诉求撤销投诉处理决定不成立。首先，该案所涉项目明确规定了评标程序。《福州市第二医院竞争性谈判文件》第四章“评标标准及方法”规定：“本项目评标标准和方法采用最低评标价法。采用最低评标价法时，经评判委员会评审，在提交的报价文件全部满足竞争性谈判文件实质性要求的供应商不少于两家的前提下，依据统一的价格要素评定最低报价……”采购项目实行两阶段评标，第一阶段进行技术商务部分的评标（包含资格性审查），“资格审查条款中有一项不符合者不进行下一程序”。第二阶段进行价格部分评标，经第一阶段评选出的实质性响应竞争性谈判文件技术商务要求的报价人进入第二阶段评标。然而评标委员会在资格审查阶段即发现和洁公司报价文件的承诺函与竞争性谈判文件资格标准第三点存在偏差，却未在该资格审查阶段要求和洁公司澄清，而以“为了确保该项目具有竞争性”为由，让和洁公司进入价格评标阶段，再以和洁公司资格审查不通过推荐福州某洗涤公司为成交候选人，事实上导致不符合资格审查条款的供应商直接进入下一程序。由于进入第二阶段的只有和洁公司和福州某洗涤公司，评标委员会的违反程序不仅直接影响到成交结果，甚至直接影响应当采取的采购形式。

其次，该案争议事项是对政府采购的投诉处理行为，鉴于该项目评标委员会评标程序明显错误并直接影响到成交结果，福州市财政局认定中标无效，责令重新开展采购活动正确。该案福州市财政局是履行法定职责，作出投诉处理决定，而不是对政府采购过程中发生的违法犯罪行为追究责任。福州某洗涤公司主张应适用《政府采购法》第七十三条的规定，而该规定适用的事项与该案发生的事项并无关联，此主张不能成立。

最后，福州某洗涤公司主张评标委员会本着公平竞争原则，对评标程序进行调整不属于违法不成立。竞争性谈判文件是竞争性谈判的依据，也是评标委员会的评标依据。不管基于何原则，法律法规及竞争性谈判文件并没有授予评标委员会可以改变竞争性谈判文件规定的权力，违规评标直接影响到成交结果，不属于对结果不会造成影响的小瑕疵。

综上，该案福州某洗涤公司诉讼请求不成立，恳请法院予以驳回，维持福州市财政局的投诉处理决定。

法院裁判及观点

法院认为，按照《政府采购法》第六十四条规定，由于该项目采用的是竞争性谈判方式，因此该项目的程序应当符合竞争性谈判文件的规定，福州市财政局经审查并经专家质证认定“在谈判期间，采购小组在要求投诉人进行资格澄清的同时进行二次报价，评标程序错误”，不符合谈判文件中关于资格性审查的规定，而该程序错误可能影响中标结果。按照财政部《政府采购供应商投诉处理办法》第十九条规定，该案福州市财政局根据上述规定作出“本次中标结果无效，责令重新开展采购活动”的决定并无不妥。至于福州某洗涤公司认为该程序错误不属于《政府采购法》第七十一条、第七十二条规定的情形，因此尚不构成《政府采购法》第七十三条规定的处理情形，法院认为，福州某洗涤公司上述观点有失偏颇。《政府采购法》第七十一条、第七十二条、第七十三条规定的是在政府采购活动中发生的违法、犯罪行为情形以及相应的法律责任，而该案情形属于采购过程中发生的违反程序规定“影响或可能影响中标、成交结果的”情形，故福州市财政局适用《政府采购供应商投诉处理办法》第十九条的规定而非《政府采购法》第七十三条的规定作出该案被诉的行政决定。

综上所述，福州市财政局作出的投诉处理决定，认定事实清楚，适用法律正确，程序基本合法，福州某洗涤公司的异议不能成立。据此，判决驳回福州某洗涤公司的诉讼请求。

案例评析 CASE ANALYSIS

根据《政府采购非招标采购方式管理办法》第三十条、第三十一条、第三十二条、第三十三条规定，采用竞争性谈判方式的程序为谈判小组与实质性响应的供应商谈判，未实质响应的响应文件按无效处理。符合条件的进入报价环节，即资格审查合格的才可进入报价环节。本案中，评标委员会在资格审查阶段发现和洁公司报价文件的承诺函与竞争性谈判文件资格标准第三点存在偏差，却未在该资格审查阶段要求和洁公司澄清，以"为了确保该项目具有竞争性"为由，让和洁公司进入价格评标阶段，再以和洁公司资格审查不通过推荐福州某洗涤公司为成交候选人，事实上导致不符合资格审查条款的供应商直接进入下一程序。本案竞争性谈判文件"评标标准及方法"规定："本项目评标标准和方法采用最低评标价法。采用最低评标价法时，经评判委员会评审，在提交的报价文件全部满足竞争性谈判文件实质性要求的供应商不少于两家的前提下，依据统一的价格要素评定最低报价……"

因此，如果和洁公司资格审查不合格，那么将导致实质性响应供应商少于两家，采购人或者采购代理机构应当终止采购活动。因此，谈判小组要求供应商进行资格澄清的同时进行二次报价违反谈判程序并可能影响采购结果，财政部门应根据《政府采购非招标采购方式管理办法》第三十二条认定中标结果无效，责令重新开展采购。

第二节 对单一来源方式采购的争议

根据《政府采购非招标采购方式管理办法》第二条第四款规定，单一来源采购是指采购人从某一特定供应商处采购货物、工程和服务的采购方式。单一来源采购，是一种没有竞争的采购，只同唯一的供应商签订合同，采购人也无法货比三家，有可能"错买"，供应商则不会"错卖"，使得采购人处于不利地位。如果不加以控制，将会增加采购成本，容易滋生腐败现象，因此对于单一来源采购，法律、法规、行政规章规定了适用的条件和程序。

《政府采购法》第三十一条规定："符合下列情形之一的货物或者服务，可以依照本法采用单一来源方式采购：（一）只能从唯一供应商处采购的；（二）发生了不可预见的紧急情况不能从其他供应商处采购的；（三）必须保证原有采购项目一致性或者服务配套的要求，需要继续从原供应商处添购，且添购资金总额不超过原合同采购金额百分之十的。"

《政府采购法实施条例》第二十七条规定，政府采购法第三十一条第（一）项规定的情形，是指因货物或者服务使用不可替代的专利、专有技术，或者公共服务项目具有特殊要求，导致只能从某一特定供应商处采购。即唯一性为不可替代的专利、专有技术，或者公共服务项目具有特殊要求所导致，而不能以其他理由证明具备唯一性。根据《政府采购非招标采购方式管理办法》第三十八条规定，属于政府采购法第三十一条第（一）项情形，且达到公开招标数额的货物、服务项目，拟采用单一来源采购方式的，采购人、采购代理机构在按照本办法第四条报财政部门批准之前，应当在省级以上财政部门指定媒体上公示，并将公示情况一并报财政部门。公示期不得少于5个工作日，公示内容应当包括：（1）采购人、采购项目名称和内容；（2）拟采购的货物或者服务的说明；（3）采用单一来源采购方式的原因及相关说明；（4）拟定的唯一供应商名称、地址；（5）专业人员对相关供应商因专利、专有技术等原因具有唯一性的具体论证意见，以及专业人员的姓名、工作单位和职称；（6）公示的期限；（7）采购人、采购代理机构、财政部门的联系地址、联系人和联系电话。

根据《政府采购非招标采购方式管理办法》第三十九条、第四十条规定，任何供应商、单位或者个人对采用单一来源采购方式公示有异议的，可以在公示期内将书面意见反馈给采购人、采购代理机构，并同时抄送相关财政部门。采购人、采购代理机构收到对采用单一来源采购方式公示的异议后，应当在公示期满后5个工作日内，组织补充论证，论证后认为异议成立的，应当依法采取其他采购方式；论证后认为异议不成立的，应当将异议意见、论证意见与公示情况一并报相关财政部门。采购人、采购代理机构应当将补充论证的结论告知提出异议的供应商、单位或者个人。

下面是江苏省财政厅制作的单一来源操作流程图，[1] 对了解单一来源采购方式有借鉴作用：

1 《江苏省财政厅 江苏财政 省财政厅制作"流程图"，让政府采购更高效》，载 http://czt.jiangsu.gov.cn/art/2018/11/6/art_7938_7872377.html，最后访问日期：2020年6月20日。

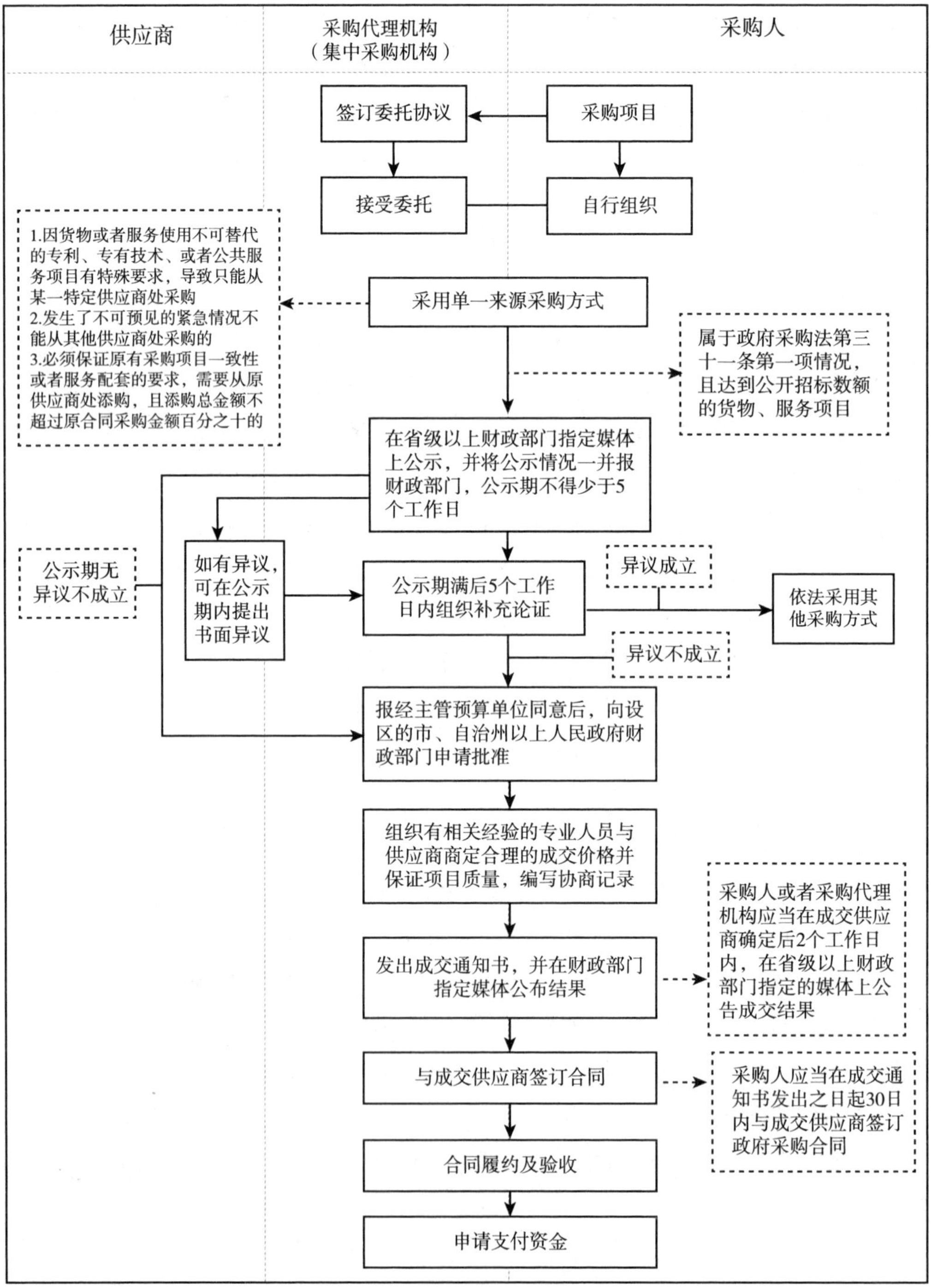

单一来源操作流程图

一、对采用单一来源方式进行政府采购的争议

单一来源采购也称直接采购，是指采购人向唯一供应商进行采购的方式。适用于达到

了限购标准和公开招标数额标准，但所购商品的来源渠道单一，或因专利、专有技术、首次制造等原因，或因发生了不可预见的紧急情况不能从其他供应商处采购、必须保证原有采购项目一致性或者配套的要求而合同追加、原采购项目的后续扩充等情况。该采购方式的最主要特点是没有竞争性，那么对排除在竞争之外的供应商来说，就有可能有争议。

【案例109[1]】一件对单一来源方式采购的争议，经异议、投诉、复议处理后，行政行为被法院判决撤销

关键词：单一来源采购/唯一性论证/专业人员

案例要点：采用单一来源方式采购有严格的条件限定，采购人应有充分的证据证明适用单一来源的必要性，同时应遵循程序规定报财政部门批准。供应商对单一来源采购方式提出异议后未被采纳，仍然可以提出质疑、投诉。

论证、异议、投诉、复议情况

2015年，某市中心血站（以下简称“市血站”）根据省、市卫生和计划生育委员会对血液管理信息系统（包含临床用血管理系统和血费直报系统）建设要求，对该系统进行政府采购。经专家论证，建议采用单一来源采购方式进行政府采购。同年11月20日，该采购项目的采购方式在江西省公共资源交易网进行征求意见公示。该公示主要载明，采购项目采用单一来源方式采购，该项目拟由唐山某科技公司提供原厂软硬件产品技术支持服务。现将有关情况向潜在政府采购供应商征求意见。

2015年12月1日，广东某公司对采购项目的采购方式有异议，认为该采购项目采用单一来源采购方式不符合法律规定，应变更为公开招标方式。并向某市政府采购办和市血站提交了书面意见书。同年12月8日，市血站向广东某公司作出了回复，认为采购项目采用单一来源方式采购合理合法，符合程序，对广东某公司的意见不予采纳。

广东某公司对该回复不满意，于2015年12月16日向某市财政局（以下简称“市财政局”）提起了投诉。市财政局于2016年1月26日作出了投诉处理决定，对广东某公司的意见不予采纳。

广东某公司不服该投诉处理决定，于2016年2月16日向某市人民政府（以下简称“市政府”）提起行政复议申请，市政府于2016年4月20日作出行政复议决定，维持市财政局作出的投诉处理决定。

---

1 案例来源：（2016）赣1021行初31号。

原告诉求及观点

广东某公司不服向江西省南城县人民法院提起行政诉讼称，市血站采购的“信息系统”违反了可以采用单一来源采购的情形，其提供的专家所作出的具体论证意见和观点均不符合《政府采购法》规定的单一来源采购条件。要求撤销市财政局作出的投诉处理决定及市政府作出的行政复议决定和依法判令市财政局、市政府中止履行单一来源“信息系统”的采购合同。

被告答辩及观点

市财政局及市政府辩称，(1)市血站采购的血液管理信息系统要与原有系统及全省其他市、区已运行的系统进行联网对接。为避免软件产品之间数据库格式不同带来的兼容性风险，市血站依据专家评审意见，提出对采购项目采取单一来源采购方式。市财政局依法批准，符合《政府采购法实施条例》第二十七条的规定。(2)专业人员对采用单一来源采购方式的唯一性意见已进行了明确的说明，广东某公司理解专业人员只能就相关供应商因专利、专有技术原因具有唯一性作出具体论证，而不能就除相关供应商因专利、专有技术原因具有唯一性作出具体论证是错误的。(3)《政府采购法》第十二条所规定的回避人员并没有列举就有相关供应商因专利、专有技术原因具有唯一性作出具体论证意见的专业人员属回避的范围。(4)市财政局是按照民事诉讼法关于送达的规定对投诉处理决定书进行送达的，广州某公司在收到该处理决定书后已依法行使了权利即向市政府申请行政复议，其权利并没有受到侵犯。(5)在单一来源采购专家论证意见表中就明确了本次采购是对“临床用血管理系统”和“血费自报系统”两大系统的升级改造，而专家论证意见表与征求意见公示是一并在网上发布的。广州某公司认为征求意见公示上的采购标的与回复质疑函中的采购标的，是前后矛盾的采购标的，是因广州某公司没有仔细看清和正确理解。综上，请求法院依法驳回广东某公司的诉讼请求。

市血站述称，我站从2003年就采用唐山某科技公司的血液管理系统，投资到目前为止已经上百万，且全省及其他地市联网也是采用唐山某科技公司的血液管理系统。考虑到系统数据的对接等问题，所以这次的系统采购项目，就提出采用单一来源方式采购。

唐山某科技公司述称，自2004年以来江西省的血液系统全都是我公司来做的。在全国范围内，我公司所承接的系统从来没有和广东某公司的系统进行数据对接。该血液系统的主业务系统在之后的医院联网系统、血费直报系统，都是我公司在做的，其他公司均未做过这两套系统。

法院裁判及观点

根据《政府采购法》《政府采购法实施条例》的规定。本案中，市财政局作出的被诉投诉处理决定认为市血站采购的项目采用单一来源方式采购符合程序、合理合法。即该单一来源采购项目所适用的类形为《政府采购法》第三十一条第（一）项“只能从唯一供应商处采购的”。诉讼中，市财政局、市血站、唐山某科技公司所提供的证据均不足以证明市血站向唐山某科技公司采购的血液管理信息系统（临床用血管理系统和血费直报系统）具有不可替代性、独占性。且江西省血液中心的回复函，不能作为采用单一来源采购方式的理由。而广东某公司所提供的证据能证明广东某公司具有研发医疗系统计算机软件的资质、能力和技术及其研发的血液管理系统能与唐山某科技公司的血液管理信息系统进行数据移植、转换。唐山某科技公司提出其公司所承接的系统从来没有与广东某公司的系统进行对接，且临床用血管理系统和血费直报系统都是我公司所做，其他公司均未做过这两套系统的主张。因唐山某科技公司仅提供了一份公司声明，未提供其他证据对其提出的主张予以证实。故唐山某科技公司提起的该主张，法院不予采纳。

综上，市财政局作出的被诉行政行为事实不清、证据不足，应予撤销。市政府作出的维持的行政复议决定亦予以撤销。广东某公司要求判令市财政局、市政府中止履行单一来源“信息系统”的采购合同的诉讼请求，不属于本案行政审判范畴，法院对该诉讼请求不予支持。判决撤销投诉处理决定和行政复议决定，驳回广东某公司要求判令市财政局、市政府中止履行单一来源“信息系统”的采购合同的诉讼请求。

案例评析 CASE ANALYSIS

1. 本案项目是否可以采用单一来源采购方式

根据本案采购方式公示中专家论证意见可知，该项目适用的情形为《政府采购法》第三十一条第（一）项所规定“只能从唯一供应商处采购”的情形，可以采用单一来源方式采购。具体理由为，采购的血液管理信息系统要与原有系统及全省其他市、区已运行的系统进行联网对接，为避免软件产品之间数据库格式不同带来的兼容性风险，而采用单一来源采购，继续使用原有系统供应商即唐山某科技公司提供的产品。但在庭审中，广东某公司所提供的证据能证明广东某公司具有研发医疗系统计算机软件的资质、能力和技术及其研发的血液管理系统能与唐山某科技公司的血液管理信息系统进行数据移植、转换。而采购人、采购代理机构、财政部门未能提供其他证据证明其唯一性。根据证据规则，财政部门未能提供证据证明其作出的行政行为的合法性，应承担败诉的风险。因此，从案件内容看，该项目采用单一来源采购不符合规定。

2. 采购单位人员是否可以作为专业人员参与论证，是否适用回避原则

《政府采购法》第十二条规定："在政府采购活动中，采购人员及相关人员与供应商有利害关系的，必须回避。供应商认为采购人员及相关人员与其他供应商有利害关系的，可以申请其回避。前款所称相关人员，包括招标采购中评标委员会的组成人员，竞争性谈判采购中谈判小组的组成人员，询价采购中询价小组的组成人员等。"即适用回避规定的人员为采购人员及相关人员。虽然本条未列明单一来源采购中的专业人员属于相关人员，但笔者认为专业人员出具的论证意见影响采购方式，会实质影响潜在供应商的实体权益，亦应属于相关人员之一，适用回避的相关规定。如果供应商认为专业人员与其他供应商有利害关系，可以申请回避。

《政府采购法实施条例》第九条规定："在政府采购活动中，采购人员及相关人员与供应商有下列利害关系之一的，应当回避：（一）参加采购活动前 3 年内与供应商存在劳动关系；（二）参加采购活动前 3 年内担任供应商的董事、监事；（三）参加采购活动前 3 年内是供应商的控股股东或者实际控制人；（四）与供应商的法定代表人或者负责人有夫妻、直系血亲、三代以内旁系血亲或者近姻亲关系；（五）与供应商有其他可能影响政府采购活动公平、公正进行的关系。供应商认为采购人员及相关人员与其他供应商有利害关系的，可以向采购人或者采购代理机构书面提出回避申请，并说明理由。采购人或者采购代理机构应当及时询问被申请回避人员，有利害关系的被申请回避人员应当回避。"该条具体规定了何为利害关系。本案采购人的工作人员作为专业人员之一参与唯一性论证，如果不能证明采购人的工作人员与供应商之间有上述关系，应不属于回避的情形。笔者认为，采购人的工作人员一定程度上比较了解采购需求和特点，让其作为专业人员出具唯一性的论证意见，具有一定的合理性。

3. 本案异议、质疑、投诉程序是否存在问题

任何供应商、单位或者个人可以对采用单一来源采购方式在公示期内提出异议，由采购人、采购代理组织补充论证异议是否成立并告知异议供应商。这是财政部行政规章赋予单一来源采购特有的救济途径。同时，异议供应商还可以作为潜在供应商根据《政府采购质疑和投诉办法》提起质疑、投诉维护自己的权益。本案中，广东某公司先在异议期间提出异议，市血站向广东某公司作出了回复。后广东某公司直接向市财政提起投诉，根据《政府采购质疑和投诉办法》第十九条第二款规定："投诉人提起投诉应当符合下列条件：（一）提起投诉前已依法进行质疑……"市财政局应对广东某公司的投诉不予受理，而本案市财政局却受理审查。因此，市财政局的做法值得商榷。

二、对其他方式采购变更为单一来源方式采购的争议

在招标采购中，符合专业条件的供应商或者对招标文件作实质响应的供应商应满三家，否则应予废标。而现实中因各种情况，会出现实质响应的供应商不满三家的情形，但因采购需求必须在一定时间内完成采购。此时采购人或采购代理机构可以变更采购方式，但采购方式的变更有内容和程序要求，不可随意变更。《政府采购非招标采购方式管理办法》实施以后，对如何变更都有明确规定，采购人或者采购代理机构更应慎重对待采购方式的变更。

【案例110[1]】投标人不足3家改为竞争性谈判，其中2家参加谈判1家谈判文件无效，经专家论证改为单一来源采购，是否符合规定

关键词：采购方式/竞争性谈判/单一来源

案例要点：公开招标只有2家投标，经专家论证、财政部门批准同意改为竞争性谈判方式，评审时发现只有1家符合实质性要求，因项目紧急，再经专家论证、财政部门同意采用单一来源采购，符合当时规定。《政府采购非招标采购方式管理办法》施行后则不能再直接转为单一来源方式采购，必须经过公示等程序。

谈判转单一来源、质疑、投诉、行政复议情况

市交易中心就“市地税软件维保项目”（以下简称“该项目”）于2012年6月14日在相关网站上公开发布招标信息，发布了招标文件。截止投标日期只有万赛联合体、某软件公司2家单位前来投标，投标单位不足3家，招标失败。组织专家论证后，经市财政局批准采购方式改变为竞争性谈判。截至同年7月18日上午9时30分，只有万赛联合体、开天联合体2家单位前来参加谈判。谈判小组在进行评审时发现开天联合体的应标文件不符合采购文件的实质性响应要求，认定为无效标。谈判小组认为项目实施时间紧急，已经过两次公开采购，经专家论证后，建议采用单一来源或者其他采购方式实施本项目。市财政局审批同意采用单一来源采购，经谈判，万赛联合体中标。谈判报告经确认后，于7月31日在发布采购公告的网站上进行预成交结果公示。

某软件公司曾就采购方式向市交易中心提出书面质疑，交易中心进行回复。某软件公司因涉案政府采购事宜于2012年8月21日向杭州市纪委派驻杭州市财政局监察室投诉称，谈判小组不能认定某软件公司和某集团杭州分公司联合体（以下简称“开天联合体”）投标文件为无效、竞争性谈判失败后不能改为单一来源采购。监察室于同年8月27日受理并转至市财政局政府采购监管处办理，市财政局于同年9月28日作出投诉处理决定。

某软件公司不服该决定，于2012年10月23日向杭州市人民政府提起行政复议申请。2013年1月23日，杭州市人民政府作出行政复议决定，维持了市财政局作出的投诉处理决定。

行政诉讼一审情况

某软件公司仍不服，向杭州市上城区人民法院提起行政诉讼。一审法院认为，根据“财政部令第18号”第四十三条第（一）项的规定，该项目招标文件、采购文件已经专家认

1 案例来源：（2013）浙杭行终字第258号。

证认为没有排他性、歧视性等不合理条款，公开招标程序和竞争性谈判程序均符合法律规定，在只有一家供应商符合应标文件的前提下，市地税局经市财政局批准同意改变采购方式为单一来源采购，符合上述法律规定。综上，市财政局作出的投诉处理决定证据充分，适用法律、法规正确，符合法定程序。开天软件公司起诉要求撤销该决定的诉讼理由不能成立，对其诉讼请求不予支持。依照《最高人民法院关于执行〈中华人民共和国行政诉讼法〉若干问题的解释》第五十六条第一款第（四）项之规定，判决驳回某软件公司的诉讼请求。

上诉人诉求及观点

某软件公司不服，向浙江省杭州市中级人民法院提起上诉称，一审法院认定事实错误，将明显的事实和重要的证据不予认定，仅根据“其他应当判决驳回诉讼请求的情形”作出不公正的判决。原判对被上诉人将“公开招标和邀请招标”与“竞争性谈判”的采购方式混为一谈的行为不予更正，对被上诉人适用法律的错误也给予了错误支持。根据“财政部令第18号”第三条的规定，货物服务招标分为公开招标和邀请招标。由于市交易中心采取竞争性谈判的采购方式，既不是公开招标也不是邀请招标。故被上诉人认定的“竞争性谈判失败后，直接改为单一来源采购方式”的处理决定明显滥用法律。综上，请求撤销原判，依法改判，撤销投诉处理决定。

被上诉人答辩及观点

市财政局答辩称，根据“财政部令第18号”第四十三条的规定，该采购项目由公开招投标形式最终改为采用单一来源采购方式具有事实和法律依据。请求维持原判。

法院裁判及观点

法院认为，市地税软件维保项目原采用公开招标方式采购，招标公告时间、程序、发布媒体均符合法律规定，因参加投标的供应商不足3家，且专家组论证认为招标文件没有不合理条款，故市财政局批准同意变更为竞争性谈判采购。谈判过程中，因只有一家供应商符合采购文件的要求，变更采购方式为单一来源采购，并经市财政局批准同意。上述采购方式的变更具有事实和法律依据，市财政局在投诉处理决定中对此问题的处理并无不当。综上，原判认定事实清楚，适用法律正确，审判程序合法。判决驳回上诉，维持原判。

案例评析

CASE ANALYSIS

1. 公开招标方式变更为竞争性谈判是否违法

本案最先采取的是公开招标方式，但在投标截止前只有万赛联合体、某软件公司 2 家单位投标，投标单位不足 3 家，根据《政府采购法》第三十六规定应予废标。该项目招标文件经专家论证认为没有排他性、歧视性等不合理条款，公开招标程序符合法律规定，符合上述规定可以采用其他采购方式采购的情形，市地税局经市财政局批准同意改变采购方式为竞争性谈判并无不当。

2. 竞争性谈判变更为单一来源采购是否违法

本案谈判小组在进行评审时发现，开天联合体的响应文件不符合谈判文件的实质性要求应认定为无效响应。因此，本次竞争性谈判实质性响应的供应商不足两家。如果该采购项目属于“发生了不可预见的紧急情况不能从其他供应商处采购的”的情形，根据《政府采购法》第三十一条规定，可以依照《政府采购法》采用单一来源方式采购。在本项目采购中，谈判小组认为项目实施时间紧急，已经过两次公开采购，经专家论证后，建议采用单一来源或者其他采购方式实施本项目，市财政局审批同意采用单一来源采购，从程序上看符合规定。应当指出的是，本项目采购时，《政府采购非招标采购方式管理办法》还未施行。从 2014 年 2 月 1 日该办法施行后，就不能直接从竞争性谈判转为单一来源采购应根据该办法第四章的规定的程序，通过论证、公示、异议、补充论证、批准等环节。

三、对单一来源方式采购公示救济途径的争议

政府采购法及相关法规赋予了参与政府采购的供应商及潜在供应商对采购文件、过程及结果不服时的特殊维权途径，这就是质疑、投诉。一般来说未经质疑，不得投诉；未经投诉，不得申请复议或提起诉讼。而事实上，仍有很多供应商不经过质疑投诉直接对采购行为提起诉讼。对于单一来源方式采购，因为在财政部门批准之前，需要在省级以上财政部门指定媒体上公示，对公示有异议的，可以在公示期内提出书面意见。如果未提出异议，能否作为潜在供应商提出质疑、进而提出投诉、申请复议、提起诉讼，有些争议。

【案例 111[1]】对单一来源采购公示未提异议，也未经过质疑、投诉，直接起诉至法院，法院应如何处理

关 键 词：单一来源 / 采购公示 / 公平竞争权 / 利害关系

案例要点：对单一来源采购公示不服直接提起行政诉讼，应从采购行为本身性质、利

1　案例来源：(2018) 新 28 行终 18 号。

害关系等方面考虑是否属于行政诉讼的受案范围。

采购情况

2017 年 11 月 1 日，新疆巴州政府采购中心在新疆巴州政府采购网站刊登招标公告：受采购单位巴州国土资源局的委托，新疆巴州政府采购中心将对采购农垦国有农牧场土地权籍调查、勘测定界和建立数据库等服务拟单一来源方式进行采购。

2017 年 11 月 10 日，巴州国土资源局作为中标确认单位向巴州政府采购中心出具确认函，确定：根据新疆巴州政府采购中心第 4 次单一来源招标会议采购项目，按照此次评审委员会评审推荐拟中标供应商排序名单，所推荐的拟中标候选人不存在不可抗力因素及愿意按我方合同条款履行约定，现该单位同意拟中标候选人巴州国土资源勘测规划设计院为此次单一来源招标中标人。

行政诉讼一审情况

2018 年 4 月 9 日，库尔勒某公司以该项目以单一来源方式采购侵害其公平竞争权为由向新疆维吾尔自治区巴音郭楞蒙古自治州中级人民法院提起诉讼。

一审法院认为，巴州国土资源局作为政府采购单位，其将巴州国土资源局农垦国有农牧场土地权籍调查、勘测定界和建立数据库项目服务委托于巴州政府采购中心，申请拟采用单一来源方式采购。政府采购具有民事行为和行政行为的双重性质，但其本质上是一种行政合同行为。根据《政府采购法》第五十二条、第五十五条、第五十八条的规定，供应商对政府采购活动事项有疑问的，可以向采购人提出询问，采购人委托采购代理机构采购的，供应商可以向采购代理机构询问或质疑，对答复不满意或未答复的可向政府采购监督管理部门投诉，对投诉处理不服或者未处理的，可以依法申请行政复议或向人民法院提起行政诉讼。依照法律规定，提起行政诉讼的当事人，应当是与行政行为有利害关系的公民、法人或者其他组织，并且能够提供相应的事实根据。

库尔勒某公司并非此次政府采购确定的供应商及潜在供应商。因此，对行政行为所载明的当事人之外的公民、法人或者其他组织的起诉，人民法院可以根据《最高人民法院关于行政诉讼证据若干问题的规定》第四条第一款的规定，要求其提供符合起诉条件的相应证据材料，初步证明其与行政行为存在利害关系，存在需要通过本次诉讼保护的具体利益。库尔勒某公司提供的证据不能证明其与被诉巴州国土资源局确定供应商的行为具有法律上的利害关系，故库尔勒某公司不具有诉讼原告主体资格。根据《最高人民法院关于执行〈中华人民共和国行政诉讼法〉若干问题的解释》第十三条、第四十四条第一款第（二）项的规定，裁定驳回库尔勒某公司的起诉。

行政诉讼二审情况

库尔勒某公司认为，(1)库尔勒某公司具有行政诉讼中利害关系人的资格，作为原告主体适格，一审裁定驳回库尔勒某公司的起诉是错误的；巴州国土资源局在采购项目中，滥用行政权力排除库尔勒某公司的公平竞争权。一审裁定未对巴州国土资源局的采购行为是否排除了库尔勒某公司的公平竞争权进行释明，就认定不具备原告主体资格是错误的。(2)一审法院适用法律错误，请求撤销一审裁定，依法改判。(3)库尔勒某公司作为被剥夺公正竞争权、未参加政府采购活动的当事人，不适用《政府采购质疑和投诉办法》第一条规定的可以得知质疑的投诉的提出主体是“参加政府采购活动当事人。故库尔勒某公司为维护公正竞争权作为利害关系人直接提起诉讼。(4)在此次政府采购中，巴州国土资源局不具备作为采购单位的行政主体资格，应确认其采购行为系无效的行政行为；巴州国土资源局只是负责组织协调、指导、协助等工作，不具备采购单位资格。(5)巴州国土资源局以单一来源方式采购的理由不符合法律规定，其行为属于行政机关滥用行政权力排除或限制竞争，应予以确认行政行为无效。综上请求撤销一审行政裁定，依法改判确认巴州国土资源局对农垦国有农牧场土地权籍调查、勘测定界和建立数据库项目进行采购确认供应商的行政行为无效。

二审法院认为，行政诉讼的当事人应当有参与行政诉讼的能力。这种参与能力，又称当事人能力或者诉讼权利能力，是指当事人在诉讼案件中取得作为原告或者被告法律地位的能力，这是一种对所有当事人普遍适用的抽象的资格要求。《行政诉讼法》第二十五条规定，行政行为的相对人以及其他与行政行为有利害关系的公民、法人或者其他组织，有权提起诉讼。因此，利害关系是原告资格的核心内容，该利害关系应为公民、组织能证明其与行政行为之间具有他人没有的利害关系或具有某种特殊利益，就应认为其与行政行为有利害关系。《最高人民法院关于适用〈中华人民共和国行政诉讼法〉的解释》第十二条对“与行政行为有利害关系”进行了解释；而本案库尔勒某公司在此次政府采购过程中主张的利害关系并非是他人没有的利害关系或特殊利益，具有适用于不特定多数人的性质，因此库尔勒某公司主张被诉的行政行为涉及其相邻权或者公平竞争权的主张不能成立。库尔勒某公司在本案中不具备当事人能力或诉讼权利能力。另外，《政府采购法》第六章“质疑与投诉”设计了特殊的救济程序，对救济程序明确即是质疑—投诉—复议或诉讼这个三步救济程序。因此，库尔勒某公司对政府采购活动事项有疑问的，可依据上述救济程序主张其权利。

综上，库尔勒某公司不具有诉讼原告主体资格，其起诉不符合法律规定。裁定驳回上诉，维持原裁定。

案例评析

CASE ANALYSIS

1. 库尔勒某公司是否可以采购方式侵犯其公平竞争权直接起诉

《行政诉讼法》第二十五条规定："行政行为的相对人以及其他与行政行为有利害关系的公民、法人或者其他组织，有权提起诉讼。"《最高人民法院关于适用〈中华人民共和国行政诉讼法〉的解释》第十二条规定："有下列情形之一的，属于行政诉讼法第二十五条第一款规定的'与行政行为有利害关系'：(一)被诉的行政行为涉及其相邻权或者公平竞争权的……" 即相关人可对侵犯其公平竞争权的行政行为提起行政诉讼。首先，采购人巴州国土资源局虽是行政机关，但其采购行为兼具行政与民事特征，政府采购行为是否是行政行为，不论是理论界还是实践上都存在争议。其次，《政府采购非招标采购方式管理办法》第三十八条、第三十九条赋予了其他供应商对采购方式异议的权利，《政府采购质疑和投诉办法》赋予了潜在供应商质疑、投诉的权利，而库尔勒某公司没有采取任一方式参与整个采购过程，明显不具有竞争的事实行为。最后，行政法上的利害关系保护的是特定人的利益，而不是除了相对人之外任何人的利益，因此，必须要对利害关系作一定程度的限缩。本案如果库尔勒某公司具有公平竞争权利益，那么除了单一来源方式确定的供应商之外，任何一家公司都应具有对该项目公平竞争权利益，显然属于对利害关系的扩大化理解。因此，无论从哪个方面来看，库尔勒某公司都不具备直接提起诉讼的主体资格，法院应裁定驳回起诉。

2. 单一来源采购方式，其他供应商应如何维护自己的权益

根据《政府采购非招标采购方式管理办法》第三十九条规定："任何供应商、单位或者个人对采用单一来源采购方式公示有异议的，可以在公示期内将书面意见反馈给采购人、采购代理机构，并同时抄送相关财政部门。" 拟采用单一来源采购方式的，采购人、采购代理机构应当公示，在公示期间其他供应商等可以提出异议，采购人、采购代理机构应当对异议进行论证决定是否采取其他采购方式。除此之外，对单一来源采购方式不服的，根据《政府采购非招标采购方式管理办法》的规定，其他供应商还可以潜在供应商的身份对采购公示内容提起质疑投诉，如果对投诉处理决定不服，可以申请复议提起诉讼。但因其他供应商未参与采购活动，不具有对采购过程质疑投诉的权利。

第三节 对询价方式采购的争议

根据《政府采购非招标采购方式管理办法》第二条第五款规定，询价是指询价小组向符合资格条件的供应商发出采购货物询价通知书，要求供应商一次报出不得更改的价格，采购人从询价小组提出的成交候选人中确定成交供应商的采购方式。询价方式采购，就是

人们通常所说的货比三家，是一种相对简单而又快捷的采购方式，它是在报价基础上进行比较并确定最优供应商的一种采购方式。财政部“指导性案例 14 号：A 采购中心新闻宣传设备及耗材采购项目投诉案”[1]中认为，采购人、采购代理机构应根据项目需求合理确定采购方式。根据《政府采购法》第三十二条的规定，询价方式适用于规格、标准统一、现货货源充足且价格变化幅度小的货物采购，价格是主要比较因素。如果采购人对货物的质量与服务有特殊需求的，应当采用其他合适的方式进行采购。

一、有关询价文件的争议

根据《政府采购法》第四十条第（二）项规定，采取询价方式采购的，先成立询价小组，然后确定被询价的供应商名单，询价小组根据采购需求，从符合相应资格条件的供应商名单中确定不少于三家的供应商，并向其发出询价通知书让其报价。《政府采购法实施条例》第三十六条规定，询价通知书应当根据采购需求确定政府采购合同条款。在询价过程中，询价小组不得改变询价通知书所确定的政府采购合同条款。

根据《政府采购非招标采购方式管理办法》第十条、第十一条规定，询价通知书应当根据采购项目的特点和采购人的实际需求制定，并经采购人书面同意。采购人应当以满足实际需求为原则，不得擅自提高经费预算和资产配置等采购标准。询价通知书不得要求或者标明供应商名称或者特定货物的品牌，不得含有指向特定供应商的技术、服务等条件。询价通知书应当包括供应商资格条件、采购邀请、采购方式、采购预算、采购需求、采购程序、价格构成或者报价要求、响应文件编制要求、提交响应文件截止时间及地点、保证金交纳数额和形式、评定成交的标准等。

法律、法规、行政规章有关询价文件的规定，都是用的“询价通知书”称谓。但实践中，有的采购人或者采购代理机构是用“询价文件”的形式予以公告。采用询价通知书的形式，是询价小组根据采购需求审查之后，从符合相应资格条件的供应商名单中确定不少于三家的供应商，才向其发出询价通知书的。一般说来，发生供应商资格与特定条件的争议的可能性较小。但是采购询价文件公告的形式，则应将供应商资格条件与特定条件予以明确规定。有时公告后，就会引起争议。

---

1 《A 采购中心新闻宣传设备及耗材采购项目投诉案》，载 http://www.cgpnews.cn/articles/47061?from=groupmessage，最后访问日期：2020 年 6 月 20 日。

【案例112[1]】一件印刷企业因不具有出版经营许可证，不能参加询价采购，以涉嫌排斥潜在供应商为由质疑、投诉、起诉、上诉的案件

关 键 词：询价文件/资格条件/行政许可

案例要点：询价文件设定的资格条件及相关要求不仅依据政府采购法规及政策规定，还应符合相关法律、行政法规的规定。针对采购文件的投诉，财政部门亦要考虑采购项目是否涉及相关法律、行政法规规定，全方面审查其合法性。

询价、质疑、投诉情况

自贡市大安区档案局（以下简称“区档案局”）作为《自贡市大安区志》（1989~2006）（以下简称《大安区志》）出版印刷项目（以下简称“该项目”）的采购人，委托自贡市大安区公共资源交易服务中心（以下简称“区交易中心”）于2015年1月22日发布该项目询价采购公告，公告规定了供应商参加询价应当具备的资格条件和应当提供的相关证明材料，其中包括具有印刷经营许可证和具有国家方志出版社的合法公开出版权。随后区档案局于2015年1月23日发布更正公告，对供应商资格条件进行修改。2015年1月23日再次发布更正公告：《大安区志》资料出版和印刷项目因故暂停该项目，具体时间另行通知。2015年3月2日，区档案局委托区交易中心重新发布了关于该项目询价采购公告，公告规定供应商参加询价应当具有省级及以上新闻出版部门颁发的出版物《印刷经营许可证》和具有省级以上志书出版社负责编审出版的授权委托书。2015年3月3日就“投标人法定代表人授权委托书、出版社授权委托书格式”发布更正公告；2015年3月4日发布“因本项目采购文件发生重大变更，2015年1月22日发布的本项目采购公告终止”的公告。之后，区档案局多次发布更正公告，其中涉及供应商资质要求的更正公告为四次：2015年3月4日更正为“具有省级及省级以上新闻出版部门颁发的出版物《印刷经营许可证》复印件”；2015年3月5日更正为“……6.具有省级及省级以上新闻出版部门颁发的出版物《印刷经营许可证》；7.具有方志出版社的授权委托书原件及复印件……”2015年4月28日先后两次发布更正公告，第一次更正为“……6.具有独立法人资格的国家二级及以上合法出版社资格；7.具有国家新闻出版总署颁发的《图书出版许可证》……”，第二次更正为“……6.具有国家新闻总署颁发的《出版物许可证》的专业（社科类）出版单位……”

四川某公司于2015年4月30日就该项目向区档案局提出质疑，涉嫌排斥潜在供应商、报复质疑供应商。

区档案局于2015年5月5日针对四川某公司的质疑作了答复：一、该项目是出版项

---

1 案例来源：（2016）川03行终26号。

目而不是印刷项目。二、区档案局对质疑单位十分尊重，对质疑事项诚恳接受并依法予以答复，不存在报复质疑供应商。2015年5月7日，该项目通过竞争性谈判确定了方志出版社为供应商并对询价结果进行了公告。

四川某公司对区档案局的质疑答复不服，于2015年5月13日向自贡市大安区财政局（以下简称“区财政局”）投诉称，该项目采购文件涉嫌排斥潜在供应商、报复质疑供应商。区财政局经审查认为，对供应商资质增加“具有国家新闻出版总署颁发的《出版许可证》的专业（社科类）出版单位”这一特殊要求，符合《政府采购法》《出版管理条例》的相关规定，并没有排斥潜在供应商。据此，区财政局于2015年6月9日作出驳回投诉的处理决定。

行政诉讼一审情况

原审法院认为，区档案局委托区交易中心公开发布，变更询价文件内容，特别是对供应商参加询价应当具备的资格条件和应当提供的相关证明材料做出了相应的要求，随后发布了多次变更公告，其中对供应商的资质要求进行了四次更正，区档案局的变更公告行为，是其对出版采购工作的更正、完善，符合国务院《地方志工作条例》第十三条、《出版管理条例》第九条、第三十二条第三款之规定，《大安区志》作为公开出版物，其印刷、装订等项目可以由出版社委托具有《出版物印刷经营许可证》的印刷企业实施，符合《政府采购法》第四十八条之规定。采购单位不能与印刷企业构成委托或者被委托关系。采购前，区档案局委托区交易中心将“采购信息及其变更内容”公开发布，变更询价文件内容，其目的在于严格遵守政府采购的相关法律法规和政策性文件规定，符合《政府采购法》第十一条“政府采购的信息应当在政府采购监督管理部门指定的媒体上及时向社会发布，但涉及商业秘密的除外”之规定。

对四川某公司提出全省较多地方志采购项目允许印刷企业投标并部分中标，故质疑区档案局在该项目上排斥潜在供应商、报复质疑供应商的问题，四川某公司所举证据欲间接证明区档案局的采购行为涉嫌排斥潜在供应商，但并不能证明区档案局的行为违反政府采购法的相关规定。对四川某公司提出该项目应当采用出版单位和印刷单位联合体招标,不应限定供应商为具有国家新闻出版总署颁发的《出版许可证》的专业（社科类）出版单位，存在排斥潜在供应商的情形的问题，该项目的采购符合政府采购法的相关规定，没有任何法律法规规定此类采购项目必须采用联合体招标，故四川某公司的理由不成立。

对四川某公司主张该项目可分成出版和印刷两个包采购更为科学合理的问题，因为该项目是一个公开出版志书的项目，若将志书印刷阶段单独采购，并与印刷企业订立合同，将违反《出版管理条例》第三十二条第三款“印刷或者复制单位不得接受非出版单位和个人的委托印刷报纸、期刊、图书或者复制音像制品、电子出版物，不得擅自印刷、发行报纸、期刊、图书或者复制、发行音像制品、电子出版物”之规定。四川某公司系印刷单位不具有出版经营许可证，不能参与《大安区志》的竞标，并非区档案局涉嫌报复、排斥四川某公司潜在供应商的资格。

区财政局对四川某公司的投诉处理决定认定事实清楚、程序合法，适用法律法规正确。据此，依照《行政诉讼法》第六十九条之规定，判决驳回四川某公司的诉讼请求。

行政诉讼二审情况

四川某公司不服，向四川省自贡市中级人民法院提起上诉。法院认为，根据《出版管理条例》第九条第一款、第三十二条第三款的规定，公开出版物应当由出版单位出版，并由出版单位委托印刷单位进行印刷，印刷单位不得接受非出版单位或个人的委托印刷报纸、期刊、图书或者复制音像制品或电子出版物。四川某公司作为印刷单位，也不得接受非出版单位或者个人的委托印刷公开出版物，否则将违背法律禁止性规定。因此，本案中，区档案局在修改后的询价文件中限定供应商为“具有国家新闻出版总署颁发的《图书出版许可证》的专业（社科类）出版单位”的条件，符合法律规定，不存在排斥、报复潜在供应商的情形。

对于四川某公司认为询价文件中的行政区划图、书盒、电子光盘、手提袋四项内容应当采取分包方式采购的观点，法院认为，该项目属于一个整体，前后属于整体与局部的关系，并且从客观实际情况来看，行政区划图、书盒、电子光盘、手提袋在整个采购项目中仅占微小的部分，分开采购既不科学，也无必要，不符合经济原则和效率原则。

因此，区档案局采取整体打包采购的方式并无不妥，区财政局在此基础上作出驳回投诉的处理决定并无不当。对于四川某公司认为该项目应当采用出版单位和印刷企业联合体招标，不应限定供应商为具有国家新闻出版总署颁发的《出版许可证》的专业（社科类）出版单位，存在排斥潜在供应商的观点，法院认为，从已查明事实来看，该项目询价文件中并没有关于禁止供应商采取联合体进行投标的限制性条件，而设定供应商应具有国家新闻出版总署颁发的《出版许可证》的条件，已证明是符合《出版管理条例》相关规定的，不具备国家新闻出版总署颁发的《出版许可证》的印刷单位单独参与该项目的询价，显然不符合要求。因此，四川某公司的该观点不成立。

因此，区财政局作出的驳回四川某公司投诉处理决定的行政行为认定事实清楚，适用法律正确，符合法律规定程序，属于合法的行政行为。综上，判决驳回上诉，维持原判。

案例分析 CASE ANALYSIS

1. 本案询价文件设定的主体资格条件是否合法

《地方志工作条例》第十三条规定："以县级以上行政区域名称冠名的地方综合年鉴，经本级人民政府或者其确定的部门批准，方可以公开出版。"可见，《大安区志》作为县级政府志书经自贡市人民政府批准公开出版发行符合法律规定。

《政府采购法》第二十二条规定："供应商参加政府采购活动应当具备下列条件：……（六）法律、行政法规规定的其他条件。"《出版管理条例》第九条规定："报纸、期刊、图书、音像制品和电子出版物应当由出版社出版"。第十二条规定："设立出版单位，由其主办单位向所在地省、自治区、直辖市人民政府出版行政主管部门提出申请；省、自治区、直辖市人民政府出版行政主管部门审核同意后，报国务院出版行政主管部门审批。设立的出版单位为事业单位的，还应当办理机构编制审批手续。"可见，《大安区志》作为公开出版物，应当由出版社出版。出版单位设立应经过国务院出版行政主管部门审批。因此，采购项目要求供应商应为国家新闻总署颁发的《出版物许可证》的专业（社科类）出版单位符合行政法规的规定。

2. 本案出版和印刷不应分开采购

《出版管理条例》第三十二条第三款规定，印刷或复制单位不得接受非出版单位或个人的委托印刷报纸、期刊、图书或者复制音像制品、电子出版物。因此，如果区档案局分开采购出版和印刷项目，就需作为采购人与出版单位和印刷单位分别签订采购合同，显然违反了行政法规的禁止性规定。所以该项目不应将出版和印刷分开采购，而应当由出版单位中标后，出版单位自行委托将出版物印刷或者复制。

《政府采购法》第四十八条规定，经采购人同意，中标、成交供应商可以依法采取分包方式履行合同。政府采购合同分包履行的，中标、成交供应商就采购项目和分包项目向采购人负责，分包供应商就分包项目承担责任。实践中，询价文件会根据采购需求写明是否允许合同分包履行。而是否可以分开采购，该项目属于一个整体，包括书号、审校、设计、排版、印刷、装订、材料、行政区划图、书盒、电子光盘、手提袋十一项内容，这些内容属于该项目配套流程和物品。从客观实际情况来看，行政区划图、书盒、电子光盘、手提袋在整个采购项目中仅占微小的部分，分开采购不符合经济原则和效率原则，没有必要。

3. 该项目可以允许联合体参加询价，但四川某公司不具备参加的资格条件

《政府采购法》第二十四条规定，两个以上的自然人、法人或者其他组织可以组成一个联合体，以一个供应商的身份共同参加政府采购。即在该项目询价文件没有禁止联合体投标的情况下，两个以上的自然人、法人或者其他组织可以联合体投标。但同时第二十四条规定："……以联合体形式进行政府采购的，参加联合体的供应商均应当具备本法第二十二条规定的条件……"因此，即使四川某公司与其他公司组成联合体，也应当具有国家新闻总署颁发的《出版物许可证》，而事实上四川某公司为印刷公司，并不具备相应的资质，因此不具有参加询价的资格。

二、有关未响应实质性要求的争议

《政府采购非招标采购方式管理办法》第四十八条规定，询价小组应当从质量和服务均能满足采购文件实质性响应要求的供应商中，按照报价由低到高的顺序提出3名以上成交候选人，并编写评审报告。可见，如果认为未响应采购文件的实质要求，则不能进入评审，进而成为成交候选人。由于询价采购方式适用于规格、标准统一的采购项目，不宜再将货物、服务的特殊需求列入实质性要求，那样容易对某些供应商不公平。财政部“指导性案例14号:A采购中心新闻宣传设备及耗材采购项目投诉案”[1]中认为，符合询价方式的采购项目，采购人、采购代理机构不得在法定条件之外设定不合理条件。如果采购人对货物的质量与服务有特殊需求的，应当采用其他合适的方式进行采购。该案中，Q公司响应文件中提供了相关产品技术介绍、安装及运输条件等内容，满足询价通知书关于“★提供制造厂商报价产品的技术说明”的要求。询价通知书关于“提供由生产商出具针对本项目的原厂售后服务承诺函”的规定不属于实质性条款，询价小组以此为由拒绝Q公司报价的行为不当。财政部根据《政府采购供应商投诉处理办法》（财政部令第20号）第十七条第（三）项的规定，认定投诉事项成立。根据《政府采购供应商投诉处理办法》（财政部令第20号）第十九条第（二）项的规定，决定撤销合同，责令重新开展采购活动。根据《中华人民共和国政府采购法》第四十条、《政府采购非招标采购方式管理办法》（财政部令第74号）第四十四条的规定，责令A采购中心限期改正。对于设置实质性要求是否合理，响应文件是否符合实质性要求，实践中争议较多。

【案例113[2]】询价采购时，供应商报价最低但未能响应询价通知书，能进入评审吗

关 键 词：询价 / 是否响应询价通知 / 报价最低

案例要点：未实质响应询价通知书的供应商，不能进入下一步评审环节，不论供应商报价高低，如果评审小组认定供应商未能实质响应都不可能成为成交候选人。

询价、质疑、投诉、复议情况

2016年5月4日，采购代理机构广西海特建设工程项目咨询管理有限公司（以下简称“海特公司”）受采购人藤县平福乡人民政府的委托，发出苗木采购询价公告。在公开的询价采购文件所附的采购需求一览表中明确：一、售后服务及要求，其中明确付款方式在交货验收合格后，三个月内一次性付清货款……

1 《A采购中心新闻宣传设备及耗材采购项目投诉案》，载 http://www.cgpnews.cn/articles/47061?from=groupmessage，最后访问日期：2020年6月20日。

2 案例来源：（2016）桂0403行初4号。

询价小组依照询价采购文件的评审办法，对所有报价文件进行符合性鉴定，报价最低的柳州某公司与另外一家公司的报价文件售后服务及要求不响应询价文件要求，均不能通过资格及符合性鉴定，不能进入下一步评审；其他4家公司的报价文件均通过资格及符合性鉴定，可以进入下一步评审。

2016年5月18日，柳州某公司向海特公司提出质疑。2016年5月20日，海特公司作出质疑答复。2016年6月2日，藤县财政局（以下简称“县财政局”）收到柳州某公司的投诉书，该投诉以对成交供应商的报价3.08元/株与其报价2.95元/株的价格为何取高舍低为由提出质疑，请求责令海特公司撤销原成交公告，重新公告、变更成交供应商为柳州某公司。

县财政局于2016年6月17日作出投诉处理决定，认为柳州某公司所提交的报价文件，没有列明“付款方式”，即没有响应该项目询价采购文件第4页“采购需求一览表”中“一、售后服务及要求：3.付款方式：在交货验收合格后，三个月内一次性付清货款……”的要求，投诉人不响应、不符合采购人的采购需求。遂根据《政府采购法》第四十条的规定，认定柳州某公司不能成为该项目的成交供应商，其投诉事项不成立，驳回其投诉。

柳州某公司不服该处理决定，向梧州市财政局（以下简称“市财政局”）申请行政复议，该复议机关于2016年7月11日作出复议决定，维持县财政局投诉处理决定。

原告诉求及观点

柳州某公司不服向广西壮族自治区梧州市万秀区人民法院提起行政诉讼称，（1）县、市财政局认定柳州某公司所提交的报价文件“没有对询价采购文件中‘售后服务及要求’这一要求作出响应”“不响应、不符合采购人的采购需求”，这是对事实的错误认定。（2）县、市财政局的被诉行政行为适用相关的法律法规、规章和文件存在适法错误。柳州某公司虽没有列明付款方式，但不能据以判定柳州某公司不符合采购需求（付款方式本身就不属于采购需求）；不能据以判定柳州某公司不响应“售后服务及要求”（询价采购文件中只要求报价文件提供售后服务承诺书，没有要求“对付款方式作出响应”）。请求法院判令撤销投诉处理决定和行政复议决定。

被告答辩及观点

县财政局辩称，（1）认定柳州某公司不响应《询价采购文件》事实清楚。《询价采购文件》采购需求一览表明确写明苗木采购的售后服务要求、交货期限、付款方式、报价须知等内容，同时提供了报价文件的参考样板。柳州某公司认为其提交的报价文件符合《询价采购文件》要求的理由均不能成立。（2）县财政局对柳州某公司提供的报价文件没有列明“付款方式”，依法认定其不响应、不符合采购人的采购需求所作出的处理决定程序合法、适用法律正确。

市财政局辩称，市财政局作出的行政复议决定证据充分，适用法律正确。

法院裁判及观点

《询价采购文件》所附《采购需求一览表》中有明确写明苗木采购的售后服务、交货期、付款方式、报价须知等内容，并提供了报价文件的参考样板，以及格式填写提示。由于柳州某公司等两家供应商提供的报价文件的售后服务承诺书中没有对“付款方式”作出响应，不能满足采购文件规定的实质性要求，故县、市财政局认定柳州某公司的报价文件中的售后服务承诺书未对询价文件中售后服务及要求的“付款方式”作出响应，不能通过符合性鉴定进入下一步评审，于法并无不当，法院判决驳回柳州某公司的诉讼请求。

案例评析 CASE ANALYSIS

1. 本案响应文件是否实质响应询价通知书

询价通知书对于实质性响应要求和条件，是否应加以标明区分没有明确规定，但实践中询价通知书会明确无效响应的情形或者标识不得缺失的内容或者条款。柳州某公司的报价文件中的售后服务承诺书没有列明“付款方式”，如果根据询价通知书的内容，“付款方式”不得缺失就必须响应，而报价文件没有列明则未实质响应询价通知书。

2. 柳州某公司未通过符合性鉴定进入下一步评审是否合法

只有满足采购文件实质性响应要求的供应商才可能进入下一步评审环节。因此，不论柳州某公司报价高低，如果评审小组根据询价通知书的规定认定柳州某公司未能实质响应要求，那么柳州某公司未能进入下一步评审进而成为成交候选人，符合规定。

三、对询价程序与适用法律的争议

询价与竞争性谈判、单一来源、竞争性磋商等非招标采购方式，各自有相对应适用的法律、法规，都有相应的采购程序。《政府采购法》第四十条对采取询价方式采购的，规定了下列程序：

1. 成立询价小组。询价小组由采购人的代表和有关专家共 3 人以上的单数组成，其中专家的人数不得少于成员总数的 2/3。询价小组应当对该项目的价格构成和评定成交的标准等事项作出规定。

2. 确定被询价的供应商名单。询价小组根据采购需求，从符合相应资格条件的供应商名单中确定不少于 3 家的供应商，并向其发出询价通知书让其报价。

3. 询价。询价小组要求被询价的供应商一次报出不得更改的价格。

4. 确定成交供应商。采购人根据符合采购需求、质量和服务相等且报价最低的原则确定成交供应商，并将结果通知所有被询价的未成交的供应商。

下面是江苏省财政厅制作的询价操作流程图[1]：

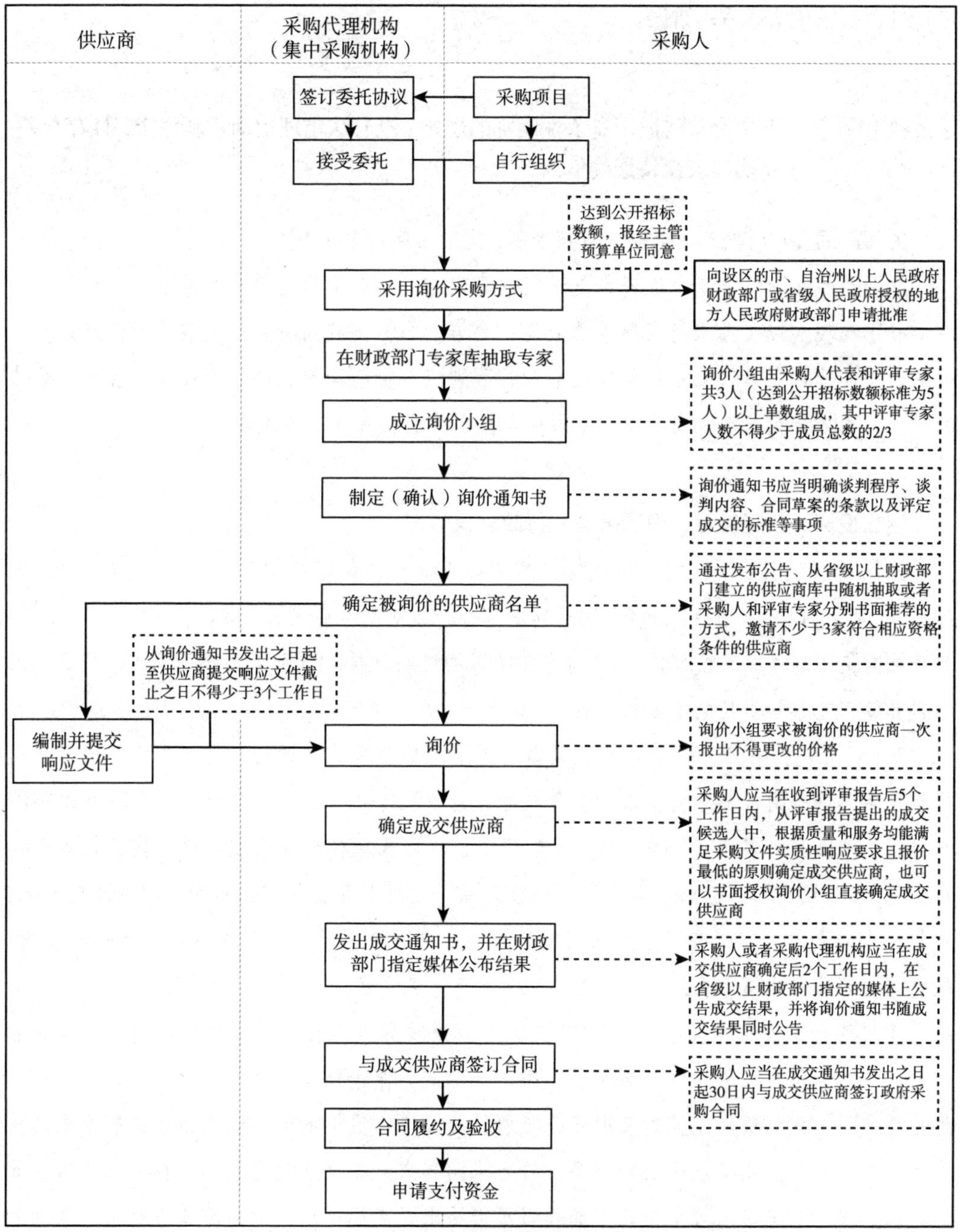

询价操作流程图

---

1 《江苏省财政厅 江苏财政 省财政厅制作“流程图”，让政府采购更高效》，载 http://czt.jiangsu.gov.cn/art/2018/11/6/art_7938_7872377.html，最后访问日期：2020 年 6 月 20 日。

尤其质疑投诉处理过程中，采购人、采购代理机构及财政部门应准确适用相应的规定进行处理，以免法律适用错误。

【案例114[1]】一件询价采购适用竞争性谈判的规定，没有法定理由而重新评审，且存在差别待遇与歧视待遇的争议

关 键 词：询价程序／竞争性谈判程序／适用法律／歧视待遇

案例要点：询价与竞争性谈判是不同的采购方式，应适用询价相关的法律、法规；如在质疑中发现响应文件未能实质性响应询价公告，合格供应商符合法定数量时，可以从合格的成交候选人中另行确定成交供应商的，否则应当重新询价采购；产品不符合询价公告的要求，不得重新评审；询价公告不得存在差别待遇或者歧视待遇性条款。

招标投标、质疑答复、投诉处理、行政复议情况

2015年4月14日，某采购代理机构（以下简称“代理机构”）发布太仓市某局UPS等设备（以下简称“该项目”）询价公告，其中UPS产品对制造商实力中要求“所投产品（主机）品牌在国内市场占有率前5名，必须有官方认可的证明材料（以CCID）为准”。同年4月23日，项目开标，宣布苏州某电子公司为成交人。

2015年4月26日，代理机构收到案外人对中标公告的质疑函，质疑苏州某电子公司投标产品不符合询价公告的要求。经复核后，重新认定另一家公司中标，并于同年5月27日进行公告。苏州某电子公司于2015年6月1日向代理机构提交质疑书。代理机构于同年6月10日回复称，苏州某电子公司所投产品（主机）品牌在国内市场有率未达前5名，不符合采购要求，苏州某电子公司所提供的响应文件未能满足采购文件实质性响应要求。根据《政府采购非招标采购方式管理办法》第三十条规定，应按照无效处理。

苏州某电子公司于同年6月30日向太仓市财政局投诉称：（1）代理机构根据《政府采购非招标采购方式管理办法》第三十条的规定视为竞争性谈判而按无效处理，属法律适用错误。（2）代理机构以苏州某电子公司所投产品（主机）品牌在国内市场占有率未达前五名为由，认定苏州某电子公司产品不符合采购要求，违反《政府采购非招标采购方式管理办法》第十条第二款规定，询价通知书不得要求或者标明供应商名称或者特定货物的品牌，不得含有指向特定供应商的技术、服务等条件。（3）《政府采购非招标采购方式管理办法》第二十一条规定，除资格性审查认定错误和价格计算错误外，采购人或者采购代

1 案例来源：（2015）姑苏行初字第00305号。

理机构不得以任何理由组织重新评审。而代理机构以“供应商‘质疑函’相关内容”为由组织评委会进行复审，程序严重违法。太仓市财政局受理、调查后，于同年8月7日作出投诉处理决定认为：投诉事项一：代理机构依据《政府采购非招标采购方式管理办法》第三十条书面答复原告的质疑，法条运用错误；投诉事项二：代理机构TZCGX201523询价采购项目公告中UPS小功率6KVA制造商实力第67项“所投产品（主机）品牌在国内市场占有率前5名，必须有官方认可的证明材料（以CCID为准）”，违反了《政府采购法实施条例》第二十条第（四）项“以特定行政区域或者特定行业的业绩、奖项作为加分条件或者中标、成交条件”，第二十条第（六）项“限定或者指定特定的专利、商标、品牌或者供应商”的规定；投诉事项三：代理机构组织评委会对招标项目进行复审，违反了《政府采购非招标采购方式管理办法》第二十一条“除资格性审查认定错误和价格计算错误外，采购人或者采购代理机构不得以任何理由重新组织评审”的规定。根据《政府采购法实施条例》第二十条第（四）项、第（六）项，《政府采购非招标采购方式管理办法》第二十一条、《政府采购供商投诉处理办法》第十八条第（二）项、第十九条第（一）项的规定，作出如下决定：责令该项目修改采购文件后，重新开展采购活动。

苏州某电子公司不服，向苏州市财政局申请行政复议，复议机关维持投诉处理决定。

行政诉讼情况

苏州某电子公司不服投诉处理决定和行政复议决定，向苏州市姑苏区人民法院提起诉讼称，太仓市财政局认定废除成交公告的行为违法，但却未责令恢复原成交人，苏州市财政局维持了投诉处理决定。请求法院判决撤销投诉处理决定和行政复议决定。法院认为，该案争议焦点系太仓市财政局作出的投诉处理决定是否合法。首先，对于苏州某电子公司提出三项投诉内容，投诉处理决定作出三项对应认定的合法性问题，太仓市财政局认定代理机构重新组织评审违法，亦无不当。其次，关于太仓市财政局处理结果的合法性问题，基于涉案采购文件具有明显倾向性或者歧视性的问题以及代理机构重新组织评审属于采购过程违法，且本案采购活动已完成，但尚未签订政府采购合同的实际情况，太仓市财政局依据上述规定，作出责令该项目修改采购文件后，重新开展采购活动的处理决定，适用法律正确，处理结果合法。综上，法院判决驳回苏州某电子公司的诉讼请求。

案例评析 CASE ANALYSIS

1. 询价采购适用竞争性谈判的条款是否合法

询价采购与竞争性谈判是不同的采购方式。因此，涉案项目采用询价采购方式，应适用询价相关的法律、法规。本案中，政府代理机构在质疑回复中根据《政府采购非招标采购方式管理办法》第三十条规定，认定苏州某电子公司所提供的响应文件未能满足采购文件实质性响应要求，而该条规定是“谈判小组应当对响应文件进行评审，并根据谈判文件规定的程序、评定成交的标准等事项与实质性响应谈判文件要求的供应商进行谈判。未实质性响应谈判文件的响应文件按无效处理，谈判小组应当告知有关供应商。”显然是有关竞争性谈判的程序规定，质疑答复适用法律是错误的。

如发现响应文件未能实质性响应询价公告，采购人或采购代理机构应当根据《政府采购非招标采购方式管理办法》第四十八条，询价小组应当从质量和服务均能满足采购文件实质性响应要求的供应商中，按照报价由低到高的顺序提出3名以上成交候选人，并编写评审报告。如合格供应商符合法定数量时，可以从合格的成交候选人中另行确定中标、成交供应商的，应当依法另行确定中标、成交供应商；否则应当重新开展采购活动。

2. 询价公告是否存在倾向性或歧视性条款

《政府采购法》第二十二条规定：“采购人可以根据采购项目的特殊要求，规定供应商的特定条件，但不得以不合理的条件对供应商实行差别待遇或者歧视待遇。”《政府采购法实施条例》第二十条规定：“采购人或者采购代理机构有下列情形之一的，属于以不合理的条件对供应商实行差别待遇或者歧视待遇：……（二）设定的资格、技术、商务条件与采购项目的具体特点和实际需要不相适应或者与合同履行无关；（三）采购需求中的技术、服务等要求指向特定供应商、特定产品……”本案，代理机构发布的询价公告中，UPS产品对制造商实力中要求“所投产品（主机）品牌在国内市场占有率前5名，必须有官方认可的证明材料（以CCID）为准”。产品市场占有率和设备的功能和质量并不存在必然的关系，与该项目的实际需要无关。同时要求产品市场占有率前5名，显然有所限制指向特定的产品。因此，询价公告存在倾向性、歧视性条款，违反法律规定。

3. 供应商所投产品不符要求可以重新评审吗

《政府采购法实施条例》第四十四条规定，除国务院财政部门规定的情形外，采购人、采购代理机构不得以任何理由组织重新评审。采购人、采购代理机构按照国务院财政部门的规定组织重新评审的，应当书面报告本级人民政府财政部门。《政府采购非招标采购方式管理办法》第二十一条规定，除资格性审查认定错误和价格计算错误外，采购人或者采购代理机构不得以任何理由重新组织评审。供应商质疑苏州某电子公司响应文件中的产品不符合询价公告的要求，并不属于上述法规、行政规章规定的可以重新评审的条件，严重违反询价采购的程序。

四、对成交供应商行为的争议

参加政府采购活动未能成为中标、成交供应商，可以是一个大概率的情形，有的供应商不能正确对待，总想推翻中标或者成交结果，中标、成交供应商的行为有时经常成为他们的“靶子”。询价采购由于采购文件与采购过程相对简单，采购结果或者成交供应商的行为成为争议事项的可能性就会增加。

【案例115[1]】一件对询价成交供应商“围标、串标、陪标”的质疑、投诉与行政诉讼案件

关键词：询价/成交供应商行为

案例要点：“围标、串标、陪标”行为在招标程序中出现的可能性较大，询价采购方式按照报价由低到高的顺序，很难“围标、串标、陪标”。

询价、质疑、投诉情况

2012年11月，南京市政府采购中心（以下简称“采购中心”）受南京市招生委员会办公室委托，就南京市中高考标准化信息考点建设项目（以下简称“该项目”）进行询价采购。南京某公司、某网络公司、某科技公司及另一家公司作为供应商参加了该项目的询价采购，南京某公司根据询价文件要求的内容进行报价，投标报价为318000元。2012年11月27日，经评审专家评审，认为南京某公司：1.没有提供虚拟化软件授权；2.没有数据迁移实施方案；3.其中部分产品不能满足采购需求。当日，采购中心发布采购结果公告，某网络公司为成交供应商。

2012年12月6日，南京某公司向采购中心提交质疑函，采购中心作出质疑答复函。南京某公司不服答复，于2013年1月5日向南京市财政局（以下简称“市财政局”）进行投诉，该局作出投诉处理决定，驳回南京某公司投诉。

行政诉讼情况

南京某公司不服投诉处理决定，诉至南京市玄武区人民法院。法院认为，南京某公司在报价文件中未能提供虚拟化软件厂家售后服务承诺函、没有对数据迁移实施方案进行说明、部分产品不能满足采购需求，存在未能实质性响应询价文件的情形，其报价虽为最低，但为无效报价。因此，采购人依据专家评审意见，根据符合采购需求、质量和服务相等且报价最低的原则，确定某网络公司为本次采购项目的成交供应商，采购行为合法有效。

南京某公司诉称某网络公司与某科技公司在本次项目采购中存在围标、串标、陪标的行为。根据《政府采购法》第二十六条规定，政府采购采用的方式包括公开招标、邀请招标、

1　案例来源：（2013）玄行初字第42号。

竞争性谈判、单一来源采购、询价以及国务院政府采购监督管理部门认定的其他采购方式、南京某公司诉称的“围标、串标、陪标”行为属于公开招标程序中可能出现的情形，但本案所涉采购项目采用的是询价采购方式而非公开招标程序，并不存在“围标、串标、陪标”的法律情形。而且，南京某公司提供的证据亦表明刘某某在本次询价采购活动中并未同时代表某网络公司与某科技公司。故南京某公司主张某网络公司与某科技公司在本次项目采购中存在围标、串标、陪标的行为证据不足。

据此，判决驳回南京某公司的诉讼请求。

案例评析 CASE ANALYSIS

某网络公司成为成交供应商后，南京某公司诉称某网络公司与某科技公司在本次项目采购中存在围标、串标、陪标的行为。一般来说，“围标、串标、陪标”行为在采用综合评分法的招标程序中出现的可能性较大，询价采购方式而非公开招标，且是按照报价由低到高的顺序，很难“围标、串标、陪标”。且南京某公司提供的证据亦表明无人同时代表某网络公司与某科技公司，该两家公司存在围标、串标、陪标的行为证据不足。

第四节 对竞争性磋商方式采购的争议事项

竞争性磋商，是政府采购新的采购方式。根据《政府采购竞争性磋商采购方式管理暂行办法》第二条、第三条的规定，竞争性磋商采购方式，是指采购人、政府采购代理机构通过组建竞争性磋商小组与符合条件的供应商就采购货物、工程和服务事宜进行磋商，供应商按照磋商文件的要求提交响应文件和报价，采购人从磋商小组评审后提出的候选供应商名单中确定成交供应商的采购方式。符合下列情形的项目，可以采用竞争性磋商方式开展采购：（1）政府购买服务项目；（2）技术复杂或者性质特殊，不能确定详细规格或者具体要求的；（3）因艺术品采购、专利、专有技术或者服务的时间、数量事先不能确定等原因不能事先计算出价格总额的；（4）市场竞争不充分的科研项目，以及需要扶持的科技成果转化项目；（5）按照招标投标法及其实施条例必须进行招标的工程建设项目以外的工程建设项目。

由于竞争性磋商也采用招标投标采购中的综合评分法，也采用竞争性谈判中的最后报价，从而在实践中，不少人将竞争性磋商与招标投标或者竞争性谈判相混淆，从而引起争议。

为避免出现差错应当弄清三者的区别：

一是对供应商邀请的方式不同。公开招标是通过发布公告的形式以邀请不特定的供应商来参与投标；竞争性谈判和竞争性磋商除了发布公告外，还可由采购人、评审专家分别作书面推荐，或者是从省级以上财政部门建立的供应商库中随机抽取。

二是采购文件澄清修改时限不同。需要对已经发出的采购文件进行必要的澄清或修改，如果其需要澄清或者修改的内容可能会影响到供应商投标（响应）文件编制的，公开招标至少应在投标截止时间15日前，竞争性谈判是在递交首次响应文件截止之日3个工作日前，竞争性磋商是在送交首次响应文件截止之日至少5日前，以书面形式通知所有获取采购文件的供应商，如果不足则应当顺延供应商递交投标（响应）文件的截止时间。

三是投标（响应）文件提交截止时间不同。自采购文件发出至投标（响应）文件提交截止，公开招标不得少于20日，竞争性谈判不得少于3个工作日，竞争性磋商不得少于10日。

四是评审过程中能否变动采购文件不同。公开招标开标、评标阶段，不论什么人、什么组织都不能对招标文件作任何变动；竞争性谈判（磋商）过程中，经采购人代表确认，谈判（磋商）小组可以根据谈判（磋商）文件和谈判（磋商）情况实质性变动采购需求中的技术、服务要求以及合同草案条款，但不得变动谈判（磋商）文件中的其他内容。

五是评审方法不同。公开招标为综合评分法和最低评标价法；竞争性谈判为谈判小组所有成员集中与单个供应商先分别谈判，再由供应商在规定的时间内最后报价，然后采购人从谈判小组提出的成交候选人中选出符合采购需求、质量和服务相等且报价最低的原则确定成交供应商；竞争性磋商为磋商小组所有成员集中与单一供应商先分别磋商，再确定最终采购需求和提交最后报价，后由磋商小组采用综合评分法对提交最后报价的供应商的响应文件和最后报价进行综合评分，得分最高的供应商即为成交候选供应商。

一、对磋商文件的争议

根据《政府采购竞争性磋商采购方式管理暂行办法》第八条、第九条规定，竞争性磋商文件（以下简称“磋商文件”）应当根据采购项目的特点和采购人的实际需求制定，并经采购人书面同意。采购人应当以满足实际需求为原则，不得擅自提高经费预算和资产配置等采购标准。磋商文件不得要求或者标明供应商名称或者特定货物的品牌，不得含有指向特定供应商的技术、服务等条件。磋商文件应当包括供应商资格条件、采购邀请、采购方式、采购预算、采购需求、政府采购政策要求、评审程序、评审方法、评审标准、价格构成或者报价要求、响应文件编制要求、保证金交纳数额和形式以及不予退还保证金的情形、磋商过程中可能实质性变动的内容、响应文件提交的截止时间、开启时间及地点以及合同草案条款等。

与竞争性谈判相同、与其他采购方式不同的是，在磋商过程中，磋商小组经采购人代表确认，可以对磋商文件作出实质性变动。《政府采购竞争性磋商采购方式管理暂行办法》第二十条规定，在磋商过程中，磋商小组可以根据磋商文件和磋商情况实质性变动采购需求中的技术、服务要求以及合同草案条款，但不得变动磋商文件中的其他内容。实质性变动的内容，须经采购人代表确认。对磋商文件作出的实质性变动是磋商文件的有效组成部分，磋商小组应当及时以书面形式同时通知所有参加磋商的供应商。供应商应当按照磋商文件的变动情况和磋商小组的要求重新提交响应文件，并由其法定代表人或授权代表签字或者加盖公章。由授权代表签字的，应当附法定代表人授权书。供应商为自然人的，应当由本人签字并附身份证明。

磋商文件是根据采购项目的特点和采购人的实际需求制定，并经采购人书面同意，邀请符合条件的供应商与采购人或者采购代理机构组建的磋商小组就采购货物、工程和服务事宜进行磋商文件。供应商如果参加竞争性磋商，要按照磋商文件的要求提交响应的文件，在磋商过程中还可能重新提交响应文件。有时，供应商在提交响应文件之前，认为磋商文件的某些内容对自己不利，就会提出质疑、投诉。

【案例 116[1]】竞争性磋商文件中没有明确合同签订日期，是否合法

关 键 词：竞争性磋商 / 采购合同 / 质疑投诉

案例要点：因采购进程以及其他事实因素，磋商文件直接规定具体明确的时间不现实。采购人与成交供应商应当在成交通知书发出之日起三十日内，按照磋商文件确定的事项签订政府采购合同。

磋商、质疑、投诉情况

2015 年 5 月 5 日，南京市政府采购中心（以下简称“市采购中心”）受南京市水利局委托，发布关于防汛指挥系统运行维护项目（以下简称“该项目”）(《竞争性磋商文件》)，就该项目进行竞争性磋商采购，邀请符合资格条件的供应商提交响应文件并磋商。2015 年 5 月 13 日，市采购中心发布变更公告，对原《竞争性磋商文件》中的“服务时间和付款方式”进行调整。

2015 年 5 月 19 日，南京某公司向市采购中心质疑，要求市采购中心明确合同签订日期，以便其计算服务成本进行报价。2015 年 5 月 26 日，市采购中心作出不予受理通知。2015 年 6 月 15 日，南京某公司向南京市财政局（以下简称“市财政局”）投诉。市财政局于 2015 年 7 月 22 日作出投诉处理决定认为：该项目采用竞争性磋商采购方式，财政部印发

1 案例来源：（2016）苏 01 行终 629 号。

的《政府采购竞争性磋商采购方式管理暂行办法》第二十八条第二十九条已明确规定了采购人或采购代理机构向成交供应商发出成交通知书的时间与期限；而被投诉人发布的该项目竞争性磋商文件第二章第15.1条明确成交供应商应当自成交通知书发出之日起三十日内应当与采购人签订政府采购合同。综上，投诉人投诉内容缺乏事实与法律依据。因此，市财政局认为南京某公司的投诉缺乏事实依据，驳回投诉。

行政诉讼一审情况

一审法院认为，该项目《竞争性磋商文件》第二章第15.1条明确了成交供应商应当自成交通知书发出之日起三十日内，与采购人签订政府采购合同。故市财政局认为南京某公司的投诉内容缺乏事实与法律依据，作出驳回投诉的决定并无不当。综上，南京某公司要求判决市财政局撤销投诉处理决定，重新作出投诉处理决定书的诉讼请求不能成立。据此，根据《行政诉讼法》第六十九条之规定，判决驳回南京某公司的诉讼请求。

上诉人诉求及观点

南京某公司上诉称，原审法院没有全面审查采购文件，没有对市财政局有效履行行政职能进行审查，没有充分考虑采购文件应当具备公平性、竞争性，放任了市财政局行政监督行为流于形式，造成了政府采购行为的随意性和不严谨。请求二审人民法院判令：撤销行政判决，改判撤销投诉处理决定，责令市财政局重新作出投诉处理决定。

被上诉人答辩及观点

市财政局答辩称，南京某公司的投诉事项为“被投诉人在采购文件中没有明确合同签订日期,请被投诉人必须明确合同签订日期”。《竞争性磋商文件》第二章第15.1条均明确，采购人与成交供应商应当在成交通知书发出之日起30日内签订政府采购合同。由此可见，采购文件中的合同签订日期自成交通知书发出之日起，最长不超过30日，双方有权利选择在这30日中的任一时间签订合同。合同签订日期是可知悉的、明确的。市财政局在对采购文件进行充分审查后，依法作出驳回投诉的决定，事实充分，适用法律正确。故一审法院查明事实清楚，适用法律正确，请求二审法院驳回上诉，维持原判。

法院裁判及观点

经审查，市采购中心发布的《竞争性磋商文件》中明确“成交供应商应当自成交通知书发出之日起三十日内，与采购人签订政采购合同，所签订的合同不得对竞争性磋商文件和竞争性磋商响应文件作实质性修改。”上述条款时间明确，且符合《政府采购法》第四十六条第一款的规定。本案中，南京某公司并非南京市水利局防汛指挥系统运行维护项目的中标、成交供应商，上述采购文件条款并未对南京某公司的权利义务产生影响，故对南京某公司的主张，二审法院不予支持。综上，判决驳回上诉，维持原判。

案例评析 CASE ANALYSIS

1. 该项目竞争性磋商文件是否明确合同签订日期，投诉事项是否成立

《政府采购法》第四十六条规定："采购人与中标、成交供应商应当在中标、成交通知书发出之日起三十日内，按照采购文件确定的事项签订政府采购合同。"且该项目《竞争性磋商文件》中明确"成交供应商应当自成交通知书发出之日起三十日内，与采购人签订政府采购合同，所签订的合同不得对竞争性磋商文件和竞争性磋商响应文件作实质性修改。"如果南京某公司认为竞争性磋商文件关于合同签订的日期应具体到年月日，显然是不现实的，因中标通知书的发出日期无法详细确定，双方签订合同时有一个协商的过程，更无法在磋商文件中确定签订的具体日期。该项目磋商性文件的规定是合理明确且符合法律规定的，并无不当，投诉人的投诉事项不成立。

2. 南京某公司是否有权提起质疑投诉，磋商文件对其是否有实质影响

市采购中心对南京某公司的质疑不予受理。二审法院认为，南京某公司并非项目的中标、成交供应商，采购文件条款并未对南京某公司的权利义务产生影响。一般来说，获取了采购文件、有意愿且具有一定能力参与采购活动的供应商皆可对采购文件提起质疑投诉。因此，南京某公司获知了磋商文件并且为了投标报价从而提出质疑投诉，显然具有相应的主体资格。南京某公司虽然不是中标、成交供应商，但其作为潜在供应商，磋商文件的内容可能导致其不能或者不能顺利参加，在一定程度上影响其权利义务。因此，以是否成交供应商，来判断磋商文件对供应商权利义务是否产生影响，是否应当受理其质疑的观点值得商榷。

二、对其他供应商是否响应磋商文件的争议

根据《政府采购竞争性磋商采购方式管理暂行办法》第十一条、第十二条、第十六条规定，供应商应当按照磋商文件的要求编制响应文件，并对其提交的响应文件的真实性、合法性承担法律责任。采购人、采购代理机构可以要求供应商在提交响应文件截止时间之前交纳磋商保证金，供应商未按照磋商文件要求提交磋商保证金的，响应无效。磋商小组成员应当按照客观、公正、审慎的原则，根据磋商文件规定的评审程序、评审方法和评审标准进行独立评审。未实质性响应磋商文件的响应文件按无效响应处理，磋商小组应当告知提交响应文件的供应商。

由于在磋商过程中，磋商文件有可能有实质性变动，供应商有可能要重新提出响应文件。因此，磋商小组还可以对供应商重新提交的响应文件，进行实质性响应的审查。竞争性磋商方式采购是招标投标方式采购之外，唯一采用综合评分法的采购方式，一般来说设

置的资格条件与评审因素都比较多，供应商的响应文件是否响应磋商文件为该采购方式的争议焦点之一。

【案例 117[1]】竞争性磋商的成交供应商，成立不满三年，不能按磋商文件提交近三年类似成功案例，能认定其响应磋商文件吗

关 键 词：资格条件 / 商务条款

案例要点：《政府采购法》规定的“参加政府采购活动前三年内，在经营活动中没有重大违法记录”，并非规定供应商成立必须满三年；磋商文件会中的实质性条款必须响应，未响应非实质性条款并不导致响应无效，只会在评审时有所影响。

磋商、质疑、投诉情况

2016 年 11 月 10 日，南京市江宁区发展和改革局（以下简称“区发改局”）委托南京市江宁区政府采购中心（以下简称“区采购中心”）采购区发改局信息系统集成实施服务（以下简称“该项目”），采购方式为竞争性磋商。南京某公司和无锡某公司报名，成交供应商为无锡某公司。

2016 年 11 月 29 日，南京某公司向区采购中心质疑称：（1）无锡某公司不符合参与供应商资格条件的响应实质性要件。《竞争性磋商文件》规定“参与磋商竞争供应商条件应具备政府采购法规定的条件（5）参加政府采购活动前三年内，在经营活动中没有重大违法记录。”根据该条款的实质性要求，参与本次竞争性磋商的供应商至少应当成立满三年以上，而无锡某公司成立时间未满一年。（2）该项目名称是信息系统集成实施服务，而实质应为江宁区诚信体系（企业、个人）信用云平台二期建设。根据工商档案显示，无锡某公司的注册经营范围包括“信息系统集成服务”等，不排除供应商与某些办事人员事先串通，恶意修改项目名称。本项目属于软件开发，对供应商有特定要求，本次磋商性文件却予以删除，系放宽条件量身定作，让不具备特定资格条件的供应商人成交。（3）无锡某公司指派非专业人员参与磋商，磋商小组完全偏向无锡某公司。请求依法确认本次政府采购为无效采购，重新进行采购。

2016 年 12 月 2 日，区采购中心作出质疑函答复称：（1）根据《政府采购法》第二十二条第五款规定，没有要求参与采购活动的供应商必须成立满三年。《竞争性磋商文件》第 12 条注明“加★项目不得缺失或无效”，其中第（8）项“供应商近三年类似成功案例（提供合同复印件）”未加★。（2）所有符合磋商文件的供应商都可以参与项目磋商，不存

1 案例来源：（2017）苏 01 行终 1006 号。

在量身定做，更不存在事前串通。（3）《竞争性磋商文件》对供应商授权代表资质未有要求；磋商小组中专家评委是从省市专家库中随机抽取，并按照磋商文件进行磋商评比。综上，南京某公司质疑不成立。

南京某公司不服，向南京市江宁区财政局（以下简称“区财政局”）投诉。2017年1月18日，区财政局向南京某公司作出投诉处理决定认为：（1）关于项目成交供应商金电公司是否具备参与磋商竞争供应商资格条件的响应实质性条件的问题。虽然无锡某公司成立于2015年12月22日，但《竞争性磋商文件》及相关法律法规，并没有对参与政府采购的供应商成立或经营年限作出实质性要求，南京某公司认为参加政府采购的供应商成立必须满三年，系理解偏差，缺乏事实依据；根据《竞争性磋商文件》第二章第一条第12项规定，供应商近三年类似成功案例及上一年度经会计事务所审计的财务报表属于未标*项目，可以缺失或无效，且无锡某公司已提供成功案例合同复印件及参加本次采购活动前的会计报表。（2）法律法规并没有对采购人命名采购项目或项目名称是否应当与项目概况保持完全一致进行限制和规定，采购人有权自行确定项目名称。（3）南京某公司提供的《竞争性磋商文件》，仅能证明与本次采购项目《竞争性磋商文件》对供应商的特定资格要求不同，不足以证明本次不做特殊要求系迎合无锡某公司的条件，采购人自主决定不对供应商特定资格作出特殊要求，不存在以不合理的条件对供应商实行差别待遇或歧视待遇，符合法律规定。

综上，驳回南京某公司的投诉。

行政诉讼一审情况

南京某公司不服该处理决定，以区财政局为被告，向南京铁路运输法院提起行政诉讼。一审法院认为，由于现行的法律、法规没有明确排除成立年限不满三年的企业参加政府采购活动，应当允许采购人在不违反法律强制性规定的前提下，根据采购项目的特殊要求规定供应商的特定条件，参与竞标的企业各自的资质证明和业绩情况可以通过依法提交相关文件、谈判、磋商等方式予以充分展示，并根据规定程序确定成交供应商。行政机关不宜将对该条款解释为供应商的成立期限应为三年或三年以上，并通过行政手段排除市场竞争。本案中，《竞争性磋商文件》中对供应商提交的响应性文件中近三年类似成功案例及上一年度经会计事务所审计的财务报表属于未标*项目，并非强制性提交。关于本次采购项目的名称问题，政府采购法等相关法律、法规并没有对采购项目或项目名称命名是否应当与项目概况保持完全一致进行限制和规定，在案证据不足以证明将采购项目命名为区发改局信息系统集成实施服务违反法律规定，恶意修改项目名称的情况。

综上，区财政局作出的投诉处理决定认定事实清楚，适用法律、法规正确，符合法定程序。遂判决驳回南京某公司的诉讼请求。

上诉人诉求及观点

南京某公司不服向南京市中级人民法院提起上诉称，《竞争性磋商文件》规定供应商在参加政府采购活动前三年内，在经营活动中没有重大违法记录。该规定属于加 * 项目，对供应商的经营期限作出了明确规定，也是对供应商的经营能力的具体要求。无锡某公司成立不满一年，不符合供应商资格条件。一审判决认定事实不清，适用法律不当，请求撤销一审判决，改判撤销投诉处理决定，责令被上诉人重新作出投诉处理决定。

被上诉人答辩及观点

区财政局辩称，一审法院认定“参加政府采购前三年内在经营活动中没有重大违法记录”不宜解释为供应商成立期限应为三年或三年以上，适用法律正确，解释合理合法。请求二审法院驳回上诉，维持原判。

二审法院裁判及观点

关于南京某公司认为政府采购法和《竞争性磋商文件》规定的三年是对供应商成立满三年的规定。法院认为，政府采购法第二十二条第（五）项关于供应商在参加政府采购活动前三年内的经营活动中没有重大违法记录的规定，系对供应商重大违法记录的排除，并非限定供应商的成立或经营年限，且法律、法规未对参加政府采购活动的供应商的成立或经营年限作出明确规定。南京某公司认为参加政府采购活动的供应商应成立满三年以上的主张，缺乏法律依据，故对南京某公司的该项上诉理由，法院不予采纳。判决驳回上诉，维持原判。

案例评析 CASE ANALYSIS

1. 参加竞争性磋商的供应商并非必须成立三年以上吗

《政府采购法》第二十二条规定：“供应商参加政府采购活动应当具备下列条件：……（五）参加政府采购活动前三年内，在经营活动中没有重大违法记录……”该条目的主要在于对供应商相关商业行为的规范及重大违法行为的排除，而不是限定供应商的成立期限。也就是说，参加政府采购活动的供应商成立时间满三年及以上的，必须具备在参加政府采购活动前三年内的经营活动中没有重大违法记录的条件，不满三年的，必须具备从成立时间之日起没有重大违法记录的条件。该条第（四）项要求供应商有依法缴纳税收和社会保障资金的良好记录，亦没有明确供应商的成立年限。其他法律、法规对供应商的成立年限也没有明确规定。这就说明，成立三年以上的供应商，应提供前三年没有重大违法行为的证明，而成立未满三年的，需提供自成立之日起到参加采购时的无重大违法行为的证明。如果从该条规定引申出供应商应成立三年以上，属于对法律规定的误读。现行法律规定并没有对供应商的成立年限作出要求。

2. 商务条款不符合并非一律按无效响应处理

《政府采购竞争性磋商采购方式管理暂行办法》第十六条规定，磋商小组成员应当按照客观、公正、审慎的原则，根据磋商文件规定的评审程序、评审方法和评审标准进行独立评审。未实质性响应磋商文件的响应文件按无效响应处理，磋商小组应当告知提交响应文件的供应商。即商务条款包括实质性条款和非实质性条例，未实质性响应的响应文件才按照无效响应处理。一般来说，竞争性磋商文件通常亦会对实质性条款特殊标明。本案中，"供应商近三年类似成功案例"未标识为实质性条款，即使未响应，会对评分有影响，但并不导致其无法继续参与评审。

三、对磋商程序的争议

《政府采购竞争性磋商采购方式管理暂行办法》第二章专门规定了磋商程序，共 32 条，占该暂行办法内容绝大部分。该办法第四条规定，达到公开招标数额标准的货物、服务采购项目，拟采用竞争性磋商采购方式的，采购人应当在采购活动开始前，报经主管预算单位同意后，依法向设区的市、自治州以上人民政府财政部门申请批准。第六条规定，采购人、采购代理机构应当通过发布公告、从省级以上财政部门建立的供应商库中随机抽取或者采购人和评审专家分别书面推荐的方式邀请不少于 3 家符合相应资格条件的供应商参与竞争性磋商采购活动。符合政府采购法第二十二条第一款规定条件的供应商可以在采购活动开始前加入供应商库。财政部门不得对供应商申请入库收取任何费用，不得利用供应商库进行地区和行业封锁。采取采购人和评审专家书面推荐方式选择供应商的，采购人和评审专家应当各自出具书面推荐意见。采购人推荐供应商的比例不得高于推荐供应商总数的 50%。第七条规定，采用公告方式邀请供应商的，采购人、采购代理机构应当在省级以上人民政府财政部门指定的政府采购信息发布媒体发布竞争性磋商公告。第十三条规定，供应商应当在磋商文件要求的截止时间前，将响应文件密封送达指定地点。在截止时间后送达的响应文件为无效文件，采购人、采购代理机构或者磋商小组应当拒收。供应商在提交响应文件截止时间前，可以对所提交的响应文件进行补充、修改或者撤回，并书面通知采购人、采购代理机构。补充、修改的内容作为响应文件的组成部分。补充、修改的内容与响应文件不一致的，以补充、修改的内容为准。第十四条规定，磋商小组由采购人代表和评审专家共 3 人以上单数组成，其中评审专家人数不得少于磋商小组成员总数的 2/3。采购人代表不得以评审专家身份参加本部门或本单位采购项目的评审。采购代理机构人员不得参加本机构代理的采购项目的评审。采用竞争性磋商方式的政府采购项目，评审专家应当从政府采购评审专家库内相关专业的专家名单中随机抽取。符合本办法第三条第（四）项规定情形的项目，以及情况特殊、通过随机方式难以确定合适的评审专家的项目，经主管预算单位同意，可以自行选定评审专家。技术复杂、专业性强的采购项目，评审专家中应当包含 1 名法律专家。第十七条规定，采购人、采购代理机构不得向磋商小组中的评审专家作倾向性、误导性的解释或者说明。采购人、采购代理机构可以视采购项目的具体情况，组织供应商进行现场考察或召开磋商前答疑会，但不得单独或分别组织只有一个供应商参加的现场考察和答疑会。第十八条规定，磋商小组在对响应文件的有效性、完整性和响应程度进行审查时，可以要求供应商对响应文件中含义不明确、同类问题表述不一致或者有明显文字和计算错误的内容等作出必要的澄清、说明或者更正。供应商的澄清、说明或者更正不得超出响应文件的范围或者改变响应文件的实质性内容。磋商小组要求供应商澄清、说明或者更正响应文件应当以书面形式作出。供应商的澄清、说明或者更正应当由法定代表人或其授权代表签字或者加盖公章。由授权代表签字的，应当附法定代表人授权书。供应商为自然人的，应当由本人签字并附身份证明。第十九条规定，磋商小组所有成员应当集中与单一供应商分别进行磋商，并给予所有参加磋商的供应商平等的磋商机会。第二十一条规定，磋商文件能够详细列明采购标的的技术、服务要求的，磋商结束后，磋商小组应当要求所有实质性响应的供应商在规定时间内提交最后报价，提交最后报价的供应商不得少于3家。磋商文件不能详细列明采购标的的技术、服务要求，需经磋商由供应商提供最终设计方案或解决方案的，磋商结束后，磋商小组应当按照少数服从多数的原则投票推荐3家以上供应商的设计方案或者解决方案，并要求其在规定时间内提交最后报价。最后报价是供应商响应文件的有效组成部分。符合本办法第三条第四项情形的，提交最后报价的供应商可以为2家。第二十二条规定，已提交响应文件的供应商，在提交最后报价之前，可以根据磋商情况退出磋商。采购人、采购代理机构应当退还退出磋商的供应商的磋商保证金。第二十三条规定，经磋商确定最终采购需求和提交最后报价的供应商后，由磋商小组采用综合评分法对提交最后报价的供应商的响应文件和最后报价进行综合评分。综合评分法，是指响应文件满足磋商文件全部实质性要求且按评审因素的量化指标评审得分最高的供应商为成交候选供应商的评审方法。第二十四条规定，综合评分法评审标准中的分值设置应当与评审因素的量化指标相对应。磋商文件中没有规定的评审标准不得作为评审依据。评审时，磋商小组各成员应当独立对每个有效响应的文件进行评价、打分，然后汇总每个供应商每项评分因素的得分。综合评分法货物项目的价格分值占总分值的比重（权值）为30%~60%，服务项目的价格分值占总分值的比重（权值）为10%~30%。采购项目中含不同采购对象的，以占项目资金比例最高的采购对象确定其项目属性。符合本办法第三条第三项的规定和执行统一价格标准的项目，其价格不列为评分因素。有特殊情况需要在上述规定范围外设定价格分权重的，应当经本级人民政府财政部门审核同意。综合评分法中的价格分统一采用低价优先法计算，即满足磋商文件要求且最后报价最低的供应商的价格为磋商基准价，其价格分为满分。项目评审过程中，不得去掉最后报价中的最高报价和最低报价。第二十五条规定，磋商小组应当根据综合评分情况，按照评审得分由高到低顺序推荐3名以上成交候选供应商，并编写评审报告。符合本办法第二十一条第三款情形的，可以推荐2家成交候选供应商。评审得分相同的，按照最后报价由低到高的顺序推荐。评审得分且最后报价相同的，按照技术指标优劣顺序推荐。

下面是江苏省财政厅制作的竞争性磋商操作流程图[1]，对于了解竞争性磋商的程序有借鉴作用：

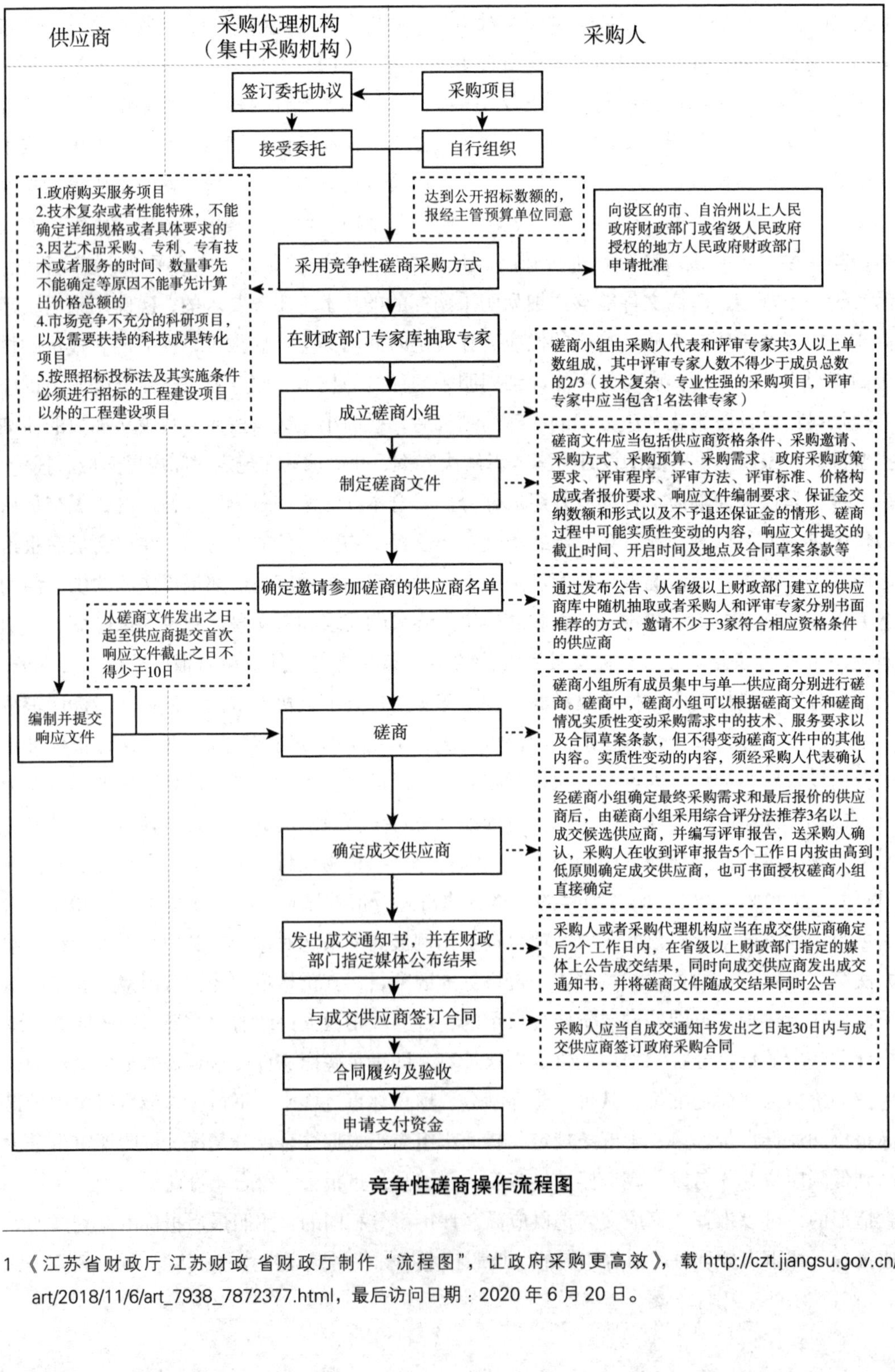

竞争性磋商操作流程图

1 《江苏省财政厅 江苏财政 省财政厅制作"流程图"，让政府采购更高效》，载 http://czt.jiangsu.gov.cn/art/2018/11/6/art_7938_7872377.html，最后访问日期：2020 年 6 月 20 日。

【案例 118[1]】磋商文件发售期限少于5个工作日，是否违规

关 键 词：磋商文件／发售期限／质疑

案例要点：采购人或者采购代理机构应注意磋商文件发售日期不得少于5个工作日的规定。因违反上述规定而引起的质疑、投诉，应视情分别处理，如果投诉事项成立但未影响成交结果应继续开展采购活动，如果影响成交成果，则另行确定供应商或责令重新开展采购活动。

磋商、质疑、投诉情况

2016年6月8日某市政府采购中心（以下简称“市采购中心”）受某市城市管理执法局委托，发布某市城区环卫作业PPP项目（以下简称“该项目”）的资格预审公告，包括侨银环保科技股份有限公司（以下简称“侨银公司”）在内的七家企业成为该项目的合格竞标人参加竞标。2016年7月8日，市采购中心采用电子邮件形式向各家合格竞标人送达了该项目竞争性磋商通知书和竞争性磋商采购文件，通知于2016年7月8日前购买竞争性磋商采购文件，落款日期为“2016年7月8日”。2016年8月2日，经过开标、评标后，市采购中心于同日作出竞争性磋商成交公告，确认某环保公司系第二成交候选人。

同年8月8日某环保公司向市采购中心质疑，认为2016年7月8日送达的《竞争性磋商通知书》违反了《政府采购竞争性磋商采购方式管理暂行办法》第十条的规定即磋商文件的发售期限自开始之日起不得少于5个工作日，本次项目磋商程序违法，应予以更正。同年8月9日，市采购中心作出《答疑函》。

某环保公司对该《答疑函》不服，于同年8月16日向某市财政局（以下简称“市财政局”）投诉，市财政局于同年8月23日作出投诉处理决定，认定某环保公司的投诉超过法定期限，不予受理。

行政诉讼情况

某环保公司不服投诉处理决定，向湖北省咸宁市咸安区人民法院提起行政诉讼。法院认为，市财政局对某环保公司送达的《竞争性磋商通知书》送达日期与落款日期为2016年7月8日，通知某环保公司购买竞争性磋商采购文件的日期亦为2016年7月8日，《竞争性磋商通知书》确有瑕疵，但《竞争性磋商通知书》送达时，竞争性磋商采购文件已经一并送达给某环保公司，某环保公司在庭审中亦认可当日收到竞争性磋商采购文件，且某

1　案例来源：（2016）鄂1202行初29号。

环保公司也参与了后续采购活动的整个过程，对后续的采购活动过程并无异议，故本次采购活动中，某环保公司的合法权益已经得到了保障；根据《政府采购法》第五十二条的规定，某环保公司对《竞争性磋商通知书》提出质疑的时间为2016年8月8日，已经超过上述法律规范规定的提出质疑的时间。

综上，法院认为，市财政局对某环保公司送达的《竞争性磋商通知书》时间上确有瑕疵，但该瑕疵并未导致原告的合法权利受到侵害，且原告提出质疑的时间已经超过了法律规定，被告市财政局作出的投诉处理决定认定事实清楚、证据确实充分、适用法律法规正确，符合法定程序，依据《行政诉讼法》第六十九条的规定，判决驳回某环保公司的诉讼请求。

案例评析 CASE ANALYSIS

1. 某环保公司提出质疑已过法定期限

2016年7月8日，某环保公司收到竞争性磋商文件，应当知道磋商文件发售期限少于5日，而其于2016年8月8日向市采购中心提出质疑，显然已经超过质疑期限，市采购中心应不予受理。

2. 本案磋商文件发售期限少于5个工作日未对成交结果产生影响

《政府采购竞争性磋商采购方式管理暂行办法》第十条第二款规定，磋商文件的发售期限自开始之日起不得少于5个工作日。2016年7月8日，市采购中心通知各供应商于2016年7月8日前到市采购中心购买竞争性磋商采购文件，显然磋商文件的发售日期少于5日，不符合相关规定。当日，某环保公司收到了通知书与磋商文件并参与了采购活动，如果其他合格竞标人也都在2016年7月8日收到并如期参与了采购活动，那么实质上质疑事项未对成交结果构成影响。

四、对竞争性磋商中发生供应商违规是否重新采购的争议

在竞争性磋商过程中，经常发生供应商违规，对此财政部门应区别处理，并非一律责令重新开展采购活动。是否重新开展采购活动应考虑是否影响成交结果、是否有法定数量合格供应商、是否有其他成交候选人等具体情况。

【案例119[1]】供应商在其响应文件中提供虚假材料谋取成交结果，需要重新开展采购活动吗

关 键 词：竞争性磋商/虚假材料/成交结果/成交候选人递补/重新采购

案例要点：竞争性磋商时，供应商在其响应文件中提供虚假材料谋取成交结果，其成

1 案例来源：（2018）鲁0103行初44号。

交结果无效。在选择多家供应商的竞争性磋商活动中，如成交候选人的数目减去被认定无效的数目，仍然大于磋商文件所确定的成交供应商数目，认定成交结果无效的供应商中没有报价最低的，则无须重新开展采购活动。

磋商、质疑、投诉、复议情况

2017年5月16日，济南某公司参与山东省政府采购中心组织的山东省省直单位社会化汽车租赁服务项目（以下简称“该项目”）竞争性磋商采购活动，得分平均分为45.72分。因未能成交，便向山东省机关事务管理局（以下简称“省事务管理局”）提出质疑，该局作出回复认定程序不存在问题。济南某公司不服，向山东省财政厅（以下简称“省财政厅”）投诉，投诉内容为：（1）磋商小组对济南某公司的评分过低，济南某公司得分应该为80分；（2）磋商小组对自有车辆较少的供应商评分过高，该部分供应商不应成交。省财政厅经调查认定：济南某公司的响应文件未实质性响应该项目竞争性磋商文件的规定，应按无效响应处理；对两家供应商的投诉事项缺乏事实和法律依据；对分别提供了部分虚假的机动车登记材料的6家供应商取消其在该项目中的成交资格，对违法行为另行处理。

济南某公司对该处理结果不服，认为应当重新开展采购活动，并于2017年9月5日向山东省人民政府（以下简称“省政府”）申请行政复议。同年11月2日，省政府作出行政复议决定，维持投诉处理决定。

原告诉求及观点

济南某公司不服，向山东省济南市中区人民法院提起行政诉讼称，尽管省财政厅对提供虚假材料谋取中标的部分供应商取消成交资格，但没有对取消后整个采购项目作出具体的处理决定。除认定他们中标、成交无效外，还应当依据《政府采购竞争性磋商采购方式管理暂行办法》的规定，终止竞争性磋商采购活动，发布项目终止公告并说明原因，重新开展采购活动。另外，省财政厅在投诉处理决定之中认定某供应商在采购活动中存在提供虚假材料谋取中标、成交的行为，故在本项目A1标中也应该确认其中标、成交无效，并依《政府采购法》第七十七条之规定处理。现请求撤销投诉处理决定并判令省财政厅对该项目重新开展采购活动。

被告答辩及观点

（1）济南某公司在该项目A1包的响应文件中提供了响应该项目A2包的相关材料，未实质性响应该项目竞争性磋商文件的规定，应按无效响应处理。（2）部分供应商分别在其响应文件的自有车辆部分中提供了部分虚假的机动车登记材料，被取消成交资格。（3）部分供应商提供虚假材料谋取成交不会必然导致采购项目终止的结果。(4) 某供应商因在该项目 A2 包中提供虚假材料谋取成交，成交无效，不影响其在该项目 A1 包中的成交结果。依据上述事实，省财政厅认定济南某公司投诉事项缺乏事实依据。据此作出驳回济南某公司投诉的处理决定。

法院裁判及观点

济南某公司未实质性响应该项目竞争性磋商文件的规定，应按照无效处理。此外，部分供应商分别提供了部分虚假的机动车登记材料，省财政厅取消其资格并无不当。就某供应商在该项目 A2 包提供虚假材料谋取成交的行为，其不影响在该项目 A1 包中的成交结果，省财政厅已另案作出处罚。综上所述，省财政厅作出处理决定事实清楚、并无不当。

关于该项目 A1 包是否应当重新招标的问题，依照《政府采购竞争性磋商采购方式管理暂行办法》第三十四条第二款之规定，采购过程中出现的违法违规行为应当足以影响到成交结果的公正性才能够终止项目，重新予以采购。该项目经磋商小组确认进入综合评审的供应商共有 48 家，共需采购 25 家，省财政厅已认定排名前 25 的供应商中的 6 家供应商成交无效和 1 家供应商的响应文件应按无效响应处理，但 25 名以后仍有 22 家满足要求，终止项目会损害第三人利益。故该项目中，部分供应商提供虚假材料谋取成交不会必然导致采购项目终止。综上所述，省财政厅作出的投诉处理决定认定事实清楚、证据确凿、程序合法、适用依据正确，省政府作出的行政复议决定程序合法。依照《行政诉讼法》第六十九条之规定，判决驳回济南某公司的诉讼请求。

案例评析 CASE ANALYSIS

1.6 家供应商提供虚假材料谋取成交结果，其成交结果无效

财政部门在审查中发现，该项目成交供应商中，6 家供应商在其响应文件中提供虚假材料谋取成交，因此认定济南某公司的投诉事项成立，认定 6 家供应商成交结果无效。

2. 本竞争性磋商项目应否重新开展采购活动

该项目经磋商小组确认进入综合评审的供应商共有 48 家，共需采购 25 家供应商，省财政厅在认定排名前 25 的供应商中的 6 家供应商的成交无效和 25 名以后的供应商中的 1 家供应商的响应文件应按无效响应处理的情况下，25 名以后的供应商中仍有 22 名供应商满足该项目磋商文件的要求。有下列两种情况，就必须重新开展采购活动：

一是后面递补的 6 家如果没有列入成交候选人。应当从磋商文件的规定看，究竟列入成交候选人的有多少家，如果列入候选人的超过 31 家，那么就可以直接递补。否则，就缺少法律依据。

二是 6 家供应商行为是否实质影响了整个项目的成交结果。例如，6 家供应商中如果有报价最低的，成交无效就影响磋商基准价。因本项目是综合评分法，根据评审得分从高到低确定成交供应商。如果影响磋商基准价，则会导致综合评分的分数有所不同，如直接顺延递补，对于未能递补进来的供应商就不公平。

第五节　对其他非招标方式采购的争议事项

如前所述，目前法律、法规、行政规章和财政部规范性文件所明确认定的非招标采购的方式有，竞争性谈判、单一来源、询价和竞争性磋商。在政府采购的实践中，还有一些非招标方式的采购，经常会引起各种争议。

一、对协议供货与定点采购方式的争议

协议供货，是指通过公开招标方式，对特定的政府采购项目统一确定协议供应商和协议产品的价格和服务条件，并以协议书的形式固定，由采购人在供货有效期内自主选择协议供应商及其协议产品的一种政府采购方式。协议供货，一般分两步实施，第一步是通过公开招标方式等竞争方式，确定协议供货的供应商和协议产品；第二步是在协议有效期内，采购人直接或通过谈判或询价等方式，与协议供应商签订供货合同。

定点采购，是指采购人通过招标等方式，综合考虑产品质量、价格和售后服务等因素，择优确定一定数量的定点供应商，同定点供应商签订定点采购协议，由定点供应商根据协议在定点期限内提供有关货物与服务。在政府采购过程中，尤其在通用设备采购和服务采购上，定点采购的方式应用非常广泛。在定点采购约定的期限内，所确定的采购货物和服务，按照日常提出的供货或服务需求，由定点供应商根据合同规定进行供货和服务，定期结算和支付。

我国政府采购制度创立初期，对于集中采购目录中采购人临时动议的采购、采购时间不一的采购，很难进行归集并实际批量集中采购，为了提高采购效率、实现采购人实际需求，财政部首先在中央单位推行协议供货采购，操作方法是通过公开招标方式择优选择入围供应商和产品，然后由采购人再选择与入围供应商签订协议购买入围的产品。后来，全国许多集中采购代理机构也开始采用这种采购方式。2004 年 9 月 11 日起施行的“财政部令第 18 号”第八十五条规定，政府采购货物服务可以实行协议供货采购和定点采购，但协议

供货采购和定点供应商必须通过公开招标方式确定；因特殊情况需要采用公开招标以外方式确定的，应当获得省级以上人民政府财政部门批准。协议供货采购和定点采购的管理办法，由财政部另行规定。但是在实践中，协议供货采购和定点采购的内涵和适用范围不断被泛化，还不时引起争议。一方面是有的集中采购代理机构将高于公开招标数额标准的大额采购也通过协议供货和定点采购的方式采购，另一方面有的集中采购代理机构又利用协议供货和定点采购进行地区或行业封锁妨碍供应商进入政府采购市场。2015 年 3 月 1 日起施行的《政府采购法实施条例》第二十四条规定，列入集中采购目录的项目，适合实行批量集中采购的，应当实行批量集中采购，但紧急的小额零星货物项目和有特殊要求的服务、工程项目除外。但是，该条例并没有给协议供货和定点采购一个明确的法律地位。2017 年 10 月 1 日起施行的"财政部令第 87 号"中没有保留协议供货与定点采购的相关规定。那么人们不禁要问协议供货与定点采购还属不属于财政部认定的其他采购方式？但这两种采购方式却一直在争议中被广泛采用。

不久，答案终于来了。2019 年 7 月 26 日《财政部关于促进政府采购公平竞争优化营商环境的通知》（财库〔2019〕38 号）第一条第（二）项规定："除小额零星采购适用的协议供货、定点采购以及财政部另有规定的情形外，通过入围方式设置备选库、名录库、资格库作为参与政府采购活动的资格条件，妨碍供应商进入政府采购市场。"这就说明协议供货、定点采购仍然是财政部认定的一种采购方式。对于协议供货、定点采购的争议主要有：

一是对采购人的争议。有的地方由财政部门作为协议供货、定点采购的采购人，可能就会有供应商以《政府采购法》第六十条"政府采购监督管理部门不得设置集中采购机构，不得参与政府采购项目的采购活动"的规定提出异议；有的地方以机关事务管理局作为协议供货、定点采购的采购人，来避免上述争议。

二是对采购代理机构的争议。绝大多数地方由集中采购代理机构出面招标并签订政府采购合同，有的地方由其他采购代理机构出面承办则会引起争议。

三是适用范围的争议。协议供货、定点采购只能在小额零星采购中适用，不能扩大适用范围。那么何为小额零星采购，则容易引起争议。笔者在网上搜索发现，《天津市财政局关于做好我市 2018 年度小额零星采购工作有关事项的通知》则能防范此方面的争议，值得借鉴。

四是"入围""建库"的争议。为提高工作效率，许多地方通过公开招标"入围"，选择会计审计、资产评估、法律服务等各类中介机构；然后"建库"，然后由各采购人从上述库中随机选择中介机构提供货物服务。有人认为，这样既有竞争又提高采购效率，有人认为会妨碍供应商进入政府采购市场。笔者认为，符合《财政部关于促进政府采购公平竞争优化营商环境的通知》第一条第（二）项所规定的"小额零星采购适用的协议供货、定点采购以及财政部另有规定的情形”可以“通过入围方式设置备选库、名录库、资格库作为参与政府采购活动的资格条件”。对于此类政府采购项目，如果在明确货物服务标准、质量、定价原则、年度总预算等采购需求的前提下，依照法定程序择优选择具体供应商，遵循量价对等的原则签订政府采购合同。由一家供应商承担的采购项目，可与其签订单价固定、数量不确定的采购合同；确需多家供应商共同承担的，可根据各个要素，进行合理分包，但需将相应采购业务明确到具体供应商。

（一）对财政部门作为协议供货、定点采购方式采购人的争议

【案例120[1]】财政部门能作为协议供货招标的采购人吗，该招标行为是否属于过程性行政行为，能否对其投诉、诉讼

关 键 词：协议供货/过程性行为/行政诉讼

案例要点：财政部门可以作为采购人，但不得参与政府采购项目的采购活动；零星小额采购，可以招标确定协议供货的供应商和协议产品；协议供货定点招标不应属于过程性行政行为，对协议供货定点招标行为不能直接提起行政诉讼，应先质疑、投诉。

招标、质疑、投诉情况

2016年10月30日，怀化市政府采购监督管理办公室（以下简称“市采购办”）作为采购人委托采购代理机构怀化市公共资源交易中心（以下简称“市交易中心”），对2017~2018年度怀化市本级行政事业单位定点印刷协议供货项目（以下简称“该项目”）进行公开招标。随后某印刷厂参与竞标，2016年12月14日，该项目开标。2016年12月16日，市交易中心发布中标公告，某印刷厂未中标。

某印刷厂于2016年12月21日向市交易中心质疑，认为此次招投标严重违背《招标投标法》《政府采购法》第二十二条和政府采购招标文件的规定，应为废标。2016年12月28日，市交易中心向某印刷厂下达了质疑驳回书，认为某印刷厂提供的证据材料无法证明投诉事项，质疑缺乏事实依据，决定驳回某印刷厂的质疑。

某印刷厂于2016年12月29日向市采购办投诉，请求认定怀化某彩印厂中标无效。2017年1月3日，市采购办向宏宇印刷厂下达投诉修改补正通知书，要求宏宇印刷厂修正、补正相关材料。

1　案例来源：（2017）湘12行终97号。

行政诉讼一审情况

某印刷厂以怀化市财政局（以下简称“市财政局”）为被告，向某区法院提起诉讼。某区法院认为，市财政局以及内设的市采购办均是政府采购监督管理部门，不能参与政府采购项目的采购活动，但本案市财政局作为采购人直接参与此次招投标，违背了《政府采购法》第六十条规定，故不管是市财政局还是其内设的市采购办作为采购人，均违法。市财政局提出本案中，其没有参与政府采购项目的采购活动，市交易中心是怀化市人民政府设置、怀化市编制办公室批准的正处级事业单位，承担集中采购机构的职能，与市财政局不存在隶属关系和利益关系，因此市财政局没有违反《政府采购法》第六十条规定。对此问题，某区法院认为根据《政府采购法》第十四条的规定，采购人是在政府采购活动中享有权利和承担义务主体。本案中，市财政局授权其内设机构市采购办作为采购人对该项目进行政府采购招标，就是进行政府采购活动，故市财政局主张其没有参与此次政府采购活动的理由不成立。且根据《政府采购法》第十三条第一款的规定，市财政局作为怀化市人民政府的财政部门，也就是负责政府采购监督管理的部门，同时根据怀化市机构编制委员会办公室以怀编办〔2003〕55号文件可知，市采购办是市财政局组建的，政府采购监督管理属于其职能范围。根据《政府采购法》第六十条第一款的规定，市财政局作为政府采购监督管理的部门，不得参与政府采购项目的采购活动，但在本案中市财政局授权其内设的市采购办作为采购人参与该项目的政府采购活动，违反了上述法律规定，属于超越职权。根据《行政诉讼法》第七十四条第一款第（一）项规定，因市采购办委托市交易中心对该项目进行公开招标已经完成，撤销会给国家利益、社会公共利益造成重大损害，故确认该行政行为违法。综上，某印刷厂请求确认市财政局将该项目进行政府采购招标的行政行为违法的诉讼请求，某区法院予以支持。综上所述，判决确认市财政局将该项目进行政府采购招标的行政行为违法；驳回某印刷厂的其他诉讼请求。

上诉人诉求及观点

市财政局不服某区法院行政判决，以某印刷厂为被上诉人，向湖南省怀化市中级人民法院提起上诉称，一审判决认为市财政局授权其内设机构市采购办作为采购人对该项目进行政府采购招标，就是进行政府采购活动，违反了《政府采购法》第六十条的规定，属于超越职权。这是对《政府采购法》不完整的理解，属于适用法律错误。（1）根据《政府采购法》第七条、第十八条，《政府采购法实施条例》第三条及省、市《2016~2017年度政府集中采购目录》C0814之规定，该项目属于集中采购目录内的采购项目，必须委托集中采购代理机构采购。该项目不是部门集中采购项目，更不是分散采购项目。（2）市财政局作为该集中采购目录内采购项目的采购人，完全符合《政府采购法》第二条、第十五条的规定；(3) 参照财政部《党政机关会议定点管理办法》文件第二条的规定，对属于集中采购目录内的会议定点场所服务由财政部门或者财政部门委托的机构通过政府采购的方式确定一定数量的供货商，市财政局作为集中采购目录内的协议供货定点印刷服务项目的采购人，符合上述规章的精神；(4) 一审判决以《政府采购法》第十四条、第六十条的规定，认为市财政局作为采购人，就参与了政府采购项目的采购活动，于法无据。因为这两个法条没有规定政府采购监督管理部门不得作为集中采购目录内的采购项目的采购人，一审判决以市财政局作为政府采购监督管理部门就不能作为采购项目的采购人完全没有法律依据；(5) 市财政局委托第三方市交易中心对该项目进行招标，不属于参与政府采购项目的采购活动；(6) 市财政局具有作为市本级单位协议供货定点集中采购项目采购人的资格，未超越职权。根据《湖南省财政厅关于对〈明确政府采购服务类项目能否由财政部门代表采购人实施委托的请示〉的复函》规定，市财政局可以代表所有的采购人同意委托采购代理机构按照法定程序采购，采购结果由各采购人共享。综上所述，市财政局具有作为市本级单位定点印刷协议供货集中采购项目的采购人资格，委托第三方集中采购机构市交易中心进行该政府采购项目的招标采购合法有据，市财政局没有参与第三方组织的政府采购项目的采购活动，一审判决适用法律错误，请求：(1) 撤销一审判决第一项，改判驳回某印刷厂确认市财政局将该项目进行政府采购招标的行政行为违法的诉讼请求；(2) 维持一审判决第二项。

被上诉人答辩及观点

某印刷厂辩称，市财政局将该项目进行政府采购招标的行政行为没有法律依据，采购主体不合法。综上所述，请求二审法院驳回市财政局的上诉请求。

法院裁判及观点

二审法院另外查明，2016年12月21日，市财政局作出《关于市本级2017~2018年度政府采购协议供货定点有关事项的通知》(以下简称"该通知")，确定了2017~2018年度怀化市本级政府采购协议供货定点单位名单。某印刷厂未在定点单位名单中。该通知第四项"协议供货定点采购管理"第一小项载明：采购单位必须在协议供货定点商家采购满足协议要求的货物。非特殊情况，在非协议供货定点单位采购的，财政部门不予审核，单位财务部门不予报账。该通知发至市直各单位并在湖南省怀化市政府采购网公布，自2017年1月1日起执行。

二审法院认为，某印刷厂认为市财政局滥用行政权力排除或限制竞争提起行政诉讼，符合《行政诉讼法》第十二条第一款第（八）项的规定，故某区法院将本案作为行政案件受理并无不当。市财政局将该项目进行政府采购招标的行为只是为实施涉案招标、议标、决标的前置行为，是市财政局最终作出该通知这一行为的过程性行为，该行为本身不是一独立的对某印刷厂实体权益产生实际影响的行为。对某印刷厂合法权益可能产生实际影响的是市财政局作出通知的行为，某印刷厂明知该通知存在并已执行而不就该行为提起诉讼，仍对上诉人将该项目进行政府采购招标的行为提起行政诉讼，明显不当。

虽然《政府采购法》第十三条第二款规定：各级人民政府财政部门是负责政府采购监督管理的部门，依法履行对政府采购活动的监督管理职责；第六十条规定：政府采购监督管理部门不得设置集中采购机构，不得参与政府采购项目的采购活动。但根据《政府采购法》第二条第二款、第十五条的规定，市财政局作为国家机关，依法享有政府采购人的主体资格。

《政府采购法》第五十二条、第五十四条、第五十五条、第五十八条明确规定了供应商提出质疑、投诉的程序。投诉人只有对政府监督管理部门的投诉处理决定不服或者政府采购监督管理部门逾期未做处理的，才可以依法申请行政复议或者向人民法院提起行政诉讼。因此，政府采购监管部门对供应商的质疑、投诉先行处理是提起行政诉讼的前置程序。

本案中，某印刷厂在质疑书和投诉书中未对市财政局作为采购人主体资格问题进行质疑和投诉，上诉人作为政府采购监督管理部门也未行使行政管理职能对采购人主体适格问题进行处理，因此，某印刷厂对采购人主体资格问题未经质疑、投诉程序直接提起行政诉讼，违反了《政府采购法》第五十八条的规定。

综上所述，裁定如下：撤销一审判决，驳回某印刷厂的起诉。

案例评析 CASE ANALYSIS

1. 政府采购监督管理部门是否可以作为采购人

本案中，市财政局授权其内设机构作为采购人对该项目进行政府采购招标，而内设机构并不具有行政主体资格和法人资格，一般不能以自己的名义对外行使职权与进行民事行为，因此实为市财政局作为采购主体进行采购活动。《政府采购法》第六十条第一款规定："政府采购监督管理部门不得设置集中采购机构，不得参与政府采购项目的采购活动。"深究《政府采购法》的立法原意，禁止财政部门参与政府采购活动是防止财政部门既当"运动员"又当"裁判员"，保证采购活动的公平公正。但财政部门作为行政机关，出于日常工作需要也必然存在采购货物、工程或者服务的需求。

《政府采购法》的上述规定，并不是禁止财政部门作为采购人，而是“不得参与政府采购项目的采购活动”，即不参与招标投标、竞争性谈判、竞争性磋商、单一来源、询价等方式的采购活动，但可以委托其他单位参与。为了避免在政府采购中的尴尬现象，在财政部门有采购需求时，为使自身不参与采购活动，从编制招标文件到签订采购合同，全权委托采购代理机构开展，保证不偏倚，公平公正。发生争议时，仍然可以履行监督管理的职责。从本案来看，如果公开招标不以市财政局作为采购人出现，是完全可以的。因为集中采购的定点印刷协议供货，是整个市直行政事业单位使用，采购人实际上是整个市直行政事业单位，可以由市机关事务管理局出面作为采购人，更方便采购工作的顺利进行。

2. 本案采用协议供货是否违法

本项目印刷和出版服务属于政府集中采购目录内项目，市直行政事业单位用于印刷和出版服务开支使用的是财政性资金，依法应当进行政府集中采购。因各个单位印刷和出版服务，很可能是零星小额采购。因此，本项目通过公开招标方式实行协议供货并无不当。

3. 协议供货定点招标是否属于过程性行政行为

过程性行政行为是指为作出行政行为而实施的行为，通常具有预备性、阶段性和程序性，例如准备、论证、研究、层报、咨询等行为。协议供货定点招标包含公布招标文件、投标、开标、唱标及评标等环节，这些环节从表面上看是过程性的，但是与准备、论证、研究、层报、咨询等这类不会实质影响行为人权利与义务的行为相比，是有所不同的。

因为，采购环节环环相扣，每一环节都可能实质导致供应商权利受损，比如采购文件违法，可能会导致供应商无法投标；开标行为违法，可能会导致供应商无法参与评标；评标行为违法，可能会导致应当中标的供应商落败。二审法院认为，中标结果通知才为最终行政行为，但是对于潜在供应商来说，全程并未参与采购活动，实质影响其权益的并非是中标通知而是采购文件，而如其只能对中标结果起诉，显然又是没有利害关系的。政府采购过程因其特殊性，在中标结果公布之前的过程不能简单称之为过程性行为。因此，协议供货定点招标不属于过程性行政行为。

4. 对协议供货定点招标可以直接提起行政诉讼吗

如上所述，协议供货定点招标不是过程性行政行为，但是并不代表可以直接对招标行为提起行政诉讼。《政府采购法》赋予了政府采购供应商特殊的救济途径，即对采购行为不满可先向采购人或者采购代理机构提出质疑，对质疑答复不满意再向财政部门提出投诉，对投诉处理决定不服或者逾期未作处理的，可以依法申请行政复议或者向人民法院提起行政诉讼。法院审查的对象是行政行为，即政府采购投诉处理决定，而不是协议供货定点招标的行为。因此，对协议供货定点招标行为应先质疑投诉，对投诉处理决定不服可提起行政诉讼。

（二）有关未参加协议供货、定点采购方式招标而对供应商名单的争议

【案例 121[1]】未参加定点采购招标，不在中标供应商名单中，能否申请复议、提起诉讼，要求撤销中标公告与通知

关 键 词：中标公告与通知 / 定点采购 / 行政复议

案例要点：对行政事业单位数量较多、小额零星采购，所以先通过招标确定定点供应商。未参加定点采购招标，也未成为定点服务供应商，中标公告与通知对其权利义务并没有任何影响，其申请复议不符合法定受理条件。

公告、复议情况

2015 年 3 月 12 日，北京市财政局（以下简称“市财政局”）作出《北京市财政局关于北京市市级行政事业单位 2015~2016 年度法律定点服务政府采购项目有关事宜的通知》，规定各区县可共享本次招标结果，后在北京市政府采购中心网站上公布了中标公告，其中中标供应商中不包括北京某律师事务所（以下简称“北京某律所”）。2015 年 4 月 22 日，北京市昌平区财政局（以下简称“区财政局”）作出《昌平区财政局关于昌平区行政事业单位 2015~2016 年度法律定点服务政府采购项目有关事宜的通知》，按照“市、区资源共享”原则，确定了 2015~2016 年度法律定点服务供应商（律师事务所），其中十家中标供应商中不包括北京某律所。

2016 年 4 月 15 日，北京某律所向市财政局提交行政复议申请，请求确认区财政局在昌平区行政事业单位 2015~2016 年度法律定点服务采购项目中指定法律服务供应商的行政行为违法，并撤销其所作出的《名单》。同年 5 月 25 日，市财政局作出行政复议决定，认为北京某律所的行政复议申请不符合《行政复议法实施条例》第二十八条第（二）项规定的受理条件，决定驳回北京某律所的行政复议请求。

原告诉求及观点

北京某律所不服市财政局作出的复议决定，向法院提起诉讼称，2016 年 4 月 1 日，该所通过政府信息公开方式获知《昌平区财政局关于昌平区行政事业单位 2015~2016 年度法律定点服务政府采购项目有关事宜的通知》及《名单》，对《名单》不服，向市财政局申请复议，市财政局驳回该所的行政复议申请。该所认为，市财政局作出的行政复议决定认定事实不清，适用法律错误，程序违法。现请求法院依法撤销行政复议决定，判令市财政局重新作出行政复议决定。

---

1 案例来源：京 0108 行初 540 号。

被告答辩及观点

市财政局辩称，北京某律所不是2015~2016年北京市市级行政事业单位法律定点服务供应商，不具备通过市、区共享招标结果成为北京市昌平区2015~2016年度法律服务供应商的条件，与该项目中确定法律服务供应商的行为及其作出的《名单》没有利害关系。市财政局作出驳回申请决定认定事实清楚、证据确凿、适用法律依据正确。请求法院驳回北京某律所的诉讼请求。

法院裁判及观点

根据《行政复议法实施条例》第二十八条第（二）项的规定，行政复议的申请人应当与具体行政行为有利害关系。本案中，北京某律所不是定点服务供应商，不具备市财政局规定的各区县可共享招标结果的前提条件，故无法成为通过市、区共享招标结果成为北京市昌平区2015~2016年度法律服务供应商。因此，市财政局认定北京某律所与该项目中确定法律服务供应商的行为及其作出的《名单》没有利害关系，并无不当。此外，市财政局在作出行政复议决定的过程中，履行了受理、告知、作出答复及送达等行政程序，符合法律规定，亦无不当。综上，依照《行政诉讼法》第六十九条之规定，判决驳回原告北京市北京某律所的诉讼请求。

案例评析 CASE ANALYSIS

1. 北京某律所与中标公告与通知是否有利害关系，可否提起诉讼

北京某律所是通过政府信息公开方式获知《昌平区财政局关于昌平区行政事业单位2015~2016年度法律定点服务政府采购项目有关事宜的通知》及《名单》的，也就是说该所从未曾参与该项目采购活动，也不是该项目的法律定点服务供应商，不具备市财政局规定的各区县可共享招标结果的前提条件，无法成为通过市、区共享招标结果成为北京市昌平区2015~2016年度法律服务供应商。因此，中标公告与通知对北京某律所的权利义务并没有任何影响，其不存在因通知而权益受损的可能性，相当于中标公告与通知的局外人。所以，其与昌平区财政局作出的通知没有利害关系。

《行政复议法实施条例》第二十八条规定："行政复议申请符合下列规定的，应当予以受理：……（二）申请人与具体行政行为有利害关系；……"而本案北京某律所与中标公告与通知并无利害关系，因此，其申请复议不符合行政复议法的受理条件，应不予受理。如已经受理，应驳回其复议请求。

2. 该项目设置法律服务名单是否合法

“财政部令第 18 号”第八十五条规定，政府采购货物服务可以实行协议供货采购和定点采购，但协议供货采购和定点供应商必须通过公开招标方式确定；因特殊情况需要采用公开招标以外方式确定的，应当获得省级以上人民政府财政部门批准。而修改后的财政部第 87 号令取消了关于协议供货和定点采购的规定，此时再采用定点采购则无法可依。后《财政部关于促进政府采购公平竞争优化营商环境的通知》（财库〔2019〕38 号）规定：要全面清理政府采购领域妨碍公平竞争的规定和做法，重点清理和纠正以下问题：……（二）除小额零星采购适用的协议供货、定点采购以及财政部另有规定的情形外，通过入围方式设置备选库、名录库、资格库作为参与政府采购活动的资格条件，妨碍供应商进入政府采购市场。……可见，定点采购方式仍被认可，同时也表明本案通过入围方式设置名录库作为参与政府采购活动的资格条件是符合政策规定的，不存在妨碍公平竞争的情形。该政府采购项目为昌平区行政事业单位采购法律服务，因行政事业单位数量较多、法律服务具有零散性以及合同金额不大，所以先通过采购设置法律服务名单，再由各行政事业单位单独与名单内的事务所签订采购合同，更为适宜。

二、对“走程序”方式采购的争议

在政府采购实践中，有时会碰到或明或暗的“走程序”式采购。有的是“边招边购”，一方面准备招标，另一方面先找一家供应商提前介入甚至提前提供货物与服务，提前介入的供应商中标了，皆大欢喜，万一不中标则由中标供应商对提前介入的工作“买单”；有的是“未招先购”，即在招标之前就由一家供应商提供货物与服务，然后再招标投标来完成政府采购的流程。这类采购都是打着“公开招标”的幌子，根本不是招标的采购方式，是一种规避政府采购法律、法规的行为，应当依法追究法律责任。

【案例 122[1]】先采购完毕，后招标完善程序，是否合法

关 键 词：履行完毕 / 再招标 / 未招先购

案例要点：招标前即确定供应商并实际履行完毕，然后再开展招标投标活动，是一种典型的“未招先购”行为，应当依法追责。

案情简介

阳新县财政局于 2019 年 3 月 22 日收到上海华杰生态环境工程有限公司关于对阳新县城区“公厕革命”公厕改建、新建采购项目的投诉书，其投诉事项：“未招先建”的问题。依据《政府采购法》和《政府采购质疑和投诉办法》，于 2019 年 3 月 28 日正式受理。

1 案例来源：阳财投函〔2019〕1 号。

该局依法对投诉事项进行了书面审查、调查取证和专家论证。投诉事项 1“未招先建”的问题，经调查发现该项目采购人已于 2018 年 11 月中旬启动建设，于 2019 月 1 月 22 日前全面建设完工。2019 年 1 月 7 日报财政部门备案，2019 年 1 月 14 日在湖北政府采购网发布了招标信息，2019 年 2 月 21 日在阳新县公共资源交易平台进行了开标。投诉事项 2“评标过程中存在的问题”。因该项目“未招先建”，招标采购活动不成立。

根据调查情况，该项目“未招先建”属实。因此该次招标采购活动不成立。该项目采购活动中采购人和代理机构违反了《政府采购法》第六十四条、第七十一条第一款，《政府采购法实施条例》第六十七条第一款、第六十八条第一款的规定。该局于 2019 年 5 月 6 日作出对采购人和代理机构另行处理决定。

案例评析 CASE ANALYSIS

《政府采购法》第三章规定了政府采购方式，还规定公开招标应作为政府采购的主要采购方式，采购人不得将应当以公开招标方式采购的货物或者服务化整为零或者以其他任何方式规避公开招标采购。《政府采购法》第六十四条规定，采购人必须按照该法规定的采购方式和采购程序进行采购。《政府采购法》第七十一条第一款，《政府采购法实施条例》第六十七条第一款、第六十八条第一款的规定，对应当采购公开招标方式而擅自采用其他方式采购、化整为零或者以其他任何方式规避公开招标、未按照政府采购法和实施条例规定的方式实施采购，都规定对采购人、代理机构追究法律责任。但是，仍然有个别采购人、采购代理机构无视法律规定，先采购，然后再以公开招标“走程序”，使公开招标流于形式。

该项目在招标前的两个月即启动，招标前的一个月即完成，完成后在公共资源交易平台进行了开标。该项目未按照《政府采购法》规定的采购方式和采购程序进行采购，对应当采用公开招标方式而擅自采用其他方式采购，是一种典型的“未招先购”行为，应当依法追究法律责任。

三、对紧急采购的争议

根据《政府采购法》第二条规定，各级国家机关、事业单位和团体组织，使用财政性资金采购依法制定的集中采购目录以内的或者采购限额标准以上的货物、工程和服务的行为，都要适用《政府采购法》。因按照《政府采购法》所规定的方式和程序进行采购，比较复杂，时间较长，对因严重自然灾害和其他不可抗力事件所实施的采购，时限性很强，不可能经过复杂冗长的法定方式和程序，根据《政府采购法》第八十五条规定，对因严重自然灾害和其他不可抗力事件所实施的紧急采购不适用《政府采购法》。这里“紧急采购”的概念，是指各级国家机关、事业单位和团体组织，为紧急应对严重自然灾害和其他不可抗力事件，使用财政性资金采购依法制定的集中采购目录以内的或者限额标准以上的货物、工程和服务的行为。根据《政府采购法》第八十五条规定，实施紧急采购应当具备一定的条件：一是发生了严重自然灾害等不可抗力事件；二是使用财政性资金采购为应对不可抗力事件而紧急采购。

2019年年末2020年年初，新型冠状病毒从潘多拉魔盒中散出，肆虐华夏大地，也给政府采购带来了严峻考验。财政部办公厅发布了《关于疫情防控采购便利化的通知》（财办库〔2020〕23号，以下简称“23号通知”）和《关于疫情防控期间开展政府采购活动有关事项的通知》（财办库〔2020〕29号，以下简称“29号通知”），给似乎处于“水深火热”之中的政府采购工作一线，下了一场“及时雨”。“23号通知”要求：“各级国家机关、事业单位和团体组织使用财政性资金采购疫情防控相关货物、工程和服务的，应以满足疫情防控工作需要为首要目标，建立采购“绿色通道”，可不执行政府采购法规定的方式和程序，采购进口物资无需审批。”“23号通知”是财政部办公厅应急制定的规范性文件，这次疫情暴发，如果疫情防控采购仍然按照《政府采购法》规定的方式、程序进行采购，是不现实的，也无法满足紧急需要。如，这次防控新冠肺炎所实施采购的防控物资、设备，武汉为抗击新冠肺炎疫情紧急建设的火神山、雷神山医院建设项目等都属于这种情况。对紧急采购，有可能发生争议的是：

一是在适用范围方面，是否属于紧急采购的范围，有没有“借船出海”，逃避监管的情形？要防范以紧急采购为名，违反政府采购规定实施其他采购。

二是在采购措施方面，是否存在采购方式和程序之外也不执行政府采购法律规范的情形？如紧急采购预算信息公开、对供应商的条件、政府采购合同、履约验收、监督检查等内容，是否有不按政府采购方面法律、法规和行政规章等相关规定执行的情形？

三是在内控机制方面，是否建立了紧急采购内控机制，健全紧急采购内控管理？

四是在监督管理方面，是否建立了紧急采购的事前、事中、事后的监管措施？

五是在风险防范方面，是否建立了紧急采购的风险防范制度？因紧急采购的方式和程序没有相关法律规定，采购人权利很大，如法制观念淡薄，就有可能会涉及一些法律风险，引起政府采购方面的争议，甚至日后会形成纠纷。

在本书写作期间，笔者试图查询紧急采购方面的争议处理案件，不论是从相关网站，还是从相关部门，都未发现。其原因可能有，一是紧急采购是一个特殊时期大是大非的工作，任何人都不会松懈，一般不会出现争议；二是因紧急采购与正常的政府采购相比，透明度不够高，潜在供应商也不知晓，事实上避免了许多争议。

四、对涉及国家安全和秘密的采购的争议

政府采购强调提高透明度并要求采购公开进行，而涉及国家安全和秘密的政府采购项目，由于其本身的保密要求，不允许将项目的有关情况公开。根据《政府采购法》第

八十五条规定，对涉及国家安全和秘密的采购不适用《政府采购法》。《保密法》第二十九条规定："机关、单位公开发布信息以及对涉及国家秘密的工程、货物、服务进行采购时，应当遵守保密规定。"《保密法实施条例》第二十六条规定："政府采购监督管理部门、保密行政管理部门应当依法加强对涉及国家秘密的工程、货物和服务采购的监督管理。"

长期以来，我国对涉及国家安全和秘密的政府采购尚未制定统一规范。实践中出现两种不良倾向，一方面有的采购人以涉及国家安全和秘密为由，规避适用《政府采购法》；另一方面，也有一些涉及国家安全和秘密的采购项目存在泄密的隐患。

2018年，国家保密局印发通知，停止对涉密工程、货物、服务的审查确认工作，将职权交给采购人，同时将涉密工程（项目）纳入保密检查范围。2019年下半年，财政部、国家保密局联合印发了《涉密政府采购管理暂行办法》（以下简称"该办法"）。该办法为避免涉密政府采购项目在实践中被滥用，作了如下规定：一是对涉密政府采购项目的确定范围作出了严格限定，从采购主体、资金性质和采购对象3个方面对涉密政府采购项目的定义进行限定。在采购对象方面规定，只有"因采购对象、渠道、用途等涉及国家秘密，必须在采购过程中控制国家秘密的知悉范围，需要采取保密措施"的，即只有项目采购和实施过程中必须允许供应商接触、知悉国家秘密的，才能确定为涉密政府采购项目，分别对涉及工程、货物和服务的政府采购项目进行了列举。明确提出"最小化原则"，要求对国家秘密信息作出隐蔽处理后可以通过公开方式进行采购的，不得确定为涉密采购项目；涉密项目的涉密部分与非涉密部分能够拆分的，只能将涉密部分确定为涉密政府采购项目。二是要求采购人确定涉密采购项目必须符合法定权限和程序，规定采购人确定涉密采购项目应当具有相应定密权限，要求承办部门必须对涉密采购项目的确定依据、保密要点与采购流程关联性等进行充分论证，明确了内部审批程序。三是明确争议处理，对是否能够确定为涉密政府采购项目不明确或者有争议的，主管预算单位可以根据密级和定密单位层级报国家保密行政管理部门或者省级保密行政管理部门确定。四是严格责任追究，明确了财政部门、保密行政管理部门对涉密政府采购项目实施情况进行监督检查的职责。

该办法优化了涉密项目采购流程，提供多样化的采购方式。除了不能通过公开方式进行采购外，采购人可以根据采购需求的实际情况和保密要求，从邀请招标、竞争性谈判、竞争性磋商、单一来源采购、询价以及财政部门认定的其他采购方式中，选取任何一种采购方式。除单一来源采购外的其他采购方式，无须再报财政部门审批。拟采用单一来源采购方式的，在审批环节和材料上作了精简。

涉及国家安全和秘密的采购虽不对外公开，但仍然可能发生争议，如果供应商对采购过程、采购结果，仍然可以提出质疑、投诉，参照政府采购法律规范执行，该办法另有规定的除外。实践中可能会有几个方面的争议，一是涉密单位的采购是否必然是涉密项目，二是涉密项目中的每一个采购合同是否都属于涉密范围，三是是否只有涉密单位的采购才是涉密政府采购项目，四是涉密采购项目是否都可以自行采购，五是涉密项目应否委托集中采购代理机构进行采购？笔者认为，对于有关此方面的争议，不应一概而论，以偏概全，应当具体争议具体解决。

【案例 123[1]】涉及国家安全和秘密的货物采购是否需要认定，能否自行采购

关 键 词：涉及国家安全 / 涉及国家秘密 / 政府采购 / 认定 / 自行采购

案例要点：属于涉及国家安全和秘密的采购项目要经有效认定、审批，不能随意自行采购。

案情简介

某省公安厅拟采购一批警务全彩色显示屏、单色电子显示屏等设备，采购人经办人员认为这些产品属于涉密产品，采购项目自然是涉及国家秘密的采购项目，因此不必通过常规政府采购流程来执行。于是，该省公安厅未去该省政府采购管理部门申请立项审批，就自行组织了采购。经过一个月的采购，到了国库集中支付环节，该省公安厅才发现该采购项目无法通过财政专户支付。

案例评析 CASE ANALYSIS

涉及国家安全和秘密的采购项目，被《政府采购法》第八十五条列为不适用该法的条款，确实能让部分采购人为部分采购项目披上涉密“外衣”，可以“方便”自行采购，事实上存在逃避政府采购监管的嫌疑。该项目采购存在的问题主要有：一是该项目是否属于涉及国家安全和秘密的采购项目未经有效认定，二是该采购项目未经审批程序，三是自行采购未经批准。从而，造成了该采购项目无法通过财政专户支付的情形。

1 案例来源：《“涉密”非自行采购之借口》，载 http://www.caigou2003.com/zhengcaizixun/lilunshangtu/ 252811.html，最后访问日期：2020 年 6 月 20 日。

CHAPTER 07

第七章

对中标、成交的争议事项

中标是指采购人、采购代理机构将中标结果公告，向经评选的投标人发出中标通知书，并在规定的时间内与之签订书面合同的行为。政府采购采用非招标方式的，则不能称“中标”，只能称“成交”，是指采购人、采购代理机构将成交结果公告，向成交供应商发出成交通知书，并在规定的时间内与之签订书面合同的行为。对于中标与成交问题，也是政府采购活动中的一个争议焦点问题。

第一节 有关确定中标或者成交供应商、通知、公告的争议

《政府采购法实施条例》第四十三条规定，采购代理机构应当自评审结束之日起2个工作日内将评审报告送交采购人。采购人应当自收到评审报告之日起5个工作日内在评审报告推荐的中标或者成交候选人中按顺序确定中标或者成交供应商。采购人或者采购代理机构应当自中标、成交供应商确定之日起2个工作日内，发出中标、成交通知书，并在省级以上人民政府财政部门指定的媒体上公告中标、成交结果，招标文件、竞争性谈判文件、询价通知书随中标、成交结果同时公告。中标、成交结果公告内容应当包括采购人和采购代理机构的名称、地址、联系方式，项目名称和项目编号，中标或者成交供应商名称、地址和中标或者成交金额，主要中标或者成交标的的名称、规格型号、数量、单价、服务要

求以及评审专家名单。可见，评审结束后的工作主要有：

一是提交评审报告，这里所称的“评审报告”，是指评审组织（包括评标委员会、谈判小组、询价小组、磋商小组，下同）在审阅招标（采购）文件、投标（响应）文件的基础上，依据采购文件规定的评审程序、评审方法和评审标准，向采购人作出表明评审意见和结果的、具有一定法律效力的书面文件。评审组织成员应当在评审报告上签字，对自己的评审意见承担法律责任。此时也许有的评审组织成员可能对评审报告有异议，此时发生的异议是评审组织内部的异议，与政府采购争议不同，解决争议的规则是对需要共同认定的事项存在争议的，应当按照少数服从多数的原则作出结论。持不同意见的评审组织成员应当在评审报告上签署不同意见，并说明理由，否则视为同意评审报告。虽然评审报告是评审组织的工作成果，评审组织成员签字后对政府采购各方当事人都产生法律效力。由于评审组织是临时机构，评审结束即解散，只能由采购代理机构向采购人提交评审报告，提交评审报告的时间为自评审结束之日起 2 个工作日内。

二是确定中标、成交供应商。第一，确定的主体是采购人，采购人确定中标、成交供应商并不能随心所欲，而是在评审报告推荐的中标或者成交候选人中按顺序确定，如无其他特殊情况，排名第一的中标或者成交候选人应当确定为中标或者成交供应商。第二，确定的时间是自收到评审报告之日起 5 个工作日内。第三，确定的方式是发出中标、成交通知书并在指定的媒体上公告，实践中经常引起争议的是，有的采购人或者采购代理机构通知书、公告时间违法违规，即未在自中标、成交供应商确定之日起 2 个工作日内发出中标、成交通知书并公告，而是先公告，如无供应商质疑才发通知书；有的采购人或者采购代理机构公告的媒体违反规定，即未在省级以上人民政府财政部门指定的媒体上公告，而在当地政府采购网站、招标投标网站公告。第四，公告的内容为中标、成交结果，招标文件、竞争性谈判文件、询价通知书随中标、成交结果同时公告；中标结果公告的内容应当包括采购人及其委托的采购代理机构的名称、地址、联系方式，项目名称和项目编号，中标人名称、地址和中标金额，主要中标标的的名称、规格型号、数量、单价、服务要求，中标公告期限以及评审专家名单；邀请招标采购人采用书面推荐方式产生符合资格条件的潜在投标人的，还应当将所有被推荐供应商名单和推荐理由随中标结果同时公告；成交结果公告应当包括采购人和采购代理机构的名称、地址和联系方式，项目名称和项目编号，成交供应商名称、地址和成交金额，主要成交标的的名称、规格型号、数量、单价、服务要求，谈判小组、询价小组成员名单及单一来源采购人员名单，采用书面推荐供应商参加采购活动的，还应当公告采购人和评审专家的推荐意见。对中标、成交结果公告内容的异议比较难处理的是，采购项目中既有货物又有服务，或者货物、服务品目较多的，主要中标标的或者成交标的究竟指什么，是以价格最高的来确定，还是以数量最多的来确定，还是以功能最重要的来确定，不同的人、不同的立场，会有不同的看法，争议甚至会扩大到对采购项目属性的争议。防范此类争议最好的办法是在招标文件中确定主要标的，如招标文件没有确定，则应根据采购需求结合价值占比来确定。

三是告知未通过资格审查、未中标人的投标人，采购人或者采购代理机构对未通过资格审查的投标人，应当告知其未通过的原因；采用综合评分法评审的，还应当告知未中标人本人的评审得分与排序。实践中供应商对采购人、采购代理机构没有告知，或者未采用书面告知形式，或者告知的内容与范围等问题容易发生争议。财政部发布的政府采购信息公告（第九百六十二号）[1]，对于举报人反映的"代理机构未依法告知玉林公司的资格审查结果及评审得分和排序"的问题，财政部根据《政府采购货物和服务招标投标管理办法》（财政部令第87号）第七十八条第（十二）项的规定，责令代理机构限期改正。

【案例124[2]】定标截止时间内，采购人未按评标报告推荐的中标候选人顺序确定中标人，且公告宣布无效，取消了该项目，应如何处理

关 键 词：定标截止／未定标／视同按评标报告

案例要点：采购人在收到评标报告5个工作日内未按评标报告推荐的中标候选人顺序确定中标人，又不能说明合法理由的，视同按评标报告推荐的顺序确定排名第一的中标候选人为中标人；定标截止时间后的投诉处理期间，采购人才辩称已经向采购代理人出具说明该项目采购需求拟变化，该项目已公告取消，财政部门不予采信。

案情简介

2017年12月8日，海淀区某镇2017年综治办巡防大队聘用保安项目（以下简称"该项目"）第1包开标，北京某保安公司（以下简称"保安公司"）参加了第1包投标活动。同年12月11日，海淀区某镇人民政府（以下简称"镇政府"）收到采购代理机构北京某招标公司（以下简称"招标公司"）报送的全部5包的评标报告。同年12月15日，招标公司收到镇政府关于第2~5包中标人的确认结果。同年12月18日，该项目第2包至第5包中标公告发布，公示的中标日期为12月18日，并公布了的中标供应商。

2017年12月20日，保安公司提出质疑函。同年12月22日，招标公司向保安公司作出回复，对为保安公司造成的不便深表歉意。

2018年1月2日，保安公司向北京市海淀区财政局（以下简称"区财政局"）对被投

1 《财政部责令改正：未告知供应商资格审查结果及评审得分和排序》，载 http://www.caigou2003.com/jdgl/jgxdz/4554390.html，最后访问日期：2020年6月20日。

2 案例来源：（2018）海财采购诉第（2）号。

诉人镇政府、保安公司提出投诉称：招标公司未对第 1 包中标结果进行公示，镇政府在收到招标公司评标报告后未及时确定中标人，又未说明合法理由，都违反《政府采购货物和服务招标投标管理办法》（财政部令第 87 号）第六十八条和第六十九条规定，请求按照上述规定确定中标人并进行公示。

2018 年 1 月 2 日，被投诉人在中国政府采购网发布项目取消公告，主要内容为“因需求变化，该项目第一包聘用保安 70 人采购任务取消”。

区财政局认为：根据《政府采购法实施条例》第四十三条、《政府采购货物和服务招标投标管理办法》（财政部令第 87 号）第六十八条和第六十九条规定，采购代理机构应当自评审结束之日起 2 个工作日内将评审报告送交采购人，采购人应当自收到评审报告之日起 5 个工作日内在评审报告推荐的中标候选人中按顺序确定中标供应商。采购人在收到评标报告 5 个工作日内未按评标报告推荐的中标候选人顺序确定中标人，又不能说明合法理由的，视同按评标报告推荐的顺序确定排名第一的中标候选人为中标人。采购人或者采购代理机构应当自中标供应商确定之日起 2 个工作日内发出中标通知书，并在省级以上人民政府财政部门指定的媒体上公告中标结果。

该案中，招标公司于 2017 年 12 月 11 日（星期一）将该项目第 1 包评审报告送交镇政府，镇政府当日收到评审报告后，截至 12 月 18 日定标期限届满时，未确定第 1 包中标人。依据上述规定，被投诉人即应当自 12 月 18 日起，在 2 个工作日内即 12 月 20 日前，按照评标报告推荐顺序排名第一的中标候选人为中标人公告中标结果。被投诉人截至 12 月 22 日就保安公司质疑作出答复时，既未按期公告中标结果，也未向保安公司说明任何理由，与上述法律规定不相符。

关于被投诉人在投诉处理程序中提交区财政局的《项目需求变化通知》《废标决定函》。被投诉人在投诉处理程序中提出，镇政府于 12 月 15 日向招标公司确认第 2~5 包中标结果时，即同时出具《项目需求变化通知》说明第 1 包采购需求拟变化，作为未按评标报告推荐的中标候选人顺序确定第 1 包中标人的理由，但未能就该函件送达情况、所述项目第 1 包需求变化情况提供证据进行佐证。同时，被投诉人前述主张，与此前 12 月 22 日向保安公司作出质疑答复时未能就未确定中标人、公告中标结果说明任何理由的事实不相符，故区财政局不予采信。保安公司投诉事项属实，区财政局予以支持。

综上，根据《政府采购供应商投诉处理办法》（财政部令第 20 号）第十七条第（三）项、第十九条第（一）项规定，区财政局于 2018 年 2 月 12 日作出如下决定：2018 年 1 月 2 日在中国政府采购网，北京市政府采购网发布的该项目取消公告无效，责令被投诉人在法定时限内重新公告中标结果。

案例评析 CASE ANALYSIS

1. 本案应视同按评标报告推荐的顺序确定排名第一的中标候选人为中标人

该案中，采购代理机构将该项目评审报告送交采购人后，截至定标期限届满时，未确定中标人，又不能说明合法理由，根据《政府采购法实施条例》第四十三条、《政府采购货物和服务招标投标管理办法》第六十八、六十九条规定，应视同按评标报告推荐的顺序确定排名第一的中标候选人为中标人，并依规定发出中标通知书、在法定的媒体上公告中标结果。

2. 采购人在投诉处理期限才辩称项目采购需求拟变化而取消项目理由不能成立

在保安公司投诉后的投诉处理期间，采购人才辩称已经向采购代理人出具《项目需求变化通知》说明该项目采购需求拟变化，作为未按评标报告推荐的中标候选人顺序确定中标人的理由，但未能就《项目需求变化通知》送达情况、所述项目需求变化情况提供证据进行佐证。同时，被投诉人前述主张，与此前质疑答复时未能就未确定中标人、公告中标结果说明任何理由的事实不相符，财政部门不予采信是完全正确的。财政部门决定，该项目取消公告无效，责令被投诉人在法定时限内重新公告中标结果。

第二节 有关改变中标或者成交结果的争议

评审报告送交采购人后，就意味着中标或者成交候选人已经产生。在政府采购实践中，采购人或者采购代理机构经常发现排名第一的中标或者成交候选人不符合招标文件要求，或者其投标或者响应行为存在问题，或者该项目开标、评标或者评审环节影响中标或者成交结果，采购人或者采购代理机构能否自行纠正，在实践中争议很大。有人认为，为了提高效率，保障政府采购项目的顺利进行，可以由采购人、采购代理机构自行纠正；有人认为，在供应商质疑事项成立且影响或者可能影响中标、成交结果的情形下，采购人、采购代理机构可以根据《政府采购质疑和投诉办法》第十六条规定进行处理，对合格供应商符合法定数量时，可以从合格的中标或者成交候选人中另行确定中标、成交供应商的，才能依法另行确定中标、成交供应商。质疑答复导致中标、成交结果改变的，采购人或者采购代理机构应当将有关情况书面报告本级财政部门。除此之外，采购人或者采购代理机构自行纠正没有任何法律依据。财政部“指导案例 3 号：×× 注册与备案管理系统项目投诉案”[1]中

1 《指导案例 3 号：×× 注册与备案管理系统项目投诉案》，载 http://www.ccgp.gov.cn/aljd/201711/t20171120_9187896.htm，最后访问日期：2020 年 6 月 20 日。

认为，采购人认为排名第一的中标或成交候选人不符合招标文件要求的，应当在《政府采购法实施条例》规定的确定中标或成交供应商期限届满之前，书面报告本级财政部门。未经本级财政部门同意，采购人自行确定其他供应商为中标或成交供应商的行为违反了《政府采购法实施条例》第四十三条的规定，财政部门应当认定采购行为违法，并责令采购人重新开展采购活动。可见，采购人、采购代理机构是不能自行改变招标或者成交结果的。

对有关改变招标或者成交结果的争议还有：有的采购文件规定，只产生1名候选人；有的采购文件规定，产生若干个候选人。只产生1名候选人的，如出现问题被否决后是否让得分第二的供应商递补？若干个候选人的，能不能再通过某种方式淘汰排列在前的候选人，让排列在后的候选人中标？中标供应商产生后，能否废标？这些问题在政府采购实践中，经常争论不休。

一、对根据样品检测结果改变中标或者成交结果的争议

《政府采购法实施条例》第四十四条第二款规定，采购人或者采购代理机构不得通过对样品进行检测、对供应商进行考察等方式改变评审结果。一般来说，应先检测样品，再将样品检测结果作为符合性审查的条件或者评审因素，不易引起争议。如果反过来，先评审后检测，则容易引起纠纷。

【案例125[1]】投标样品送检程序及检测结果存在问题，通过样品检测淘汰评审得分第一候选人，确定第二候选人中标，是否合法

关键词：样品检测／改变评审结果／淘汰第一中标候选人

案例要点：未采取措施保证投标样品与检测结果相对应的唯一性，以排除中标候选人对检测结果的合理怀疑，投标样品送检程序及检测结果存在问题；通过样品检测淘汰评审得分第一候选人，确定第二候选人中标，违反行政法规。

招标、质疑、投诉情况

淮阴某学院于2016年7月15日公开发布招标公告及招标文件，对淮阴某学院“长江路校区田径场塑胶跑道改造工程项目”（以下简称“该项目”）组织公开招标。经于2016年8月5日开标、评标，确定南京某公司、广州某公司及另一家公司为中标候选人，在将中标候选人的投标样品委托中国田径协会指定实验室按照招标文件的技术要求进行检测

1 案例来源：（2017）苏01行初75号。

后，在合格投标样品中按照评标排名顺序确定中标人。中标候选人按照要求提供了投标样品。南京某公司在评审结果中排序第一，因南京某公司投标样品检测结果不合格，由排序第二的广州某公司中标，淮阴某学院于2016年9月28日发布中标结果。

南京某公司不服该招标结果，于2016年10月8日向淮阴某学院提出质疑，淮阴某学院于同年10月10日作出回复。

南京某公司不满淮阴某学院的答复，于2016年10月27日向江苏省财政厅（以下简称“省财政厅”）投诉。省财政厅经审查后认为，该项目采购过程可能影响中标结果，中标结果的产生过程存在违法行为，涉案采购合同已经签订但尚未履行，投诉人的其他投诉请求不能成立，于2016年12月20日作出投诉处理决定，撤销该项目的采购合同，责令淮阴某学院重新开展采购活动，驳回投诉人的其他投诉。

原告诉求及观点

广州某公司不服省财政厅作出的投诉处理决定，向江苏省南京市中级人民法院提起行政诉讼称，（1）广州某公司因提供的样品符合要求而被确定为中标人，南京某公司因样品检测不合格未中标，招标结果符合招投标法律法规规定。本次招投标的评审意见是：“待样品送检之后递序确定中标人”，已表明了评审并未确定中标人，而是要求等待样品送检结果。因此，由样品合格的原告广州某公司中标而非样品不合格的南京某公司中标完全合乎法律规定。省财政厅如认为淮阴某学院的送检过程存在瑕疵，可以责令其补正，并不必然导致本次招标结果被撤销。（2）广州某公司已按中标结果与淮阴某学院依法签订合同，并在合同签订后，完成了现场勘查、设计图确认及产品生产等工作，省财政厅的处理决定将导致合同无法继续履行，广州某公司将保留向合同相对方主张违约责任的权利。

被告答辩及观点

省财政厅决定撤销采购合同，责令重新开展采购活动，具有事实根据和法律依据。对于南京某公司的投诉事项，省财政厅经审查认为，该项目的三份检测报告中规格型号、生产日期\批号、商标、生产单位、受检单位等均为空白，难以判断所检测样品的来源。淮阴某学院所提供的《样品登记表》，只有该学院的两名工作人员作为样品领取人的签字及编号，没有投标人的签字和第三方监督的记录。南京某公司送到淮阴某学院的样品为2千克，检测报告上显示样品为500克，没有证据能够证明淮阴某学院在送检之前是否开封过样品，也没有充分证据能够证明淮阴某学院送检样品的检测报告内容与南京某公司密封封装的样品是否相符。淮阴某学院所提供的《招标采购结果登记表》中的评审结果显示：排序第一的中标候选人是南京某公司，评委意见是“待样品送检之后递序确定中标人”，即该项目是先进行评标，后对中标候选人的样品进行检测，最终否定南京某公司中标而确定广州某公司为中标人，改变了评审结果，违反了《政府采购法实施条例》第四十四条第二款之规定，中标结果的产生过程存在违法行为，采购合同已经签订但尚未履行，依据《政府采购法》第五十六条、《政府采购供应商投诉处理办法》第十七条、第十九条规定，决定撤销该项目的采购合同，责令淮阴某学院重新开展采购活动，驳回南京某公司的其他投诉。

广州某公司的起诉没有事实根据与法律依据。（1）该项目样品送检程序与采购程序都存在严重问题，且无法补正，只能依法纠正。南京某公司投诉认为，不能确认淮阴某学院送检的样品就是南京某公司在投标中提供的封样样品。而淮阴某学院只能提供该学院的两名工作人员作为样品领取人的签字及编号，没有其他任何证据。本项目的评审结果确定南京某公司为第一中标候选人，经对样品进行检测，最终否定了第一中标候选人，正是改变了评审结果。因此，该项目的送检程序与采购程序存在严重问题且无法补正，省财政厅依据相关法律、法规予以纠正完全正确。（2）《政府采购法实施条例》第五十四条规定：“询问或者质疑事项可能影响中标、成交结果的，采购人应当暂停签订合同，已经签订合同的，应当中止履行合同。”南京某公司于2016年10月8日向淮阴某学院提出质疑，质疑事项可能影响中标结果，淮阴某学院应当暂停签订合同。淮阴某学院在被质疑后仍与广州某公司签订合同违反规定，且未在投诉处理期间提供合同已经履行的证据材料，该项目的采购合同应当予以撤销。在投诉处理期间，淮阴某学院经办人声称合同已经签订，并于2016年12月8日提交了2016年10月21日合同，但未能根据《政府采购供应商投诉处理办法》第十六条规定提交证明合同已经实际履行的证据，不能认定为合同已经履行。因此，省财政厅依法撤销合同具有事实与法律依据。

综上所述，省财政厅作出的投诉处理决定认定事实清楚、证据确凿，适用法律、法规正确，符合法定程序。广州某公司的诉讼请求没有事实根据和法律依据，请求人民法院依法驳回广州某公司的诉讼请求。

法院裁判及观点

关于样品检测是否合法的问题，法院认为，涉案该项目的中标候选人按照要求提供投标样品以后，淮阴某学院在将样品送检过程中，应当采取措施保证投标样品与检测结果相对应的唯一性，以排除中标候选人对检测结果的合理怀疑。本案中，三份检测报告的检测样品为500克，与中标候选人所提供的2千克样品的数量不符，且没有相关文件能够证明样品数量存在差异的原因。检测报告中规格型号等多个栏目空白，《样品登记表》中只有淮阴某学院两名工作人员作为样品领取人的签字及编号，没有投标人签字及第三方监督记录，也未记载送检样品数量。根据现有证据难以判断检测报告所涉检测样品的来源，不能确定淮阴某学院送检样品的检测结论是否与中标候选人提供的投标样品相符。且送检的胶水样品的剩余部分已经灭失，无法进行重新检测核实。省财政厅据此认定涉案投标样品送检程序及检测结果存在问题具有事实根据。

淮阴某学院发布的招标文件规定的定标办法为：评标委员会确定前三名投标人为中标候选人，招标人将中标候选人提供的投标样品进行检测后，根据检测结果及评标排名顺序确定中标人。该定标办法在评标委员会明确评审结果后，要求中标候选人提供投标样品进行检测，再行根据检测结果与评标排名顺序确定中标人。淮阴某学院招标文件中规定的定标办法不符合《政府采购法实施条例》的上述规定。省财政厅认定淮阴某学院该项目的招标行为违反了《政府采购法实施条例》第四十四条第二款正确。

关于淮阴某学院与广州某公司签订的涉案采购合同是否应当撤销的问题，法院认为，《政府采购法实施条例》第五十四条规定："询问或者质疑事项可能影响中标、成交结果的，采购人应当暂停签订合同，已经签订合同的，应当中止履行合同。"南京某公司于2016年10月8日向淮阴某学院提出质疑，淮阴某学院于同年10月10日作出答复。南京某公司的质疑事项为投标样品的检测报告和检测程序。根据淮阴某学院的招标办法，该质疑事项可能影响中标结果，淮阴某学院应当暂停签订合同，已经签订合同的应当中止履行。

《政府采购供应商投诉处理办法》第十九条第（二）项规定，财政部门经审查认定采购文件、采购过程影响或者可能影响中标、成交结果，政府采购合同已经签订但尚未履行的，决定撤销合同，责令重新开展采购活动。淮阴某学院与广州某公司就该项目于2016年10月21日签订合同，省财政厅于2016年10月27日收到南京某公司的投诉后，于同日向广州某公司和淮阴某学院发送了调查取证通知。在省财政厅处理投诉问题期间，广州某公司和淮阴某学院均未提交涉案合同已经履行的相关证据。省财政厅认为涉案合同虽然已经签订但尚未履行，决定撤销该项目的采购合同，责令淮阴某学院重新开展采购活动，该处理决定亦无不当。

省财政厅作出的投诉处理决定认定事实清楚，适用法律、法规正确，程序适当。广州某公司的诉讼请求和理由无事实和法律依据，法院不予支持。法院依照《行政诉讼法》第六十九条之规定，判决驳回广州某公司的诉讼请求。

案例评析 CASE ANALYSIS

1. 该项目投标样品送检程序及检测结果存在问题

该项目的中标候选人提供投标样品以后，淮阴某学院在送检过程中，存在下列问题：一是三份检测报告的检测样品为500克，与中标候选人所提供的2千克样品的数量不符，且无证据能够证明样品数量存在差异的原因；二是检测报告中规格型号等多个栏目空白，《样品登记表》中只有淮阴某学院两名工作人员作为样品领取人的签字及编号，没有投标人签字及第三方监督记录，也未记载送检样品数量。因此，根据现有证据难以判断检测报告所涉检测样品的来源，不能确定淮阴某学院送检样品的检测结论是否与中标候选人提供的投标样品相符。且送检的胶水样品的剩余部分已经灭失，无法进行重新检测核实。因淮阴某学院未采取措施保证投标样品与检测结果相对应的唯一性，以排除中标候选人对检测结果的合理怀疑，认定涉案投标样品送检程序及检测结果存在问题具有事实根据。

2. 通过样品检测淘汰评审得分第一候选人，确定第二候选人中标，违反行政法规

根据《政府采购法实施条例》第四十三条第一款和第四十四条第二款规定，采购人应当自收到评审报告之日起5个工作日内在评审报告推荐的中标或者成交候选人中按顺序确定中标或者成交供应商。采购人或者采购代理机构不得通过对样品进行检测、对供应商进行考察等方式改变评审结果。淮阴某学院组织评审确定了三个中标候选人依次分别为：南京某公司、广州某公司和另一家公司。经对中标候选人提交的样品进行检测，淮阴某学院发布中标结果，确定中标候选人为广州某公司。可见，淮阴某学院的采购行为违反了《政府采购法实施条例》上述规定。

二、对是否应当另行确定中标或者成交供应商的争议

经评审确定中标或者成交供应商后，在没有发生质疑、投诉等法定事由的情况下，采购人、采购代理机构有时会发现存在中标、成交结果无效或者撤销合同的情形。此时是主动纠正错误，是另行确定中标、成交供应商或者重新开展采购活动，还是顺其自然，维持中标或者成交结果，还是报财政部门处理，也是经常争议的问题。主动纠正错误，没有法律依据；维持错误结果，表面上看无争议但违反了公平公正原则；报财政部门处理，又担心被追究法律责任。财政部“指导性案例13号：Y气象台气象观测与信息一体化平台项目投诉案”[1]中认为，在没有质疑等法定事由的情况下，采购人不应自行启动复核程序。如发现违法行为线索的，应报财政部门处理。该项目采购人Y气象台、代理机构Z公司未将第一中标候选人D公司涉嫌提供虚假材料谋取中标的情况报财政部认定中标无效，自行确定第二中标候选人Q公司为中标供应商的行为，违反了《政府采购货物和服务招标投标管理

1 《Y气象台气象观测与信息一体化平台项目投诉案》，载 http://www.cgpnews.cn/articles/47045，最后访问日期：2020年6月20日。

办法》（财政部令第 18 号）第八十二条的规定。根据《政府采购法》第七十七条第二款的规定，财政部决定，本项目供应商中标无效，鉴于本项目政府采购合同已经履行，根据《政府采购供应商投诉处理办法》（财政部令第 20 号）第十九条第（三）项的规定，决定本项目采购活动违法。根据《政府采购货物和服务招标投标管理办法》（财政部令第 18 号）第八十二条的规定，责令采购人 Y 气象台、代理机构 Z 公司整改。可见，出现此类情形，唯一的正确做法是报财政部门处理。

此外，通过综合评分法产生的中标、成交候选人，一般都是得分第一的供应商。由于质疑、投诉等原因，如果该中标、成交结果依法应当认定中标、成交结果无效，或者合同应当撤销的，是另行确定中标、成交供应商，还是重新开展采购活动，也是经常争议的问题。此时，得分第二名的供应商总想取而代之，但能否如愿要看采购文件的确定，要看评审情况，不能一言概之。

【案例 126[1]】取消中标结果后，得分第二名的供应商是否应当确定为中标人

关 键 词：取消中标资格 / 另行确定中标人 / 重新开展采购活动。

案例要点：唯一的中标候选人被取消中标资格后，不能另行确定中标或成交供应商，只能重新开展采购活动。

案情简介

2018 年 5 月 4 日，江苏省政府采购中心（以下简称“采购中心”）组织了江苏经贸职业技术学院智慧教室建设项目的开标评标，6 家供应商参加投标，经评标委员会评审，推荐南京某科技公司为该项目的唯一中标候选人。

2018 年 5 月 16 日，南京某教育公司向采购中心提出质疑称：（1）南京某科技公司投标的产品 CCC 认证证书开标当日处于被中国质量认定鉴定中心暂停状态，认为该“智慧黑板”产品不具备出厂、销售、投标资格，南京某科技公司存在故意欺诈等恶意行为；（2）南京某科技公司使用未通过国家强制性产品认定录播产品进行投标。

采购中心于 2018 年 5 月 24 日就质疑事项作出答复，认为：（1）根据所提供的证明材料，不足以认定南京某科技公司投标的“智慧黑板”产品在开标当日不具有有效的 CCC 认证证书，不具备出厂、销售、投标等资格。评标委员会认为，现有证据不足以证明南京某科技公司存在“故意欺诈”等违反《政府采购法》第七十七条规定的情形，因此该质疑事项不成立。（2）南京某科技公司提交的投标文件，不符合招标文件第一章“四、供应商资

1 案例来源：苏财购〔2018〕41 号。

格要求”中“(一)符合政府采购法第二十二条第一款规定的条件”的规定，按招标文件第28.1.4条规定，应做无效投标处理。因此，该项质疑成立，评标委员会决定取消南京某科技公司的中标供应商资格。根据《政府采购质疑和投诉办法》第十六条规定，此项目重新开展采购活动。

南京某教育公司对答复不满意,于2018年5月29日投诉至江苏省财政厅(以下简称“省财政厅”)。投诉内容为：采购中心取消南京某科技公司中标资格后，按照《政府采购质疑和投诉办法》(财政部令第94号)的规定，应当从其他合格的中标或者成交候选人中另行确定中标供应商，不应当重新开展采购活动。同时请求从该项目其他合格供应商中确定新的中标供应商。

省财政厅经审查，该项目招标文件第五章“评标办法与评标标准”中规定：“本项目采用综合评分法，总分为100分，按评审后得分由高到低顺序排列，得分相同，按投标报价由低到高顺序排列，得分且投标报价相同的，按硬件产品技术指标优劣顺序排列，由评标委员会推荐1个中标候选人。”南京某教育公司是对中标供应商南京某科技公司在该项目中所投产品提出质疑。2018年5月21日，经评标委员会复审，对南京某科技公司投标做无效投标处理,取消其中标资格,重新开展采购活动。鉴于该项目招标文件明确规定“由评标委员会推荐1个中标候选人”，评标报告中仅推荐南京某科技公司作为唯一的中标候选人。南京某科技公司被取消中标资格后，该项目无其他合格的中标或成交候选人，无法另行确定中标或成交供应商。因此，采购中心重新开展采购活动的行为并未违反《政府采购质疑和投诉办法》(财政部第94号令)第三十二条第(二)项的规定。

因此，省财政厅于2018年7月2日作出投诉处理决定，驳回南京某教育公司的投诉。

南京某教育公司于2018年7月针对上述处理决定向江苏省人民政府申请行政复议，后又申请撤回行政复议申请。

案例评析 CASE ANALYSIS

该招标文件规定，采用综合评分法，按评审后得分由高到低顺序排列，由评标委员会推荐1个中标候选人，南京某科技公司为该项目的唯一中标候选人。经南京某教育公司质疑，南京某科技公司被取消其中标资格。南京某教育公司主张，应从其他合格的中标或者成交候选人中另行确定中标供应商，不应当重新开展采购活动。笔者认为，该投诉请求是片面的，如果另行确定中标供应商，必须符合下列条件：

一是招标文件规定要通过评审产生若干个中标候选人，经评审也产生了若干个中标候选人；

二是去除经质疑被认定无效投标的供应商之外，合格的供应商必须达到3名以上；

三是可以另行确定中标供应商，有时质疑成立的事项，不仅对原中标供应商有影响，对其他供应商也有影响，则不能另行确定；有时原中标供应商报价最低，其无效投标，那么就不能以其报价为基准价，势必影响其他供应商得分，也不能另行确定。

由于该项目只有唯一的中标候选人，南京某科技公司被取消中标资格后，该项目无其他合格的中标或成交候选人，无法另行确定中标或成交供应商。

三、对中标后被废标的争议

“财政部令第87号”第七十条规定，中标通知书发出后，采购人不得违法改变中标结果，中标人无正当理由不得放弃中标。供应商被确定为中标人后，中标结果经常会被人评头论足。依法对供应商及其中标结果进行审查是必要的，但一定要查明客观事实，严格依照法律来处理。但是，有时对中标结果无法否定了，有人还会采取“迂回战术”，即不正面攻击中标结果，而是找理由废标，来达到取消中标结果的目的。财政部“指导性案例24号：J单位新闻策划支持系统软件开发项目举报案”[1]显示，该项目招标文件规定，“投标人不得在开标时间起至投标文件有效期期满前撤销其投标文件”。供应商Y公司投标文件显示，其投标有效期为自开标日起120个日历日。《评标报告》显示，包括供应商T公司、Y公司在内的3家供应商通过资格审查，评标委员会推荐T公司为第一中标候选人。供应商Y公司出具的《投标撤销申请》显示，“经我公司内部慎重的研究讨论，认为我公司并不具备该项目的交付能力，因此申请撤销本次投标”，落款时间为2018年7月10日。废标公告中显示，“因实质性响应招标文件的供应商不足3家，本项目废标”。财政部认为，为维护国家利益和社会公共利益，确保政府采购市场公平竞争的良好秩序，供应商一旦决定参与政府采购活动，应当按照审慎的原则，规范自己的投标行为。本案中，供应商Y公司在投标时已经确定了投标有效期，且本项目已经进入开标、评标程序。因此，供应商Y公司不得撤销投标，其撤销投标的行为不影响评审活动和后续采购活动的进行。处理结果为，本项目废标缺乏依据，认定废标行为无效。

---

1 《指导性案例24号——J单位新闻策划支持系统软件开发项目举报案》，载http://www.cgpnews.cn/articles/51032，最后访问日期：2020年6月20日。

【案例127[1]】供应商中标后，因注册地址与生产地址不符而废标，是否合法

关 键 词：确定中标结果／注册地址／生产地址／废标无效

案例评析：确定了中标供应商后，再以注册地址与生产地址不符系无照无证经营为由，决定废标的理由与事实不符。中标供应商不存在《政府采购法》第三十六条所规定的应当废标的情形，也不存在"财政部令第87号"第六十三条第（六）项规定投标无效的情形。

案情简介

2019年2月14日，江苏省财政厅收到实名举报某医院科研用房所需钢木实验台及相关服务项目（以下简称"该项目"）被采购人无故废标。针对举报事项，该厅依据《政府采购法》第七十条开展了调查。查明下列事实：

2018年9月29日，该项目采购代理机构发布该项目招标公告，并于2018年11月28日组织了该项目的开标并确定了中标供应商。后有相关人员反映中标供应商的生产地无营业执照，2019年1月4日，采购代理机构组织原评标委员会对该项目进行复议，《评标委员会决议》认为：该项目第一中标候选人的营业执照注册地址与实际生产地址不符，并且该生产地未取得工商许可，属于无证无照经营，该项目废标。2019年1月7日，采购代理机构发布该项目的废标公告。经查，中标供应商在该项目的投标文件中，提供了其营业执照、安全生产许可证，该事实与专家复议所认为的无照无证经营的废标理由不符。该厅在调查过程中未发现中标供应商存在《政府采购法》第三十六条以及招标文件第一章"投标人须知"第25条规定的废标情形，也未发现原评标委员会根据招标文件第五章"评标标准和方法"推荐的中标候选人以及采购人根据推荐的中标候选人确定中标供应商的过程违反法律、法规和招标文件规定。根据《政府采购货物和服务招标投标管理办法》（财政部令第87号）第五十七条、第六十八第二款规定，通过上述评标办法确定的原中标结果并无不当之处。由于专家复议形成的《评标委员会决议》违反了《政府采购法》第三十六条、《政府采购货物和服务招标投标管理办法》（财政部令第87号）第六十三条第（六）项规定，举报人关于该项目废标无效的主张成立，原中标结果有效，采购人、采购代理机构应当予以改正。

根据《政府采购货物和服务招标投标管理办法》（财政部令第87号）第七十八条的规定，该厅于2019年4月4日作出如下处理决定：该项目废标结果无效，责令采购人、采购代理机构在收到该决定书之日起十五个工作日内予以改正。

---

1 案例来源：苏财购〔2019〕16号。

案例评析 CASE ANALYSIS

1. 对该项目予以废标是违法行为

根据《政府采购法》第三十六条规定，在招标采购中，出现符合专业条件的供应商或者对招标文件作实质响应的供应商不足三家，出现影响采购公正的违法、违规行为，投标人的报价均超过了采购预算、采购人不能支付，因重大变故、采购任务取消的 4 种情形之一的，才能作废标处理的。本案中的情形与废标条件风马牛不相及，作废标处理完全是违法行为。

2. 以废标形式取消中标结果是错误的

该项目确定了中标供应商后，采购代理机构组织原评标委员会对该项目进行复议，认为中标供应商的营业执照注册地址与实际生产地址不符，并且该生产地未取得工商许可，属于无证无照经营。经监督检查查明，中标供应商在该项目的投标文件中，提供了营业执照、安全生产许可证，认定其无照无证经营与事实不符，也不存在"财政部令第 87 号"第六十三条第（六）项规定投标无效的情形。不论是决定废标，认定投标无效，取消中标结果，对中标供应商都是不公平的，也是违法的。

第三节 对中标产品的争议

中标产品有时是单一的产品，有时是一系列产品的组合，如果不符合或者不完全符合招标文件规定，或者样品不能满足采购需求，对中标结果是否有影响，要具体问题具体分析。如果招标文件将该问题列为实质性要求的，对中标结果有影响是毫无疑问的；如果没有列为实质性要求，列为评审因素的，则要看是否影响评分。有时，其他未中标的供应商也会捕风捉影提出争议，那就要审查相关证据，查明事实。财政部"指导案例 8 号：×× 系统通用硬件采购项目投诉案"[1] 中认为："政府采购评审过程中，评审委员会成员依据各自的专业知识，根据政府采购法律法规和采购文件所载明的评审方法、标准，依法独立地对投标文件的真实性、投标产品的响应情况等做出评判。对于评审委员会的评审结果，非因法定事由和依照法定程序，原则上不得推翻。""在投诉处理阶段，财政部门一般依据评审委员会成员意见、投标产品制造商说明及检测报告等评判投标产品技术参数响应的真实性。具体评判时，如仅有投诉人单方异议，不应直接否认评审专家的意见；如招标文件未要求投

1 《指导案例 8 号：×× 系统通用硬件采购项目投诉案》，载 http://www.ccgp.gov.cn/aljd/201711/t20171120_9188017.htm，最后访问日期：2020 年 6 月 20 日。

标人在投标时提供产品官网信息等证据，而投诉人仅以产品官网信息为依据的，不能当然否认评标委员会的评审结果；如投诉人提供了有关证据材料，财政部通过调查取证依法获取了投标产品制造商书面说明或有关检测报告，但不能证明投标产品技术参数响应不真实，且未发现评标委员会在人员构成、评审程序、评审结果等方面存在明显、严重违法情形的，应认定投诉事项缺乏事实依据。”

一、有关中标产品不符合招标文件的争议

中标结果确定后，采购人或者采购代理机构就要公告中标结果，公告的内容中包括主要中标标的的名称、规格型号、数量、单价，等等。未中标的供应商，就会对中标产品收集各种信息，有时也会发现中标产品与招标文件的要求不符合或者不完全符合，有时还会根据网站的信息进行审视，引起新的话题。财政部“指导性案例 20 号：A 检察院机房空调升级改造项目举报案”[1]中认为，政府强制采购节能产品的，投标产品型号必须与节能产品政府采购清单中产品型号一一对应。根据《财政部 国家发展改革委关于调整公布第二十二期节能产品政府采购清单的通知》（财库〔2017〕129 号）的规定，未列入节能清单的产品，不属于政府强制采购、优先采购的节能产品范围。本案中，B 公司投标产品型号不在《节能产品政府采购清单》（第 22 期）内，根据招标文件的相关规定，中标无效。

对中标产品的技术参数争议是最多的话题，许多投诉人以中标产品官网信息作为证据，说明其技术参数不符合招标文件的规定，或者以该技术参数对评分提出异议。而技术参数问题，因专业性太强，在投诉处理时一般都借助于评审专家的专业判断，采取通知评审专家参加论证，听取投诉人与中标供应商的质证意见，作出新的判断与论证意见，再对其论证意见结合法律规定进行审查，得出审查结论。

【案例 128[2]】以网站产品信息质疑、投诉中标产品技术参数不符合招标文件，是否有充分依据

关 键 词：网站产品信息 / 技术参数要求

案例要点：中标产品是否符合招标文件的技术参数要求，不能以网站信息为准，应以该投标人的投标文件为准。如果认定投标人投标的产品不符合招标文件技术参数要求，要有充分证据证明。

---

1 《A 检察院机房空调升级改造项目举报案》，载 http://www.cgpnews.cn/articles/47334，最后访问日期：2020 年 6 月 20 日。

2 案例来源：（2017）粤 7101 行初 1087 号。

招标、质疑、投诉情况

2016年5月，广州有德招标代理有限公司（以下简称“招标公司”）受广东省质量技术监督局的委托,对国家模具产品质量监督检验中心（广东）设备采购项目（以下简称“该项目”）进行公开招标采购，采购内容为超高精度三坐标测量机和大型龙门测量机。招标公司制作了招标文件，规定了相应的技术参数。招标文件中关于开标、评标、定标的规定有以下内容：在详细评标之前，评标委员会要审查每份投标文件是否实质上响应了招标文件的要求，实质上响应的投标文件应该是与招标文件要求的关键条款、条件和规格相符，没有实质偏离的投标文件。评标委员会决定投标文件的响应程度只依据投标文件本身的真实无误的内容，而不依据外部的证据，但投标文件有不真实、不正确的内容除外。在资格性审查、符合性检查时，如投标文件有不符合招标文件带“★”要求的内容或不符合招标文件的其他要求，有重大负偏离的，招标文件将确定为无效投标。

该项目招标公告发布后，东莞某公司、青岛某公司、某仪器公司共3家公司向招标公司递交了招标文书。2016年6月23日，经评标委员会评审，确定该项目的第一中标候选人为东莞某公司，第二中标候选人为青岛某公司。同年7月5日，招标公司在广东省政府采购网上发布该项目中标公告，公告中标供应商为东莞某公司。

同年7月8日，青岛某公司向招标公司质疑称，该项目至少有一家投标人有伪造投标资料或提供虚假的制造商参数证明的行为，请招标公司进行核查并给予处理。同月19日，招标公司作出质疑回复，认为3家投标人的投标文件均实质性响应了招标文件的技术参数要求，维持了评标结论。

2016年8月12日，青岛某公司向广东省财政厅投诉招标公司，认为某仪器公司投标不能满足招标文件的要求，请求：(1)确认在本次招标活动中，实际上只有两家供应商的投标文件实质性响应招标文件，依法应予废标，被投诉人宣布的中标结果无效。(2)责令重新依法开展采购活动。(3)在处理投诉期间，通知被投诉人以及采购人暂停本次招标有关的一切采购活动（包括但不限于暂停谈判、签署及履行采购合同）。2016年9月23日，广东省财政厅作出投诉处理决定，查明某仪器公司在投标文件中提供的产品符合招标文件的技术参数要求，投诉人认为本次招投标活动实质性响应投标供应商不足3家的诉称缺乏事实依据。决定投诉缺乏事实依据，驳回投诉。

行政诉讼情况

青岛某公司不服投诉处理决定,于2017年3月24日向广州铁路运输第一法院提起诉讼。法院认为：

首先，经过招标公司组织的评标委员会在招标过程中对投标人的资格性审查和符合性审查，以及在青岛某公司向招标公司提出质疑后评标委员会的再次审查，均得出某仪器公司投标产品精度参数符合招标文件要求。

其次，招标公司收到青岛某公司质疑后，向有关公司进行调查，该公司也向招标公司出具证明函，证明相关技术参数指标符合招标文件的精度要求。

最后，广东省财政厅在收到青岛某公司投诉后，向另外两名投标人某仪器公司、东莞某公司进行调查，上述两公司均向广东省财政厅提交了相关投标设备精度证明材料，广东省财政厅通过审查某仪器公司的标书证明材料，也证实某仪器公司投标产品的相关参数符合招标文件要求。广东省财政厅通过书面审查上述材料，得出投标人之一的某仪器公司投标产品符合投标文件的技术参数要求。

青岛某公司以有关公司官方网站上以及宣传手册上公布的某产品参数没有达到招标文件要求，从而认定某仪器公司投标的测量机的参数不能达到招标文件要求，理由不充分，法院不予采纳。

综上，判决驳回青岛某公司的诉讼请求。

案例评析 CASE ANALYSIS

因为有的企业网站为了保守商业秘密，不会将所有技术参数全部公布，有的企业网站没有及时更新。中标产品是否符合招标文件的技术参数要求，不能以网站信息为准，应以该投标人的投标文件为准。如果认为投标人投标的产品有夸大不实之处，也要有充分证据才能认定。退一步说，如果该产品真的不符合招标文件的技术参数要求，那么在合同履行后的验收阶段，也会原形毕露，到时中标供应商将会承担更重的违约责任。

二、对中标产品样品的争议

政府采购活动中，除了仅凭书面方式不能准确描述采购需求或者需要对样品进行主观判断以确认是否满足采购需求等特殊情况，采购人、采购代理机构一般不得要求投标人提供样品。要求投标人提供样品的，应当在招标文件中明确规定样品制作的标准和要求、是否需要随样品提交相关检测报告、样品的评审方法以及评审标准。需要随样品提交检测报告的，还应当规定检测机构的要求、检测内容等。因此，对中标产品的样品发生争议，还是应当以招标文件为依据，以作为投标文件组成部分的样品及其所附材料为审查对象，进行鉴别。

【案例129[1]】质疑要求检验中标人样品未被许可后，自行购买产品鉴定，能证明应标产品虚假应标吗

关 键 词：质疑产品样品／自行购买样品检测

案例评析：对样品是否符合招标文件规定，应审查投标文件；自行在市场上抽取样品送检，不能作为审查的依据。

招标、质疑、投诉情况

2014年7月21日，赣州市正达工程造价咨询有限公司（以下简称“正达公司”）通过江西省公共资源交易网发布赣州市人民医院双摇手动护理床等项目（以下简称“该项目”）招标公告和招标文件。江西某公司及上海某公司均参加了该项目招投标活动，同年8月13日，中标公告显示中标单位为上海某公司。

江西某公司认为上海某公司开标现场提供的实物小样并非赣州市人民医院（以下简称“人民医院”）所要求的全新高密度HDPE工程塑料注塑成型，于同年8月16日向正达公司提出质疑，要求检测上海某公司招标时提供的实物小样。同月21日，正达公司驳回了江西某公司的质疑。

江西某公司自行从市场抽取了产品进行鉴定，鉴定结果为聚丙烯和聚乙烯，并以此为据于同年9月10日，向赣州市财政局（以下简称“市财政局”）投诉，请求确认上海某公司虚假应标。市财政局认为：（1）上海某公司在投标文件的《技术规格响应／偏离表》中明确承诺：采用全新高密度HDPE工程塑料一次性注塑成型、方便护士护理的高低位组合床头床尾板，并且在投标文件中提供了床头床尾板使用高密度HDPE工程塑料的购销发票扫描件。（2）江西某公司提供的证据，系其单方提供采样检测的外部证据，其法律有效性不足，根据招标文件第20.4条“评标委员会认定投标文件的响应性只根据投标文件本身的真实无误的内容，而不依据外部的证据”的规定，对江西某公司提供的证据不予采纳。同年9月26日，市财政局作出投诉处理决定，对江西某公司的诉求不予支持。

江西某公司遂向江西省财政厅申请复议，同年12月30日，该厅作出维持投诉处理决定。

行政诉讼情况

江西某公司不服市财政局作出的政府采购投诉处理决定，于2015年1月21日向赣州市章贡区人民法院提起行政诉讼。法院认为：江西某公司对此次招投标文件及过程无异议，

1 案例来源：（2015）章行初字第4号。

仅是在公布中标结果后对中标结果提出质疑，认为中标者上海某公司提供的实物小样与招标文件不符。根据此次招标文件的规定，投标文件中提供床头床尾板使用材料的购销发票扫描件，开标现场提供床头床尾实物小样一块；……上海某公司已经提供了实物小样及购销发票，该招标文件没有规定要求投标人提供实物小样的鉴定报告，江西某公司自行在市场上抽取样品送检并不能证明上海某公司的应标产品系虚假应标。江西某公司诉请理由不能成立，法院不予支持。据此判决维持投诉处理决定。

案例评析 CASE ANALYSIS

1. 对样品的评审应以投标文件是否符合招标文件为准

该项目中的样品也是投标文件的组成部分，对样品的评审也是评标的组成部分。对样品是否符合招标文件规定，应以投标文件为准。招标文件对实物小样的要求是投标文件中提供床头床尾板使用材料的购销发票扫描件，开标现场提供床头床尾实物小样一块，没有要求提供实物小样的鉴定报告。江西某公司认为中标供应商提供的实物小样与招标文件不符，经市财政局组织评标委员会对投标文件进行复核，认为符合招标文件的要求。江西某公司自行在市场上抽取样品送检，并不能证明上海某公司的应标产品系虚假应标。

2. 招标文件未要求对样品进行鉴定，不能再对样品进行检测

《政府采购法实施条例》第四十四条第二款规定，采购人或者采购代理机构不得通过对样品进行检测等方式改变评审结果。招标文件未要求对样品进行鉴定，在评标阶段对样品进行检测没有依据，在质疑、投诉阶段也无依据。即使检测了，也不能改变评审结果。如上海某公司的产品确实不符合招标文件规定，可以在政府采购合同验收阶段追究其违约责任。

第四节 对中标、成交结果不符合规范性文件规定的争议

规范性文件不宜规定由哪一供应商承担政府采购项目，但以前某些行业协会一直承担某一政府购买服务项目。为该项目的顺利实施，承担服务项目的行业协会与政府部门一起制定规范性文件，规定该协会提供服务。实际上，这是不符合法律规定的，是典型的限制竞争行为。如果根据政府采购的结果明确供应商，也不宜在规范性文件中予以明确，不然就会引起纠纷。

【案例130[1]】规范性文件规定由投诉人提供服务，而通过竞争性磋商由其他供应商提供，是否违规

关 键 词：规范性文件 / 竞争性磋商 / 二次报价

案例要点：政府购买服务需求与原有的文件规定存在冲突时，规范性文件应及时修订，而政府采购的合法性不应受此影响，审查其合法性仍应依照政府采购相关法律规范。同时，根据竞争性磋商的相关规定，供应商除了提交响应文件时进行报价外，在磋商程序后还应最后报价。

案情简介

江苏省国际招标公司（以下简称“国标公司”）于2018年7月20日发布江苏省经济和信息化委员会（以下简称“省经信委”）2018年江苏省物流统计服务外包项目（以下简称“该项目”）竞争性磋商采购公告，于2018年8月7日组织该项目竞争性磋商，成交供应商为江苏某咨询公司（以下简称“某咨询公司”）。

2018年8月13日，江苏某协会向国标公司提出质疑称：（1）对某咨询公司的投标资格及合法性有疑问；（2）江苏某协会自2006年起依法从事江苏省物流统计工作，是国家和省明确物流统计的合法专业机构，为什么不能继续从事物流统计工作；（3）对2018年江苏省物流统计服务外包项目评标过程及评标结果合规性质疑。

国标公司于2018年8月20日就质疑事项作出答复。答复内容为：（1）该项目采购文件中未将投标人的经营范围作为资格要求，故不能以此来衡量供应商资格是否合法，而应按照采购文件中供应商资质要求作为评判依据。《江苏省物流统计报表制度》（以下简称《报表制度》）仅是对江苏省物流统计服务中涉及报表部分提出的制度要求，该制度由省经信委负责解释。（2）本次采购的内容为物流统计服务外包项目，根据采购文件中综合评分法评分标准，磋商小组对每个有效响应的文件进行评价、打分，然后汇总每个供应商每项评分因数的得分，根据综合评分情况，按照评审得分由高到低顺序推荐3名以上成交候选供应商，采购人根据磋商小组推荐，选择第一名作为成交供应商。（3）根据《政府采购竞争性磋商采购方式管理暂行办法》第十九条和第二十一条的规定，该项目评审过程中进行二次报价符合法律法规的规定。

江苏某协会对质疑答复不满意，于2018年8月28日投诉至江苏省财政厅（以下简称“省财政厅”）。投诉内容同质疑内容，请求按照协会商会与政府脱钩的相关规定支持协会承担

1 案例来源：苏财购〔2018〕70号。

政府购买服务的项目；对本次招标过程和结果进行严肃审查，另行确定江苏某协会为成交供应商。省财政厅经审理认为：

1. 对成交供应商资格及合法性疑问的问题。经对《报表制度》向省经信委进行调查，该委答复称，2014年以后按照《政府采购法》等法规以及我委的统一要求，物流统计工作作为政府购买服务项目面向市场公开，2014~2017年江苏某协会中标承担物流统计工作，2018年产生了新的成交供应商，应当由新的成交供应商承担；《报表制度》通常是1~2个自然年度修订一次，按自然年度执行，造成制度执行时间、项目执行时间和公开采购时间三者的不一致。省财政厅认为，上述三者不一致，是三者之间时间差造成的，与成交供应商是否有资格无关。该项目的竞争性磋商采购文件中并未对供应商的经营范围进行限制，且竞争性磋商现场，评审专家未对某咨询公司的资格条件、业务能力提出异议。关于某咨询公司在2017年被南京市建邺区市场监督管理局列入经营异常名录的问题。经查询国家企业信用信息公示系统，2016年12月6日，某咨询公司因“通过登记的住所或者经营场所无法联系”被南京市建邺区市场监督管理局列入经营异常名录；2017年8月10日，该局依据《经营异常名录管理办法》将某咨询公司移除经营异常名录。因此，该情形与某咨询公司的资格条件存在合法性问题无关。经审查，也未发现该公司的资格条件存在其他合法性问题。

2. 关于江苏某协会继续从事物流统计工作的问题。经查，该项目并未限制江苏某协会参加竞争性磋商。此外，江苏某协会关于继续从事物流统计工作的投诉事项，不属于政府采购投诉范围，即并非对采购文件、采购过程及采购结果的投诉，因而不符合法定受理条件。

3. 关于该项目磋商过程及采购结果合规性的问题。该项目招标文件第一章“采购公告”规定，该项目进行竞争性磋商采购；第三章“供应商须知”第23.4项规定，磋商结束后，磋商小组要求所有参加磋商并且磋商响应文件实质性满足国标公司本磋商文件中要求的供应商在规定时间内进行最终报价，然后按照磋商文件规定的各项评审因素进行量化指标评审，综合得分最高的供应商作为成交候选供应商。投诉人对二次报价是否合规及二次报价的依据提出异议，经审查，财政厅认为该项目在评标过程中进行二次报价的行为符合《政府采购竞争性磋商采购方式管理暂行办法》第二十一条、第二十三条的规定，物流公司也未向财政厅明确指出磋商过程及采购结果违规的其他具体情形，财政厅经查也未发现磋商过程及采购结果存在违规性问题。

因此，省财政厅于2018年10月24日作出投诉处理决定，驳回江苏某协会的投诉。

案例评析

CASE ANALYSIS

1. 通过竞争性磋商确定供应商提供服务并不违反规定

根据《政府采购竞争性磋商采购方式管理暂行办法》第三条规定，政府购买服务项目，可以采用竞争性磋商方式开展采购。可见，省经信委购买物流统计服务采用竞争性磋商方式，并依据竞争性磋商相关规定确定新的成交供应商并无不当。据经信委回复可知，2014~2017 年江苏某协会中标承担物流统计工作。在此基础上《报表制度》明确物流统计工作由江苏某协会承担。因此，该规定的前提为江苏某协会为项目成交人。而不是江苏某协会投诉所称的因文件规定其必须中标或成交。众所周知，文件修订必然存在一定的滞后性，而符合政府采购要求的项目必须按照相关法律法规和采购人的采购需求开展，在此之间存在时间差也正常。所以，只要采购文件、采购过程合法合规，其他供应商中标或者成交并无不当，而相关文件应及时修改。

2. 某咨询公司的资格及合法性没有问题

如上所述，《报表制度》与供应商的资格无关，只是相应的统计制度按照此文件执行。对于经营范围问题，根据竞争性磋商文件的规定，经营范围并未作为供应商的资格条件，同时经营范围亦非《政府采购法》第二十二条规定的法定条件。所以，即使某咨询公司不具有物流统计的经营范围，只要其具备履行合同的设备和能力，亦可以为成交供应商。

《政府采购法实施条例》第十九条规定："第二十二条第一款第五项所称重大违法记录，是指供应商因违法经营受到刑事处罚或者责令停产停业、吊销许可证或者执照、较大数额罚款等行政处罚。"某咨询公司被市场监督管理局列入经营异常名录，并不属于重大违法记录，也不属于法律、行政法规以及竞争性磋商文件禁止参加政府采购的条件，故某咨询公司参与该项目政府采购的资格合法。

3. 磋商过程应当有二次报价的环节

《政府采购竞争性磋商采购方式管理暂行办法》第二十一条第一款、第二十三条第一款规定，磋商文件能够详细列明采购标的的技术、服务要求的，磋商结束后，磋商小组应当要求所有实质性响应的供应商在规定时间内提交最后报价，提交最后报价的供应商不得少于 3 家。"经磋商确定最终采购需求和提交最后报价的供应商后，由磋商小组采用综合评分法对提交最后报价的供应商的响应文件和最后报价进行综合评分。"即采用竞争性磋商方式采购要依据最后报价评分，也就是除了响应文件报价之外，在磋商程序结束之后，合格供应商必须至少再进行一次报价。江苏某协会认为二次报价不合法，显然不能成立。

CHAPTER 08

第八章

有关政府采购合同的争议事项

采购人与供应商之间进入政府采购程序的最后环节，就是签订政府采购合同，进而实现合同目的。《政府采购法》第五章、《政府采购法实施条例》第五章，都是政府采购合同的专章规定。此外，“财政部令第 87 号”、《政府采购非招标采购方式管理办法》、《政府采购竞争性磋商采购方式管理暂行办法》也分别对招标投标和非招标采购方式中政府采购合同的问题作出规定。这些法律、法规、行政规章和规范性文件的相关内容主要有：

一是政府采购合同法律适用及适用原则的规定。《政府采购法》第四十三条规定，政府采购合同适用合同法。采购人和供应商之间的权利和义务，应当按照平等、自愿的原则以合同方式约定。采购人可以委托采购代理机构代表其与供应商签订政府采购合同。由采购代理机构以采购人名义签订合同的，应当提交采购人的授权委托书，作为合同附件。“财政部令第 87 号”第七十三条规定，采购人与中标人应当根据合同的约定依法履行合同义务。政府采购合同的履行、违约责任和解决争议的方法等适用合同法。

二是政府采购合同形式的规定。《政府采购法》第四十四条规定，政府采购合同应当采用书面形式。

三是政府采购合同特殊条款和标准文本的规定。《政府采购法》第四十五条规定，国务院政府采购监督管理部门应当会同国务院有关部门，规定政府采购合同必须具备的条款。《政府采购法实施条例》第四十七条规定，国务院财政部门应当会同国务院有关部门制定政府采购合同标准文本。“财政部令第 87 号”第七十二条规定，政府采购合同应当包括采购人与中标人的名称和住所、标的、数量、质量、价款或者报酬、履行期限及地点和方式、验收要求、违约责任、解决争议的方法等内容。《政府采购非招标采购方式管理办法》第十九条、《政府采购竞争性磋商采购方式管理暂行办法》第三十条规定，采购人与成交供应商应当按照采购文件确定的合同文本以及采购标的、规格型号、采购金额、采购数量、技术和服务要求等事项签订政府采购合同。

四是政府采购合同签订时间、事项和法律责任的规定。《政府采购法》第四十六条规定，采购人与中标、成交供应商应当在中标、成交通知书发出之日起三十日内，按照采购文件确定的事项签订政府采购合同。中标、成交通知书对采购人和中标、成交供应商均具有法律效力。中标、成交通知书发出后，采购人改变中标、成交结果的，或者中标、成交供应商放弃中标、成交项目的，应当依法承担法律责任。此外，"财政部令第 87 号"第七十一条规定，所签订的合同不得对招标文件确定的事项和中标人投标文件作实质性修改。采购人不得向中标人提出任何不合理的要求作为签订合同的条件。《政府采购非招标采购方式管理办法》第十九条、《政府采购竞争性磋商采购方式管理暂行办法》第三十条规定，采购人不得向成交供应商提出超出采购文件以外的任何要求作为签订合同的条件，不得与成交供应商订立背离采购文件确定的合同文本以及采购标的、规格型号、采购金额、采购数量、技术和服务要求等实质性内容的协议。

五是履约保证金的规定。《政府采购法实施条例》第四十八条规定，采购文件要求中标或者成交供应商提交履约保证金的，供应商应当以支票、汇票、本票或者金融机构、担保机构出具的保函等非现金形式提交。履约保证金的数额不得超过政府采购合同金额的 10%。

六是供应商拒签政府采购合同的规定。《政府采购法实施条例》第四十九条规定，中标或者成交供应商拒绝与采购人签订合同的，采购人可以按照评审报告推荐的中标或者成交候选人名单排序，确定下一候选人为中标或者成交供应商，也可以重新开展政府采购活动。《政府采购非招标采购方式管理办法》第二十二条规定，除不可抗力等因素外，成交通知书发出后，采购人改变成交结果，或者成交供应商拒绝签订政府采购合同的，应当承担相应的法律责任。成交供应商拒绝签订政府采购合同的，采购人可以按照本办法第三十六条第二款、第四十九条第二款规定的原则确定其他供应商作为成交供应商并签订政府采购合同，也可以重新开展采购活动。拒绝签订政府采购合同的成交供应商不得参加对该项目重新开展的采购活动。《政府采购竞争性磋商采购方式管理暂行办法》第三十三条规定，成交供应商拒绝签订政府采购合同的，采购人可以按照本办法第二十八条第二款规定的原则确定其他供应商作为成交供应商并签订政府采购合同，也可以重新开展采购活动。拒绝签订政府采购合同的成交供应商不得参加对该项目重新开展的采购活动。

七是政府采购合同备案、公告的规定。《政府采购法》第四十七条规定，政府采购项目的采购合同自签订之日起七个工作日内，采购人应当将合同副本报同级政府采购监督管理部门和有关部门备案。《政府采购法实施条例》第五十条规定，采购人应当自政府采购合同签订之日起2个工作日内，将政府采购合同在省级以上人民政府财政部门指定的媒体上公告，但政府采购合同中涉及国家秘密、商业秘密的内容除外。

八是政府采购合同分包的规定。《政府采购法》第四十八条规定，经采购人同意，中标、成交供应商可以依法采取分包方式履行合同。政府采购合同分包履行的，中标、成交供应商就采购项目和分包项目向采购人负责，分包供应商就分包项目承担责任。

九是政府采购合同追加的规定。《政府采购法》第四十九条规定，政府采购合同履行中，采购人需追加与合同标的相同的货物、工程或者服务的，在不改变合同其他条款的前提下，可以与供应商协商签订补充合同，但所有补充合同的采购金额不得超过原合同采购金额的百分之十。

十是政府采购合同变更终止的规定。《政府采购法》第五十条规定，政府采购合同的双方当事人不得擅自变更、中止或者终止合同。政府采购合同继续履行将损害国家利益和社会公共利益的，双方当事人应当变更、中止或者终止合同。有过错的一方应当承担赔偿责任，双方都有过错的，各自承担相应的责任。

十一是采购资金支付的规定。《政府采购法实施条例》第五十一条规定，采购人应当按照政府采购合同规定，及时向中标或者成交供应商支付采购资金。政府采购项目资金支付程序，按照国家有关财政资金支付管理的规定执行。

十二是履约验收的规定。"财政部令第87号"第七十四条、第七十五条规定，采购人应当及时对采购项目进行验收。采购人可以邀请参加本项目的其他投标人或者第三方机构参与验收。参与验收的投标人或者第三方机构的意见作为验收书的参考资料一并存档。采购人应当加强对中标人的履约管理，并按照采购合同约定，及时向中标人支付采购资金。对于中标人违反采购合同约定的行为，采购人应当及时处理，依法追究其违约责任。《政府采购非招标采购方式管理办法》第二十四条规定，采购人或者采购代理机构应当按照采购合同规定的技术、服务等要求组织对供应商履约的验收，并出具验收书。验收书应当包括每一项技术、服务等要求的履约情况。大型或者复杂的项目，应当邀请国家认可的质量检测机构参加验收。验收方成员应当在验收书上签字，并承担相应的法律责任。

由于因政府采购合同发生争议，绝大多数都是根据《合同法》的规定寻求民事法律救济，通过行政争议救济的案例较少。本书根据实践中碰到的有关情况，进行讨论。

第一节 有关政府采购合同签订、解除而引起的争议事项

《合同法》第十条规定，当事人订立合同，有书面形式、口头形式和其他形式。法律、行政法规规定采用书面形式的，应当采用书面形式。当事人约定采用书面形式的，应当采用书面形式。《民法典》第四百六十九条规定，当事人订立合同，可以采用书面形式、口头形式或者其他形式。书面形式是合同书、信件、电报、电传、传真等可以有形地表现所载内容的形式。以电子数据交换、电子邮件等方式能够有形地表现所载内容，并可以随时调取查用的数据电文，视为书面形式。《政府采购法》第四十四条规定，政府采购合同应当采用书面形式。《政府采购法实施条例》第四十七条规定，国务院财政部门应当会同国务院有关部门制定政府采购合同标准文本。

可见，政府采购合同不仅要以书面形式签订，还要根据标准文本签订。有时政府采购当事人因未签政府采购合同，事后还会推诿称，投标（响应）文件与中标（成交）通知书，就是政府采购合同，不存在拒签的问题，从而形成争议。由于政府采购法律、法规，规定了书面形式且有标准文本的合同，不能以投标（响应）文件与中标（成交）通知书来代替政府采购合同。在签订、解除合同的问题上，有时也会发现争议。一是供应商拒签合同的问题。中标、成交供应商如果以各种理由拒绝签订政府采购合同，应否承担相应的法律责任。《政府采购法实施条例》第七十二条规定："供应商有下列情形之一的，依照政府采购法第七十七条第一款的规定追究法律责任：……（二）中标或者成交后无正当理由拒不与采购人签订政府采购合同；……"什么是"正当理由"，应当具体问题具体分析。如果供应商所提供的货物、工程或者服务，因不可抗力而无法提供，可以按照《合同法》第一百一十七条、《民法总则》第一百八十条、《民法典》第一百八十条所规定的不可抗力即不能预见、不能避免且不能克服的客观情况，来认定"正当理由"。如因 2019 年年底至 2020 年年初新冠肺炎疫情导致其已经无法履行政府采购合同，不追究其法律责任。如果供应商所提供的货物、工程或者服务，不会受到不可抗力影响，其无正当理由拒签合同，就应承担相应法律责任。二是解除合同的有关问题。如《合同法》第九十三条的合同约定解除、第九十四条的合同法定解除，都可以解除政府采购合同。《民法典》第五百二十八条、第五百三十三条、第五百六十二条、第五百九十七条、第六百一十条、第六百三十二条、第六百三十四条、第七百一十一条、第七百一十六条、第七百二十二条、第七百二十四条、第七百二十九条、第七百三十条、第七百三十一条、第七百五十二条、第七百七十二条、第七百七十八条、第七百八十七条、第八百零六条、第八百五十七条等条款所规定的可以解除合同的情形，

也可能在政府采购合同履行过程中发生。但是，不论是拒签合同，还是解除合同，都容易引起争议。这些争议一般都是以民事争议的形式出现，少数以行政争议的形式出现。

一、对未在法定期限内签订合同的争议

未在中标、成交通知书发出之日起三十日内签订政府采购合同的情形经常出现，为此产生争议的也不少。解决该争议，应当查明未在法定期限内签订合同的原因，根据事实与法律进行处理。

【案例131[1]】因有争议未在法定期限签订合同，是否应视为供应商放弃中标结果

关 键 词：中标后有争议/未签合同/放弃中标

案例要点：因供应商对中标结果提出质疑、投诉、行政复议及行政诉讼，采购人暂未与中标供应商签订合同，不能认定为供应商中标后不按照采购文件确定的事项签订政府采购合同的情形，更不能视为中标供应商放弃中标。

招标、质疑、投诉、复议情况

2012年8月15日，某市采购中心（以下简称“采购中心”）组织公开招标，福建某公司、某晚报投资公司（以下简称“晚报公司”）和福建海都传媒有限公司参加项目投标，经评标委员会评定，晚报公司为中标候选人。

福建某公司于2012年8月17日、同月30日，两次因向采购中心提出质疑，采购中心都作出答复。

福建某公司对答复不满，分别于同年9月17日及9月28日向泉州市财政局（以下简称“市财政局”）提出投诉。市财政局就福建某公司的两次投诉，于2012年10月23日、2013年1月10日分别作出投诉处理决定，驳回福建某公司的投诉。福建某公司不服，先后申请行政复议、提起行政诉讼、提起上诉，均被驳回。福建某公司以发现该项目采购活动中存在新的违法违规及权益损害事实，于2014年1月28日向泉州市经贸委（以下简称“市经贸委”）提出质疑，于2014年2月19日，向市财政局提出投诉称，市经贸委未在法定期限对其质疑作出答复。该局于同年3月31日作出投诉处理决定，驳回投诉人的投诉。福建某公司不服，向泉州市人民政府申请行政复议，复议机关维持了市财政局作出的具体行政行为。

---

1 案例来源：（2014）丰行初字第116号。

原告诉求及观点

福建某公司仍不服，向福建省泉州市丰泽区人民法院提起行政诉讼称，首先，晚报公司于2012年8月23日收到项目中标通知书，但直至福建某公司提起诉讼时即2014年2月，仍未与采购人市经贸委签订政府采购合同。在中标、成交通知书发出之日起30日内，按照采购文件确定的事项签订政府采购合同，此系法律强制性规定，本项目采购文件对此也明确提出要求，违者将视为放弃中标权，并按政府采购有关规定进行处理，不存在中止、中断的情形。市经贸委承担的是行政职责，审慎原则并不能作为其具体的执法依据，其擅自以审慎原则未在法定期限内签订政府采购合同，晚报公司未表示反对，也未依法采取任何权利救济行为，说明其对此没有异议，应视为晚报公司已放弃该中标、成交项目。市财政局认定不存在晚报公司中标后不按照采购文件确定的事项签订政府采购合同的情形，与事实严重不符，对法律的理解和适用也是错误的。其次，关于履约保证金，采购文件第三部分投标人须知中明确要求中标单位必须在收到中标通知书后10日内，签订合同之前将履约保证金（中标价的10%）汇入招标人的指定账户。2012年8月23日，泉州晚报公司签收了中标通知书，却直至9月7日方缴纳64万元履约保证金，而按照规定应缴纳64.9万元的履约保证金。晚报公司没有按照采购文件的要求按时足额缴纳履约保证金，晚报公司怠于履行中标义务，应当依法取消中标资格，而市财政局以此为投诉处理决定之依据，是认定事实错误。综上，请求依法撤销市财政局作出的投诉处理决定。

被告答辩及观点

市财政局辩称，市财政局认定福建某公司投诉事项缺乏事实依据，认定事实清楚，适用法律正确。福建某公司质疑事项和投诉事项相同，经市财政局审查，本案是采购人以存在福建某公司投诉、诉讼为由中止与晚报公司签订政府采购合同，未在法定期限签订合同的责任主体是采购人，本案不存在晚报公司中标后不按照采购文件确定的事项签订政府采购合同的情形及违反中标通知书的要求和法律的规定，晚报公司未与采购人签订采购合同有正当理由。因此福建某公司认为晚报公司已放弃项目中标权缺乏依据。请求依法判决维持投诉处理决定。

法院裁判及观点

法院认为，2012年8月22日，采购中心发布该项目中标公告，福建某公司对中标结果有异议，并提出质疑、投诉、行政复议及行政诉讼，市经贸委基于审慎原则，暂未与中标人即晚报公司签订政府采购合同，故不存在晚报公司中标后不按照采购文件确定的事项签订政府采购合同的情形。故福建某公司主张晚报公司与市经贸委未在中标、成交通知书发出之日起三十日内，按照采购文件确定的事项签订政府采购合同的，视为中标人放弃中标，与事实和法律规定不符，法院不予支持。福建某公司请求撤销市财政局作出的具体行政行为，但未能提供证据予以支持，缺乏事实和法律依据，法院不予采纳。综上，判决驳回福建某公司的诉讼请求。

案例评析 CASE ANALYSIS

晚报公司成为中标候选人后，福建某公司对中标结果提出质疑、投诉、行政复议及行政诉讼，采购人基于审慎原则，暂未与晚报公司签订合同，不存在晚报公司中标后不按照采购文件确定的事项签订政府采购合同的情形。根据《政府采购法》第四十六条、第七十一条规定规定，采购人与中标供应商应在中标通知书发出之日起三十日内，按照采购文件确定的事项签订政府采购合同。对于未在上述期限内签订的，未规定视为中标供应商放弃中标，只规定对采购人、采购代理机构责令限期改正，给予警告，可以并处罚款等。因此，主张视为中标供应商放弃中标，与事实和法律规定不符。

二、有关单方变更、中止、解除采购合同的争议

不论是从行政法的角度，还是从民商法的角度，合同签订后对当事人双方都有约束力，双方都应按合同履行。《政府采购法》第五十条规定，政府采购合同的双方当事人不得擅自变更、中止或者终止合同。否则，当事人可以通过民事诉讼，追究对方民事责任，也可以通过行政诉讼维护自己的合法权益。这里只从行政法与行政诉讼法的角度讨论。

【案例 132[1]】被质疑低于成本价仍然签订合同，采购人再以质疑事项为由单方解除合同，该行为合法吗

关 键 词：采购合同签订 / 终止采购合同 / 确认单方面解除违法

案例要点：政府采购合同签订后，在没有新事实理由的情况下，在质疑事项中以同一理由取消中标、成交结果，终止政府采购合同，违反《政府采购法》第五十条的规定，于法无据。因重新开展采购活动，原协议无法继续履行，确认单方面解除协议的行为违法是适宜的。

谈判、质疑情况

某县农业局委托福建省明建工程咨询有限公司（以下简称“明建公司”）作为某县农村土地承包经营权确权登记颁证服务项目（以下简称“该项目”）招标代理机构选聘的竞争性谈判机构。2016 年 5 月 26 日，明建公司发布采购公告。同年 6 月 6 日，谈判结果公示，

---

1 案例来源：（2016）闽 0825 行初 23 号。

成交人为福州某公司。2016年6月6日第二成交候选人某招标代理公司提出质疑称，有响应人报出低于成本的864元报价，要求废除其成交资格。根据县农业局通过明建公司转达的要求，福州某公司于同月7日向明建公司发出《回复函》《质疑回复函》，认为本次采购设有最高控制价，并未设定最低控制价，福州某公司中标符合竞争性谈判要求。2016年6月14日、2016年6月15日明建公司分别向某县农业局发出质疑回复。

2016年6月16日，福建某公司收到县农业局《成交供应商确认单》及某县农业局与明建公司的《成交通知书》。2016年6月20日福州某公司、某县农业局签订了《项目招标代理委托协议书》，某县农业局委托福州某公司为该项目的招标代理机构，承担此类项目的招标代理工作。

解除合同的情况

2016年8月12日，某县农业局向县政府出具《关于我县农村土地承包经营权确权登记颁证服务项目招标代理机构有关事项的请求》。2016年8月30日，某县财政局向某县农业局发出批示函，要求某县农业局责成明建公司在三个工作日内组织原谈判小组成员，就成交人是否存在不正当竞争作出认定并提出处理意见。

2016年9月2日，明建公司向某县农业局出具报告，取消福州某公司成交资格，建议本项目重新开展采购活动。2016年9月2日某县农业局向某县财政局出具回复函，取消福州某公司中标资格，建议本项目重新开展采购活动。2016年9月5日明建公司向福州某公司发出《告知书》，取消福州某公司的成交资格，并与某县农业局发布公告。2016年9月12日，某县农业局向福州某公司出具《关于终止项目招标代理委托协议书的函》，某县农业局决定终止于2016年6月20日与福州某公司签订的《项目招标代理委托协议书》。

原告诉求及观点

福州某公司不服，向连城县人民法院起诉称，福州某公司按照某县农业局发布的招标公告进行投标，某县农业局依法组织评标专家进行评审，确定福州某公司中标，并依法进行公示，其间，虽有某招标代理公司质疑，但某县财政局仍依法确认福州某公司中标并与福州某公司签订了《项目招标代理委托协议书》。根据法律规定，“依法成立的合同，受法律保护”“依法成立的合同，对当事人具有法律约束力。当事人应当按照约定履行自己的义务，不得擅自变更或者解除合同”。某县农业局以福州某公司“低于成本价中标”为由擅自解除合同的行为，没有事实和法律依据，依法不能成立。某县农业局擅自解除合同的行为违反了法律的规定，依法应认定为无效。现请求确认某县农业局单方面解除2016年6月20日签订的《项目招标代理委托协议书》的行为违法、要求某县农业局继续履行合同。

被告答辩及观点

某县农业局辨称，某县农业局依法开展该项目招标代理机构选聘工作。根据《政府采购法》等相关规定，某县农业局于2016年4月13日与明建公司签订《招标代理机构选聘竞争性谈判委托协议书》,明建公司以“竞争性谈判”的政府采购方式,经开展一系列的工作，于2016年6月16日由某县公共资源交易中心、某县农业局、明建公司发出成交通知书，确定福州某公司“成交价:按国家计委计价格〔2002〕1980号文规定标准收费的1%计取。”约为人民币860元，并于2016年6月20日由签订《项目招标代理委托协议书》。

1.因质疑供应商提出异议，认为福州某公司涉嫌不正当竞争，某县农业局经重新评定决定取消福州某公司中标资格，终止与福州某公司的协议书。因质疑供应商提出异议，某县农业局根据《政府采购法》第三条规定，政府采购应当遵循公开透明原则、公平竞争原则、公正原则和诚实信用原则。依招标文件：“本项目招标代理服务费最高控制价按国家计委价格〔2002〕1980号文规定标准收费的80%计取。”福州某公司却以“成交价：按国家计委计价格〔2002〕1980号文规定标准收费的1%计取。”经测算就是专家费用也应1735元的支出。为此，某县农业局等经重新评定，认定福州某公司虽为原中标人却以低于成本价中标，属不正当竞争。因此，某县农业局取消福州某公司的中标资格，终止与福州某公司的协议书。

2.某县农业局已重新启动了招标代理机构选聘，新中标人确定后,《政府采购项目招标委托协议书》正在履行中。某县农业局于2016年9月26日与福建榕卫招标有限公司签订了《政府采购项目招标委托协议书》，福建榕卫招标有限公司已开展相关工作。某县农业局依法终止与福州某公司签订的协议，事实清楚、程序合法。为此，请求驳回福州某公司的诉讼请求。

法院裁判及观点

法院认为，福州某公司通过竞争性谈判方式取得该项目的招标代理机构中标资格。第二中标候选人某招标代理公司在谈判结果公示期限内向某县农业局提出质疑，某县农业局应当依照《政府采购供应商投诉处理办法》第十七条、第十八条规定处理，某县农业局在对质疑进行审查后，向福州某公司发出《成交通知书》，并与福州某公司签订《项目招标代理委托协议书》，应当认为福州某公司中标该项目的招标代理机构符合某县农业局要求，根据《合同法》第八条、第四十四条的规定，福州某公司与某县农业局签订的《项目招标代理委托协议书》合法有效，对双方均具有法律效力。

双方签订协议后，在没有新的事实理由的情况下，以质疑时提出的同一理由取消福州某公司中标资格,终止与福州某公司签订的协议,违反《合同法》第六条、第九十三条规定，某县农业局单方解除2016年6月20日签订的协议，于法无据，福州某公司要求确认某县农业局单方解除2016年6月20日与其签订的《项目招标代理委托协议书》的行为违法的诉讼请求，本院予以支持。

该项目招标代理机构选聘及某县农村土地承包经营权确权登记颁证项目招标采购工作已经完成，福州某公司要求某县农业局继续履行合同，某县农业局已无法继续履行合同，经本院释明，福州某公司仍要求某县农业局继续履行合同，福州某公司要求继续履行合同的诉讼请求不成立，应予驳回。

据此，依照《行政诉讼法》第七十八第一款、《最高人民法院关于适用〈中华人民共和国行政诉讼法〉若干问题的解释》第十五条第一款的规定，判决如下：(1)某县农业局单方面解除2016年6月20日与福州某公司签订的《项目招标代理委托协议书》的行为违法；(2)驳回福州某公司要求某县农业局继续履行2016年6月20日签订的《项目招标代理委托协议书》的诉讼请求。

案例评析

CASE ANALYSIS

1. 政府采购合同签订后，双方当事人不得擅自终止

福州某公司通过竞争性谈判方式该项目成交供应商，第二中标候选人提出质疑后，采购人对质疑进行审查后向福州某公司发出成交通知书并与其签订《项目招标代理委托协议书》。该协议合法有效，对双方均具有法律效力。双方签订协议后，在没有新的事实理由的情况下，以质疑事项的同一理由取消福州某公司中标资格，终止与福州某公司签订的协议，违反《政府采购法》第五十条“政府采购合同的双方当事人不得擅自变更、中止或者终止合同”的规定。该行为也违反《合同法》第六条、第九十三条规定，但福建某公司并非是在民事诉讼中要求追究对方民事责任，在行政诉讼中以适用《政府采购法》为宜。不论从《政府采购法》角度，还是从《合同法》角度，终止协议的行为都于法无据。

2. 因重新开展采购活动，原协议无法继续履行，确认单方面解除协议的行为违法是适宜的

作为采购人的被告违法变更、解除《项目招标代理委托协议书》，根据《行政诉讼法》第七十八条规定，人民法院判决被告承担继续履行、采取补救措施或者赔偿损失等责任。《最高人民法院关于适用〈中华人民共和国行政诉讼法〉若干问题的解释》第十五条规定，原告主张被告不依法履行、未按照约定履行协议或者单方变更、解除协议违法，理由成立的，人民法院可以根据原告的诉讼请求判决确认协议有效、判决被告继续履行协议，并明确继续履行的具体内容；被告无法继续履行或者继续履行已无实际意义的，判决被告采取相应的补救措施；给原告造成损失的，判决被告予以赔偿。福州某公司要求确认被告单方解除协议的行为违法的诉讼请求，法院予以支持，是正确的。由于该项目重新采购工作已经完成，福州某公司要求继续履行合同，已经不可能，予以驳回也是正确的。由于福州某公司没有要求法院判决被告采取相应的补救措施或者予以赔偿，法院如此判决也无可非议。

第二节 有关政府采购合同履行而引起的争议事项

《政府采购法》第四十三条规定，政府采购合同适用合同法。采购人和供应商之间的权利和义务，应当按照平等、自愿的原则以合同方式约定。因此，对政府采购合同的履行问题，完全可以适用合同法，按照民事争议的方式解决。有的供应商考虑到通过民事诉讼，诉讼费较高，举证责任较重，审理期限较长，便通过行政程序提出争议，而后再通过行政诉讼解决行政争议。

一、对供应商不能履行合同而引起的争议

对供应商不能履行合同的，以前施行的“财政部令第18号”第六十条规定采购人可以与排位在中标供应商之后第一位的中标候选供应商签订合同，现在施行的“财政部令第87号”已经取消了上述规定。如果中标或者成交供应商拒绝与采购人签订合同的，根据《政府采购法实施条例》第四十九条规定，采购人可以按照评审报告推荐的中标或者成交候选人名单排序，确定下一候选人为中标或者成交供应商，也可以重新开展政府采购活动。

【案例133[1]】询价采购签订合同后，供应商以原型号停产为由要求以另一型号代替，该争议应如何处理

关 键 词：询价采购 / 合同签订 / 供应商不履行 / 能否确定排位在后

案例评析：成交供应商不能提供合同约定的货物，要求变更标的物型号，应认定为不能履行合同；询价方式采购，供应商不履行合同的，重新确定排位在后第一位供应商为成交供应商值得商榷。

询价、签约、质疑、投诉情况

2013年10月25日，重庆市大江中学（以下简称“大江中学”）委托重庆市巴南区政府采购中心（以下简称“采购中心”）发布政府采购询价文书，重庆某公司参加了询价并成为成交候选供应商。同年11月20日，重庆某公司与大江中学签订合同，约定由重庆某公司提供惠普450型号的笔记本电脑110台。交货日到期时，重庆某公司只送去了5台笔

1 案例来源：（2014）渝五中法行终字第00286号。

记本电脑，并告知大江中学，因该型号电脑已停产，无法凑够 110 台合同标的电脑，要求用另一型号同等配置机型代替 450 型。同月 11 日，大江中学致函重庆某公司，要求其履行原供货合同，并在当月 16 日前按期交付惠普 450 笔记本电脑 110 台，如该型号已停产，则需在交货前提交惠普厂家出具的该型号电脑已停产的书面证明原件，否则视为其不能履行供货合同，并要求其承担不能按时供货所造成的损失。

2013 年 11 月 16 日，重庆某公司以提交停产证明所需时间不够为由，向大江中学和采购中心分别提交了延期申请，但一直未收到书面回复，也未向采购人交货。11 月 18 日，大江中学书面通知采购中心，因重庆某公司在合同约定的交货时间内未能交货，不能履行合同，决定对该项目进行复审，重新确定成交供应商。原询价小组对此进行复审后，于当月 19 日作出了复审意见，即重庆某公司未能按要求履行合同，取消其成交资格，原签署合同终止，重新确定排位在重庆某公司之后第一位的供应商为成交供应商，采购中心于当日即将复审意见予以公示。

11 月 26 日，大江中学告知重庆某公司，因其未在规定的时间内送货，经催告在合理期限内仍未履行，经采购中心同意，正式通知其解除双方于 2013 年 11 月 20 日签订的合同。

重庆某公司认为其要求协商更换供货型号的行为，并非不能履行合同，而采购人及采购中心以此为由，取消其成交供应商资格并予以了公示的行为，侵犯了其合法权益，于次日即向大江中学及采购中心质疑。2014 年 1 月 7 日、8 日，大江中学、采购中心作了答复，但重庆某公司表示未收到采购中心的答复。同月 17 日，重庆某公司向重庆市巴南区财政局（以下简称“区财政局”）投诉书，请求裁定采购中心停止侵权行为，终止公告法律效力，恢复合同履行状态，变更标的物的型号，配合投诉人继续履行合同。区财政局于同年 2 月 28 日作出了投诉处理决定，驳回投诉。

行政诉讼一审情况

重庆某公司不服，遂诉至重庆市綦江区人民法院，请求撤销区财政局的投诉处理决定。一审法院认为，本案争议的焦点在于：重庆某公司因故不能足量提供应采购货物而申请变更型号供应，采购人为此取消其供应商资格、终止合同，采购中心对此予以公示，是否侵犯了重庆某公司的合法权益，区财政局驳回重庆某公司投诉，所作出的处理决定是否适当。重庆某公司虽然其愿意提供品质与原型号相同的代替品，但依照“财政部令第 18 号”第六十四条第一款的规定，采购人与中标供应商所签订的合同，不得对招标文件和中标供应商投标文件作实质性修改，即双方无权协商变更属于招、投标文件实质性内容的标的物型号，重庆某公司不能按期提供约定的标的物，即为不能履行合同，依照“财政部令第 18 号”第六十条的规定，中标供应商因不可抗力或者自身原因不能履行政府采购合同的，采购人可以与排位在中标供应商之后第一位的中标候选供应商签订政府采购合同。大江中学据此委托采购中心，由询价小组复审后重新确定成交供应商，并以公告的形式将结果予以了公示，程序正当，符合法律规定，区财政局驳回重庆某公司要求裁定停止采购人及采购中心的侵权行为的投诉，所作的处理决定事实清楚，证据充分，适用法律、法规正确，重庆某公司请求撤销,理由不能成立。依照《最高人民法院关于执行〈中华人民共和国行政诉讼法〉若干问题的解释》第五十六条第（一）项之规定，判决驳回重庆某公司的诉讼请求。

行政诉讼二审情况

重庆某公司不服向重庆市第五中级人民法院上诉。二审法院认为，根据《政府采购法》第五十条、“财政部令第 18 号”第六十四条的规定，采购人与中标供应商所签订的合同，不得对招标文件和中标供应商投标文件作实质性修改，也不得私下订立背离合同实质性内容的协议。重庆某公司投诉要求恢复合同履行状态、按照规定变更标的物的型号、品牌不变的内容，不属于政府采购投诉处理的权限范围，且变更标的物的型号系法律禁止性规定。根据“财政部令第 18 号”第六十条规定，应大江中学要求，采购中心对重庆某公司未能按要求履行合同并重新确定排位在成交供应商之后第一位的供应商为该项目成交候选供应商的结果进行公示的行为，符合上述法律规定，重庆某公司要求撤销该公示结果的投诉请求于法无据。综上，法院判决驳回上诉，维持原判。

案例评析

CASE ANALYSIS

1. 成交供应商不能提供合同约定的货物，要求变更标的物型号，应认定为不能履行合同

根据《政府采购法》第五十条规定，政府采购合同的双方当事人不得擅自变更、中止或者终止合同。重庆某公司因故不能足量提供应采购货物而申请变更型号供应，因合同双方无权协商变更属于采购文件实质性内容的标的物型号，重庆某公司不能按期提供约定的标的物，即为不能履行合同。

2. 重新确定排位在后第一位供应商为成交供应商值得商榷

当时施行的“财政部令第 18 号”第六十条规定：“中标供应商因不可抗力或者自身原因不能履行政府采购合同的，采购人可以与排位在中标供应商之后第一位的中标候选供应商签订政府采购合同，以此类推。”因本项目不是招标投标项目，不能适用该行政规章。应当注意的是，现在施行的“财政部令第 87 号”已经取消了上述规定，应当引起采购人、采购代理机构注意。如果当时采购合同没有签订，可以根据《政府采购法实施条例》第四十九条规定，可以按照评审报告推荐的中标或者成交候选人名单排序，确定下一候选人为中标或者成交供应商，也可以重新开展政府采购活动。

二、有关采购人履行合同的争议

《政府采购法实施条例》第五十一条规定，采购人应当按照政府采购合同规定，及时向中标或者成交供应商支付采购资金。政府采购项目资金支付程序，按照国家有关财政资金支付管理的规定执行。在政府采购合同中，采购人的义务主要是支付价款。由于多种原因，价款未能按合同支付，就要引起争议。因为政府采购合同适用《合同法》，可以通过民事争议处理的途径解决；又因为《行政诉讼法》规定的受案范围，有申请履行法定职责，行政机关拒绝履行或者不予答复的；有不依法履行、未按照约定履行或者违法变更、解除协议的，等等，供应商就会提起行政诉讼，要求法院依法审理并判决。

【案例134[1]】供应商是否能起诉，要求财政局履行政府采购的财政支付义务

关 键 词：采购人未履行/支付义务/起诉财政部门

案例要点：采购人未按采购合同约定履行支付义务，不能对财政部门提起行政诉讼，履行行政给付义务。该事项不属于行政诉讼受案诉讼范围，可以通过民事争议处理的途径解决。

招标、签约情况

2014年4月30日，南阳市宛城区环境卫生管理站（以下简称“区环卫站”）、南阳市宛城区公共资源交易中心、河南方大建设工程管理人限公司发布“宛城区2014年环卫站设备采购项目”公告，湖北某公司依据公告的要求参加了招投标，并被确认为供应商，后湖北某公司与区环卫站签订了政府采购合同。

行政诉讼情况

湖北某公司以区环卫站未按采购合同约定履行支付义务为由，以南阳市宛城区财政局（以下简称“区财政局”）为被告，于2015年9月23日向方城县人民法院提起行政诉讼，请求依法判令区财政局履行行政给付义务。本案在审理过程中追加区环卫站为第三人参加本案诉讼。一审法院认为，根据《政府采购法》第四十三条的规定，湖北某公司提起行政诉讼要求区财政局履行政府采购的财政资金支付义务，不符合行政诉讼受案范围。区财政局无直接向湖北某公司给付资金义务。依照《行政诉讼法》第四十九条、第五十八条及《最高人民法院关于适用〈中华人民共和国行政诉讼法〉若干问题的解释》第三条第一款第（一）

1　案例来源：（2016）豫13行终53号。

项之规定，裁定驳回湖北某公司的起诉。

上诉人诉求及观点

湖北某公司不服，向河南省南阳市中级人民法院提起上诉称：湖北某公司与区财政局之间具有明显的利害关系，在这起行政诉讼中，并非请求区财政局直接支付，而是请求财政局履行法定的支付义务，原审以不符合行政诉讼受案范围驳回起诉错误，请求进入实体审理。

被上诉人答辩及观点

区财政局口头答辩称：（1）区财政局与财政划拨是内部行为，并非外部行为。（2）湖北某公司也不是区财政局划拨的对象，所以他无权提起行政诉讼。（3）项目款是市政府财政一半、区政府财政一半，因为没有验收，所以湖北某公司认为起诉，也是该起诉市财政。区财政局也没有收到评审材料，纠纷可以通过民事途径解决，可通过协助执行来解决，提起行政诉讼不当，一审裁定正确，请求驳回上诉，维持一审。

区环卫站口头答辩称：同意区财政局的意见，因为有个车辆价值很大，车辆用了四次，坏了四次。而且我们要求是国标 4，他们给的是国标 3，我们曾给湖北某公司发的有函，要更换车辆或退货。

法院裁判及观点

二审法院认为：湖北某公司与区环卫站之间因政府采购合同引发的诉讼，不属于行政诉讼受案范围，湖北某公司可另寻其它途径解决因合同引发的经济纠纷问题，一审裁定驳回起诉适当，依法应予维持。湖北某公司上诉理由不足，二审法院不予支持。依照《行政诉讼法》第八十九条第一款第（一）项之规定，裁定驳回上诉，维持原裁定。

案例评析 CASE ANALYSIS

供应商以采购人未按采购合同约定履行支付义务为由提起行政诉讼，请求判令财政部门履行行政给付义务。该诉讼存在下列问题：一是将财政部门列为被告错误，财政部门不是该项目的采购人，也不是该政府采购合同的相对方；二是不属于行政诉讼受案诉讼范围，财政划拨是内部行为，并非外部行为，该供应商也不是财政划拨的对象；三是供应商与采购人之间因政府采购合同履行问题引起的诉讼，可以通过民事争议处理的途径解决。

POSTSCRIPT 后·记

笔者从2003年开始至今一直担任江苏省财政厅法律顾问，2006年代理该厅第一件诉讼案件即为政府采购行政诉讼案件。历经一年多时间的质疑、投诉、诉讼，该厅虽然最终胜诉，但在投诉处理过程中存在一些瑕疵，带来很大法律风险。从那以后，该厅政府采购管理处、政策法规处（前为税政法规处）以及江苏省政府采购中心进一步加强对防范政府采购争议处理法律风险的探讨。从那时始，笔者经常参与该项工作，从中学习并积累了许多政府采购争议处理方面的法律理论与实务经验，为本书的酝酿与写作奠定了基础。

感谢江苏省财政厅历任领导，该厅政府采购管理处、政策法规法处历任领导及同仁，江苏省政府采购中心历任领导及同仁，是他们对政府采购工作的极其重视，对政府采购质疑、投诉的公正、高效处理，对政府采购行政复议、行政诉讼的积极、有效应对，使得江苏省财政厅、江苏省政府采购中心在行政复议、行政诉讼中一直保持全胜记录，也为本书写作提供了许多案例和资料。

感谢苏州大学孙文基教授，在本书提纲的酝酿阶段提出过很好的建议。

感谢我的同事及写作不同时段的助手张艳、仲甜甜、张静、张云巧、吉祥、汪澍玉、吴蕾、李清、林小帆、赵明丽等同志，先后参与本书不同章节资料收集、案例修改。

感谢法律出版社法商分社社长薛晗女士、编辑田浩先生及其他不知姓名的编辑们，书稿接近完成时，我尝试拨了法律出版社的电话，恰巧是薛社长接了电话，听了书稿介绍，她当即拍板“成交”，田编辑在出版过程中悉心指导，其他编辑默默无闻辛勤工作，使得本书顺利出版。

感谢《中国政府采购报》总编辑齐玄江先生，在百忙之中为本书作序，他的点睛之笔是对笔者的鼓励与鞭策。

政府采购法律条文既简洁、又原则，如何准确理解、适用，以正确处理形形色色的争议，非常不易。从法院生效裁判文书看，“同案不同判”的现象，在政府采购争议案件中特别突出。为让读者能够深入分析，尽量将争议各方主体的观点和法院的裁判观点予以介绍，为突出该章节主题又作了许多删改，同时也对案例进行评析。笔者学识粗浅，经验有限，书中错谬难免，欢迎批评指正，读者可在 QQ:947070410 上留言，或发电子邮件至 E-mail：18915979838@163.com，笔者不胜感激！

图书在版编目(CIP)数据

政府采购活动争议处理:实务指引与案例分析 / 杭正亚著. -- 北京: 法律出版社,2020
ISBN 978-7-5197-4746-6

Ⅰ. ①政… Ⅱ. ①杭… Ⅲ. ①政府采购法—争议—处理—案例—中国 Ⅳ. ①D922.205

中国版本图书馆 CIP 数据核字(2020)第 123295 号

政府采购活动争议处理:实务指引与案例分析
ZHENGFU CAIGOU HUODONG ZHENGYI CHULI: SHIWU ZHIYIN YU ANLI FENXI

杭正亚 著

责任编辑 薛 晗 田 浩
装帧设计 马 帅

出版 法律出版社
总发行 中国法律图书有限公司
经销 新华书店
印刷 中煤(北京)印务有限公司
责任校对 郭艳萍
责任印制 胡晓雅

编辑统筹 法商出版分社
开本 710 毫米×1000 毫米 1/16
印张 28.25
字数 551 千
版本 2020 年 9 月第 1 版
印次 2020 年 9 月第 1 次印刷

法律出版社/北京市丰台区莲花池西里 7 号(100073)
网址/www.lawpress.com.cn
投稿邮箱/info@lawpress.com.cn
举报维权邮箱/jbwq@lawpress.com.cn
销售热线/400-660-8393
编辑电话/010-83938130

中国法律图书有限公司/北京市丰台区莲花池西里 7 号(100073)
全国各地中法图分、子公司销售电话:
统一销售客服/400-660-8393/6393
第一法律书店/010-83938432/8433　西安分公司/029-85330678　重庆分公司/023-67453036
上海分公司/021-62071639/1636　深圳分公司/0755-83072995

书号:ISBN 978-7-5197-4746-6
定价:116.00 元